KB090125

NCS 국가직무능력표준
National Competency Standards

2024 개정

국가공인 재경관리사

세무회계

삼일회계법인 저

국가공인 재경관리사 자격시험 신유형 반영
2024년 개정세법 반영

삼일회계법인
삼일인포마인

머리말

회계의 투명성이 강조되는 사회적 분위기와 함께 기업에서도 회계이론과 실무능력을 갖춘 인재에 대한 수요가 급증하고 있습니다. 그런데 신규직원 채용시 기업에서는 어느 정도 실력이 검증된 사람을 찾으려는 경향이 두드러지고 있는 반면, 회계실력을 객관적으로 측정할 수 있는 제도가 미흡하다는 아쉬움이 있습니다. 또한, 학교에서 가르치는 교과과정이 실무와 상당한 차이가 있어서 기업에서는 신규직원 채용 후 재교육에 많은 시간과 비용을 지출하고 있는 것이 현실입니다.

이러한 문제를 해결하기 위하여 저희 삼일회계법인은 이론과 실무능력을 겸비한 재경전문가를 양성하는 국가공인 회계관리자격제도를 시행하고 있습니다. 회계관리자격제도는 수준에 따라 회계관리2급, 회계관리1급, 재경관리사로 나뉘어집니다.

재경관리사는 회계관리자격제도의 최상위단계로서 재무회계, 세무회계, 원가관리회계 등 재경업무에 필요한 종합적인 지식과 실무능력을 겸비하여 대기업 또는 중소기업의 전반적인 관리책임자 역할을 수행할 수 있는 재경전문가를 선발하는 과정입니다.

재경관리사 시험은 시대의 흐름에 맞춰 종합적인 사고와 문제해결 능력을 평가하는 방향으로 변화해 왔으며, 본서는 이러한 변화를 적극 반영하여 실무중심의 다양한 사례를 제시하고 사례를 풀어가는 방법을 이론과 연계하여 알기 쉽게 해설했습니다.

본서를 통해 수험생은 법인세 세무조정의 주요 내용과 절차를 세무조정계산서 서식 작성요령과 함께 학습하여 재경실무자에게 요구되는 법인세 세무조정 능력을 향상할 수 있으며 소득세, 부가가치세의 심화내용까지 다양한 사례와 함께 학습할 수 있을 것입니다.

본서는 재경관리사 시험에 대비한 교재이지만, 그동안 저희 삼일회계법인이 쌓아온 지식과 경험을 바탕으로 실무 중심의 사례를 곁들여 알기 쉽게 설명하였기 때문에 회계를 처음 접하는 분들을 위한 회계의 길잡이로 활용할 수 있을 것입니다.

끝으로 이 책이 나오기까지 수고해주신 집필진 여러분께 심심한 사의를 표하며, 본 책자가 수험생 여러분의 합격을 앞당기는 길잡이가 되기를 희망합니다.

삼일회계법인 대표이사 윤 훈 수

재경관리사 자격시험 안내

■ 개요

회계, 세무, 원가, 경영관리 등 재경분야의 실무 전문가임을 인증하는 삼일회계법인 주관 자격시험으로 수준에 따라 재경관리사 / 회계관리 1급 / 회계관리 2급으로 구분됩니다.

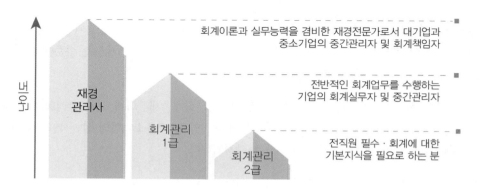

■ 2024년 시험안내

	재경관리사	회계관리 1급	회계관리 2급
자격종류	국가공인 등록 민간자격		
공인번호	금융위원회 제2022-2호	금융위원회 제2022-3호	
등록번호	금융위원회 제2008-0106호	금융위원회 제2008-0105호	
시험과목	재무회계 세무회계 원가관리회계	재무회계 세무회계	회계원리
시험시간	14:00 ~ 16:30 (150분)	14:00 ~ 15:40 (100분)	11:00 ~ 11:50 (50분)
평가 및 합격	객관식 4지선다형 40문항 / 과목별 70점(100점 만점) 이상 합격		
시행지역	서울, 부산, 대구, 창원, 광주, 대전, 인천, 수원, 익산, 청주, 천안 외		
응시료	7만 원	5만 원	3만 원
환불규정	접수기간 내 100% 환불 / 접수취소기간 내 50% 환불 / 접수취소기간 종료 이후 환불불가		
자격발급기관	삼일회계법인		

■ 재경관리사 시험일자

정기회차	원서접수기간	시험일	합격자발표
1회차	2024. 01. 04 ~ 01. 11	01. 27 (토)	02. 02 (금)
2회차	2024. 03. 07 ~ 03. 14	03. 30 (토)	04. 05 (금)
3회차	2024. 04. 25 ~ 05. 02	05. 18 (토)	05. 24 (금)
4회차	2024. 05. 30 ~ 06. 04	06. 15 (토)	06. 21 (금)
5회차	2024. 07. 04 ~ 07. 11	07. 27 (토)	08. 02 (금)
6회차	2024. 09. 05 ~ 09. 12	09. 28 (토)	10. 04 (금)
7회차	2024. 10. 24 ~ 10. 31	11. 16 (토)	11. 22 (금)
8회차	2024. 12. 05 ~ 12. 10	12. 21 (토)	12. 27 (금)

* 홈페이지(www.samilexam.com)에서 시험일정과 장소 관련 자세한 정보를 확인할 수 있습니다.

■ 시험문의

홈페이지	www.samilexam.com
연락처	070-4412-3131, kr_samilexam@pwc.com

■ 재경관리사 세무회계 평가범위

과목			평가범위
세 무 회 계	세법의 이해	세법에 대한 일반적 이해	조세의 개념
			조세의 종류와 성격
			조세법의 기본원칙
	국세기본법	국세기본법에 대한 이해	국세부과의 원칙, 세법적용의 원칙
			과세요건
			수정신고와 경정청구
	법인세	총 설	법인세의 의의, 과세소득의 범위, 사업연도, 납세지
		각사업연도 소득에 대한 법인세	법인세의 계산구조
			세무조정
			소득처분
			익금, 손금의 계산
			손익의 귀속시기, 자산·부채의 평가
			감가상각비, 기부금, 접대비, 지급이자, 충당금, 준비금 등의 세무조정
		과세표준과 세액의 계산	과세표준의 계산
			법인세 납세절차
	소득세	종합소득세의 계산	소득세의 개념
			금융소득종합과세
			종합소득금액의 계산
			종합소득 과세표준 및 세액계산
		퇴직소득세	퇴직소득세액계산
		원천징수	원천징수의 개념 및 연말정산
		양도소득세	양도소득세의 개념
			양도소득세의 계산구조
	부가가치세법	부가가치세에 대한 이해	부가가치세의 계산구조
			부가가치세의 과세대상거래, 재화와 용역의 공급시기, 영세율과 면세
		부가가치세의 계산	과세표준과 매출세액의 계산, 매입세액의 계산
			부가가치세의 신고·납부, 간이과세

CONTENTS

Chapter 1 조세총론

Ⅰ. 조세의 개념과 분류   14
   1. 조세의 개념   14
   2. 조세의 분류   15

Ⅱ. 조세법의 기본원칙   17
   1. 조세법률주의   17
   2. 조세평등주의   17
   3. 신의성실의 원칙   17

   연습문제   18

Chapter 2 국세기본법

Ⅰ. 총설   22
   1. 국세기본법의 의의와 목적   22
   2. 기간과 기한   22
   3. 서류의 송달   23
   4. 특수관계인   25

   연습문제   28

Ⅱ. 국세부과의 원칙   31
   1. 국세부과원칙의 의의   31
   2. 실질과세의 원칙   31
   3. 신의성실의 원칙   32
   4. 근거과세의 원칙   33
   5. 조세감면의 사후관리   33

   연습문제   34

Ⅲ. 세법적용의 원칙   38
   1. 세법적용원칙의 의의   38
   2. 납세자 재산권의 부당한 침해금지   38
   3. 소급과세의 금지   38
   4. 세무공무원의 재량의 한계   39
   5. 기업회계의 존중   39

   연습문제   40

Ⅳ. 과세요건   42
   1. 과세요건의 의의   42
   2. 납세의무자   42
   3. 과세물건   42
   4. 과세표준   42
   5. 세율   42

   연습문제   43

Ⅴ. 과세와 환급   44

   1. 관할관청   44

   2. 수정신고와 경정청구   44

   3. 기한 후 신고   47

   4. 기한 후 납부   47

   5. 가산세의 부과   48

   6. 국세의 환급   50

   7. 납세자의 권리구제   51

   연습문제   54

Chapter 3   법인세법

Ⅰ. 총설   62

   1. 법인세의 의의   62

   2. 과세소득의 범위   62

   3. 법인세 납세의무자   64

   4. 사업연도   65

   5. 납세지   66

   연습문제   68

Ⅱ. 각 사업연도 소득에 대한 법인세   72

   1. 법인세의 계산구조   72

   2. 세무조정   77

   3. 소득처분   82

   연습문제   90

Ⅲ. 익금의 계산   96

   1. 익금의 범위   96

   2. 익금항목   97

   3. 익금불산입항목   100

   연습문제   106

Ⅳ. 손금의 계산   112

   1. 손금의 범위   112

   2. 손금항목   113

   3. 손금불산입항목   116

   연습문제   122

Ⅴ. 손익의 귀속   128

   1. 손익귀속사업연도의 일반원칙   128

   2. 항목별 손익의 귀속사업연도   129

   3. 자산 · 부채의 평가   135

   연습문제   142

Ⅵ. 감가상각비의 손금불산입   150

   1. 법인세법상 감가상각제도의 특징   150

   2. 감가상각자산의 범위   150

   3. 감가상각범위액의 결정요소   151

   4. 감가상각범위액의 계산방법   155

   5. 감가상각비의 시부인계산   158

   6. 감가상각의제   164

   연습문제   166

Ⅶ. 기부금의 손금불산입 173
　1. 기부금의 범위 173
　2. 기부금의 종류 173
　3. 기부금의 시부인계산구조 177
　4. 현물기부금의 평가 182
　5. 기부금의 귀속시기 182
　6. 기부금한도초과액의 이월공제 182

　연습문제 186

Ⅷ. 기업업무추진비의 손금불산입 191
　1. 기업업무추진비의 범위 191
　2. 기업업무추진비의 시부인계산구조 192
　3. 세무조정 193
　4. 현물기업업무추진비의 평가 196
　5. 기업업무추진비의 손금귀속시기 196

　연습문제 200

Ⅸ. 지급이자의 손금불산입 205
　1. 지급이자손금불산입의 의의 205
　2. 지급이자손금불산입액의 계산유형 205
　3. 채권자가 불분명한 사채(私債)의 이자 205
　4. 비실명 채권·증권의 이자상당액 206
　5. 건설자금이자 206
　6. 업무무관자산 등 관련 이자 207

　연습문제 210

Ⅹ. 충당금의 손금산입 214
　1. 퇴직급여충당금과 퇴직연금충당금
　　 등의 손금산입 214
　2. 대손금과 대손충당금의 손금산입 223

　연습문제 230

Ⅺ. 준비금의 손금산입 237
　1. 개요 237
　2. 법인세법상 준비금 237
　3. 조세특례제한법상의 준비금 238
　4. 준비금의 세무조정 238

　연습문제 240

Ⅻ. 부당행위계산부인 241
　1. 개요 241
　2. 부당행위계산부인의 적용요건 241
　3. 부당행위계산부인의 유형 245

　연습문제 252

ⅩⅢ. 과세표준과 세액의 계산 256
　1. 과세표준의 계산 256
　2. 산출세액의 계산 258
　3. 세액공제·감면 259

　연습문제 304

XIV. 법인세의 신고와 납부　　309

　1. 사업연도 중의 신고 · 납부　　309

　2. 법인세 신고 및 납부　　310

　연습문제　　316

Chapter 4　소득세법

Ⅰ. 총설　　322

　1. 소득세의 특징　　322

　2. 납세의무자　　326

　3. 소득의 구분　　328

　4. 과세기간　　329

　5. 납세지　　330

　연습문제　　332

Ⅱ. 소득세의 계산구조　　334

　1. 소득세 계산구조　　334

　2. 종합소득과세표준계산의 흐름　　335

　연습문제　　338

Ⅲ. 금융소득　　339

　1. 이자소득　　339

　2. 배당소득　　342

　3. 금융소득의 과세방법　　345

　연습문제　　350

Ⅳ. 사업소득　　353

　1. 사업소득　　353

　연습문제　　360

Ⅴ. 근로소득　　363

　1. 근로소득의 범위　　363

　2. 비과세 근로소득　　364

　3. 근로소득의 구분　　369

　4. 근로소득금액의 계산　　370

　5. 근로소득의 과세방법　　371

　6. 근로소득의 수입시기　　372

　연습문제　　374

Ⅵ. 연금소득 · 기타소득　　377

　1. 연금소득　　377

　2. 기타소득　　380

　연습문제　　388

Ⅶ. 종합소득금액의 계산   391

   1. 결손금의 공제   391

   2. 이월결손금의 공제   391

   연습문제   394

Ⅷ. 종합소득과세표준 및 세액의 계산   396

   1. 종합소득과세표준의 계산   396

   2. 종합소득공제   396

   3. 조세특례제한법상 공제   400

   4. 소득공제 종합한도   402

   5. 종합소득세액의 계산   402

   6. 산출세액 계산 특례   403

   연습문제   406

Ⅸ. 세액공제 · 감면   411

   1. 자녀세액공제   411

   2. 연금계좌세액공제   412

   3. 특별세액공제   412

   4. 근로소득세액공제   417

   5. 배당세액공제   418

   6. 외국납부세액공제   419

   7. 기장세액공제   419

   8. 재해손실세액공제   419

   9. 근로소득자의 월세 세액공제   420

   10. 전자계산서 발급 세액공제   420

   연습문제   422

Ⅹ. 퇴직소득세   427

   1. 퇴직소득세의 계산구조   427

   2. 퇴직소득의 범위   427

   3. 퇴직소득 산출세액의 계산   429

   4. 퇴직소득의 수입시기   429

   연습문제   430

ⅩⅠ. 원천징수   431

   1. 원천징수의 의의   431

   2. 원천징수시기 특례   435

   3. 원천징수의 신고 · 납부   436

   연습문제   438

ⅩⅡ. 연말정산   440

   1. 연말정산의 의의   440

   2. 연말정산의 시기   440

   연습문제   444

ⅩⅢ. 양도소득세   445

   1. 양도의 범위   445

   2. 양도소득세 과세대상자산   445

   3. 비과세 양도소득   447

   4. 양도소득세 과세표준   448

   5. 취득 및 양도시기   451

   6. 양도소득세액계산 및 납부   451

   연습문제   454

XIV. 신고납부 및 결정과 징수　457
　1. 소득세 신고절차　457
　2. 중간예납　457
　3. 토지 등 매매차익과 자산양도차익의
　　　예정신고와 납부　458
　4. 사업장 현황신고　458
　5. 확정신고와 세액납부　458
　6. 결정과 경정　459
　7. 가산세　460

　연습문제　462

Chapter 5 부가가치세법

I. 부가가치세의 의의　466
　1. 부가가치세의 기본개념　466
　2. 우리나라 부가가치세 제도　470
　3. 우리나라 부가가치세의 특징과
　　　과세방법　470

　연습문제　472

II. 부가가치세의 계산구조　475
　1. 부가가치세의 계산구조　475

　연습문제　476

III. 납세의무자　477
　1. 사업자의 개념　477
　2. 사업자의 분류　478
　3. 재화의 수입에 대한 납세의무자　479
　4. 신탁재산과 관련된 재화 또는
　　　용역 공급시 납세의무자　479
　5. 사업자등록　479

　연습문제　482

IV. 과세기간　485
　1. 과세기간　485
　2. 신고 · 납부기한　486

　연습문제　488

V. 납세지　490
　1. 사업장별 과세원칙　490
　2. 주사업장 총괄납부제도　492
　3. 사업자 단위과세제도　495

　연습문제　498

Ⅵ. 부가가치세의 과세대상거래   501
    1. 재화의 공급   501
    2. 용역의 공급   507
    3. 재화의 수입   508
    4. 위탁매매, 대리인에 의한 매매   508
    연습문제   510

Ⅶ. 재화와 용역의 공급시기   514
    1. 재화의 공급시기   514
    2. 용역의 공급시기   518
    3. 세금계산서 발급과 공급시기   519
    연습문제   520

Ⅷ. 영세율과 면세   522
    1. 영세율   522
    2. 면세   526
    3. 영세율과 면세   531
    연습문제   532

Ⅸ. 과세표준과 매출세액의 계산   536
    1. 과세표준계산의 일반원칙   536
    2. 과세표준계산의 특례   540
    3. 대손세액공제   547
    연습문제   550

Ⅹ. 매입세액의 계산   557
    1. 매입세액공제액 계산   557
    2. 매입세액의 공제시기   558
    3. 매입세액불공제   559
    4. 의제매입세액공제   561
    5. 공통매입세액의 안분계산   564
    연습문제   566

Ⅺ. 세금계산서 실무   572
    1. 세금계산서 작성과 발급   572
    2. 수정세금계산서   578
    3. 매입자발행세금계산서   579
    4. 수입세금계산서   580
    5. 영수증   580
    6. 세금계산서합계표의 제출   581
    연습문제   582

Ⅻ. 부가가치세의 신고·납부   586
    1. 예정신고와 확정신고   586
    2. 결정 및 경정   591
    3. 환급   591
    4. 가산세   592
    연습문제   600

XⅢ. 간이과세   606

    1. 의의   606

    2. 간이과세자의 범위   606

    3. 간이과세자의 계산구조   608

    4. 신고와 납부   610

    5. 간이과세의 포기   611

    6. 납부의무 면제   611

    연습문제   614

연습문제 정답 및 해설   618

모의고사

제1회 모의고사   660

제2회 모의고사   681

모의고사 정답 및 해설   702

Chapter

1

조세총론

I 조세의 개념과 분류

1 조세의 개념

조세란 "국가 또는 지방자치단체가 경비충당을 위한 재정수입을 조달할 목적으로 법률에 규정된 과세요건을 충족한 모든 자에게 직접적 반대급부없이 부과하는 금전급부"라고 정의된다.

이를 구체적으로 설명하면 다음과 같다.

(1) 과세주체: 국가 또는 지방자치단체

조세를 부과하는 주체는 국가 또는 지방자치단체이다. 따라서 국가 또는 지방자치단체가 아닌 공공단체가 공공사업에 필요한 경비에 충당하기 위하여 부과하는 공과금은 조세가 아니다.

(2) 과세목적: 재정수입의 조달

조세는 국가 또는 지방자치단체의 경비충당을 위한 재정수입을 조달할 목적으로 부과된다. 따라서 위법행위에 대한 제재에 그 목적을 두고 있는 벌금·과료·과태료는 조세가 아니다.

(3) 과세근거: 조세법률주의

조세는 법률에 규정된 과세요건을 충족한 모든 자에게 부과된다.

조세의 과세요건은 법률에 정하도록 하고 있는데 이를 '조세법률주의'라 한다.

(4) 납부방법: 금전납부원칙

조세는 금전납부가 원칙이다. 화폐경제가 발달하지 않았던 과거에는 물건으로 납부할 수밖에 없었으나 화폐경제가 발달한 현대는 금전납부를 원칙으로 하고 있으므로 물납은 원칙적으로 인정하지 않는다.

다만, 상속세 및 증여세법 등에서 특수한 경우에 물납을 허용하고 있으나 이는 납세의무자의 유동성부족으로 인하여 납부자금 마련에 어려움이 있기 때문에 도입된 제도이다.

(5) 일반 보상성

조세는 직접적 반대급부 없이 부과된다. 조세는 납세자가 납부한 세액에 비례하여 반대급부(개별적 보상)를 제공하는 것은 아니다. 따라서 개별적인 보상계약에 의해 제공되는 용역에 대한 대가인 수수료 · 사용료 등과는 다르다.

2 조세의 분류

우리나라의 조세체계를 도식화하면 다음과 같다.

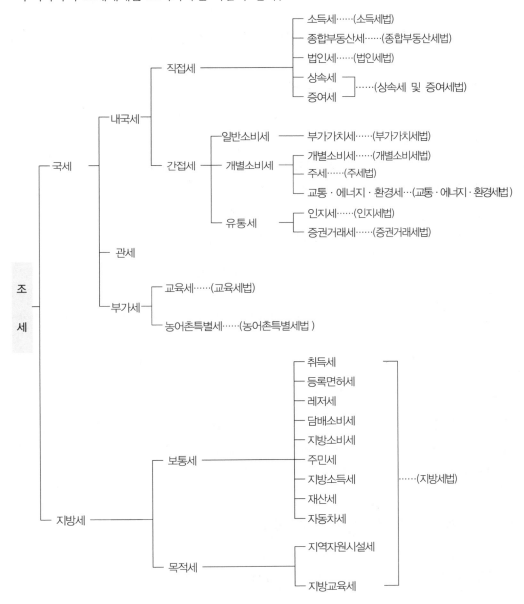

(1) 과세권자에 따른 분류

① 국세: 국가가 부과·징수하는 조세(예: 법인세, 소득세, 부가가치세 등)
② 지방세: 지방자치단체가 부과·징수하는 조세(예: 취득세, 등록면허세, 주민세 등)

(2) 조세의 사용용도가 특정되었는지에 따른 분류

① 보통세: 세수의 용도를 특정하지 아니하고 징수하는 조세(예: 법인세, 소득세 등)
② 목적세: 세수의 용도를 특정하여 징수하는 조세(예: 교육세, 농어촌특별세, 지방교육세 등)

(3) 조세부담의 전가 여부에 따른 분류

① 직접세: 입법상 조세부담의 전가를 예상하지 아니한 조세 즉, 납세의무자와 담세자가 일치하는 조세(예: 법인세, 소득세 등)
② 간접세: 입법상 조세부담이 전가될 것으로 예상한 조세 즉, 납세의무자와 담세자가 다른 조세(예: 부가가치세, 개별소비세, 주세 등)

(4) 납세의무자의 인적 사항이 고려되는지 여부에 따른 분류

① 인세(人稅): 납세의무자를 중심으로 그 인적 측면에 주안점을 두어 부과되는 조세(예: 소득세, 법인세 등)
② 물세(物稅): 과세물건을 중심으로 그 물적 측면에 주안점을 두어 부과되는 조세(예: 부가가치세, 재산세 등)

(5) 과세물건의 측정 단위에 따른 분류

① 종가세: 과세물건을 화폐단위로 측정하는 조세(예: 법인세, 소득세, 주세(주정 제외) 등)
② 종량세: 과세물건을 화폐 이외의 단위로 측정하는 조세(예: 주세(주정, 탁주 및 맥주에 한함), 인지세(단순정액세율인 경우) 등)

(6) 독립된 세원이 있는지 여부에 따른 분류

① 독립세: 독립된 세원에 대하여 부과하는 조세(예: 법인세, 소득세 등)
② 부가세: 다른 조세에 부가되는 조세(예: 교육세, 농어촌특별세 등)

예제

다음은 조세에 관한 설명이다. 옳지 않은 것은?
① 과세주체는 국가 또는 지방자치단체이다.
② 조세는 금전납부를 원칙으로 한다.
③ 납세자는 납부한 조세에 비례하여 국가로부터 개별적인 보상을 받는다.
④ 조세는 국가 또는 지방자치단체의 경비충당을 위한 재정수입의 조달을 위해 과세한다.

풀이

③: 조세는 직접적인 반대급부 없이 부과되는 일반보상적 성격을 가진다.

II 조세법의 기본원칙

조세법의 기본원칙이란 조세법의 입법 과정에서 지켜야 할 기본적인 이념을 말한다. 일반적으로 조세법의 기본원칙은 조세법률주의, 조세평등주의 및 신의성실의 원칙을 그 예로 들 수 있다.

1 조세법률주의

조세법률주의(租稅法律主義)란 조세의 부과 및 징수는 법률에 의하여야 한다는 원칙을 말한다. 즉 법률에 의하지 않고서는 조세당국이 조세를 부과·징수할 수 없으며 국민은 조세를 납부할 의무가 없다는 것이다.

2 조세평등주의

조세평등주의(租稅平等主義)란 조세법의 입법과 조세의 부과 및 징수과정에서 모든 납세의무자는 평등하게 취급되어야 한다는 원칙을 말한다.
현행 세법상 조세평등주의에 바탕을 둔 규정으로는 실질과세의 원칙을 그 예로 들 수 있다.

3 신의성실의 원칙

신의성실의 원칙(信義誠實原則)이란 납세자가 그 의무를 이행하거나 세무공무원이 그 직무를 수행함에 있어서 신의에 따라 성실히 하여야 한다는 원칙을 말한다.

01 다음 중 조세의 개념과 분류에 관한 설명으로 가장 옳은 것은?

① 세금은 직접적인 반대급부 없이 부과되므로 개별보상에 해당한다.
② 직접세와 간접세는 납세의무자와 담세자의 일치여부로 구분하는 것이다.
③ 목적세란 세수의 용도를 특정하여 징수하는 조세로, 현재 우리나라의 목적세로는 교육세, 농어촌특별세, 소득세, 법인세가 있다.
④ 세금은 그 과세권자가 누구인지에 따라서 국세, 지방세, 관세의 3가지로 분류한다.

02 다음 중 조세의 개념에 관한 설명으로 가장 옳은 것은?

① 공공단체가 공공사업에 필요한 경비에 충당하기 위하여 부과하는 공과금도 조세에 해당한다.
② 위법행위에 대한 제재에 목적을 두고 있는 과태료는 조세에 해당한다.
③ 조세법률주의에 따라 조세의 과세요건은 법률로 규정해야 한다.
④ 조세는 납부하는 금액에 비례하여 반대급부가 제공된다.

03 조세는 분류기준에 따라 다양하게 구분할 수 있다. 다음 중 조세의 분류기준에 따른 구분과 조세항목을 연결한 것으로 가장 올바르지 않은 것은?

	분류기준	구분	조세항목
①	과세권자	국 세	법인세, 소득세, 부가가치세
		지방세	취득세, 등록 · 면허세, 주민세
②	사용용도의 특정여부	보통세	법인세, 소득세, 부가가치세
		목적세	교육세, 농어촌특별세
③	조세부담의 전가여부	직접세	부가가치세
		간접세	법인세, 소득세
④	과세물건측정 단위	종량세	주정 · 탁주 · 맥주에 대한 주세
		종가세	법인세, 소득세

04 다음 중 조세의 분류에 관한 설명으로 가장 옳은 것은?

① 법인세는 과세권자가 지방자치단체인 지방세에 해당한다.
② 법인세는 조세의 사용용도가 특정된 목적세에 해당한다.
③ 소득세는 납세자의 인적사항이 고려되는 인세(人稅)에 해당한다.
④ 부가가치세는 입법상 조세부담의 전가를 예상하고 있는 직접세에 해당한다.

05 다음 뉴스를 보고 재무팀장과 사원이 나눈 대화 중 괄호 안에 들어갈 단어로 가장 옳은 것은?

> ○○도의 지난해 지방세 수입액이 사상 처음으로 10조원을 돌파했다. 세목별로는 보통세가 8조 2,694억 원으로 가장 많았고, 목적세가 2조 570억 원이었다.

> 사원: "팀장님, 목적세라는 것이 무엇인가요?"
> 재무팀장: "목적세는 (　　　　)가 특별히 지정되어있는 조세로, 보통세와 구분이 되는 조세 입니다."

① 조세의 사용용도
② 과세권자
③ 과세물건의 측정 단위
④ 조세부담의 전가여부

Chapter

2

국세기본법

Ⅰ 총설

1 국세기본법의 의의와 목적

국세기본법은 국세에 관한 기본적이고 공통적인 사항과 납세자의 권리·의무 및 권리구제에 관한 사항을 규정함으로써 ① 국세에 관한 법률관계를 명확하게 하고, ② 과세를 공정하게 하며, ③ 국민의 납세의무의 원활한 이행에 이바지함을 목적으로 한다.

2 기간과 기한

(1) 기간

기간이란 어느 일정시점에서 다른 일정시점까지의 계속된 시간을 말한다.

1) 기간의 계산

국세기본법 또는 세법에서 규정하는 기간의 계산은 국세기본법 또는 그 세법에 특별한 규정이 있는 것을 제외하고는 민법의 역법적 계산방법에 따른다.

① 역법적 계산방법

역법적 계산방법은 기간을 역(달력)에 따라 계산하는 방법으로서 기간을 일·주·월·연 단위로 정한 경우에 적용한다.

이 방법은 부정확하기는 하나 간편하기 때문에 일반적으로 많이 이용되고 있으며, 세법상의 기간은 일·월·연으로 규정되어 있으므로 세법상 기간계산은 이 역법적 계산방법에 의한다.

ⓐ 기간의 기산점
- 초일불산입원칙: 기간을 일·주·월·연으로 정한 때에는 기간의 초일은 기간 계산시 산입하지 않는다. 다만, 그 기간이 오전 0시부터 시작하는 경우에는 초일을 산입하며, 연령계산의 경우 및 국세기본법 또는 세법에서 특별한 규정이 있는 경우에는 초일을 산입한다.

ⓒ 기간의 만료점
- 주, 월 또는 연의 처음으로부터 기간을 기산하지 아니하는 때에는 최후의 주, 월 또는 연에서 그 기산일에 해당한 날의 전일로 기간이 만료한다.
- 기간말일이 공휴일에 해당하는 때에는 그 다음 날로 기간이 만료한다.
- 최후의 월에 해당일이 없는 때에는 그 월의 말일로 기간이 만료한다.

(2) 기한

기한이란 일정한 시점의 도래로 인하여 법률효과가 발생·소멸하거나 또는 일정한 시점까지 의무를 이행하여야 하는 경우에 그 시점을 말한다.

1) 기한의 특례

국세기본법 또는 세법에서 규정하는 신고·신청·청구, 그밖에 서류의 제출·통지·납부 또는 징수에 관한 기한이 「공휴일·토요일이거나 근로자의 날일 때에는」 공휴일·토요일 또는 근로자의 날의 다음날을 기한으로 한다.

2) 우편신고 및 전자신고

우편으로 과세표준신고서·과세표준수정신고서 또는 그와 관련된 서류를 제출한 경우에는 우편법에 의한 우편날짜도장이 찍힌 날(우편날짜도장이 찍히지 아니하였거나 분명하지 아니한 경우에는 통상 걸리는 배송일수를 기준으로 발송한 날로 인정되는 날)에 신고되거나 청구된 것으로 본다.(발신주의)

또한 신고서 등을 국세정보통신망을 이용하여 제출하는 전자신고의 경우에는 해당 신고서 등이 국세청장에게 전송된 때에 신고되거나 청구된 것으로 본다.

3 서류의 송달

(1) 서류송달의 의의

서류의 송달이란 국세기본법 또는 세법에 의한 행정처분의 내용을 그 행정처분의 대상자 또는 이해관계자에게 알리기 위하여 그 처분의 내용을 기록한 서류를 법에 정한 절차에 따라서 전달하는 행정관청의 행위를 말한다.

(2) 송달장소

국세기본법 또는 세법에 규정하는 서류는 그 명의인(해당 서류의 수신인으로 지정되어 있는 자)의 주소·거소·영업소 또는 사무소(전자송달은 명의인의 전자우편주소)에 송달하는 것을 원칙으로 한다.

(3) 송달방법

서류는 교부, 우편 또는 전자송달에 의하여 송달함을 원칙으로 한다. 다만, 주소불명 등의 사유로 서류를 송달할 수 없는 경우에는 공시송달에 의한다.

(4) 송달의 효력발생

서류의 송달에 대한 효력은 원칙적으로 도달주의에 의하나, 전자송달 및 공시송달 등의 경우는 특례규정을 두고 있다.

송달효력발생	① 우편 또는 교부송달: 도달주의*(송달받을 자의 지배권 내에 들어간 경우) ② 전자송달: 송달받을 자가 지정한 전자우편주소에 입력된 때(국세정보통신망에 저장한 경우에 저장된 때) ③ 공시송달: 공시송달의 경우에는 서류의 주요 내용을 공고한 날부터 14일이 지나면 서류 송달이 된 것으로 본다.

* 도달주의: 송달하는 서류는 송달받아야 할 자에게 도달한 때부터 효력이 발생한다는 원칙

심화학습

구분	내용	비고	취지
① 납세자의 우편에 의한 신고	우편법에 의한 우편날짜도장이 찍힌 날에 신고된 것으로 본다.	발신주의 (의제규정)	납세자의 편의 및 권익을 보호
② 과세관청의 우편 또는 교부송달	송달받아야 할 자에게 도달한 때로부터 효력이 발생한다.	도달주의	

4 특수관계인

세법 상 특수관계인이란 납세의무자 본인과 다음 항목 중 어느 하나에 해당하는 관계에 있는 자를 말하는데, 이 경우 세법을 적용할 때 본인도 그 특수관계인의 특수관계인으로 본다. 즉, 특수관계인이라 함은 그 쌍방관계를 각각 특수관계인으로 하는 것이므로, 어느 일방을 기준으로 특수관계에 해당하기만 하면 이들 상호간은 특수관계인에 해당하는 것이다. 국세기본법에서 정하고 있는 특수관계인의 범위는 다음과 같다.

(1) 혈족 · 인척 등의 친족관계(본인이 개인인 경우만 해당한다.)

① 4촌 이내의 혈족
② 3촌 이내의 인척
③ 배우자(사실상의 혼인관계에 있는 자를 포함한다)
④ 친생자로서 다른 사람에게 친양자 입양된 자 및 그 배우자 · 직계비속
⑤ 혼외 출생자의 생부 · 생모(2023.3.1. 이후부터 적용)

(2) 임원 · 사용인 등의 경제적 연관관계

① 임원과 그 밖의 사용인
② 본인의 금전이나 그 밖의 재산으로 생계를 유지하는 자
③ 상기 ① 및 ②의 자와 생계를 함께 하는 친족

(3) 주주 · 출자자 등의 경영지배관계

1) 본인이 개인인 경우

① 본인이 직접 또는 그와 친족관계 또는 경제적 연관관계에 있는 자를 통하여 법인의 경영에 대하여 지배적인 영향력*을 행사하고 있는 경우 그 법인
② 본인이 직접 또는 그와 친족관계, 경제적 연관관계 또는 ①의 관계에 있는 자를 통하여 어느 법인의 경영에 대하여 지배적인 영향력*을 행사하고 있는 경우 그 법인

2) 본인이 법인인 경우

① 개인 또는 법인이 직접 또는 그와 친족관계 또는 경제적 연관관계에 있는 자를 통하여 본인인 법인의 경영에 대하여 지배적인 영향력을 행사하고 있는 경우 그 개인 또는 법인

② 본인이 직접 또는 그와 경제적 연관관계 또는 ①의 관계에 있는 자를 통하여 어느 법인의 경영에 대하여 지배적인 영향력을 행사하고 있는 경우 그 법인

③ 본인이 직접 또는 그와 경제적 연관관계, ① 또는 ②의 관계에 있는 자를 통하여 어느 법인의 경영에 대하여 지배적인 영향력을 행사하고 있는 그 법인

④ 본인이 「독점규제 및 공정거래에 관한 법률」에 따른 기업집단에 속하는 경우 그 기업집단에 속하는 다른 계열회사 및 그 임원

* 지배적인 영향력: 다음 중 어느 하나에 해당되면 해당 법인의 경영에 대하여 지배적인 영향력을 행사하는 것으로 본다.

구분	내용
① 영리법인의 경우	1. 본인 또는 그의 특수관계인이 그 법인의 발행주식총수 등의 30% 이상을 출자한 경우 2. 본인 또는 그의 특수관계인이 임원의 임면권의 행사, 사업방침의 결정 등 그 법인의 경영에 대하여 사실상 영향력을 행사하고 있다고 인정되는 경우
② 비영리법인의 경우	1. 본인 또는 그의 특수관계인이 그 법인의 이사의 과반수를 차지하는 경우 2. 본인 또는 그의 특수관계인이 그 법인의 출연재산의 30% 이상을 출연하고 그 중 1인이 설립자인 경우

MEMO

01 법률행위의 효력발생·소멸이나 특정한 행위의 이행을 위하여 정하여진 일시를 무엇이라고 하는가?

① 법정기일   ② 징수일
③ 기간   ④ 기한

02 다음 중 기한의 특례규정에 관한 설명으로 가장 올바르지 않은 것은?

① 신고·신청·청구 그밖에 서류의 제출·통지·납부 또는 징수에 관한 기한이 공휴일에 해당하는 때에는 그 공휴일의 다음날을 기한으로 한다.
② 기간의 초일 혹은 중간에 공휴일이 있으면 그 일수만큼 기한이 연장된다.
③ 공휴일은 "관공서의 공휴일에 관한 규정"에서 규정된 공휴일을 말한다.
④ 공휴일에는 조세수납기간의 휴무일인 근로자의 날도 포함된다.

03 다음 중 법인세법상 기간과 기한에 관한 설명으로 가장 올바르지 않은 것은?

① 기간이란 어느 일정시점에서 다른 일정시점까지의 계속된 시간을 말한다.
② 기간의 계산은 세법에 특별한 규정이 있는 경우를 제외하고는 민법의 역법적 계산방법에 따른다.
③ 우편으로 과세표준신고서를 제출한 경우에는 도착한 날에 신고된 것으로 본다.
④ 기간말일이 공휴일에 해당하는 때에는 그 익일로 기간이 만료된다.

04 다음 중 기간과 기한에 관한 설명으로 가장 올바르지 않은 것은?

① 기간을 일·주·월·연으로 정한 때에는 기간의 초일은 기간 계산시 산입하지 않는 것을 원칙으로 한다.

② 기한이란 일정한 시점의 도래로 인하여 법률효과가 발생·소멸하거나 또는 일정한 시점까지 의무를 이행하여야 하는 경우에 그 시점을 말한다.

③ 기간의 계산은 국세기본법 또는 그 세법에 특별한 규정이 있는 것을 제외하고는 민법을 따른다.

④ 20X1년 12월 31일로 사업연도가 종료하는 법인은 20X2년 3월 31일까지 법인세를 신고·납부하여야 하는데 공교롭게도 20X2년 3월 31일이 토요일인 경우에는 그 전 날인 20X2년 3월 30일까지 법인세를 신고·납부하여야 한다.

05 다음 중 국세기본법상 서류의 송달에 관한 설명으로 가장 올바르지 않은 것은?

① 서류의 송달에 대한 효력은 원칙적으로 도달주의에 의하나, 공시송달 등의 경우는 특례규정을 두고 있다.

② 서류는 교부, 우편 또는 전자송달에 의하여 송달함을 원칙으로 한다. 다만, 주소불명 등의 사유로 송달할 수 없는 경우에는 공시 송달에 의한다.

③ 교부송달의 경우 우편법에 의한 우편날짜도장이 찍힌 날에 신고된 것으로 본다.

④ 납세고지서를 송달받아야 할 자의 주소를 주민등록표에 의해 확인할 수 없는 경우, 서류의 주요 내용을 공고한 날부터 14일이 지나면 서류 송달이 된 것으로 본다.

06 다음 중 세법상 특수관계인에 대한 설명으로 가장 올바르지 않은 것은?

① 어느 일방을 기준으로 특수관계에 해당하더라도 상대방의 특수관계인 여부에는 직접 영향을 미치지 않는 일방관계가 적용된다.
② 배우자는 사실혼 관계에 있는 자를 포함한다.
③ 법인과 경제적 연관관계가 있는 임원은 특수관계인에 해당한다.
④ 법인과 경영지배관계에 있는 주주는 특수관계인에 해당한다.

07 다음 중 세법상 특수관계인에 관한 설명으로 가장 올바르지 않은 것은?

① 본인이 법인인 경우 해당 법인의 임원은 특수관계인에 해당한다.
② 본인이 법인인 경우 해당 법인에 지배적인 영향력을 행사하는 주주는 특수관계인에 해당한다.
③ 본인이 개인인 경우 해당 개인의 3촌 이내의 인척은 특수관계인에 해당한다.
④ 본인이 법인인 경우 해당 법인의 소액주주는 특수관계인에 해당한다.

II 국세부과의 원칙

1 국세부과원칙의 의의

국세의 부과란 납세의무를 확정시켜 당해 조세를 조세당국이 납세자에게 청구하거나 납세자 스스로 확정한 납세의무를 세무당국에 신고하는 것을 말한다.

국세부과에 있어서 국가의 우위로 인하여 납세자의 재산권이 부당히 침해될 우려가 있으므로 국세기본법은 국세부과에 있어 준수하여야 할 기본원칙으로 실질과세의 원칙, 신의성실의 원칙, 근거과세의 원칙 및 조세감면의 사후관리를 규정하고 있는 바, 이를 국세부과의 원칙이라 한다.

2 실질과세의 원칙

"실질과세의 원칙"이란 법적 형식이나 외관에 관계없이 실질에 따라 세법을 해석하고 과세요건사실을 인정해야 한다는 원칙이다.

이는 실질과 다른 법형식을 통해 조세부담을 회피하는 행위를 방지하고 부담능력에 따른 과세를 실현하고자 하는 것이므로 조세평등주의를 보다 구체화한 것이다.

국세기본법은 실질과세의 원칙으로서 귀속에 관한 실질과세, 거래내용에 관한 실질과세와 조세회피방지를 위한 경제적 실질과세를 규정하고 있다.

구분	내용
사업자등록명의자와 실제사업자가 상이한 경우	사업자등록명의자와는 별도로 사실상의 사업자가 있는 경우에는 사실상의 사업자를 납세의무자로 본다.(국기통 14-0…1)
1인 명의로 사업등록을 하고 수인이 동업하는 경우	1인 명의로 사업자등록을 하고 2인 이상이 동업하여 그 수익을 분배하는 경우에는 외관상의 사업명의인이 누구이냐에 불구하고 실질과세의 원칙에 따라 국세를 부과한다.(국기통 14-0…2)
명의상 주주에 대한 과세문제	회사의 주주로 명부상 등재되어 있더라도 회사의 대표자가 임의로 등재한 것일 뿐 회사의 주주로서 권리행사를 한 사실이 없는 경우에는 그 명의자인 주주를 세법상 주주로 보지 않는다.(국기통 14-0…3)
공부상 명의자와 실질소유자가 다른 경우	공부상 등기·등록 등이 타인의 명의로 되어 있더라도 사실상 당해 사업자가 취득하여 사업에 공하였음이 확인되는 경우에는 이를 그 사실상 사업자의 사업용자산으로 본다.(국기통 14-0…4)
명의신탁자에 대한 과세	명의신탁부동산을 매각처분한 경우에는 양도의 주체 및 납세의무자는 명의수탁자가 아니고 명의신탁자이다.(국기통 14-0…6)
우회거래방식을 통한 경우	제3자를 통한 간접적인 방법이나 둘 이상의 행위 또는 거래를 거치는 방법으로 이 법 또는 세법의 혜택을 부당하게 받기 위한 것으로 인정되는 경우에는 그 경제적 실질 내용에 따라 당사자가 직접 거래를 한 것으로 보거나 연속된 하나의 행위 또는 거래를 한 것으로 보아 이 법 또는 세법을 적용한다.(국기법 14조 3항)

3 신의성실의 원칙

　"신의성실의 원칙"이란 납세자 및 세무공무원이 그 의무를 이행할 때에는 신의에 따라 성실하게 하여야 한다는 원칙이다.

(1) 적용대상자

　국세기본법상 신의성실의 원칙은 납세자뿐만 아니라 세무공무원이 직무를 수행할 때에도 적용된다.

(2) 적용요건

학설과 판례에 의해 확립된 신의성실원칙에서 과세관청의 행위에 대해 신의성실원칙이 적용되기 위한 요건을 살펴보면 다음과 같다.

① 납세자의 신뢰의 대상이 되는 과세관청의 공적 견해표시가 있어야 한다.
② 납세자가 과세관청의 견해표시를 신뢰하고, 그 신뢰에 납세자의 귀책사유가 없어야 한다.
③ 납세자가 과세관청의 견해표시에 대한 신뢰를 기초로 하여 어떤 행위를 하여야 한다.
④ 과세관청이 당초의 견해표시에 반하는 적법한 행정처분을 하여야 한다.
⑤ 과세관청의 그러한 배신적 처분으로 인하여 납세자가 불이익을 받아야 한다.

(3) 효과

위의 조건이 충족되면 과세관청의 처분이 본래 적합한 것일지라도 신의성실의 원칙의 위반으로 취소될 수 있다.

4 근거과세의 원칙

"근거과세의 원칙"이란 장부 등 직접적인 자료에 입각하여 납세의무를 확정하여야 한다는 원칙이다.

국세를 조사·결정할 때 장부의 기록 내용이 사실과 다르거나 장부의 기록에 누락된 것이 있을 때에는 "그 부분에 대해서만" 정부가 조사한 사실에 따라 결정할 수 있으며, 이 경우에는 그 조사한 사실과 결정의 근거를 결정서에 적어야 한다.

5 조세감면의 사후관리

정부는 국세를 감면한 경우에 그 감면의 취지를 성취하거나 국가정책을 수행하기 위하여 필요하다고 인정하면 세법에서 정하는 바에 따라 감면한 세액에 상당하는 자금 또는 자산의 운용범위를 정할 수 있으며, 만약 그 운용범위를 벗어난 자금 또는 자산에 상당하는 감면세액은 세법에서 정하는 바에 따라 감면을 취소하고 징수할 수 있다.

01 다음 중 국세부과의 원칙에 해당하지 않는 것은?

① 실질과세의 원칙　　　　　　　② 근거과세의 원칙
③ 기업회계의 존중　　　　　　　④ 신의성실의 원칙

02 다음 중 국세부과의 원칙에 관한 설명으로 가장 올바르지 않은 것은?

① 신의성실의 원칙이란 납세자가 그 의무를 이행할 때에는 신의에 따라 성실하게 하여야 한다는 원칙으로 세무공무원의 직무수행에는 적용되지 않는다.
② 근거과세의 원칙이란 장부 등 직접적인 자료에 입각하여 납세의무를 확정해야 한다는 원칙이다.
③ 조세감면 사후관리란 세법이 정하는 바에 따라 감면한 세액에 상당하는 자금 또는 자산의 운용범위를 정할 수 있는 원칙이다.
④ 실질과세의 원칙은 조세평등주의를 구체화한 국세부과의 원칙이다.

03 근로소득이 있는 김회피씨가 종합소득세의 누진세율을 피하고자 자기 아내인 이명의씨의 명의로 슈퍼마켓을 개업하였다. 이명의씨는 출자한 바도 없고 경영에도 관여한 바도 없으며 실질적인 소득은 김회피씨에게 귀속되었다. 이 경우 적용될 국세부과의 원칙은?

① 실질과세의 원칙　　　　　　　② 엄격해석의 원칙
③ 신의성실의 원칙　　　　　　　④ 조세법률주의

04 다음 내용과 가장 밀접한 관련이 있는 국세부과의 원칙으로 가장 옳은 것은?

> • 사업자등록명의자와는 별도로 사실상의 사업자가 있는 경우에는 사실상의 사업자를 납세의무자로 본다(국기통 14-0…1).
> • 회사의 주주로 명부상 등재되어 있더라도 회사의 대표자가 임의로 등재한 것일 뿐 회사의 주주로서 권리행사를 한 사실이 없는 경우에는 그 명의자인 주주를 세법상 주주로 보지 않는다(국기통 14-0…3).
> • 공부상 등기·등록 등이 타인의 명의로 되어 있더라도 사실상 당해 사업자가 취득하여 사업에 공하였음이 확인되는 경우에는 이를 그 사실상 사업자의 사업용자산으로 본다(국기통 14-0…4).
> • 명의신탁부동산을 매각처분한 경우에는 양도의 주체 및 납세의무자는 명의수탁자가 아니고 명의신탁자이다(국기통 14-0…6).

① 신의성실의 원칙 ② 근거과세의 원칙
③ 조세감면의 사후관리 ④ 실질과세의 원칙

05 다음은 신의성실의 원칙의 적용요건이다.

> ㄱ. 납세자의 신뢰의 대상이 되는 과세관청의 공적견해표시가 있어야 한다.
> ㄴ. 납세자가 과세관청의 견해표시를 신뢰하고, 그 신뢰에 납세자의 귀책사유가 없어야 한다.
> ㄷ. 납세자가 과세관청의 견해표시에 대한 신뢰를 기초로 하여 어떤 행위를 하여야 한다.
> ㄹ. 과세관청이 당초의 견해표시에 반하는 적법한 행정처분을 하여야 한다.
> ㅁ. 과세관청의 그러한 배신적 처분으로 인하여 납세자가 불이익을 받아야 한다.

다음 중 신의성실의 원칙을 적용하기 위한 "과세관청의 공적인 견해표현"에 해당하는 것은?

① 세무서담당자의 구두설명
② 국세청법규과의 서면질의회신
③ 국세상담센터의 전화안내
④ 홈택스사이트의 Q&A

06 다음 중 학설과 판례에 의해 확립된 신의성실의 원칙에서 과세관청의 행위에 대해 신의성실의 원칙이 적용되기 위한 요건으로 가장 올바르지 않은 것은?

① 납세자의 신뢰의 대상이 되는 과세관청의 공적 견해표시가 있어야 한다.
② 납세자가 과세관청의 견해표시를 신뢰하고, 그 신뢰에 납세자의 귀책사유가 없어야 한다.
③ 납세자가 과세관청의 견해표시에 대한 신뢰를 기초로 하여 어떤 행위를 하여야 한다.
④ 과세관청이 당초의 견해표시에 부합하는 적법한 행정처분을 하여야 한다.

07 다음 중 국세기본법상 국세부과의 원칙에 관한 설명으로 가장 올바르지 않은 것은?

① 납세자가 그 의무를 이행할 때에는 신의에 따라 성실하게 하여야 한다. 세무공무원이 그 직무를 수행할 때에도 또한 같다.
② 세무서장이 종합소득 과세표준과 세액을 경정하는 경우 거주자가 추계 신고한 경우에도 소득금액을 계산할 수 있는 장부 기타 증빙서류를 비치, 기장하고 있는 때에는 그 장부 기타 증빙서류에 근거하여 실지조사 결정하여야 한다.
③ 세무공무원이 재량으로 직무를 수행할 때에는 과세의 형평과 해당 세법의 목적에 비추어 일반적으로 적당하다고 인정되는 한계를 엄수하여야 한다.
④ 명의신탁부동산을 매각처분한 경우에는 양도의 주체 및 납세의무자는 원칙적으로 명의수탁자가 아니고 명의신탁자이다.

08 다음 중 국세기본법상 근거과세의 원칙에 관한 설명으로 가장 올바르지 않은 것은?

① 근거과세의 원칙이란 장부 등 직접적인 자료에 입각하여 납세의무를 확정하여야 한다는 원칙이다.

② 국세를 조사·결정할 때 장부의 기록 내용이 사실과 다르거나, 장부의 기록에 누락된 것이 있을 때에는, 장부 전체에 대하여 정부가 조사한 사실에 따라 결정할 수 있다.

③ 정부는 장부의 기록 내용과 다른 사실 또는 장부 기록에 누락된 것을 조사하여 결정하였을 때에는, 정부가 조사한 사실과 결정의 근거를 결정서에 적어야 한다.

④ 행정기관의 장은 해당 납세의무자 또는 그 대리인이 요구하면, 보기 3의 결정서를 열람 또는 복사하게 하거나, 그 등본 또는 초본이 원본과 일치함을 확인하여야 한다.

Ⅲ 세법적용의 원칙

1 세법적용원칙의 의의

세법적용의 원칙이란 세법상의 법률효과발생을 목적으로 한 법의 해석·적용 과정에서 지켜야 할 원칙을 말하는 것으로 이는 공정한 과세와 납세자의 재산권을 보호하기 위한 것이다.

국세기본법은 세법적용의 원칙으로서 다음과 같이 납세자 재산권의 부당한 침해금지·소급과세금지·세무공무원의 재량의 한계·기업회계의 존중을 규정하고 있다.

2 납세자 재산권의 부당한 침해금지

납세자 재산권의 부당한 침해금지란 세법을 해석·적용할 때에는 "과세의 형평"과 "해당 조항의 합목적성"에 비추어 납세자의 재산권이 부당하게 침해되지 않도록 하여야 한다는 원칙이다.

3 소급과세의 금지

소급과세의 금지란 조세법률관계에 있어서 법적안정성 및 예측가능성을 보장하기 위하여 행정법규의 효력발생 전에 완결된 사실에 대하여 새로 제정된 법을 적용하지 아니한다는 원칙이다.

(1) 새로운 세법에 의한 소급과세의 금지

국세를 납부할 의무(세법에 징수의무자가 따로 규정되어 있는 국세의 경우에는 이를 징수하여 납부할 의무)가 성립한 소득·수익·재산·행위 또는 거래에 대해서는 그 성립 후의 새로운 세법에 따라 소급하여 과세하지 아니한다.

(2) 새로운 해석 또는 관행에 의한 소급과세의 금지

세법의 해석이나 국세행정의 관행이 일반적으로 납세자에게 받아들여진 후에는 그 해석이나 관행에 의한 행위 또는 계산은 정당한 것으로 보며, 새로운 해석이나 관행에 의하여 소급하여 과세되지 아니한다.

심화학습

- 유리한 소급효는 인정된다는 것이 통설이다.
- 법인세·소득세·부가가치세와 같이 과세기간 단위로 과세하는 세목인 경우 과세기간말에 성립되므로 과세기간 진행 중 세법을 개정하여 사업연도 개시일부터 개정 세법을 적용하는 것은 소급과세라고 할 수 없다. 이를 부진정소급과세라고 한다.

4 세무공무원의 재량의 한계

세무공무원이 재량으로 직무를 수행할 때에는 과세의 형평과 해당 세법의 목적에 비추어 일반적으로 적당하다고 인정되는 한계를 엄수하여야 한다.

5 기업회계의 존중

세무공무원이 세법에 특별한 규정이 있는 경우를 제외하고는 과세표준을 조사·결정할 때에 해당 납세의무자가 계속하여 적용하고 있는 기업회계의 기준이나 관행으로서 일반적으로 공정·타당하다고 인정되는 것은 이를 존중하여야 한다.

01 세법의 해석이나 국세행정의 관행이 일반적으로 납세자에게 받아들여진 후에는 새로운 해석이나 관행에 의하여 소급하여 과세되지 아니하는 것은 어떤 원칙에 입각한 것인가?

① 소급과세금지의 원칙　　　　　　　　② 조세법률주의
③ 공평과세의 원칙　　　　　　　　　　④ 실질과세의 원칙

02 다음 중 소급과세금지에 관한 내용으로 가장 올바르지 않은 것은?

① 납세의무가 이미 성립한 경우에는 새로운 세법을 적용하는 것을 금지한다.
② 유리한 소급효는 인정된다는 것이 통설이다.
③ 과세기간 중에 법률개정이나 해석의 변경이 있는 경우에도 이미 진행한 과세기간분에 대해 소급과세하는 부진정소급효는 허용되지 않는다.
④ 세법의 해석이나 국세행정의 관행이 일반적으로 납세자에게 받아들여진 후에는 그 해석이나 관행에 의한 행위 또는 계산은 정당한 것으로 보며, 새로운 해석이나 관행에 의하여 소급하여 과세되지 아니한다.

03 다음 중 국세기본법상 국세부과의 원칙 및 세법적용의 원칙에 대한 설명으로 가장 올바르지 않은 것은?

① 실질과세의 원칙은 조세평등주의를 구체화한 국세부과의 원칙이다.
② 소급과세금지의 원칙이란 세법의 해석이나 국세행정의 관행이 일반적으로 납세자에게 받아들여진 후에는 새로운 해석이나 관행에 의하여 소급하여 과세하지 아니하는 것을 말한다.
③ 세무공무원이 그 의무를 이행할 때 신의에 따라 성실하게 할 것을 요구하는 신의성실의 원칙은 납세자에게도 적용된다.
④ 근거과세의 원칙이란 국세를 조사·결정할 때, 장부의 기록내용이 사실과 다르거나 장부의 기록에 누락된 것이 있을 때에는 조세법에 근거하여 납세자의 모든 소득을 다시 조사하여 결정할 수 있는 것을 말한다.

04 다음 중 국세기본법상 세법적용의 원칙에 관한 설명으로 가장 올바르지 않은 것은?

① 세법을 해석·적용할 때에는 과세의 형평과 해당 조항의 합목적성에 비추어 납세자의 재산권이 부당하게 침해되지 않도록 하여야 한다.

② 세무공무원은 어떠한 경우에도 납세의무자가 계속하여 적용하고 있는 기업회계의 기준이나 관행으로서 일반적으로 공정·타당하다고 인정되는 것은 이를 존중하여야 한다.

③ 법인세와 같은 기간세에 속하는 조세에 있어서 사업연도 종료 이전에 법령을 개정하면서 사업연도 개시일부터 소급하여 적용한다고 하더라도 소급과세의 원칙에 위반되지 아니한다.

④ 세법적용의 원칙은 공정한 과세와 납세자의 재산권을 보호함을 목적으로 한다.

Ⅳ 과세요건

1 과세요건의 의의

과세요건이란 납세의무의 성립에 필요한 법률상의 요건으로서 일반적으로 납세의무자 · 과세물건 · 과세표준 · 세율 등이 포함된다.

2 납세의무자

납세의무자란 세법에 의하여 국세를 납부할 의무(국세를 징수하여 납부할 의무를 제외한다)가 있는 자를 말한다. 즉 법률상 조세채무를 부담하는 자를 납세의무자라고 한다.

3 과세물건

과세물건이란 조세부과의 목표가 되거나 과세의 원인이 되는 소득, 수익, 재산, 사실 행위 등의 조세객체를 말한다.

예를 들어 법인세와 소득세의 경우에는 납세의무자가 일정기간 동안 벌어들인 소득에 대해서 세금을 부과하므로 소득이 과세물건이 되는 것이다.

4 과세표준

과세표준이란 세법에 따라 직접적으로 세액산출의 기초가 되는 과세대상의 수량 또는 가액을 말한다.

법인세나 소득세의 경우 법인 또는 개인의 소득금액이 과세표준이다.

5 세율

세율이란 과세의 한 단위에 대하여 징수하는 조세의 비율을 말한다. 즉, 과세표준에 세율을 곱하여 세액을 산출하는 것이다.

01 과세권자가 납세의무자에게 세금을 부과하기 위해서는 과세요건을 법에서 규정하고 있어야 한다. 다음 중 과세요건이 아닌 것은?

① 납세의무자   ② 과세물건
③ 세율   ④ 세법

02 다음 중 과세요건과 관련한 설명으로 가장 올바르지 않은 것은?

① 과세요건이란 납세의무의 성립에 필요한 법률상의 요건을 말한다.
② 세법에 의하여 국세를 납부할 의무(국세를 징수하여 납부할 의무를 포함)가 있는자를 납세의무자라고 하며 과세요건에 해당한다.
③ 과세물건이란 조세부과의 목표가 되거나 과세의 원인이 되는 소득, 수익, 재산, 사실행위 등의 조세객체를 말하며 과세요건에 해당한다.
④ 세율이란 과세의 한 단위에 대하여 징수하는 조세의 비율을 말하며 과세요건에 해당한다.

03 다과세요건이란 납세의무 성립에 필요한 법률상의 요건을 말한다. 다음 자료를 이용하여 창문세의 과세요건을 정의할 경우 가장 올바르지 않은 것은?

> (1) 창문세는 1696년에 도입된 영국의 조세제도로, 집에 붙어 있는 창문의 수에 따라 세금이 결정되었다.
> (2) 여섯 개가 넘는 창문을 가진 집만 과세대상이 되었으며, 일곱 개에서 아홉 개까지의 창문이 달린 집은 창문당 2실링, 열 개 이상의 창문이 달린 집은 창문당 4실링의 세금을 내야 했다.
> (3) 창문세는 1851년 주택세를 만들 때까지 지속되었고, 그 시기 창문세를 피하기 위해 사람들이 건물의 창문을 막아버리면서, 영국에는 창문이 없는 옛 건물을 볼 수 있다.

① 납세의무자: 집주인(또는 해당 집의 거주자)
② 과세물건(과세대상): 창문
③ 과세표준: 창문의 개수
④ 세율: 10%

V 과세와 환급

1 관할관청

(1) 관할관청의 의의

관할이라 함은 행정기관이 법률상 유효하게 국가 또는 공공단체의 행위를 할 수 있는 권한의 범위를 말하며, 관할관청이라 함은 관할에 관한 직권을 발동할 수 있는 국가기관을 말한다.

(2) 관할관청의 내용

1) 과세표준신고의 관할

과세표준신고서는 신고 당시 해당 국세의 납세지를 관할하는 세무서장에게 제출하여야 한다. 다만, 전자신고를 하는 경우에는 지방국세청장이나 국세청장에게 제출할 수 있다.

2) 결정 또는 경정결정의 관할

국세의 과세표준과 세액의 결정 또는 경정결정은 처분당시 해당 국세의 납세지를 관할하는 세무서장이 한다.

2 수정신고와 경정청구

(1) 수정신고

1) 수정신고의 의의

과세표준수정신고란 법정신고기한까지 과세표준과 세액의 신고서를 제출한 자 및 기한 후 과세표준신고서를 신고한 자가 그 신고한 과세표준과 세액이 세법에 의하여 신고하여야 할 과세표준과 세액에 미달하는 때에 당해 국세의 과세표준과 세액이 결정 또는 경정되어 통지되기 전까지 당초 신고한 과세표준과 세액을 납세의무자가 스스로 고쳐 정당한 과세표준과 세액을 신고하는 것을 말한다.

2) 수정신고의 요건

① 수정신고를 할 수 있는 자

법정신고기한까지 과세표준과 세액을 신고한 자 및 기한 후 과세표준 신고를 한 자는 수정신고를 할 수 있다.

② 수정신고 사유

과세표준수정신고서를 법정신고기한 내에 제출한 자는 다음의 사유에 해당하는 때에 과세표준수정신고를 할 수 있다.

구분	내용
당초에 과소신고한 경우	① 과세표준신고서 또는 기한후과세표준신고서에 기재된 과세표준 및 세액이 세법에 따라 신고하여야 할 과세표준 및 세액에 미치지 못할 때 ② 과세표준신고서 또는 기한후과세표준신고서에 기재된 결손금액 또는 환급세액이 세법에 따라 신고하여야 할 결손금액이나 환급세액을 초과할 때
불완전한 신고를 한 경우	원천징수의무자의 정산과정에서의 누락, 세무조정과정에서의 누락 등 사유로 불완전한 신고를 한 때

3) 수정신고기한

과세표준수정신고는 국세의 세목에 관계없이 관할세무서장이 당해 국세에 대한 과세표준과 세액의 결정 또는 경정하여 통지하기 전으로서 국세부과의 제척기간이 끝나기 전까지 할 수 있다.

4) 수정신고로 인한 가산세의 감면

과세표준수정신고서를 법정신고기한 경과 후 일정기간 이내에 제출한 자는 과소신고·초과환급신고가산세가 감면된다(주의: 납부지연가산세는 감면되지 아니함). 다만, 경정이 있을 것을 미리 알고 과세표준수정신고서를 제출한 경우는 감면되지 않는다.

법정신고기한 경과 후	과소신고 · 초과환급신고가산세 감면율
1개월 이내에 수정신고한 경우	90%
1개월 초과 3개월 이내에 수정신고한 경우	75%
3개월 초과 6개월 이내에 수정신고한 경우	50%
6개월 초과 1년 이내에 수정신고한 경우	30%
1년 초과 1년 6개월 이내에 수정신고한 경우	20%
1년 6개월 초과 2년 이내에 수정신고한 경우	10%

(2) 경정청구

1) 경정청구의 의의

"경정 등의 청구"란 이미 신고 · 결정 · 경정된 과세표준 및 세액 등이 세법에 의하여 신고하여야 할 과세표준 및 세액에 비해 과대(또는 이미 신고 · 결정 · 경정된 결손금액 또는 환급세액이 과소)한 경우 과세관청으로 하여금 이를 정정하여 결정 또는 경정하도록 촉구하는 납세의무자의 청구를 말한다.

2) 경정청구 요건

① 경정청구권자

법정신고기한까지 과세표준과 세액을 신고한 자 및 기한 후 과세표준 신고를 한 자는 결정 또는 경정을 청구할 수 있다.

② 경정청구 사유

납세의무자가 당초 신고시 과세표준 및 세액을 과다신고하거나 결손금액 또는 환급세액을 과소신고한 경우에 경정 등 청구를 할 수 있다.

③ 경정청구기한

법정신고기한(신고기한이 연장된 경우에는 그 연장된 기한)이 지난 후 5년 이내에 경정 등을 청구하여야 한다. 다만, 결정 또는 경정으로 인하여 증가된 과세표준 및 세액에 대해서는 해당 처분이 있음을 안 날(처분의 통지를 받은 때 그 받은 날)로부터 90일 이내(법정신고기한이 지난 후 5년 이내에 한함)에 경정청구를 할 수 있으며, 소송에 대한 판결 등의 후발적 사유가 발생하였을 때에는 그 사유가 발생한 것을 안 날부터 3개월 이내 결정 또는 경정을 청구할 수 있다.

3 기한 후 신고

기한 후 신고제도는 법정신고기한까지 신고를 하지 아니한 자도 세무서장이 세액을 결정하여 통지하기 전까지 기한후과세표준신고서를 제출하도록 함으로써 무신고에 따른 가산세부담을 줄일 수 있는 기회를 부여한 제도이다. 기한후과세표준신고서를 제출한 자로서 세법에 따라 납부하여야 할 세액이 있는 자는 그 세액을 납부하여야 한다.

한편, 법정신고기한 경과후 1개월 이내에 기한후신고납부를 하는 경우에는 무신고가산세의 50%를 감면하고 법정신고기한이 지난 후 1개월 초과 3개월 이내는 30%, 3개월 초과 6개월 이내는 20%를 감면한다.

 심화학습

수정신고 · 경정청구 및 기한 후 신고의 비교

| 구분 | 수정신고 | 경정청구 | | 기한 후 신고 |
		일반적인 경우	후발적 사유의 경우	
대상자	과세표준신고서를 법정신고기한 내에 제출한 자 및 기한후 신고를 한 자	좌동	① 좌동 ② 과세표준과 세액의 결정을 받은 자	법정신고기한 내에 과세표준신고서를 제출하지 아니한 자
신고 · 청구기한	세무서장이 결정 · 경정 통지하기 전까지	법정신고기한 경과 후 5년 이내	후발적 사유가 발생한 것을 안 날로부터 3개월 이내	세무서장이 결정하여 통지하기 전까지
통지기간	–	청구를 받은 날로부터 2개월 이내		신고일로부터 3개월 이내

4 기한 후 납부

과세표준신고서를 법정신고기한까지 제출하였으나 과세표준신고액에 상당하는 세액의 전부 또는 일부를 납부하지 아니한 자는 그 세액과 국세기본법 또는 세법에서 정하는 가산세를 세무서장이 고지하기 전에 납부할 수 있다. 기한후 납부제도는 신고하고 세액을 납부하지 않은 납세자의 납부지연가산세의 부담을 줄이기 위해서 도입된 제도이다.

5 가산세의 부과

정부는 세법이 규정하는 의무를 위반한 자에게 국세기본법 또는 세법에서 정하는 바에 따라 가산세를 부과할 수 있다. 가산세는 해당 의무가 규정된 세법의 해당 국세의 세목으로 한다. 다만, 해당 국세를 감면하는 경우 가산세는 그 감면대상에 포함시키지 아니한다.

종전에는 각 세법에 가산세 규정을 두었으나, 가산세를 체계적이고 통일적으로 규정하기 위하여 공통적으로 적용할 수 있는 신고 및 납부와 관련된 가산세를 국세기본법으로 이관하였다.

(1) 무신고가산세

1) 일반적인 경우(부정행위로 인한 무신고가 아닌 경우)

구분	가산세액
일반적인 경우	무신고납부세액[*1] × 20%
복식부기의무자 · 법인	MAX(무신고납부세액[*1] × 20%, 수입금액[*2] × 0.07%)
영세율적용사업자[*3]	무신고납부세액[*1] × 20% + 영세율과세표준 × 0.5%

[*1] 무신고납부세액: 그 신고로 납부하여야 할 세액을 말하며, 국세기본법 및 세법에 따른 가산세와 세법에 따라 가산하여 납부하여야 할 이자 상당 가산액이 있는 경우 그 금액은 제외
[*2] 수입금액

구분	수입금액
개인	소득세법 제24조부터 제26조 및 제122조에 따라 계산한 사업소득에 대한 해당 개인의 총수입금액
법인	법인세법 제60조, 제76조의17 및 제97조에 따라 법인세 과세표준 및 세액 신고서에 적어야 할 해당 법인의 수입금액

[*3] 부가가치세법에 따른 사업자가 부가가치세법상 신고를 하지 아니한 경우로서 영세율과세표준이 있는 경우

납세의무자가 법정신고기한까지 세법에 따른 국세의 과세표준 신고(예정신고 및 중간신고를 포함한다)를 하지 아니한 경우로서, 해당 무신고가 부정행위로 인한 것이 아닌 경우에 적용한다.

2) 부정행위[*1]로 과세표준 신고를 하지 아니한 경우

구분	가산세액
일반적인 경우	무신고납부세액 × 40%(60%[*2])
복식부기의무자 · 법인	MAX{무신고납부세액 × 40%(60%[*2]), 수입금액 × 0.14%}
영세율적용사업자	무신고납부세액 × 40%(60%[*2]) + 영세율과세표준 × 0.5%

[*1] 부정행위: 이중 장부의 작성, 거짓 증빙의 작성, 재산의 은닉, 소득 · 수익 · 행위 · 거래의 조작 또는 은폐 등과 같이 조세의 부과와 징수를 불가능하게 하거나 현저히 곤란하게 하는 적극적 행위
[*2] 역외거래에서 발생한 부정행위로 인한 무신고

납세의무자가 부정행위로 법정신고기한까지 세법에 따른 국세의 과세표준 신고(예정신고 및 중간신고를 포함한다)를 하지 아니한 경우에 적용한다.

(2) 과소신고 · 초과환급신고불성실가산세

1) 일반적인 과소신고 · 초과환급신고

구분	가산세액
일반적인 경우	과소신고납부세액등*1)×10%
영세율적용 사업자*2)	과소신고납부세액등*2)×10%+과소신고된 영세율과세표준×0.5%

*1) 과소신고납부세액등: 과소신고한 납부세액과 초과신고한 환급세액을 합한 금액을 말하며, 가산세와 가산액이 있는 경우 그 금액은 제외
*2) 부가가치세법에 따른 사업자가 부가가치세법상 신고를 한 경우로서 영세율과세표준을 과소신고(무신고 포함)한 경우

납세자가 법정신고기한까지 과세표준 또는 납부세액을 신고하여야 할 금액보다 적게 신고하거나 환급세액을 신고하여야 할 금액보다 많이 신고한 경우(예정신고 및 중간신고를 포함한다)로서, 해당 과소신고 혹은 초과환급이 부정행위로 인한 것이 아닌 경우에 적용한다.

2) 부정행위로 인한 과소신고 · 초과환급신고

- 일반적인 경우 = (가) + (나)
- 영세율적용사업자의 경우 = (가) + (나) + 과소신고된 영세율과세표준 × 0.5%

구분*	가산세액
(가) 부정과소신고 가산세액	• 일반적인 경우: 부정과소신고납부세액*1) × 40%(60%*2)) • 복식부기의무자 · 법인의 경우: MAX{㉠, ㉡} 　㉠ 부정과소신고납부세액*1) × 40%(60%*2)) 　㉡ 부정행위로 인하여 과소신고된 과세표준 관련 수입금액×0.14%
(나) 일반과소신고 가산세액	일반과소신고납부세액*1)×10%

*1) 부정과소신고납부세액이란 과소신고납부세액등 중에 부정행위로 인한 과소신고납부세액 등을 말하며, 일반과소신고납부세액이란 그 외의 과소신고납부세액등으로 과소신고납부세액등에서 부정과소신고납부세액을 뺀 금액을 말함.
*2) 역외거래에서 발생한 부정행위로 인한 무신고에 적용함.

납세자가 법정신고기한까지 과세표준 또는 납부세액을 신고하여야 할 금액보다 적게 신고하거나 환급세액을 신고하여야 할 금액보다 많이 신고한 경우(예정신고 및 중간신고를 포함한다)로서, 부정행위로 인해 과세표준 혹은 납부세액의 전부 또는 일부를 과소신고하거나 환급세액을 초과신고한 경우에 적용한다.

(3) 납부지연가산세

구분	가산세액
과소납부한 경우	미납부세액 × 경과일수*[1,3] × 0.022%
초과환급받은 경우	초과환급세액 × 경과일수*[2,3] × 0.022%
법정납부기한까지 납부하지 않은 경우	법정납부기한까지 납부하여야 할 세액 중 납부고지서에 따른 납부기한까지 납부하지 아니한 세액 또는 과소납부분 세액 × 3%

*[1] 법정납부기한의 다음날부터 납부일까지의 기간(납부고지일부터 납부고지서에 따른 납부기한까지의 기간은 제외)
*[2] 환급받은 날의 다음날부터 납부일까지의 기간(납부고지일부터 납부고지서에 따른 납부기한까지의 기간은 제외)
*[3] 납부고지서에 따른 납부기한의 다음 날부터 납부일까지의 기간(징수유예기간 제외)이 5년을 초과하는 경우에는 그 기간은 5년으로 한다.

납부고지서에 따른 고지세액이 납부고지서별 · 세목별 150만 원 미만인 경우에는 납부고지서에 따른 납부기한의 다음 날부터 과소납부 및 초과환급에 따른 가산세를 적용하지 아니한다.

(4) 원천징수 등 납부지연가산세

국세를 징수하여 납부할 의무를 지는 자가 징수하여야 할 세액을 세법에 따른 납부기한까지 납부하지 아니하거나 과소납부한 경우에는 다음의 금액을 가산세로 한다.

```
가산세액=MIN[①, ②]
  ① 과소납부분 원천징수세액 × 3% + 과소납부분 원천징수세액 × 경과일수* × 0.022%
  ② 과소납부분 원천징수세액 × 10%
```

* 납부기한의 다음날부터 자진납부일 또는 납부고지일까지의 기간임.

6 국세의 환급

(1) 국세환급금의 의의

국세환급금이란 납세의무자가 국세 및 강제징수비로서 납부한 금액 중 잘못 납부하거나 초과하여 납부한 금액이 있거나 세법에 따라 환급하여야 할 환급세액(세법에 따라 환급세액에서 공제하여야 할 세액이 있을 때에는 공제한 후에 남은 금액을 말한다)이 있을 때 환급을 결정한 금액을 말한다.

(2) 국세환급금의 처리절차

결정	→	충당	→	지급
국세환급금의 결정		다른 세금과 상계		충당 후 잔액 지급

(3) 국세환급가산금

1) 국세환급가산금의 의의

국세환급가산금이란 국세환급금을 충당 또는 지급하는 경우 그 국세환급금에 가산되는 법정이자 상당액을 말한다.

2) 국세환급가산금의 계산

$$국세환급가산금 = 국세환급금 \times 이자율^* \times 이자계산일수$$

* 이자율: 시중은행의 1년 만기 정기예금 평균 수신금리를 고려하여 기획재정부령으로 정하는 이자율. 다만, 조세불복 인용확정 일로부터 40일 이후 국세환급금 지급시 국세환급가산금 이자율 1.5배 적용.

(4) 국세환급금의 소멸시효

납세자의 국세환급금과 국세환급가산금에 관한 권리는 이를 "행사할 수 있는 때"로부터 5년간 행사하지 않으면 소멸시효가 완성한다.

7 납세자의 권리구제

납세자가 위법 또는 부당한 국세처분을 받을 경우, 이에 대한 권리구제제도로는 납부고지서가 나오기 전에 구제받을 수 있는 사전권리구제제도와 납부고지서를 받은 후에 구제받을 수 있는 사후권리구제제도가 있다. 사전권리구제제도에는 과세전적부심사가 있고, 사후권리구제제도에는 이의신청, 심사청구, 심판청구의 행정심판과 행정소송이 있다.

(1) 과세전적부심사

'과세전적부심사제도'는 세무조사결과통지 및 과세예고통지를 받은 경우 납세자가 그 내용에 대하여 이의가 있을 때 과세예고의 옳고 그름에 대한 심사를 청구하게 하고, 심사결과 납세자의 주장이 타당하면 세금을 고지하기 전에 자체적으로 시정하여 주는 제도이다.

납세자가 세무조사결과통지 또는 과세예고통지를 받은 경우 통지를 받은 날부터 30일 이내에 통지를 한 세무서장이나 지방국세청장에게 청구 내용의 적법성에 관한 심사(과세전적부심사)를 청구할 수 있다. 다만, 법령과 관련하여 국세청장의 유권해석을 변경하여야 하거나 새로운 해석이 필요한 경우 등 일정한 사항에 대해서는 국세청장에게 청구할 수 있다. 청구를 받은 세무서장, 지방국세청장 또는 국세청장은 각각 국세심사위원회의 심의를 거쳐 결정을 하고 그 결과를 청구를 받은 날부터 30일 이내에 청구인에게 통지하여야 한다.

(2) 사후적권리구제제도

사후적권리구제제도는 과세처분 등이 있는 경우에 그 처분에 불복이 있는 자가 처분행정청에 대해서 그 처분을 취소하거나 변경을 구하는 제도로, 과세처분을 한 해당 세무서나 관할 지방국세청에 제기하는 '이의신청', 국세청에 제기하는 '심사청구', 국무총리실 조세심판원에 제기하는 '심판청구', 감사원에 제기하는 '감사원 심사청구', 행정소송법에 의하여 법원에 제기하는 '행정소송'이 있다. 납세자는 1단계로 이의신청을 거쳐 심사청구 또는 심판청구를 하거나 이의신청을 거치지 않고 곧바로 심사청구 또는 심판청구를 할 수 있으며, 바로 감사원에 심사청구를 할 수도 있다. 1단계 절차에서 구제를 받지 못한 경우에는 2단계로 법원에 행정소송을 제기할 수 있다.

세금이 고지된 이후의 구제절차는 반드시 고지서 등을 받은 날 또는 세금부과 사실을 안 날부터 90일 이내에 서류를 제출해야 하며, 1단계 절차에서 권리구제를 받지 못하여 행정소송을 제기하고자 하는 경우에는 결정통지서를 받은 날(또는 결정의 통지를 받기 전이라도 그 결정기간이 지난 날)로부터 90일 이내에 서류를 제출해야 한다.

이의신청	처분이 있음을 안 날부터 90일 이내에 과세관청에 신청
심사청구	처분이 있음을 안 날 또는 이의신청에 대한 결정통지를 받은 날부터 90일 이내에
심판청구	국세청에 심사청구를 하거나 조세심판원에 심판청구
행정소송	심사청구·심판청구 결과통지를 받은 날부터 90일 이내에 법원에 행정소송 제기

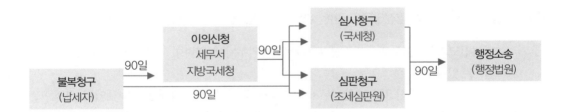

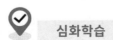

심화학습

소멸시효의 중단과 정지

1. 소멸시효의 중단

시효의 진행 중 권리의 행사로 볼 수 있는 사유가 발생하면 그때까지 진행되어 온 시효기간의 효력을 잃어버리게 되는데, 이것을 '중단(中斷)'이라고 한다. 국세기본법은 소멸시효의 중단사유로 ① 납부고지, ② 독촉, ③ 교부청구, ④ 압류를 들고 있다(국기법 28 ①).

이렇게 중단된 소멸시효는 고지·독촉에 의한 납부기간, 교부청구 중의 기간 및 압류해제까지의 기간이 지난 때부터 새로 진행하며(국기법 28 ②), 다시 전체 기간을 진행하여야 소멸시효가 완성된다.

2. 소멸시효의 정지

시효의 진행 중에 권리자가 권리를 행사할 수 없는 사유가 발생하면 권리자에게 가혹하지 않도록 하기 위해 그 기간만큼 시효의 완성을 유예하는 데, 이것을 '정지(停止)'라고 한다. 이 경우에는 이미 진행한 시효가 효력을 잃어버리지 않고 그 사유가 종료한 후 잔여기간만의 진행에 의해 시효가 완성된다는 점에서 중단과 대조적이다.

국세기본법은 징수권 소멸시효의 정지사유로 ① 분납기간, ② 납부고지의 유예, 지정납부기한·독촉장에서 정한 기한의 연장, 징수 유예기간, ③ 압류·매각의 유예기간, ④ 연부연납(年賦延納)기간, ⑤ 세무공무원이 국세징수법에 따른 사해행위(詐害行爲) 취소소송이나 민법에 따른 채권자대위 소송을 제기하여 그 소송이 진행 중인 기간, ⑥ 체납자가 국외에 6개월 이상 계속 체류하는 경우 해당 국외 체류 기간을 들고 있다. 이들 중에서 사해행위 취소소송 또는 채권자대위 소송의 제기로 인한 시효정지의 효력은 소송이 각하·기각 또는 취하된 경우에는 효력이 없다(국기법 28 ③, ④).

01 다음 중 수정신고와 경정청구에 관한 설명으로 가장 올바르지 않은 것은?

① 법정신고기한 내에 과세표준신고를 한 납세의무자에 한하여 수정신고 혹은 경정청구를 할 수 있다.

② 원칙적으로 수정신고는 관할세무서장이 당해 국세에 대한 과세표준과 세액의 결정 또는 경정 통지를 하기 전으로서 국세부과의 제척기간이 끝나기 전까지 할 수 있다.

③ 납세의무자가 당초 신고 시 과세표준 및 세액을 과다신고하거나 결손금액 또는 환급세액을 과소신고한 경우에 경정청구를 할 수 있다.

④ 법정신고기한 경과 후 3개월 초과 6개월 이내에 수정신고 시 과소신고가산세를 50% 감면 받을 수 있다.

02 (주)삼일은 법인세를 신고납부하면서 원천징수당한 기납부세액을 차감하지 않고 법인세를 과오납부하였음을 신고 직후에 알게 되었다. 이 경우 과오납한 세금을 환급받기 위한 조치와 관련된 다음 설명 중 타당한 것은?

① 이의신청·심사청구 또는 심판청구를 통해서만 환급받을 수 있다.

② 법인세는 신고납부제도를 취하고 있으므로 당초의 신고를 경정하기 위하여 수정신고를 하여야 한다.

③ 당초의 신고가 법정기한 후에 이루어진 경우 환급받을 수 없다.

④ 당초에 신고한 과세표준과 세액의 경정을 청구하면 환급받을 수 있다.

03 다음 중 수정신고에 관한 설명으로 가장 올바르지 않은 것은?

① 법정신고기한까지 과세표준과 세액을 신고한 자 및 기한 후 과세표준신고를 한 자는 수정신고를 할 수 있다.

② 과세표준신고서에 기재된 결손금액 또는 환급세액이 세법에 따라 신고하여야 할 금액을 초과할 때 수정신고를 할 수 있다.

③ 수정신고기한은 따로 규정되어 있지 않고 제척기간과 관계없이 관할세무서장이 결정 또는 경정통지를 하기 전까지 수정신고 할 수 있다.

④ 수정신고를 법정신고기한 경과 후 2년 이내에 한 자에 대해서는 기간경과 정도에 따라 과소신고·초과환급신고 가산세의 일정비율을 감면한다.

04 다음 중 기한 후 신고제도에 관한 설명으로 가장 올바르지 않은 것은?

① 법정신고기한이 3개월이 지난 후 기한후 신고를 한 경우 무신고가산세를 감면하지 않는다.

② 법정신고기한이 지난 후 1개월 이내에 기한후 신고를 한 경우 무신고가산세의 50%를 감면한다.

③ 관할세무서장이 세법에 의하여 당해 국세의 과세표준과 세액을 결정하여 통지하기 전까지 기한후과세표준신고서를 제출할 수 있다.

④ 기한후과세표준신고서를 제출한 자로서 세법에 따라 납부하여야 할 세액이 있는 자는 그 세액을 납부하여야 한다.

05 다음은 신문기사의 일부이다. (   ) 안에 들어갈 내용으로 가장 옳은 것은?

빠뜨린 연말정산 추가 환급 이렇게 신청

시간이 촉박해 소득 및 세액공제 항목 중 일부를 누락한 사람들도 많다. 국세청에서 간소화 서비스를 제공하면서 각종 영수증을 일일이 챙기는 부담은 덜었지만 1년에 한 번 하는 연말정산이다 보니 빠뜨리는 경우가 많다.

이럴 때 활용할 수 있는 것이 바로 (   )라는 제도이다. (   )는 연말정산 시 신고는 하였으나, 소득 및 세액공제 항목 중 일부를 누락하여 세금을 환급 받지 못한 사람들에게 환급 받을 수 있는 기회를 주는 제도이다.

---

① 경정청구   ② 수시부과
③ 주사업장 총괄납부   ④ 기한후신고

06 사후적권리구제제도는 과세처분에 불복이 있는 자가 처분행정청에 대해서 그 처분을 취소하거나 변경을 구하는 제도로, 과세처분을 한 해당 세무서나 관할 지방국세청에 제기하는 'A', 국세청에 제기하는 'B', 국무총리실 조세심판원에 제기하는 '심판청구', 감사원에 제기하는 '감사원 심사청구', 행정소송법에 의하여 법원에 제기하는'C'이(가) 있다. 다음 중 'A', 'B', 'C'에 들어갈 용어로 가장 옳은 것은?

	A		B		C
①	이의신청	→	심사청구	→	행정소송
②	심사청구	→	행정소송	→	이의신청
③	행정소송	→	심사청구	→	이의신청
④	행정소송	→	이의신청	→	심사청구

07 다음 중 납세자의 권리구제제도에 관한 설명으로 가장 올바르지 않은 것은?

① 납세고지서가 나오기 전에 구제받을 수 있는 사전권리구제제도에는 과세전적부심사가 있다.
② 사후권리구제제도에는 이의신청, 심사청구, 심판청구의 행정심판과 행정소송이 있다.
③ 행정소송은 조세심판원에 제기하여야 하며, 조세심판원 이외에 제기한 경우 행정소송의 효력이 발생하지 아니한다.
④ 이의신청은 처분이 있음을 안 날부터 90일 이내에 과세관청에 신청하여야 한다.

08 다음 중 국세의 환급에 관한 설명으로 가장 올바르지 않은 것은?

① 국세환급금이란 납세의무자가 국세 및 강제징수비로서 납부한 금액 중 잘못 납부하거나 초과하여 납부한 금액이 있거나 세법에 따라 환급하여야 할 환급세액(세법에 따라 환급세액에서 공제하여야 할 세액이 있을 때에는 공제한 후에 남은 금액)이 있을 때 환급을 결정한 금액을 말한다.
② 국세환급금은 다른 세금과 상계하여 충당한 후 남은 잔액을 납세자에게 지급하여야 한다.
③ 납세자의 국세환급금에 관한 권리는 이를 행사할 수 있는 때로부터 10년간 행사하지 않으면 소멸시효가 완성한다.
④ 국세환급가산금이란 국세환급금을 충당 또는 지급하는 경우 그 국세환급금에 가산되는 법정이자 상당액을 말한다.

09 다음 중 국세기본법상 가산세의 감면에 관한 설명으로 가장 옳은 것은?

① 국세를 감면하는 경우에 가산세는 그 감면하는 국세에 포함한다.
② 법인세 과세표준과 세액의 경정이 있을 것을 미리 알고 수정신고를 한 경우에 가산세를 감면하지 아니한다.
③ 가산세의 감면을 받고자 하는 경우 가산세 감면신고서를 제출하지 않아도 된다.
④ 법정신고기한이 지난 후 3년이 되는 날에 수정신고를 한 경우 과소신고가산세의 감면을 받을 수 있다.

10 다음 중 가산세 부과에 관한 설명으로 가장 올바르지 않은 것은?

① 무신고가산세는 납세의무자가 법정신고기한까지 세법에 따른 국세의 과세표준 신고를 하지 아니한 경우로서 해당 무신고가 부정행위로 인한 경우에는 무신고납부세액의 20%가 된다.
② 원천징수 등 납부지연가산세는 국세를 징수하여 납부할 의무를 지는 자가 징수하여야 할 세액을 세법에 따른 납부기한까지 납부하지 아니하거나 과소납부한 경우의 가산세를 말한다.
③ 납부지연가산세는 납세의무자가 세법에 따른 납부기한까지 국세를 납부하지 아니하거나 납부하여야 할 세액보다 적게 납부한 경우의 가산세를 말한다.
④ 가산세를 부과하는 경우 그 부과의 원인이 천재지변 등의 기한연장 사유 또는 납세의무자가 의무를 이행하지 않은 것에 대한 정당한 사유가 있을 때에는 해당 가산세를 부과하지 않는다.

11 다음 중 국세기본법상 무신고가산세 또는 과소신고가산세 부과시 부정행위로 보는 것이 아닌 것은?

① 이중장부의 작성
② 세법상의 신고를 하지 아니하는 행위
③ 고의적으로 장부를 비치하지 아니하는 행위
④ 거짓 증빙의 수취

12 다음 중 사후적권리구제에 해당하지 않는 것은?

① 과세전적부심사
② 이의신청
③ 심사청구
④ 심판청구

13 다음 중 국세기본법상 소멸시효 정지사유에 해당하는 것으로 가장 옳은 것은?

① 납부고지
② 독촉
③ 압류
④ 체납자가 국외에 6 개월 이상 계속 체류하는 경우 해당 국외 체류 기간

Chapter

3

법인세법

I 총설

1 법인세의 의의

(1) 법인세의 의의

법인세란 법인이 얻은 소득에 대하여 부과하는 조세를 말하며, 법인세의 납세의무자는 법인이 된다. 국내 조세체계에서는 법인의 소득에 대한 조세를 법인세라 하고, 개인의 소득에 대한 조세를 소득세라 한다.

(2) 법인의 유형

법인은 그 목적에 따라 영리법인과 비영리법인으로 분류되고 본점, 주사무소 또는 사업의 실질적 관리장소가 국내에 있는지 여부에 따라 내국법인과 외국법인으로 분류된다.

법인세법은 상기 법인의 유형에 따라 그 과세소득의 범위에 대하여 달리 규정하고 있는 바, 본서 에서는 가장 일반적인 법인의 형태라고 할 수 있는 영리내국법인을 중심으로 기술될 것이다.

2 과세소득의 범위

법인세법은 포괄적 소득개념으로서의 순자산증가설의 입장을 취하고 있다. 순자산증가설에 따르면 법인세법상의 소득금액은 각 사업연도의 법인의 순자산증가액으로서 그 증가액이 화폐적 수치로써 표시된 가액을 말한다. 일반적으로 법인의 과세소득은 다음과 같이 분류할 수 있다.

(1) 각 사업연도 소득

각 사업연도 소득이라 함은 회계학상 계속기업의 가정 아래 매기마다 반복적으로 계산되는 소득을 말한다. 각 사업연도 소득에 대한 법인세는 가장 기본적이고 전형적인 것으로, 일반적으로 법인세라 하면 이를 의미한다.

(2) 청산소득

청산소득이라 함은 영리내국법인이 해산(합병 또는 분할에 의한 해산 제외)하는 경우에 발생하는 소득을 말한다.

(3) 토지 등 양도소득

법에서 정하고 있는 주택, 별장, 주택을 취득하기 위한 권리로서 조합원입주권 및 분양권 및 비사업용 토지의 양도소득에 대하여는 비과세법인을 제외한 모든 법인이 "토지 등 양도소득에 대한 법인세"의 납세의무를 진다.

(4) 미환류소득

미환류소득이란 「독점규제 및 공정거래에 관한 법률」에 따른 상호출자제한기업집단에 속하는 법인이 기업소득 중 일정금액 이상을 투자, 임금증가, 상생협력출연금 등으로 사회에 환류하지 않은 소득을 말한다.

미환류소득에 대한 법인세

구분	내용
의의	법인의 소득을 투자·임금증가·상생협력출연금 등으로 활용하도록 하여 기업소득과 가계소득간의 선순환을 유도하고자 투자, 임금증가 또는 상생협력출연금 등으로 환류하지 아니한 소득의 20%를 과세
적용대상 법인	「독점규제 및 공정거래에 관한 법률」의 상호출자제한기업집단에 속하는 법인
미환류소득 계산방법	내국법인은 미환류소득 계산방법으로 다음 중 한 가지를 선택하여 신고하여야 함 ① 투자 포함 방법: (기업소득 × 70%) − (투자액 + 임금증가액 + 상생협력출연금) ② 투자 제외 방법: (기업소득 × 15%) − (임금증가액 + 상생협력출연금) 위의 계산식에 따른 금액이 양수인 경우 미환류소득이라고 하고, 음수인 경우에는 초과환류액이라고 함
차기환류적립금의 적립	내국법인(미환류소득 계산방법을 신고하지 않은 법인은 제외)은 해당 사업연도 미환류소득의 전부 또는 일부를 다음 2개 사업연도의 투자, 임금 등으로 환류하기 위한 금액(이를 "차기환류적립금"이라 한다)으로 적립하여 해당 사업연도의 미환류소득에서 차기환류적립금을 공제할 수 있음.
초과환류액의 이월공제	해당 사업연도에 초과환류액(초과환류액으로 차기환류적립금을 공제한 경우에는 그 공제 후 남은 초과환류액을 말한다)이 있는 경우에는 그 초과환류액을 그 다음 2개 사업연도까지 이월하여 그 다음 2개 사업연도 동안 미환류소득에서 공제할 수 있음.
미환류소득에 대한 법인세	미환류소득 법인세 = [미환류소득 − 차기환류적립금 − 이월된 초과환류액] × 20%

3 법인세 납세의무자

법인세의 납세의무자는 법인이다. 법인은 구별기준에 따라 여러 가지로 분류될 수 있으나 법인세와 관련하여서는 "내국법인과 외국법인", "영리법인과 비영리법인"으로 구분한다.

(1) 내국법인과 외국법인

법인의 본점(영리법인의 경우)이나 주사무소(비영리법인의 경우) 또는 사업의 실질적 지배관리장소를 국내에 둔 법인을 "내국법인"이라 하며, 외국에 본점 또는 주사무소를 둔 단체(국내에 사업의 실질적 관리장소가 소재하지 아니하는 경우에 한함)로서 일정한 기준에 해당하는 법인을 "외국법인"이라 한다.

1) 각 사업연도 소득에 대한 법인세

내국법인은 각 사업연도 소득의 발생지가 국내이든 국외이든 상관없이 모든 소득에 대하여 납세의무가 있는 반면, 외국법인은 국내에서 발생한 국내원천소득에 대해서만 납세의무를 진다.

2) 청산소득에 대한 법인세

내국법인은 청산소득에 대한 납세의무를 지나, 외국법인은 본점이 있는 외국에서 해산을 하므로 국내에서 청산소득이 발생하지 않아 청산소득에 대한 납세의무가 없다.

3) 토지 등 양도소득에 대한 법인세

토지 등 양도소득에 대한 법인세는 부동산투기의 억제를 목적으로 하므로 법인의 종류에 따라 차별하지 아니한다.

4) 미환류소득에 대한 법인세

미환류소득에 대한 법인세는 기업소득과 가계소득간에 선순환을 유도하고자 한시적으로 도입한 법인세이므로 상호출자제한기업집단에 속하는 내국법인에 한정하여 납세의무를 진다.

(2) 영리법인과 비영리법인

영리의 추구를 목적으로 하는 법인을 "영리법인"이라 하며, 학술·종교·자선 기타 영리 아닌 사업을 목적으로 하는 법인을 "비영리법인"이라 한다.

1) 각 사업연도 소득에 대한 법인세

영리법인은 소득의 발생원천에 관계없이 모든 소득에 대하여 납세의무를 지지만, 비영리법인의 경우 수익사업에서 발생한 소득에 대해서만 납세의무를 진다.

2) 청산소득에 대한 법인세

영리법인은 청산소득에 대한 납세의무를 지지만, 비영리법인이 청산하는 경우 잔여재산을 국가나 타 비영리법인에 기부하여야 하므로 비영리법인은 청산소득에 대한 납세의무를 지지 않는다.

3) 토지 등 양도소득에 대한 법인세

토지 등 양도소득에 대한 법인세는 부동산투기의 억제를 목적으로 하므로 법인의 종류에 따라 차별하지 아니한다.

4) 미환류소득에 대한 법인세

영리법인 중 상호출자제한기업집단에 속하는 내국법인에 한하여 미환류소득에 대한 납세의무를 지지만, 비영리법인의 경우 납세의무를 지지 않는다.

법인 종류별 납세의무의 범위

구분	법인 유형		각 사업연도 소득	토지 등 양도소득	미환류소득	청산소득
과세 법인	내국	영리법인	국내외원천소득	○	○	○
		비영리법인	국내외원천소득 중 수익사업소득	○	×	×
	외국	영리법인	국내원천소득	○	×	×
		비영리법인	국내원천소득 중 수익사업소득	○	×	×

4 사업연도

(1) 사업연도의 의의

법인의 소득은 계속해서 발생하므로 조세수입을 적시에 확보하기 위해서는 일정한 기간 단위로 소득을 구분하여야 하는데 이렇게 소득을 구분하는 일정한 기간을 「사업연도」라고 한다. 사업연도는 법령 또는 정관 등에서 정하는 1회계기간으로 하며 그 기간은 1년을 초과하지 못한다. 한편 법령 또는 정관에 사업연도 규정이 없는 내국법인은 법인설립신고 또는 사업자등록시 사업연도를 신고하여야 하며 신고하지 않은 경우에는 매년 1월 1일부터 12월 31일까지를 그 법인의 사업연도로 한다.

(2) 신설법인의 최초 사업연도

신설법인은 관련법령에서 정하는 소정의 기한 내에 설립등기를 하여야 하며 이 때 신설법인의 최초 사업연도의 개시일은 그 설립등기일이 된다. 다만, 최초 사업연도의 개시일 전에 생긴 손익을 사실상 그 법인에 귀속시킨 것이 있는 경우 조세포탈의 우려가 없을 때에는 최초 사업연도의 기간이 1년을 초과하지 아니하는 범위 내에서 이를 당해 법인의 최초 사업연도의 손익에 산입할 수 있다. 이 경우 최초 사업연도의 개시일은 당해 법인에 귀속시킨 손익이 최초로 발생한 날로 한다.

(3) 사업연도의 변경

사업연도를 변경하려는 법인은 직전 사업연도의 종료일로부터 3개월 이내에 사업연도변경신고서를 납세지 관할 세무서장에게 제출하여야 한다. 예를 들어 12월말이 사업연도 종료일인 법인의 경우 20X1년부터 변경된 사업연도를 적용하려면 20X1. 3. 31까지는 사업연도변경신고서를 제출해야 한다.

5 납세지

(1) 납세지의 의의

납세지란 조세의 납부와 관련하여 세무서장 등 행정관청과 납세자간에 법률관계에 있어서 특정한 장소를 매개로 한 지역적 개념의 용어로서 행정관청의 관할구역을 구분하고 납세자의 납세의무를 이행하는 장소를 말한다.

(2) 내국법인의 납세지

내국법인은 민법, 상법 및 기타 설립근거법령에 의하여 본점 또는 주사무소의 소재지를 등기하여야 하며, 내국법인의 납세지는 이러한 등기부상의 본점 또는 주사무소의 소재지(국내에 본점 또는 주사무소가 소재하지 아니하는 경우에는 사업의 실질적 관리장소의 소재지)이다. 여기에서 본점이란 영리법인의 영업상 본거지이며, 주사무소는 비영리법인의 영업상 본거지를 말한다.

(3) 납세지의 지정

내국법인이 ① 본점 등의 소재지가 등기된 주소와 동일하지 아니하거나 ② 본점 등의 소재지가 자산 또는 사업장과 분리되어 있어 조세포탈의 우려가 있을 경우에는 등기부상의 소재지 등에 불구하고 관할지방국세청장(또는 국세청장)이 법인의 납세지를 지정할 수 있다.

(4) 납세지의 변경

내국법인이 본점의 이전 등으로 인하여 법인의 납세지가 변경된 경우에는 그 변경일로부터 15일 이내에 변경 후의 납세지 관할세무서장에게 납세지 변경신고를 하여야 한다. 다만, 납세지가 변경된 법인이 부가가치세법에 의하여 사업자등록 정정신고를 한 경우에는 납세지 변경신고를 한 것으로 본다.

심화학습

신탁소득의 납세의무자

구 분	과세방법
(1) (원칙)수익자 과세	신탁재산에 귀속되는 소득에 대해서는 그 신탁의 이익을 받을 수익자가 그 신탁재산을 가진 것으로 보고 법인세법을 적용함.
(2) (예외1)수탁자 과세	(1)에도 불구하고 ① 목적신탁, ② 수익증권발행신탁, ③ 유한책임신탁, ④ 그 밖에 위의 신탁과 유사한 신탁으로서 대통령령으로 정하는 신탁 중 어느 하나에 해당하는 신탁으로서 다음 요건을 모두 충족하는 신탁(투자신탁 제외)은 신탁재산에 귀속되는 소득에 대하여 신탁계약에 따라 그 신탁의 수탁자(내국법인 또는 거주자인 경우에 한정한다)가 법인세를 납부할 수 있음. 이 경우 신탁재산별로 각각을 하나의 내국법인으로 봄. ① 수익자가 둘 이상일 것(목적신탁은 제외). 다만, 법인세법 및 소득세법의 특수관계인으로만 구성된 경우는 제외함. ② 위탁자가 신탁재산을 실질적으로 통제 또는 지배하지 아니할 것

(3) (예외2)위탁자 과세	(1) 및 (2)에도 불구하고 다음 중 어느 하나에 해당하는 신탁의 경우에는 신탁재산에 귀속되는 소득에 대하여 그 신탁의 위탁자가 법인세를 납부할 의무가 있음.
	① 수익자가 특별히 정하여지지 아니하거나 존재하지 아니하는 신탁
	② 다음의 요건 중 어느 하나를 충족하는 신탁일 것
	  – 위탁자가 신탁재산을 실질적으로 통제 또는 지배할 것
	  – 신탁재산 원본의 이익에 대한 수익자는 위탁자로, 수익의 이익에 대한 수익자는 위탁자의 지배주주등의 배우자 또는 생계를 같이 하는 직계존비속(배우자의 직계존비속 포함)으로 설정하였을 것

01 다음 중 법인세의 성격에 관한 설명으로 가장 올바르지 않은 것은?

① 법인세는 소득을 과세물건으로 한다.
② 법인세법상 소득의 개념은 소득원천설에 바탕을 두고 있다.
③ 각 사업연도의 소득은 과세소득에 해당한다.
④ 법인세는 법인을 납세의무자로 한다.

02 다음 중 법인세법상 납세의무에 관한 설명으로 가장 올바르지 않은 것은?

① 외국의 정부는 국내에서 수익사업을 하는 경우라도 법인세의 납세의무를 지지 않는다.
② 영리법인은 상호출자제한기업집단에 속할 경우 미환류소득에 대한 납세의무를 지지만, 비영리법인의 경우 납세의무를 지지 않는다.
③ 법인은 영리를 추구하는지 여부에 따라 영리법인과 비영리법인으로 구분된다.
④ 비영리내국법인은 청산소득에 대하여 납세의무가 없다.

03 다음 중 법인세법에 관한 설명으로 가장 올바르지 않은 것은?

① 비영리목적으로 설립된 법인이 고유목적 사업이 아닌 수익사업에서 발생한 소득에는 법인세가 과세된다.
② 외국법인에 대해서도 청산소득에 대한 법인세가 과세된다.
③ 각 사업연도 소득에서 이월결손금, 비과세소득, 소득공제를 차감하면 법인세 과세표준이 된다.
④ 토지 등 양도소득에 대한 법인세는 부동산투기의 억제를 목적으로 하므로 법인의 종류에 따라 차별하지 아니한다.

04 다음 중 법인의 납세지에 관한 설명으로 가장 올바르지 않은 것은?

① 내국법인의 납세지는 등기부상의 본점 또는 주사무소의 소재지이다.

② 내국법인이 실제 영업을 수행하는 장소와 등기부상의 본점소재지가 상이할 경우에는 실질과세의 원칙에 따라 실제 영업수행지를 납세지로 본다.

③ 법인이 조세를 포탈할 우려가 있을 경우에는 과세권자가 납세지를 지정할 수 있다.

④ 내국법인이 납세지를 변경하고자 할 경우에는 그 변경일로부터 15일 이내에 납세지변경신고를 해야 한다.

05 다음 중 법인세법상 사업연도에 관한 설명으로 가장 옳은 것은?

① 법인의 사업연도는 1년을 초과하지 않는 범위 안에서 법령 또는 정관상에서 정하고 있는 회계기간을 우선적으로 적용한다.

② 법령 또는 정관상에 회계기간이 규정되어있지 않는 법인의 경우, 해당 법인이 관할세무서장에게 신고한 사업연도를 적용하며 이 경우 신고에 따라 회계기간이 1년을 초과할 수도 있다.

③ 사업연도를 변경하려는 법인은 변경하려는 사업연도의 종료일 전 3개월 이내에 사업연도변경신고서를 관할세무서장에게 제출하여 신고하여야 한다.

④ 법인설립 이전에 발생한 손익은 신설법인의 최초사업연도에 귀속시킬 수 없다.

06 다음 중 법인의 유형에 따른 법인세 납세의무에 관한 설명으로 가장 옳은 것은?

① 내국 영리법인은 각 사업연도소득(국외 원천소득 제외)과 청산소득 및 토지 등 양도소득, 미환류소득에 대하여 납세의무를 진다.

② 내국 비영리법인은 각 사업연도소득(국내·외 원천소득 중 수익사업소득)과 청산소득 및 토지 등 양도소득에 대하여 납세의무를 진다.

③ 외국 영리법인은 각 사업연도소득(국내·외 원천소득)과 토지 등 양도소득, 미환류소득에 대하여 납세의무를 진다.

④ 외국 비영리법인은 각 사업연도소득(국내 원천소득 중 수익사업소득) 및 토지 등 양도소득에 대하여 납세의무를 진다.

07 다음 중 법인세법상 미환류소득에 대한 법인세에 관한 설명으로 가장 올바르지 않은 것은?

① 자본이 500억 원을 초과하는 법인(중소기업, 비영리법인, 유동화전문회사 등 제외)은 미환류소득에 대한 법인세를 납부하여야 한다.

② 미환류소득에 대한 법인세 납부의무가 있는 법인은 각사업연도의소득에 대한 법인세액에 추가하여 미환류소득에 대한 법인세를 납부해야 한다.

③ 초과환류액 발생시 그 다음 2개 사업연도 동안 미환류소득에서 공제할 수 있다.

④ 미환류소득 발생시 차기환류적립금을 적립하여 다음 2개 사업연도로 이월할 수 있다.

08 (주)삼일은 2024년부터 사업연도를 변경하기로 하고 2024년 4월 20일에 사업연도 변경신고를 하였다. 다음 중 법인세법상 사업연도의 구분으로 가장 옳은 것은?(단, (주)삼일은 법령에 따라 사업연도가 정하여지는 법인이 아님)

> (1) 변경 전 사업연도(제13기): 2023년 1일 1일 – 2023년 12월 31일
> (2) 변경하려는 사업연도: 7월 1일 – 다음 연도 6월 30일

① 제14기: 2024년 1월 1일 – 2024년 4월 20일
② 제14기: 2024년 1월 1일 – 2024년 6월 30일
③ 제14기: 2024년 1월 1일 – 2024년 12월 31일
④ 제15기: 2024년 4월 21일 – 2024년 12월 31일

09 다음 중 법인세 납세의무자에 관한 설명으로 가장 올바르지 않은 것은?

① 외국법인은 국내원천소득에 대해서만 각 사업연도의 소득에 대한 법인세 납세의무를 진다.
② 외국에 본점을 둔 단체로서 국내에 사업의 실질적 관리장소가 소재한 경우에는 이를 외국법인으로 본다.
③ 외국법인은 본점이 있는 외국에서 해산을 하기 때문에 국내에서 청산소득이 발생하지 않아 청산소득에 대한 납세의무가 없다.
④ 내국법인 중 국가 또는 지방자치단체(지방자치단체조합을 포함)는 법인세 납세의무가 없다.

Ⅱ 각 사업연도 소득에 대한 법인세

1 법인세의 계산구조

(1) 법인세와 소득세의 과세상 차이점

과세소득에 대한 학설로는 순자산증가설과 소득원천설로 나누어진다.

법인세법은 순자산증가설의 입장을 취하고 있으며, 소득세는 소득원천설의 입장을 취하고 있다.

법인세법에서 취하고 있는 순자산증가설이란 일정기간 동안의 순자산증가액을 파악하여 과세소득으로 본다는 이론으로, 순자산을 증대시키는 모든 소득에 대해서 포괄적으로 과세하는 방식을 취하고 있다.

반면에 소득세법은 일정기간 동안 계속적·반복적으로 발생하는 소득에 대해서만 세금을 부과하는 소득원천설의 입장을 취하고 있으며, 법에서 구체적으로 열거된 것만을 과세하는 열거주의 과세방식을 취하고 있다. 다만 예외적으로 이자소득·배당소득에 대해서는 유사소득과 과세하는 유형별 포괄주의 방식을 채택하고 있다.

과세소득의 개념과 규정방식

구분	소득학설	과세방식
법인세	순자산증가설	포괄주의
소득세	소득원천설	열거주의(이자소득·배당소득은 유형별 포괄주의)

(2) 각 사업연도소득에 대한 법인세 계산구조

각 사업연도소득에 대한 법인세를 계산하기 위한 구조는 다음과 같다. 이는 법인세를 구하기 위한 기본적인 구조로서 반드시 그 흐름을 익혀야 하며, 각각의 자세한 내역은 앞으로 계속 공부하게 될 것이다.

	결산서상 당기순이익	… 회계상의 소득
(+)	익금산입 · 손금불산입	⎫ 세무조정사항
(−)	손금산입 · 익금불산입	⎭
	차가감 소득금액	
(+)	기부금 한도초과액	
(−)	기부금 한도초과이월액 손금산액	
	각사업연도 소득금액	… 법인세법상의 소득
(−)	이월결손금	… ⎡ 15년 이내에 발생한 세무상 결손금[*1)]
(−)	비과세소득	⎣ MIN(공제대상결손금, 공제한도[*2)])
(−)	소득공제	
	과세표준	
(×)	세율	… 2억 원까지는 9%,
	산출세액	2억 원 초과 200억 원까지는 19%,
		200억 원 초과 3,000억 원까지 21%
(−)	공제 · 감면세액	3,000억 원 초과분은 24%
(+)	가산세	
(+)	감면분 추가납부세액	
	총부담세액	
(−)	기납부세액	… 중간예납세액 · 원천징수세액 · 수시부과세액
	차감납부할 세액	

[*1)] 2020. 1. 1 전에 개시하는 사업연도에 발생한 결손금은 10년간 이월공제하고, 2020.1.1. 이후 개시하는 사업연도에 발생하는 결손금은 15년간 이월공제함.

[*2)] 이월결손금은 각 사업연도 소득의 80%(중소기업, 법인이 인가한 회생계획을 이행 중인 법인 등 일정한 법인은 100%)를 한도로 공제한다.

예 제

다음 자료에 의하여 (주)삼일(법률상 중소기업)의 제21기 사업연도(1.1.~12.31.)의 법인세 산출세액을 구하시오.
1. 손익계산서상 당기순이익은 190,000,000원이다.
2. 세무조정결과는 다음과 같다.
   ① 익금산입·손금불산입항목: 총 40,000,000원
   ② 손금산입·익금불산입항목: 총 10,000,000원
3. 당기말 현재 공제가능한 세무상 이월결손금은 5,000,000원이다.

풀 이

1. 과세표준의 계산

결산서상 당기순이익		190,000,000
익금산입 및 손금불산입	(+)	40,000,000
손금산입 및 익금불산입	(−)	10,000,000
차가감소득금액		220,000,000
기부금 한도초과액	(+)	0
각사업연도 소득금액		220,000,000
이월결손금	(−)	5,000,000
과세표준		215,000,000

2. 산출세액의 계산

$200,000,000 \times 9\% + (215,000,000 - 200,000,000) \times 19\% = 20,850,000$원

(3) 법인세 과세표준 및 세액조정계산서의 작성

위에서 설명한 법인세 계산과정은 법인이 세무조정을 수행하면서 작성하는 세무조정계산서상의 "법인세 과세표준 및 세액조정계산서"라는 양식에 요약되어 나타나게 된다.

예 제

다음 자료에 의하여 (주)삼일(법률상 중소기업)의 제21기 사업연도의 법인세 과세표준 및 세액조정계산서를 작성하시오. 단, 분납은 고려하지 아니한다.
1. 손익계산서상 당기순이익은 190,000,000원이다.
2. 세무조정결과는 다음과 같다.
   ① 익금산입·손금불산입항목: 총 40,000,000원
   ② 손금산입·익금불산입항목: 총 10,000,000원
3. 당기말 현재 공제가능한 세무상 이월결손금은 5,000,000원이다.
4. 회사의 외국납부세액공제액은 1,500,000원이다.
5. 당기 중 중간예납한 세액은 10,000,0000이고, 원천납부한 세액은 500,000원이다.

풀 이

뒷면 참조

사 업 연 도	· · ~ · · ·	**법인세 과세표준 및 세액조정계산서**	법 인 명	
			사업자등록번호	

① 각 사 업 연 도 소 득 계 산	⑩ 결산서상 당기순손익	01	190 000 000		⑱ 감면분추가납부세액	29		
	소득조정 금 액 ⑩ 익 금 산 입	02	40 000 000		⑱ 차감납부할세액 (⑱−⑫+⑱)	30	11 000 000	
	⑩ 손 금 산 입	03	10 000 000	⑤ 토 지 등 양 도 소 득 에 대 한 법 인 세 계 산	양도 차익 ⑱ 등 기 자 산	31		
	⑩ 차 가 감 소 득 금 액 (⑩+⑩−⑩)	04	220 000 000		⑱ 미 등 기 자 산	32		
	⑩ 기 부 금 한 도 초 과 액	05			⑱ 비 과 세 소 득	33		
	⑱ 기부금한도초과이월액 손금산입	54			⑱ 과 세 표 준 (⑱+⑱−⑱)	34		
	⑩ 각 사업연도소득금액 (⑩+⑩−⑩)	06	220 000 000		⑱ 세 율	35		
② 과 세 표 준 계 산	⑱ 각 사업연도소득금액 (⑱=⑩)		220 000 000		⑩ 산 출 세 액	36		
	⑩ 이 월 결 손 금	07	5 000 000		⑪ 감 면 세 액	37		
	⑩ 비 과 세 소 득	08			⑫ 차 감 세 액 (⑩−⑪)	38		
	⑪ 소 득 공 제	09			⑬ 공 제 세 액	39		
	⑫ 과 세 표 준 (⑱−⑩−⑩−⑪)	10	215 000 000		⑭ 동업기업 법인세 배분액 (가산세 제외)	58		
	⑱ 선 박 표 준 이 익	55			⑮ 가 산 세 액 (동업기업 배분액 포함)	40		
③ 산 출 세 액 계 산	⑬ 과 세 표 준(⑫+⑱)	56	215 000 000		⑭ 가 감 계(⑫−⑬+⑭+⑮)	41		
	⑭ 세 율	11	19 %	기 납 부 세 액	⑭ 수 시 부 과 세 액	42		
	⑮ 산 출 세 액	12	20 850 000		⑱ ( ) 세 액	43		
	⑯ 지점유보소득 (「법인세법」 제96조)	13			⑭ 계 (⑭+⑱)	44		
	⑰ 세 율	14			⑱ 차감납부할세액(⑭−⑭)	45		
	⑱ 산 출 세 액	15		⑥ 미 환 류 소 득 법 인 세	⑯ 과세대상 미환류소득	59		
	⑲ 합 계(⑮+⑱)	16	20 850 000		⑯ 세 율	60		
④ 납 부 할 세 액 계 산	⑳ 산 출 세 액(⑳=⑲)		20 850 000		⑯ 산 출 세 액	61		
	㉑ 최저한세 적용대상 공제감면세액	17			⑯ 가 산 세 액	62		
	㉒ 차 감 세 액	18	20 850 000		⑯ 이 자 상 당 액	63		
	㉓ 최저한세 적용제외 공제감면세액	19	1 500 000		⑯ 납부할세액(⑯+⑯+⑯)	64		
	㉔ 가 산 세 액	20		⑦ 세 액 계	⑤ 차감납부할 세액 계 (⑭+⑩+⑯)	46	8 850 000	
	㉕ 가 감 계(㉒−㉓+㉔)	21	19 350 000		⑤ 사실과 다른 회계처리 경정 세액공제	57		
	기 한 내 납 부 세 액 ㉖ 중 간 예 납 세 액	22	10 000 000		⑤ 분납세액 계산범위액 (⑤−㉔−⑱−⑱−⑤+⑱)	47	8 850 000	
	㉗ 수 시 부 과 세 액	23			분납할 세 액 ⑤ 현 금 납 부	48		
	㉘ 원 천 납 부 세 액	24	500 000		⑤ 물 납	49		
	㉙ 간접투자회사등의 외국납부세액	25			⑤ 계 (⑤ + ⑤)	50		
	㉚ 소 계 (㉖+㉗+㉘+㉙)	26	10 500 000		차 감 납 부 세 액 ⑤ 현 금 납 부	51		
	㉛ 신고납부전가산세액	27	10 500 000		⑱ 물 납	52		
	㉜ 합 계(㉚+㉛)	28			⑯ 계 (⑤ +⑱) (⑯=⑤−⑤−⑯)	53	8 850 000	

210mm×297mm[백상지 80g/㎡ 또는 중질지 80g/㎡]

2 세무조정

(1) 세무조정의 의의

법인세법상 각 사업연도 소득금액은 세법상 수익인 익금총액에서 세법상 비용인 손금총액을 차감하여 계산한다. 이는 회계상 수익에서 비용을 차감하여 당기순이익을 구하는 것과 동일한 논리이다. 실제로 법인세법상의 익금 및 손금과 회계상의 수익 및 비용은 약간의 차이를 제외하면 거의 일치한다.

따라서 실무에서 각 사업연도 소득금액을 구할 때에는 익금총액 및 손금총액을 따로 구하여 이를 차감하는 방법 대신 회계상 당기순이익에서 법인세법과 회계상의 차이를 조정해 주는 방법을 사용하고 있다.

이렇게 결산서상의 당기순이익에서 법인세법상의 각 사업연도 소득금액으로 조정해 나가는 과정을 세무조정이라 한다.

(2) 세무조정의 방법

아래의 도표에서 알 수 있는 바와 같이 당기순이익에 익금산입 및 손금불산입항목을 더하고 손금산입 및 익금불산입항목을 차감하면 법인세법상의 각 사업연도 소득금액이 도출된다.

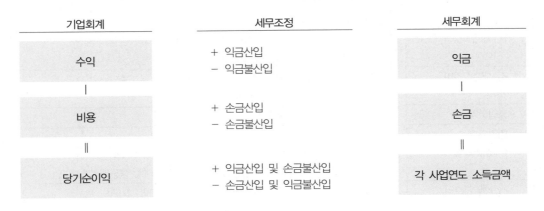

익금산입	회계상 수익으로 계상되어 있지 않지만 법인세법상 익금에 해당하는 항목
익금불산입	회계상 수익으로 계상되어 있지만 법인세법상 익금에 해당하지 않는 항목
손금산입	회계상 비용으로 계상되어 있지 않지만 법인세법상 손금에 해당하는 항목
손금불산입	회계상 비용으로 계상되어 있지만 법인세법상 손금에 해당하지 않는 항목

주요세무조정 사항 요약

포괄손익계산서	대표적인 세무조정 사항	본교재 참고목차
Ⅰ. 매출액	• 이월익금에 대한 익금불산입 • 작업진행률에 의한 수입금액 익금산입	Ⅲ. 익금의 계산
Ⅱ. 매출원가	• 이월손금에 대한 손금불산입 • 재고자산 평가에 대한 조정	Ⅳ. 손금의 계산 Ⅴ. 손익의 귀속
Ⅲ. 매출총이익		
Ⅳ. 판매비와 관리비		
1. 급여	• 임원 및 지배주주에 대한 보수 중 한도초과액 　에 대한 손금불산입	Ⅳ. 손금의 계산
2. 퇴직급여	• 임원퇴직금 한도초과액에 대한 손금불산입 • 퇴직급여충당금 한도초과액에 대한 손금불산입 • 전기부인액 중 당기지급/환입액에 대한 조정	Ⅳ. 손금의 계산 Ⅹ. 충당금의 손금산입
3. 복리후생비		
4. 임차료		
5. 기업업무추진비	• 기업업무추진비 한도초과액 손금불산입 등	Ⅷ. 기업업무추진비의 손금불 　산입
6. 감가상각비	• 감가상각비 한도초과액에 대한 손금불산입 • 전기부인액 중 당기용인액에 대한 조정 • 한국채택국제회계기준 적용법인의 시인부족액 　에 대한 손금산입	Ⅵ. 감가상각비의 손금불산입
7. 세금과공과	• 법령에 의하여 의무적으로 납부하는 것이 아 　닌 제세공과금 등에 대한 손금불산입	Ⅳ. 손금의 계산
8. 대손상각비	• 대손충당금 한도초과액에 대한 손금불산입 • 전기부인액 중 당기환입액에 대한 조정	Ⅹ. 충당금의 손금산입
Ⅴ. 영업이익		
Ⅵ. 영업외수익		
1. 이자수익	• 미수수익에 대한 익금불산입 • 가지급금인정이자에 대한 익금산입	Ⅴ. 손익의 귀속 Ⅻ. 부당행위계산부인
2. 배당금수익	• 지주회사 및 일반법인의 수입배당금 중 일정 　액에 대한 익금불산입	Ⅲ. 익금의 계산
3. 임대료	• 부동산임대업을 주업으로 하는 차입금 과다법 　인에 대한 간주임대료의 익금산입	Ⅲ. 익금의 계산
4. 단기매매금융자산 　　처분이익		

포괄손익계산서	대표적인 세무조정 사항	본교재 참고목차
5. 단기매매금융자산 평가이익	• 보험업법 기타 법률에 의한 평가를 제외한 자산평가차익의 익금불산입	Ⅲ. 익금의 계산
6. 외환차익		
7. 외화환산이익	• 비금융기관은 선택에 따라 익금불산입	Ⅴ. 손익의 귀속
8. 유형자산처분이익		
9. 자산수증이익	• 이월결손금 보전에 충당한 금액에 대한 익금불산입	Ⅲ. 익금의 계산
10. 채무면제이익	• 이월결손금 보전에 충당한 금액에 대한 익금불산입	Ⅲ. 익금의 계산
11. 보험차익		
Ⅶ. 영업외비용		
1. 이자비용	• 채권자불분명사채이자, 비실명 채권·증권의 이자상당, 건설자금이자, 업무무관자산 등 관련 이자 손금불산입	Ⅸ. 지급이자의 손금불산입
2. 단기매매금융자산 처분손실		
3. 단기매매금융자산 평가손실	• 부도발생한 창업자 등의 주식을 제외한 자산평가차손의 손금불산입	Ⅳ. 손금의 계산
4. 재고자산감모손실	• 파손·부패 등으로 평가차손을 계상한 경우 및 세법상 재고자산평가방법을 저가법으로 신고한 법인의 경우를 제외한 재고자산평가차손의 손금불산입	Ⅳ. 손금의 계산
5. 외환차손		
6. 외화환산손실	• 비금융기관은 선택에 따라 손금불산입	Ⅴ. 손익의 귀속
7. 기부금	• 전기부인액 중 당기용인액에 대한 조정 • 기부금한도초과액에 대한 손금불산입	Ⅶ. 기부금의 손금불산입
8. 유형자산처분손실		
Ⅷ. 법인세차감전순이익		
Ⅸ. 법인세비용	• 법인세비용에 대한 손금불산입	Ⅳ. 손금의 계산
Ⅹ. 당기순이익		

(3) 세무조정사항의 분류

세무조정사항은 결산조정사항과 신고조정사항으로 나누어진다.

1) 결산조정사항

결산조정사항이란 반드시 장부에 기장처리해야만 세무회계상 손금으로 인정받을 수 있는 사항 즉, 결산과정에서 세무조정하는 항목을 말한다.

이러한 결산조정사항으로서는 다음과 같은 것들이 있다.

구분	결산조정사항	비고
자산의 상각	유·무형자산상각비	한국채택국제계기준 도입기업의 유·무형자산 상각비는 신고조정 가능
충당금의 손금산입	퇴직급여충당금 등	퇴직연금충당금은 신고조정 가능
준비금의 손금산입	법인세법상 준비금	고유목적사업준비금과 비상위험준비금 등은 잉여금처분에 의한 신고조정 가능
자산의 평가차손 등	재고자산의 평가차손	
	유형자산의 평가차손	
	대손금 중 일부	

2) 신고조정사항

신고조정사항은 기업회계 결산시 기장처리하지 않고 법인세 과세표준신고의 과정에서 세무조정 계산서에만 계상함으로써 세무회계상 인정받을 수 있는 세무조정사항이다. 이러한 신고조정사항에는 다음과 같은 것들이 있다.

① 단순신고조정사항

단순신고조정사항은 기업회계 결산시 기장처리하지 않은 항목에 대해서 별도의 추가적 절차없이 세무조정계산서에서 직접 조정하는 사항을 말한다.

② 잉여금처분에 의한 신고조정사항

잉여금처분에 의한 신고조정사항은 기업회계 결산시 기장처리하지 않은 항목에 대해서 주주총회에서 이익잉여금을 처분할 때 일정액을 별도의 적립금으로 적립해야만 신고조정이 가능한 사항을 말한다.

잉여금처분에 의한 신고조정사항의 예로는 고유목적사업준비금, 비상위험준비금, 해약환급금준비금, 조세특례제한법상 준비금의 손금산입 등이 있다.

┤ 요 약 ├

세무조정은 그 성격에 따라 결산조정과 신고조정으로 구분할 수 있다.

기업회계		세법	세무조정유형
수익	>	익금	익금불산입으로 신고조정
수익	<	익금	익금산입으로 신고조정
비용	>	손금	손금불산입으로 신고조정
비용	<	손금	① 결산조정항목인 경우: 손금산입으로 신고조정 불가 ② 결산조정항목이 아닌 경우: 손금산입으로 신고조정

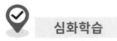

심화학습

결산조정과 신고조정의 비교

구분	결산조정	신고조정
손금산입방법	회사장부에 비용으로 계상하여야만 손금으로 인정됨	장부에 비용으로 계상하지 않아도 인정됨
법인세신고기한 후 경정청구(수정신고) 가능여부	경정청구 대상에서 제외됨	경정청구(수정신고) 대상에 해당됨
추후 손금인정 여부	당해 사업연도에 비용으로 계상하지 않은 금액은 그 이후 사업연도에 결산상 비용으로 계상하면 손금으로 인정됨	당해 사업연도의 손금을 결산상 비용으로 계상하지 않고 세무조정시에도 손금산입을 누락하면 그 이후 사업연도의 손금으로 인정되지 아니함

3 소득처분

(1) 소득처분의 의의

각 사업연도 소득금액은 결산서상의 당기순이익에 세무조정사항을 가감하여 계산한다. 결산서상의 당기순이익은 주주총회에서 사외유출(주주배당금·임원상여금 등)과 사내유보(이익준비금 등)로 처분되어 소득의 귀속자가 명확해진다. 동일한 논리로 세무조정사항에 대해서도 소득의 귀속자를 확인하는 절차가 필요한 바, 이러한 절차를 소득처분이라 한다.

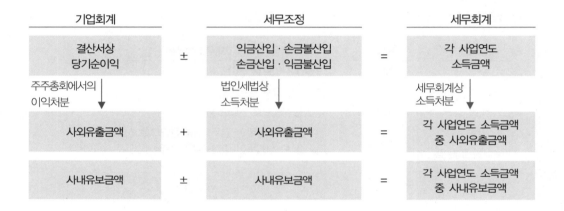

상기 도표에서 보는 바와 같이 법인세법상 소득처분도 결산서상 당기순이익의 소득처분과 마찬가지로 사외유출금액과 사내유보금액으로 구분된다.

(2) 소득처분의 종류

1) 소득처분의 종류요약

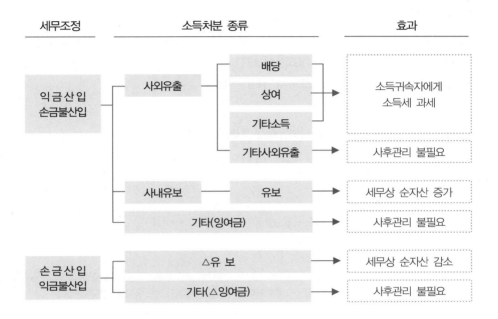

2) 사외유출

익금산입·손금불산입항목 중 법인외부로 유출된 것은 그 소득의 귀속자를 파악하여 귀속자에게
소득세를 징수하여야 한다.

① 사외유출의 구분

사외유출은 귀속자에 따라 다음과 같이 구분한다.

구분	귀속자	귀속자에 대한 과세	법인의 원천징수의무
배당	출자자(출자임원*1) 제외)	배당소득으로 과세	○
상여	임원, 직원	근로소득으로 과세	○
기타사외유출	법인 또는 사업자*2)	×(귀속자의 소득에 포함되어 이미 과세되었음)*3)	×
기타소득	위 외의 자	기타소득으로 과세	○

*1) 소득의 귀속자가 출자자이면서 임원인 출자임원의 경우 상여로 처분함.
*2) 소득의 귀속자가 출자자이면서 법인인 경우와 국가·지방자치단체인 경우에도 기타사외유출로 처분함.

소득의 귀속자가 법인 또는 사업을 영위하는 개인인 경우 세무조정에 의해 처분된 소득이 이미 법인이나 개인사업자의 소득에 포함되어 법인세나 소득세가 과세되었으므로 이를 다시 과세하게 되면 이중과세가 됨. 따라서 기타사외유출로 처분하고 귀속자에 과세하지 않음.

② 사외유출 되었으나 귀속자가 불분명한 경우

장부상 비용으로 계상되었으나 증빙이 없는 경우 등 손금불산입사항으로 사외유출된 것이 분명하나, 귀속자가 불분명한 경우에는 대표자에 대한 상여로 처분한다. 이는 대표자에게 부담을 주어 소득의 실제 귀속자를 밝히도록 유도하기 위함이다.

③ 귀속자에 상관없이 반드시 기타사외유출로 처분하는 경우

아래의 사항은 귀속자에 관계없이 항상 기타사외유출로 처분하여 귀속자에 납세의무를 지우지 않는 것이다.
- 임대보증금에 대한 간주임대료
- 특례기부금 및 일반기부금 한도초과액

> ※ 특례기부금과 일반기부금의 명칭
> 2022년 말 법인세법 개정시 "법인세법 제24조 제2항 제1호에 따른 기부금"은 특례기부금으로, "법인세법 제24조 제3항 제1호에 따른 기부금"은 일반기부금으로 용어를 변경하였다.

- 기업업무추진비한도초과액
- 업무무관자산 등 관련 이자
- 채권자불분명 사채이자 및 비실명 채권·증권이자에 대한 원천징수세액 상당액

3) 유보(또는 △유보)

사외유출은 익금산입 및 손금불산입의 세무조정으로 인한 소득이 법인의 외부로 유출된 경우에 하는 처분이다. 그러나 세무상의 소득이 법인내부에 남아 세무상 순자산을 구성하는 경우에는 "유보" 처분을 하여야 한다. 역으로 손금산입 및 익금불산입한 세무조정사항이 법인내부에 남아 세무상 순자산을 감소시킨다면 이는 "△유보" 처분을 하여야 한다.

① 유보

유보는 익금산입 및 손금불산입한 소득이 내부에 남아 회계상의 순자산(재무상태표상의 순자산)보다 자산을 증가시키거나 부채를 감소시켜 세무상 순자산을 증가시키는 효과를 가져온다.

② △유보

△유보는 손금산입 및 익금불산입한 소득이 내부에 남아 회계상의 순자산(재무상태표상의 순자산)보다 자산을 감소시키거나 부채를 증가시켜 세무상 순자산을 감소시키는 효과를 가져온다.

③ 유보처분액의 사후관리

4) 기타(잉여금 또는 △잉여금)

세무조정의 효과가 법인 내에 남아 있으나, 회계상 순자산가액과 세법상 순자산가액이 동일한 경우에 행하는 소득처분이 기타(잉여금 또는 △잉여금)이다.

① 기타(잉여금)

익금산입 · 손금불산입으로 인한 세무상 소득이 이미 회계상의 자본을 구성하고 있다면 이는 사외유출된 것이 아니며, 또한 자본의 구성항목을 달리할 뿐 회계상 순자산가액과 세무상 순자산가액도 일치하게 된다. 따라서 이러한 처분은 각 사업연도 소득을 증가시켜 법인세를 더 부담하게 되는 것 외에 따로 귀속자에게 소득세를 부과하거나 유보의 경우처럼 사후관리를 할 필요가 없다.

예를 들어 회계상 자본잉여금으로 계상된 자기주식처분이익이 익금산입으로 세무조정된 경우 자기주식처분이익은 사내에 남아 있으며, 이미 자본항목에 계상되어 있으므로 자산이나 부채를 증감시키는 효과를 일으키지 않아 사외유출이나 유보가 아닌 기타(잉여금)로 처분하여야 한다.

② 기타(△잉여금)

손금산입 · 익금불산입으로 인한 세무조정사항이 이미 자본항목에서 직접 차감되어 있는 경우 기타(△잉여금)로 처분하여야 한다.

(3) 소득금액조정합계표의 작성

위에서 설명한 세무조정과 소득처분은 세무조정계산서에서는 "소득금액조정합계표"에 요약되어 나타나게 된다. "소득금액조정합계표"의 양식을 살펴보면 다음과 같다.

다음의 자료를 이용하여 (주)삼일의 소득금액조정합계표를 작성하시오.
(1) 사업자등록번호: 100-80-12345
(2) 법인등록번호: 110000-1234567
(3) 당기순이익: 100,000,000원
(4) 익금산입 · 손금불산입
　① 법인세비용: 8,000,000원
　② 기업업무추진비한도초과액: 5,500,000원
　③ 기부금한도초과액: 1,000,000원
　④ 감가상각부인액: 500,000원
　⑤ 임원상여금한도초과액: 2,000,000원
　⑥ 대손충당금한도초과액: 1,500,000원
(5) 손금산입 · 익금불산입
　① 미수이자: 300,000원
　② 재고자산평가이익: 550,000원

풀 이

뒷면 참조

[별지 제15호 서식] (2022. 3. 18. 개정)   (앞쪽)

사 업 연 도	20X1. 1. 1. ~ 20X1. 12. 31.	소득금액조정합계표		법 인 명	(주)삼일
				사업자등록번호	100-80-12345

익금산입 및 손금불산입						손금산입 및 익금불산입					
①과목	②금액			③소득처분		④과목	⑤금액			⑥소득처분	
				처분	코드					처분	코드
법인세비용	8	000	000	기타사외유출	500	미수이자		300	000	유보	100
기업업무추진비 한도초과액	5	500	000	기타사외유출	500	재고자산 평가이익		550	000	유보	100
감가상각부인액		500	000	유보	400						
임원상여금한도 초과액	2	000	000	상여	100						
대손충당금한도 초과액	1	500	000	유보	400						
합계	17	500	000			합계		850	000		

(4) 자본금과 적립금조정명세서의 작성

"자본금과 적립금조정명세서(갑)"은 회사가 작성한 재무상태표상의 자본금과 적립금을 기초로 하여 세무상의 자본금과 적립금, 즉 세무상의 순자산(자기자본)을 나타내는 명세서이다.

"자본금과 적립금조정명세서(을)"은 세무조정사항 중 소득처분이 유보인 항목들의 증감내용을 별도로 관리하는 서식이다.

> ### 예 제
>
> 다음의 자료를 이용하여 (주)삼일의 자본금과 적립금조정명세서(을)을 작성하시오.
> (1) 사업자등록번호: 100-80-12345
> (2) 법인등록번호: 110000-1234567
> (3) 당기순이익: 100,000,000원
> (4) 당기세무조정사항
>   ① 익금산입 · 손금불산입
>   • 법인세비용: 8,000,000원
>   • 기업업무추진비한도초과액: 5,500,000원
>   • 감가상각부인액: 500,000원
>   • 대손충당금한도초과액: 1,500,000원
>   • 전기 미수이자: 500,000원
>   ② 손금산입 · 익금불산입
>   • 미수이자: 300,000원
>   • 재고자산평가이익: 550,000원
>   • 전기 대손충당금한도초과: 1,000,000원
> (5) 전기말 자본금과 적립금조정명세서(을)의 유보잔액
>   ① 대손충당금한도초과: 1,000,000원
>   ② 미수이자: △500,000원
>   ③ 감가상각부인액: 1,500,000원
>
> ### 풀 이
>
> 뒷면 참조

[별지 제50호 서식(을)] (2022. 3. 18. 개정)　　　　　　　　　　　　　　　　　　(앞쪽)

사 업 연 도	20X1. 1. 1. ~ 20X1. 12. 31.	자본금과 적립금조정명세서(을)		법인명	(주)삼일

※	관리 번호		-		

사업자등록번호　1　0　0　- 8　0　- 1　2　3　4　5

※표시란은 기입하지 마십시오.

세무조정유보소득 계산

① 과목 또는 사항	② 기초잔액	당 기 중 증 감		⑤ 기말잔액 (익기초현재)	비　　고
		③ 감　소	④ 증　가		
대손충당금한도초과액	1,000,000	1,000,000	1,500,000	1,500,000	
미수이자	△500,000	△500,000	△300,000	△300,000	
감가상각부인액	1,500,000	0	500,000	2,000,000	
재고자산평가이익	0	0	△550,000	△550,000	
합　　계	2,000,000	500,000	1,150,000	2,650,000	

01 다음의 세무조정사항 중에서 귀속자에 대한 추가적인 과세나 사후관리가 불필요한 소득처분에 해당하는 것으로 가장 옳은 것은?

① 기업업무추진비 한도초과액   ② 퇴직급여충당금 한도초과액

③ 대손충당금 한도초과액   ④ 임원상여금 지급기준초과액

02 다음의 항목 중에서 차후연도 법인의 세무조정시 반대조정이 필요한 것은?

① 비지정기부금   ② 감가상각비한도초과액

③ 임원상여금한도초과액   ④ 기업업무추진비한도초과액

03 다음 중 소득처분에 관한 설명으로 가장 올바르지 않은 것은?

① 손금불산입사항으로 사외유출된 것이 분명하나, 귀속자가 불분명한 경우에는 대표자에 대한 상여로 처분한다.

② 기타사외유출의 경우 법인세를 과세하는 것 이외의 추가적 과세가 없다.

③ 소득의 귀속자가 출자임원인 경우 배당으로 처분한다.

④ 소득처분 중 기타는 사후관리가 불필요하다.

04 다음 중 법인세법상 소득처분에 관한 설명으로 가장 올바르지 않은 것은?

① 익금산입액이 개인사업자에게 귀속되는 경우에는 기타사외유출로 처분한다.
② 유보로 처분된 익금산입액은 세무상 자기자본을 증가시킨다.
③ 채권자 불분명 사채이자 중 원천징수분을 제외한 금액은 대표자에 대한 상여로 처분한다.
④ 출자자 및 출자임원에게 귀속되는 소득은 모두 배당으로 처분한다.

05 다음 자료에 의할 경우 (주)삼일의 제21기(2024년 1월 1일 ~ 2024년 12월 31일) 세무조정사항의 소득처분 중 기타사외유출 금액은 얼마인가?

> (주)삼일의 제21기 세무조정사항은 다음과 같다.
> ㄱ. 채권자불분명 사채이자 100,000원
> ㄴ. 임원상여금한도초과액 150,000원(해당 임원은 주주임)
> ㄷ. 법인세비용 250,000원과 감가상각부인액 150,000원
> ㄹ. 기업업무추진비한도초과액 100,000원과 기부금한도초과액 50,000원

① 350,000원　　　　　　　　　　② 400,000원
③ 450,000원　　　　　　　　　　④ 500,000원

06 다음 중 법인세법상 결산조정사항과 신고조정사항에 관한 설명으로 가장 올바르지 않은 것은?

① 감가상각비는 결산 시 손금에 산입하지 않은 경우 법인세 신고기한 내에 세무조정으로 손금산입할 수 없다.
② 신고조정사항은 기업회계 결산 시 회계처리하지 않고 법인세 과세표준신고의 과정에서 세무조정계산서에 계상함으로써 손금으로 인정받을 수 있다.
③ 결산조정사항은 원칙적으로 회계상 비용으로 계상한 경우에만 세무상 손금으로 인정받을 수 있는 사항이다.
④ 고유목적사업준비금은 별도의 절차 없이 세무조정계산서에서 신고조정으로 손금산입이 가능하다.

07 법인세법상 세무조정사항은 결산조정사항과 신고조정사항으로 나누어진다. 다음 중 그 성격이 다른 하나는?

① 조세특례제한법상 준비금　　　　② 퇴직연금충당금

③ 비상위험준비금　　　　　　　　④ 재고자산의 평가차손

08 다음 중 법인세법상 세무조정에 관한 설명으로 가장 올바르지 않은 것은?

① 결산조정사항은 회사장부에 비용으로 계상해야만 손금으로 인정되나 신고조정사항은 장부에 비용으로 계상하지 않아도 인정된다.
② 결산조정사항은 경정청구 대상에서 제외되나 신고조정사항은 경정청구의 대상이 된다.
③ 결산조정사항을 당해 사업연도에 비용으로 계상하지 아니한 경우라도 그 이후 사업연도에 결산상 비용으로 계상하면 손금으로 인정된다.
④ 결산조정사항에는 자산의 상각, 충당금 및 준비금의 손금산입, 자산의 평가차손, 잉여금의 처분 등이 포함된다.

09 다음 중 법인세법 별지 15호 서식인 소득금액조정합계표에 나타나는 항목이 아닌 것은?

① 퇴직급여충당금 한도초과액　　　② 감가상각비 한도초과액

③ 비지정기부금　　　　　　　　　④ 일반기부금 한도초과액

10 다음 중 자본금과 적립금조정명세서(을)에 기재해야 하는 세무조정 사항에 해당하는 것은?

① 기부금 한도초과액
② 자기주식처분이익의 익금산입
③ 임원상여금 한도초과액
④ 대손충당금 한도초과액

11 중소기업인 (주)삼일의 당기(2024. 1. 1 ~ 2024. 12. 31) 결산서상 당기순이익은 300,000,000원이었다. 세무조정결과 익금산입·손금불산입 금액은 50,000,000원이며, 손금산입·익금불산입 금액은 120,000,000원이었다. 이월결손금 잔액이 다음과 같을 때, (주)삼일의 법인세 산출세액은 얼마인가?

발생연도	회계상 이월결손금 잔액	세무상 이월결손금 잔액
2012년	9,000,000	9,000,000
2016년	7,000,000	6,000,000
2018년	5,000,000	4,000,000

① 24,000,000원
② 22,400,000원
③ 21,800,000원
④ 18,000,000원

12 (주)삼일의 당기(2024. 1. 1 ~ 2024. 12. 31) 세무조정 자료는 다음과 같다. 자료를 기초로 '자본금과적립금조정명세서(을)'의 〈#1〉의 값을 구하면?

〈자료 1〉 소득금액조정합계표

익금산입 및 손금불산입		손금산입 및 익금불산입	
과목	금액	과목	금액
벌금	10,000,000	미수이자	2,000,000
기업업무추진비한도초과액	5,500,000	단기매매금융자산평가이익	3,000,000
감가상각한도초과액	20,000,000	전기대손충당금한도초과액	5,000,000
대손충당금한도초과액	4,000,000	전기감가상각한도초과액	11,000,000
전기 미수이자	1,500,000		
합계	51,000,000	합계	21,000,000

〈자료 2〉 자본금과적립금조정명세서(을)

① 과목 또는 사항	② 기초잔액	당기 중 증감		⑤ 기말잔액
		③ 감소	④ 증가	
대손충당금 한도초과	5,000,000	(?)	(?)	(?)
감가상각비 한도초과	22,000,000	(?)	(?)	(?)
미수이자	△1,500,000	(?)	(?)	(?)
단기매매금융자산평가이익	0	(?)	(?)	(?)
합계	25,500,000	(?)	(?)	〈#1〉

① 30,000,000원
② 40,000,000원
③ 43,000,000원
④ 55,500,000원

---

13 다음 중 법인세법상 이월결손금액에 관한 설명으로 가장 올바르지 않은 것은?

① 이월결손금이란 결손금으로 그 후 사업연도에 손금으로 산입되지 않았거나 과세표준계산상 공제되지 아니한 금액이다.

② 법원이 인가한 회생계획을 이행 중인 법인이라도 중소기업이 아닌 법인은 각 사업연도 소득의 80%를 한도로 공제한다.

③ 과세표준계산시 이월결손금은 15년(2020.1.1. 전에 개시한 사업연도에서 발생한 결손금은 10년) 이내에 개시한 사업연도에서 발생한 결손금 중 먼저 발생한 순서대로 공제 한다.

④ 중소기업의 경우 각 사업연도 소득의 100%를 이월결손금 공제한도로 한다.

14 다음은 제조업을 영위하는 (주)삼일의 세무조정 내역이다. 다음 세무조정 중 별지 50호 『자본금과 적립금조정명세서(을)』에서 관리하여야 하는 것이 아닌 것은?

① 당기손익인식 금융자산에 대한 평가이익을 수익으로 인식하여 이를 익금불산입하였다.
② 특례기부금 한도초과액을 손금불산입하였다.
③ 기계장치에 대한 감가상각비 한도초과액을 손금불산입하였다.
④ 당기말 현재 건설 중인 공장건물의 취득에 소요되는 특정차입금에 대한 지급이자를 이자비용으로 계상함에 따라 이를 손금불산입하였다.

15 (주)삼일의 제21기(2024년 1월 1일 ~ 2024년 12월 31일) 법인세 과세표준 및 세액조정계산서상에 표시되는 항목별 금액이 다음과 같을 때 기부금한도초과액과 이월결손금 당기공제액의 합계액은 얼마인가?(부호는 동일하게 보아 계산한다)

> 1. 결산서상 당기순이익: 150,000,000원
> 2. 세무조정금액
>   가. 익금산입: 40,000,000원
>   나. 손금산입: 10,000,000원
> 3. 차가감소득금액: 180,000,000원
> 4. 각 사업연도소득금액: 185,000,000원(기부금한도초과이월액 손금산입액은 없다)
> 5. 과세표준: 165,000,000원(비과세소득과 소득공제액은 없다)

① 15,000,000원 ② 25,000,000원
③ 35,000,000원 ④ 45,000,000원

Ⅲ 익금의 계산

1 익금의 범위

(1) 익금의 의의

익금이란 ① 자본 또는 출자의 납입 및 ② 익금불산입항목으로 규정하는 것을 제외하고 당해 법인의 순자산을 증가시키는 거래로 인하여 발생하는 수익이다.

(2) 익금의 범위

법인세법에서 익금으로 규정하고 있는 항목은 다음과 같다. 그러나 이는 예시적인 규정에 지나지 않으며 익금으로 규정되지 않았더라도 순자산을 증가시키는 것은 원칙적으로 모두 익금에 해당된다.

구분	비고
① 사업수입금액	매출에누리, 매출환입 및 매출할인을 차감한 금액
② 자산의 양도금액	
③ 자기주식의 양도금액	자기주식교부형 주식매수선택권 행사로 양도하는 경우 행사 당시의 시가
④ 자산의 임대료	
⑤ 자산의 평가이익 중 법 소정 금액	원칙적으로 익금불산입 단, 보험업법이나 그 밖의 법률에 따른 유형자산과 무형자산의 평가이익은 익금
⑥ 자산수증이익·채무면제이익	원칙적으로 익금산입 단, 이월결손금 보전에 충당한 금액은 익금불산입
⑦ 손금에 산입된 금액 중 환입된 금액	
⑧ 자본거래로 인하여 특수관계인으로부터 분여 받은 이익	
⑨ 미회수 가지급금 및 그 가지급금에 대한 이자	다만, 채권·채무에 대한 쟁송으로 회수가 불가능한 경우 등 정당한 사유가 있는 경우는 익금으로 보지 않음.
⑩ 간주익금 등	특수관계인으로부터 유가증권 저가매입, 간접외국납부세액, 간주임대료, 의제배당, 보험회사의 책임준비금 감소 금액 등

2 익금항목

(1) 사업수입금액

사업수입금액은 일반적으로 자산의 판매 또는 용역의 제공에 의해서 생긴다. 그 대표적인 것은 기업회계상의 매출액으로서 법인세법에서는 수입금액이라고 표현하고 있다. 수입금액은 법인의 가장 전형적인 익금항목으로서 기업업무추진비한도액계산을 포함한 세법상 각종 한도액 계산시 기준으로 사용되는 등 중요한 의미를 갖는다.

기업회계에서 매출액은 총매출액에서 매출에누리와 환입 및 매출할인을 차감하는 형식으로 기재하도록 되어 있다. 한편, 법인세법에서도 수입금액에는 회계상 매출에누리금액 및 매출할인이 포함되지 않는다고 규정함으로써 회계상의 내용과 일치시키고 있다.

사업수입금액＝총매출액－매출에누리와 환입－매출할인

---

(2) 자산의 양도금액

자산의 양도라 함은 주된 영업활동과 관련된 자산, 즉 재고자산의 판매가 아니고 유형자산, 무형자산이나 투자자산 등의 비경상적인 양도를 말한다.

법인세법에서는 자산의 양도에 따른 처분손익만을 표시하는 것이 아니라 자산의 양도금액을 전액 익금에 산입하고 양도한 자산의 장부가액을 전액 손금에 산입하는 총액법의 입장을 취하고 있다. 그러나 기업회계에 따라 처분손익만을 표시해도 당기순이익에는 차이가 없으므로 세무조정은 불필요하다.

(3) 자기주식 양도금액

자기주식의 양도금액은 익금에 해당하며, 그 장부가액은 손금에 해당한다. 결과적으로 자기주식처분손익은 익금 또는 손금에 해당하는 것이다. 기업회계기준에서는 자기주식처분이익으로서 자기주식처분손실을 차감한 금액은 이를 기타자본잉여금으로 처리하도록 하고 있는데, 이것과 대조적이다. 이에 반하여 자기주식소각손익은 감자차익 또는 감자차손에 해당하므로 익금 또는 손금으로 보지 않는다. 단, 자기주식의 양도와 관련하여 임직원이 주식매수선택권(자기주식교부형)을 행사함으로써 자기주식을 양도하는 경우에는 주식매수선택권의 행사 당시의 시가를 양도금액으로 한다.

(4) 자산의 임대료

자산의 임대료라 함은 임대업을 영위하지 않는 법인이 일시적으로 자산을 임대하고 받는 수입을 말한다.

(5) 자산의 평가차익 중 법 소정 항목

법인세법은 원칙적으로 자산의 평가차익을 익금불산입항목으로 규정하고 있으나 예외적으로 보험업법 기타 법률의 규정에 의한 평가차익에 대해서 자산의 평가증을 인정하고 있다.

(6) 자산수증이익과 채무면제이익

자산수증이익과 채무면제이익은 법인이 주주나 채권자 등으로부터 무상으로 수증받은 자산가액 및 면제받은 채무가액을 말한다. 자산수증이익과 채무면제이익에 대해 회계상 수익으로 처리하도록 규정하고 있으며 법인세법에서도 법인의 순자산을 증가시키므로 익금항목에 해당한다.

다만, 법인의 재무구조개선을 지원하기 위해 자산수증이익과 채무면제이익 중 이월결손금의 보전에 충당된 금액은 익금불산입항목으로 규정하고 있다. 단, 법인사업자 및 복식부기의무자인 개인사업자가 지급받은 국고보조금 등은 무상으로 받은 자산의 가액, 즉 자산수증이익에 해당하나 익금불산입 대상이 아니다.

이 때 이월결손금이란 세무상 이월결손금을 말하며, 이월결손금의 발생연도에는 제한이 없다.

(7) 손금에 산입한 금액 중 환입된 금액

이미 손금으로 산입된 금액이 환입되거나 환급된 경우 동 금액은 익금항목이 된다. 그러나 지출당시 손금으로 인정받지 못한 금액이 환입된 경우에는 익금불산입항목이다.

구분	사례	환입시 처분
이미 손금산입된 경우	재산세	익금항목
지출당시 손금산입되지 않은 경우	법인세	익금불산입항목

(8) 자본거래로 인하여 특수관계인으로부터 분여받은 이익

법인이 자본거래(증자, 감자, 합병 등)를 통해 특수관계인으로부터 분여받은 이익은 익금으로 본다. 이는 자본거래와 관련한 특수관계인간의 이익분여행위에 대하여 부당행위계산부인을 할 수 있도록 함으로써 동일거래에 대한 개인주주의 증여세 과세와 형평을 유지할 수 있도록 한 규정이다.

(9) 특수관계인인 개인으로부터 저가로 매입한 유가증권의 시가와의 차액

법인이 ① 특수관계인인 개인으로부터 ② 유가증권을 ③ 시가보다 낮은 가액으로 매입하는 경우 동 매입가액과 시가의 차액은 익금으로 본다.

여기서 주의할 것은 거래상대방이 특수관계인인 개인이어야 하므로 특수관계가 없는 개인이나 특수관계에 있는 법인으로부터 매입한 경우에는 동 규정이 적용되지 않고 거래대상물이 유가증권으로서 저가매입에 한정된다는 것이다.

저가매입액의 처리

구분	매입시	양도시 장부가액
특수관계인인 개인으로부터 유가증권을 저가로 매입한 경우	저가매입액을 익금에 산입하며, 자산의 시가를 취득가액으로 함.	시가
위 이외의 저가매입의 경우	저가매입액을 익금으로 보지 아니하며, 실제 매입가액을 취득가액으로 함.	실제 매입가액

(10) 간접외국납부세액

신설된 법인세법 시행령 제18조의 4 해외자회사로부터의 수입배당금에 대한 익금불산입 규정을 적용받지 않은 경우에 한하여 국제적인 이중과세를 방지하기 위해 내국법인이 외국납부세액에 대하여 외국납부세액공제를 받는 경우 외국자회사의 소득에 대하여 부과된 외국법인세액 중 그 수입배당금액에 대응하는 금액으로서 세액공제의 대상이 되는 금액을 익금에 산입한다.

(11) 임대보증금 등의 간주익금

영리내국법인으로 부동산임대업을 주업으로 하는 차입금 과다법인이 부동산 또는 그 부동산상의 권리 등을 대여하고 받은 보증금 등에서 발생한 수입금액이 동 보증금 등에 대한 정기예금 이자상당액에 미달하는 경우에는 시행령이 정하는 일정금액을 각사업연도 소득금액계산상 익금에 산입한다. 동 규정은 임대보증금을 이용하여 세부담없이 부동산투자를 계속하는 것을 방지하고 개인사업자와의 세부담형평을 위하여 임대보증금에 정기예금이자율을 곱하여 계산한 금액상당액은 임대수입으로 보아 과세하겠다는 취지이다. 여기서, 정기예금이자율이란 금융회사 등의 정기예금이자율을 참작하여 기획재정부령이 정하는 이자율을 말한다.

(12) 의제배당

1) 의제배당의 의의

상법상의 이익의 배당이나 잉여금의 분배절차에 의한 것은 아니지만 법인의 이익적립금에 상당하는 자산이 주주 등에게 귀속되는 경우에는 이익의 배당을 한 것과 동일한 경제적 효과를 가지므로 이를 배당소득으로 간주하여 익금항목으로 규정하고 있는 바, 이를 의제배당이라 한다.

2) 의제배당의 유형

① 잉여금의 자본전입으로 인한 의제배당(무상주)

법인이 잉여금을 자본전입하여 주주인 법인이 취득하는 주식은 배당으로 의제한다. 그러나 자본잉여금을 자본전입하여 취득하는 주식 중 일부는 익금으로 보지 않는다.

② 자본감소·해산·합병 및 분할 등으로 인한 의제배당

자본감소·법인의 해산·합병 및 분할 등으로 인하여 보유하던 주식 대신 받는 금전 등 재산가액의 합계액이 동 주식을 취득하기 위해 소요된 금액을 초과하는 경우 이를 배당으로 보며 이는 다음과 같이 계산한다.

의제배당액=자본감소 등으로 인해 받는 재산가액−주식취득가액

(13) 보험회사의 책임준비금 감소금액

「보험업법」에 따른 보험회사의 책임준비금 감소액으로서 보험감독회계기준에 따라 수익으로 계상된 금액. 다만, 할인율의 변동으로 인한 책임준비금 공정가치 평가금액은 제외한다.

3 익금불산입항목

익금불산입항목은 법인의 순자산을 증가시키는 거래이긴 하나, 특정 목적을 위하여 익금에 산입하지 않는 항목들이다.

익금불산입항목은 그 목적에 따라 다음과 같이 분류할 수 있다.

구분	익금불산입항목
자본충실화목적	① 주식발행액면초과액 ② 감자차익 ③ 합병차익 ④ 분할차익 ⑤ 주식의 포괄적 교환차익 ⑥ 주식의 포괄적 이전차익 ⑦ 이월결손금보전에 충당된 자산수증이익과 채무면제이익 ⑧ 자본준비금을 감액하여 받는 배당(보유주식의 장부가액을 한도로 함)
이중과세방지	① 각 사업연도의 소득으로 이미 과세된 소득 ② 법인세 및 법인지방소득세의 환급액 ③ 수입배당금 중 일정한 금액
조세정책적 목적 등 기타	① 부가가치세 매출세액 ② 자산의 평가차익 ③ 국세 및 지방세의 과오납금의 환급금에 대한 이자

(1) 주식발행액면초과액(주식발행초과금)

주식발행액면초과액이란 액면금액 이상으로 주식을 발행한 경우 그 액면금액을 초과한 금액을 말하는 것으로, 실제 자본금과 동일한 성격인 주식발행액면초과액을 익금으로 과세하게 되면 자본의 충실화를 기할 수 없으므로 이를 익금불산입항목으로 규정하고 있다.

회사가 주식발행액면초과액을 회계기준에 따라 주식발행초과금으로 회계처리하였다면 이를 특별히 세무조정할 필요는 없다.

(2) 감자차익

감자차익이란 자본감소의 경우로서 그 감소액이 주식의 소각, 주금의 반환에 든 금액과 결손의 보전에 충당한 금액을 초과한 경우의 그 초과금액을 말한다. 감자차익도 주식발행액면초과액과 마찬가지로 회계상 자본잉여금항목이며, 법인세법상 익금불산입항목이다.

(3) 합병차익 및 분할차익

1) 합병차익

합병차익은 합병의 경우로서 소멸된 회사로부터 승계한 재산의 가액이 그 회사로부터 승계한 채무액, 그 회사의 주주에게 지급한 금액과 합병 후 존속하는 회사의 자본금증가액 또는 합병에 따라 설립된 회사의 자본금을 초과한 경우의 그 초과금액을 말한다. 합병차익은 회계상 "부의영업권"으로 수익에 해당하는 항목이며, 법인세법상 익금불산입항목이다.

2) 분할차익

분할차익이란 분할 또는 분할합병으로 설립된 회사 또는 존속하는 회사에 출자된 재산의 가액이 출자한 회사로부터 승계한 채무액, 출자한 회사의 주주에게 지급한 금액과 설립된 회사의 자본금 또는 존속하는 회사의 자본금증가액을 초과한 경우의 그 초과금액을 말한다. 분할차익도 합병차익과 마찬가지로 법인세법상 익금불산입항목이다.

(4) 자산수증익·채무면제익 중 이월결손금의 보전에 충당된 금액

이전의 익금항목에서 이미 검토한 내용이므로 익금편을 참조하기 바란다. 이를 익금불산입항목으로 규정한 취지는 결손보전을 통해 자본충실화를 도모하기 위한 것이다.

(5) 각 사업연도의 소득으로 이미 과세된 소득

각 사업연도의 소득으로 이미 과세된 소득(법인세법과 다른 법률에 따라 비과세되거나 면제되는 소득을 포함한다)은 이중과세를 방지하기 위하여 익금으로 보지 아니한다.

예제

제3기말에 외상으로 판매한 매출액 200원을 대금회수한 제4기의 매출액으로 회계처리한 경우 제3기와 제4기의 세무조정을 수행하시오.

풀이

제3기말에 외상으로 판매한 매출액 200원을 대금을 회수한 제4기의 매출액으로 회계처리한 경우의 세무조정은 다음과 같다.

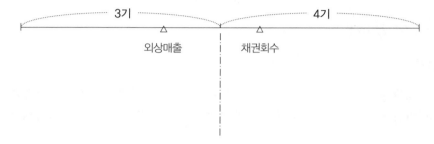

Book	회계처리 누락			(차) 현금	200	(대) 매출	200
TAX	(차) 매출채권	200	(대) 매 출 200	(차) 현금	200	(대) 매출채권	200
세무조정	[익금산입] 매 출		200*1)(유보)	[익금불산입] 매출		200*2)(△유보)	

*1) 세법상 익금인 매출액에 대해 회계처리 누락했으므로 익금산입함.
*2) 제3기에 익금산입된 매출액에 대해 당기 회계처리함으로써 동일한 소득에 대하여 법인세가 이중으로 과세되므로 익금불산입함.

(6) 법인세 및 법인지방소득세의 환급액

법인세 및 법인지방소득세는 지출당시 손금으로 인정받지 못하였으므로 이의 환급액도 익금불산입항목이 되어야 한다.

구분	당초 처리	환급시 처리
법인세비용*	손금불산입	익금불산입

* 법인세비용＝법인세＋법인지방소득세＋법인세에 대한 농어촌특별세(감면세액의 20%)

(7) 지주회사의 수입배당금액 중 일정한 금액

이중과세를 방지하기 위하여 지주회사가 내국법인인 자회사로부터 받은 배당소득금액 중 일정한 금액은 익금에 산입하지 않는다.

(8) 일반법인의 수입배당금액 중 일정한 금액

법인세법에서는 기업과세제도의 선진화 및 지주회사와 일반법인간의 과세형평을 도모하기 위해서 일반법인에 대해서도 내국법인인 피출자회사로부터 수령한 수입배당금액 중 일정한 금액은 익금에 산입하지 않는다.

(9) 외국자회사로부터의 수입배당금액 중 일정한 금액

국제적인 이중과세를 방지하기 위하여 일정 요건을 충족하는 외국자회사로부터 받은 배당소득금액 중 일정한 금액은 익금에 산입하지 않는다.

(10) 부가가치세 매출세액

부가가치세 매출세액은 회계상 수익이 아닌 부채(예수금)항목이므로 당연히 익금에 해당하지 않는다. 다만, 회사가 회계기준에 따르지 않고 수익으로 잘못 계상한 경우 이를 시정하기 위한 예시에 불과하다.

(11) 자산의 일반적인 평가차익

자산의 평가이익은 일반적으로 익금으로 보지 않는다. 다만, 다음은 익금으로 본다.
① 보험업법이나 그 밖의 법률에 따른 유형자산과 무형자산의 평가이익
② 「자본시장과 금융투자업에 관한 법률」에 따른 평가이익 투자회사 등이 보유한 유가증권
③ 화폐성 자산의 환율변동으로 인한 평가이익

구분	법인세법상 처리
보험업법 기타 법률에 따른 유형자산과 무형자산의 평가차익 등	익금 항목
일반적인 유형자산과 무형자산의 평가차익	익금불산입 항목

(12) 국세 또는 지방세의 과오납금의 환급금에 대한 이자

국세 또는 지방세의 과오납금의 환급금에 대한 이자는 국가 등이 초과징수한 것에 대한 보상의 일종이므로 정책적으로 이를 익금에서 제외시킨다.

MEMO

01 다음 중 법인세법상 익금에 해당하지 않는 금액은 얼마인가?

• 부가가치세 매출세액	6,000,000원
• 자산수증이익(이월결손금 보전에 사용됨)	10,000,000원
• 고정자산 양도가액	3,000,000원
• 일반적인 고정자산 평가이익	2,000,000원
• 손금불산입된 금액의 환입액	1,000,000원
• 특수관계인인 개인으로부터의 유가증권 저가매입액	5,000,000원

① 16,000,000원
③ 19,000,000원

② 18,000,000원
④ 21,000,000원

02 다음 중 회계상 수익과 법인세법상 익금에 관한 설명으로 가장 올바르지 않은 것은?

① 익금은 자본 또는 출자의 납입과 익금불산입 항목을 제외한 법인의 순자산을 증가시키는 거래로 발생하는 수익이다.

② 익금항목이라도 법인이 이를 수익으로 계상하면 세무조정이 불필요하다.

③ 회계상 자본잉여금에 해당한다 하더라도 법인세법상 익금불산입 항목에 열거되어 있지 않은 경우에는 익금에 산입한다.

④ 부동산임대업을 주업으로 하지 않는 법인도 임대보증금에 일정 이자율을 곱한 금액을 익금에 산입하여야 한다.

03 다음 중 법인세법상 익금에 관한 설명으로 가장 올바르지 않은 것은?

① 자산수증이익과 채무면제이익은 익금이지만 세무상 이월결손금의 보전에 충당된 부분은 익금불산입 항목이다.

② 법인이 특수관계인인 개인 또는 법인으로부터 유가증권을 시가보다 낮은 가액으로 매입하는 경우 동 매입가액과 시가의 차액은 익금으로 본다.

③ 손금에 산입한 금액이 환입된 경우 동 금액은 익금이다.

④ 자기주식의 양도금액은 익금에 해당하며, 그 장부가액은 손금에 해당한다.

04 다음은 제조업을 영위하는 (주)삼일이 유가증권에 대해 다음과 같이 회계처리한 경우 유보(또는 △유보)로 소득처분할 금액을 바르게 짝지은 것은?(사업연도는 1월 1일부터 12월 31일까지이다)

> ㄱ. 2024년 중 특수관계인인 임원으로부터 유가증권(A주식)을 900,000원(시가1,000,000원)에 매입하여 매입가액으로 장부에 계상하였다.
> ㄴ. 2024년 말 유가증권(A주식)의 시가는 1,200,000원으로 300,000원의 평가이익을 장부에 계상하였다.
> ㄷ. 2025년 중 2023년에 취득한 유가증권을 1,300,000원에 매각하면서 처분이익 100,000원을 계상하였다.

	2024년	2025년
①	유보 100,000원	△유보 100,000원
②	△유보 200,000원	유보 200,000원
③	유보 300,000원	△유보 300,000원
④	△유보 400,000원	유보 400,000원

05 다음 중 익금항목에 해당하지 않는 것은?

① 주주로부터 무상으로 수증받은 자산가액
② 감자차익
③ 자기주식의 양도금액
④ 손금에 산입한 금액 중 환입된 금액

06 다음 자료를 바탕으로 (주)삼일이 제20기에 수행하여야 하는 세무조정으로 가장 옳은 것은?

> (1) (주)삼일은 제19기에 업무용 건물의 재산세 200만 원을 현금으로 납부하였고 다음과 같이 회계처리하였다.
>
> (차) 세금과공과(재산세)　　2,000,000원　　(대) 현금　　　　　　2,000,000원
>
> (2) 제20기에 재산세 과오납 사유가 발생하여 100만 원의 재산세 환급금과 10만 원의 과오납급의 환급가산금을 지급받았고 다음과 같이 회계처리하였다.
>
> (차) 현금　　　　　　1,100,000원　　(대) 잡이익　　　　1,100,00원

① (익금산입)　　100,000원　　　　② (익금산입)　　1,100,000원
③ (익금불산입)　100,000원　　　　④ (익금불산입)　1,100,00원

07 영업외수익의 전기오류수정이익 항목이 다음과 같은 경우 필요한 세무조정은 무엇인가?

> (1) 전기분 법인세 환급액　　　　　　　　　　　　　8,000,000원
> (2) 전기 재산세 환급액(환부이자 ₩500,000 포함)　　3,000,000원

① 익금불산입　8,500,000원　　　　② 익금산입　8,500,000원
③ 익금불산입　8,000,000원　　　　④ 익금산입　2,900,000원

08 다음 중 법인세법상 의제배당에 관한 설명으로 가장 올바르지 않은 것은?

① 법인이 자본잉여금을 자본전입하여 주주인 법인이 취득하는 주식은 배당으로 의제한다.

② 자본감소 등으로 인해 주주가 취득하는 금전과 그 밖의 재산가액의 합계액이 주주가 해당 주식을 취득하기 위하여 사용한 금액을 초과하는 경우 그 초과 금액을 의제배당 금액으로 한다.

③ 의제배당이란 법인의 잉여금 중 사내에 유보되어 있는 이익이 일정한 사유로 주주나 출자자에게 귀속되는 경우 이를 실질적으로 현금배당과 유사한 경제적 이익으로 보아 과세하는 제도이다.

④ 법인의 해산·합병 및 분할 등으로 인해 보유하던 주식 대신 받는 금전 등 재산가액의 합계액이 주식취득가격을 초과하는 경우도 의제배당에 해당한다.

09 다음 중 법인세법상 내국법인의 각 사업연도의 소득금액 계산에 있어서 익금에 산입하지 않는 항목은?

① 불공정 자본거래로 인하여 특수관계인으로부터 분여받은 이익

② 보험업법 그 밖의 법률에 따른 유형자산과 무형자산의 평가증의 경우를 제외한 유형자산과 무형자산의 평가차익

③ 손금에 산입한 금액 중 환입된 금액

④ 채무면제이익 중 이월결손금의 보전에 충당하지 않은 금액

10 다음은 (주)삼일의 분개장의 일부이다. (주)삼일의 경리부장은 각각의 분개에 대해 다음과 같은 근거로 세무조정을 해야 한다고 주장하고 있다. 경리부장의 주장 중 현행 법인세법상 가장 옳지 못한 것은?

〈분개장〉

①	(차)	자본금	500,000	(대)	현금		300,000
					감자차익		200,000
②	(차)	현금	50,000	(대)	이자수익		50,000
③	(차)	기부금	400,000	(대)	미지급금		400,000
④	(차)	현금	600,000	(대)	부가세예수금		600,000

① 감자차익을 자본잉여금으로 회계처리한 것으로 세법상으로도 타당하므로 세무조정을 할 필요가 없다.

② 지방세 과오납금에 대한 환급이자를 수령한 것으로 이는 세무상 익금에 해당하므로 세무조정을 할 필요가 없다.

③ 세법상 기부금의 손익귀속시기는 실제로 현금이 지출되는 시점이므로 연도말까지 미지급한 기부금을 손금불산입하고 유보로 소득처분해야 한다.

④ 부가가치세 매출세액을 수익이 아닌 부채항목으로 계상한 것은 세법상으로도 타당하므로 세무조정을 할 필요가 없다.

11 다음 중 법인세법상 익금불산입 항목에 관한 설명으로 가장 올바르지 않은 것은?

① 영리내국법인이 보유하던 주식에 대하여 받은 주식배당은 익금에 해당한다.

② 특수관계인 개인으로부터 저가로 매입한 유가증권의 취득금액과 시가와의 차액은 익금에 산입한다.

③ 부가가치세 매출세액은 익금에 해당한다.

④ 원칙적으로 유형자산과 무형자산의 평가이익은 익금에 해당하지 않는다.

12 다음 중 익금의 세무조정에 관한 설명으로 가장 올바르지 않은 것은?

① 법인이 최대주주인 대표이사로부터 유가증권을 시가보다 낮은 가액을 매입하고 취득가액을 취득가액으로 계상하는 경우 시가와 매입가액의 차액을 익금산입으로 세무조정한다.

② 전기분 법인세 환급액을 수익으로 계상한 경우 익금산입으로 세무조정한다.

③ 수익으로 계상한 자산수증이익 중 이월결손금보전에 충당된 금액은 익금불산입으로 세무조정한다.

④ 법인이 불공정한 유상증자를 통해 특수관계인으로부터 분여받은 이익을 수익으로 계상하지 않은 경우 분여받은 이익을 익금산입으로 세무조정한다.

13 다음 중 법인세법상 익금항목에 해당하지 않는 것은?

① 외국납부세액공제를 받는 경우 외국자회사 소득에 대해 부과된 외국법인세액 중 그 수입배당금액에 대응하는 금액

② 부동산임대업을 주업으로 하는 차입금과다법인의 임대보증금에 정기예금이자율을 곱하여 계산한 금액상당액

③ 특수관계에 있는 개인으로부터 저가로 매입한 유가증권의 매입가액과 시가와의 차액

④ 채무의 출자전환으로 주식을 발행함에 있어서 그 주식의 시가를 초과하여 발행된 금액은 이월결손금 보전에 충당한 금액

Ⅳ 손금의 계산

1 손금의 범위

(1) 손금의 의의

손금은 자본 또는 지분의 환급, 잉여금의 처분 및 법에서 규정하는 것을 제외하고 당해 법인의 순자산을 감소시키는 거래에서 발생하는 손비의 금액이다.

(2) 손금의 범위

법인세법에서 손금으로 규정하고 있는 것을 보면 다음과 같다. 그러나 이는 예시적인 규정에 지나지 않으며 손금으로 규정되지 않았더라도 순자산을 감소시키는 것은 원칙적으로 모두 손금에 해당된다.

│ 손금항목 │

① 판매한 상품 또는 제품에 대한 재료비와 부대비용
② 양도한 자산의 양도당시의 장부가액
③ 인건비
④ 유형자산의 수선비
⑤ 유형자산 및 무형자산에 대한 감가상각비
⑥ 자산의 임차료
⑦ 차입금이자
⑧ 대손금
⑨ 자산의 평가차손 중 법 소정 항목
⑩ 제세공과금(법령에 손금불산입으로 규정된 것은 제외)
⑪ 영업자가 조직한 단체로서 법인이거나 주무관청에 등록된 조합·협회에 지급한 회비
⑫ 우리사주조합에 출연하는 자사주 장부가액 또는 금품
⑬ 장식·환경미화 등의 목적으로 사무실·복도 등 여러 사람이 볼 수 있는 공간에 항상 전시하는 미술품의 취득가액을 그 취득한 날이 속하는 사업연도의 손금으로 계상한 경우에는 그 취득가액(취득가액이 거래단위별로 1천만 원 이하인 것으로 한정한다)
⑭ 광고선전 목적으로 기증한 물품의 구입비용[특정인에게 기증한 물품(개당 3만 원 이하의 물품은 제외한다)의 경우에는 연간 5만 원 이내의 금액에 한정한다]
⑮ 보험회사의 책임준비금 증가 금액 등

---

2 손금항목

(1) 판매한 상품 또는 제품에 대한 재료비와 부대비용

판매한 상품 또는 제품에 대한 재료비와 부대비용은 익금항목 중 사업수입금액에 대응하는 손금 항목으로서 회계상 매출원가 및 판매비에 해당한다.

(2) 양도한 자산의 양도당시의 장부가액

양도한 자산의 양도당시의 장부가액은 익금항목 중 양도자산의 양도금액에 대응하는 손금항목에 해당한다.

(3) 인건비

인건비는 근로의 대가로서 근로자에게 지급하는 일체의 금품을 말한다. 인건비는 이익처분에 의 하여 지급되는 것이 아닌 한 원칙적으로 손금으로 인정되나, 특정한 경우에는 손금으로 인정되지 않는다.

1) 급여 및 보수

급여 및 보수 등 일반급여는 원칙적으로 모두 손금으로 인정된다. 그러나 다음의 경우는 손금불 산입항목이다.

① 합명회사 또는 합자회사의 노무출자사원에게 지급하는 보수: 이는 출자의 대가로 이익처분에 의한 상여로 보아 손금불산입된다.
② 비상근임원에게 지급하는 보수 중 부당행위계산부인에 해당하는 것
③ 지배주주 및 그와 특수관계가 있는 임직원에게 초과 지급한 인건비

2) 상여금

상여금은 원칙적으로 모두 손금산입되나, 임원에게 지급하는 상여금 중 정관 또는 주주총회·사 원총회나 이사회의 결의에 의하여 결정된 급여지급기준에 의한 상여금을 초과하여 지급하는 금액은 손금불산입한다. 즉, 직원에게 지급하는 상여금은 전액 손금산입하나, 임원에게 지급하는 상여금 은 손금산입하되 한도초과액은 손금불산입하도록 하고 있다.

3) 퇴직금

직원에게 지급하는 퇴직금은 모두 손금산입되나, 임원에게 지급하는 퇴직금은 다음의 손금한도 액을 초과하여 지급한 경우 그 초과액을 손금불산입한다.

① 퇴직금지급규정이 있는 경우: 규정상의 금액
② 퇴직금지급규정이 없는 경우: 퇴직 직전 1년간 총급여액(비과세소득과 손금불산입된 상여제외) × 1/10 × 근속연수

여기서 근속연수는 역년에 의하여 계산하며 1년 미만의 기간은 월수로 계산하되, 1개월 미만의 기간은 이를 산입하지 아니한다.

또한 퇴직금지급규정은 정관이나 정관에 위임된 퇴직금지급규정을 말하므로 정관의 위임없이 정해진 퇴직금규정은 인정하지 아니한다.

4) 복리후생비

법인이 그 임원과 직원(파견근로자를 포함한다)을 위하여 직장체육비, 직장문화비, 직장회식비, 우리사주조합의 운영비, 사용자부담 건강보험료·노인장기요양보험료 및 고용보험료, 직장어린이집 운영비, 사회통념상 타당하다고 인정되는 범위에서 지급하는 경조금 등 이와 유사한 비용은 복리후생비로서 손금에 산입한다. 또한, 근로자에게 지급하는 출산이나 양육 지원금도 근로자에게 공통적으로 적용되는 지급기준에 따라 지급하는 금액은 손금으로 인정된다.

(4) 유형자산의 수선비

수익적 지출에 해당하는 유형자산의 수선비는 손금에 산입된다.

(5) 유형자산 및 무형자산에 대한 감가상각비

유형자산 및 무형자산에 대한 감가상각비는 세법상 일정한 한도범위 내에서 손금으로 인정되는 바, 이는 "감가상각비의 손금불산입" 편에서 자세히 살펴보기로 한다.

(6) 자산의 임차료

법인이 자산을 임차하고 지급하는 임차료는 손금으로 인정된다.

(7) 차입금이자

차입금이자는 원칙적으로 손금으로 인정되나, 일정한 요건에 의한 특정 차입금이자는 손금불산입된다. 이는 "지급이자의 손금불산입" 편에서 자세히 살펴보기로 한다.

(8) 대손금

거래처의 파산 등으로 회수할 수 없는 채권을 대손금이라 하는 바, 법인세법에서는 대손요건을 법정화하고 그 요건을 구비한 경우에만 대손금을 손금으로 인정한다.

이는 "충당금의 손금산입" 편에서 자세히 살펴보기로 한다.

(9) 자산의 평가차손 중 법 소정 항목

자산의 평가차손은 원칙적으로 손금으로 인정되지 아니하나, 법인세법에서 규정한 특정사유에 해당하는 경우에는 손금으로 인정된다. 이에 관한 내용은 "손금불산입항목"에서 자세히 살펴보기로 한다.

(10) 제세공과금

제세공과금도 조세와 마찬가지로 손금에 산입함을 원칙으로 하나 다음은 손금에 산입하지 아니한다.

① 법인세비용: 법인세 및 법인지방소득세, 법인세 감면에 대한 농어촌특별세
② 부가가치세 매입세액. 단, 본래부터 부가가치세법에 따라 공제되지 않는 매입세액은 손금 인정함(다만, 의무불이행이나 사업과 관련 없는 경우에는 손금불인정).
③ 개별소비세·주세 및 「교통·에너지·환경세」
④ 세법에 따른 의무불이행으로 인한 세액(가산세 포함)
⑤ 법령에 따라 의무적으로 납부하는 것이 아닌 공과금: 임의출연금 등
⑥ 법령에 따른 의무의 불이행 또는 금지·제한 등의 위반에 대한 제재로서 부과되는 공과금: 폐수배출부담금 등
⑦ 벌금, 과료, 과태료, 가산금 및 강제징수비: 사계약상 의무불이행으로 인한 지체상금, 연체이자, 연체금, 연체료, 연체가산금은 손금불산입 대상인 벌금 등에 해당하지 않음.
⑧ 징벌적 목적의 손해배상금: 법인이 「가맹사업거래의 공정화에 관한 법률」 등 일정한 법률 또는 외국의 법령에 따라 지급한 손해배상금 중 실제 발생한 손해액을 초과하는 금액. 실제 발생한

손해액이 분명하지 않은 경우에는 내국법인이 지급한 손해배상금의 3분의 2를 곱한 금액을 손금불산입 대상 손해배상금으로 함.

(11) 영업자가 조직한 단체로서 법인이거나 주무관청에 등록된 조합·협회에 지급한 회비

구분	세법상의 처리
법인이거나 주무관청에 등록한 협회 또는 조합에 지급한 회비. 이 경우 회비는 조합 또는 협회가 법령 또는 정관이 정하는 바에 따른 정상적인 회비 징수 방식에 의하여 경상경비 충당 등을 목적으로 조합원 또는 회원에게 부과하는 회비로 함.	손금 인정

(12) 보험회사의 책임준비금 증가금액

「보험업법」에 따른 보험회사의 책임준비금 증가액으로서 보험감독회계기준에 따라 비용으로 계상된 금액. 다만, 할인율의 변동으로 인한 책임준비금 공정가치 평가금액은 제외한다.

3 손금불산입항목

손금불산입항목은 법인의 순자산을 감소시키는 거래이기는 하나 특정목적을 위해 손금에 산입하지 않는 항목들이다.

┤ **손금불산입항목** ├

① 주식할인발행차금
② 잉여금의 처분을 손비로 계산한 금액
③ 법령위반·의무불이행으로 인한 손금불산입항목
④ 재고자산 등 특정자산 이외의 자산의 평가차손
⑤ 업무무관경비
⑥ 업무용승용차 관련비용 중 업무미사용금액 등
⑦ 임원상여금한도초과액 및 임원퇴직금한도초과액
⑧ 채권자불분명사채이자 등 손금불산입되는 지급이자
⑨ 부당한 공동경비
⑩ 각종 한도초과액

(1) 주식할인발행차금

주식을 액면에 미달하는 가액으로 발행하는 경우에 액면에 미달하는 금액을 주식할인발행차금이라 하는 바, 이는 손금에 산입될 수 없다. 회계상에서도 이는 자본의 차감계정으로 되어 있어 비용으로 계상될 여지가 없으나, 회사에서 이를 잘못 회계처리하여 비용으로 계상한 경우 이를 손금불산입하도록 한 것이다.

(2) 잉여금의 처분을 손비로 계상한 금액

잉여금처분항목은 확정된 소득의 처분사항이므로 손금으로 인정되지 않는다. 따라서 이익처분에 의하여 지급하는 상여금은 손금산입되지 않는다.

(3) 법령위반 · 의무불이행으로 인한 손금불산입항목

1) 벌금 · 과료 · 과태료

제반 법령이나 행정명령을 위반하여 부과된 벌금 · 과료 · 과태료를 손금으로 인정해 주면 징벌효과가 감소되므로 손금으로 인정하지 않는다.

2) 가산금과 강제징수비

가산금과 강제징수비 또한 벌금 등과 마찬가지 이유로 손금으로 인정되지 않는다.

3) 손금불산입되는 조세 및 공과금(임의출연금, 장애인고용부담금, 폐수배출부담금 등)

조세 및 공과금은 손금에 산입함을 원칙으로 하나 "손금"에서 살펴본 바와 같이 법령에 의하여 의무적으로 납부하는 것이 아닌 것, 법령에 의한 의무불이행 또는 금지 · 제한 등의 위반에 대한 제재로서 부과되는 것 등은 손금에 산입되지 아니한다.

(4) 재고자산 등 특정자산 이외의 자산의 평가차손

자산의 평가증에 대해서 익금산입되는 것과 익금불산입되는 것이 구분되었던 것과 마찬가지로 자산의 평가차손에 대해서도 손금으로 인정되는 것과 인정되지 않는 것으로 구분된다. 법인세법에서 손금으로 인정하는 평가차손은 다음과 같다. 따라서 이외의 자산에 대한 평가차손은 손금불산입된다.

항목	비고
재고자산	• 파손 · 부패 등으로 평가차손을 계상한 경우 • 세법상 재고자산평가방법을 저가법으로 신고한 법인이 재고자산평가손실을 계상한 경우
주식	• 주권상장법인이 발행한 주식 또는 주권상장법인 외의 법인으로서 특수관계*가 없는 법인이 발행한 주식, 중소기업창업투자회사 또는 신기술사업금융업자가 보유하는 주식 중 각각 창업자 또는 신기술사업자가 발행한 것 등으로 그 발행법인이 부도가 발생한 경우(또는 「채무자회생 및 파산에 관한 법률」에 의한 회생계획인가의 결정을 받았거나 「기업구조조정촉진법」에 의한 부실징후기업이 된 경우) • 주식 등을 발행한 법인이 파산한 경우
유형자산	• 천재지변, 화재, 법령에 의한 수용, 폐광 등의 사유로 파손되거나 멸실된 경우

* 법인과 특수관계의 유무를 판단할 때 주식등의 발행법인의 발행주식총수 또는 출자총액의 5% 이하를 소유하고 그 취득가액이 10억 원 이하인 주주 등에 해당하는 법인은 소액주주 등으로 보아 특수관계인에 해당하는 지를 판단함.

(5) 업무무관경비

다음의 업무무관경비는 손금에 산입하지 아니한다.

① 업무무관부동산 및 업무무관자산의 취득 · 관리에 따른 비용 · 유지비 · 수선비와 이에 관련되는 비용
② 법인이 직접 사용하지 않고 타인(비출자임원 · 소액주주인 임원 및 직원을 제외함)이 주로 사용하는 장소 · 건축물 · 물건 등의 유지비 · 관리비 · 사용료와 이에 관련되는 지출금
③ 출자자(소액주주 제외)나 출연자인 임원 또는 그 친족이 사용하고 있는 사택의 유지비 · 사용료와 이에 관련되는 지출금
④ 업무무관부동산 및 업무무관자산을 취득하기 위한 자금의 차입과 관련되는 비용
⑤ 형법상 뇌물(외국공무원에 대한 뇌물 포함)에 해당하는 금전과 금전 이외의 자산 및 경제적 이익
⑥ 「노동조합 및 노동관계조정법」을 위반하여 노조전임자에게 지급하는 급여

업무무관자산의 취득 · 보유 · 처분

구분	세법상 처리방법	세무조정
취득단계	업무무관자산이라도 취득세 등은 취득부대비용이므로 자산의 취득가액에 가산한다.	[손금불산입] 취득세 등(유보)
보유단계	업무무관자산에 대한 감가상각비 · 유지비 · 수선비 · 관리비 · 재산세 등은 업무무관자산의 유지비용이므로 손금불산입한다.	[손금불산입] 수선비 · 관리비 · 재산세 (기타사외유출) [손금불산입] 감가상각비(유보)
처분단계	법인의 순자산을 감소시키므로 그 자산의 장부가액을 손금에 산입한다.	[손금산입] 업무무관자산(△유보)

(6) 업무용승용차 관련비용 중 업무미사용금액 등

업무용승용차 관련비용 중 업무사용금액에 해당하지 아니한 금액은 손금불산입 사항이다. 관련된 자세한 사항은 다음과 같다.

구분		내용
	의의	업무용승용차를 개인 용도로 사용 후 유지·관리에 소요되는 비용을 손금으로 처리하는 관행이 팽배해 이를 개선하고자 특례를 제정
	업무용승용차의 범위	개별소비세 과세대상이 되는 승용자동차. 단, ① 운수업, 자동차판매업, 운전학원업, 무인경비업, 시설대여업 등에서 사업상 수익을 얻기 위하여 직접 사용하는 승용자동차, ② 장례식장 및 장의관련서비스업 영위법인이 소유하거나 임차한 운구용 승용차, ③ 연구개발을 목적으로 사용하는 승용자동차로서 국토교통부장관의 허가를 득한 자율주행자동차는 제외.
손금불산입·특례내용	감가상각의 의무화	업무용승용차의 감가상각비는 감가상각에 관한 규정에도 불구하고 정액법을 상각방법으로 하고, 내용연수를 5년으로 하여 계산한 금액을 손금에 산입하여야 한다(2016. 1. 1. 이후 개시하는 사업연도에 취득하는 승용자동차부터 적용).
	업무용승용차 관련비용의 손금불산입	내국법인의 업무용승용차 관련비용 중 업무사용금액에 해당하지 않은 금액은 손금불산입하고 소득처분한다. ① 업무승용차 관련비용: 감가상각비, 임차료, 유류비, 보험료, 수선비, 자동차세, 통행료, 금융리스 부채에 대한 이자비용 등 ② 업무사용금액 a. 적격차량(*): 업무용승용차 관련 비용 × 업무사용비율 × 업무전용자동차 보험가입비율 (=해당 사업연도 가입일수/해당 사업연도 의무가입일수) b. 비적격차량(*): 전액 손금불인정 (*) 적격차량 : 업무전용보험에 가입하고, 법인업무용 전용번호판 부착한 차량 ③ 업무사용비율 a. 운행기록등을 작성·비치한 경우 업무사용비율 = 업무용 사용거리/총 주행거리 b. 운행기록 등을 작성·비치하지 않은 경우 -1,500만 원[*1] 이하인 경우: 100% -1,500만 원[*1]을 초과하는 경우: 1,500만 원/업무용승용차 관련 비용
	감가상각비 한도초과액의 이월	업무용승용차의 업무사용금액 중 감가상각비가 연 800만 원[*2]을 초과하는 금액에 대해서는 손금불산입하며, 다음 사업연도 이후 한도 미달액이 발생하는 경우 그 미달하는 금액을 한도로 하여 손금에 추인한다.
	처분손실의 이월 손금산입	업무용승용차를 처분하여 발생하는 손실 중 800만 원[*2] 초과액은 손금에 산입하지 않고, 다음 사업연도부터 800만 원을 균등하게 손금에 산입한다.
	명세서 제출 의무	업무용승용차 관련 비용을 손금산입하여 신고한 경우 해당 명세서를 제출하여야 하며 미제출(불성실제출)시 손금산입액(손금산입액 중 사실과 다르게 제출한 금액)의 1%를 가산세로 부과한다.

*1) 부동산 임대업을 주된 사업으로 하는 등의 요건을 갖춘 법인(이하 "특정법인")은 500만 원으로 하고, 사업연도 중 취득, 처분한 경우 보유기간에 따라 월할조정한다. 월할계산시 1개월 미만은 1개월로 본다.

*2) 특정법인은 400만 원으로 한다. 사업연도 중 취득, 처분한 경우 보유기간에 따라 월할조정한다. 월할계산시 1개월 미만은 1개월로 본다.

(7) 임원상여금 한도초과액 및 임원퇴직금 한도초과액

인건비 중 임원에 대한 상여금 및 퇴직금 한도초과액은 손금불산입사항이다. 이에 관해서는 "손금항목" 편에서 이미 검토하였다.

(8) 채권자불분명사채이자 등 손금불산입되는 지급이자

채권자불분명사채이자 등 손금에 산입되지 않는 지급이자는 "지급이자의 손금불산입" 편에서 살펴보기로 한다.

(9) 부당한 공동경비

법인이 다른 법인 등과 공동사업 등을 운영하여 지출한 비용을 공동사업운영법인간에 나눌 때 적정한 금액 이상을 부담한 경우 적정금액 초과분은 손금으로 인정하지 않는다.

(10) 각종 한도초과액

법인세법에서는 조세정책적 목적 등을 위하여 일정한 법정한도까지는 손금으로 인정하나, 이를 초과하는 금액은 손금으로 인정하지 않는 항목이 있다. 이를 정리해 보면 다음과 같으며 각론에서 살펴보기로 한다.

① 특례기부금과 일반기부금의 한도초과액
② 기업업무추진비 한도초과액
③ 감가상각비 한도초과액
④ 각종 충당금 · 준비금 한도초과액

심화학습

징벌적 목적 손해배상금

내국법인이 지급한 손해배상금 중 실제 발생한 손해를 초과하여 지급하는 금액으로 다음 중 어느 하나에 해당하는 금액은 각 사업연도의 소득금액을 계산할 때 손금에 산입하지 아니한다. 이 경우 실제 발생한 손해액이 분명하지 않은 경우에는 내국법인이 지급한 손해배상금에 3분의 2를 곱한 금액을 손금불산입대상 손해배상금으로 한다.

1. 다음 중 어느 하나에 해당하는 법률의 규정에 따라 지급한 손해배상액 중 실제 발생한 손해액을 초과하는 금액
   가. 「가맹사업거래의 공정화에 관한 법률」 제37조의 2 제2항
   나. 「개인정보 보호법」 제39조 제3항
   다. 「공익신고자 보호법」 제29조의 2 제1항
   라. 「기간제 및 단시간근로자 보호 등에 관한 법률」 제13조 제2항
   마. 「대리점거래의 공정화에 관한 법률」 제34조 제2항
   바. 「신용정보의 이용 및 보호에 관한 법률」 제43조 제2항
   사. 「정보통신망 이용촉진 및 정보보호 등에 관한 법률」 제32조 제2항
   아. 「제조물 책임법」 제3조 제2항
   자. 「파견근로자보호 등에 관한 법률」 제21조 제3항
   차. 「하도급거래 공정화에 관한 법률」 제35조 제2항
2. 외국의 법령에 따라 지급한 손해배상액 중 실제 발생한 손해액을 초과하여 손해배상금을 지급하는 경우 실제 발생한 손해액을 초과하는 금액

01 다음 자료에 의할 경우 (주)삼일의 제17기(2024년 1월 1일 ~ 2024년 12월 31일)에 김삼일 이사(주주에 해당함)의 인건비 중 손금불산입되는 금액은 얼마인가?

> ㄱ. 김삼일 이사는 (주)삼일에 3년 9개월간 근무하다가 2024년 12월 31일에 퇴직하였다.
> ㄴ. (주)삼일은 김삼일 이사에게 퇴직급여 70,000,000원을 지급하였다. (주)삼일은 퇴직급여충당금을 설정하지 않으며, 임원퇴직급여 규정도 두고 있지 않다.
> ㄷ. 퇴직직전 1년간 김삼일 이사에게 지급한 급여액은 52,000,000원(비과세소득 2,000,000원 포함)이며 상여금은 25,000,000원(정관규정의 지급한도를 초과한 10,000,000원 포함)이다.
> ㄹ. 급여액 등 인건비는 모두 손익계산서상 비용으로 회계처리되었다.

① 10,000,000원   ② 25,000,000원
③ 45,625,000원   ④ 55,625,000원

02 다음의 조세공과금 중 손금으로 인정되는 것은?

① 법인세 및 법인지방소득세
② 임의출연금
③ 공장부지용 토지에 대한 재산세
④ 부가가치세법에 따라 공제되지 않는 매입세액(사업과 관련 없는 경우)

03 다음 자료는 (주)삼일의 손익계산서에 비용처리된 내역이다. 이 중 법인세법상 손금불산입되는 금액은 얼마인가?

1. 주식할인발행차금	2,000,000원
2. 출자임원(소액주주 아님)에 대한 사택유지비	2,000,000원
3. 업무 수행과 관련하여 발생한 직원의 교통벌과금	500,000원
4. 국민건강보험료(사용자부담분)	1,500,000원
5. 건강검진비	1,000,000원
6. 엄무용승용차 관련 비용 중 사적사용 비용	1,000,000원

① 2,000,000원　　　　　　　　　② 2,500,000원
③ 4,500,000원　　　　　　　　　④ 5,500,000원

04 법인세법상의 인건비에 대한 설명 중 잘못된 것은?

① 임원의 퇴직금은 정관 등에 지급규정이 있는 경우를 제외하고는 그 임원의 퇴직일로부터 소급하여 1년간 상여금을 포함한 총급여액의 1/10에 근속연수를 곱한 금액의 범위에서 손금산입한다.
② 비상근임원에게 지급한 보수는 부당행위계산부인에 해당하는 경우를 제외하고는 손금산입된다.
③ 합명회사의 노무출자사원에게 지급하는 보수는 손금산입한다.
④ 법인이 임원 또는 직원을 위하여 지출한 직장회식비는 손금에 산입한다.

05 다음 중 손금에 관한 설명으로 가장 올바르지 않은 것은?

① 사용인에게 지급하는 퇴직금은 전액 손금에 산입된다.
② 비영업용 소형승용차의 취득 및 유지와 관련된 부가가치세 매입세액은 손금에 산입된다.
③ 임원에 대한 복리후생비는 손금에 산입된다.
④ 이사회에서 정한 퇴직금지급규정이 존재하는 경우 세법에 정하는 퇴직금 한도에 우선하여 적용된다.

06 다음 중 법인세법상 손금불산입 항목에 관한 설명으로 가장 올바르지 않은 것은?

① 주식을 액면에 미달하는 가액으로 발행하는 경우 그 액면에 미달하는 금액인 주식할인발행차금은 손금불산입항목이다.

② 잉여금 처분항목은 확정된 소득의 처분사항이므로 잉여금의 처분을 손비로 계상한 경우 동 금액은 원칙적으로 손금으로 인정되지 않는다.

③ 제반 법령이나 행정명령을 위반하여 부과된 벌금·과료·과태료를 손금으로 인정해 주면 징벌효과가 감소되므로 손금으로 인정되지 않는다.

④ 세법상 업무무관자산을 처분한 경우 당해 자산의 장부가액은 업무와 관련 없는 지출액이므로 손금으로 인정되지 않는다.

07 다음은 (주)삼일의 세금과 공과 보조원장의 일부이다. 이 중 법인세법상 손금불산입되는 금액은 모두 얼마인가?

세금과공과
2024. 1. 1 ~ 2024. 12. 31

월/일	상대	적요	차변	대변	잔액
01/30	현금	관세법 위반 벌금	1,000,000		1,000,000
03/31	현금	법인세	1,500,000		1,500,000
04/30	현금	법인지방소득세	800,000		3,300,000
07/31	현금	본사 건물 재산세	2,000,000		5,300,000
11/27	현금	원천징수 등 납부지연가산세	700,000		6,000,000

① 1,000,000원 ② 2,500,000원
③ 4,000,000원 ④ 5,300,000원

08 (주)삼일은 2024년도 업무용 건물에 대한 종합부동산세 618,000원(납부지연가산세 18,000원 포함)을 신고기한 경과 후 납부하고 아래와 같이 회계처리하였다. 이에 대한 올바른 세무조정은?

(차) 세금과공과	618,000	(대) 현금	618,000

① (손금불산입) 세금과공과 618,000원 (기타사외유출)
② (손금불산입) 세금과공과   18,000원 (기타사외유출)
③ (손금불산입) 세금과공과 618,000원 (상여)
④ (손금불산입) 세금과공과   18,000원 (상여)

09 다음 (주)삼일의 제5기(2024년 1월 1일 ~ 2024년 12월 31일)의 인건비 내역이다. 급여지급규정에 의하여 임원과 직원의 상여금은 급여의 40%를 지급하도록 하고 있는 경우 필요한 세무조정으로 가장 옳은 것은?(단, 본사의 인건비는 판매비와 관리비로 기록하였고, 건설본부의 인건비는 당기말 현재 공사가 진행 중인 자산과 관련된 것이므로 회계장부에 건설중인자산으로 기록하였다.)

구 분		급 여	상 여 금
본 사	임 원	150,000,000원	70,000,000원
	직 원	350,000,000원	170,000,000원
건설본부	임 원	100,000,000원	60,000,000원
	직 원	200,000,000원	120,000,000원
합 계		800,000,000원	400,000,000원

① (손금불산입) 상여금 한도초과액   20,000,000원 (상여)
② (손금불산입) 상여금 한도초과액   30,000,000원 (상여)
③ (손금산입)   건설 중인 자산   20,000,000원 (△유보)
　 (손금불산입) 상여금 한도초과액   20,000,000원 (상여)
④ (손금산입)   건설 중인 자산   20,000,000원 (△유보)
　 (손금불산입) 상여금 한도초과액   30,000,000원 (상여)

10 다음 사항들은 (주)삼일의 제13기 사업연도(2024년 1월 1일 ~ 2024년 12월 31일)의 법인세 계산을 위해 수행한 세무조정의 내용이다. 다음 중 가장 올바르지 않은 것은?

① 증빙이 없는 기업업무추진비에 대하여 손금불산입하고 대표자 상여로 소득처분하였다.
② 영업사원의 교통위반범칙금에 대하여 손금불산입하고 기타사외유출로 소득처분하였다.
③ 법인이 업무용 자산을 임차하고 지급하는 임차료를 손금불산입하고 유보로 소득처분하였다.
④ 임원이 사용한 업무용승용차 관련비용 중 업무사용금액에 해당하지 않는 금액을 손금불산입하고 상여로 소득처분하였다.

11 (주)삼일은 제23기 사업연도(2024.1.1.~2024.12.31.) 초에 대표이사 업무용으로 승용차를 100,000,000원에 취득하고 임직원 전용자동차보험에 가입하였다. 해당 업무용승용차에 관련된 다음 내역을 바탕으로 세무조정을 수행하고 해당 세무조정의 결과 제23기 사업연도 각 사업연도소득금액에 미치는 순효과를 계산하면 얼마인가?(단, (주)삼일은 법인세법상 특정법인에 해당하지 않는다)

```
(1) 손익계산서 상 비용계상내역
    ① 감가상각비              10,000,000원
    ② 차량유지비(유류비, 수선비 등)  12,000,000원
(2) 작성·비치된 운행기록부 내용
    ① 업무용 사용거리           7,500km
    ② 총주행거리              10,000km
```

① 5,000,000
② 10,000,000
③ 15,000,000
④ 20,000,000

12 전자제품제조업을 영위하는 (주)삼일은 2024년 결산시 다음과 같은 평가손실을 계상하였다. 다음 중 세무상 손금으로 인정되는 것으로 가장 옳은 것은?

> ㄱ. 장부금액 1억 원인 기계장치가 화재로 파손되어 처분가능한 시가인 1천만 원으로 감액하고 손상차손 9천만 원을 계상하였다.
> ㄴ. 제품이 홍수로 인해 파손되어 전량 폐기처분하고 재고자산폐기손실 1억 원을 계상하였다.

① 모두 인정되지 않음   ② ㄱ
③ ㄴ   ④ ㄱ, ㄴ

13 다음 중 법인세법상 업무무관경비 관련 손금불산입항목에 관한 설명으로 가장 올바르지 않은 것은?

① 업무무관경비 관련 손금불산입항목의 범위에는 업무무관부동산 및 업무무관자산의 취득과 관리에 따른 비용, 유지비, 수선비와 이에 관련있는 비용이 포함된다.
② 출자자(소액주주 제외)나 출연자인 임원 또는 그 친족이 사용하고 있는 사택의 유지비, 사용료 및 이에 관련되는 지출금은 업무무관경비에 속한다.
③ 업무무관부동산 및 업무무관자산을 취득하기 위한 자금의 차입과 관련있는 비용 또한 업무무관경비에 포함된다.
④ 업무무관자산의 취득에 따른 취득세 등은 취득부대비용으로 인정하지 아니하므로 자산의 취득가액에 산입하지 아니한다.

V 손익의 귀속

1 손익귀속사업연도의 일반원칙

(1) 개요

과세소득계산상 손금과 익금을 어느 사업연도에 귀속시킬 것인가를 결정하는 것은 매우 중요한 문제이다. 왜냐하면 기업은 계속기업을 전제로 하기 때문에 그 활동은 끊임없이 계속되며 이와 같이 계속되는 기업활동과 관련하여 발생하는 손익을 사업연도간에 어떻게 나누느냐에 따라 전체기간 동안의 소득은 변동이 없으나 어느 특정 사업연도의 소득이 달라지게 되며 이로 인하여 납부할 세액이 달라질 수 있는 등 여러 가지 효과가 있기 때문이다.

손익의 귀속사업연도는 법인세법의 규정을 우선 적용하고 법인세법에 규정되지 않은 사항에 대해서 회계기준 등을 따르도록 하고 있다.

(2) 권리의무확정주의

권리의무확정주의는 회계상의 발생주의 및 실현주의에 대응하는 개념으로서 회계상의 발생주의 및 실현주의가 기업의 경제활동을 파악하고 성과를 측정하기 위한 회계기술적 측면에서 생긴 것임에 반해 권리의무확정주의는 어떠한 시점에서 손금과 익금을 확실히 인식할 수 있을 것인가를 법률적 측면에서 포착하기 위한 것이다.

(3) 법인세법과 기업회계의 관계

법인세법과 기업회계의 손익귀속시기를 비교해 보면 다음과 같다.

비교점	기업회계	세무회계
1. 상품, 제품 또는 기타 생산품의 판매	인도기준	상품 등을 인도한 날
2. 건설·제조 기타 용역의 제공	진행기준	① 원칙: 진행기준 ② 특례: 인도기준 • 기업회계기준에 따라 그 목적물의 인도일이 속하는 사업연도의 수익과 비용으로 계상한 경우 • 중소기업이 수행하는 계약기간 1년 미만인 용역제공의 경우 • 작업진행률을 계산할 수 없는 경우
3. 장기할부판매	인도기준	① 원칙: 인도기준 ② 특례: 회수기일도래기준 • 결산서에 회수하였거나 회수할 금액으로 계상한 경우 • 중소기업의 경우 결산상 인도기준으로 인식한 경우에도 회수기일도래기준 적용 가능
4. 기부금	발생주의	현금기준
5. 일반법인의 수입이자 등	발생주의	소득세법상 이자소득수입시기
6. 지급이자	발생주의	지급의무확정주의(발생주의에 따라 회계처리시 인정)
7. 임대료	발생주의	① 계약 등에 의해 임대료 지급기일이 정해진 경우: 그 지급일 ② 계약 등에 의해 임대료 지급기일이 정해지지 않은 경우: 그 지급을 받는 날[단, 기간경과분 수익을 결산에 반영한 경우 또는 장기임대료(임대료 지급기한이 1년을 초과)의 경우 발생주의에 따라 익금·손금 인식]

2 항목별 손익의 귀속사업연도

(1) 자산판매손익 등의 귀속사업연도

일반적으로 수익실현시점을 결정하는 기준으로서 ① 주요경제활동이 수행된 시점, ② 결정적 사실이 발생된 시점, ③ 추가적 경제활동이 완료된 시점을 들고 있다.

(2) 자산양도손익의 귀속사업연도

자산양도손익의 귀속사업연도는 원칙적으로 대금의 청산일이 속하는 사업연도가 된다. 여기서 자산이란 재고자산 이외의 동산 및 부동산을 의미한다.

또한, 대금청산 이전에 동산의 경우 자산을 인도하거나 부동산의 경우 소유권이전등기 및 상대방에게 사용수익하게 한 경우에는 권리의무의 확정된 정도가 보다 강하기 때문에 이 때를 손익의 귀속시기로 보아야 한다. 즉, 대금청산일·소유권이전등기일·인도일 또는 사용수익일 중 빠른 날을 손익귀속시기로 한다.

(3) 위탁판매손익의 귀속사업연도

위탁판매란 상품 등의 판매를 타인(수탁매매인)에게 위탁하고 수수료를 지급하는 판매형태이므로 위탁자가 수탁자에게 상품 등을 적송한 것은 아직 인도하였다고 볼 수 없다. 따라서 위탁자의 입장에서는 위탁매매인, 즉 수탁자가 상품 등을 판매한 날에 손익을 인식하여야 할 것이며, 이 점에 대하여는 기업회계나 세법에서 동일하게 규정하고 있다.

예 제

(주)삼일의 20X1년 말 현재 상품재고액 중 800,000원은 타인에게 위탁판매하기 위한 위탁품으로서 수탁자인 (주)용산이 20X1. 12. 31에 1,000,000원에 외상으로 판매한 것이다. (주)삼일은 이와 관련하여 기업회계상 결산에 반영하지 못하였다. 이 경우 세무조정을 수행하시오. 손익계산서상의 상품매출액은 10,000,000원이다.

풀 이

수탁판매는 수탁자가 상품 등을 판매한 날에 손익을 인식하여야 한다. 위 사례에서 수탁자가 20X1년도에 해당 재고자산을 판매하였으므로 당기의 매출을 익금에 산입하고 관련원가를 손금에 산입해야 한다.
[익금산입]　위탁매출　　　　　　　1,000,000(유보)
[손금산입]　재고자산　　　　　　　　800,000(△유보)

---

(4) 장기할부판매의 귀속사업연도

1) 장기할부판매의 범위

"장기할부조건"이라 함은 자산의 판매 또는 양도로서
① 판매(수입)금액을 월부·연부 기타의 지불방법에 따라 2회 이상으로 분할하여 수입하는 것 중
② 당해 목적물 인도일의 다음날부터 최종 할부금의 지급기일까지의 기간이 1년 이상인 것을 말한다.

2) 손익의 귀속시기

장기할부판매손익의 귀속시기는 회계기준을 수용하여 인도기준에 의하여 손익을 인식하도록 규정하고 있다. 이때 인도한 사업연도에 현재가치로 평가한 금액을 익금에 산입한 경우 채권의 회수기간 동안 현재가치 할인차금을 유효이자율법에 따라 익금에 산입한다. 다만, 법인이 장부상 회수하였거나 회수할 금액과 이에 대응하는 비용을 각각 해당 사업연도에 익금과 손금으로 회계처리한 경우에는 그것을 인정하고 있으며, 중소기업의 경우에는 결산서상 인도기준으로 손익을 인식한 경우에도 신고조정을 통해 회수기준으로 익금과 손금에 산입할 수 있다.

예 제

중소기업이 아닌 (주)삼일은 당사가 제조한 기계를 다음과 같이 판매하였다. 사업연도가 20X1. 1. 1~20X1. 12. 31일 때 세무조정을 수행하시오.
  ① 계약일: 20X1. 3. 31
  ② 계약금액: 18,000,000원
  ③ 대금결제조건: 20X1. 3. 31 계약금 3,000,000원, 6개월 경과시마다 3,000,000원씩 5회에 분할하여 결제함.
  ④ 기계제조원가는 12,600,000원이다.
  ⑤ 20X1. 9. 30에 회수되어야 할 부불금이 결제되지 아니하였다.
  ⑥ 회사는 장기할부매출에 대해 회수기준으로 회계처리하여 20X1. 3. 31에 회수한 3,000,000원을 매출로 계상하였으며 이와 관련된 제조원가 2,100,000원을 매출원가로 계상하였다.

풀 이

회사가 회수기준으로 회계처리하고 있으므로 원칙적으로 회수약정일이 속하는 사업연도의 손익에 귀속시켜야 한다. 그러므로 당기 중 20X1. 9. 30 미회수분도 당기의 익금에 포함하고 이와 관련된 매출원가도 손금에 산입해야 한다.
[익금산입] 할부매출액   3,000,000(유보)
[손금산입] 할부매출원가   2,100,000(△유보)

(5) 용역제공 등에 의한 손익의 귀속사업연도

법인세법에서는 건설·제조 기타 용역(도급공사 및 예약매출 포함)의 제공으로 인한 익금과 손금은 그 목적물의 착수일이 속하는 사업연도부터 그 목적물의 인도일이 속하는 사업연도까지 그 목적물의 건설 등을 완료한 정도(작업진행률)를 기준으로 하여 계산한 수익과 비용을 각각 해당 사업연도의 익금과 손금에 산입한다. 다만, 다음 중 어느 하나에 해당하는 경우에는 그 목적물의 인도일이 속하는 사업연도의 익금과 손금에 산입할 수 있다.
- 중소기업인 법인이 수행하는 계약기간이 1년 미만인 건설 등의 경우
- 기업회계기준에 따라 그 목적물의 인도일이 속하는 사업연도의 수익과 비용으로 계상한 경우

따라서 중소기업의 단기건설계약의 경우에는 결산서상 진행기준으로 손익을 인식하였더라도 신고조정을 통해 인도기준으로 익금과 손금에 산입할 수 있다.

작업진행률과 해당 익금·손금을 정리해보면 다음과 같다.

- 작업진행률 = $\dfrac{\text{당해 사업연도말까지 발생한 총공사비 누적액}}{\text{총공사예정비}}$
- 익금 = (도급금액×작업진행률) − 직전사업연도말까지의 수익계상액
- 손금 = 당해 사업연도에 발생한 총비용

---

(6) 이자소득 등의 귀속사업연도

1) 일반법인의 이자소득

금융회사 및 「보험업법」에 따른 보험회사 이외의 일반법인의 이자소득 등의 손익의 귀속사업연도는 소득세법상 이자소득 수입시기로 한다. 다만, 법인이 결산상 발생주의에 따라 미수수익을 계상한 경우 법인세법에 따라 원천징수되지 아니하는 이자소득에 한하여 이를 인정하고 있다. 한편, 이자비용의 경우에는 법인이 발생주의에 따라 회계처리를 한 경우 이를 모두 인정하고 있다.

2) 금융회사 등의 이자소득

금융회사 등이 수입하는 이자 등에 대하여는 원칙적으로는 현금주의에 의해 수익의 귀속사업연도를 결정하되 선수입이자 등은 제외된다.

3) 보험업법에 따른 보험회사의 이자소득 및 이자비용 등

「보험업법」에 따른 보험회사가 보험계약과 관련하여 수입하거나 지급하는 이자 및 할인액, 보험료 등, 보험금 및 보험과 관련된 사업비로서 책임준비금 산출에 반영되는 항목은 보험감독회계기준에 따라 수익 또는 손비로 계상한 사업연도의 익금 또는 손금으로 한다.

(7) 배당소득의 귀속사업연도

법인이 받는 배당소득의 손익의 귀속사업연도는 소득세법상 배당소득 수입시기로 한다.

(8) 임대료 등 손익의 귀속사업연도

자산을 임대한 경우의 손익의 귀속사업연도는 계약 등에 임대료의 지급일이 정하여져 있는 경우에는 그 지급일이 속하는 사업연도로 하며, 임대료의 지급일이 정하여져 있지 아니한 경우에는 실제 지급받은 날에 손익을 인식한다.

다만, 경과한 기간에 대한 미수임대료를 회계기준에 따라 결산상 반영한 경우 및 임대료 지급기간이 1년을 초과하는 경우 이미 경과한 기간에 대응하는 임대료 상당액과 비용은 이를 각각 당해 사업연도의 익금과 손금으로 한다.

(9) 수입금액조정명세서

[별지 제16호 서식] (2011. 2. 28. 개정) (앞쪽)

사 업 연 도	· · · ~ · · ·	수입금액조정명세서	법 인 명	
			사업자등록번호	

1. 수입금액 조정계산

계 정 과 목		③ 결산서상 수입금액	조 정		⑥ 조정 후 수입금액 (③+④-⑤)	비 고
①항 목	②과 목		④가 산	⑤차 감		
계						

2. 수입금액 조정명세

가. 작업진행률에 의한 수입금액

⑦ 공사명	⑧ 도급자	⑨ 도급 금액	작업진행률계산			⑬ 누적익금 산입액 (⑨×⑫)	⑭ 전기말 누적수입 계상액	⑮ 당기회 사수입 계상액	⑯ 조정액 (⑬-⑭-⑮)
			⑩ 해당사업 연도말 총공사비 누적액 (작업시간 등)	⑪ 총공사 예정비 (작업시간 등)	⑫ 진행률 (⑩/⑪)				
계									

나. 중소기업 등 수입금액 인식기준 적용특례에 의한 수입금액

계 정 과 목		⑲ 세법상 당기 수입금액	⑳ 당기 회사수입금액 계상액	㉑ 조정액 (⑲-⑳)	㉒ 근거법령
⑰항 목	⑱과 목				
계					

다. 기타 수입금액

㉓구 분	㉔근 거 법 령	㉕수 입 금 액	㉖대 응 원 가	비 고
계				

210mm×297mm[일반용지 70g/㎡(재활용품)]

3 자산·부채의 평가

(1) 자산의 취득가액

1) 개요

손익의 귀속시기에 대해 원칙이 정해져 있는 것과 마찬가지로 자산의 취득가액에 대해서도 원칙이 필요하며 이는 손익의 귀속시기와도 관련이 있다.

예를 들면 자산의 취득과 관련하여 발생하는 비용을 A법인은 취득원가로 처리하여 이후의 감가상각으로 비용처리하고 B법인은 발생한 사업연도에 전액 손금처리한다면 동일한 거래에 대해 법인마다 자산의 취득가액도 다르게 되고 손익의 귀속연도도 달라지기 때문이다.

2) 자산취득가액의 일반원칙

① 매입자산

회계상 자산의 취득원가를 결정하는 일반적인 기준은 다음과 같다.

첫째, 자산을 취득하는 경우에는 취득한 자산의 공정시장가치(fair market value)나, 포기한 자산의 공정시장가치 중 보다 명확한 것을 기준으로 취득원가를 결정한다.

둘째, 취득원가(acquisition cost)에는 자산의 구입가격뿐만 아니라, 자산이 본래 의도한 용도에 사용될 수 있도록 하기 위해 지출된 모든 부대비용(구입수수료, 운송비, 설치비 등)이 포함된다.

법인세법도 이러한 회계상의 일반적인 취득원가 결정기준을 수용하고 있다.

② 자가건설자산

기업이 영업활동에 사용할 기계장치나 건물 등을 외부로부터 구입하지 않고 스스로 건설하는 경우가 있다. 이러한 자가건설자산(self-constructed assets)의 경우에 건설에 따르는 제비용과 건설 후 실제 사용가능한 상태로 준비하는 데 발생한 모든 관련비용을 건설자산의 취득원가에 포함시켜야 한다.

③ 기타 취득가액

무상으로 취득한 자산의 가액 등 기타의 취득가액은 시가에 의한다. 또한 기업회계기준에 따라 단기매매항목으로 분류된 금융자산은 부대비용을 취득원가에 포함하지 않는다.

(2) 재고자산과 유가증권의 평가

재고자산과 유가증권의 평가에 대해 법인세법 규정이 회계기준에 우선하여 적용되므로, 회계기준에 따라 회계처리한 경우에는 반드시 법인세법의 규정에 따라 세무조정을 하여야 한다.

1) 재고자산의 평가

① 재고자산의 평가방법

재고자산의 평가방법은 원가법과 저가법의 두 가지가 있다.

- ㉠ 원가법
  - 자산의 취득가액을 자산의 평가액으로 하는 방법
  - 개별법, 선입선출법, 후입선출법, 총평균법, 이동평균법, 매출가격환원법에 의해 금액 산출
- ㉡ 저가법
  - 원가법 또는 시가법에 의하여 평가한 가액 중 낮은 가액을 평가액으로 하는 방법
  - 회계기준에서 저가법으로 평가손실을 계상하였더라도 세법상 원가법을 채택하면 평가손실을 손금으로 인정하지 않음

② 재고자산 평가방법의 적용단위

영업종목별, 영업장별, 재고자산종류별(① 제품·상품*, ② 반제품·재공품, ③ 원재료, ④ 저장품)로 각각 다른 방법에 의하여 평가할 수 있다.

* 부동산매매업자의 매매목적 부동산 포함, 유가증권 제외

③ 재고자산 평가방법의 신고 및 변경신고

- ㉠ 재고자산 평가방법의 신고: 설립일이 속하는 사업연도의 "과세표준 신고기한"까지 신고하여야 한다. 최초신고기한이 지난 후에 신고한 경우 신고일이 속하는 사업연도까지는 무신고로 보며, 그 다음 사업연도부터 신고한 평가방법에 의한다. 다만, 재고자산의 평가방법을 신고하지 아니하여 무신고에 따른 평가방법을 적용받는 법인이 그 평가방법을 변경하고자 하는 경우에는 변경할 평가방법을 적용하고자 하는 사업연도의 종료일 이전 3개월이 되는 날까지 변경신고를 하여야 한다.

ⓒ 재고자산 평가방법의 변경신고: 재고자산 평가방법을 변경하고자 하는 법인은 변경할 평가방법을 적용하고자 하는 사업연도의 종료일 이전 3개월이 되는 날까지 신고하여야 한다. 예를 들어 사업연도가 매년 1. 1~12. 31인 법인의 20X1년 각 사업연도 소득에 귀속되는 재고자산의 평가방법 변경은 20X1년 9월 30일까지 신고하여야 한다.

신고기한을 경과하여 평가방법을 신고한 경우에는 임의변경으로 보아 신고일이 속하는 사업연도까지는 법인이 신고한 평가방법에 관계없이 임의변경시의 평가방법에 의하여 평가하게 되고 그 후의 사업연도부터 법인이 신고한 평가방법에 의하여 평가한다.

④ 무신고 및 임의변경시 평가방법

ㄱ 무신고시: 선입선출법을 적용(매매목적용 부동산은 개별법)

ㄴ 임의변경시: 선입선출법(매매목적용 부동산은 개별법)과 당초 신고한 방법으로 평가한 금액 중 큰 금액

예 제

(주)삼일(사업연도 1. 1~12. 31)은 20×1년 1월 1일 설립된 회사로, 재고자산 평가방법을 이동평균법으로 다음과 같이 최초신고한 경우 각 경우에 따른 세무상의 처리에 대해 논하시오. (단, (주)삼일은 부동산매매기업이 아님을 가정함)

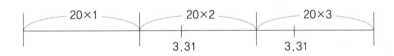

(1) 20×2년 3월 31일
(2) 20×3년 3월 31일

풀 이

(1) 신고기한 내에 신고하였으므로 20×1년부터 이동평균법으로 신고한 것으로 본다.
(2) 신고기한이 지난 후에 신고하였으므로 신고한 20×3년까지는 무신고로 보아 선입선출법으로 평가하고, 20×4년부터는 이동평균법으로 신고한 것으로 본다.

예제

(주)삼일(사업연도 1. 1~12. 31)이 재고자산 평가방법을 이동평균법으로 신고하여 적용하다가 제5기(20×5)부터 평가방법을 총평균법으로 변경하기로 하였다.
재고자산 평가방법의 변경신고를 다음과 같이 신고한 경우 각 경우에 따른 세무상의 처리에 대해 논하시오. (단, (주)삼일은 부동산매매기업이 아님을 가정함)

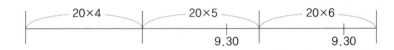

(1) 20×5년 9월 30일
(2) 20×6년 9월 30일

풀 이

(1) 5기분 변경신고기한 내에 변경신고하였으므로 5기부터 총평균법으로 평가한다.
(2) 5기분 변경신고기한이 지난 후에 변경신고를 하였으므로 5기에는 변경신고하지 않은 것으로 보나, 6기에는 변경신고를 한 것으로 본다. 만일 5기에 회사가 총평균법으로 재고자산을 평가한 경우 임의변경으로 보아 선입선출법과 당초신고한 이동평균법 중 큰 금액으로 평가하고, 6기에는 총평균법으로 평가한다.

⑤ 재고자산평가에 대한 세무조정

위의 평가방법으로 평가한 재고자산가액과 재무상태표상의 기말재고자산가액이 상이할 경우 그 차액을 다음과 같이 세무조정하여야 한다.

구분	당기 세무조정	차기 세무조정
세무상 재고자산>B/S상 재고자산	익금산입(유보)	손금산입(△유보)
세무상 재고자산<B/S상 재고자산	손금산입(△유보)	익금산입(유보)

이와 같이 재고자산평가에 대한 당기의 세무조정이 그 다음 사업연도에 반대조정으로 소멸되는 이유는 당기말 재고자산가액의 과대(과소)평가액은 그대로 차기의 기초재고자산가액의 과대(과소)평가액으로 나타나므로 매출원가를 통해 자동적으로 차이가 해소되기 때문이다.

```
예 제
```

재고자산 평가방법을 후입선출법으로 신고한 법인이 평가방법 변경신고를 하지 아니하고 총평균법에 의하여 기말재고자산을 평가한 경우 다음 자료에 의하여 세무조정을 수행하시오.
(1) 후입선출법에 의한 기말재고자산 평가액: 300,000원
(2) 총평균법에 의한 기말재고자산 평가액: 500,000원
(3) 선입선출법에 의한 기말재고자산 평가액: 700,000원

```
풀 이
```

(1) 회사계상 재고자산가액: 500,000원(총평균법)
(2) 세무상 재고자산가액: MAX(①, ②)=700,000원
    ① 선입선출법: 700,000
    ② 당초 신고방법(후입선출법): 300,000원
(3) 세무조정
    [익금산입] 재고자산평가감   200,000원(유보)

2) 유가증권의 평가

① 유가증권의 평가방법

법인세법상 유가증권의 평가방법은 원가법 중 다음에 해당하는 방법으로 한다.
- 채권: 개별법, 총평균법, 이동평균법
- 채권 외의 유가증권: 총평균법, 이동평균법

② 유가증권 평가방법의 신고 및 변경신고

이는 재고자산 평가방법의 신고 및 변경신고와 동일하다.

③ 무신고 및 임의변경시 평가방법

- 무신고시: 총평균법을 적용
- 임의변경시: 총평균법과 당초 신고한 방법으로 평가한 금액 중 큰 금액

다음 자료에 의하여 (주)삼일의 3기와 4기의 세무조정을 행하시오.

(1) 회사는 3기 10월 1일에 (주)용산의 주식 100주를 특수관계인인 개인으로부터 1주당 10,000원(시가 15,000원)에 취득하고 다음과 같이 회계처리하였다.

(차) 당기손익인식금융자산	1,000,000	(대) 현금		1,000,000

(2) 회사는 (주)용산의 주식을 시가평가하고 다음과 같이 회계처리하였다.

(차) 당기손익인식금융자산	600,000	(대) 금융자산평가이익		600,000

(3) 4기 (주)용산의 주식 100주를 1주당 20,000원에 전액 처분하고 다음과 같이 회계처리하였다.

(차) 현금	2,000,000	(대) 당기손익인식금융자산		1,600,000
		처분이익		400,000

풀 이

	세무조정		
(1) 3기 매입시	[익금산입]	당기손익인식금융자산	500,000(유보)*
(2) 3기 평가시	[익금불산입]	당기손익인식금융자산	600,000(△유보)
(3) 4기 처분시	[익금산입]	당기손익인식금융자산	100,000(유보)

* 특수관계인인 개인으로부터 주식을 시가보다 저가로 매입하였으므로 저가매입액을 익금산입한다.

(3) 외화자산 · 부채의 평가

외화환산손익은 미실현손익이기 때문에 원칙적으로 세무상 손익으로 인정되지 않는다. 그러나 법인세법에서는 회계와 세법과의 불일치로 인한 세무조정 부담을 완화하기 위하여 금융회사 및 비금융회사가 보유하는 화폐성외화자산 · 부채에 대해서 환산손익을 인식할 수 있도록 하였다.

1) 화폐성외화자산 · 부채의 평가방법

화폐성외화자산 · 부채에 대하여 금융회사는 법인세법에서 정하는 평가방법에 따라 환산손익을 인식하여야 한다. 그러나 비금융회사는 화폐성외화자산 · 부채에 대하여 환산손익의 인식을 선택할 수 있다.

① 금융회사

사업연도 종료일 현재의 기획재정부령으로 정하는 매매기준율 또는 재정된 매매기준율로 평가한다.

② 비금융회사

다음의 방법 중 관할 세무서장에게 신고한 방법에 따라 평가한다.
ㄱ. 화폐성 외화자산·부채의 취득일 또는 발생일 현재의 매매기준율 등으로 평가하는 방법
ㄴ. 사업연도 종료일 현재의 매매기준율 등으로 평가하는 방법
※ ㄴ.의 방법을 신고하여 적용하기 이전 사업연도에는 ㄱ.의 방법을 적용하여야 한다.

신고한 평가방법은 원칙적으로 그 후의 사업연도에도 계속하여 적용하여야 하나, 신고한 평가방법을 적용한 사업연도부터 5개 사업연도가 지난 후에는 다른 방법으로 신고할 수 있다.

2) 평가대상 화폐성외화자산·부채

화폐성외화자산·부채란 수취금액이나 지급금액이 계약 등으로 인하여 일정액의 화폐액으로 고정되어 있어 화폐가치의 변동에 영향을 받지 않는 외화자산·부채를 말한다.

화폐성자산의 예로서는 현금 및 현금성자산, 장·단기 매출채권, 대여금 등이 있으며 화폐성 부채의 예로서는 매입채무, 장·단기차입금, 사채 등이 있다.

또한 화폐성외화자산·부채 외에 화폐성외화자산·부채의 환위험을 회피하기 위하여 보유하는 통화선도 등도 마찬가지로 평가대상에 포함되어 종류에 따라 평가방법을 적용하여야 한다.

(4) 가상자산의 평가

「특정 금융거래정보의 보고 및 이용 등에 관한 법률」에 따른 가상자산은 선입선출법에 따라 평가하여야 한다.

01 다음 중 법인세법상 손익의 귀속에 관한 설명으로 가장 올바르지 않은 것은?

① 법인세법의 손익인식기준은 권리·의무확정주의를 원칙으로 하기 때문에 어떠한 경우에도 발생주의는 인정하고 있지 않다.

② 법인세법 규정이 회계기준 또는 관행과 다른 경우에는 법인세법을 우선적으로 적용하며 법인세법에 규정이 없는 경우에 한하여 회계기준을 적용한다.

③ 장기할부판매손익은 원칙적으로 인도기준에 따라 손익을 인식하도록 하고 있다.

④ 단기용역제공계약의 경우 작업진행률을 기준으로 하여 계산한 수익과 비용을 각 사업연도 익금과 손금에 산입한다.

02 다음 중 법인세법상 손익귀속시기에 관한 설명으로 가장 올바르지 않은 것은?

① 원천징수되지 아니하는 이자소득에 대해 발생주의에 따라 장부상 미수수익을 계상한 경우 익금으로 인정한다.

② 임대료 지급기간이 1년을 초과하는 경우 이미 경과한 기간에 대응하는 임대료 상당액과 비용은 이를 각각 당해 사업연도의 익금과 손금으로 한다.

③ 부동산의 경우 대금청산일, 소유권이전등기일, 인도일, 사용수익일 중 가장 빠른날을 귀속시기로 한다.

④ 법인이 잉여금처분으로 수입하는 배당금은 실제 배당금을 지급받는 날이 속하는 사업연도의 익금에 산입한다.

03 (주)삼일의 신입사원이 제2기에 인도한 물품(매출액 100원, 매출원가 60원)에 대하여 현금을 수령한 제3기에 매출을 인식한 경우 필요한 제2기 및 제3기의 세무조정은?(단, 회사는 재고자산실사를 통해서 매출원가 및 기말재고자산가액을 평가한다.)

① 제2기 및 제3기 모두 별도의 세무조정 필요없음

② ⌈ 제2기: 익금산입　　　100원(유보),　　손금산입　　60원(△유보)
　　⌊ 제3기: 익금불산입　　100원(△유보),　손금불산입　60원(유보)

③ ⌈ 제2기: 세무조정 필요없음
　　⌊ 제3기: 익금불산입　　100원(△유보)

④ ⌈ 제2기: 익금산입　　　100원(유보)
　　⌊ 제3기: 익금불산입　　100원(△유보)

04 중소기업인 (주)삼일은 제21기(2024년 1월 1일 ~ 2024년 12월 31일)에 회사가 제조한 기계를 할부판매하고 다음과 같이 회계처리하였다. 제21기 회사에 필요한 세무조정으로 가장 옳은 것은?(단, 매출원가는 고려하지 않는다.)

> ㄱ. 계약일: 2024년 2월 25일
> ㄴ. 판매금액: 30,000,000원
> ㄷ. 대금결제조건: 2024년 2월 25일 계약금 10,000,000원
> 　　 6개월이 경과할 때마다 5,000,000원씩 4회에 분할하여 결제함
> ㄹ. 회사의 회계처리: 회사는 당기에 15,000,000원을 매출로 인식함

① 세무조정 없음
② (익금산입) 할부매출액　5,000,000원 (유보)
③ (익금산입) 할부매출액　10,000,000원 (유보)
④ (익금산입) 할부매출액　30,000,000원 (유보)

05 중소기업이 아닌 (주)삼일건설의 당기(2024. 1. 1~2024. 12. 31) 공사내역이다. 제시된 공사에 대하여 회사가 모두 회계기준에 의한 진행기준으로 회계처리한 경우 올바른 세무조정은?

구분	공사기간	도급금액	2024년 공사비	총공사예정비
A공사	2024. 7. 1 ~ 2026. 1. 10	200억	30억	150억
B공사	2024. 10. 1 ~ 2025. 5. 30	50억	4억	40억

① 〈익금불산입〉 공사수익 45억 원 (△유보)
   〈손금불산입〉 공사원가 34억 원 (유보)
② 〈익금불산입〉 공사수익 40억 원 (△유보)
   〈손금불산입〉 공사원가 30억 원 (유보)
③ 〈익금불산입〉 공사수익   5억 원 (△유보)
   〈손금불산입〉 공사원가   4억 원 (유보)
④ 세무조정 사항 없음

06 재고자산평가방법을 후입선출법으로 신고한 법인이 평가방법 변경신고를 하지 아니하고 총평균법에 의하여 기말재고자산을 평가한 경우 다음 자료에 의하여 세무조정을 하면?

(1) 후입선출법에 의한 기말재고자산 평가액	400원
(2) 총평균법에 의한 기말재고자산 평가액	700원
(3) 선입선출법에 의한 기말재고자산 평가액	600원

① 재고자산평가증   300원 (△유보)
② 재고자산평가감   300원 (유보)
③ 재고자산평가감   100원 (유보)
④ 재고자산평가증   100원 (△유보)

07 다음 자료에 의하여 제조업을 영위하는 (주)삼일의 제23기(2024년 1월 1일 ~ 12월 31일) 세법에 따른 재고자산평가액으로 옳은 것은?

> ㄱ. 회사는 제23기 10월 20일에 제품의 평가방법을 총평균법에서 이동평균법으로 변경신고하고, 실제로 장부에 이동평균법에 따른 평가액을 기록하였다.
> ㄴ. 저장품은 신고한 평가방법인 총평균법으로 평가하였으나, 계산 실수로 500,000 원을 과소계상하였다.
> ㄷ. 제23기 재고자산에 대한 총평균법, 이동평균법, 선입선출법에 따른 평가액은 다음과 같다.
>
> | 구분 | 총평균법 | 이동평균법 | 선입선출법 |
> |------|----------|------------|------------|
> | 제품 | 19,000,000원 | 18,000,000원 | 20,000,000원 |
> | 저장품 | 8,000,000원 | 6,800,000원 | 8,800,000원 |

① 26,500,000원   ② 27,000,000원
③ 28,000,000원   ④ 28,500,000원

08 (주)삼일은 유가증권을 보유하고 있는 바, 그 내역은 다음과 같다. (주)삼일은 보유하고 있는 유가증권에 대해 회계기준에 따라 2024. 12. 31에 당기손익인식금융자산평가손실 10,000,000원을 인식하고 2025년 처분시 당기손익인식금융자산처분이익 30,000,000원을 인식한 경우 필요한 세무조정은?

> (1) 유가증권 종류: 당기손익인식금융자산인 상장법인 주식
> (2) 취득일: 2024. 5. 1
> (3) 취득가액: 100,000,000원
> (4) 2024. 12. 31 결산시 시가: 90,000,000원
> (5) 2025. 3. 25 처분시 처분가액: 120,000,000원

① 회계기준에 따라 회계처리하였으므로 세무조정 필요없음

②
- 2024년: 당기손익인식금융자산평가손실 10,000,000원(손금불산입 · 유보)
- 2025년: 당기손익인식금융자산처분이익 10,000,000원(익금불산입 · △유보)

③
- 2024년: 당기손익인식금융자산평가손실 10,000,000원(손금불산입 · 유보)
- 2025년: 당기손익인식금융자산처분이익 30,000,000원(익금불산입 · △유보)

④
- 2024년: 당기손익인식금융자산평가손실 10,000,000원(손금불산입 · 유보)
- 2025년: 세무조정 필요없음

09 제조업을 영위하는 (주)삼일이 제20기(2024년 1월 1일 ~ 2024년 12월 31일) 7월 1일에 서울은행에서 1년 만기 정기예금(만기는 2024년 6월 30일이며, 이자지급시 법인세법에 따른 원천징수대상임)에 가입하였다. 당해 정기예금의 만기시 이자는 2억 원이고, 회사는 제20기 결산시 기간경과분 미수수익 1억 원을 영업외수익으로 계상하였다. 이러한 회계처리에 대한 회사의 제21기 세무조정으로 옳은 것은?

① 세무조정 없음
② (익금산입)   이자수익 1억 원 (유보)
③ (익금불산입) 이자수익 1억 원 (△유보)
④ (익금불산입) 이자수익 2억 원 (△유보)

10 다음의 법인세법상 자산·부채의 평가에 대한 설명 중 틀린 것은?

① 재고자산은 평가방법의 무신고시 선입선출법(매매목적용 부동산은 개별법)을 적용한다.
② 재고자산의 평가방법은 영업종목별, 영업장별, 재고자산종류별로 각각 다른 방법에 의하여 평가할 수 있다.
③ 재고자산 평가방법의 임의변경시 선입선출법(매매목적용 부동산은 개별법)으로 평가한 금액과 당초 신고된 신고방법으로 평가한 금액 중 큰 금액으로 평가한다.
④ 모든 법인은 화폐성 외화자산 또는 부채의 평가시 사업연도 종료일 현재의 기획재정부령으로 정하는 매매기준율 또는 재정된 매매기준율로 평가하여야 한다.

11 다음 중 법인세법상 재고자산 및 유가증권의 평가방법에 관한 설명으로 가장 올바르지 않은 것은?

① 법인이 보유한 채권의 평가는 선입선출법, 총평균법 중 법인이 납세지 관할 세무서장에게 신고한 방법에 의한다.

② 법인의 재고자산평가는 원가법과 저가법 중 법인이 납세지 관할세무서장에게 신고한 방법에 의한다.

③ 법인의 재고자산평가는 자산과목별로 구분하여 종류별·영업장별로 각각 다른 방법으로 평가할 수 있다.

④ 법인(사업연도: 1. 1~12. 31)이 재고자산평가방법을 2024년 10월 30일에 변경신고한 경우, 2025년 재고자산 평가는 변경신고한 방법으로 평가하여야 한다.

12 다음 중 법인세법상 손금으로 인정되는 평가손실로 가장 올바르지 않은 것은?

① (주)서울은 보유중인 주식을 발행한 법인이 파산하여 동 주식에 대한 평가손실을 계상하였다.

② (주)부산은 단기간 내의 매매차익을 목적으로 취득한 단기매매증권에 대하여 결산일에 시가 하락에 따른 평가손실을 계상하였다.

③ (주)대구는 세법상 재고자산평가방법을 저가법으로 신고하고, 동 재고자산에 대한 평가손실을 계상하였다.

④ (주)광주는 홍수로 침수된 공장설비에 대하여 평가손실을 계상하였다.

13 제빵업을 영위하는 (주)삼일은 당해 사업연도 결산시 다음과 같은 평가손실을 계상하였다. 세무상 손금으로 인정되는 것으로 올바르게 묶은 것은?

> ㄱ. 장부금액 6억 원인 기계장치가 태풍으로 파손되어 처분가능한 시가인 5천만 원으로 감액하고 손상차손 5억 5천만 원을 계상하였다.
> ㄴ. 제품인 빵이 유통기한 경과로 부패하여 전량 폐기처분하고 재고자산폐기손실 1억 원을 계상하였다.
> ㄷ. 외국에 보유하고 있는 토지(비화폐성자산)에 대하여 기말환율을 적용하여 평가손실 5천만 원을 계상하였다.

① ㄱ
② ㄴ
③ ㄱ, ㄴ
④ ㄱ, ㄴ, ㄷ

14 제조업을 영위하는 (주)서울은 제20기(2024년 1월 1일 ~ 2024년 12월 31일) 사업연도 중 (주)부산의 주식 100주를 주당 10,000원에 취득하여 매도가능증권으로 분류하였다. 제20기 결산일과 제21기 처분 시점에 다음과 같이 회계처리 한 경우 제20기와 제21기의 세무조정이 법인세 과세표준에 미치는 영향으로 가장 옳은 것은?

> 〈제20기 결산일: 주당 15,000원으로 시가 상승〉
>
> (차) 매도가능증권　　　　　 500,000　　(대) 매도가능증권평가이익　　 500,000
> 　　　　　　　　　　　　　　　　　　　　　　(기타포괄손익)
>
> 〈제21기 1월 15일 : 주당 13,000원에 모두 처분〉
>
> (차) 현금　　　　　　　　 1,300,000　　(대) 매도가능증권　　　　　 1,500,000
> 　　 매도가능증권평가이익　 500,000　　　　 매도가능증권처분이익　　 300,000
> 　　 (기타포괄손익)

	제20기	제21기
①	영향 없음	영향 없음
②	영향 없음	300,000원 증가
③	500,000원 감소	300,000원 증가
④	500,000원 감소	500,000원 증가

15 다음 중 법인세법상 손익의 귀속사업연도에 관한 설명으로 가장 올바르지 않은 것은?

① 위탁판매는 수탁자가 상품 등을 판매한 날에 손익을 인식한다.
② 부동산의 양도는 대금청산일, 소유권이전등기일, 인도일 또는 사용수익일 중 빠른 날에 손익을 인식한다.
③ 중소기업의 경우 장기할부판매는 결산상 인도기준으로 인식한 경우에도 회수기일도래기준을 적용할 수 있다.
④ 기부금은 발생주의로 손익을 인식한다.

16 다음 중 법인세법상 자산의 평가방법에 관한 설명으로 가장 올바르지 않은 것은?

① 무상으로 취득한 자산의 취득가액은 시가에 의한다.
② 재고자산 평가방법의 최초 신고는 설립일이 속하는 사업연도의 과세표준 신고기한까지 신고하여야 한다.
③ 유가증권평가방법을 신고하지 않은 경우 총평균법을 적용한다.
④ 유가증권평가방법을 임의로 변경할 경우 선입선출법과 당초 신고한 방법으로 평가한 금액 중 큰 금액으로 평가한다.

17 제조업을 영위하는 (주)삼일은 제21기 사업연도(2024년 1월 1일 ~ 12월 31일) 7월 1일에 운영자금 용도로 1년 만기의 단기차입금을 차입하였다. 당해 차입금의 만기시 이자지급액은 12,000,000원이고, 회사는 제21기 기말 결산시 손익계산서에 기간경과분 이자비용을 계상하였다. 이러한 회계처리에 대한 회사의 제22기 사업연도의 세무조정으로 옳은 것은?

① 세무조정 없음
② (손금산입) 이자비용   6,000,000원 (△유보)
③ (손금불산입) 이자비용   6,000,000원 (유보)
④ (손금산입) 이자비용   12,000,000원 (△유보)

VI 감가상각비의 손금불산입

1 법인세법상 감가상각제도의 특징

감가상각이란 적정한 기간손익계산을 위하여 유형자산과 무형자산의 취득원가를 일정한 상각방법에 의해서 당해 자산의 내용연수에 걸쳐 동 자산의 이용이나 시간의 경과 등으로 인한 효용의 감소분을 비용으로 배분하는 회계절차이다.

법인세법상 감가상각제도는 조세부담의 공평, 계산의 편의성 및 국가정책목적 등을 고려하여 규정된 것으로 다음과 같은 특징이 있다.

첫째, 법인이 각 사업연도에 유형자산과 무형자산에 대한 감가상각을 할 것인가의 여부는 법인의 내부의사결정에 의한다(임의상각제도).

둘째, 법인이 감가상각비를 손금에 계상하더라도 동 손금이 모두 용인되는 것은 아니다. 즉, 법에서 각 사업연도에 손금으로 계상할 수 있는 감가상각비의 최고한도액을 정함으로써 이를 초과하여 계상한 금액은 손금불산입한다.

감가상각에 대한 기업회계와 세법의 비교

구분	기업회계	세법
① 잔존가액	추정 잔존가액	0(영)
② 내용연수	경제적 내용연수	법정화하여 추정을 배제
③ 감가상각방법	정액법, 정률법, 생산량비례법 기타합리적 방법	정액법, 정률법, 생산량비례법
④ 감가상각제도	과대상각 및 과소상각 불허	과대상각 불허, 과소상각 허용

2 감가상각자산의 범위

(1) 감가상각대상자산

감가상각할 수 있는 자산은 건축물, 차량 및 운반구 등과 같은 유형자산과 영업권, 특허권 등과 같은 무형자산으로서 다음과 같은 자산을 말한다.

구분	감가상각자산의 범위
유형자산	건물 및 구축물, 차량 및 운반구, 공구, 기구 및 비품, 선박 및 항공기, 기계 및 장치, 동물 및 식물, 기타 이와 유사한 유형자산
무형자산	영업권*[1], 개발비*[2], 디자인권, 실용신안권, 상표권, 특허권, 어업권, 채취권, 유료도로관리권, 수리권, 전기가스공급시설이용권, 공업용수도시설이용권, 수도시설이용권, 열공급시설이용권, 광업권, 전신전화전용시설이용권, 전용측선이용권, 하수종말처리장시설관리권, 수도시설관리권, 댐사용권, 사용수익기부자산가액*[3], 주파수이용권 및 공항시설관리권, 항만시설관리권

*[1] 영업권: 합병 또는 분할로 인하여 합병법인 등이 계상한 영업권은 제외한다.
*[2] 개발비: 상업적인 생산 또는 사용 전에 재료·장치·제품·공정·시스템 또는 용역을 창출하거나 현저히 개선하기 위한 계획 또는 설계를 위하여 연구결과 또는 관련 지식을 적용하는 데 발생하는 비용으로서 기업회계기준에 따른 개발비 요건을 충족한 것을 말한다.
*[3] 사용수익기부자산: 금전 외의 자산을 국가 또는 지방자치단체, 특례기부금·일반기부금 해당 법인에게 기부한 후 그 자산을 사용하거나 그 자산으로부터 수익을 얻는 경우 해당 자산의 장부가액을 말한다.

(2) 감가상각자산의 기본요건

감가상각대상자산이더라도 감가상각할 수 있는 자산이 되기 위해서는 다음과 같은 기본적인 요건을 갖추어야 한다.

① 법인소유의 자산
② 사업용 유형·무형자산

3 감가상각범위액의 결정요소

(1) 취득가액

1) 일반원칙

감가상각자산의 취득가액은 취득당시의 자산가액과 법인이 자산을 취득하여 법인 고유의 목적사업에 직접 사용할 때까지의 제반비용을 포함한다. 즉 자산이 고유기능을 발휘할 수 있는 시점까지 투입된 비용은 자본화하는 것이며, 이에는 건설자금이자도 포함한다.

2) 자본적 지출과 수익적 지출의 구분

자본적 지출은 자산의 취득원가에 가산되어 이후 감가상각과정을 통해 손금에 산입되나 수익적 지출은 지출당시에 당기비용으로 처리되므로 이의 구분은 중요하다.

	자본적지출	수익적지출
의의	감가상각자산의 내용연수를 연장시키거나 가치를 증대시키기 위하여 지출한 수선비	감가상각자산의 원상회복, 능률유지를 위해 지출한 수선비
사례	① 본래의 용도를 변경시키기 위한 개조 ② 엘리베이터 또는 냉·난방기의 설치 ③ 피난시설 등의 설치 ④ 재해로 멸실되어 자산의 본래 용도에 이용할 가치가 없는 건축물 등의 복구 ⑤ 기타 개량·확장·증설 등 위와 유사한 성질의 것 등	① 건물·벽의 도장 ② 파손유리와 타이어튜브의 대체 ③ 기계의 소모된 부속품의 대체 ④ 재해를 입은 자산의 외장복구, 도장·유리의 삽입 등

3) 즉시상각의제

감가상각자산의 취득가액과 자본적 지출의 금액은 일단 자산으로 처리되었다가 동 자산의 내용연수에 걸쳐서 감가상각비로 비용화되는 것이다. 그러나 감가상각자산의 취득가액과 자본적 지출에 해당하는 금액을 비용으로 계상한 경우와 감가상각자산이 진부화, 물리적 손상 등에 따라 시장가치가 급격히 하락하여 회계기준에 따라 손상차손을 계상한 경우(천재지변, 화재 등으로 파손되거나 멸실된 경우 제외)에는 이를 즉시 감가상각한 것으로 간주한다는 것이 즉시상각의제이다.

① 원칙

세법상으로는 원칙적으로 이러한 즉시상각의제 금액을 감가상각비로서 손금산입한 것으로 보아 상각시부인을 하도록 규정하고 있다.

② 특례

다음의 경우에는 감가상각자산을 취득하기 위하여 지출한 금액과 자본적 지출에 해당하는 금액을 비용으로 계상하더라도 즉시상각의제를 적용하지 않고 전액 손금으로 인정한다. 계산의 경제성을 고려하여 금액적으로 중요하지 않은 경우 시부인계산을 생략하도록 하기 위함이다.

소액자산 취득의 손금인정	그 자산의 취득가액이 거래단위별로 100만 원 이하인 경우로 다음을 제외한 것 ① 그 고유업무의 성질상 대량으로 보유하는 자산 ② 그 사업의 개시 또는 확장을 위하여 취득한 자산
단기사용자산 및 소모성 자산 손금인정	① 어업에 사용되는 어구(어선용구 포함) ② 영화필름, 공구(단, 금형은 제외됨), 가구, 전기기구, 가스기기, 가정용 기구·비품, 시계, 시험기기, 측정기기 및 간판 ③ 대여사업용 비디오테이프 및 음악용 콤팩트디스크로서 개별자산의 취득가액이 30만 원 미만인 것 ④ 전화기(휴대용 전화기 포함) 및 개인용 컴퓨터(그 주변기기 포함)
수선비 지출의 손금인정	① 개별자산별로 수선비로 지출한 금액이 600만 원 미만인 경우 ② 개별자산별로 수선비 지출한 금액이 전기말 현재 재무상태표상 자산의 장부가액의 5%에 미달하는 경우 ③ 3년 미만의 기간마다 주기적인 수선을 위하여 지출하는 경우
폐기손실의 손금인정	다음 중 어느 하나에 해당하는 경우에는 당해 자산의 장부가액에서 1천 원을 공제한 금액을 폐기일이 속하는 사업연도의 손금에 산입할 수 있다. ① 시설의 개체 또는 기술의 낙후로 인하여 생산설비의 일부를 폐기한 경우 ② 사업의 폐지 또는 사업장의 이전으로 임대차계약에 따라 임차한 사업장의 원상회복을 위하여 시설물을 철거하는 경우

(2) 내용연수

1) 내용연수의 의의

내용연수란 감가상각자산이 법인의 영업활동에 이용될 수 있는 사용연수를 의미한다.

세법에서는 법인이 감가상각시 적용하여야 할 내용연수를 구조 또는 자산별·업종별로 기획재정부령으로 정하고 있다. 이는 법인의 자의적인 내용연수 적용에 의한 감가상각범위액 계산의 왜곡여지를 제거함으로써 과세의 편리성과 통일성을 기하기 위한 것이다.

또한, 세법에서는 내용연수뿐만 아니라 상각률까지도 기획재정부령으로 정하도록 하고 있는데 이는 내용연수가 가지는 의미를 해석함에 있어 매우 중요하다. 즉, 기업회계에서 내용연수는 감가상각자산의 사용기간을 말하는 것으로 그 사용기간에 걸쳐서 감가상각을 해야 하는 것을 의미하나, 법인세법에서 규정한 내용연수는 그 내용연수내에 감가상각을 완료해야 한다는 의미가 아니라 상각범위액을 계산할 때 적용할 상각률을 정하는 기준일 뿐이라는 것이다. 따라서 자산의 취득 후 내용연수가 경과하였더라도 상각이 완료되지 않았다면 계속 감가상각을 할 수 있는 것이다.

2) 기준내용연수 및 신고내용연수

① 기준내용연수

감가상각자산의 내용연수는 법인세법시행규칙의 〈별표〉에서 자산별·업종별로 내용연수를 세분하여 자세히 규정하고 있으며, 이렇게 법에서 규정한 내용연수를 "기준내용연수"라 한다.

② 신고내용연수

법인은 상기한 기준내용연수의 상하 25% 범위 내에서 내용연수를 선택하여 이를 납세지 관할세무서장에게 신고한 경우 이를 적용하여 감가상각범위액을 계산하도록 되어 있는 바, 이를 "신고내용연수"라 한다.

예를 들어 기준내용연수가 8년이면 최저 6년에서 최고 10년 사이의 내용연수 중 법인이 선택할 수 있다.

다만, 시험연구용자산과 개발비를 제외한 기타 무형자산은 법에서 정한 기준내용연수만을 적용해야 하며 가감된 범위 내의 내용연수를 선택할 수 없다.

구분		내용연수
신고	개발비	20년 이내의 신고한 내용연수
	사용수익기부자산가액	사용수익기간
	시험연구용자산 및 기타 무형자산	기준내용연수
	위 이외의 자산	자산별·업종별로 기준내용연수의 상하 25% 범위 내에서 영업개시 사업연도[1] 과세표준 신고기한까지 신고한 내용연수[2]
무신고	개발비	5년
	사용수익기부자산가액	사용수익기간
	시험연구용자산 및 기타 무형자산	기준내용연수
	위 이외의 자산	기준내용연수

[1] 자산별·업종별 구분에 의한 기준내용연수가 다른 자산 취득시에는 취득일 또는 영업개시일이 속하는 사업연도
[2] 동일한 기준내용연수 자산에 대해 신고된 내용연수가 있으면 그 이후 취득자산은 모두 기존에 신고한 내용연수를 적용

3) 내용연수의 신고

내용연수는 자산을 취득한 날이 속하는 사업연도의 법인세 과세표준 신고기한까지 관할세무서장에게 신고하여야 한다. 내용연수를 신고하지 않은 경우에는 기준내용연수를 적용하며, 이를 이후 사업연도에도 계속 적용해야 한다.

(3) 잔존가액

세법은 유형ㆍ무형자산의 구분없이 잔존가액을 0(영)으로 하고 있다.

다만, 잔존가액을 0(영)으로 하면 정률법의 상각률을 계산할 수 없으므로 정률법의 상각률을 계산하는 경우에는 잔존가액을 취득가액의 5%로 본다. 이와 같이 계산된 상각률을 적용하면 상각범위액대로 감가상각을 한 경우에도 내용연수 말에 취득가액의 5% 정도의 미상각잔액이 남게 된다.

이에 따라 미상각잔액이 최초로 취득가액의 5% 이하가 되는 사업연도에 미상각잔액을 상각범위액에 가산하도록 하고 있다.

4 감가상각범위액의 계산방법

(1) 자산별 감가상각방법

법인세법에서 인정하는 감가상각방법은 자산별로 구분되어 있으며 이 중 하나를 선택하여 납세지 관할세무서장에게 신고하여야 한다. 이렇게 선택된 감가상각방법은 이후 사업연도에도 계속하여 적용하여야 한다.

구분		상각방법	무신고시 상각방법
유형자산	건축물	정액법	정액법
	광업용 유형자산*	정액법ㆍ정률법ㆍ생산량비례법	생산량비례법
	폐기물매립시설	생산량비례법ㆍ정액법	생산량비례법
	위 이외 유형자산	정액법ㆍ정률법	정률법
무형자산	개발비	20년 내 정액법	5년간 정액법
	사용수익기부자산가액	사용수익기간에 따른 정액법	(좌동)
	광업권	정액법ㆍ생산량비례법	생산량비례법
	주파수이용권ㆍ공항시설관리권 및 항만시설관리권	사용기간에 따른 정액법	(좌동)
	기타 무형자산	정액법	정액법

* 폐기물 매립시설: 생산량비례법 또는 정액법(무신고시 생산량비례법)

(2) 감가상각방법의 신고

감가상각방법의 신고는 다음의 기한 내에 하여야 한다.

구분	신고기한
① 신설법인	영업을 개시한 날이 속하는 과세표준신고기한까지
② 수익사업을 새로 개시한 법인	
③ ①과 ② 외의 법인이 선택가능한 상각방법의 자산별 구분이 다른 감가상각자산을 새로 취득한 경우	취득일이 속하는 과세표준신고기한까지

(3) 감가상각범위액의 계산

1) 정액법

$$상각범위액 = 세무상\ 취득가액^{*1)} \times 상각률^{*2)}$$

*1) 세무상 취득가액 = B/S상 취득가액 + 즉시상각의제누계액
*2) 상각률은 내용연수에 따라 정해지며 법인세법시행규칙 〈별표 4〉에서 구체적으로 규정함.

2) 정률법

$$상각범위액 = 세무상\ 미상각잔액^{*1)} \times 상각률^{*2)}$$

*1) 세무상 미상각잔액 = B/S상 기말장부가액 + 당기감가상각비 + 상각부인액누계 + 당기즉시상각의제액
　　　　　　　　　 = B/S상 취득가액 − 기초감가상각누계액 + 상각부인액누계 + 당기즉시상각의제액
*2) 상각률은 잔존가액 5%를 기준으로 한 상각률을 적용하며 법인세법시행규칙 〈별표 4〉에서 구체적으로 규정함.

3) 상각범위액계산시 주의사항

① 신규취득자산

사업연도 중에 취득하여 사업에 사용한 감가상각자산에 대한 상각범위액은 사업에 사용한 날부터 당해 사업연도 종료일까지의 월수에 따라 계산한다. 이 경우 월수는 역에 따라 계산하되 1개월 미만의 일수는 1개월로 한다.

② 사업연도 중 양도한 자산

사업연도 중 양도한 자산은 사업연도 개시일부터 양도일까지의 감가상각비를 계상하는 것이 원칙일 것이나 법인세법상으로는 양도자산은 감가상각비 시부인을 하지 아니한다. 이는 감가상각비와 자산처분손익이 서로 상계되어 과세소득이 동일하게 계산되기 때문이다.

③ 기존자산에 대한 자본적 지출이 있는 경우

기존의 감가상각자산에 대한 자본적 지출액은 기존의 감가상각자산의 장부가액에 합산하여 그 자산의 내용연수를 그대로 적용하여 감가상각한다. 즉, 자본적 지출이 발생한 이후의 월수를 고려하지 않는다.

예제

(주)삼일은 전기에 취득가액 5백만 원의 기계장치를 구입하였다. 이와 관련한 자료가 다음과 같다고 가정할 경우 정액법과 정률법을 적용한 세무상 상각범위액을 각각 구하시오.

풀이

구분	정액법	정률법
취득가액	5,000,000	5,000,000
전기말 감가상각 누계액	1,200,000	2,455,000
전기이월 상각부인액누계	200,000	200,000
내용연수	5년	5년
상각률	0.2	0.451

(1) 정액법 상각범위액

5,000,000 × 0.2 = 1,000,000원

(2) 정률법 상각범위액

(5,000,000 − 2,455,000 + 200,000) × 0.451 = 1,237,995원

5 감가상각비의 시부인계산

법인이 감가상각비로 계상한 금액을 법인세법상 손금산입한도액인 상각범위액과 비교하여 이보다 적은 경우에는 전액 손금으로 인정하나 이보다 많은 경우에는 이를 손금으로 인정하지 않는다.

$$\underset{(\text{시인부족액})}{\text{상각부인액}} = \underset{\text{감가상각비}}{\text{회사계상}} - \underset{\text{상각범위액}}{\text{세법상}}$$

(1) 상각부인액 및 시인부족액

회사가 계상한 감가상각비와 상각범위액의 차액은 상각부인액 또는 시인부족액이라 부른다. 이는 회사가 계상한 감가상각비에서 상각범위액을 차감한 금액이 (+)금액인지 (−)금액인지에 따라 달라진다.

1) 상각부인액

회사가 계상한 감가상각비가 법인세법상의 상각범위액을 초과한 경우 발생하는 것으로 그 초과액은 손금불산입(유보)처분되며 차기 이후 시인부족액이 발생하면 그 시인부족액의 범위 내에서 손금산입(△유보)으로 추인된다. 또한 내용연수 중에 자산을 양도하는 경우에는 상각부인액의 잔액을 손금에 산입하여 유보를 소멸시켜야 한다.

2) 시인부족액

회사가 계상한 감가상각비가 법인세법상 상각범위액에 미달하는 경우에는 시인부족액이 발생한다. 감가상각비는 원칙적으로 결산조정사항에 해당하므로 회사가 결산서에 계상하지 않은 시인부족액을 적극적으로 손금에 산입하는 세무조정은 하지 않는다.

단, 한국채택국제회계기준을 적용하는 내국법인의 경우에는 유형자산과 내용연수가 비한정인 무형자산의 감가상각비 회사 계상액이 한국채택국제회계기준을 적용하기 전 종전감가상각비보다 적어져 법인세부담이 증가하는 것을 완화하기 위해서 일정 한도 내에서 추가적인 손금산입 특례를 인정하고 있다.

(2) 시부인액의 계산단위

법인의 각 사업연도 감가상각액의 시부인은 개별 감가상각자산별로 계산한 금액에 의한다. 그러므로 한 자산의 상각부인액과 다른 자산의 시인부족액은 서로 상계할 수 없으며 각각 별도의 세무조정과정을 거쳐야 한다.

예 제

(주)삼일은 취득가액 200원인 자산을 제3기 사업연도 개시일에 취득하여 정액법(내용연수는 4년)으로 상각하고 있다. 회사가 취득 이후 다음과 같이 상각한 경우 필요한 세무조정을 행하라.(단, (주)삼일은 일반기업회계기준이 적용되는 회사임을 가정함)

구분	Case1	Case2
제3기	60원	40원
제4기	60원	40원
제5기	60원	40원
제6기	20원	40원
제7기	–	40원

풀 이

세무상 감가상각범위액은 매기 50원(취득가액 200원/4년)이다.

(Case 1)

구분	상각범위액	회사상각액	시부인액	세무조정
제3기	50원	60원	10원	손금불산입 10원(유보)
제4기	50원	60원	10원	손금불산입 10원(유보)
제5기	50원	60원	10원	손금불산입 10원(유보)
제6기	50원	20원	△30원	손금산입 30원(△유보)

※ 제3기·제4기 및 제5기의 손금불산입누계액 ₩30(유보)은 제6기의 손금산입 ₩30(△유보)과 상계되어 정리된다.

(Case 2)

구분	상각범위액	회사상각액	시부인액	세무조정
제3기	50원	40원	△10원	×
제4기	50원	40원	△10원	×
제5기	50원	40원	△10원	×
제6기	50원	40원	△10원	×
제7기	40원	40원	–	×

※ 내용연수의 완료에 관계없이 전기 이전에 상각범위액보다 적게 상각하여 잔존가액이 있는 경우에는 계속 상각할 수 있다.

(3) 감가상각비조정명세서의 작성

1) 정률법

예 제

다음 자료를 이용하여 (주)삼일의 제3기(20×1. 1. 1~20×1. 12. 31) 유형자산감가상각비조 정명세서를 작성하시오.(단, (주)삼일은 일반기업회계기준이 적용되는 회사임을 가정함)

종류	차량	의복제조업
구조	화물차	기계장치 A
취득일	20×1. 11. 1	20×0. 2. 5
신고내용연수	5년	8년
신고상각방법	정률법	정률법
상각률	0.451	0.313
취득가액	4,500,000원	10,000,000원
당기자본적지출액	–	4,000,000원
당기말 감가상각누계액	338,250원	5,534,500원
당기감가상각비	338,250원	2,034,500원
전기말 상각부인누계액	–	370,000원

회사는 당기 자본적 지출액을 전액 비용으로 처리하였다.

풀 이

뒷면 참조

[별지 제20호 서식(1)] (2012. 2. 28. 개정)　　　　　　　　　　　　　　　　　　　　　　　(앞쪽)

사 업 연 도	20×1. 1. 1. ~ 20×1. 12. 31.	유형자산감가상각비 조정명세서(정률법)		법　인　명	(주)삼일
				사업자등록번호	

자산 구분		① 종류 또는 업종명		총계	차량	의복제조업
		② 구조(용도) 또는 자산명			화물차	기계장치A
		③ 취득일			2021.11.1	2020.2.5
④ 내용연수(기준·신고)					5년	8년
상각 계산의 기초 가액	재무상태표 자산가액	⑤ 기말현재액		14,500,000	4,500,000	10,000,000
		⑥ 감가상각누계액		5,872,750	338,250	5,534,500
		⑦ 미상각잔액(⑤-⑥)		8,627,250	4,161,750	4,465,500
	⑧ 회사계산감가상각비			2,372,750	338,250	2,034,500
	⑨ 자본적지출액			4,000,000	0	4,000,000
	⑩ 전기말의제상각누계액			0	0	0
	⑪ 전기말부인누계			370,000	0	370,000
	⑫ 가감계(⑦+⑧+⑨-⑩+⑪)			15,370,000	4,500,000	10,870,000
⑬ 일반상각률·특별상각률					0.451×2/12	0.313
상각 범위액 계산	당기산출 상각액	⑭ 일반상각액		4,417,060	338,250	3,402,310
		⑮ 특별상각액		0	0	0
		⑯ 계(⑭+⑮)		4,417,060	338,250	3,402,310
	취득가액	⑰ 전기말현재취득가액		10,000,000	0	10,000,000
		⑱ 당기회사계산증가액		4,500,000	4,500,000	0
		⑲ 당기자본적지출액		4,000,000	0	4,000,000
		⑳ 계(⑰+⑱+⑲)		18,500,000	4,500,000	14,000,000
	㉑ 잔존가액(⑳×5/100)			925,000	225,000	700,000
	㉒ 당기상각시인범위액 {⑯, 단 (⑫-⑯)≦㉑인 경우 ⑫}			4,417,060	338,250	3,402,310
㉓ 회사계상상각액(⑧+⑨)				6,372,750	338,250	6,034,500
㉔ 차감액(㉓-㉒)				2,632,190	0	2,632,190
㉕ 최저한세적용에 따른 특별상각부인액				0	0	0
조정액	㉖ 상각부인액(㉔+㉕)			2,632,190	0	2,632,190
	㉗ 기왕부인액중 당기 손금추인액 (⑪, 단 ⑪≦ㅣ△㉔ㅣ)			0	0	0
㉘ 당기말부인액누계(⑪+㉖-ㅣ㉗ㅣ)				3,002,190	0	3,002,190
당기말의 제상각액	㉙ 당기의제상각액(ㅣ△㉔ㅣ-ㅣ㉗ㅣ)			0	0	0
	㉚ 의제상각누계(⑩+㉙)			0	0	0
신고조정감가상 각비계산 (2013.12.31 이전 취득분)	㉛ 기준상각률					
	㉜ 종전상각비					
	㉝ 종전감가상각비 한도[㉜-{㉓-(㉘-⑪)}]					
	㉞ 추가손금산입대상액					
	㉟ 동종자산 한도계산 후 추가손금산입액			0	0	0
신고조정감가상 각비계산 (2014.1.1 이후 취득분)	㊱ 기획재정부령으로 정하는 기준내용연수					
	㊲ 기준감가상각비 한도					
	㊳ 추가손금산입액			0	0	0
㊴ 추가 손금산입 후 당기말부인액 누계(㉘-㉟-㊳)				3,002,190	0	3,002,190

210mm×297mm[백상지 80g/㎡ 또는 중질지 80g/㎡]

2) 정액법

다음 자료를 이용하여 (주)삼일의 제3기(20×1. 1. 1~20×1. 12. 31) 유형자산감가상각비조정명세서를 작성하시오. ((주)삼일은 일반기업회계기준이 적용되는 회사임을 가정함)

종류	일반건물	공장
구조	철근콘크리트	콘크리트
취득일	20×0. 4. 2	20×0. 1. 5
신고내용연수	40년	20년
신고상각방법	정액법	정액법
상각률	0.025	0.05
취득가액	31,000,000원	17,200,000원
당기자본적지출액	–	10,000,000원
당기말 감가상각누계액	1,500,000원	1,920,000원
당기감가상각비	700,000원	960,000원
전기말 상각부인누계액	25,000원	100,000원

회사는 당기 자본적 지출액을 전액 비용으로 처리하였다.

뒷면 참조

[별지 제20호 서식(2)] (2012. 2. 28. 개정) (앞쪽)

사 업 연 도	20×1. 1. 1. ~ 20×1. 12. 31.	유형·무형자산감가상각비 조정명세서(정액법)	법 인 명	(주)삼일
			사업자등록번호	

자산 구분		① 종류 또는 업종명	총계	일반건물	공장
		② 구조(용도) 또는 자산명		철근콘크리트	콘크리트
		③ 취득일		2020. 4. 2	2020. 1. 5
④내용연수(기준·신고)				40년	20년
상각 계산의 기초 가액	재무상태표 자산가액	⑤ 기말현재액	48,200,000	31,000,000	17,200,000
		⑥ 감가상각누계액	3,420,000	1,500,000	1,920,000
		⑦ 미상각잔액(⑤-⑥)	44,780,000	29,500,000	15,280,000
	회사계산 상각비	⑧ 전기말누계	1,760,000	800,000	960,000
		⑨ 당기상각비	1,660,000	700,000	960,000
		⑩ 당기말누계(⑧+⑨)	3,420,000	1,500,000	1,920,000
	자본적 지출액	⑪ 전기말부인누계	0	0	0
		⑫ 당기지출액	10,000,000	0	10,000,000
		⑬ 합계(⑪+⑫)	10,000,000	0	10,000,000
⑭ 취득가액(⑦+⑩+⑬)			58,200,000	31,000,000	27,200,000
⑮ 일반상각률·특별상각률				0.025	0.05
상각 범위액 계산	당기산출 상각액	⑯ 일반상각액	2,135,000	775,000	1,360,000
		⑰ 특별상각액	0	0	0
		⑱ 계(⑯+⑰)	2,135,000	775,000	1,360,000
	⑲ 당기상각시인범위액 {⑱, 단 ⑱≤⑭-⑧-⑪+⑤-전기 ㉘}		2,135,000	775,000	1,360,000
⑳ 회사계상상각액(⑨+⑫)			11,660,000	700,000	10,960,000
㉑ 차감액(⑳-⑲)			9,525,000	△75,000	9,600,000
㉒ 최저한세적용에 따른 특별상각부인액			0	0	0
조정액	㉓ 상각부인액(㉑+㉒)		9,600,000	0	9,600,000
	㉔ 기왕부인액중 당기 손금 추인액 (㉕, 단 ㉕≤ |△㉑|)		25,000	25,000	0
부인액누계	㉕ 전기말부인액누계(전기 ㉖)		125,000	25,000	100,000
	㉖ 당기말부인액누계(㉕+㉓-|㉔|)		9,700,000	0	9,700,000
당기말의 제상각액	㉗ 당기의제상각액(|△㉑|-|㉔|)		0	0	0
	㉘ 의제상각의누계(전기 ㉘+㉗)		0	0	0
신고조정감가상 각비계산 (2013.12.31 이전 취득분)	㉙ 기준상각률				
	㉚ 종전상각비				
	㉛ 종전감가상각비 한도[㉚-{⑳-(㉖-㉕)}]				
	㉜ 추가손금산입대상액				
	㉝ 동종자산 한도계산 후 추가손금산입액		0	0	0
신고조정감가상 각비계산 (2014.1.1 이후 취득분)	㉞ 기획재정부령으로 정하는 기준내용연수				
	㉟ 기준감가상각비 한도				
	㊱ 추가손금산입액		0	0	0
㊲ 추가 손금산입 후 당기말부인액 누계(㉖-㉝-㊱)			9,700,000	0	9,700,000

210mm×297mm[백상지 80g/㎡ 또는 중질지 80g/㎡]

6 감가상각의제

(1) 법인세를 면제받거나 감면받은 경우 감가상각의제

각 사업연도소득에 대하여 법인세가 면제되거나 감면되는 사업을 영위하는 법인으로서 법인세를 면제받거나 감면받은 경우에는 개별자산에 대한 감가상각비가 상각범위액이 되도록 감가상각비를 손금에 산입하여야 한다. 다만 한국채택국제회계기준을 적용하는 법인은 법 소정의 방법에 따라 개별자산에 대한 감가상각비를 추가로 손금산입할 수 있다.

* 법인세가 면제되거나 감면되는 사업을 영위하는 법인이라 하더라도 법인세를 면제 또는 감면받지 않는 경우에는 감가상각의제 규정을 적용하지 않는다는 점에 유의해야 한다.
  ① 취지: 법인이 임의상각제도를 이용하여 감면사업연도에는 감가상각비를 계상하지 않고, 감면사업연도가 지난 후에 감가상각비를 계상하여 조세를 회피하는 것을 방지하기 위함이다.
  ② 성격: 법인세를 면제받거나 감면받은 경우 감가상각의제를 적용하게 되면 상각범위액만큼 손금에 산입하는 '감제상각'의 성격을 갖는다.

(2) 추계결정 · 경정시 감가상각의제

추계결정 또는 경정을 하는 경우에는 감가상각자산에 대하여 상각범위액만큼의 감가상각비를 손금*에 산입한 것으로 본다.

* 여기서 손금은 신고조정이 아니라 추계결정 · 경정시 감가상각범위액에 영향을 미친다는 점에서 법인세를 면제받거나 감면받는 경우의 감가상각의제와 구별된다고 하겠다.

1) 정률법

상각범위액계산시 취득가액에서 감가상각누계액과 감가상각의제액을 공제하므로 당기 이후부터 감가상각범위액이 줄어든다.

> 상각범위액=[취득가액-(기초감가상각누계액+감가상각의제액)] × 상각률

2) 정액법

취득가액에 상각률을 곱하여 상각범위액을 계산하므로 상각범위액은 변함이 없으나 내용연수 후반기에 감가상각의제액만큼 손금이 인정되지 않는다.

MEMO

01 다음 중 취득 후 자산으로 계상하여 감가상각하는 방법과 사업에 사용한 연도에 비용으로 처리하는 방법 중 선택하여 회계처리할 수 있는 자산으로만 묶여진 것은?

> ㉠ 취득가액이 150만 원인 휴대용 전화기
> ㉡ 취득가액이 200만 원인 기계장치(고유업무의 성질상 대량보유하는 자산이 아니며, 사업의 개시, 확장을 위하여 취득하는 자산도 아님)
> ㉢ 취득가액이 110만 원인 개인용 컴퓨터
> ㉣ 취득가액이 80만 원인 비품(사업의 확장을 위하여 취득함)

① ㉠, ㉡

② ㉠, ㉢

③ ㉢, ㉣

④ ㉠, ㉣

02 (주)삼일은 기계장치를 2023. 1. 10에 취득하여 당기말 현재 보유 중이다. 다음 자료에 의할 경우 당해 사업연도(2024. 1. 1~2024. 12. 31)의 상각범위액은?

> (1) 기계장치의 취득가액: 600,000,000원
> (2) 신고내용연수: 5년
> (3) 신고 감가상각방법: 정액법(상각률 0.2)
> (4) 전기말 감가상각누계액: 20,000,000원
> (5) 2024. 8. 15 기계장치에 대한 자본적 지출: 120,000,000원

① 118,800,000원

② 129,600,000원

③ 144,000,000원

④ 240,000,000원

03　(주)삼일은 제조업을 영위하는 법인이다. 회사가 보유한 기계장치에 대한 감가상각자료는 다음과 같다. 제20기 사업연도(2024년 1월 1일 ~ 2024년 12월 31일)에 (주)삼일이 행하여야 할 기계장치의 감가상각에 대한 세무조정으로 가장 옳은 것은?

> ㄱ. 기계장치 취득가액: 100,000,000원
> ㄴ. 기계장치 취득일: 2023년 1월 1일
> ㄷ. 감가상각방법 및 상각률: 정률법(상각률 : 0.451)
> ㄹ. 감가상각비 장부상 계상금액
> 　　2023년: 50,000,000원
> 　　2024년: 20,000,000원
> ㅁ. (주)삼일은 한국채택국제회계기준(K-IFRS)을 적용하지 않는다.

① (손금불산입)　감가상각시부인액　　4,900,000원 (유보)
② (손금산입)　　감가상각시인부족액　4,900,000원 (△유보)
③ (손금불산입)　감가상각시부인액　　4,759,900원 (유보)
④ (손금산입)　　감가상각시인부족액　4,759,900원 (△유보)

04　다음 중 법인세법상 감가상각범위액 결정요소인 취득가액에 관한 설명으로 가장 옳은 것은?

① 개별자산별로 수선비로 지출한 금액이 900만 원 미만인 경우 시부인 계산과정을 거치지 않고 전액 손금으로 인정할 수 있다.
② 재해로 멸실되어 자산의 본래 용도에 이용할 가치가 없는 건축물 등의 복구는 수익적지출에 해당한다.
③ 시설의 개체 또는 기술의 낙후로 인하여 생산설비의 일부를 폐기한 경우에는 당해 자산의 장부가액에서 1만 원을 공제한 금액을 폐기일이 속하는 사업연도의 손금에 산입할 수 있다.
④ 자본적 지출은 자산의 취득원가에 가산되어 이후 감가상각과정을 통해 손금에 산입되나 수익적 지출은 지출당시에 당기비용으로 처리된다.

05 다음의 자료에 의하여 감가상각에 대한 세무조정을 하면?(단, 일반기업회계기준이 적용되는 회사임을 가정한다.)

(1) 전기말까지의 감가상각부인누계액	4,000,000원
(2) 당기 감가상각범위액	20,000,000원
(3) 당기 회사계상 감가상각비	18,800,000원

① 감가상각부인누계액 중 1,200,000원은 손금에 산입하고, 나머지 2,800,000원은 이월된다.

② 당기 시인부족액 1,200,000원은 소멸하고 감가상각부인누계액 4,000,000원은 이월된다.

③ 감가상각부인누계액 4,000,000원과 당기 시인부족액 1,200,000원은 각각 이월된다.

④ 감가상각부인누계액 4,000,000원은 소멸하고 당기 시인부족액 1,200,000원은 이월된다.

06 다음 중 법인세법상 즉시상각의제의 대상이 될 수 없는 수익적지출 항목인 것은?

① 건물 또는 벽의 도장

② 자산의 내용연수 연장을 위한 개조비용

③ 건물 등의 냉·난방 장치의 설치

④ 빌딩의 피난시설 설치

07 다음 중 법인세법상 기준내용연수 및 신고내용연수에 관한 설명으로 가장 올바르지 않은 것은?

① 내용연수는 자산을 취득한 날이 속하는 사업연도의 법인세과세표준 신고기한까지 관할세무서장에게 신고하여야 한다.

② 내용연수를 신고하지 않은 경우에는 기준내용연수를 적용하며 이를 이후 사업연도에도 계속 적용해야 한다.

③ 신고내용연수는 기준내용연수의 상하 25 % 범위 내에서 선택하여 납세지 관할세무서장에게 신고한 경우 적용한다.

④ 개발비는 법에서 정한 기준내용연수만을 적용하여야 한다.

08 도매업을 영위하는 ㈜삼일은 전기까지 매장을 임차하여 사용하다 당기(20X2년 1월 1일 ~ 20X2년 12월 31일) 중 건물을 최초로 취득하고 세무상 감가상각 내용연수를 신고하고자 한다. 건물의 취득일자가 20X2년 5월 14일인 경우 세무상 감가상각 내용연수 신고는 언제까지 해야 하는가?

① 20X2년 6월 30일 　　　　② 20X2년 9월 30일
③ 20X2년 12월 31일 　　　　④ 20X3년 3월 31일

09 ㈜삼일은 당기 중 사업용 유형자산과 무형자산에 대하여 다음과 같이 수선비를 지출하였다. ㈜삼일의 담당자들 중 세법의 내용에 가장 부합하지 않게 주장하는 사람은 누구인가?

> 김부장: 지난 12월에 시행된 대규모 옥외창고(A) 지붕설치 공사로 인해 다들 수고가 많았습니다. 다들 아시다시피 신규설치 비용이 총 1억 원이 발생했는데, 제가 알기로는 수선비가 그 실질에 따라 자산의 취득원가를 구성하기도 하고, 혹은 당기 비용으로 처리되기도 합니다. 이를 자본적 지출과 수익적 지출로 구분하기도 하는데, 이번 옥외창고(A)의 신규지붕 설치 공사건에 대한 세무상의 처리가 어떻게 되는지 설명해 주실 분 계십니까?
> 정과장: 통상 지붕수리 비용은 수선비로 하여 당기 비용으로 처리하면 되나, 이번 경우는 신규 설치이고 금액이 크기 때문에 자산의 취득원가로 처리하면 될 것이라고 생각합니다.
> 윤대리: 자산의 취득원가로 처리한다는 것은 옥외창고(A)에 대한 자본적 지출로 처리해야 한다는 의미인 것 같은데, 제가 알기로는 결산팀에서는 이미 장부상 수선비로 하여 당기 비용처리 한 것으로 알고 있습니다. 따라서, 세무조정시 해당 수선비를 자산의 취득원가에 포함하여 감가상각 범위액을 계산하고, 동시에 동 수선비를 감가상각비 계상액에 포함하여 감가상각 한도시부인을 수행하면 될 것입니다.
> 최대리: 한편 기존 창고(B)에 설치되어 있던 지붕이 노후화로 말미암아, 빗물이 조금씩 새고 있습니다. 따라서 다음 달 중에 보완공사를 할 예정에 있습니다. 물론, 동 보완공사로 인해 창고의 내용연수가 연장되거나 하지는 않습니다만, 단순한 수리 같은 경우도 건물과 관련된 비용이라고 볼 수 있으므로 동 보완공사에 소요되는 비용은 이번 옥외창고(A)건과 마찬가지로 창고에 대한 자본적 지출로 처리하도록 하겠습니다.

① 김부장 　　　　② 정과장
③ 윤대리 　　　　④ 최대리

10 다음 중 법인세법상 감가상각비에 관한 설명으로 가장 옳은 것은?

① 감가상각자산에 대한 자본적 지출액은 별도의 자산취득으로 보고 기존 고정자산의 내용연수 및 상각방법과는 다른 자본적 지출액에 대한 별도의 내용연수와 상각방법을 구분하여 적용하여야 한다.

② 유형자산의 잔존가액은 0(영), 무형자산의 잔존가액은 취득가액의 5%로 하는 것이 원칙이다.

③ 기계장치의 감가상각방법을 신고하지 아니한 경우에는 정액법을 적용한다.

④ 사업연도 중에 취득하여 사업에 사용한 감가상각자산에 대한 상각범위액은 사업에 사용한 날부터 당해 사업연도 종료일까지의 월수에 따라 계산한다.

11 다음은 (주)청성의 유형자산 감가상각과 관련한 자료이다. 필요한 세무조정으로 가장 옳은 것은?(단, K-IFRS 도입에 따라 추가로 손금산입되는 감가상각비는 없는 것으로 한다.)

구분	기초상각부인액	비용계상액	상각범위액	시부인액
컴퓨터	–	80만 원	40만 원	40만 원
책상	–	20만 원	30만 원	△10만 원
탁자	–	30만 원	25만 원	5만 원
차량	50만 원	200만 원	220만 원	△20만 원

① (손금불산입) 감가상각비한도초과액   45만 원   (유보)

② (손금산입)   전기 감가상각비한도초과액 손금산입 20만 원   (△유보)

③ (손금불산입) 감가상각비한도초과액   45만 원   (유보)

   (손금산입)   전기 감가상각비한도초과액 손금산입 30만 원   (△유보)

④ (손금불산입) 감가상각비한도초과액   45만 원   (유보)

   (손금산입)   전기 감가상각비한도초과액 손금산입 20만 원   (△유보)

12 (주)삼일은 제20기(2024년 1월 1일 ~ 2024년 12월 31일) 사업연도 개시일에 기계장치를 15억 원에 구입하고 아래와 같이 감가상각하였다. 세무상 기계장치의 상각방법은 정액법, 내용연수는 5년인 감가상각비에 관한 세무조정으로 가장 올바르지 않은 것은?(단, 회사는 감가상각의제 대상 법인이 아니다.)

구분	제20기	제21기	제22기	제23기
회사계상 감가상각비	6억 원	2억 원	1억 원	1억 원
감가상각범위액	3억 원	3억 원	3억 원	3억 원

① 제20기: 손금불산입 3억 원
② 제21기: 손금산입   1억 원
③ 제22기: 손금산입   2억 원
④ 제23기: 손금산입   2억 원

13 다음의 자료를 근거로 하여 손금불산입되는 금액의 합계를 구하면 얼마인가?(단, 법인은 감가상각방법을 신고하지 않았다)

(단위: 원)

구분	건물	기계
당기감가상각비	1,650,000	2,700,000
세무상 감가상각범위액 • 정률법 • 정액법	 1,449,000 600,000	 2,347,500 937,500

① 　553,500원
② 1,402,500원
③ 1,762,500원
④ 1,987,500원

14 다음 중 법인세법상 감가상각범위액의 결정요소에 관한 설명으로 가장 올바르지 않은 것은?

① 감가상각자산의 내용연수는 법인세법시행규칙 〈별표〉에서 자산별·업종별로 규정하고 있는 기준내용연수를 일괄적으로 적용한다.

② 세법은 유형·무형자산의 구분없이 잔존가액을 0(영)으로 하고 있다.

③ 사업의 폐지로 임대차계약에 따라 임차한 사업장의 원상회복을 위하여 시설물을 철거하는 경우 당해 자산의 장부가액에서 1천 원을 공제한 금액을 폐기일이 속하는 사업연도의 손금에 산입할 수 있다.

④ 감가상각자산의 취득가액은 취득당시의 자산가액과 법인이 자산을 취득하여 법인 고유의 목적사업에 사용할 때까지의 제반비용을 포함하며, 건설자금이자도 포함한다.

Ⅶ 기부금의 손금불산입

1 기부금의 범위

(1) 본래의 기부금

기부금은 사업과 직접 관련없이 무상으로 지출하는 재산적 증여가액을 말한다. 기부금은 업무와 관련이 없으므로 손금의 성격이 아니나 불가피하거나 공익의 성격이 있는 기부금에 대해서는 일정한 한도 내에서 손금으로 인정해 주고 있다.

(2) 의제기부금

특수관계없는 자에게 정당한 사유없이 자산을 정상가액(시가 ±30%)보다 낮은 가액으로 양도하거나 정상가액보다 높은 가액으로 매입함으로써 실질적으로 증여한 것으로 인정되는 금액은 기부금으로 본다.

예를 들어 시가 10억(정상가액은 7억에서 13억까지임)의 토지를 5억에 양도하였다면 2억(=정상가액 7억－양도가액 5억)은 기부금으로 보는 것이다.

2 기부금의 종류

(1) 특례기부금

특례기부금은 소득금액의 50%의 범위 내에서 손금으로 인정한다.

특례기부금
① 국가 · 지방자치단체에 무상으로 기증하는 금품의 가액
② 국방헌금과 국군장병 위문금품의 가액
③ 천재 · 지변으로 인한 이재민을 위한 구호금품
④ 사립학교, 비영리교육재단, 기능대학 등 법정교육기관에 시설비 · 교육비 · 장학금 · 연구비로 지출하는 기부금
⑤ 국립대학병원, 서울대학교 병원, 사립학교가 운영하는 병원 등에 시설비 · 교육비 · 연구비로 지출하는 기부금
⑥ 전문모금기관으로서 일정한 요건을 갖춘 법인(예: 사회복지공동모금회, 재단법인 바보의 나눔 등)에 지출하는 기부금으로서 기획재정부령으로 정하는 것

(2) 우리사주조합기부금

법인 주주 등이 우리사주조합에 "지출"하는 기부금으로 소득금액의 30% 범위 내에서 손금으로 인정한다. 한편, 법인이 자신의 우리사주조합에 직접 "출연"하는 자사주의 장부가액, 금품 등은 전액 손금으로 인정되는 점에 유의하여야 한다.

우리사주조합기부금	손금산입
① 법인이 다른 법인의 우리사주조합에 지출하는 금액	우리사주조합기부금으로 보아 법인세법상 한도 내에서 손금으로 인정한다.
② 법인이 자기 회사의 우리사주조합에 출연하는 자사주의 장부가액 또는 금품	전액 손금으로 인정한다.

(3) 일반기부금

세법에서 일반기부금 단체로 분류된 단체에 지출하는 것으로 소득금액의 10%의 범위 내에서 손금으로 인정한다. 단, 사회적기업은 20%로 한다.

구분	일반기부금의 범위
고유목적사업비로 지출하는 기부금	① 사회복지법인 ② 어린이집 · 유치원 · 학교 · 평생교육시설 ③ 정부로부터 인허가를 받은 학술연구단체 · 장학단체 · 문화예술단체 · 환경단체 등 ④ 종교단체 ⑤ 의료법에 따른 의료법인 ⑥ 기획재정부령이 정하는 일반기부금단체(예: 국민건강보험공단, 사내근로복지기금 등) ⑦ 법률에 따라 설립된 기관으로 설립목적이나 수입금액 등이 일정한 요건을 갖춘 기관에 지출하는 기부금으로서 기획재정부령으로 정하는 것(예: 대한적십자사, 근로복지공단 등)
용도가 특정된 기부금	① 유아교육법에 따른 유치원의 장 · 「초 · 중등교육법」 및 「고등교육법」에 의한 학교의 장, 「근로자직업능력 개발법」에 의한 기능대학의 장, 평생교육법에 따른 전공대학 형태의 평생교육시설 및 원격대학 형태의 평생교육시설의 장이 추천하는 개인에게 교육비 · 연구비 또는 장학금으로 지출하는 기부금 ② 상속세 및 증여세법상 과세가액불산입의 요건을 갖춘 공익신탁으로 신탁하는 기부금 ③ 법인으로 보는 단체 중 단체의 수익사업에서 발생한 소득을 고유목적사업비로 지출한 금액

구분	일반기부금의 범위
용도가 특정된 기부금	④ 사회복지·문화·예술 등 공익목적으로 지출하는 기부금으로서 기획재정부령이 정하는 기부금(불우이웃돕기성금, 근로복지기금출연금 등)
그 밖의 기부금	① 사회복지시설에 지출하는 기부금 ② 해외일반기부금단체에 지출하는 기부금 ③ 국제기구에 지출하는 기부금

(4) 비지정기부금

특례기부금과 일반기부금 외의 기부금을 비지정기부금이라고 하며, 비지정기부금은 전액 손금불산입 대상이다. 원래 비지정기부금은 법인세법상 용어는 아니나 특례기부금 및 일반기부금과의 구분을 위하여 수험목적상 이를 비지정기부금이라 칭하기로 한다.

(5) 기부금명세서의 작성

예제

(주)삼일의 제3기(20×1. 1. 1~20×1. 12. 31) 사업연도 기부금 지급내역이 다음과 같을 경우 기부금명세서를 작성하시오.

일자	금액	적요
20×1. 1. 21	1,000,000원	고유목적사업비(용산 사회복지법인)
20×1. 3. 6	200,000원	수재의연금(하나신문사)
20×1. 5. 2	5,000,000원	국군장병위문품(육군 제1234부대)
20×1. 10. 5	800,000원	회사대표종중 기부금(대표자 종중)
20×1. 12. 20	3,000,000원	국립대학시설비 기부금(한국대학교)

풀이

뒷면 참조

사 업 연 도	20×1. 1. 1. ~ 20×1. 12. 31.	기부금 명세서				법 인 명	(주) 삼일
						사업자등록번호	

구 분		③과목	④연월	⑤적요	기 부 처		⑧금 액	비 고
①유형	②코드				⑥법인명 등	⑦사 업 자 등록번호 등		
특례기부금	10	기부금	3.6	수재의연금	하나신문사		200,000	
"	10	"	5.2	국군장병 위문품	육군 제1234부대		5,000,000	
"	10	"	12.20	국립대학시설 기부금	한국대학교		3,000,000	
				(소계)			8,200,000	
일반기부금	40	기부금	1.21	고유목적 사업비	용산 사회복지법인		1,000,000	
				(소계)			1,000,000	
⑨소계	가.「법인세법」제24조제2항제1호의 특례기부금(코드 10)						8,200,000	
	나.「법인세법」제24조제3항제1호의 일반기부금(코드 40)						1,000,000	
	다.「조세특례제한법」제88조의4제13항의 우리사주조합 기부금(코드 42)							
	라. 그 밖의 기부금(코드 50)						800,000	
계							10,000,000	

3 기부금의 시부인계산구조

기부금은 각 기부금의 종류에 따라 손금으로 인정되는 한도가 상이하다. 각 기부금의 시부인
계산구조를 살펴보면 다음과 같다.

구분	손금산입한도
특례기부금	(기준소득금액[*1] − 이월결손금[*2])의 50%
우리사주조합기부금	(기준소득금액[*1] − 이월결손금[*2] − 특례기부금 손금산입액)의 30%
일반기부금	(기준소득금액[*1]− 이월결손금[*2] − 특례기부금, 우리사주조합기부금 손금산입액)의 10%(단, 사회적기업육성법에 따른 사회적기업은 20%)
비지정기부금	손금불산입

[*1] 기준소득금액: 차가감소득금액(합병·분할시 양도손익 제외)에 특례기부금, 우리사주조합기부금 및 일반기부금을 더한 금액을 말한다.
[*2] 이월결손금을 각 사업연도 소득의 80%를 한도로 공제받는 법인인 경우 이월결손금 공제액은 기준소득금액의 80%를 한도로 한다.

※ 특례기부금, 우리사주조합기부금, 일반기부금한도초과액은 별지 제15호 소득금액조정합계표가 아닌 별지 제3호 '법인세 과세표준 및 세액조정계산서'에 기재한다.

다음 자료를 이용하여 (주)삼일(사회적기업이 아님)의 당기(20×1. 1. 1~20×1. 12. 31) 기부
금한도초과액을 계산하시오. (주)삼일은 각 사업연도 소득의 80%를 한도로 이월결손금을 공제하
는 법인이다
(1) 당기순이익 5,000,000원
(2) 세무조정사항(기부금관련 세무조정 반영 전)
　　① 익금산입·손금불산입　　1,000,000원
　　② 손금산입·익금불산입　　3,700,000원
(3) 기부금 지급내역
　　① 국방헌금　　　　　　　　1,500,000원
　　② 신용협동조합기부금　　　 500,000원
　　③ 국제기구에 지출한 기부금　800,000원
　　④ 사회복지법인의 고유목적사업비로 지출하는 기부금 1,000,000원
(4) (주)삼일의 세무상 이월결손금은 3,000,000원이며, 전액 전기에 발생한 금액이다.

(1) 기부금의 분류

구분	특례기부금	일반기부금	비지정기부금
국방헌금	1,500,000원		
사회복지법인기부금		1,000,000원	
국제기구에 지출한 기부금		800,000원	
신용협동조합기부금			500,000원
계	1,500,000원	1,800,000원	500,000원

비지정기부금 500,000원은 전액 손금불산입(기타사외유출)해야 한다.

(2) 차가감소득금액의 계산
　　당기순이익　　　　　　　　　　　　　　　　　5,000,000
　　익금산입 및 손금불산입　　1,000,000+500,000=1,500,000
　　손금산입 및 익금불산입　　　　　　　　　　　3,700,000
　　차가감소득금액　　　　　　　　　　　　　　　2,800,000

(3) 기부금한도초과액의 계산
　　① 특례기부금
　　　㉠ 한도액
　　　　(기준소득금액 - 이월결손금)×50%
　　　= (6,100,000[*1)] - 3,000,000[*2)]) ×50%
　　　= 1,550,000

*1) 2,800,000+1,500,000+1,800,000=6,100,000

*2) Min[3,000,000, 6,100,000×80%]=3,000,000

ⓒ 특례기부금한도초과액: 1,500,000−1,550,000=△50,000원

② 일반기부금한도초과액

　ⓐ 일반기부금한도액

　　(기준소득금액−이월결손금−특례기부금손금산입액)×10%

　　= (6,100,000−3,000,000−1,500,000) × 10%

　　= 160,000원

　ⓒ 일반기부금한도초과액: 1,800,000−160,000=1,640,000원

(1) 기부금조정명세서의 작성

예 제

앞의 사례문제의 자료를 이용하여 기부금조정명세서를 작성하시오.

풀 이

뒷면 참조

■ 법인세법 시행규칙 [별지 제21호서식] <개정 2021. 3. 16.>

(앞쪽)

사업 연도	20×1. 1. 1. ~ 20×1. 12. 31.	기부금조정명세서	법 인 명	㈜삼일
			사업자등록번호	

1. 「법인세법」 제24조제2항제1호에 따른 기부금 손금산입액 한도액 계산

① 소득금액 계	6,100,000	⑤ 이월잔액 중 손금산입액 MIN[④, ㉓]		0
② 「법인세법」 제13조제1항제1호에 따른 이월결손금 합계액 (「기준소득금액의 80% 한도)	3,000,000	⑥ 해당연도지출액 손금산입액 MIN[(④-⑤)>0, ③]		1,500,000
③ 「법인세법」 제24조제2항제1호에 따른 기부금 해당 금액	1,500,000	⑦ 한도초과액[(③-⑥)>0]		0
④ 한도액 {[(①-②)>0]×50%}	1,550,000	⑧ 소득금액 차감잔액 [(①-②-⑤-⑥)>0]		1,600,000

2. 「조세특례제한법」 제88조의4에 따라 우리사주조합에 지출하는 기부금 손금산입액 한도액 계산

⑨ 「조세특례제한법」 제88조의4 제13항에 따른 우리사주조합 기부금 해당 금액		⑪ 손금산입액 MIN(⑨, ⑩)	
⑩ 한도액 (⑧)×30%		⑫ 한도초과액[(⑨-⑩)>0]	

3. 「법인세법」 제24조제3항제1호에 따른 기부금 손금산입 한도액 계산

⑬ 「법인세법」 제24조제3항제1호에 따른 기부금 해당 금액	1,800,000	⑯ 해당연도지출액 손금산입액 MIN[(⑭-⑮)>0, ⑬]	160,000
⑭ 한도액((⑧-⑪)×10%, 20%)	160,000	⑰ 한도초과액[(⑬-⑯)>0]	1,640,000
⑮ 이월잔액 중 손금산입액 MIN(⑭, ㉓)	0		

4. 기부금 한도초과액 총액

⑱ 기부금 합계액(③+⑨+⑬)	⑲ 손금산입 합계(⑥+⑪+⑯)	⑳ 한도초과액 합계(⑱-⑲)=(⑦+⑫+⑰)
3,300,000	1,660,000	1,640,000

210mm×297mm[백상지 80g/㎡ 또는 중질지 80g/㎡]

(뒤쪽)

5. 기부금 이월액 명세

사업 연도	기부금 종류	㉑한도초과 손금불산입액	㉒기공제액	㉓공제가능 잔액(㉑-㉒)	㉔해당사업연도 손금추인액	㉕차기이월액 (㉓-㉔)
합계	「법인세법」 제24조제2항제1호에 따른 기부금					
	「법인세법」 제24조제3항제1호에 따른 기부금	1,640,000		1,640,000		1,640,000
	「법인세법」 제24조제2항제1호에 따른 기부금					
	「법인세법」 제24조제3항제1호에 따른 기부금					
	「법인세법」 제24조제2항제1호에 따른 기부금					
	「법인세법」 제24조제3항제1호에 따른 기부금					

6. 해당 사업연도 기부금 지출액 명세

사업 연도	기부금 종류	㉖지출액 합계금액	㉗해당 사업연도 손금산입액	㉘차기 이월액 (㉖-㉗)
	「법인세법」 제24조제2항 제1호에 따른 기부금	1,500,000	1,500,000	0
	「법인세법」 제24조제3항 제1호에 따른 기부금	1,800,000	160,000	1,640,000

작 성 방 법

1. ①소득금액계란: "법인세 과세표준 및 세액조정계산서(별지 제3호서식)"의 ⑩차가감소득금액에서 이 서식의 ⑱기부금 합계액 (③+⑨+⑬)을 합하여 적습니다. ⑲손금산입 합계(⑥+⑪+⑯)에는 그 금액을 합하여 적습니다.

2. ③, ⑨, ⑬란: "기부금명세서(별지 제22호서식)"의 ⑨란의 가.~다.에 해당하는 기부금 종류별 소계 금액과 일치해야 합니다.

3. ④한도액란: "(①-②)>0"은 ①에서 ②(「법인세법」 제13조제1항 각 호 외의 부분 단서에 따라 각 사업연도 소득의 60퍼센트를 한도로 이월결손금 공제를 적용받는 법인은 기준소득금액의 80%를 한도로 한다)를 차감한 금액을 적되, 그 금액이 음수(-)인 경우에는 "0"으로 적습니다. 이하에서 (Ⓐ-Ⓑ)>0 표시된 경우는 모두 같은 방법으로 적습니다.

4. ⑤이월잔액 중 손금산입액란: 전기 이월된 한도초과액 잔액 중 「법인세법」 제24조제5항 및 제6항에 따라 손금산입되는 금액을 적되, 「법인세법」 제24조제5항의 기부금 전기이월액 ㉔해당사업연도 손금추인액의 합계금액과 일치해야 합니다.

5. ⑥해당연도지출액 손금산입액란: ④금액에서 ⑤금액을 뺀 금액과 ③금액 중 작은 금액을 적되, 그 금액이 음수(-)인 경우에는 "0"으로 적습니다.

6. ⑦한도초과액란: ③금액에서 ⑥금액을 빼서 적되, 그 금액이 음수(-)인 경우에는 "0"으로 적습니다.

※ 3. 지정기부금 손금산입 한도액 계산에 동일하게 적용합니다.

7. ⑧소득금액 차감잔액란: ①금액에서 ②금액을 뺀 금액에서 ⑤란과 ⑥란의 손금산입액을 뺀 금액을 적되, 그 금액이 음수 (-)인 경우에는 "0"으로 적습니다.

8. ⑭한도액란: 사업연도 종료일 현재 「사회적기업 육성법」 제2조제1호에 따른 사회적기업에 해당하는 경우 (⑧소득금액 차감금액 - ⑪)의 20%로 합니다.

9. ⑳한도초과액 합계란: 해당 사업연도 기부금 한도초과액 총합계금액으로서 별지 제3호서식의 ⑯기부금한도초과액란에 적습니다.

10. "5. 기부금 이월액 명세"는 사업연도별로 작성하며, ㉔해당 사업연도 손금추인액 합계금액은 "법인세 과세표준 및 세액 조정계산서(별지 제3호서식)"의 ⑯기부금한도초과이월액 손금산입란에 적습니다.

11. "6. 해당 사업연도 기부금 지출액 명세"는 기부금 종류별로 작성하며, ㉖지출액 합계금액은 기부금 종류별 합계금액으로 "기부금명세서(별지 제22호서식)"의 ⑨란의 가.·나.에 해당하는 기부금 종류별 소계 금액과 일치해야 합니다.

※ 「법인세법」 제24조제5항에 따라 손금산입한도액을 초과하여 손금에 산입하지 아니한 기부금은 10년 이내에 끝나는 각 사업연도로 이월하여 공제가능하며, 「법인세법 일부개정법률」(법률 제16008호로 2018. 12. 24. 공포, 2019. 1. 1. 시행된 것을 말함) 부칙 제4조제2항에 따라 2013. 1. 1. 이후 개시한 사업연도에 지출한 기부금에 대해서도 적용합니다.

210mm×297mm[백상지 80g/㎡ 또는 중질지 80g/㎡]

4 현물기부금의 평가

기부금을 금전 외의 자산으로 제공하는 경우 다음과 같이 평가한다.

구분	평가방법
① 특례기부금, 특수관계인이 아닌 자에게 기부한 일반기부금	장부가액
② 특수관계인에게 기부한 일반기부금, 비지정기부금	MAX[시가, 장부가액]

5 기부금의 귀속시기

기부금은 현금주의에 의하여 손금을 계상하게 되므로 법인이 실제로 지급하지 아니한 기부금을 미지급으로 하여 손금에 계상한 경우에는 동 기부금 전액을 손금불산입하고 유보로 소득처분을 한다.

6 기부금한도초과액의 이월공제

기부금을 정확하게 한도에 맞추어 지출하는 것이 현실적으로 어렵기 때문에 한도초과액에 대해 이월하여 손금에 산입하는 이월공제제도를 두고 있다. 즉 ① 이월된 기부금을 우선공제하고, ② 남은 기부금공제 한도 내에서 해당 사업연도에 지출한 기부금을 공제한다.

특례기부금 및 일반기부금의 한도초과액은 그 다음 사업연도의 개시일로부터 10년 이내에 종료하는 각 사업연도에 이월하여 이를 손금에 산입한다. 10년 이월공제 규정은 2013. 1. 1 이후 개시한 사업연도에 지출한 기부금부터 적용한다.

예 제

다음 자료를 기초로 (주)삼일이 제6기 사업연도(20×2. 1. 1~20×2. 12. 31)에 손금에 산입할 수 있는 기부금이 얼마인지 계산하시오.
• 당기 특례기부금 지출액   500원
• 당기 특례기부금 한도액   1,200원
• 당해 사업연도 이전의 특례기부금 한도초과액은 다음과 같다.

구분	특례기부금 한도초과액
4기(20×0. 1. 1~20×0. 12. 31)	200원
5기(20×1. 1. 1~20×1. 12. 31)	600원

풀 이

특례기부금의 한도초과액은 10년 이내에 종료하는 각 사업연도에 이월하여 손금에 산입할 수 있으므로 800원을 이월하여 공제하고, 남은 한도금액 400원(= 1,200 - 800)만큼 당기 기부금을 손금산입한다.

① 이월기부금 중 손금산입액   800
② 당기 지출기부금   400
           계   1,200

심화학습

기부금영수증 제도
기부금을 지출한 법인이 손금산입하고자 하는 경우에는 기획재정부장관이 정하는 기부금영수증을 받아서 이를 보관하여야 한다(법령 36④).
2003년 12월 30일 시행령 개정시, 법인의 지출증빙에 대한 관리·감독 강화의 목적 및 소득세법에서 법정 의료비영수증을 도입한 것과 맥락을 같이하여 법인세법에서도 기부금을 손금산입하고자 할 때에는 기부금영수증을 수취 및 보관하여야 손금으로 인정받을 수 있도록 하였다.

■ 법인세법 시행규칙 [별지 제63호의3서식] <개정 2021. 3. 16.>

일련번호	

기 부 금 영 수 증

※ 뒤쪽의 작성방법을 읽고 작성하여 주시기 바랍니다.

(앞쪽)

❶ 기부자

성명(법인명)	주민등록번호 (사업자등록번호)
주소(소재지)	

❷ 기부금 단체

단 체 명	사업자등록번호 (고유번호)
소 재 지	기부금공제대상 공익법인등 근거법령

❸ 기부금 모집처(언론기관 등)

단 체 명	사업자등록번호
소 재 지	

❹ 기부내용

코 드	구 분 (금전 또는 현물)	연월일	내 용			금 액
			품명	수량	단가	

「소득세법」 제34조, 「조세특례제한법」 제76조·제88조의4 및 「법인세법」 제24조에 따른 기부금을 위와 같이 기부하였음을 증명하여 주시기 바랍니다.

년   월   일

신청인

(서명 또는 인)

위와 같이 기부금을 기부받았음을 증명합니다.

년   월   일

기부금 수령인

(서명 또는 인)

210mm×297mm[백상지 80g/㎡ 또는 중질지 80g/㎡]

(뒤쪽)

작 성 방 법

1. ❷기부금 대상 공익법인등은 해당 단체를 기부금 공제대상 공익법인등, 공익단체로 규정하고 있는 「소득세법」 또는 「법인세법」 등 관련 법령을 적어 기부금영수증을 발행해야 합니다.

기부금공제대상 기부금단체 근거법령	코드
「법인세법」 제24조제2항제1호가목(국가・지방자치단체), 나목(국방헌금과 국군장병 위문금품)	101
「법인세법」 제24조제2항제1호다목 (천재지변으로 생기는 이재민을 위한 구호금품)	102
「법인세법」 제24조제2항제1호라목 (「사립학교법」에 따른 사립학교, 비영리 교육재단, 산학협력단 등 각 목에 열거된 기관(병원은 제외한다)에 시설비・교육비・장학금 또는 연구비로 지출하는 기부금)	103
「법인세법」 제24조제2항제1호마목 (각 목에 열거된 병원에 시설비・교육비 또는 연구비로 지출하는 기부금)	104
「법인세법」 제24조제2항제1호바목 (사회복지사업, 그 밖의 사회복지활동의 지원에 필요한 재원을 모집・배분하는 것을 주된 목적으로 하는 비영리법인(일정 요건을 충족하는 법인만 해당)으로서 기획재정부장관이 지정・고시하는 법인)	105
「소득세법」 제34조제2항제1호나목 (「재난 및 안전관리 기본법」에 따른 특별재난지역을 복구하기 위하여 자원봉사를 한 경우 그 용역의 가액에 대해 기부금영수증을 발급하는 단체)	116
「정치자금법」에 따른 정당	201
「법인세법 시행령」 제39조제1항제1호가목 (「사회복지사업법」에 따른 사회복지법인)	401
「법인세법 시행령」 제39조제1항제1호나목 (「영유아보육법」에 따른 어린이집)	402
「법인세법 시행령」 제39조제1항제1호다목 [「유아교육법」에 따른 유치원, 「초・중등교육법」 및 「고등교육법」에 따른 학교, 「근로자직업능력개발법」에 따른 기능대학, 「평생교육법」 제31조제4항에 따른 전공대학 형태의 평생교육시설 및 같은 법 제33조제3항에 따른 원격대학 형태의 평생교육시설]	403
「법인세법 시행령」 제39조제1항제1호라목 (「의료법」에 따른 의료법인)	404
「법인세법 시행령」 제39조제1항제1호마목 (종교의 보급, 그 밖에 교화를 목적으로 「민법」 제32조에 따라 문화체육관광부장관 또는 지방자치단체의 장의 허가를 받아 설립한 비영리법인(그 소속단체를 포함한다)]	405
「법인세법 시행령」 제39조제1항제1호바목 (기획재정부장관이 지정하여 고시한 법인)	406
「법인세법 시행령」 제39조제1항제2호가목 (「유아교육법」에 따른 유치원의 장 등이 추천하는 개인에게 지출하는 교육비・연구비・장학금)	407
「법인세법 시행령」 제39조제1항제2호나목 (공익신탁으로 신탁하는 기부금)	408
「법인세법 시행령」 제39조제1항제2호다목 (기획재정부장관이 지정하여 고시하는 기부금)	409
「법인세법 시행령」 제39조제1항제4호 (각 목에 열거된 사회복지시설 또는 기관 중 무료 또는 실비로 이용할 수 있는 시설 또는 기관)	410
「법인세법 시행령」 제39조제1항제6호 (일정 요건을 갖춘 국제기구)	411
「소득세법 시행령」 제80조제1항제2호(노동조합 등의 회비)	421
「소득세법 시행령」 제80조제1항제5호 (공익단체)	422
「조세특례제한법」 제88조의4 (우리사주조합)	461

2. ❸기부금 모집처(언론기관 등)는 방송사, 신문사, 통신회사 등 기부금을 대신 접수하여 기부금 단체에 전달하는 기관을 말하며, 기부금 대상 공익법인등에게 직접 기부한 경우에는 적지 않습니다.

3. ❹기부내용의 코드는 다음 구분에 따라 적습니다.

기부금 구분	코드
「소득세법」 제34조제2항제1호, 「법인세법」 제24조제2항제1호에 따른 기부금	10
「조세특례제한법」 제76조에 따른 기부금	20
「소득세법」 제34조제3항제1호(종교단체 기부금 제외), 「법인세법」 제24조제3항제1호에 따른 기부금	40
「소득세법」 제34조제3항제1호에 따른 기부금 중 종교단체기부금	41
「조세특례제한법」 제88조의4에 따른 기부금	42
필요경비(손금) 및 소득공제금액대상에 해당되지 아니하는 기부금	50

4. ❹기부내용의 구분란에는 "금전기부"의 경우에는 "금전", "현물기부"의 경우에는 "현물"로 적고, 내용란은 현물기부의 경우에만 적습니다. "현물기부"시 "단가"란은 아래 표와 같이 기부자, 특수관계여부 등에 따라 장부가액 또는 시가를 적습니다.

구 분	기부자		기부받는 공익법인
	법인	개인	
특수관계가 있는 경우	Max(장부가액,시가)	Max(장부가액,시가)	시가
특수관계가 없는 경우	장부가액		장부가액*

* 기부한 자의 기부 당시 장부가액, 개인이 사업소득과 관련 없는 자산을 기부한 경우 : 개인의 최초 취득가액

5. (유의사항) 2021년 7월 1일 이후 전자기부금 영수증(「법인세법 제75조의4제1항 및 제11조의2에 따른 전자기부금을 말함)을 발급한 경우에는 기부금영수증을 중복발행하지 않도록 유의하시기 바랍니다.

210mm×297mm[백상지 80g/㎡ 또는 중질지 80g/㎡]

01 다음의 기부금 중 그 성격이 다른 하나는?

① 사회복지공동모금회에 지출하는 기부금
② 의료법인의 고유목적사업비로 지출하는 기부금
③ 사립학교 시설비를 위해 지출하는 기부금
④ 천재·지변으로 인한 이재민을 위한 구호금품

02 서울에 위치한 (주)삼일은 투자 목적으로 회사 주변의 건물을 소유하고 있다. (주)삼일의 김삼일 대표이사는 자신의 향우회로부터 60억 원의 현금을 받는 조건으로 회사의 건물을 매각하라는 제안을 받았고, 동 제안을 수락할 경우 어떤 효과가 있을지 고민하고 있다. 동 건물의 시가는 100억 원이다. 건물을 위의 조건으로 매각할 경우 다음 중 올바른 세무조정은 어느 것인가?(단, 대표이사 향우회는 (주)삼일과 특수관계인이 아니다)

① 〈손금불산입〉 비지정기부금   10억 원
② 〈손금불산입〉 일반기부금   10억 원
③ 〈손금불산입〉 특례기부금   30억 원
④ 〈손금불산입〉 비지정기부금   40억 원

03 (주)용산의 연도별 법인세법상 일반기부금 세무조정내역은 다음과 같다. 2023년도와 2024년도의 세무조정으로 옳은 것은?

연도	일반기부금 지출액	일반기부금 한도액
2023년	1,600만 원	600만 원
2024년	3,000만 원	3,700만 원

	손금불산입	손금산입
①	2023년도: 일반기부금한도초과 1,000만 원	
	2024년도: 일반기부금한도초과　　300만 원	일반기부금한도초과이월 1,000만 원
②	2023년도: 일반기부금한도초과 1,000만 원	
	2024년도:	일반기부금한도초과이월　　700만 원
③	2023년도: 일반기부금한도초과 1,000만 원	
	2024년도:　　　　　－	－
④	2023년도:　　　　　－	－
	2024년도:　　　　　－	－

04 다음의 자료에 의할 경우 (주)삼일의 당기(2024. 1. 1~2024. 12. 31)의 법인세 과세표준 및 세액조정계산서에 기재되는 기부금한도초과액은 얼마인가?

> (1) 당기순이익: 5,000,000원
> (2) 세무조정사항(기부금관련 세무조정 반영전)
>   • 익금산입·손금불산입: 1,000,000원
>   • 손금산입·익금불산입: 3,500,000원
> (3) 기부금 지출내역
>   • 국립대학교 병원 연구비로 지출하는 기부금: 800,000원
>   • 의료법인에 고유목적사업비로 지출하는 기부금: 1,000,000원
>   • 동창회기부금: 500,000원
> (4) (주)삼일의 세무상 이월결손금은 700,000원이며, 전액 전기에 발생한 금액이다. (주)삼일은 각 사업연도 소득의 100%를 한도로 이월결손금을 공제받는 법인이다.

① 한도초과액 없음   ② 670,000원

③ 850,000원   ④ 1,170,000원

05 다음 중 법인세법상 기부금에 관한 설명으로 가장 올바르지 않은 것은?

① 현물로 기부한 기부자산가액의 평가는 특례기부금과 특수관계인이 아닌 자에게 기부한 일반기부금은 장부가액으로 평가하고 나머지는 시가로 평가한다.

② 특수관계 없는 자에게 정당한 사유 없이 자산을 정상가액보다 낮은 가액으로 양도함으로써 실질적으로 증여한 것으로 인정되는 금액은 기부금으로 본다.

③ 기부금은 사업과 직접적인 관련 없이 지출되는 재산적 증여가액을 말한다.

④ 법인세법과 조세특례제한법에서 규정하고 있는 기부금한도초과액은 일정기간 동안 이월하여 손금에 산입하는 것을 허용하고 있다.

06 (주)삼일은 지방자치단체(특수관계 없음)에 정당한 사유 없이 시가 1억 원인 토지를 5천만 원에 양도하고 다음과 같이 회계처리하였다. 이 거래와 관련된 세무상 처리를 설명한 것으로 가장 옳은 것은?

(차) 현금	5천만 원	(대) 토지	7천만 원
토지처분손실	2천만 원		

① 순자산이 감소되므로 토지처분손실을 전액 손금에 산입한다.

② 토지처분손실 2천만 원을 손금불산입한다.

③ 토지처분손실 2천만 원을 기부금으로 보아 기부금 세무조정에 반영한다.

④ 부당한 거래로 보아 5천만 원을 익금에 불산입한다.

07 다음 중 법인세법상 기부금에 대한 설명으로 가장 올바르지 않은 것은?

① 법인이 다른 법인의 우리사주조합에 지출하는 기부금은 일정한 한도액의 범위 내에서 손금에 산입한다.

② 일반기부금의 한도초과액은 해당 사업연도의 다음 사업연도 개시일부터 10년 이내에 종료하는 각 사업연도에 이월하여 손금할 수 있다.

③ 신용협동조합 또는 새마을금고에 지출하는 기부금은 일반기부금이다.

④ 법인이 기부금을 미지급금으로 계상한 경우에는 실제로 이를 지출할 때까지 기부금으로 보지 않는다.

08 다음은 (주)삼일의 제3기 사업연도(2024년 1월 1일 ~ 2024년 12월 31일) 법인세 계산을 위한 기초자료이다. 회사가 수행한 세무조정 내용 중 가장 올바르지 않은 것은?

〈 관련자료 〉

> 가. 기부금
> 　기부금에는 대표이사 향우회에 지출한 비지정기부금 지출액 8,000,000원이 포함되어 있다. 특례기부금 지출액은 10,000,000원이며 법인세법상 특례기부금 한도액은 18,000,000원이다.
> 나. 기업업무추진비
> 　1년간 지출된 기업업무추진비 총액은 15,000,000원이며 모두 적격증빙을 수취하였다. 법인세법상 기업업무추진비한도액은 13,000,000원이다.
> 다. 상여금
> 　상여금에는 임원에게 급여지급기준을 초과하여 지급한 금액 3,000,000원이 포함되어 있다.
> 라. 전기대손충당금한도초과액
> 　전기대손상각비한도시부인 계산 결과 한도초과액 3,000,000원이 당기에 이월되었다.

〈 세무조정 내용 〉 (단위 : 원)

익금산입 및 손금불산입			손금산입 및 익금불산입		
과목	금액	소득처분	과목	금액	소득처분
㉠ 비지정기부금	8,000,000	유보	㉣ 전기대손충당금 한도초과액	3,000,000	△유보
㉡ 기업업무추진비 한도초과액	2,000,000	기타사외 유출			
㉢ 임원상여금 한도초과액	3,000,000	상여			
합계	13,000,000		합계	3,000,000	

① ㉠   ② ㉡

③ ㉢   ④ ㉣

09 다음은 제조업을 영위하는 (주)삼일의 제7기(2024년 1월 1일 ~ 2024년 12월 31일) 사업연도 기부금에 관한 자료이다. (주)삼일의 제7기 사업연도 특례기부금 한도초과액은 얼마인가?

> (1) 당기순이익 100,000,000원, 특례기부금 80,000,000원, 일반기부금 12,000,000원
> (2) 기부금한도초과 외의 익금산입·손금불산입액 13,000,000원(비지정기부금 4,000,000원 포함)이며, 손금산입·익금불산입액은 없음
> (3) 공제가능한 이월결손금은 80,000,000원

① 4,750,000원 ② 17,500,000원
③ 62,500,000원 ④ 80,000,000원

10 다음 중 법인세법상 기부금에 대한 설명으로 가장 올바르지 않은 것은?

① 특례기부금은 회사의 기준소득금액에서 이월결손금을 차감한 금액의 50%에 해당하는 금액을 손금산입 한도로 한다.
② 이월결손금을 각사업연도소득의 80%를 한도로 공제받는 법인의 경우 기부금의 손금산입 한도계산 시 차감하는 이월결손금 공제액도 기준소득금액의 80%를 한도로 한다.
③ 특수관계인(일반기부금단체)에게 금전 외의 자산으로 기부한 경우 당해 기부금은 시가와 장부가액 중 작은 금액으로 한다.
④ 특례기부금을 금전 외의 자산으로 제공한 경우 당해 기부금은 장부가액으로 평가한다.

VIII 기업업무추진비의 손금불산입

1 기업업무추진비의 범위

(1) 기업업무추진비의 개념

기업업무추진비는 기업업무추진비 및 교제비·사례금 그밖에 어떠한 명목이든 상관없이 이와 유사한 성질의 비용으로서 법인의 업무에 관련하여 지출한 금액이다.

(2) 세법상 기업업무추진비로 보는 금액

기업업무추진비인지 여부는 계정과목 여하에도 불구하고 그 실질에 따라 판단하여야 한다. 따라서 기업업무추진비를 비용으로 계상한 것뿐만 아니라 아래의 지출과 제조원가, 건설중인자산, 유형자산 및 무형자산의 원가로 계상한 경우에도 실질이 기업업무추진비라면 이를 기업업무추진비로 본다.

① 직원이 조직한 조합 또는 단체(조합 또는 단체가 법인인 경우에 한함)에 지출한 복리시설비
② 약정에 의하여 매출채권을 포기한 금액
③ 기업업무추진비 관련 VAT 매입세액 불공제액과 접대한 자산에 대한 VAT 매출세액
④ 연간 5만 원을 초과하여 특정인에게 기증한 광고선전물품(단, 개당 3만 원 이하의 물품 제공 시에는 5만 원 한도를 적용하지 않음)

(3) 기업업무추진비와 기타비용의 비교

기업업무추진비와 유사한 타 비용과 비교해 보면 다음과 같다.

종류	구분기준		세무상 처리
기업업무추진비	업무관련지출	특정인에 대한 지출	한도내 손금인정
광고선전비		불특정다수인에 대한 지출	전액 손금인정
기부금	업무와 관련없는 지출		한도내 손금인정

2 기업업무추진비의 시부인계산구조

기업업무추진비와 관련된 시부인계산과정을 요약하면 다음과 같다.

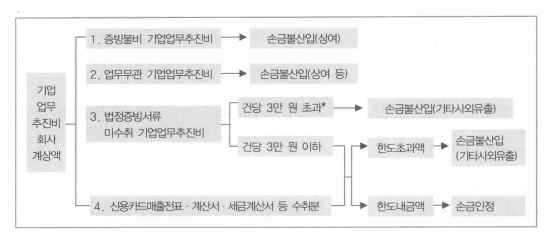

* 경조사비의 경우 건당 20만 원 초과

증빙이 없거나 법인의 업무와 무관하게 지출한 기업업무추진비는 손금에 산입하지 않고 대표자 상여 로 소득처분한다.

내국법인이 한 차례에 지출한 기업업무추진비 중 3만 원(경조금은 20만 원)을 초과하는 기업업무추진비로서 신용카드, 현금영수증, 세금계산서, 원천징수영수증 등 법정증빙서류를 미수취하고 지출한 것은 손금에 산입하지 않고 기타사외유출로 소득처분한다. 다만, 지출사실이 객관적으로 명백한 경우로서 증거자료를 구비하기 어려운 국외지역에서의 지출, 대가를 금융회사 등을 통하여 지급한 농어민에 대한 지출 및 법인이 직접 생산한 제품 등으로 제공한 기업업무추진비는 손금불산입하지 않는다.

위에서 손금불산입한 금액을 제외한 기업업무추진비 해당액은 세법에서 정하는 한도액을 초과하는 경우 손금불산입한다.

3 세무조정

기업업무추진비해당액에서 기업업무추진비한도액을 차감하여 계산한 기업업무추진비한도초과액을 손금불산입하여 기타사외유출로 처분한다.

기업업무추진비해당액－한도액 = ┌ (＋) 한도초과액 → 손금불산입(기타사외유출)
└ (－) 한도미달액 → 세무조정 없음

(1) 기업업무추진비의 손금산입한도액 계산

기업업무추진비손금산입한도액의 계산은 기본금액과 수입금액기준에 의하여 계산된 금액의 합계액으로 한다. 수입금액을 기준으로 한 것은 기업업무추진비가 일반적으로 영업의 규모와 비례관계에 있다고 보기 때문이다.

일반기업업무추진비한도액[*1] = ① ＋ ②

① 기본한도액＝12,000,000원(중소기업 36,000,000원) × $\dfrac{\text{사업연도의 월수}}{12}$

② 수입금액기준한도액＝일반수입금액 × 적용률＋특정수입금액×적용률×10%

[*1] 부동산임대업을 주된 사업으로 하는 등의 요건을 갖춘 내국법인의 일반기업업무추진비 한도액은 상기 한도액의 50%로 한다.

1) 기본한도금액

기본한도금액＝1,200만 원(중소기업은 3,600만 원) × $\dfrac{\text{당해 사업연도의 월수}}{12}$

법인의 기업업무추진비기본한도액은 1,200만 원(중소기업은 3,600만 원)이며 사업연도가 12개월 미만인 경우에는 그 개월 수에 따라 안분한다. 이때 개월 수의 계산은 역에 따라 하되 1개월 미만의 일수는 1개월로 한다.

2) 수입금액기준한도액

$$\text{수입금액기준한도액} = \text{일반수입금액} \times \text{적용률} + \text{특정수입금액}^* \times \text{적용률} \times 10\%$$

* 특수관계인간 거래금액

① 수입금액의 정의

기업업무추진비한도액 계산시 수입금액이란 기업회계기준에 따라 계산한 매출액(사업연도 중에 중단된 사업부문의 매출액을 포함)을 말한다. 기업회계기준에 따른 매출액은 총매출액에서 매출에 누리와 매출환입 및 매출할인을 차감한 순액으로 표시하므로 기업업무추진비한도액 계산시 수입금액은 순매출액을 적용한다. 또한 부산물, 작업폐물 등의 매각액은 매출액에 포함한다.

일반수입금액과 특정수입금액(특수관계인과의 거래에서 발생한 수입금액)이 동시에 발생한 경우에는 일반수입금액, 특정수입금액 순서로 상기 수입금액 적용률을 곱한 후 특정수입금액에 대해서는 추가적으로 10%를 곱해서 수입금액기준한도액을 산출하는 것이다. 예를 들어 일반수입금액이 50억 원이고 특정수입금액이 200억 원인 경우 수입금액기준한도액은 다음과 같다.

$$\underbrace{\frac{50억 \times 0.3\%}{\text{일반수입금액분}}}_{} + \underbrace{\frac{(50억 \times 0.3\% + 150억 \times 0.2\%) \times 10\%}{\text{특정수입금액분}}}_{} = 19,500,000원$$

② 수입금액 적용률

수입금액	비율
100억 원 이하분	0.3%
100억 원 초과 500억 원 이하	3천만 원+100억 원 초과분 × 0.2%
500억 원 초과분	1억1천만 원+500억 원 초과분 × 0.03%

3) 문화관련 기업업무추진비 추가 손금산입 특례

건전한 접대문화 장착을 장려하기 위하여 국내 문화 관련 지출로서 문화예술의 공연, 전시회, 박물관의 입장권 구입의 용도로 지출한 문화기업업무추진비가 있는 경우 다음과 같이 계산한 금액을 기업업무추진비 한도액으로 한다.

$$\begin{array}{c}\text{기업업무추진비 한도액} = \text{일반기업업무추진비 한도액} + \\ \text{문화기업업무추진비한도액[min(문화기업업무추진비지출액, 일반기업업무추진비한도액} \times 20\%)]}\end{array}$$

4) 전통시장에서 지출한 기업업무추진비 추가 손금산입 특례

내국인이 2025년 12월 31일 이전에 전통시장에서 신용카드, 현금영수증 등을 통해 지출한 기업업무추진비로서 소비성서비스업 등에서 지출한 기업업무추진비가 아닌 기업업무추진비는 다음과 같이 계산한 금액을 기업업무추진비 한도액으로 한다.

기업업무추진비 한도액 = 일반기업업무추진비 한도액 +
전통시장기업업무추진비한도액[min(전통시장기업업무추진비지출액, 일반기업업무추진비한도액 × 10%)]

예제

제조업을 영위하는 (주)삼일의 제21기 사업연도(20×1. 1. 1~20×1. 12. 31)의 기업업무추진비에 관한 세무조정을 하시오.
(1) 기업업무추진비지출액: 100,000,000원(기업업무추진비로 신용카드 등을 사용하지 않고 영수증을 받은 1건 5,000,000원 포함)
(2) 매출액: 35,000,000,000원(특수관계인간 거래 5,000,000,000원 포함)
(3) (주)삼일은 중소기업이 아니다.

풀이

(1) 신용카드미사용액
    신용카드미사용분 5,000,000원→ 손금불산입
(2) 기업업무추진비손금산입한도액
    12,000,000원 × 12/12+(10,000,000,000원 × 0.3%+20,000,000,000원 × 0.2%+
    5,000,000,000원 × 0.2% × 10%)=83,000,000원
(3) 기업업무추진비한도초과액의 계산
    ① 기업업무추진비해당액
        =기업업무추진비지출액-신용카드미사용분 손금불산입액
        =100,000,000원-5,000,000원=95,000,000원
    ② 기업업무추진비한도초과액
        =기업업무추진비해당액-기업업무추진비한도액
        =95,000,000원-83,000,000원=12,000,000원 → 손금불산입
(4) 세무조정 요약
    [손금불산입] 신용카드미사용 기업업무추진비   5,000,000원(기타사외유출)
    [손금불산입] 기업업무추진비한도초과액   12,000,000원(기타사외유출)

4 현물기업업무추진비의 평가

기업업무추진비를 금전이 아닌 현물로 제공한 경우에는 '시가와 장부가액 중 큰 금액'을 기업업무추진비로 본다.

5 기업업무추진비의 손금귀속시기

기업업무추진비의 손금귀속시기는 발생주의에 따라 접대행위가 이루어진 사업연도의 손금으로 본다.

예제

다음의 자료를 이용하여 (주)삼일의 기업업무추진비조정명세서(갑) 및 기업업무추진비조정명세서(을)을 작성하고 세무조정을 수행하시오.
(1) 당 법인은 서울특별시 소재 비중소기업으로서 당해 사업연도는 20×1. 1. 1~20×1. 12. 31이다.
(2) 수입금액에 관한 사항(도매: 섬유)
   매출액: 500억 원
(3) 기업업무추진비 관련사항
   기업업무추진비해당액: 2억 원
   −기업업무추진비해당액 중 1건은 신용카드를 사용하지 않았으며 금액은 10,000,000원이다. 그 외의 기업업무추진비해당액은 모두 신용카드를 사용하였다.
   −기업업무추진비해당액 중 조세특례제한법상 문화기업업무추진비, 현물기업업무추진비 및 경조사비는 없다.
   −모든 기업업무추진비는 건당 3만 원을 초과한다.

풀이

(1) 기업업무추진비조정명세서(갑)의 작성
   뒷면 참조
(2) 세무조정사항 요약
   [손금불산입] 신용카드미사용 기업업무추진비   10,000,000원(기타사외유출)
   [손금불산입] 기업업무추진비한도초과액   68,000,000원(기타사외유출)

[별지 제23호서식(갑)] (2023. 3. 20. 개정)

(앞쪽)

사 업 연 도	20×1. 1. 1. ~ 20×1. 12. 31.	기업업무추진비조정명세서(갑)		법 인 명	
				사업자등록 번 호	

구 분				금 액
① 기업업무추진비 해당 금액				200,000,000
② 기준금액 초과 기업업무추진비 중 신용카드 등 미사용으로 인한 손금불산입액				10,000,000
③ 차감 기업업무추진비 해당 금액(①-②)				190,000,000
일반 기업업무추진비 한도	④	1,200만 원 (중소기업 3,600만 원) × 해당 사업연도 월수( )/12		12,000,000
	총수입금액 기준	100억 원 이하의 금액×30/10,000		30,000,000
		100억 원 초과 500억 원 이하의 금액×20/10,000		80,000,000
		500억 원 초과 금액×3/10,000		0
		⑤ 소계		110,000,000
	일반수입금액 기준	100억 원 이하의 금액×30/10,000		30,000,000
		100억 원 초과 500억 원 이하의 금액×20/10,000		80,000,000
		500억 원 초과 금액×3/10,000		0
		⑥ 소계		110,000,000
	⑦ 수입금액 기준	(⑤-⑥)×20(10)/100		0
	⑧ 일반기업업무추진비 한도액(④+⑥+⑦)			122,000,000
문화기업업무추진비 한도 (「조세특례제한법」 제136조 제3항)	⑨ 문화기업업무추진비 지출액			0
	⑩ 문화기업업무추진비 한도액 (⑨과 (⑧×20/100) 중 작은 금액)			0
⑪ 기업업무추진비 한도액 합계(⑧+⑩)				122,000,000
⑫ 한도초과액(③-⑪)				68,000,000
⑬ 손금산입한도 내 기업업무추진비지출액(③과 ⑪ 중 적은 금액)				122,000,000

210mm×297mm[백상지 80g/㎡ 또는 중질지 80g/㎡]

사 업 연 도	20×1. 1. 1. ~ 20×1. 12. 31.	기업업무추진비조정명세서(을)	법　인　명	(주)삼일
			사업자등록번호	

1. 수입금액명세

구 분	① 일반수입금액	② 특수관계인간 거래금액	③ 합 계(①+②)
금 액	50,000,000,000	0	50,000,000,000

2. 기업업무추진비 해당 금액

④ 계 정 과 목			기업업무추진비			합　　계
⑤ 계 정 금 액			200,000,000			200,000,000
⑥ 기업업무추진비계상액 중 사적사용경비			-			-
⑦ 기업업무추진비 해당 금액(⑤-⑥)			200,000,000			200,000,000
⑧ 신용카드 등 미사용 금액	경조사비 중 기준 금액 초과액	⑨ 신용카드 등 미사용금액	-			-
		⑩ 총 초과금액	-			-
	국외지역 지출액 (「법인세법 시행령」 제41조 제2항 제1호)	⑪ 신용카드 등 미사용금액	-			-
		⑫ 총 지출액	-			-
	농어민 지출액 (「법인세법 시행령」 제41조 제2항 제2호)	⑬ 송금명세서 미제출금액	-			-
		⑭ 총 지출액	-			-
	기업업무추진비 중 기준금액 초과액	⑮ 신용카드 등 미사용금액	10,000,000			10,000,000
		⑯ 총 초과금액	200,000,000			200,000,000
	⑰ 신용카드 등 미사용 부인액 (⑨+⑪+⑬+⑮)		10,000,000			10,000,000
⑱ 기업업무추진비부인액(⑥+⑰)			10,000,000			10,000,000

210mm×297mm[백상지 80g/㎡ 또는 중질지 80g/㎡]

MEMO

01 다음 중 법인세법상 기업업무추진비에 대한 설명으로 가장 올바르지 않은 것은?

① 기업업무추진비는 교제비·사례금 기타 명목여하에 불구하고 이와 유사한 성질의 비용으로서 법인의 업무와 관련하여 지출한 금액이다.

② 현물기업업무추진비는 제공한 때의 시가가 장부가액보다 낮은 경우에는 장부가액에 의하여 기업업무추진비를 계산한다.

③ 특정 거래처에게 광고선전물품으로 40,000원 상당의 달력과 15,000원 상당의 컵을 기증하였다면 55,000원을 기업업무추진비로 본다.

④ 법인이 지출한 금액이 기업업무추진비인지 여부는 계정과목 여하에도 불구하고 그 실질에 따라 판단하여야 하므로 건설중인자산으로 계상하였더라도 실질에 따라 기업업무추진비에 해당할 수 있다.

02 법인이 사업과 관련하여 재화 또는 용역을 사업자로부터 공급받고 그 대가를 지출하는 경우 적법한 증빙을 구비해야 한다. 다음은 증빙서류의 수취의무와 미수취시 불이익을 요약한 표의 일부이다. 가장 올바르지 않은 것은?(단, 모든 지출은 사업자로부터 재화나 용역을 공급받고 발생했다고 가정한다.)

대 상		정규증명서류 이외의 서류수취 시 불이익	
		손금인정여부	가산세
기업업무추진비	건당 3만 원 초과 (경조사비 20만 원 초과)	① 손금불산입	② 가산세 부과
기업업무추진비 이외의 지출	건당 3만 원 초과	③ 손금산입	④ 가산세 부과

03 다음 중 법인세법상 기업업무추진비에 관한 설명으로 가장 옳지 않은 것은?

① 기업업무추진비를 금전이 아닌 현물로 제공한 경우에는 시가와 장부가액 중 큰 금액을 기업업무추진비로 보아야 합니다.
② 기업업무추진비와 관련된 부가가치세 매입세액은 불공제되며, 전액 손금불산입하여야 합니다.
③ 문화 관련 기업업무추진비는 일반기업업무추진비 한도액의 20% 범위 내에서 추가로 손금에 산입합니다.
④ 20X2년 12월에 신용카드로 접대 행위를 하고, 20X3년 1월에 신용카드 대금을 결제한 경우에는 이를 20X2년의 기업업무추진비로 처리하여야 합니다.

04 중소기업이며 제조업을 영위하는 (주)삼일의 제21기 사업연도(2024. 1. 1~2024. 12. 31)의 기업업무추진비와 관련된 자료가 다음과 같을 경우, 세무조정으로 인한 손금불산입액의 총합계는 얼마인가?

> ㄱ) 기업업무추진비지출액: 26,000,000원
>   [기업업무추진비로 신용카드 등을 사용하지 않고 영수증을 받은 금액 2,000,000원(1건) 포함]
> ㄴ) 손익계산서상 매출액: 400,000,000원(매출액은 전액 제조업에서 발생한 금액으로서 특수관계인과 거래분은 없다)
> ㄷ) 사업연도 중 중단된 사업부문(소매업)의 매출액 50,000,000원(손익계산서상 매출액에는 포함되어 있지 않으며, 특수관계인 거래분 없음)
> ㄹ) 기업업무추진비 손금한도액 계산시 수입금액기준한도액 계산에 필요한 적용률은 수입금액 100억 원 이하분에 대하여 0.3%이다.

① 2,000,000원
② 5,100,000원
③ 8,000,000원
④ 11,100,000원

05 (주)삼일의 담당 회계사인 김자문 회계사는 제21기(2024. 1. 1~2024. 12. 31)의 기업업무추진비에 대하여 다음과 같이 자문하였다. 김자문 회계사가 자문한 내용 중 가장 잘못된 것은?

① 〈자문 1〉
기업업무추진비 지출액에 대해서는 반드시 법적 증빙을 수취하는 습관을 가지셔야 합니다. 건당 3만 원 초과 기업업무추진비 지출액(경조사비의 경우 건당 20만 원)에 대하여 법적 증빙 외의 증빙서류를 수취한다면 동 금액은 세법상 전액 손금 부인되기 때문입니다.

② 〈자문 2〉
증빙을 수취하지 않고 지출내역을 확인할 수 없는 기업업무추진비는 손금불산입하고 상여로 소득처분합니다.

③ 〈자문 3〉
현물기업업무추진비는 장부가액으로 기업업무추진비를 계산하므로 장부가액이 적은 자산을 거래처에 선물을 하면 기업업무추진비한도초과액을 줄일 수 있습니다.

④ 〈자문 4〉
문화기업업무추진비가 있는 경우 일반기업업무추진비 손금산입한도액의 20% 내에서 추가로 손금을 인정받을 수 있습니다.

06 다음은 (주)삼일의 제21기(2024년 1월 1일~2024년 12월 31일) 기업업무추진비 보조원장을 요약 정리한 것이다. 다음 중 (주)삼일의 제20기 세무조정으로 가장 옳은 것은?(단, 법인세법상 기업업무추진비한도액은 20,000,000원이다)

기업업무추진비 보조원장

적요	금액	비고
거래처 기업업무추진비(1건)	500,000원	증빙 미수취분
거래처 기업업무추진비(5건)	100,000원	건당 2만 원인 영수증 5매 수취
거래처 기업업무추진비(1건)	200,000원	경조금
거래처 기업업무추진비(23건)	22,200,000원	신용카드 매출전표 수취분
합계	23,000,000원	

① (손금불산입) 증빙없는 기업업무추진비   500,000원(상여)
② (손금불산입) 기업업무추진비한도초과액   3,000,000원(기타사외유출)
③ (손금불산입) 증빙없는 기업업무추진비   500,000원(상여)
　 (손금불산입) 기업업무추진비한도초과액   2,500,000원(기타사외유출)
④ (손금불산입) 증빙없는 기업업무추진비   600,000원(상여)
　 (손금불산입) 기업업무추진비한도초과액   2,400,000원(기타사외유출)

07 다음 중 법인세법상 기업업무추진비에 관한 설명으로 가장 올바르지 않은 것은?

① 농어민으로부터 직접 재화를 공급받고 어떠한 증빙도 수취하지 아니한 기업업무추진비는 전액 손금불산입하고 대표자상여로 소득처분한다.
② 세무상 기업업무추진비 한도액을 초과하는 금액은 손금불산입하여 기타사외유출로 처분한다.
③ 광고·선전목적으로 달력 등을 불특정 다수인에게 기증한 것은 일반적으로 기업업무추진비로 보지 않고 전액 손금으로 인정한다.
④ 기업업무추진비의 손금귀속시기는 발생주의에 따라 접대행위가 이루어진 사업연도의 손금으로 본다.

08 다음 중 기업업무추진비와 기부금에 관한 설명으로 가장 올바르지 않은 것은?

① 2024 사업연도에 접대하고 미지급금 계상한 기업업무추진비는 2024 사업연도에 손금 처리한다.

② 2024 사업연도에 기부하기로 약정하고, 2025 사업연도에 지출한 기부금은 2025 사 업연도에 손금처리한다.

③ 현물로 기부한 특례기부금은 장부가액으로 평가한다.

④ 현물로 접대하는 경우에는 시가로 평가한다.

09 다음 중 김삼일 회계사가 기업업무추진비와 기부금에 대해 거래처 담당자에게 자문한 내용으로 가장 올바르지 않은 것은?

① 기업업무추진비기본한도액은 1,200만원(중소기업은 3,600만원)이며 사업연도가 12 개월 미만인 경우 개월수에 따라 안분하여야 한다. 이 경우 1개월 미만의 일수는 1개월 로 한다.

② 기업업무추진비한도액 계산시 수입금액이란 기업회계기준에 따라 계산한 매출액을 말하 며, 매출에누리 등을 차감하고 부산물매각액을 포함한 금액이다.

③ 일반수입금액과 특정수입금액이 동시에 발생한 경우 특정수입금액, 일반수입금액의 순 서로 한도율을 적용하며, 특정수입금액에 대하여는 추가적으로 10%를 곱하여 수입금액 기준한도액을 산출한다.

④ 문화기업업무추진비 한도액은 문화기업업무추진비지출액과 일반기업업무추진비한도액의 20%에 해당하는 금액 중 적은 금액으로 한다.

IX 지급이자의 손금불산입

1 지급이자손금불산입의 의의

법인이 각 사업연도의 소득을 계산함에 있어서 차입금에 대한 지급이자는 업무와 관련된 비용이므로 원칙적으로 손금으로 인정된다. 다만, 법인세법은 사채시장의 양성화, 금융소득종합과세의 실효성 제고 및 재무구조의 개선 유도 등의 목적으로 지급이자손금불산입 제도를 두고 있다.

2 지급이자손금불산입액의 계산유형

법인세법상 지급이자 손금불산입에 대한 규정 및 적용순서는 다음과 같다. 어떠한 지급이자에 대한 손금불산입을 우선 적용하느냐에 따라 부인액이 달라질 수 있으므로 법인세법에서는 적용순서를 규정하고 있다.

손금불산입 순서	취지	손금불산입액	소득처분
① 채권자불분명 사채이자	사채시장의 양성화를 통한 금융소득종합과세제도의 실효성 제고	해당 지급이자	대표자 상여*
② 비실명 채권·증권의 이자상당액	사채시장의 양성화를 통한 금융소득종합과세제도의 실효성 제고	해당 지급이자	대표자 상여*
③ 건설자금이자	사업용 유형자산 및 무형자산의 취득원가의 정확한 계산	특정차입금: 해당 지급이자 일반차입금: 　일반차입금이자 x (건설비적수 – 특정차입금적수)/일반차입금적수	유보
④ 업무무관자산 등 관련 이자	차입금의 비생산적 사용을 억제하고 재무구조 개선	지급이자×일정비율	기타사외유출

* 원천징수세액상당액은 기타사외유출로 처분한다.

3 채권자가 불분명한 사채(私債)의 이자

금융기관에서 자금을 조달하기 어려운 경우 금융기관이 아닌 개인이나 법인으로부터 자금을 차입할 수 있는데, 이를 사채(私債)라 한다. 법인이 사채이자를 지급하고 사채권자를 불분명하게 처리하면 사채권자에 대하여 제대로 과세할 수 없다. 따라서 이를 규제하기 위해 채권자가 불분명한 사채(私債)의 이자는 손금불산입하고 원천징수세액은 기타사외유출로 잔액은 대표자상여로 처분한다.

4 비실명 채권·증권의 이자상당액

채권·증권의 이자·할인액 또는 차익을 당해 채권·증권의 발행법인이 직접 지급하는 경우에 그 지급사실이 객관적으로 인정되지 아니하는 이자·할인액 또는 차익을 손금으로 인정하지 않으며, 동 손금불산입액은 대표자에 대한 상여로 본다. 그러나 동 이자에 대한 원천징수세액 상당액은 기타사외유출로 소득처분한다.

5 건설자금이자

(1) 개요

건설자금이자는 사업용 유형자산 및 무형자산의 매입·제작·건설에 소요되는 차입금에 대한 건설기간 중의 지급이자 또는 이와 유사한 성질의 지출금을 말한다. 이는 자산의 취득원가에 가산하도록 규정되어 있으므로 발생기간의 비용으로 계상한 경우에는 이를 손금불산입하여야 한다.

(2) 건설자금이자에 대한 법인세법과 기업회계의 차이

1) 차입금의 범위

자본화대상차입금의 범위에 대하여 기업회계에서는 차입목적에 따라 한정하지 않는 반면, 건설자금이자의 자본화 여부에 대해서는 일반기업회계기준은 선택사항으로, 한국채택국제회계기준은 강제사항으로 각각 달리 정하고 있다. 그러나 법인세법에서는 자본화 대상자산의 취득과 직접 관련하여 개별적으로 차입된 자금(특정차입금)에 대한 지급이자는 자본화하도록 강제하고 있으며, 자본화 대상자산을 취득하기 위해 일반적으로 차입된 자금(일반차입금)에 대한 이자는 자본화를 선택할 수 있도록 규정하고 있다.

2) 재고자산·투자자산에 대한 건설자금이자

회계상으로는 투자자산과 제조 등에 장기간이 소요되는 재고자산의 경우에도 당해 자산의 제작 등에 사용된 차입금에 대하여 당해 자산의 제조 또는 취득 완료시점까지 발생된 이자비용 기타 이와 유사한 금융비용을 자본화가 가능하도록 하고 있다.

반면 법인세법에서는 건설자금이자 규정을 사업용 유형자산 및 무형자산의 매입·제작·건설에 한하여 적용하도록 하고 있으므로 재고자산·투자자산 등에 사용된 차입금의 이자는 취득원가에 산입하지 아니하는 것이다.

구분	기업회계	법인세법
대상자산	유형자산 · 무형자산 · 투자자산 · 재고자산 등	사업용 유형자산 및 무형자산에 한함
적용	– 일반기업회계기준: 선택사항 – 한국채택국제회계기준: 강제사항	– 특정차입금에 대한 건설자금이자 자본화: 강제사항 – 일반차입금에 대한 건설자금이자 자본화: 선택사항

(3) 건설자금이자의 세무상 처리

건설자금이자를 비용으로 처리한 경우 세무상 처리는 다음과 같다.

구분		세무상 처리	
		당기	차기 이후
상각 자산	건설 중인 경우	손금불산입(유보)	건설완료 후 상각부인액으로 의제
	건설이 완료된 경우	즉시상각의제 (감가상각비로 보아 시부인계산)	–
비상각자산		손금불산입(유보)	처분시 손금추인 (△유보)

6 업무무관자산 등 관련 이자

(1) 개요

법인이 업무무관자산을 보유하거나 특수관계인에게 업무와 무관한 가지급금 등을 지급한 경우 이에 상당하는 지급이자는 손금불산입한다.

(2) 업무무관자산의 범위

1) 업무무관자산

지급이자 손금불산입의 대상이 되는 업무무관자산의 범위는 다음과 같으며, 업무무관자산가액은 취득가액에 의하여 계산한다.

구분	업무무관자산의 범위
부동산	① 법인의 업무에 직접 사용하지 않는 부동산 ② 유예기간 중 업무에 사용하지 않고 양도하는 업무무관부동산
동산	① 서화 및 골동품 ② 업무와 무관한 자동차 · 항공기 · 선박 ③ 그 밖의 업무무관동산

2) 업무무관가지급금

업무와 직접적인 관련이 없거나 주된 수익사업으로 볼 수 없는 대여금을 업무무관가지급금이라 한다. 여기서 지급이자손금불산입하는 가지급금은 특수관계인에 대한 업무무관가지급금을 말한다.

3) 지급이자

지급이자는 타인에게서 자금을 차용하는데 대응하여 지급되는 금융비용으로서 발생연도에 따라 손금에 산입하여야 하므로 미지급이자는 포함하되 미경과이자는 제외된다.

4) 차입금적수

지급이자와 마찬가지로 총차입금적수도 선순위로 손금불산입된 채권자불분명 사채이자와 지급받는 자가 불분명한 채권 또는 증권의 지급이자와 관련된 차입금적수 등을 제외한다.

(3) 지급이자손금불산입액의 계산

$$\text{손금불산입액} = \text{지급이자}^{*2)} \times \frac{(\text{업무무관자산적수} + \text{업무무관가지급금적수})^{*1)}}{\text{차입금적수}^{*3)}}$$

*1) 분자의 합계금액은 분모의 차입금적수를 한도로 함.
*2) 지급이자: 선순위로 손금불산입된 지급이자는 제외
*3) 차입금적수: 선순위로 손금불산입한 차입금적수는 제외

MEMO

01 (주)삼일의 담당 회계사인 김세무 회계사가 (주)삼일의 제20기 사업연도(2024년 1월 1일부터 12월 31일까지) 지급이자 손금불산입에 대하여 자문한 다음 내용 중 가장 옳지 않은 것은?

① 회사가 사채를 빌려다 쓰고 사채업자에게 지급하는 이자는 채권자가 누구인지 실명으로 밝히더라도 변칙적인 자금거래로 보아 전액 손금불산입한다.

② 법인세법에서는 자본화 대상자산의 취득과 직접 관련하여 개별적으로 차입된 자금(특정 차입금)에 대한 이자를 자산의 취득가액으로 계상하여야 한다.

③ 업무에 직접 사용되지 않는 자동차를 보유하게 되면 지급이자 중 일정 금액이 손금불산입 되므로 업무에 직접 사용하지 아니하는 자동차를 취득하는 것은 신중하게 검토해야 한다.

④ 당해 사업연도에 건설이 완료지 아니한 건물과 직접 관련된 차입금에서 발생한 이자는 손금불산입하고 유보처분하여야 한다.

02 법인세법상 차입금에 대한 지급이자는 원칙적으로 손금으로 인정되나 일부 항목은 손금으로 인정되지 않는다. 손금불산입대상인 지급이자와 이에 대한 소득처분을 연결한 것 중 가장 옳지 않은 것은?

	구분	소득처분
①	채권자불분명 사채이자 중 원천징수세액	대표자상여
②	비실명 채권·증권의 이자상당액	대표자상여
③	건설자금이자	유보
④	업무무관자산 등 관련 이자	기타사외유출

03 다음은 지급이자손금불산입 항목을 나열한 것이다. 지급이자손금불산입을 적용하는 순서를 올바르게 나타낸 것은?

> ⓐ 업무무관자산 등 관련 이자　　　ⓑ 건설자금이자
> ⓒ 채권자불분명사채이자　　　　　ⓓ 비실명 채권·증권이자

① ⓐ → ⓑ → ⓒ → ⓓ　　　　　② ⓑ → ⓒ → ⓓ → ⓐ
③ ⓒ → ⓓ → ⓐ → ⓑ　　　　　④ ⓒ → ⓓ → ⓑ → ⓐ

04 다음 중 업무무관자산 등 관련 이자 손금불산입 규정에 관한 설명으로 가장 올바르지 않은 것은?

① 업무무관자산가액은 취득가액에 의해 계산하며 법인이 특수관계인에게 업무와 무관한 가지급금을 지급한 경우 이 규정이 적용된다.
② 회사가 업무무관자산을 보유하는 경우 회사의 차입금은 업무유관자산보다 업무무관자산 취득에 우선적으로 사용한 것으로 보고 관련 이자비용을 손금불산입한다.
③ 업무무관자산 등 관련 이자의 계산시 지급이자에는 미지급이자는 제외하되 미경과이자는 포함한다.
④ 업무무관자산 등 관련 이자의 계산시 지급이자에는 채권자 불분명 사채이자 등 먼저 손금불산입된 지급이자를 제외한다.

05 (주)삼일은 2024년 1월 1일 대표이사에게 업무와 관련 없이 30,000,000원을 대여하였다. 대여이자율은 당좌대출이자율이며, 대여기간은 2024년 1월 1일부터 2026년 12월 31일까지이다. (주)삼일의 제21기 사업연도(2024.1.1.~2024.12.31.)의 지급이자가 4,200,000원, 차입금적수가 43,800,000,000원인 경우 업무무관자산 등 관련 이자 손금불산입 금액으로 가장 옳은 것은?(단, 선순위 부인된 지급이자 손금불산입 금액은 없다.)

① 1,050,000원　　　　　　　② 1,150,000원
③ 1,450,000원　　　　　　　④ 2,000,000원

06 다음 중 법인세법상 건설자금이자 손금불산입에 관한 설명으로 가장 올바르지 않은 것은?

① 자본화 대상자산의 취득과 직접 관련하여 개별적으로 차입된 자금(특정차입금)에 대한 지급이자는 자본화해야 한다.

② 자본화 대상자산에는 사업용 고정자산뿐만 아니라 투자자산과 제조 등에 장기간이 소요되는 재고자산을 포함한다.

③ 당기말까지 건설이 완료되지 않은 상각자산의 특정차입금 이자를 비용계상한 경우에는 당기에 손금불산입하고 차기 이후에는 건설완료 후 상각부인액으로 의제한다.

④ 건설자금이자는 업무무관자산에 관한 지급이자보다 선순위로 지급이자 손금불산입규정을 적용한다.

07 다음 중 업무무관가지급금에 관한 설명으로 가장 옳은 것은?

ㄱ. 사업연도 동안 발생한 지급이자 중 업무무관가지급금에 상당하는 금액은 손금불산입하고 대표자상여로 소득처분한다.
ㄴ. 법인이 특수관계인에게 업무무관가지급금을 무상 또는 낮은 이율로 대여한 경우 법인세법상 적정이자율로 계산한 이자상당액 또는 이자상당액과의 차액을 익금산입한다.
ㄷ. 특수관계인에 대한 업무무관가지급금은 대손충당금을 설정할 수 없다.

① ㄱ   ② ㄱ, ㄷ
③ ㄴ, ㄷ   ④ ㄱ, ㄴ, ㄷ

08 다음의 지급이자 중 기타사외유출로 소득처분되는 금액은 모두 얼마인가?

> ㄱ. 채권자불분명 사채이자(원천징수분 이외) : 10,000,000원
> ㄴ. 비실명 채권, 증권의 이자 중 원천징수세액 : 5,000,000원
> ㄷ. 공장건물의 취득과 관련한 특정차입금의 지급이자 : 12,000,000원
> ㄹ. 재고자산의 취득과 관련한 특정차입금의 지급이자 : 15,000,000원
> ㅁ. 토지의 취득과 관련한 일반차입금의 지급이자 : 5,000,000원
> ㅂ. 사업용이 아닌 토지(업무무관자산에 해당)의 취득과 관련한 지급이자 : 23,000,000원

① 23,000,000원   ② 28,000,000원
③ 33,000,000원   ④ 48,000,000원

X 충당금의 손금산입

1 퇴직급여충당금과 퇴직연금충당금 등의 손금산입

(1) 개 요

법인은 임원 또는 직원의 퇴직을 요건으로 하여 근로자퇴직급여보장법 또는 이에 준하여 법인내부에서 규정한 퇴직급여지급규정에 따라 퇴직하는 임원 또는 직원에게 퇴직금을 지급하여야 한다. 이러한 퇴직금에 대하여 기업회계상 발생주의 및 수익·비용대응의 원칙에 의거 임원 또는 직원의 퇴직금을 퇴직금 지급시점이 아니라 임원 또는 직원의 근로제공기간에 배분하여 인식하기 위하여 퇴직급여충당금이라는 부채성충당금을 계상하도록 하고 있다.

법인세법에서도 이러한 기업회계를 존중하여 법인이 설정한 퇴직급여충당금은 원칙적으로 법인의 손금에 산입할 수 있도록 인정하고 있다.

이와 같이 퇴직급여충당금설정액을 법인의 비용으로 인식함에 있어서는 기업회계와 법인세법의 입장이 동일하지만 손금산입한도액에 대하여는 상호간에 차이가 있다. 즉, 기업회계에서는 결산일 현재의 퇴직급여추계액 전액을 퇴직급여충당금으로 설정하는 데 비하여, 법인세법에서는 다음에서 설명하듯이 퇴직급여충당금의 손금산입에 일정한 한도를 설정하고 있다.

(2) 퇴직급여충당금의 손금산입

퇴직급여충당금을 법인의 손금에 산입하기 위해서는 다음의 분개와 같이 반드시 법인의 장부에 손금으로 계상하여야 한다(결산조정). 즉 신고조정에 의하여 손금에 산입함을 원칙적으로 허용하지 않는다.

(차) 퇴직급여	×××	(대) 퇴직급여충당금	×××

(3) 퇴직급여충당금의 손금산입한도액

1) 한도액

퇴직급여충당금한도액=MIN(①, ②)
① 총급여액 기준: 퇴직급여지급대상이 되는 임직원에게 지급한 총급여액 × 5%
② 퇴직금추계액기준: 퇴직금추계액* × 0%+퇴직금전환금−세무상 퇴직급여충당금잔액

* 퇴직금추계액 = MAX[일시퇴직기준 퇴직급여추계액, 보험수리적 기준에 의한 퇴직급여추계액]

① 총급여액

총급여액이란 근로의 제공으로 인하여 받는 봉급·상여·수당과 이와 유사한 성질의 급여 총액과 이익처분에 의한 상여금을 말한다. 다만, 손금불산입되는 인건비, 인정상여, 퇴직으로 인하여 받는 소득으로서 퇴직소득에 속하지 않는 소득은 제외한다.

총급여액의 포함대상자는 퇴직급여 지급대상이 되는 임원·직원(확정기여형 퇴직연금 등이 설정된 자를 제외함)에게 지급한 총급여액이다. 따라서 규정이 있으면 1년 미만 근속자도 설정이 가능하다.

② 퇴직금추계액

당해 사업연도말 현재 재직중인 임직원이 퇴직시 지급하여야 할 퇴직금총액(일시퇴직기준 퇴직급여추계액)과 근로자퇴직급여 보장법 제16조 제1항 제1호에 따른 금액(보험수리적 기준에 의한 퇴직급여추계액) 중 큰 금액으로 한다. 일시퇴직기준 퇴직급여추계액의 계산은 퇴직급여지급규정에 의하나, 규정이 없는 경우에는 직원과 임원 모두에 대해서 근로자퇴직급여보장법이 정하는 바에 따라 계산한 금액으로 한다.

심화학습

보험수리적 기준에 위한 퇴직급여추계액
사업장 내에 확정급여형 퇴직연금제도에 가입하지 아니한 자(확정기여형 퇴직연금제도에 가입한 자는 제외)가 있을 경우, 근로자퇴직급여보장법 제16조 제1항 제1호에 따른 금액에 다음의 두 금액을 합한 금액으로 한다.
1. 확정급여형 퇴직연금제도에 가입하지 아니한 자 전원이 퇴직할 경우에 퇴직급여로 지급되어야 할 금액의 추계액
2. 확정급여형 퇴직연금제도에 가입한 자로서 그 재직기간 중 미가입기간이 있는 자 전원이 퇴직할 경우에 그 미가입기간에 대하여 퇴직급여로 지급되어야 할 금액의 추계액

③ 퇴직금전환금

당기말 재무상태표에 계상된 퇴직금전환금잔액으로, 국민연금관리공단에 납부한 국민연금전환금을 말한다.

④ 세무상 퇴직급여충당금잔액

전기말 재무상태표상 퇴직급여충당금잔액 – 충당금부인액누계 – 당기 퇴직급여충당금감소액

2) 세무조정방법

위에서 계산된 퇴직급여충당금한도액과 당기 중 회계상 전입한 퇴직급여충당금설정액을 비교하여 한도초과액을 손금불산입한다. 그러나 한도미달액에 대해서는 회사가 결산에 반영하지 아니하였으므로 세무조정하지 않는다(결산조정사항).

> 한도초과액(△한도미달액) = 당기 퇴직급여충당금설정액 – 퇴직급여충당금한도액

1. (주)삼일의 제30기 사업연도(20×1. 1. 1~20×1. 12. 31)의 퇴직급여충당금에 대한 세무
   조정을 행하라.
(1) 총급여액
   ① 퇴직급여 지급대상이 되는 직원 또는 사용인에게 지급한 총급여액: 235,000,000원
   ② 퇴직급여 지급대상이 아닌 직원 또는 사용인에게 지급한 총급여액: 22,000,000원
(2) 퇴직급여충당금 내역
   ① 장부상 기초잔액: 135,000,000원
   ② 기중 퇴직금지급액: 30,000,000원
   ③ 당기 전입액: 25,000,000원
   ④ 퇴직급여충당금부인누계액: 100,000,000원
(3) 기말 현재 일시퇴직 기준에 의한 퇴직금추계액: 150,000,000원
(4) 기말 현재 보험수리적 기준에 의한 퇴직금추계액: 130,000,000원
(5) 기말 현재 국민연금전환금: 10,000,000원

2. (주)삼일의 퇴직급여충당금조정명세서를 작성하시오.

풀 이

(1) 퇴직급여충당금 손금산입한도액
   ① 총급여액 기준: 235,000,000 × 5%=11,750,000원
   ② 퇴직금추계액 기준:
      퇴직금추계액=MAX(150,000,000, 130,000,000)=150,000,000원
      퇴직금추계액 기준한도=150,000,000 × 0%-(135,000,000-100,000,000원
                          -30,000,000)+10,000,000=5,000,000원
   ③ 한도액: ①과 ② 중 적은 금액=5,000,000원

(2) 퇴직급여충당금한도초과액
   =당기 퇴직급여충당금전입액-퇴직급여충당금한도액
   =25,000,000-5,000,000=20,000,000원

(3) 세무조정
   [손금불산입] 퇴직급여충당금 한도초과 20,000,000원(유보)

사 업 연 도	20×1. 1. 1. ～ 20×1. 12. 31.	퇴직급여충당금 조정명세서	법 인 명	(주)삼일
			사업자등록번호	

1. 퇴직급여충당금 조정

「법인세법 시행령」 제60조 제1항에 따른 한도액	① 퇴직급여 지급대상이 되는 임원 또는 직원에게 지급한 총급여액(⑲의 계)			② 설정률	③ 한도액 (①×②)	비 고
	235,000,000			5/100	11,750,000	

「법인세법 시행령」 제60조 제2항및제3항에 따른 한도액	④ 장부상 충당금 기초잔액	⑤ 확정기여형 퇴직연금자의 퇴직연금 설정전 기계상된 퇴직급여충당금	⑥ 기중 충당금 환입액	⑦ 기초충당금 부인누계액	⑧ 기중 퇴직금 지급액	⑨ 차감액 (④-⑤-⑥ -⑦-⑧)
	135,000,000	－	－	100,000,000	30,000,000	(△　　) 5,000,000
	⑩ 추계액 대비 설정액 (㉒ × 설정률)		⑪ 퇴직금전환금	⑫ 설정률 감소에 따른 환입을 제외하는 금액 MAX(⑨-⑩-⑪, 0)		⑬ 누적한도액 (⑩-⑨+⑪+⑫)
	0		10,000,000	－		5,000,000

한도초과액 계　　산	⑭ 한도액 MIN(③, ⑬)	⑮ 회사계상액	⑯ 한도초과액 (⑮-⑭)
	5,000,000	25,000,000	20,000,000

2. 총급여액 및 퇴직급여추계액 명세

구 분 계정명	⑰ 총급여액		⑱ 퇴직급여 지급대상이 아닌 임원 또는 직원에 대한 급여액		⑲ 퇴직급여 지급대상이 되는 임원 또는 직원에 대한 급여액		⑳ 기말현재 임원 또는 직원 전원의 퇴직시 퇴직급여 추계액	
	인원	금 액	인원	금 액	인원	금 액	인원	금 액
급여 등		257,000,000		22,000,000		235,000,000		150,000,000
							㉑ 「근로자퇴직급여 보장법」 에 따른 추계액	
							인원	금 액
								130,000,000
							㉒ 세법상 추계액 MAX(⑳, ㉑)	
계		257,000,000		22,000,000		235,000,000		150,000,000

210mm×297mm[백상지 80g/㎡ 또는 중질지 80g/㎡]

(4) 퇴직금지급시 처리방법

퇴직금 지급대상이 되는 임원 또는 직원이 현실적으로 퇴직함으로써 법인이 직원 등에게 퇴직금을 지급할 때에는 이미 손금으로 계상된 퇴직급여충당금이 있으면 그 퇴직급여충당금에서 먼저 지급하여야 한다.

다만, 법인이 전기말 퇴직급여충당금 설정대상이 아닌 자에게 퇴직금을 지급하는 경우에는 법인의 임의에 따라 퇴직급여충당금과 상계하거나 또는 직접 당해연도의 손금으로 처리할 수 있다.

심화학습

현실적인 퇴직의 범위

현실적인 퇴직인 경우	현실적 퇴직이 아닌 경우
① 법인의 직원이 해당 법인의 임원으로 취임한 때 ② 법인의 임원 또는 직원이 그 법인의 조직변경·합병·분할 또는 사업양도에 의하여 퇴직한 때 ③ 근로자퇴직급여보장법에 따라 퇴직급여를 중간정산하여 지급한 때(직전 중간정산 대상기간 종료일의 다음날부터 새로 근무연수를 기산하여 퇴직급여를 계산하는 경우에 한정한다) ④ 정관 또는 정관에서 위임된 퇴직급여지급규정에 따라 장기 요양 등 기획재정부령으로 정하는 사유로 그 때까지의 퇴직급여를 중간정산하여 임원에게 지급한 때(직전 중간정산 대상기간 종료일의 다음날부터 새로 근무연수를 기산하여 퇴직급여를 계산하는 경우에 한정한다)	① 임원이 연임된 경우 ② 법인의 대주주 변동으로 인하여 계산의 편의, 기타 사유로 전 사용인에게 퇴직급여를 지급하는 경우 ③ 외국법인의 국내지점 종업원이 본점(본국)으로 전출하는 경우 ④ 정부투자기관 등이 민영화됨에 따라 전 종업원의 사표를 일단 수리한 후 재채용한 경우 ⑤ 근로자퇴직급여보장법에 의하여 퇴직급여를 중간정산하기로 하였으나 이를 실제로 지급하지 아니한 경우

한편, 비현실적인 퇴직의 경우 지급된 퇴직금은 임직원에 대한 업무무관 가지급금으로 분류된다.

(5) 퇴직연금충당금 등의 손금산입

1) 개요

법인이 퇴직급여충당금을 퇴직금추계액의 100%를 설정한다고 하더라도 기업의 도산 등으로부터 종업원의 퇴직금을 보호할 수 없기 때문에 법인세법상으로는 퇴직금추계액의 일부를 한도로 퇴직급여충당금을 설정(사내유보)하도록 하고, 나머지 차액에 대하여는 임원 또는 직원의 퇴직을 퇴직급여의 지급사유로 하고 임원 또는 직원을 수급자로 하는 퇴직연금에 가입(사외유보)하는 경우에 한하여 퇴직금추계액의 나머지에 대해서 손금으로 인정받을 수 있도록 규정함으로써 퇴직금 재원의 안정성을 확보하도록 유도하고 있다.

퇴직연금제도는 다음과 같이 확정급여형과 확정기여형으로 구분된다.

구분	확정급여형 (Defined Benefit)	확정기여형 (Defined Contribution)
개념	근로자가 일정 연령에 달할 때에 받을 금액이 확정된 연금	회사가 부담할 기여금을 확정한 후 그 적립금을 근로자가 자기 책임으로 운용하여 그 운용결과에 기초하여 연금지급
운용책임	회사가 부담	개별 근로자가 부담
급부	확정	운영실적에 따름
기업회계상 처리	회사의 연금부담금을 퇴직연금운용자산으로 계상한 후, 퇴직급여충당금에서 차감하는 형식으로 표시	회사의 연금부담금을 퇴직급여(비용)로 처리
세법상 처리	한도 내 손금인정	전액 손금인정

2) 확정급여형 퇴직연금충당금의 손금산입한도액

확정급여형 퇴직연금에 가입한 경우 다음과 같이 계산된 금액을 퇴직연금충당금 한도액으로 한다.

확정급여형 퇴직연금충당금 설정한도액=MIN(①, ②)−세법상 퇴직연금충당금 이월잔액[*1]
① 퇴직급여추계액[*2]−세무상 퇴직급여충당금 기말잔액
② 퇴직연금운용자산 당기말잔액

[*1] 세법상 퇴직연금충당금이월잔액=전기말 현재 세법상 퇴직연금충당금 잔액−당기중 퇴직연금충당금 감소액
[*2] 퇴직급여추계액=MAX[일시퇴직기준 퇴직급여추계액, 보험수리적 기준에 의한 퇴직급여추계액]

퇴직보험충당금 또는 퇴직연금충당금의 손금산입

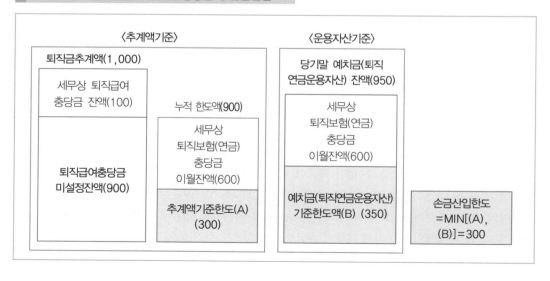

3) 세무조정방법

퇴직연금급여의 비용계상액과 세법상 한도액을 비교하여 다음과 같이 세무조정한다.

> 회사계상액－손금산입한도액＝(+): 손금불산입(유보)
> 회사계상액－손금산입한도액＝(−): 손금산입(△유보)

퇴직연금충당금은 퇴직급여충당금과는 달리 신고조정사항이므로 이를 결산시 비용으로 계상하지 않았더라도 세무상 손금산입한도액까지는 손금산입할 수 있다.

예 제

1. (주)삼일의 제21기 사업연도(20×1. 1. 1~20×1. 12. 31)의 퇴직연금충당금에 대한 세무 조정을 행하라.
   (1) 세무상 퇴직급여충당금 기말잔액: 20,000,000원
   (2) 당기말 현재 퇴직급여추계액: 90,000,000원
   (3) 확정급여형 퇴직연금운용자산의 변동내역
       ① 전기 말 현재 재무상태표상 퇴직연금운용자산: 4,000,000원
       ② 전기 퇴직급여충당금 한도초과액: △4,000,000원
       ③ 당기 퇴직연금운용자산 납부액: 10,000,000원
   (4) (주)삼일의 퇴직연금운용자산 기초잔액은 전기에 신고조정에 의하여 손금산입된 금액이고, 퇴직연금운용자산의 당기분은 장부상 계상하지 않았다.

2. (주)삼일의 퇴직급여충당금조정명세서를 작성하시오.

풀 이

(1) 퇴직연금충당금 손금산입한도액
    Min[①, ②] − 4,000,000원(세법상 퇴직연금충당금 이월잔액) = 10,000,000원
     ① 추계액기준 = 90,000,000원 − 20,000,000원
             = 70,000,000원
     ② 예치금기준 = 4,000,000원 + 10,000,000원
             = 14,000,000원

(2) 퇴직연금충당금 세무조정액 = 회사계상액 − 손금산입한도액
                  = 0 − 10,000,000원
                  = △10,000,000원

(3) 세무조정
    [손금산입] 퇴직연금충당금 10,000,000원(△유보)

사 업 연 도	20×1.1 . 1. ~ 20×1. 12. 31	퇴직연금부담금 조정명세서	법 인 명	(주)삼일
			사 업 자 등 록 번 호	

1. 퇴직연금 등의 부담금 조정

① 퇴직급여추계액	당기말 현재 퇴직급여충당금				⑥ 퇴직부담금 등 손금산입 누적 한도액 (①-⑤)
	② 장부상 기말잔액	③ 확정기여형 퇴직연금자의 퇴직연금 설정 전 기계상된 퇴직급여충당금	④ 당기말 부인 누계액	⑤ 차감액 (②-③-④)	
90,000,000				20,000,000	70,000,000

⑦ 이미 손금 산입한 부담금 등(⑰)	⑧ 손금산입한도액 (⑥-⑦)	⑨ 손금산입대상 부담금 등(⑱)	⑩ 손금산입범위액 (⑧과 ⑨ 중 작은 금액)	⑪ 회사손금 계상액	⑫ 조정금액 (⑩-⑪)
4,000,000	66,000,000	10,000,000	10,000,000	0	△10,000,000

2. 이미 손금산입한 부담금 등의 계산

가. 손금산입대상 부담금 등 계산

⑬ 퇴직연금 예치금 등 계(㉒)	⑭ 기초퇴직연금 충당금 등 및 전기말 신고조정에 의한 손금산입액	⑮퇴직연금충당금 등 손금부인 누계액	⑯기중 퇴직연금등 수령 및 해약액	⑰ 이미 손금산입한 부담금 등 (⑭-⑮-⑯)	⑱ 손금산입대상 부담금 등 (⑬-⑰)
14,000,000	4,000,000			4,000,000	10,000,000

나. 기말 퇴직연금 예치금 등의 계산

⑲ 기초퇴직연금예치금 등	⑳ 기중 퇴직연금예치금 등 수령 및 해약액	㉑ 당기 퇴직연금예치금 등의 납입액	㉒ 퇴직연금예치금 등 계 (⑲-⑳+㉑)
4,000,000		10,000,000	14,000,000

210mm×297mm[백상지 80g/㎡ 또는 중질지 80g/㎡]

2 대손금과 대손충당금의 손금산입

(1) 개요

장차 발생가능한 대손예상액을 추정하는 방법으로는 과거의 경험과 통계에 의하여 산출한 대손경험률을 매기말의 매출채권 등 채권잔액에 적용하는 방법과 연령조사표 등을 이용하여 개별적으로 채권의 대손추산액을 산출하는 방법 등이 있을 수 있다. 기업회계는 손상발생의 객관적인 증거가 있는 경우와 손실이 예상되는 경우에 합리적이고 객관적인 기준에 따라 대손추산액을 산정하도록 하고 있으며 산정기준은 매기 계속적으로 적용하여야 함을 명시하고 있다. 그러나 법인세법에서는 대손추산액 산정에 대한 법인의 임의성을 배제하고 세무행정의 편의 등을 위하여 실제 대손율에 근거하여 대손충당금을 설정하도록 하고 있으며, 대손충당금을 설정할 수 있는 채권의 범위 및 설정률을 일률적으로 규정하여 손금산입할 대손충당금의 범위를 별도로 정하고 있다.

(2) 대손금의 손금산입

1) 대손금의 의의

법인의 영업활동에서 발생하는 외상매출금, 미수금, 대여금 등과 같은 채권 중 사실상 회수가 불가능한 채권은 그 자산성을 상실하여 법인의 장부에서 대기하게 되며, 이는 법인의 순자산을 감소시키는 손금에 해당하는데 이것을 대손금이라 한다.

2) 대손처리대상 채권

원칙적으로 모든 채권에 대한 대손금은 손금산입한다. 다만, 다음의 경우는 실제로 대손이 발생했다고 보기 어려우므로 손금불산입한다.

구분	손금불산입 이유
① 대표이사 등의 횡령으로 인한 채권	사실상 특수관계인 등에 대한 자금 분여
② 대손세액공제를 받은 부가가치세 매출세액 미수금	이중 공제 방지
③ 채무보증으로 인한 구상채권(손금불산입대상만)*	원칙적 손금불인정 대상
④ 업무무관가지급금의 처분손실	업무무관 비용

* 보증채무대위변제로 인한 구상채권에 대한 대손금은 손금으로 인정하지 아니할 뿐만 아니라, 구상채권의 처분손실도 손금에 산입하지 아니한다. 다만, '독점규제 및 공정거래에 관한 법률'에 따른 채무보증 등은 제외한다.

3) 대손금의 손금산입시기

신고조정사항	결산조정사항
대손요건을 구비한 사업연도 (대상사업연도 이후에는 손금산입 불가능)	대손요건을 구비하고 결산상 회계처리한 사업연도

4) 대손요건

신고조정사항	결산조정사항
① 상법·민법·어음수표법에 따라 소멸시효가 완성된 채권 ② 「채무자 회생 및 파산에 관한 법률」에 의한 회생계획인가의 결정 또는 법원의 면책 결정에 따라 회수불능채권으로 확정된 채권 ③ 민사집행법의 규정에 의하여 채무자의 자산에 대한 경매가 취소된 압류채권	① 채무자의 파산, 강제집행, 형의 집행, 사업의 폐지, 사망, 실종, 행방불명으로 인하여 회수할 수 없는 채권 ② 부도발생일*로부터 6개월 이상 지난 수표 또는 어음상의 채권 및 중소기업의 외상매출금(부도발생일 이전의 것에 한한다). 다만, 당해 법인이 채무자의 재산에 대해 저당권을 설정하고 있는 경우를 제외한다. ③ 회수기일을 6개월 이상 지난 채권 중 채권가액이 30만원 이하(채무자별 채권가액의 합계액 기준)의 채권 ④ 중소기업 외상매출금으로서 회수기일로부터 2년 이상 지난 외상매출금 및 미수금(다만, 특수관계인과의 거래로 인하여 발생한 외상매출금 및 미수금은 제외) ⑤ 재판상 화해 등 확정판결과 같은 효력을 가지는 것으로서 기획재정부령으로 정하는 것에 따라 회수불능으로 확정된 채권 ⑥ 물품의 수출 또는 외국에서의 용역제공으로 발생한 채권으로서 무역에 관한 법령에 따라 기획재정부령으로 정하는 사유에 해당하여 한국무역보험공사로부터 회수불능으로 확인된 채권

* 부도발생일은 소지하고 있는 부도수표나 부도어음의 지급기일을 말한다. 다만, 지급기일 전에 당해 수표나 어음을 제시하여 금융기관으로부터 부도확인을 받은 경우에는 그 부도확인일로 한다.

심화학습

채무자의 파산과 사업의 폐지
채무자의 파산은 파산선고를 받은 경우에 한한다. 한편 사업의 폐지란 사업을 계속하지 않고 폐업을 하는 것으로서 채무자가 상법 소정의 절차에 의하여 해산하고 청산종결 후에도 회수되지 못한 채권은 대손금으로 처리할 수 있으나 단순한 폐업으로 인한 채권에 대해서는 대손으로 처리할 수 없다.

심화학습

약정에 의한 채권포기액의 대손금여부(법기통 19의2－19의2…5)
약정에 의하여 채권의 일부 또는 전부를 포기한 경우 동 포기액은 대손금이 아닌 기부금 또는 기업업무추진비로 본다. 단, 특수관계 없는 자와의 거래에서 발생한 채권으로서 채무자의 부도발생 등으로 장래에 회수가 불확실한 어음ㆍ수표상의 채권 등을 조기에 회수하기 위하여 당해 채권의 일부를 불가피하게 포기한 경우 동 채권의 일부를 포기하거나 면제한 행위에 객관적으로 정당한 사유가 있는 때에는 동 채권포기액을 손금에 산입할 수 있으나, 채권포기에 대한 부득이한 또는 정당한 사유가 있었는지에 대해서는 사실판단할 사항이다.

5) 대손금액

대손요건 구비시 회수불능채권을 전액 대손처리할 수 있다. 다만, 부도발생일로부터 6개월이 경과한 수표 또는 어음상의 채권과 중소기업의 외상매출금을 대손처리하는 경우에는 비망계정(어음ㆍ수표 1매당 1천 원, 외상매출금은 채무자별 1천 원)을 제외한 금액을 대손처리하고, 비망계정은 소멸시효 등이 완성되는 사업연도에 대손처리하여야 한다.

｜ 세무 point ｜

세법에서는 대손요건을 엄격하게 규정하고 있으며 대손으로 손금산입할 수 있는 시기를 제한하고 있는 항목(신고조정항목)이 있으므로 주의를 요한다. 즉 신고조정항목의 경우에는 대손요건을 충족한 사업연도에 손금으로 계상하거나 신고조정으로 손금산입하지 않으면 그 후 사업연도에 손금으로 인정되지 않으므로 대손요건을 명확하게 알고 있어야 한다. 특히 소멸시효 완성의 경우에는 각 채권의 소멸시효 완성시점을 별도로 관리하여 해당 연도에 반드시 결산서나 세무조정에 반영하여야 절세효과를 거둘 수 있다. 또한 매출채권을 대손처리하는 경우에 아무런 입증자료 없이 회수가 불가능하다는 사유만으로 대손처리할 경우 세무상 대손으로 인정받지 못할 가능성이 높으므로 대손관계를 입증할 수 있는 서류나 공신력있는 기관의 증명확인서를 보관해야 한다.

6) 대손금의 회수

대손금으로 처리한 금액 중 회수된 금액은 회수된 날이 속하는 사업연도에 익금에 산입한다. 그러나 대손처리하였으나 손금불산입한 금액은 이를 회수하여도 익금에 산입하지 아니한다.

(3) 대손충당금의 손금산입한도액

> 대손충당금 손금산입한도액＝설정대상채권의 장부가액* × 설정률

* 세무상 장부가액＝(B/S상 채권잔액－설정제외 채권잔액) ± 채권에 대한 유보잔액(△유보잔액)

1) 설정대상채권

구분	범위
(1) 매출채권	상품 · 제품의 판매가격의 미수액과 가공료 · 용역 등의 제공에 의한 영업 수익의 미수액
(2) 대여금	소비대차계약에 의하여 타인에게 대여한 금액
(3) 기타 이에 준하는 채권	① 어음상의 채권 및 미수금* ② 기업회계기준 · 관행상의 대손충당금 설정대상채권

* 부도어음 등 결산조정 대손사유를 충족한 채권이라도 결산상 대손처리하지 않은 경우에는 설정대상 채권에 포함한다.

대손충당금 설정대상채권	대손충당금 설정제외채권
㉠ 외상매출금: 상품 · 제품의 판매가격의 미수액과 가공료 · 용역 등의 제공에 의한 사업수입금액의 미수액 ㉡ 대여금: 금전소비대차계약 등에 의하여 타인에게 대여한 금액 ㉢ 기타 이에 준하는 채권: 어음상의 채권 · 미수금 기타 기업회계기준에 의한 대손충당금 설정대상이 되는 채권	㉠ 특수관계인에 대한 업무무관가지급금 ㉡ 채무보증으로 인하여 발생한 구상채권 ㉢ 특수관계 있는 자로부터 자산을 고가로 매입함으로써 매수한 법인에게 부당행위계산이 적용되는 경우 매도법인의 시가초과액 상당의 채권 ㉣ 매각거래에 해당하는 할인어음과 배서양도어음

2) 설정률

대손충당금 설정률은 「1%」와 「대손실적률」 중 큰 비율을 적용한다.

구분	설정률
금융기관 이외의 법인	MAX[1%, 대손실적률*1)]
금융기관	MAX[1%, 대손실적률*1), 대손충당금적립기준*2)]

*1) 대손실적률 ＝ $\dfrac{\text{당해 사업연도 대손금}}{\text{직전사업연도 종료일 현재의 대손충당금 설정대상 채권의 장부가액}}$

*2) 금융위원회가 기획재정부장관과 협의하여 정하는 대손충당금적립기준을 말한다.

3) 해외건설자회사 대여금에 대한 대손충당금 손금산입 특례

해외 건설자회사를 둔 국내건설모회사가 다음 4가지 요건을 모두 충족하는 경우 대손충당금을 손금으로 인정함.

• 요건

① 국내건설모회사가 해외건설자회사(지분율 90%이상)에 지급한 대여금(이자 포함)
② 회수기일 이후 5년 이상 경과
③ 해외건설자회사의 사업에 사용했을 것
④ 해외건설자회사의 완전자본잠식 등 대여금 회수가 현저히 곤란하다고 인정될 것

• 대손충당금 손금 한도

> (대여금 기말채권잔액 – 해외건설자회사의 해당 차입금 외 순자산 장부가액) × 손금산입 비율(*)

• 손금산입 비율

연도	2024년	2025년	2026년	...	2033년 이후
비율	10%	20%	30%		100%

(4) 세무조정방법

대손충당금의 설정방법에는 총액법과 보충법이 있다. 기업회계에서는 대손충당금설정전 잔액과 기말대손충당금 잔액을 비교하여 차액을 설정 또는 환입하는 방법인 보충법을 사용하고 있으며, 세법에는 기초대손충당금잔액을 전액 환입하고 당기 대손충당금을 새로 설정하는 총액법을 사용하고 있다. 두 방법간에 당기순이익의 차이는 없으나, 결산서상 보충법으로 회계처리한 경우에도 세법은 총액법으로 회계처리한 것으로 보아 세무조정을 하여야 한다.

1) 한도초과액의 계산

대손충당금에 대한 세무조정시 회사의 회계처리를 총액법을 적용한 것으로 보고 세무조정을 수행하므로 한도초과액을 계산할 때에는 당기말 재무상태표상 대손충당금 잔액을 위에서 계산한 대손충당금 손금산입한도액과 비교하여 한도초과액을 손금불산입(유보)하는 것이다. 그러나 한도미달액에 대해서는 회사가 결산에 반영하지 아니하였으므로 세무조정하지 않는다(결산조정사항).

2) 전기 대손충당금 한도초과액

세법에서는 대손충당금 기초잔액이 모두 소멸하는 총액법을 사용하고 있으므로, 전기 대손충당금 한도초과액은 당기에 무조건 손금산입한다.

예 제

제조업을 영위하는 (주)삼일의 제21기 사업연도(20×1. 1. 1~20×1. 12. 31)의 대손충당금에 대한 세무조정을 행하라. 당기 대손처리내역은 없다.

(1) 결산서상 대손충당금 내역

① 기초 대손충당금 잔액:	10,000,000원
② 당기 추가설정액:	3,000,000원
③ 기말 잔액:	13,000,000원

(2) 전기 대손충당금 부인액: 5,000,000원

(3) 장부상 대손충당금 설정대상 채권가액: 900,000,000원

풀 이

(1) 대손충당금 손금산입한도액

손금산입한도액=설정대상채권 × 1%[*]

=900,000,000원 × 1%

=9,000,000원

 * 당기 대손처리내역이 없으므로 대손실적률은 '0%'임.

(2) 한도초과액

=대손충당금 기말잔액−한도액

=13,000,000−9,000,000=4,000,000원

※ 대손충당금한도초과액은 기말잔액과 한도액을 비교함.

(3) 세무조정

[손 금 산 입] 전기 대손충당금한도초과액 5,000,000원(△유보)

[손금불산입] 대손충당금한도초과액 4,000,000원(유보)

※ 전기 대손충당금한도초과액은 당기에 손금산입됨.

[별지 제34호 서식] (2019. 3. 20. 개정)　　　　　　　　　　　　　　　　　　　　　　　　　(앞쪽)

사 업 연 도	20×1. 1. 1. ~ 20×1. 12. 31.	대손충당금 및 대손금조정명세서	법 인 명	(주) 삼일
			사업자등록번호	123-45-67890

1. 대손충당금조정

손 금 산입액 조 정	①채권잔액 (㉑의 금액)	②설정률			③ 한도액 (①×②)	회사계상액			⑦한도초과액 (⑥-③)
		(ㄱ) 1(2) 100 (O)	(ㄴ) 실적률 ( )	(ㄷ) 적립 기준 ( )		④당기계상액	⑤보충액	⑥계	
	900,000,000				9,000,000	3,000,000	10,000,000	13,000,000	4,000,000

익 금 산입액 조 정	⑧장부상 충당금 기초잔액	⑨기중 충당금 환입액	⑩충당금 부 인 누계액	⑪당기대손금 상 계 액 (㉗의 금액)	⑫당기 설정충당금 보 충 액	⑬환입할 금 액 (⑧-⑨-⑩ -⑪-⑫)	⑭회사 환입액	⑮과소환입·과다 환입(△)(⑬-⑭)
	10,000,000	0	5,000,000	0	10,000,000	△5,000,000	0	△5,000,000

채 권 잔 액	⑯계정과목	⑰채권잔액의 장부가액	⑱기말현재 대손금부인누계	⑲합계 (⑰+⑱)	⑳충당금 설정제외 채 권	㉑채권잔액 (⑲-⑳)	비 고
	매출채권	900,000,000	0	900,000,000	0	900,000,000	
	계	900,000,000	0	900,000,000	0	900,000,000	

2. 대손금조정

㉒ 일자	㉓ 계정 과목	㉔ 채권 내역	㉕ 대손 사유	㉖ 금액	대손충당금상계액			당기손금계상액			비 고
					㉗ 계	㉘ 시인액	㉙ 부인액	㉚ 계	㉛ 시인액	㉜ 부인액	
계											

3. 한국채택국제회계기준 등 적용 내국법인에 대한 대손충당금 환입액의 익금불산입액의 조정

㉝대손충당금 환입액의 익금불산입 금액	익금에 산입할 금액			�37상계후 대손충당금 환입액의 익금불산입 금액(㉝-㊱)	비 고
	㉞「법인세법」제34조 제1항에 따라 손금에 산입하여야 할 금액 MIN(③,⑥)	㉟「법인세법」제34조 제4항에 따라 익금에 산입하여야 할 금액(⑧-⑩-⑪)	㊱차액 MAX(0,㉞-㉟)		

210mm×297mm[백상지 80g/㎡ 또는 중질지 80g/㎡]

01 다음 중 퇴직급여충당금과 퇴직연금에 관한 설명으로 가장 올바르지 않은 것은?

① 기업회계기준에서는 결산일 현재의 퇴직급여추계액 전액을 퇴직급여충당금으로 설정하는데 비하여, 법인세법에서는 퇴직급여충당금의 손금산입에 일정한 한도를 설정하고 있다.

② 퇴직급여충당금을 손금에 산입하기 위해서는 반드시 법인의 장부에 손금으로 계상하여야 하며, 신고조정에 의하여는 손금에 산입할 수 없다.

③ 임원 또는 사용인이 현실적으로 퇴직함으로써 법인이 사용인 등에게 퇴직금을 지급할 때에는 이미 손금으로 계상된 퇴직급여충당금이 있으면 그 퇴직급여충당금에서 먼저 지급하여야 한다.

④ 확정기여형 퇴직연금의 경우에는 한도 내 손금인정 되나, 확정급여형 퇴직연금의 경우에는 법인이 부담한 기여금을 전액 손금 인정한다.

02 다음은 법인세법상 퇴직급여충당금 및 퇴직연금충당금의 세무조정과 관련된 설명이다. 다음 설명 중 가장 옳지 않은 것은?

① 퇴직급여충당금 손금산입 한도액 계산시 확정급여형 퇴직연금이 설정된 임원 및 직원만을 대상으로 하고 확정기여형 퇴직연금이 설정된 임원 및 직원은 제외한다.

② 퇴직연금충당금은 결산조정 및 신고조정을 통하여 세무상 손금산입한도까지 손금산입할 수 있으며, 당기 설정액이 법인세법상 퇴직연금충당금 한도액을 초과하는 경우 그 초과액은 손금불산입(유보)한다.

③ 법인세법상 퇴직급여충당금 및 퇴직연금충당금의 한도액 계산시 퇴직금추계액은 일시퇴직기준에 의한 퇴직급여추계액과 보험수리적 기준에 의한 퇴직급여추계액 중 큰 금액으로 한다.

④ 회사규정에서 1년 미만 근속자에게 퇴직급여를 지급하는 것으로 규정하고 있다 하더라도 법인세법은 1년 이상 근속자를 대상으로 퇴직급여충당금과 퇴직연금충당금을 설정하도록 규정하고 있으므로 1년 미만 근속자를 퇴직급여충당금 및 퇴직연금충당금 설정대상에서 제외하여야 한다.

03 다음 중 법인세법상 대손충당금 설정대상인 채권은?

① 자산의 고가매입과 관련하여 부당행위계산부인이 적용되는 경우 매도법인의 시가초과액에 해당하는 채권
② 특수관계인에게 지급한 업무무관가지급금
③ 차입거래에 해당하는 할인어음과 배서양도어음
④ 보증채무를 대위변제함으로써 발생하는 구상채권

04 다음 중 법인세법상 결산에 반영하지 않더라도 대손금의 손금처리가 가능한 것은?

① 채무자의 파산으로 인하여 회수할 수 없는 채권
② 부도발생일로부터 6개월 이상 지난 수표 또는 어음상의 채권(다만, 채무자의 재산에 대해 저당권을 설정하고 있는 경우를 제외)
③ 회수기일을 6개월 이상 경과한 채권 중 채권가액이 30만 원 이하의 채권
④ 회생계획인가의 결정에 따라 회수불능으로 확정된 채권

NEW

05 ㈜삼일의 제 7 기(20X2년 1월 1일 ~ 20X2년 12월 31일)의 퇴직급여 지급대상 임직원 총급여액 235,000,000원, 일시퇴직기준 추계액 120,000,000원, 보험수리적 기준 추계액 95,000,000원, 국민연금전환금 10,000,000원, 퇴직급여충당금 기초잔액 135,000,000원, 기중 퇴직급지급액 30,000,000원, 퇴직급여충당금부인누계액 100,000,000원이었다. 다음 중 법인세법상 퇴직급여충당금의 손금산입 한도 금액으로 가장 옳은 것은?

① 2,000,000원　　　　　　　② 3,000,000원
③ 4,000,000원　　　　　　　④ 5,000,000원

06 (주)삼일의 제21기 사업연도(2024년 1월 1일 ~ 2024년 12월 31일)의 법인세법상 퇴직급여 충당금 한도초과액은 얼마인가?

ㄱ. 퇴직급여충당금 내역			
	퇴직급여충당금		(단위: 원)
당기지급액	2,000,000	기초잔액	7,000,000
기말잔액	8,500,000	당기전입액	3,500,000
	10,500,000		10,500,000

ㄴ. 기초잔액 중에는 한도초과로 부인된 금액 1,000,000원이 포함되어 있다.

ㄷ. 당기지급액은 모두 현실적인 퇴직으로 인한 것이다.

ㄹ. 퇴직급여의 지급대상이 되는 임원 또는 직원에게 지급한 총급여와 상여금 : 110,000,000원

ㅁ. 기말 현재 퇴직금 추계액 : 8,000,000원(일시퇴직기준과 보험수리적 기준에 의한 퇴직금추계 액이 동일하다.)

ㅂ. 기말 재무상태표상 퇴직전환금 잔액 : 0원

① 없음
② 1,500,000원
③ 2,500,000원
④ 3,500,000원

07 다음은 (주)삼일의 제21기 퇴직금과 관련된 자료이다. 시산표상 퇴직급여충당금은 퇴직금추계액의 100%를 충당금으로 설정한 것이며, 일시퇴직기준과 보험수리적 기준에 의한 퇴직급여추계액은 동일한 금액이라고 가정한다. 한편 당기 중 퇴직자와 신규입사자는 없고, 기초 퇴직급여충당금의 부인누계액은 35,000,000원이다.(단, 매출원가에 포함된 퇴직급여는 없다.) 제21기 세무조정시 (주)삼일의 퇴직급여충당금 한도초과액은 얼마인가?

수정후시산표
2024년 12월 31일

당좌자산	100,000,000원	유동부채	200,000,000원
재고자산	230,000,000원	퇴직급여충당금	100,000,000원
비유동자산	780,000,000원	자본	810,000,000원
매출원가	400,000,000원	매출	820,000,000원
급여*	300,000,000원		
퇴직급여	60,000,000원		
당기순이익	60,000,000원		
계	1,930,000,000원	계	1,930,000,000원

* 전액 퇴직급여지급대상이 되는 임직원에게 지급한 금액임.

〈퇴직급여충당금 손금산입한도액 계산〉

퇴직급여충당금한도액=MIN[ㄱ, ㄴ]
ㄱ) 총급여액 기준: 퇴직급여지급대상이 되는 임직원의 총급여 × 5%
ㄴ) 퇴직금추계액 기준: 퇴직금추계액 × 0%+퇴직금전환금잔액−세무상 퇴직급여충당금잔액

① 20,000,000원
③ 60,000,000원
② 40,000,000원
④ 한도초과액 없음

다음은 (주)삼일의 제 7기(2024년 1월 1일 ~ 2024년 12월 31일) 대손충당금과 관련된 자료이다. 이 자료를 이용하여 대손충당금에 대한 세무조정 결과를 '자본금과 적립금조정명세서(을)'에 기입하고자 할 때, 빈칸에 들어갈 금액으로 올바르게 짝지어진 것은?

〈자료 1〉 대손충당금 관련 자료

```
ㄱ. 결산서상 대손충당금 내역
   기초 대손충당금 잔액    25,000,000원
   당기 대손 처리액        5,000,000원(소멸시효 완성 채권)
   당기 추가 설정액        3,000,000원
ㄴ. 전기 대손충당금 부인액               10,000,000원
ㄷ. 세법상 대손충당금 설정대상 채권금액   500,000,000원
ㄹ. 당기 대손실적률은 2%임
```

〈자료 2〉 자본금과 적립금조정명세서(을)

과목 또는 사항	기초잔액	당기중증감		기말잔액
		감소	증가	
대손충당금한도초과액	10,000,000	(ㄱ)	xxx	(ㄴ)

	(ㄱ)	(ㄴ)
①	10,000,000	13,000,000
②	10,000,000	23,000,000
③	10,000,000	18,000,000
④	0	23,000,000

09 다음 중 법인세법상 대손금 및 대손충당금에 관한 설명으로 가장 올바르지 않은 것은?

① 법인세법은 총액법을 따르므로 전기 대손충당금 한도초과액을 당기에 무조건 손금산입 하여야 한다.
② 대손충당금 설정한도는 설정대상 채권금액에 1%와 대손실적률 중 큰 비율을 곱한 금액 이다.
③ 법인세법상 대손금으로 인정된 금액 중 회수된 금액은 회수된 날이 속하는 사업연도의 익금이다.
④ 국내건설모회사가 해외 건설자회사(지분율 90% 이상)에게 지급한 대여금의 경우 채권 금액의 5%까지 대손충당금 설정이 가능하다.

10 다음 중 법인세법상 대손충당금에 관한 설명으로 가장 올바르지 않은 것은?

① 대손충당금 설정대상채권에는 매출채권뿐만 아니라 대여금, 미수금 등도 포함된다.
② 대손충당금은 매출활동을 통해 발생한 외상매출금과 받을어음뿐만 아니라 대여금, 미수 금 등의 채권에 대해서도 대손충당금을 설정할 수 있다.
③ 대손충당금의 손익계산서상 대손상각비와 세법상 한도액을 비교하여 한도초과액을 계 산한다.
④ 대손충당금은 결산조정사항이므로 한도미달액에 대하여는 손금산입할 수 없다.

11 다음 중 법인세법상 대손처리할 수 있는 채권은?

① 대표이사 등의 횡령으로 인한 채권
② 보증채무의 대위변제로 인한 구상채권
③ 대손세액공제를 받은 부가가치세 매출세액 미수금
④ 특수관계인에 대한 매출채권

12 다음은 제조업을 영위하는 (주)삼일의 제10 기(2024년 1월 1일 ～ 2024년 12월 31일) 대손 충당금 변동내역과 이와 관련된 자료이다. 대손충당금과 관련하여 (주)삼일이 수행하여야 하는 세무조정으로 가장 옳은 것은?

〈대손충당금〉

당기사용액	3,000,000원	기초 잔액	4,000,000원
기말 잔액	2,000,000원	당기설정액	1,000,000원
계	5,000,000원	계	5,000,000원

ㄱ. 전기말 대손충당금 한도초과액: 600,000원
ㄴ. 세무상 기말 채권 잔액: 120,000,000원
　　　　　　　　(특수관계인에 대한 업무무관가지급금 20,000,000원 포함)
ㄷ. 당기 대손실적률: 0.8%
ㄹ. 대손충당금의 당기사용액은 대손발생금액으로 세법상 대손요건을 충족함

① (손금불산입) 1,000,000원 (유보), (손금산입) 600,000원 (△유보)
② (손금불산입) 1,200,000원 (유보), (손금산입) 600,000원 (△유보)
③ (손금불산입) 1,000,000원 (유보)
④ (손금불산입) 1,200,000원 (유보)

XI 준비금의 손금산입

1 개요

준비금은 중소기업지원 등 조세정책적 목적에서 조세의 납부를 일정기간 유예하는 조세지원제도이다. 준비금은 손금에 산입한 후 환입하거나 비용과 상계하기 때문에 손금에 산입하는 사업연도에는 조세부담을 경감시키고 환입하거나 상계하는 연도에 조세부담을 증가시키게 된다. 이를 통해 조세의 이연효과가 발생하여 기간이익을 얻게 된다.

준비금은 법인세법과 조세특례제한법에서 규정하는 두 가지가 있다. 이는 근거법뿐만 아니라 실질적으로 상이한 내용이 많다. 이를 비교하면 다음과 같다.

구분	법인세법상 준비금	조세특례제한법상 준비금
설정대상법인	보험업 등 특수업종을 영위하는 법인	준비금의 성격에 따라 특정한 사업을 영위하거나 특정한 업종을 영위하는 법인
설정근거	「보험업법」 등 타 법률 다만, 고유목적사업준비금은 법인세법에 근거함	조세특례제한법
회계기준에서 인정여부	인정함	인정하지 아니함→결산조정이 원칙이나 잉여금처분에 의한 신고조정이 허용됨

2 법인세법상 준비금

법인세법에서 규정하고 있는 준비금은 다음과 같다.

종류	설정대상법인
책임준비금	보험업을 영위하는 법인
비상위험준비금	
해약환급금준비금	
고유목적사업준비금	비영리내국법인

3 조세특례제한법상의 준비금

현재 조세특례제한법에 의한 준비금은 그 목적에 따라 신용회복목적회사의 손실보전준비금(조특법 제104조의 12) 등이 존재한다.

4 준비금의 세무조정

(1) 준비금의 손금산입

조세특례제한법상 준비금과 고유목적사업준비금 등을 잉여금처분에 의하여 적립금을 적립한 경우 그 금액을 세무조정을 통해서 손금산입할 수 있다.

만약 당해 처분가능한 이익이 부족한 경우에는 다음 사업연도 이후에 부족액을 처분하여야 한다.

(2) 준비금의 환입

전입한 준비금은 일정기간이 경과한 후에 다시 익금산입하여야 한다. 예를 들어 고유목적사업준비금을 손금에 산입한 법인은 해산하거나 고유목적사업을 전부 폐지하는 등의 사유가 발생할 경우 그 고유목적사업준비금의 잔액을 당해 사유가 발생한 날이 속하는 사업연도의 익금에 산입한다.

MEMO

01 다음 중 준비금에 관한 설명으로 가장 올바르지 않은 것은?

① 비영리내국법인은 법인세법에 따라 고유목적사업준비금을 손금에 산입할 수 있다.
② 준비금은 법인세법에서만 규정하고 있고, 조세특례제한법에서 규정하는 준비금은 현재 없다.
③ 보험업을 영위하는 법인은 비상위험준비금을 손금에 산입할 수 있다.
④ 전입한 준비금은 일정기간이 경과한 후에 다시 익금산입하여야 한다.

02 법인세법상 손금으로 인정되지 않는 준비금 또는 충당금은?

① 퇴직급여충당금   ② 대손충당금
③ 고유목적사업준비금   ④ 수선충당금

03 다음 중 준비금 및 충당금에 관한 설명으로 가장 올바르지 않은 것은?

① 조세특례제한법상 준비금은 설정대상법인의 요건이 구체적으로 규정되어 있다.
② 비영리내국법인의 고유목적사업준비금은 조세특례제한법에 근거하고 있다.
③ 준비금은 손금에 산입한 후 환입하거나 비용과 상계하기 때문에 손금에 산입하는 사업연도에는 조세부담을 경감시키고 환입하거나 상계하는 연도에 조세부담을 증가시키게 된다.
④ 수선충당금은 법인세법에서는 손금으로 인정되는 충당금으로 열거되어 있지 않기 때문에 손금으로 인정되지 않는다.

XII 부당행위계산부인

1 개요

국내에서 법인세 납세의무가 있는 법인이 그 특수관계인과 거래함으로써 그 법인의 소득에 대한 조세 부담을 부당히 감소시켰다고 인정되는 경우, 관할과세관청은 그 법인의 행위 또는 소득금액의 계산에 불구하고 이를 부인하여 그 법인의 각 사업연도의 소득금액을 계산할 수 있다고 규정하고 있다.

2 부당행위계산부인의 적용요건

(1) 요건

부당행위계산부인의 규정이 적용되기 위해서는 다음의 두 가지 요건을 동시에 만족해야 한다.

① 특수관계인과의 거래이어야 한다.
② 당해 법인의 부당한 행위·계산으로 조세부담이 감소되었다고 인정되어야 한다.

(2) 특수관계인

법인세법상 특수관계인의 범위는 당해 법인과 다음 중 어느 하나의 관계에 있는 자를 말하는데, 여기서 특수관계인이라 함은 그 쌍방관계를 각각 특수관계인으로 한다. 쌍방관계란 어느 일방을 기준으로 특수관계에 해당하기만 하면 이들 상호간은 특수관계인에 해당하는 것이다.

① 임원의 임면권행사, 사업방침결정 등 당해 법인의 경영에 대하여 사실상 영향력을 행사하고 있다고 인정되는 자와 그 친족
② 주주 등(소액주주 등은 제외)과 그 친족. 소액주주란 발행주식총수의 1% 미만의 주식을 소유한 주주를 말하나, 지배주주와 특수관계인은 소액주주로 보지 아니한다.
③ 법인의 임원·직원 또는 주주 등의 직원(비소액주주등이 영리법인인 경우에는 그 임원을, 비영리법인인 경우에는 그 이사 및 설립자를 말한다)이나 법인 또는 주주 등의 금전기타 자산에 의하여 생계를 유지하는 자와 이들과 생계를 함께 하는 친족

④ 해당 법인이 직접 또는 그와 ①부터 ③까지의 관계에 있는 자를 통하여 어느 법인의 경영에 대하여 지배적인 영향력*을 행사하고 있는 경우 그 법인

⑤ 해당 법인이 직접 또는 그와 ①부터 ④까지의 관계에 있는 자를 통하여 어느 법인의 경영에 대하여 지배적인 영향력*을 행사하고 있는 경우 그 법인

⑥ 당해 법인에 100분의 30 이상을 출자하고 있는 법인에 100분의 30 이상을 출자하고 있는 법인이나 개인

⑦ 당해 법인이 「독점규제 및 공정거래에 관한 법률」에 의한 기업집단에 속하는 법인인 경우 그 기업집단에 소속된 다른 계열회사 및 그 계열회사의 임원

* 다음 요건에 해당하는 경우 지배적 영향력이 있는 것으로 본다.

구분	지배적 영향력을 행사하는 것으로 보는 경우
영리법인	법인의 발행주식총수의 30% 이상을 출자한 경우 임원의 임면권행사, 사업방침결정 등 당해 법인의 경영에 대하여 사실상 영향력을 행사하고 있다고 인정되는 경우
비영리법인	법인의 이사의 과반수를 차지하는 경우 법인의 출연재산의 30% 이상 출연하고 그 중 1인이 설립자인 경우

특수관계인의 범위

(3) 조세부담을 부당하게 감소시키는 것으로 인정되는 경우

법인세법에서 규정하고 있는 것은 다음과 같다.

① 자산을 시가보다 높게 매입 또는 현물출자 받았거나 그 자산을 과대상각한 때
② 무수익자산을 매입 또는 현물출자 받았거나 그 자산에 대한 비용을 부담한 때
③ 자산을 무상 또는 시가보다 낮게 양도 또는 현물출자한 때
④ 불량자산을 차환하거나 불량채권을 양수한 때
⑤ 출연금을 대신 부담한 때
⑥ 금전 기타 자산 또는 용역을 무상 또는 시가보다 낮은 이율·요율이나 임대료로 대부 또는 제공한 때[단, 주주가 아닌 임원(소액주주인 임원 포함) 및 직원에게 사택을 제공하는 경우는 제외]
⑦ 금전 기타 자산 또는 용역을 시가보다 높은 이율·요율이나 임차료로 차용하거나 제공받은 때
⑧ 증·감자, 합병, 분할 등 법인의 자본을 증가 또는 감소시키는 거래를 통한 이익의 분여
⑨ 기타 출자자 등에게 법인이 이익을 분여하였다고 인정되는 것이 있을 때
⑩ 특수관계인간 파생상품 거래시 권리를 불행사하거나 권리행사기간을 조정하는 이익분여행위

(4) 현저한 이익의 분여

(3)의 사례 중 ①, ③, ⑥, ⑦에 해당하는 행위 중 시가와 대가의 차액이 시가의 5% 이상이거나 3억 원 이상인 경우에 한하여 부당행위계산부인규정을 적용한다(단, 상장주식의 장내거래의 경우는 제외).

시가의 개념

① 시가

시가란 당해 거래와 유사한 상황에서 법인이 특수관계인 외의 불특정다수인과 계속적으로 거래한 가격 또는 특수관계인이 아닌 제3자간에 일반적으로 거래된 가격이 있는 경우에는 그 가격을 말한다. 다만, 주권상장법인이 발행한 주식을 증권시장 외에서 거래하거나 대량매매 등으로 거래하는 경우 해당 주식의 시가는 그 거래일의 거래소 최종시세가액(거래소가 휴장 중에 거래한 경우에는 그 거래일의 직전 최종시세가액)으로 하되, 사실상 경영권의 이전이 수반되는 경우에는 그 가액의 20%를 가산한다.

② 자산의 시가가 불분명한 경우

구분	시가판정순서
주식(출자지분 포함) 및 가상자산	① 시가*1) → ② 상증세법상 평가액
위 이외의 자산	① 시가*1) → ② 감정평가법인 등의 감정가액*2) → ③ 상증세법상 평가액

*1) 시가란 건전한 사회통념 및 상관행과 특수관계인이 아닌 자간의 정상적인 거래에서 적용되거나 적용될 것으로 인정되는 가격(요율·이자율·임대료 및 교환비율)을 말한다.
*2) 감정가액이 2 이상인 경우에는 그 감정가액의 평균액을 말한다.

③ 자산(금전 제외) 또는 용역의 제공에 있어서 ① 및 ②의 규정을 적용할 수 없는 경우에는 다음과 같이 계산한 금액을 시가로 한다.

구분	시가
유형 또는 무형의 자산을 제공하거나 제공받는 경우	(해당 자산 시가 × 50%-전세금·보증금)×정기예금이자율
건설 기타 용역을 제공하거나 제공받는 경우	당해 용역의 원가*1) + 당해 용역의 원가*1)× 원가기준 수익률*2)

*1) 당해 용역의 제공에 소요된 직접비와 간접비
*2) 당해 사업연도 중 특수관계인 외의 자에게 제공한 유사한 용역제공거래 또는 특수관계인이 아닌 제3자간의 일반적인 용역제공거래에 있어서의 수익률(기업회계기준에 의하여 계산한 매출액에서 원가를 차감한 금액을 원가로 나눈 율)

3 부당행위계산부인의 유형

(1) 고가매입

고가매입은 부당행위계산의 부인에서 가장 많이 나타나는 사례인데, 법인이 특수관계인으로부터 시가를 초과하여 고가로 매입하였을 경우 동 시가초과액은 이익의 분여로 인정되므로 익금산입하고 그 귀속자에 따라 배당·상여 등으로 소득처분하고 동시에 동액은 자산과대평가분에 해당하므로 손금산입(△유보)으로 처분한다.

예를 들어 시가 1,000원의 건물을 특수관계인으로부터 3,000원에 매입하고 현금을 지급하면 3,000원－1,000원＝2,000원이 부당행위계산부인액이 된다.

예 제

(주)삼일은 당기에 당 회사의 대표이사로부터 시가 2억 원인 건물을 3억 원에 매입하고 동 건물의 신고내용연수(40년)에 따라 7,500,000원을 감가상각비로 계상하였다. 이 경우 당기 세무조정을 수행하시오. 단, (주)삼일은 건물매입대금을 매입시점에 현금으로 전액 지급하였다.

풀 이

(1) 부당행위계산규정 적용여부 판단: 1억(3억－2억)≧2억 × 5%
(2) 부당행위계산부인액의 계산: 3억－2억＝1억
(3) 세무조정
    [손 금 산 입] 건   물 1억(△유보)
    [손금불산입] 고가매입액 1억(상여[*1])
    [손금불산입] 감가상각비 2,500,000[*2](유보)

[*1] 대표이사에게 귀속되므로 상여로 소득처분한다.

[*2] $7,500,000 \times \dfrac{1억}{3억} = 2,500,000$

부인된 건물가액에 해당되는 감가상각비는 손금불산입된다.

---

(2) 저가양도

법인이 특수관계인에게 자산을 무상 또는 시가보다 낮은 가액으로 양도하거나 현물출자하는 경우에는 시가에 미달하는 금액이 바로 이익의 분여인 것이므로 동 미달액을 익금산입하고 귀속자에 따라 배당·상여 등으로 소득처분해야 할 것이다.

(주)삼일은 당기에 당 회사의 대주주에게 시가 1,000,000원(장부가액 800,000원)인 기계장치를 500,000원에 양도하였다. 이 경우 당기 세무조정을 수행하시오.

풀 이

(1) 부당행위계산규정 적용여부 판단: 500,000원(1,000,000원－500,000원)
  ≥ 1,000,000원 × 5%
(2) 부당행위계산부인액의 계산: 1,000,000원－500,000원＝500,000원
(3) 세무조정
  [익금산입] 저가양도 500,000원(배당)

요 약

부당행위와 의제기부금 비교

구분		부당행위계산부인	의제기부금
거래상대방		특수관계인	특수관계인 이외의 자
세무상 취득가액		시가	시가 ± 30%
세무조정	〈고가매입〉	[손금산입] 세무상 취득가액 초과액(△유보) [손금불산입] 시가초과액(사외유출)	[손금산입] 세무상 취득가액 초과액(△유보) [손금불산입] 기부금 한도 초과액(기타사외유출)
	〈저가양도〉	[익금산입] 시가 미달액(사외유출)	[손금불산입] 기부금 한도 초과액(기타사외유출)

(3) 가지급금인정이자

1) 개요

법인이 특수관계인에게 금전을 무상 또는 낮은 이율로 대여한 경우 법인세법상 적정이자율로 계산한 이자상당액 또는 이자상당액과의 차액을 부당행위계산부인하여 익금산입하고 그 귀속자에 따라 배당·상여 등으로 소득처분해야 한다.

2) 가지급금의 범위

법인세법상 가지급금의 범위는 일반적인 개념과는 달리 당해 법인의 업무에 직접적인 관련이 없는 자금의 대여는 명칭에 불구하고 가지급금으로 보고 있다.

다만, 다음에 해당되는 자금의 대여는 가지급금으로 보지 아니한다.

① 미지급소득에 대한 소득세를 법인이 납부하고 이를 가지급금 등으로 계상한 금액
② 국외투자법인에 종사하거나 종사할 자의 여비·급료 기타 비용을 대신하여 부담하고 이를 가지급금 등으로 계상한 금액
③ 법인이 우리사주조합 또는 그 조합원에게 당해 법인의 주식취득에 소요되는 자금을 대여한 금액
④ 국민연금법에 의하여 근로자가 지급받은 것으로 보는 퇴직금전환금
⑤ 소득의 귀속이 불분명하여 대표자에게 상여처분한 금액에 대한 소득세를 법인이 납부하고 이를 가지급금으로 계상한 금액
⑥ 직원*에 대한 월정액 급여액의 범위 안에서의 일시적인 급료의 가불금
⑦ 직원*에 대한 경조사비의 대여액
⑧ 직원*에 대한 학자금의 대여액
⑨ 중소기업에 근무하는 직원*(지배주주등인 직원은 제외한다)에 대한 주택구입 또는 전세자금의 대여액

> * 임원은 직원에 포함되지 않으므로 임원에 대한 급여 가불금, 경조사비 대여액, 학자금 대여액, 주택구입·전세자금 대여액은 업무무관가지급금에 해당한다.

3) 인정이자의 계산

$$\begin{array}{l} \text{가지급금인정이자} \\ \text{(익금산입액)} \end{array} = \text{가지급금적수} \times \text{적정이자율} \times \frac{1}{365} \left(\text{윤년은} \frac{1}{366} \right) - \text{실제이자수령액}$$

① 가지급금적수

가지급금적수는 가지급금의 매일의 잔액을 합한 금액을 말한다. 이 때 가지급금적수계산은 가지급금 잔액으로 남아 있는 매일매일의 금액의 누적합계액으로 계산하여야 하므로 가지급금이 발생한 초일은 산입하고 가지급금이 회수된 날은 제외해야 한다.

동일인에 대한 가지급금과 가수금

동일인에 대한 가지급금 등과 가수금이 함께 있는 경우에는 이를 상계한 금액으로 하되 다음의 경우에는 상계하지 아니한다.

① 가지급금 등 및 가수금의 발생시에 상환기간·이자율 등에 대한 약정이 있어 이를 서로 상계할 수 없는 경우

② 가지급금 등과 가수금이 사실상 동일인의 것이라고 볼 수 없는 경우

② 적정이자율

인정이자 계산을 위한 적정이자율은 가중평균차입이자율*로 한다. 다만, 가중평균차입이자율의 적용이 불가능한 경우(해당 대여금 또는 차입금에 한정)와 법인이 당좌대출이자율을 시가로 선택하는 경우(선택한 사업연도와 이후 2개 사업연도에 계속 적용)에는 당좌대출이자율을 적정이자율로 한다.

* 가중평균차입이자율: 법인의 자금대여시점 현재 각각의 차입금 잔액(특수관계인으로부터의 차입금 제외)에 차입 당시의 각각의 이자율을 곱한 금액의 합계액을 차입금 잔액의 총액으로 나눈 이자율

예 제

(주)삼일은 대표이사에게 업무무관가지급금을 대여하여 당기에 가지급금적수 100,000,000원이 발생하였다. 차입약정은 맺지 않았으며 대표이사로부터 수입한 이자도 없었다. (주)삼일이 선택한 적정이자율은 1.6%라고 가정하면 필요한 세무조정은?(단, 1년은 365일로 가정한다.)

풀 이

(1) 가지급금인정이자의 계산

$$100,000,000 \times 1.6\% \times \frac{1}{365} = 4,383원$$

(2) 세무조정

　　[익금산입] 가지급금인정이자　　4,383원(상여)

예 제

(주)삼일의 특수관계인에 대한 가지급금 내역은 다음과 같다. (주)삼일의 20×1년도(1. 1~12. 31) 가지급금인정이자는 얼마인가?

(1) 대표이사 홍길동에 대한 가지급금계정

년월일	적요	차변	대변	잔액	비고
20×1. 1. 1	전기이월	10,000,000		10,000,000	전액 일시가불임
20×1. 4. 1	가불일부회수		5,000,000	5,000,000	
20×1.12. 31	차기이월		5,000,000		

※ 회사는 상기 가지급금에 대해서 이자를 받은 적이 없다.

(2) 인정이자 계산시 가중평균차입이자율을 적용하기로 한다. 대여당시 가중평균차입이자율은 1.6%이다.

풀 이

(1) 가지급금적수계산

기간	일수	가지급금 잔액	가지급금 적수
1. 1~ 3. 31	90	10,000,000	900,000,000
4. 1~12. 31	275	5,000,000	1,375,000,000
계	365	–	2,275,000,000

(2) 가지급금 등의 인정이자

$$2,275,000,000 \times 1.6\% \times \frac{1}{365} = 99,726원$$

세무 point

거래 당사자의 일방이 국외특수관계인인 국제거래에 있어서 그 거래가격이 정상가격에 미달하거나 초과하는 경우에는 정상가격을 기준으로 거주자(내국법인과 국내사업장을 포함한다)의 과세표준 및 세액을 결정 또는 경정할 수 있다. 이 규정은 국제조세조정에관한법률에 규정된 내용으로 법인세법의 부당행위계산부인과 대동소이하며 국내거래와 국제거래의 차이만 있을 뿐이다. 국제거래는 국내거래보다 정상가격(부당행위계산부인의 시가) 산출이 훨씬 복잡하고 많은 세무문제가 발생하는 것으로서 다음의 방법 중 가장 합리적인 방법에 의하여 계산한 가격으로 한다.

① 비교가능 제3자 가격방법
② 재판매가격방법
③ 원가가산방법
④ 거래순이익률방법, 이익분할방법, 그 밖에 거래의 실질 및 관행에 비추어 합리적이라고 인정되는 방법

거주자는 일정기간의 과세연도에 대하여 정상가격산출방법을 적용하고자 하는 경우에 정상가격산출방법을 적용하고자 하는 일정기간의 과세연도 중 최초의 과세연도 종료일까지 국세청장에게 승인신청을 할 수 있으므로 사전승인을 받아 놓으면 차후에 발생할 수 있는 세무문제를 미연에 방지할 수 있다.

MEMO

01 (주)삼일은 2024년 1월 1일에 회사의 대표이사로부터 시가 3억 원인 토지를 10억 원에 매입하며 다음과 같이 회계처리하였다. 토지 매입과 관련하여 2024년에 필요한 세무조정으로 가장 옳은 것은?(단, 증여세는 고려하지 않는다.)

(차변) 토지	10억 원	(대변) 현금	10억 원

① (손금산입)　　토지　　　　　3억 원 (△유보)
　(손금불산입) 고가매입액　3억 원 (상여)
② (손금산입)　　토지　　　　　5억 원 (△유보)
　(손금불산입) 고가매입액　5억 원 (상여)
③ (손금산입)　　토지　　　　　7억 원 (△유보)
　(손금불산입) 고가매입액　7억 원 (상여)
④ (손금불산입) 고가매입액　7억 원 (상여)

02 부당행위계산의 부인규정이 적용되는 특수관계인이 아닌 것은?

① 출자자와 그 친족
② 법인의 임원 및 직원
③ 법인의 소액주주
④ 당해 법인에 30% 이상을 출자하고 있는 법인에 30% 이상을 출자하고 있는 개인

03 다음 중 법인세법상 부당행위계산부인 규정에 관한 설명으로 가장 올바르지 않은 것은?

① 부당행위계산부인 규정이 적용되기 위해서는 원칙적으로 특수관계인 사이에서 이루어진 거래이어야 한다.
② 특수관계인과의 거래라고 하더라도 그 법인의 소득에 대한 조세부담이 감소되지 않은 경우에는 부당행위계산부인 규정이 적용되지 않는다.
③ 중소기업에 근무하는 직원에게 주택임차자금을 대여하는 경우에는 복리후생적 지출로 보아 부당행위계산부인규정을 적용하지 않는다.
④ 회사가 사택을 출자임원(지분율 1%)에게 무상으로 제공하는 경우에는 부당행위계산부인 규정을 적용하지 않는다.

04 (주)삼일은 대표이사인 홍길동씨에게 업무와 관련 없이 자금을 대여하고 있으며, 동 대여금의 제 21기 사업연도(2024.1.1.~2024.12.31.)의 적수는 3,650,000,000원이다. 2024년 중 대표이사로부터 수령한 이자가 없으며 (주)삼일의 가중평균차입이자율이 4%인 경우 필요한 세무조정으로 가장 옳은 것은?(단, 인정이자 계산 시 가중평균차입이자율 적용함)

① (익금산입) 가지급금 인정이자　400,000원 (상여)
② (익금산입) 가지급금 인정이자　365,000원 (상여)
③ (익금산입) 가지급금 인정이자　200,000원 (상여)
④ (익금산입) 가지급금 인정이자　182,500원 (상여)

05 (주)삼일은 시가 100원인 건물(장부가액은 50원)을 개인 대주주에게 양도하고 유형자산처분이익 46원을 인식하였다. 필요한 세무조정은?

① [익금산입] 저가양도 4원(배당)　　② [익금산입] 저가양도 4원(유보)
③ [익금산입] 저가양도 5원(배당)　　④ 세무조정 필요없음

06 법인세법에서는 '특수관계인에게 법인의 업무에 직접적인 관련이 없이 대여한 자금'을 업무무관 가지급금으로 보아 불이익을 주고 있다. 업무무관 가지급금에 대한 법인세법상 처리내용 중 옳은 것을 모두 고르면?

> ㄱ. 업무무관가지급금에 대하여 이자를 받지 않거나 또는 법인세법상 적정이자율보다 낮은 이율로 대여한 경우 적정이자율로 계산한 이자상당액 또는 이자상당액과의 차액을 익금산입한다.
> ㄴ. 업무무관가지급금에 대하여 설정한 대손충당금은 손금으로 인정되지 않는다.
> ㄷ. 업무무관가지급금 관련 지급이자는 전액 손금 인정된다.
> ㄹ. 업무무관가지급금을 대손 처리한 경우 손금으로 인정되지 않는다.

① ㄱ, ㄴ, ㄷ　　　　　　　　　　② ㄴ, ㄷ, ㄹ
③ ㄱ, ㄴ, ㄹ　　　　　　　　　　④ ㄱ, ㄴ, ㄷ, ㄹ

07 영리내국법인 (주)삼일의 제21기(2024년 1월 1일 ~ 2024년 12월 31일) 거래이다. 부당행위계산의 부인과 관련하여 제21기에 세무조정이 필요하지 않은 경우는?(단, 甲, 乙은 모두 거주자이며, (주)삼일의 가중평균차입이자율은 5%임)

① (주)삼일의 발행주식의 30%를 출자하고 있는 내국법인 (주)삼이에게 2024년 4월 1일 운영자금 10억 원을 3년간 무상으로 대여해준 경우

② 2024년 1월 1일 (주)삼일(중소기업에 해당함)의 출자임원(지분율 0.8%) 甲에게 3년간 주택매입자금 3억 원을 무상으로 대여해준 경우

③ (주)삼일의 임원에 대한 임면권을 사실상 행사하는 창업주 명예회장 乙이 법인 설립 시부터 사용하는 사택(무수익자산임)의 연간 유지비 1억 원을 (주)삼일이 2024년 말 현재까지 전액 부담하고 있는 경우

④ 2024년 3월 5일 (주)삼일의 대표이사에게 시가 10억 원인 토지를 9.8억 원에 매각한 경우

08 다음 중 법인세법상 부당행위계산의 부인에 관한 설명으로 옳은 것을 모두 고른 것은?

> ㄱ. 법인이 특수관계인으로부터 무수익자산을 8억 원에 매입한 경우에는 부당행위계산의 부인을 적용한다.
> ㄴ. 부당행위계산의 부인은 법인과 특수관계에 있는 자 간의 거래를 전제로 하지 않는다.
> ㄷ. 부당행위계산의 부인에서 특수관계의 존재 여부는 해당 법인과 법령이 정하는 일정한 관계에 있는 자를 말하며, 이 경우 해당 법인도 그 특수관계인의 특수관계인으로 본다.
> ㄹ. 부당행위계산의 부인을 적용할 때 시가가 불분명한 경우에는 감정평가 및 감정평가사에 관한 법률에 따른 감정평가업자가 감정한 가액과 상속세 및 증여세법에 따른 보충적 평가방법을 준용하여 평가한 가액 중 큰 금액을 시가로 한다.

① ㄱ, ㄴ   ② ㄱ, ㄷ
③ ㄴ, ㄹ   ④ ㄷ, ㄹ

09 다음 중 법인세법상 부당행위계산부인규정에 관한 설명으로 가장 올바르지 않은 것은?

① 임원에 대한 경조사비 대여액은 인정이자 계산대상 가지급금에 해당한다.
② 법인의 임원·사용인은 법인의 특수관계인에 해당한다.
③ 법인의 대주주와 생계를 같이하는 친족은 법인의 특수관계인에 해당하지 아니한다.
④ 특수관계인이라 함은 그 쌍방관계를 각각 특수관계인으로 하는바, 어느 일방을 기준으로 특수관계에 해당하면 이들 상호간에 특수관계가 있는 것으로 본다.

10 (주)삼일은 A에게 정당한 사유 없이 시가 10억 원의 토지를 5억 원에 양도하였다. 개별 상황이 다음과 같은 경우 각 상황에 따른 의제기부금 금액과 부당행위계산부인 대상 금액으로 각각 가장 옳은 것은?

> 상황1. A 가 (주)삼일의 특수관계인이 아닌 경우
> 상황2. A 가 (주)삼일의 특수관계인인 경우

	상황 1	상황 2
①	2억 원	2억 원
②	2억 원	5억 원
③	5억 원	2억 원
④	5억 원	5억 원

XIII 과세표준과 세액의 계산

1 과세표준의 계산

과세표준이라 함은 세법에 의하여 직접적으로 세액산출의 기초가 되는 과세대상의 수량 또는 가액을 말한다. 법인세 과세표준은 다음과 같이 계산한다.

```
    각사업연도 소득금액    … 법인세법상의 소득
(−)  이월결손금          …┌ 15년 이내 발생한 세무상 결손금*1) 2)
(−)  비과세소득            └ MIN(공제대상결손금, 공제한도)
(−)  소득공제
    과세표준
```

*1) 2020. 1. 1 전에 개시하는 사업연도에 발생한 결손금은 10년간 이월공제하고, 2020.1.1. 이후 개시하는 사업연도에 발생하는 결손금은 15년간 이월공제함.
*2) 각 사업연도 소득금액의 80%(중소기업, 회생계획 및 경영정상화 계획을 이행중인 기업, 지급배당소득공제를 통하여 법인세를 사실상 비과세하는*3) 명목회사, 기업활력법에 따른 사업재편계획을 이행중인 법인은 100%) 범위에서 공제한다.
*3) 1. 유동화전문회사
　　2. 자본시장법상 회사형집합투자기구
　　3. 위탁관리 부동산 투자회사
　　4. 프로젝트 금융투자회사 등

(1) 이월결손금

각 사업연도의 익금총액보다 손금총액이 큰 경우 동 차액을 결손금이라 하며, 동 결손금이 다음 사업연도로 이월되는 경우 이를 법인세법상 이월결손금이라 한다. 이월결손금이 모두 공제되는 것은 아니며 다음의 요건을 만족해야 한다.

1) 공제기간 내에 발생된 것

각 사업연도 개시일전 15년(2020. 1. 1 전에 개시하는 사업연도 발생분은 10년) 이내에 개시한 사업연도에 발생한 결손금이 공제대상이다.

2) 미공제분일 것

세무상 결손금은 과세표준계산상 공제되거나 소득금액계산상 손금산입(자산수증익이나 채무면제익에 의해 충당된 것)되면 소멸한다. 따라서 당기 전에 미공제된 이월결손금이 공제대상이다.

3) 공제한도

공제대상 이월결손금은 각 사업연도 소득의 80%(다음의 법인은 100%)를 한도로 한다.
① 조세특례제한법에 따른 중소기업
② 법원이 인가결정한 회생계획을 이행 중인 법인
③ 기업개선계획의 이행을 위한 약정을 체결하고 기업개선계획을 이행 중인 법인
④ 해당 법인의 채권을 보유한 금융회사 등 또는 법 소정 공공기관과 경영정상화계획의 이행을 위한 협약을 체결하고 경영정상화계획을 이행 중인 법인
⑤ 사업재편계획 승인을 받은 법인
⑥ 유동화거래를 목적으로 설립된 법인으로서 일정한 요건을 갖춘 법인
⑦ 유동화전문회사 등에 대한 소득공제 대상 법인

(2) 비과세소득

비과세소득이란 국가가 과세권을 포기한 소득이다. 각 사업연도 소득금액에서 이월결손금을 공제한 금액을 초과하는 비과세소득은 다음 사업연도로 이월되지 않고 소멸한다.

비과세소득은 법인세법에서 규정된 「공익신탁의 신탁재산에서 생기는 소득」 등이 있다.

(3) 소득공제

소득공제는 조세정책적 목적에서 일정한 요건에 해당하는 경우 소득금액에서 일정액을 공제하여 줌으로써 법인세부담을 경감시켜 주는 제도로 '유동화전문회사 등에 대한 배당소득공제'가 있다.

예 제

다음의 자료를 이용하여 (주)삼일의 2024년 사업연도(2024. 1. 1~2024. 12. 31) 과세표준을 계산하시오. 단, 삼일은 중소기업에 해당한다.
(1) 각 사업연도 소득금액: 100,000,000원
(2) 비과세소득: 1,000,000원
(3) 소득공제: 10,000,000원
(4) 이월결손금
    • 2011년 발생분: 15,000,000원   • 2012년 발생분: 30,000,000원
    • 2016년 발생분: 10,000,000원   • 2018년 발생분: 20,000,000원

각사업연도소득금액	100,000,000원
이월결손금 (−)	30,000,000*
비과세소득 (−)	1,000,000
소득공제 (−)	10,000,000
과세표준	59,000,000원

* 이월결손금은 2020.1.1. 전에 개시하는 사업연도에서 발생하는 결손금은 10년간 이월공제하고, 2020. 1. 1 이후 개시하는 사업연도에서 발생하는 결손금은 15년간 이월공제한다. 이 예제에서는 이월결손금 공제액은 2016년과 2018년 발생분의 합계액인 30,000,000원이 된다.

2 산출세액의 계산

법인세 산출세액은 과세표준에 법인세율을 곱하여 계산한다.

	과세표준
(×)	세율
	산출세액

··· 2억 원까지는 9%
2억 원 초과 200억 원까지는 19%
200억 원 초과 3,000억 원까지 21%
3,000억 원 초과분은 24%

(1) 사업연도가 1년인 경우

과세표준	세율
2억 원 이하	과세표준 × 9%
2억 원 초과 200억 원 이하	1.8천만 원 + 2억 원을 초과하는 금액 × 19%
200억 원 초과 3,000억 원 이하	37억 8천만 원+200억 원을 초과하는 금액 × 21%
3,000억 원 초과	625억 8천만 원 + 3,000억 원을 초과하는 금액 × 24%

(2) 사업연도가 1년 미만인 경우

위에서 살펴본 법인세율은 사업연도가 1년인 경우에 적용되는 비율이므로 사업연도가 1년 미만인 법인의 산출세액을 계산할 경우에는 과세표준을 1년 단위로 환산한 후에 위의 세율을 적용한 후 다시 원래의 사업연도 월수로 돌려주어야 한다.

$$산출세액 = (과세표준 \times \frac{12}{사업연도\ 월수} \times 세율) \times \frac{사업연도\ 월수}{12}$$

예를 들어 회사를 새로 설립하여 제1기 사업연도가 20X1. 7. 1~20X1. 12. 31인 경우 과세표준이 150,000,000원이라면 산출세액은 다음과 같이 계산된다.
- 사업연도 월수: 6개월
- 1년 환산과세표준＝150,000,000 × (12/6)＝300,000,000원
- 산출세액＝(18,000,000＋100,000,000 × 19%) × (6/12)＝18,500,000원

3 세액공제 · 감면

(1) 개요

앞에서 구한 법인세 산출세액은 법인이 실제로 부담해야 할 세액은 아니다. 산출세액에서 세액감면과 세액공제를 차감하고 가산세 등을 가산하면 법인이 각 사업연도 소득에 대해서 부담해야 할 총부담세액이 계산된다. 여기에 법인이 사업연도 중에 여러 경로로 납부한 법인세는 이미 납부된 것이므로 이를 공제하여야 실제 납부할 세액인 차감납부할 세액이 계산된다.

산출세액	
(－) 공제 · 감면세액	
(＋) 가산세	
(＋) 감면분추가납부세액	
총부담세액	
(－) 기납부세액	··· 중간예납세액 · 원천징수세액 · 수시부과세액
차감납부할세액	

(2) 세액공제

세액공제란 조세정책적 목적을 위하여 산출세액에서 일정금액을 공제하는 제도를 말한다. 이는 법인세법과 조세특례제한법에 규정되어 있는 바, 대표적인 세액공제를 정리하면 다음과 같다.

종류	취지	이월공제의 허용여부
① 외국납부세액공제	국제거래로 발생한 이중과세조정	10년간[*1] 허용
② 간접투자회사의 외국납부세액공제		×[*2]
③ 재해손실세액공제	담세력 상실에 대한 지원	×
④ 사실과 다른 회계처리에 기인한 경정에 따른 세액공제	경정에 따른 환급 및 환급의 제한	기간 제한 없음[*3]
⑤ 연구 및 인력개발비세액공제	연구 및 인력개발 지원	10년간[*4] 허용
⑥ 투자세액공제	투자촉진	10년간[*4] 허용

[*1] 이월공제기간 종료 시까지 공제되지 아니한 이월액은 공제기한 다음 사업연도에 손금산입할 수 있다.
[*2] 간접투자회사의 외국납부세액공제는 세액공제하고 미공제분을 환급하므로 이월공제규정은 없다.
[*3] 사실과 다른 회계처리에 기인한 경정에 따른 세액공제는 과다 납부한 세액의 20%를 한도로 공제하고, 공제 후 남아 있는 금액은 기간의 제한 없이 이후 사업연도에 이월하여 공제한다.
[*4] 투자세액공제 등은 종전에 5년간 이월공제하였으나, 투자세액공제 등의 실효성을 제고하기 위하여 2021.1.1. 이후 과세표준을 신고하는 경우부터 이월공제기간을 10년으로 연장하였다. 경과조치로 종전의 공제기간이 지나 이월하여 공제받지 못한 세액에 대해서는 개정규정에도 불구하고 종전 규정에 따른다.

1) 외국납부세액공제

내국법인은 외국에서 얻은 소득(국외원천소득)에 대하여 국내에서 법인세를 부담해야 하며 또한 외국의 법인세도 부담해야 하는 바, 이러한 이중과세를 조정하기 위하여 외국납부세액공제제도를 두고 있다.

① 외국납부세액공제액 계산

다음의 금액 중 적은 금액을 법인세액에서 공제하는 방법을 말한다.

---

① 외국납부세액[*1]

② 공제한도 = 법인세 산출세액 $\times \dfrac{\text{과세표준에 산입된 국외원천소득}[*2]}{\text{과세표준}}$

[*1] 외국납부세액 = 직접외국납부세액 + 간주외국납부세액 + 간접외국납부세액
[*2] 국외에서 발생한 소득으로서 내국법인의 각 사업연도 소득의 계산에 관한 규정을 준용하여 산출한 금액을 의미한다. 이 경우 국외원천소득은 해당 사업연도의 과세표준을 계산할 때 손금에 산입된 금액으로서 국외원천소득에 대응하는 비용(직접비용과 배분비용)이 있는 경우에는 이를 차감한 금액으로 한다.

② 외국납부세액 손금산입

외국납부세액공제를 적용하지 않는 경우에는 직접외국납부세액을 손금에 산입할 수 있다. 그러나 간주외국납부세액과 간접외국납부세액은 세액공제만 적용하므로 손금산입할 수 없다.

예 제

다음의 자료를 이용하여 (주)삼일의 외국납부세액공제액을 구하시오. 단, (주)삼일은 외국납부세
액공제방법을 선택하였다고 가정하자.
(1) 각 사업연도 소득: 300,000,000원
(2) 법인세 과세표준: 200,000,000원
(3) 법인세 산출세액: 20,000,000원
(4) 국외원천소득자료
  • 과세표준에 산입된 국외원천소득: 50,000,000원
  • 국외원천소득에 대한 외국납부세액: 12,000,000원

풀 이

외국납부세액공제액=MIN(①, ②)=5,000,000원

① 외국납부세액: 12,000,000원

② 공제한도액: $20,000,000 \times \dfrac{50,000,000}{200,000,000} = 5,000,000$원

2) 재해손실세액공제

사업연도 중 천재·지변 기타 재해로 인하여 사업용 자산가액의 20% 이상을 상실하여 납세하기가 곤란하다고 인정되는 경우 그 상실된 자산의 가액을 한도로 재해손실세액공제를 받을 수 있다.

3) 사실과 다른 회계처리에 기인한 경정에 따른 세액공제

분식결산으로 인한 경정등의 청구가 있는 경우에는 분식결산으로 인하여 발생한 환급금은 즉시 환급하지 아니하고 과다납부한 법인세액의 20%를 한도로 공제하고, 공제 후 남아있는 환급세액은 이후 사업연도에 이월하여 공제한다.

4) 기타 투자세액공제

조세특례제한법에서는 사업용 자산을 새로이 취득하여 투자한 경우에 법정요건에 해당되면 투자금액의 일정률에 해당하는 금액을 법인세에서 공제한다. 이때 하나의 투자에 대하여 다음의 투자세액공제규정이 동시에 적용되는 경우는 그 중 하나만을 선택하여 적용받을 수 있다. 투자세액공제규정을 요약하면 다음과 같다.

종류	적용대상	세액공제액
통합투자세액공제	소비성서비스업과 부동산 임대업 및 공급업을 제외한 사업을 영위하는 내국인이 다음에 해당하는 자산에 투자(중고품 및 금융리스를 제외한 투자는 제외)하는 경우 ① 기계장치 등 사업용 유형자산(다만, 토지와 건축물 등 기획재정부령으로 정하는 자산은 제외) ② 위 ①에 해당하지 않는 유형자산과 무형자산으로서 다음 중 어느 하나에 해당하는 자산 ㈎ 연구시험용·직업훈련용 시설, 에너지절약 시설 및 환경보전 시설 등 기획재정부령으로 정하는 시설 ㈏ 그 밖에 사업에 필수적인 자산으로서 기획재정부령으로 정하는 시설	세액공제액=기본공제금액+추가공제금액 ① 기본공제 금액: 해당 과세연도에 투자한 금액의 1%(중견기업은 5%, 중소기업은 10%)에 상당하는 금액. 다만, ㈎ 신성장·원천기술의 사업화를 위한 시설(신성장사업화시설)에 투자하는 경우에는 3%(중견기업은 6%, 중소기업은 12%)에 상당하는 금액 ㈏ 국가전략기술의 사업화를 위한 시설(국가전략기술사업화시설)에 2024년 12월 31일까지 투자하는 경우에는 15%(중소기업은 25%)에 상당하는 금액 ② 추가공제 금액: 해당 과세연도에 투자한 금액이 해당 과세연도의 직전 3년간 연평균 투자 또는 취득금액을 초과하는 경우에는 그 초과하는 금액의 3%(국가전략기술사업화시설의 경우 4%)에 상당하는 금액. 다만, 추가공제 금액이 기본공제 금액을 초과하는 경우에는 기본공제 금액의 2배를 그 한도로 함.
수탁기업에 설치하는 시설에 대한 세액공제	내국법인이 「대·중소기업 상생협력 촉진에 관한 법률」에 따른 수탁·위탁거래의 상대방인 수탁기업에 설치(무상임대하는 경우는 제외)하는 검사대와 연구시설에 투자하는 경우	투자금액의 1%(중견기업 3%, 중소기업 7%)

5) 연구·인력개발비에 대한 세액공제

내국법인이 연구개발 및 인력개발에 지출한 금액(이하 연구·인력개발비라 한다)를 지출한 경우 다음의 금액을 법인세에서 공제한다. 연구·인력개발비에 대한 세액공제는 업종을 제한하지 않으므로 어떤 사업을 하는지에 관계없이 이 규정을 적용받을 수 있다.

① 신성장·원천기술연구개발비

신성장·원천기술연구개발비에 대한 세액공제 = 신성장·원천기술연구개발비 당기 발생액 × 공제율*

* 공제율

① 중소기업: 30% + Min[$\dfrac{신성장 \cdot 원천기술연구개발비}{해당\ 사업연도의\ 수입금액^*} \times 3$, 10%]

② 코스닥상장중견기업: 25% + Min[$\dfrac{신성장 \cdot 원천기술연구개발비}{해당\ 사업연도의\ 수입금액^*} \times 3$, 15%]

③ 그 밖의 기업: 20% + Min[$\dfrac{신성장 \cdot 원천기술연구개발비}{해당\ 사업연도의\ 수입금액^*} \times 3$, 10%]

  * 수입금액은 기업회계기준에 따라 계산한 매출액을 말한다.

② 국가전략기술연구개발비

> 국가전략기술연구개발비에 대한 세액공제 = 국가전략기술연구개발비 당기 발생액 × 공제율*

* 공제율

① 중소기업: 40% + Min[$\dfrac{국가전략기술연구개발비}{해당\ 사업연도의\ 수입금액^*} \times 3$, 10%]

② 그 밖의 기업: 30% + Min[$\dfrac{국가전략기술연구개발비}{해당\ 사업연도의\ 수입금액^*} \times 3$, 10%]

  * 수입금액은 기업회계기준에 따라 계산한 매출액을 말한다.

③ 일반연구 · 인력개발비

> 일반연구 · 인력개발비에 대한 세액공제: ①과 ② 중 선택*[1]
> ① 증가분방식 세액공제 = (당기 발생액 − 직전기 발생액) × 25%(중견기업 40%, 중소기업 50%)
> ② 당기분방식 세액공제 = 당기 발생액 × 공제율*[2]

*[1] 다음 중 어느 하나에 해당하는 경우에는 당기분방식으로 연구 · 인력개발비를 계산하여야 함.
  ① 당기 개시일부터 소급하여 4년간 일반연구 · 인력개발비가 발생하지 아니한 경우
  ② 직전기에 발생한 일반연구 · 인력개발비가 당기 개시일부터 소급하여 4년간 발생한 일반연구 · 인력개발비의 연평균 발생액보다 적은 경우
*[2] 공제율
  ① 중소기업: 25%
  ② 중소기업이 최초로 중소기업에 해당하지 아니하게 된 경우(중소기업에 해당하지 아니하게 된 사유가 발생한 날이 속하는 과세연도와 그 다음 3개 과세연도가 경과한 경우): 3년 이내에 끝나는 사업연도까지 15%, 그 후 2년 이내에 끝나는 사업연도까지 10%
  ③ 중견기업이 "②"에 해당하지 아니하는 경우: 8%
  ④ 위에 해당하지 아니하는 경우 : $\dfrac{일반연구 \cdot 인력개발비}{해당사업연도의\ 수입금액} \times \dfrac{1}{2}$ → 2% 한도

　신성장 · 원천기술연구개발비 및 국가전략기술연구개발비는 2024년 12월 31일까지 발생한 연구 · 인력개발비에 대해서만 적용하며, 기업이 이를 동시에 적용받을 수 있는 경우에는 그 중 하나만을 적용한다.

(3) 세액감면

세액감면이란 특정소득에 대해 세액을 감면해 주는 제도를 말한다. 세액을 공제해 준다는 점에서는 세액공제와 동일하나 세액감면은 법인세 산출세액에 감면소득이 과세표준에서 차지하는 비율을 곱하여 산출하며 이월공제를 인정하지 않는다는 점에서 상이하다.

감면세액은 특별한 규정이 따로 있는 경우를 제외하면 다음 산식에 의하며 감면세액이 산출세액을 초과할 수 없다.

$$감면세액 = 산출세액 \times \frac{감면대상소득}{과세표준} \times 감면비율$$

1) 창업중소기업 등에 대한 세액감면

구 분	대 상	감면기간	감면율		
(1) 창업중소기업과 창업보육센터 사업자(조특법 6조 1항)	감면대상업종으로 창업한 중소기업	5년	구 분	수도권과밀억제 권역	그 외의 지역
			청년창업 중소기업	50%	100%
			창업중소기업	감면배제	50%
	창업보육센터사업자로 지정받은 내국인	5년	50%		
(2) 창업벤처중소 기업(조특법 6조 2항)	감면대상업종을 영위하는 중소기업으로서 창업 후 3년 이내에 벤처기업으로 확인받은 기업	5년	50%		
(3) 에너지신기술 중소기업(조특법 6조 4항)	창업일이 속하는 과세연도와 그 다음 3개 과세연도가 지나지 아니한 중소기업으로서 에너지신기술중소기업에 해당하는 경우	5년	50%		
(4) 신성장서비스업 (조특법 6조 5항)	수도권과밀억제권역 외의 지역에서 창업한 중소기업(청년창업중소기업 제외), 창업벤처중소기업, 에너지신기술중소기업으로서 신성장서비스업에 해당하는 경우	5년	3년간 75%, 그 후 2년간 50%		

구　분	대　상	감면기간	감면율
(5) 소규모 창업 중소기업 (조특법 6조 6항)	(1) 및 (4)에도 불구하고 창업중소기업(청년창업중소기업 제외)의 수입금액이 연간 4,800만원 이하인 경우	5년	• 수도권과밀억제권역 외의 지역에서 창업한 중소기업 100% • 수도권과밀억제권역에서 창업한 중소기업 50%
(6) 고용창출 기업에 대한 추가감면	업종별 최소고용인원 이상을 고용하는 수도권과밀억제권역 외의 지역에서 창업한 중소기업, 창업보육센터사업자, 창업벤처중소기업, 에너지신기술중소기업의 감면기간 중 상시근로자수가 증가한 경우 추가감면	–	〈추가감면율〉 당기 상시근로자수 − 전기상시근로자수 × 전기상시근로자수

2) 중소기업에 대한 특별세액감면

① 면제대상

제조업 · 광업 · 건설업 · 운수업 · 부가통신업 · 연구 및 개발업 · 방송업 · 엔지니어링사업 · 정보처리 및 컴퓨터운용관련업 · 의료업 등을 영위하는 중소기업

② 감면율

중 · 소기업 구분	중 · 소기업 사업장소재	감면업종	감면비율
소기업	수도권 지역	도매업 등을 제외한 업종	20%[2]
		도매업 등[1]	10%
	수도권 외의 지역	도매업 등을 제외한 업종	30%[2]
		도매업 등	10%
중기업	수도권 외의 지역[2]	도매업 등을 제외한 업종	15%[2]
		도매업 등	5%

[1] "도매업 등"이란 도매 및 소매업과 의료업을 경영하는 사업장을 말함.
[2] 통관 대리 및 관련 서비스업의 감면율은 50%로 함.

■ 법인세법 시행규칙 [별지 제8호서식(갑)] <개정 2022. 3. 18.>

(4쪽 중 제1쪽)

사 업 연 도	· · ~ · ·	공제감면세액 및 추가납부세액합계표(갑)			법 인 명	
					사업자등록번호	

1. 최저한세 적용제외 공제감면세액

	① 구 분	② 근 거 법 조 항	코드	③ 대상세액	④ 감면(공제)세액
세액감면	⑩ 창업중소기업에 대한 세액감면(최저한세 적용제외)	「조세특례제한법」 제6조제7항 외	110		
	⑫ 해외자원개발투자배당 감면	「조세특례제한법」 제22조	103		
	⑯ 수도권과밀억제권역 밖으로 이전하는 중소기업 세액감면 (수도권 밖으로 이전)	구 「조세특례제한법」 제63조	169		
	⑭ 공장의 수도권 밖 이전에 대한 세액감면	「조세특례제한법」 제63조	108		
	⑮ 본사의 수도권 밖 이전에 대한 세액감면	「조세특례제한법」 제63조의2	109		
	⑯ 영농조합법인 감면	「조세특례제한법」 제66조	104		
	⑰ 영어조합법인 감면	「조세특례제한법」 제67조	107		
	⑱ 농업회사법인 감면(농업소득)	「조세특례제한법」 제68조	11B		
	⑲ 행정중심복합도시 등 공장이전에 대한 조세감면	「조세특례제한법」 제85조의2제3항 (2019.12.31. 법률 제16835호로 개정되기 전의 것	11A		
	⑪ 위기지역 내 창업기업 세액감면(최저한세 적용제외)	「조세특례제한법」 제99조의9	11N		
	⑫ 해외진출기업의 국내복귀에 대한 세액감면(철수방식)	「조세특례제한법」 제104조의24제1항제1호	11F		
	⑫ 해외진출기업의 국내복귀에 대한 세액감면(유지방식)	「조세특례제한법」 제104조의24제1항제2호	11H		
	⑬ 고도기술수반사업 외국인투자 세액감면	「조세특례제한법」 제121조의2제1항제1호	186		
	⑭ 외국인투자지역내 외국인투자 세액감면	「조세특례제한법」 제121조의2제1항제2호 또는 제2호의5	187		
	⑮ 경제자유구역내 외국인투자 세액감면	「조세특례제한법」 제121조의2제1항제2호의2	158		
	⑯ 경제자유구역 개발사업시행자 세액감면	「조세특례제한법」 제121조의2제1항제2호의3	157		
	⑰ 제주투자진흥지구의 개발사업시행자 세액감면	「조세특례제한법」 제121조의2제1항제2호의4	158		
	⑱ 기업도시 개발구역내 외국인투자 세액감면	「조세특례제한법」 제121조의2제1항제2호의6	159		
	⑲ 기업도시 개발사업의 시행자 세액감면	「조세특례제한법」 제121조의2제1항제2호의7	160		
	⑲ 새만금사업지역내 외국인투자 세액감면	「조세특례제한법」 제121조의2제1항제2호의8	11J		
	⑪ 새만금사업 시행자 세액감면	「조세특례제한법」 제121조의2제1항제2호의9	11K		
	⑫ 기타 외국인투자유치를 위한 조세감면	「조세특례제한법」 제121조의2제1항제3호	167		
	⑫ 외국인투자기업의 증자의 조세감면	「조세특례제한법」 제121조의4	172		
	⑬ 기술도입대가에 대한 조세면제(국내지점 등)	법률 제9921호 조세특례제한법 일부개정법률 부칙 제77조	173		
	⑮ 제주첨단과학기술단지 입주기업 조세감면(최저한세 적용제외)	「조세특례제한법」 제121조의8	181		
	⑯ 제주투자진흥지구등 입주기업 조세감면(최저한세 적용제외)	「조세특례제한법」 제121조의9	182		
	⑰ 기업도시개발구역 등 입주기업 감면(최저한세 적용제외)	「조세특례제한법」 제121조의17제1항제1·3·5호	197		
	⑱ 기업도시개발사업 등 시행자 감면	「조세특례제한법」 제121조의17제1항제2·4·6·7호	198		
	⑲ 아시아문화중심도시 투자진흥지구 입주기업 감면(최저한세 적용제외)	「조세특례제한법」 제121조의20제1항	11C		
	⑳ 금융중심지 창업기업에 대한 감면(최저한세 적용제외)	「조세특례제한법」 제121조의21제1항	11G		
	⑪ 동업기업 세액감면 배분액(최저한세 적용제외)	「조세특례제한법」 제100조의18제4항	11D		
	⑫ 사회적기업에 대한 감면	「조세특례제한법」 제85조의6	11L		
	⑬ 장애인 표준사업장에 대한 감면	「조세특례제한법」 제85조의6	11M		
	⑭ 첨단의료복합단지 입주기업에 대한 감면(최저한세 적용제외)	「조세특례제한법」 제121조의22제1항제1호	17A		
	⑮ 국가식품클러스터 입주기업에 대한 감면(최저한세 적용제외)	「조세특례제한법」 제121조의22제1항제2호	17B		
	⑯ 연구개발특구 입주기업에 대한 감면(최저한세 적용제외)	「조세특례제한법」 제12조의2	17C		
	⑰ 감염병 피해에 따른 특별재난지역의 중소기업에 대한 감면	「조세특례제한법」 제99조의11	17D		
	⑱ 소 계		170		
세액공제	⑬ 외국납부세액공제	「법인세법」 제57조	101		
	⑭ 재해손실세액공제	「법인세법」 제58조	102		
	⑮ 신성장·원천기술 연구개발비세액공제(최저한세 적용제외)	「조세특례제한법」 제10조제1항제1호	16A		
	⑯ 국가전략기술 연구개발비세액공제(최저한세 적용제외)	「조세특례제한법」 제10조제1항제2호	10D		
	⑰ 일반 연구·인력개발비세액공제(최저한세 적용제외)	「조세특례제한법」 제10조제1항제3호	16B		
	⑱ 동업기업 세액공제 배분액(최저한세 적용제외)	「조세특례제한법」 제100조의18제4항	12D		
	⑲ 성실신고 확인비용에 대한 세액공제	「조세특례제한법」 제126조의6	10A		
	⑲ 상가임대료를 인하한 임대사업자에 대한 세액공제	「조세특례제한법」 제96조의3	10B		
	⑭ 용역제공자에 관한 과세자료의 제출에 대한 세액공제	「조세특례제한법」 제104조의32	10C		
	소 계		180		
	⑮ 합 계(⑬ + ⑭)		110		

210mm×297mm[백상지 80g/㎡ 또는 중질지 80g/㎡]

2. 최저한세 적용대상 공제감면세액

① 구 분	② 근 거 법 조 항	코드	③ 대상세액	④ 감면세액
⑪ 창업중소기업에 대한 세액감면(최저한세 적용대상)	「조세특례제한법」 제6조제1항·제5항·제6항	111		
⑫ 창업벤처중소기업 세액감면	「조세특례제한법」 제6조제2항	174		
⑬ 에너지신기술 중소기업 세액감면	「조세특례제한법」 제6조제4항	13E		
⑭ 중소기업에 대한 특별세액감면	「조세특례제한법」 제7조	112		
⑮ 연구개발특구 입주기업에 대한 세액감면(최저한세 적용대상)	「조세특례제한법」 제12조의2	179		
⑯ 국제금융거래이자소득 면제	「조세특례제한법」 제21조	123		
⑰ 사업전환 중소기업에 대한 세액감면	구 「조세특례제한법」 제33조의2	192		
⑱ 무역조정지원기업의 사업전환 세액감면	구 「조세특례제한법」 제33조의2	13A		
⑲ 기업구조조정 전문회사 주식양도차익 세액감면	법률 제9272호 조세특례제한법 일부개정법률 부칙 제10조·제40조	13B		
⑳ 혁신도시 이전 등 공공기관 세액감면	「조세특례제한법」 제62조제4항	13F		
㉑ 공장의 지방이전에 대한 세액감면(중소기업의 수도권 안으로 이전)	「조세특례제한법」 제63조	116		
㉒ 농공단지입주기업 등 감면	「조세특례제한법」 제64조	117		
㉓ 농업회사법인 감면(농업소득 외의 소득)	「조세특례제한법」 제68조	119		
㉔ 소형주택 임대사업자에 대한 세액감면	「조세특례제한법」 제96조	13I		
㉕ 상가건물 장기임대사업자에 대한 세액감면	「조세특례제한법」 제96조의2	13N		
㉖ 산림개발소득 감면	「조세특례제한법」 제102조	124		
㉗ 동업기업 세액감면 배분액(최저한세 적용대상)	「조세특례제한법」 제100조의18제4항	13D		
㉘ 첨단의료복합단지 입주기업에 대한 감면(최저한세 적용대상)	「조세특례제한법」 제121조의22제1항제1호	13H		
㉙ 기술이전에 대한 세액감면	「조세특례제한법」 제12조제1항	13J		
㉚ 기술대여에 대한 세액감면	「조세특례제한법」 제12조제3항	13K		
㉛ 제주첨단과학기술단지 입주기업 감면(최저한세 적용대상)	「조세특례제한법」 제121조의8	13P		
㉜ 제주투자진흥지구등 입주기업 감면(최저한세 적용대상)	「조세특례제한법」 제121조의9	13Q		
㉝ 기업도시개발구역 등 입주기업 감면(최저한세 적용대상)	「조세특례제한법」 제121조의17제1항제1호·제3호·5호	13R		
㉞ 위기지역 내 창업기업 세액감면(최저한세 적용대상)	「조세특례제한법」 제99조의9	13S		
㉟ 아시아문화중심도시 투자진흥지구 입주기업 감면(최저한세 적용대상)	「조세특례제한법」 제121조의20제1항	13T		
㊱ 금융중심지 창업기업에 대한 감면(최저한세 적용대상)	「조세특례제한법」 제121조의21제1항	13U		
㊲ 국가식품클러스터 입주기업에 대한 감면(최저한세 적용대상)	「조세특례제한법」 제121조의22제1항제2호	13V		
㊳ 소 계		130		

210mm×297mm[백상지 80g/㎡ 또는 중질지 80g/㎡]

(4쪽 중 제3쪽)

① 구　　　　　　　　　분	② 근 거 법 조 항	코드	⑤ 전기이월액	⑥ 당기발생액	⑦ 공제세액
⑱ 중소기업 등 투자세액공제	구 「조세특례제한법」 제5조	131			
⑱ 상생결제 지급금액에 대한 세액공제	「조세특례제한법」 제7조의4	14Z			
⑱ 대·중소기업 상생협력을 위한 기금출연 세액공제	「조세특례제한법」 제8조의3제1항	14M			
⑱ 협력중소기업에 대한 유형고정자산 무상임대 세액공제	「조세특례제한법」 제8조의3제2항	18D			
⑱ 수탁기업에 설치하는 시설에 대한 세액공제	「조세특례제한법」 제8조의3제3항	18L			
⑮ 신성장·원천기술 연구개발비세액공제 (최저한세 적용대상)	「조세특례제한법」 제10조제1항제1호	13L			
⑯ 국가전략기술 연구개발비세액공제 (최저한세 적용대상)	「조세특례제한법」 제10조제1항제2호	10E			
⑱ 일반 연구·인력개발비세액공제 (최저한세 적용대상)	「조세특례제한법」 제10조제1항제3호	13M			
⑱ 기술취득에 대한 세액공제	「조세특례제한법」 제12조제2항	176			
⑱ 기술혁신형 합병에 대한 세액공제	「조세특례제한법」 제12조의3	14T			
⑱ 기술혁신형 주식취득에 대한 세액공제	「조세특례제한법」 제12조의4	14U			
⑲ 벤처기업등 출자에 대한 세액공제	「조세특례제한법」 제13조의2	18E			
⑫ 성과공유 중소기업 경영성과급 세액공제	「조세특례제한법」 제19조	18H			
⑱ 연구·인력개발설비투자 세액공제	구 「조세특례제한법」 제25조제1항제1호	134			
⑯ 에너지절약시설 투자 세액공제	구 「조세특례제한법」 제25조제1항제2호	177			
⑯ 환경보전시설 투자 세액공제	구 「조세특례제한법」 제25조제1항제3호	14A			
⑯ 근로자복지증진시설 투자 세액공제	구 「조세특례제한법」 제25조제1항제4호	142			
⑯ 안전시설투자 세액공제	구 「조세특례제한법」 제25조제1항제5호	136			
⑯ 생산성향상시설투자세액공제	구 「조세특례제한법」 제25조제1항제6호	135			
⑯ 의약품 품질관리시설 투자 세액공제	구 「조세특례제한법」 제25조의4	14B			
⑳ 신성장기술 사업화를 위한 시설투자 세액공제	구 「조세특례제한법」 제25조의5	18B			
㉑ 영상콘텐츠 제작비용에 대한 세액공제	「조세특례제한법」 제25조의6	18C			
㉒ 초연결 네트워크 시설투자에 대한 세액공제	구 「조세특례제한법」 제25조의7	18I			
㉓ 고용창출투자세액공제	「조세특례제한법」 제26조	14N			
㉔ 산업수요맞춤형고등학교등 졸업자를 병역이행 후 복직시킨 중소기업에 대한 세액공제	「조세특례제한법」 제29조의2	14S			
㉕ 경력단절 여성 고용 기업 등에 대한 세액공제	「조세특례제한법」 제29조의3제1항	14X			
㉖ 육아휴직 후 고용유지 기업에 대한 인건비 세액공제	「조세특례제한법」 제29조의3제2항	18J			
㉗ 근로소득을 증대시킨 기업에 대한 세액공제	「조세특례제한법」 제29조의4	14Y			
㉘ 청년고용을 증대시킨 기업에 대한 세액공제	「조세특례제한법」 제29조의5	18A			
㉙ 고용을 증대시킨 기업에 대한 세액공제	「조세특례제한법」 제29조의7	18F			
㉚ 정규직근로자 전환 세액공제	「조세특례제한법」 제30조의2	14H			
㉛ 고용유지중소기업에 대한 세액공제	「조세특례제한법」 제30조의3	18K			
⑫ 중소기업 고용증가 인원에 대한 사회보험료 세액공제	「조세특례제한법」 제30조의4 제1항	14Q			
⑬ 중소기업 사회보험 신규가입에 대한 사회보험료 세액공제	「조세특례제한법」 제30조의4 제3항	18G			
㉞ 전자신고에 대한 세액공제(납세의무자)	「조세특례제한법」 제104조의8 제1항	184			
㉟ 전자신고에 대한 세액공제(세무법인 등)	「조세특례제한법」 제104조의8 제3항	14J			
㊱ 제3자 물류비용 세액공제	「조세특례제한법」 제104조의14	14E			
㊲ 대학 맞춤형 교육비용 등 세액공제	구 「조세특례제한법」 제104의18제1항	14I			
㊳ 대학등 기부설비에 대한 세액공제	구 「조세특례제한법」 제104의18제2항	14K			
㊴ 기업의 경기부 설치운영비용 세액공제	「조세특례제한법」 제104조의22	140			
㊵ 동업기업 세액공제 배분액(최저한세 적용대상)	「조세특례제한법」 제100조의18제4항	14L			
㊶ 산업수요맞춤형 고등학교 등 재학생에 대한 현장 훈련수당 등 세액공제	구 「조세특례제한법」 제104의18제4항	14R			
㊷ 석유제품 전자상거래에 대한 세액공제	「조세특례제한법」 제104의25	14P			
㊸ 금 현물시장에서 거래되는 금지금에 대한 과세특례	「조세특례제한법」 제126조의7제8항	14V			
㊹ 금사업자와 스크랩등사업자의 수입금액의 증가 등에 대한 세액공제	「조세특례제한법」 제122조의4	14W			
㊺ 우수 선화주 인증 국제물류주선업자 세액공제	「조세특례제한법」 제104의30	18M			
㊻ 소재·부품·장비 수요기업 공동출자 세액공제	「조세특례제한법」 제13조의3제1항	18N			
㊼ 소재·부품·장비 외국법인 인수세액 공제	「조세특례제한법」 제13조의3제3항	18P			
㊽ 선결제 금액에 대한 세액공제	「조세특례제한법」 제99조의12	18Q			
㊾ 통합투자세액공제	「조세특례제한법」 제24조	13W			
㊿ 소　　계		149			
㊶ 합　계(⑱ + ㊿)		150			
㊷ 공제감면세액 총계(⑩ + ㊶)		151			
㊸ 기술도입대가에 대한 조세면제	법률 제9921호 조세특례제한법 일부개정법률 부칙 제77조	183			
㊹ 간주·간접 외국납부세액공제	「법인세법」 제57조제3항·제4항·제6항	189			

210mm×297mm[백상지 80g/㎡ 또는 중질지 80g/㎡]

작성방법

1. ③ 대상세액란: 「법인세법」·「조세특례제한법」등에 따른 공제감면대상금액이 있는 경우 공제감면세액계산서(별지 제8호 서식 부표 1, 2, 3, 4, 5)에 따라 감면구분별로 적습니다.

2. ④·⑦ 공제세액란: 「법인세법」·「조세특례제한법」 등에 따른 공제감면세액은 공제감면세액계산서(별지 제8호서식 부표 1, 2, 3, 4, 5)에 따라 계산된 공제세액 중 당기에 공제될 세액의 범위에서 「법인세법」 제59조제1항에 따른 공제순서에 따라 감면 구분별로 적습니다.

3. ⑩란 중 ④ 감면세액란: 법인세 과세표준 및 세액조정계산서(별지 제3호서식)의 ⑫ 최저한세 적용제외 공제감면세액란에 옮겨 적습니다.

4. ⑳란 중 ⑦ 공제세액란: 법인세 과세표준 및 세액조정계산서(별지 제3호서식)의 ⑫ 최저한세 적용대상 공제감면세액란에 옮겨 적습니다.

5. ㉓ 기술도입대가에 대한 조세면제란의 공제세액란: 기술도입대가를 지급하는 내국법인이 별지 제8호서식 부표 9 기술도입대가에 대한 조세면제명세서의 면제세액 합계액을 적습니다(국내사업장이 있고 해당 기술이 국내사업장에 실질적으로 관련되거나 귀속되는 경우에는 기술을 제공하는 외국법인이 ㉓ 기술도입대가에 대한 조세면제란의 감면세액란에 적습니다).

6. ⑲ 외국납부세액공제란: 외국납부세액과 ㉓ 간주·간접 외국납부세액공제액을 합하여 적고, 간주·간접 외국납부세액공제액은 ㉓란에 별도로 적습니다.

7. 「조세특례제한법」 제10조의 연구·인력개발비세액공제 중 최저한세가 적용되는 공제세액은 ⑱, ⑯ 또는 ⑱ 란에 적고, 최저한세 적용이 제외되는 공제세액은 ⑩, ⑫ 또는 ⑬ 란에 각각 구분하여 적습니다.

8. ⑮, ⑯ 또는 ⑯란 중 ⑤ 전기이월액란: 「조세특례제한법」 제144조제1항에 따라 이월된 미공제 금액 중 해당 과세연도에 공제할 일반연구·인력개발비, 신성장·원천기술연구개발비 또는 국가전략기술연구개발비를 각각 구분하여 기재합니다. (구 공제감면코드:132)

9. 법령의 개정에 따라 종전의 규정 또는 개정규정에 따라 공제감면 받는 경우에는 비어 있는 란 등에 해당 법령의 조문순서에 따라 별도로 적습니다.

10. ②근거법조항 중 "구"는 「조세특례제한법」(2020. 12. 29. 법률 제17759호로 개정되기 전의 것)에 따른 조항을 의미합니다.

210mm×297mm[백상지 80g/㎡ 또는 중질지 80g/㎡]

■ 법인세법 시행규칙[별지 제8호서식(을)] <개정 2021. 3. 16.> (3쪽 중 제1쪽)

| 사 업
연 도 | . . .
~
. . . | 공제감면세액 및
추가납부세액합계표(을) | 법 인 명 | |
| | | | 사업자등록번호 | |

1. 비과세등(「조세특례제한법」)

① 구 분		② 「조세특례제한법」의 근거 조항	코드	③ 금 액
비과세· 면제· 소득공제	⑩ 중소기업창업투자회사등의 주식양도차익등 비과세	제13조	601	
	⑫ 해외자원개발투자 배당소득에 대한 면제	제22조	61A	
	⑬ 기업구조조정전문회사등의 양도차익 감면	법률 제9272호 「조세특례제한법」 부칙 제10조·제40조	604	
	⑭ 어업협정에 따른 어업인에 대한 지원금 비과세	제104조의2제1항	605	
	⑮ 중소기업창업투자회사 등의 소재·부품·장비전문기업 주식양도차익 등에 대한 비과세	제13조의4	62Q	
	⑯ 프로젝트금융투자회사에 대한 소득공제	제104조의31	62R	
	⑰		606	
	⑱ 합 계		610	

2. 익금불산입(「조세특례제한법」)

④ 구 분		⑤ 「조세특례제한법」의 근거 조항	코드	⑥ 결산조정액	⑦ 세무조정액	⑧ 합계 (⑥+⑦)
익 금 불 산 입	⑩ 상생협력 중소기업 수입배당금 익금불산입	제8조의2	62D			
	⑩ 출연금 등의 과세특례	제10조의2	627			
	⑪ 사업전환 중소기업의 양도차익 과세특례	법률 제9272호 「조세특례제한법」 부칙 제33조	622			
	⑫ 사업전환 무역조정기업 양도차익 과세특례	제33조	62A			
	⑬ 기업의 금융채무상환 자산매각 양도차익 과세특례	제34조	62F			
	⑭ 내국법인의 외국자회사 주식등 현물출자양도차익 과세특례	제38조의3	611			
	⑮ 재무구조개선을 위한 채무감소액 과세특례	제39조제2항	62G			
	⑯ 주주등의 자산양도소득에 대한 과세특례	제40조	62J			
	⑰ 재무구조 개선을 위한 법인의 채무면제익 과세특례	제44조	613			
	⑱ 재무구조개선 무상감자 수증 주식가액 과세특례	제45조제1항	62H			
	⑲ 공공기관의 구조개편에 따른 양도차익 과세특례	제45조의2	62K			
	⑩ 기업 간 주식등의 교환에 따른 양도차익 과세특례	제46조	62I			
	⑪ 자가물류시설 양도차익 과세특례	제46조의4	628			
	⑫ 합병에 따른 중복자산 양도차익 과세특례	제47조의4	625			
	⑬ 공장 대도시 밖 이전 양도차익 과세특례	제60조제2항	615			
	⑭ 본사 지방이전 양도차익 과세특례	제61조제3항	616			
	⑮ 혁신도시 이전 공공기관 양도차익 과세특례	제62조제1항	62P			
	⑯ 지방이전법인 수도권과밀억제권역 내 공장 양도차익 과세특례	제63조	617			
	⑰ 지방이전법인 수도권과밀억제권역 내 본사 양도차익 과세특례	제63조의2제5항	618			
	⑱ 행정중심복합도시 등 내 공장의 지방이전에 대한 양도차익 과세특례	제85조의2	629			
	⑲ 보육시설 양도차익 과세특례	제85조의5	631			
	⑩ 공익사업목적 공장수용 양도차익 과세특례	제85조의7	62B			
	⑪ 중소기업 과밀억제권역 외 공장이전 과세특례	제85조의8	62E			
	⑫ 공익사업목적 물류시설이전 과세특례	제85조의9	62L			
	⑬ 자본확충목적회사에 대한 손실보전준비금 과세특례	제104조의3	62M			
	⑭ 어업협정에 따른 어업인에 대한 보조금 과세특례	제104조의2제2항	620			
	⑮ 대학재정 건전화를 위한 양도차익 과세특례	제104조의16	62C			
	⑯ 대한주택공사 및 한국토지공사 배당금에 대한 과세특례	제104조의21제2항	62N			
	⑰ 국제회계기준 적용 내국법인에 대한 대손충당금 환입액 익금불산입	제104조의23	62O			
	⑱ 내국법인의 금융채무 상환을 위한 자산매각에 대한 과세특례	제121조의26	681			
	⑲ 채무의 인수·변제에 대한 과세특례	제121조의27	682			
	⑩ 주주등의 자산양도에 관한 법인세 등 과세특례	제121조의28	683			
	⑪ 사업재편계획에 따른 기업의 채무면제익에 대한 과세특례	제121조의29	684			
	⑫ 기업간 주식등의 교환에 대한 과세특례	제121조의30	685			
	⑬ 합병에 따른 중복자산의 양도에 대한 과세특례	제121조의31	686			
	⑭		621			
	⑮ 합 계		640			

210mm×297mm[백상지 80g/㎡ 또는 중질지 80g/㎡]

3. 손금산입

④ 구 분		⑤ 근거 조항	코드	⑥ 결산조정액	⑦ 세무조정액	⑧ 합계 (⑥+⑦)
손금산입	⑮ 중소기업지원설비 손금산입(무상기증)	「조세특례제한법」 제8조제1항제1호	659			
	⑯ 중소기업지원설비 손금산입(저가양도)	「조세특례제한법」 제8조제1항제2호	63B			
	⑰ 연구인력개발준비금 손금산입	「조세특례제한법」 제9조 (2019.12.31. 법률 제16835호로 개정되기 전의 것)	63J			
	⑱ 감가상각비의 손금산입 특례	법률 제10068호 「조세특례제한법」 부칙 제4조 및 「조세특례제한법」 제28조	657			
	⑲ 자산의 포괄적양도에 따른 과세특례	「조세특례제한법」 제37조 (2017.12.19. 법률 제15227호로 개정되기 전의 것)	63L			
	⑳ 주식의 포괄적 교환·이전에 대한 과세특례	「조세특례제한법」 제38조	63M			
	㉑ 현물출자에 따른 자산의 양도차익 손금산입	「법인세법」 제47조의2	644			
	㉒ 지주회사의 설립 등 주식양도차익 손금산입	「조세특례제한법」 제38조의2	645			
	㉓ 채무의 인수·변제금액 손금산입	「조세특례제한법」 제39조제1항	63E			
	㉔ 재무구조개선을 위해 채무면제한 금융회사의 손금산입	「조세특례제한법」 제44조제4항	647			
	㉕ 재무구조개선 무상감자 증여주식가액 손금산입	「조세특례제한법」 제45조제2항	63F			
	㉖ 물류산업 분할평가차익 손금산입	「조세특례제한법」 제46조의5	664			
	㉗ 구조개선적립금의 손금산입	「조세특례제한법」 제48조	63G			
	㉘ 금융기관의 자산·부채인수에 따른 손금산입	「조세특례제한법」 제52조	650			
	㉙ 기부금의 손금산입	「조세특례제한법」 제73조 (2010.12.27. 법률 제10406호로 개정되기 전의 것)	651			
	㉚ 경제자유구역개발사업 토지 현물출자 양도차익 손금산입	「조세특례제한법」 제85조의4	666			
	㉛ 무주택 근로자에 대한 주택보조금 손금산입	「조세특례제한법」 제100조	654			
	㉜ 여수세계박람회 참가 준비금 손금산입	「조세특례제한법」 제104조의9	63N			
	㉝ 금융기관 부실채권정리기금 반환출자시 손금산입	「조세특례제한법」 제104조의11	63O			
	㉞ 신용회복목적회사의 손금산입	「조세특례제한법」 제104조의12	63H			
	㉟ 정비사업조합 설립인가등의 취소에 따른 채권 손금산입	「조세특례제한법」 제104조의26	63Q			
	㊱ 해외자원개발사업자의 사업용자산 취득 보조금 손금산입	「조세특례제한법」 제104조의15제4항	63I			
	㊲ 학교법인 출연금액 손금산입	「조세특례제한법」 제104조의16	63A			
	㊳ 휴면예금 출연금액 손금산입	「조세특례제한법」 제104조의17	63C			
	㊴ 대한주택공사 및 한국토지공사의 합병 손금산입	「조세특례제한법」 제104조의22제1항	63P			
	㊵		656			
	㊶ 합 계		670			

4. 이월과세(「조세특례제한법」)

⑨ 구 분	⑩ 근거 조항	코드	⑪ 이월과세 납부세액
㊷ 중소기업 통합에 대한 양도소득세 이월과세	제31조	661	
㊸ 법인전환에 대한 양도소득세 이월과세	제32조	662	
㊹ 영농조합법인에 현물출자시 양도소득세 이월과세	제66조제7항	66A	
㊺ 농업회사법인에 현물출자시 양도소득세 이월과세	제68조제3항	66B	
㊻ 합 계		667	

5. 추가납부세액

⑫ 구 분		⑬ 근거법 조항	코드	⑭ 대상금액	⑮ 세 액
조세특례제한법	㊼ 준비금환입에 대한 법인세 추가납부		771		
	㊽ 소득공제액에 대한 법인세 추가납부		772		
	㊾ 공제감면세액에 대한 법인세 추가납부 ＊ 제5조·제11조·제24조·제25조·제25조의2·제26조·제94조·제96조		773		
	㊿ 기 타		775		
	51 소 계		780		
법인세법 등	52 기공제 원천납부세액 추가납부	「법인세법 시행령」 제113조제6항	781		
	53 업무무관부동산 지급이자 손금부인에 따른 증가세액	「법인세법 시행규칙」 제27조	782		
	54 외국법인의 신고기한 연장에 따른 이자상당액	「법인세법」 제97조제3항	783		
	55 내국법인의 신고기한 연장에 따른 이자상당액	「법인세법」 제60조제8항	786		
	56 혼성금융상품 관련 추가 손금불산입 이자상당액	「국제조세조정에 관한 법률」 제25조제2항	787		
	57 기 타		785		
	58 소 계		784		
59 추가납부세액 합계(51 + 58)			790		

210mm×297mm[백상지 80g/㎡ 또는 중질지 80g/㎡]

작성방법

1. ⑥ 결산조정액란: 「법인세법」・「조세특례제한법」에 따라 익금불산입 또는 손금산입된 금액 중 "소득금액조정합계표(별지 제15호서식)"에 적지 않고, 결산조정하여 신고한 금액이 있는 경우 그 금액을 적습니다.

2. ⑦ 세무조정액란: 「법인세법」・「조세특례제한법」에 따라 익금불산입 또는 손금산입된 금액 중 "소득금액조정합계표(별지 제15호서식)"에 적어 세무조정한 후 신고한 금액이 있는 경우 그 금액을 적습니다.

3. 제5호의 추가납부세액

가. 「조세특례제한법」란: "추가납부세액계산서(6)(별지 제8호서식 부표 6)"의 법인세추가납부액(⑨, ⑱, ㉖)을 추가납부 구분별로 적되, ⑨ 법인세추가납부액 중 「법인세법」상 고유목적사업준비금의 기간 내 미사용금액에 대한 이자상당가산액은 제외합니다.

나. ⑯ 기공제 원천납부세액 추가납부란: 「법인세법 시행령」 제113조제6항에 따른 선이자지급방식의 채권 등을 취득하고 취득 시 원천징수된 세액을 해당 사업연도 법인세 과세표준신고 시 전액 기납부세액으로 공제한 후 만기일 전에 해당 채권 등을 양도한 경우에는 양도일이 속하는 사업연도의 법인세신고 시 "원천납부세액명세서(을)[별지 제10호서식(을)]"의 ⑪ 법인세란 합계액 중 ( )안의 금액을 ⑮ 세액란에 적습니다.

다. ⑰ 업무무관부동산 지급이자 손금부인에 따른 증가세액란: 「법인세법 시행규칙」 제27조에 따른 지급이자 등 손금부인에 따른 증가세액을 적습니다.

라. ⑱ 외국법인의 신고기한 연장에 따른 이자상당액란: 「법인세법」 제97조제3항에 따라 신고기한을 연장한 외국법인이 법인세에 추가하여 납부해야 할 이자상당가산액을 적습니다.

마. ⑲ 내국법인의 신고기한 연장에 따른 이자상당액란: 「법인세법」 제60조제8항에 따라 신고기한을 연장한 내국법인이 법인세에 추가하여 납부해야 할 이자상당가산액을 적습니다.

바. ⑳ 「국제조세조정에 관한 법률」 제25조제2항에 따른 이자상당가산액을 적습니다.

사. ㉑ 기타란: 「법인세법」에 따른 고유목적사업준비금의 기간 내 미사용금액에 대한 이자상당가산액 등을 합하여 적습니다.

아. ⑮ 추가납부세액 합계 금액과 ㉘ 이월과세 합계 금액을 합산하여 "법인세 과세표준 및 세액조정계산서(별지 제3호서식)"의 ㉝ 감면분추가납부세액란에 옮겨 적습니다.

210mm×297mm[백상지 80g/㎡ 또는 중질지 80g/㎡]

(앞쪽)

사 업 연 도	· · · ~ · · ·	공제감면세액계산서(1)		법 인 명	
				사업자등록번호	

①구 분	②계 산 기 준	③계산명세	④공제감면세액
1)공공차관도입에 따른 법인세감면(「조세특례제한 법」 제20조제2항)	산출세액 × $\dfrac{\text{감면소득}}{\text{과세표준금액}}$		
2)재해손실세액공제 (「법인세법」 제58조)	미납부 또는 납부할 세액 × $\dfrac{\text{상실된 사업용 자산가액}}{\text{사업용 자산총액}}$		
3)			
계			

⑤

1) 재해내용		4) 미납부 또는 납부할 세액 명세	구 분	세
2) 재해발생일				
3) 공제신청일			세 액	

210mm×297mm[백상지 80g/㎡ 또는 중질지 80g/㎡]

(뒤쪽)

작성방법

1. 「법인세법」 및 그 밖의 법률에 따른 공제감면세액을 계산할 때의 계산기준에 따라 산출된 공제감면세액을 ④공제감면세액란에 적습니다.

2. 재해손실세액공제란은 사업용 자산총액(토지는 제외합니다)에 대한 상실자산의 비율이 20퍼센트 이상인 경우에 미납부 또는 납부할 법인세액과 재해발생 사업연도분을 법인세에 상실비율을 곱하여 계산합니다.

3. ②계산기준란의 산출세액은 법인세과세표준에 「법인세법」 제55조에 따른 세율을 곱하여 산출된 법인세액이며, 과세표준에서 차지하는 감면 또는 면제소득은 법인세과세표준계산에 있어서 각 사업연도 소득금액에서 공제한 이월결손금 • 비과세소득 또는 소득공제액이 있는 경우 다음 각 목의 금액을 뺀 금액으로 합니다.

    가. 공제액 등이 감면사업 또는 면제사업에서 발생한 경우는 공제액 전액

    나. 공제액 등이 감면사업 또는 면제사업에서 발생하였는지 여부가 불분명한 경우에는 소득금액에 비례하여 안분계산한 금액

4. 재해손실세액공제액 계산상 미납부 또는 납부할 세액계산에서 외국납부세액공제 및 다른 법률에 따른 공제세액이 있으면 그 공제세액을 공제한 금액으로 합니다.

5. ④란의 공제감면세액을 공제감면세액 및 추가납부세액합계표(갑)[별지 제8호서식(갑)]에 옮겨 적습니다.

■ 법인세법 시행규칙[별지 제8호서식 부표 2] <개정 2021. 3. 16.>

(앞쪽)

| 사 업
연 도 | . . .
~
. . . | 공제감면세액계산서(2) | | 법 인 명 | |
| | | | | 사업자등록번호 | |

① 구 분	근거법 조 항	② 계산명세	③ 감면대상 세액	④ 최저한세 적용감면 배제금액	⑤ 감면세액 (③ - ④)	⑥ 적용사유 발생일
조 세 특 례 제 한 법						
합 계			※			

210mm×297mm[백상지 80g/㎡ 또는 중질지 80g/㎡]

(뒤쪽)

작성방법

1. ③ 감면대상세액란: 각 사업연도 소득에 대한 법인세 산출세액에 대하여 다음 계산기준에 따라 산출된 감면세액을 적습니다. 이 경우 법령의 개정에 따라 종전의 규정 또는 새로운 규정에 따라 감면받는 경우에는 근거법 조항란에 해당 조항을 적습니다.

구 분	「조세특례제한법」 근거 조항	계 산 기 준
(1) 창업중소기업 등 세액감면	제6조	산출세액×(감면소득/과세표준)×(50,75,100/100)
(2) 중소기업에 대한 특별세액감면	제7조	산출세액×(감면소득/과세표준)×(5,10,15,20,30/100)
(3) 기술이전소득에 대한 세액감면	제12조제1항	산출세액×(감면소득/과세표준)×(50/100)
(4) 기술대여소득에 대한 세액감면	제12조제3항	산출세액×(감면소득/과세표준)×(25/100)
(5) 연구개발특구 입주기업감면	제12조의2	산출세액×(감면소득/과세표준)×(100,50/100)
(6) 국제금융거래이자소득 면제	제21조	산출세액×(면제대상이자소득/과세표준)×(100/100)
(7) 해외자원개발투자배당 감면	제22조	산출세액×(해외자원개발투자배당소득/과세표준)×(100/100)
(8) 사업전환중소기업에 대한 감면	제33조의2	산출세액×(감면소득/과세표준)×(50/100)
(9) 무역조정지원기업의 사업전환 감면	제33조의2	산출세액×(감면소득/과세표준)×(50/100)
(10) 혁신도시 이전 공공기관 세액감면	제62조제4항	산출세액×(감면소득/과세표준)×(100,50/100)
(11) 지방이전중소기업 감면	제63조	산출세액×(감면소득/과세표준)×(100,50/100)
(12) 공장의 수도권 밖 이전에 대한 세액감면	제63조	산출세액×(감면소득/과세표준)×(100,50/100)
(13) 본사의 수도권 밖 이전에 대한 세액감면	제63조의2	산출세액×(감면소득/과세표준)×(100,50/100)
(14) 농공단지입주기업 등 감면	제64조	산출세액×(감면소득/과세표준)×(50/100)
(15) 기업구조조정 전문회사 주식양도차익 세액감면	법률 제9272호 부칙 제10조·제40조	양도차익 × 50/100
(16) 영농조합법인 감면	제66조	산출세액×(감면소득/과세표준)×(100/100)
(17) 영어조합법인 감면	제67조	산출세액×(감면소득/과세표준)×(100/100)
(18) 농업회사법인 감면	제68조	산출세액×(농업소득/과세표준)×(100/100) 산출세액×(농업 외 소득/과세표준)×(50/100)
(19) 행정중심복합도시 등 공장이전에 대한 조세감면	제85조의2	산출세액×(감면소득/과세표준)×(50/100)
(20) 사회적기업 및 장애인 표준사업장에 대한 감면	제85조의6	산출세액×(감면소득/과세표준)×(100,50/100)
(21) 소형주택 임대사업자에 대한 세액감면	제96조	산출세액×(감면소득/과세표준)×(20/100)
(22) 상가건물 장기임대사업자에 대한 세액감면	제96조의2	산출세액×(감면소득/과세표준)×(5/100)
(23) 위기지역 내 창업기업 세액감면	제99의9	산출세액×(감면소득/과세표준)×(100,50/100)
(24) 산림개발소득 감면	제102조	산출세액×(산림소득/과세표준)×(50/100)
(25) 해외진출기업의 국내복귀에 대한 세액감면(철수방식)	제104조의24제1항제1호	산출세액×(감면소득/과세표준)×(100,50/100)
(26) 해외진출기업의 국내복귀에 대한 세액감면(유지방식)	제104조의24제1항제2호	산출세액×(감면소득/과세표준)×(100,50/100)
(27) 고도기술수반사업 외국인투자 세액감면	제121조의2제1항제2호	산출세액×(감면소득/과세표준) × (외국인투자비율)× (100,50/100)
(28) 외국인투자지역내 외국인투자 세액감면	제121조의2제1항제2호의2 또는 제2호의5	산출세액×(감면소득/과세표준) × (외국인투자비율)× (100,50/100)
(29) 경제자유구역내 외국인투자 세액감면	제121조의2제1항제2호의2	산출세액×(감면소득/과세표준) × (외국인투자비율)× (100,50/100)
(30) 경제자유구역 개발사업시행자 세액감면	제121조의2제1항제2호의3	산출세액×(감면소득/과세표준) × (외국인투자비율)× (100,50/100)
(31) 제주투자진흥지구의 개발사업시행자 세액감면	제121조의2제1항제2호의4	산출세액×(감면소득/과세표준) × (외국인투자비율)× (100,50/100)
(32) 기업도시 개발구역 내 외국인투자 세액감면	제121조의2제1항제2호의6	산출세액×(감면소득/과세표준) × (외국인투자비율)× (100,50/100)
(33) 기업도시 개발사업의 시행자 세액감면	제121조의2제1항제2호의7	산출세액×(감면소득/과세표준) × (외국인투자비율)× (100,50/100)
(34) 새만금사업지역 내 외국인투자 세액감면	제121조의2제1항제2호의8	산출세액×(감면소득/과세표준) × (외국인투자비율)× (100,50/100)
(35) 새만금사업 시행자 세액감면	제121조의2제1항제2호의9	산출세액×(감면소득/과세표준) × (외국인투자비율)× (100,50/100)
(36) 기타 외국인투자유치를 위한 조세감면	제121조의2제1항제3호	산출세액×(감면소득/과세표준) × (외국인투자비율)× (100,50/100)
(37) 외국인투자기업의 증자의 조세감면	제121조의4	산출세액×(감면소득/과세표준) × (외국인투자비율)× (100,50/100)
(38) 제주첨단과학기술단지 입주기업 감면	제121조의8	산출세액×(감면소득/과세표준) × (50,100/100)
(39) 제주 투자진흥지구 등 입주기업 조세감면	제121조의9	산출세액×(감면소득/과세표준) × (25,50,100/100)
(40) 기업도시 입주기업 감면	제121조의17제1항제1호	산출세액×(감면소득/과세표준)×(100,50/100)
(41) 기업도시개발사업시행자 감면	제121조의17제1항제2호	산출세액×(감면소득/과세표준)×(50,25/100)
(42) 지역개발사업구역 창업·사업장신설기업 감면	제121조의17제1항제3호	산출세액×(감면소득/과세표준)×(100,50/100)
(43) 지역개발사업구역 개발사업시행자 감면	제121조의17제1항제4호	산출세액×(감면소득/과세표준)×(50,25/100)
(44) 여수세계박람회 조성사업구역 창업·사업장신설기업 감면	제121조의17제1항제5호	산출세액×(감면소득/과세표준)×(100,50/100)
(45) 여수세계박람회 조성사업구역 사업시행자 감면	제121조의17제1항제6호	산출세액×(감면소득/과세표준)×(50,25/100)
(46) 아시아문화중심도시 투자진흥지구 입주기업 감면	제121조의20제1항	산출세액×(감면소득/과세표준) × (100,50/100)
(47) 금융중심지 창업기업에 대한 감면	제121조의21제1항	산출세액×(감면소득/과세표준)×(100,50/100)
(48) 첨단의료복합단지 입주기업에 대한 감면	제121조의22	산출세액×(감면소득/과세표준)×(100,50/100)
(49) 국가식품클러스터 입주기업에 대한 감면	제121조의22	산출세액×(감면소득/과세표준)×(100,50/100)
(50) 감염병 피해에 따른 특별재난지역의 중소기업에 대한 감면	제99조의11	산출세액×(감면소득/과세표준)×(30,60/100)

※ 해당 법령에 "감면한도"에 관한 규정(최저한세 제외)이 별도로 있는 경우 감면한도초과액을 차감한 후의 금액을 적습니다.

2. ④란의 최저한세 적용감면 배제금액 합계(※표시란): "최저한세조정계산서(별지 제4호서식)"의 ④란 중 ⑱ 감면세액란의 금액을 옮겨 적고, 이에 따라 각 구분별 ④ 최저한세 적용감면 배제금액을 조정하여 옮겨 적습니다.

3. 각 구분별 ④ 최저한세 적용감면 배제금액: 「조세특례제한법 시행규칙」의 해당 세액감면신청서의 최저한세 적용감면 배제금액란에 옮겨 적습니다.

4. ⑥ 적용사유 발생일: 창업일·전환일 또는 이전일 등을 적습니다.

210mm×297mm[백상지 80g/㎡ 또는 중질지 80g/㎡]

사 업 연 도	· · ~	세액공제조정명세서(3)	법 인 명	
			사업자등록번호	

1. 공제세액계산(「조세특례제한법」)

	⑩ 구 분	근거법 조항	⑪ 계 산 기 준	코드	⑩ 계산 명세	⑩ 공제대상 세 액
조세특례제한법	중소기업 등 투자세액공제	구 제5조	투자금액 × 1(2,3,5,10)/100	131		
	상생결제 지급금액에 대한 세액공제	제7조의4	지급기한 15일 이내 : 지급 금액의 0.5% 지급기한 15일 ~ 30일 : 지급 금액의 0.3% 지급기한 30일 ~ 60일 : 지급 금액의 0.015%	14Z		
	대·중소기업 상생협력을 위한 기금출연 세액공제	제8조의3제1항	출연금 × 10/100	14M		
	협력중소기업에 대한 유형고정자산 무상임대 세액공제	제8조의3제2항	장부가액 × 3/100	18D		
	수탁기업에 설치하는 시설에 대한 세액공제	제8조의3제3항	투자금액 × 1(3,7)/100	18L		
	신성장·원천기술 연구개발비세액공제 (최저한세 적용제외)	제10조제1항제1호	(일반 연구·인력개발비) '14.1.1.~'14.12.31.: 발생액×3~4(8,10,15,20,25,30)/100 또는 2년간 연평균 발생액의 초과액 × 40(50)/100	16A		
	국가전략기술 연구개발비세액공제 (최저한세 적용제외)	제10조제1항제2호	'15.1.1. 이후 : 발생액 × 2~3(8,10,15,20,25,30)/100 또는 직전 발생액의 초과액 × 40(50)/100	10D		
	일반 연구·인력개발비 세액공제 (최저한세 적용제외)	제10조제1항제3호	'17.1.1. 이후 : 발생액 × 1~3(8,10,15,20,25,30)/100 또는 직전 발생액의 초과액 × 30(40,50)/100	16B		
	신성장·원천기술 연구개발비세액공제 (최저한세 적용대상)	제10조제1항제1호	'18. 1. 1. 이후 : 발생액 × 0~2(8,10,15,20,25,30)/100 또는 직전 발생액의 초과액 × 25(40,50)/100	13L		
	국가전략기술 연구개발비세액공제 (최저한세 적용대상)	제10조제1항제2호	(신성장·원천기술 연구개발비) '17. 1. 1. 이후 : 발생액 × 20(30)/100	10E		
	일반 연구·인력개발비 세액공제 (최저한세 적용대상)	제10조 제1항 제3호	(국가전략기술 연구개발비) '21. 7. 1. 이후: 발생액×30(40)/100	13M		
	기술취득에 대한 세액공제	제12조제2항	특허권 등 취득금액 × 5(10)/100 *법인세의 10% 한도	176		
	기술혁신형 합병에 대한 세액공제	제12조의3	기술가치금액 × 10/100	14T		
	기술혁신형 주식취득에 대한 세액공제	제12조의4	기술가치금액 × 10/100	14U		
	벤처기업등 출자에 대한 세액공제	제13조의2	주식등 취득가액 × 5/100	18E		
	성과공유 중소기업 경영성과급 세액공제	제19조	'22.1.1. 이전 지급분 : 근로자에 지급하는 경영성과급 × 10/100 '22.1.1. 이후 지급분 : 근로자에 지급하는 경영성과급 × 15/100	18H		
	연구·인력개발설비투자세액공제	구 제25조제1항제1호	'14.1.1.~'15.12.31. 투자분 : 투자금액 × 3(5,10)/100 '16.1.1.~'18.12.31. 투자분 : 투자금액 × 1(3,6)/100 '19.1.1. 이후 투자분 : 투자금액 × 1(3,7)/100	134		
	에너지절약시설투자세액공제	구 제25조제1항제2호	'14.1.1.~'15.12.31. 투자분 : 투자금액 × 3(5,10)/100 ('16.1.1. 현재 투자진행 중인 경우 '16.12.31.까지 종전율 적용) '16.1.1. 이후 투자개시분 : 투자금액 × 1(3,10)/100 '19.1.1. 이후 투자분 : 투자금액 × 1(3,7)/100	177		
	환경보전시설 투자세액공제	구 제25조제1항제3호	'14.1.1.~'18.12.31. 투자분 : 투자금액 × 3(5,10)/100 '19.1.1. 이후 투자분 : 투자금액 × 3(5,10)/100	14A		
	근로자복지증진시설투자세액공제	구 제25조제1항제4호	투자금액 × 7(10)/100 '19.1.1. 이후 취득분 : 취득금액 × 3(5,10)/100	142		
	안전시설투자세액공제	구 제25조제1항제5호	'13.1.1.~'14.12.31. 투자분 : 투자금액 × 3(7)/100 '19.1.1. 이후 투자분 : 투자금액 × 1(5,10)/100	136		
	생산성향상시설투자세액공제	구 제25조제1항제6호	'13.1.1.~'14.12.31. 투자분 : 투자금액 × 3(7)/100 '19.1.1. 이후 투자분 : 투자금액 × 1(3,7)/100 '21.1.1. 이후 투자분 : 투자금액 × (1(3,10))/100 '21.1.1. 이후 투자분 : 투자금액 × 1(3,7)/100	135		
	의약품 품질관리시설투자세액공제	구 제25조의4	'14.1.1.~'16.12.31. 투자분 : 투자금액 × 3(5,7)/100 '19.1.1. 이후 투자분 : 투자금액 × 1(3,6)/100	14B		
	신성장기술 사업화를 위한 시설투자 세액공제	구 제25조의5	투자금액 × 5(7,10)/100	18B		
	영상콘텐츠 제작비용에 대한 세액공제	제25조의6	제작비용 × 3(7,10)/100	18C		
	초연결 네트워크 시설투자에 대한 세액공제	구 제25조의7	투자금액 × 2(3)/100	18I		
	고용창출투자세액공제	제26조	'12.1.1.~'12.12.31.: 투자금액 × {기본공제(3~4%)+추가공제(2~3%)} '13.1.1.~'14.12.31.: 투자금액 × {기본공제(1~3%)+추가공제(3%)} '15.1.1. 이후 : 투자금액 × {기본공제(1~3%)+추가공제(3~4%)} (한도) 상시근로자 증가분 × {1천만원(1천5백만원, 2천만원)} (청년) 상시근로자 증가분 × {1천5백만원(2천만원, 2천5백만원)} '17.1.1. 이후: (한도) 상시근로자 증가분 × {300(500, 700)+200(300)만원}})	14N		
	산업수요맞춤형고등학교등 졸업자를 병역이행 후 복직시킨 중소기업에 대한 세액공제	제29조의2	복직자에게 지급한 인건비 × 중소30(중견15)/100	14S		
	경력단절 여성 고용 기업 등에 대한 세액공제	제29조의3제1항	경력단절 여성 재고용 인건비 × 중소30(중견15)/100	14X		
	육아휴직 후 고용유지 기업에 대한 인건비 세액공제	제29조의3제2항	육아휴직 복귀자 인건비 × 중소30(중견15)/100	18J		
	근로소득을 증대시킨 기업에 대한 세액공제	제29조의4	평균 초과 임금증가분 × 5(중견10, 중소20)/100 정규직 전환 근로자의 임금 증가분 × 5(10,20)/100	14Y		
	청년고용을 증대시킨 기업에 대한 세액공제	제29조의5	청년정규직근로자 증가인원수 × 3백만원(7백만원, 1천만원)	18A		
	고용을 증대시킨 기업에 대한 세액공제	제29조의7	직전연도 대비 상시근로자 증가수 × 4백만원(1천2백만원) '21.12.31~'22.12.31: 직전년도 대비 상시근로자 증가수 × 9백만원(1천3백만원)	18F		
	정규직 근로자 전환 세액공제	제30조의2	전환인원수 × 중소1천만원(중견7백만원)	14H		
	고용유지중소기업에 대한 세액공제	제30조의3	연간 임금감소 총액 × 10/100 + 시간당 임금상승에 따른 보전액 × 15/100	18K		
	중소기업 고용증가 인원에 대한 사회보험료 세액공제	제30조의4제1항	청년(만15~29세) 근로자 등 순증인원의 사회보험료 증가분의 100%) 청년 및 경력단절 여성 외 근로자 순증인원의 사회보험료(증가분의 50%,75%)	14Q		

210mm×297mm[백상지 80g/㎡ 또는 중질지 80g/㎡]

(뒤쪽)

⑩ 구　분	근거법조항	⑩ 계　산　기　준	코드	⑩ 계산명세	⑩ 공제대상세액
중소기업 사회보험 신규가입에 대한 사회보험료 세액공제	제30조의4제3항	'20.12.31.까지 사회보험 신규가입에 따른 사용자 부담액× 50%	18G		
전자신고에 대한 세액공제(법인)	제104조의8제1항	법인세 전자신고시 2만원	184		
전자신고에 대한 세액공제(세무법인 등)	제104조의8제3항	법인·소득세 전자신고 대리건수 × 2만원 *한도: 연300만원(세무·회계법인 연750만원) 한도액계산시 부가세 대리신고에 따른 세액공제액 포함	14J		
제3자 물류비용 세액공제	제104조의14	(전년대비 위탁물류비용 증가액)×3/100(중소기업은 5/100) *직전 위탁물류비 30% 미만: (당기 위탁물류비 - 당기 전체물류비 × 30%)×3/100(중소기업은 5/100) *법인세 10% 한도	14E		
대학 맞춤형 교육비용 세액공제	구 제104조의18제1항	법 제10조 연구·인력개발비세액공제 준용 *수도권 소재대학의 발생액은 50%만 인정	14I		
대학등 기부설비에 대한 세액공제	구 제104조의18제2항	법 제11조 연구·인력개발설비투자세액공제 준용 *수도권 소재대학의 기부설비는 50%만 인정	14K		
기업의 운동경부 설치운영 세액공제	제104조의22	설치운영비용 × 10(20)/100	140		
산업수요맞춤형 고등학교 등 재학생에 대한 현장훈련수당 등 세액공제	구 제104조의18제4항	일반 연구·인력개발비 세액공제 준용	14R		
석유제품 전자상거래에 대한 세액공제	제104조의25	'13.1.1.~12.31.: 공급기액의 0.5%(산출세액의 10% 한도) '14.1.1.~'16.12.31: 공급기액의 0.3%(산출세액의 10% 한도) '17.1.1.~'19.12.31:종류업자는 공급가액의 0.1%,수요자 0.2%, (산출세액의 10% 한도) '20.1.1.~'22.12.31:수요자만 공급기액의 0.2%(산출세액의 10% 한도)	14P		
금 현물시장에서 거래되는 금지금에 대한 과세특례	제126조의7제8항	산출세액×[(금 현물시장 이용금액 - 직전 과세연도의 금 현물시장 이용금액)/매출액] 또는 산출세액×[(금 현물시장 이용금액×5/100)/매출액]	14V		
금사업자와 스크랩등 사업자의 수입금액증가등 세액공제	제122조의4	산출세액×[(매입자납부익금및손금합계금액 - 직전 과세연도의 매입자납부익금및손금합계금액)×50/100/익금및손금합계금액] 또는 산출세액×[(매입자납부익금및손금합계금액×5/100)/익금및손금합계금액] *한도: 해당 과세연도 산출세액-직전 과세연도 산출세액	14W		
성실신고 확인비용에 대한 세액공제	제126조의6	확인비용 × 60/100 (150만원 한도)	10A		
우수 선화주 인증받은 국제물류주선업자에 대한 세액공제	제104조의30	운송비용의 1% + 직전과세연도 대비 증가분의 3%(산출세액의 10%한도)	18M		
용역제공자에 관한 과세자료의 제출에 대한 세액공제	제104조의32	과세자료에 기재된 용역제공자 인원수×300원(200만원 한도)	10C		
소재·부품·장비 수요기업 공동출자세액공제	제13조의3제1항	주식 또는 출자지분 취득가액 5%	18N		
소재·부품·장비 외국법인 인수세액공제	제13조의3제3항	주식 또는 출자지분 취득가액 5% (중견7%, 중소10%)	18P		
상가임대료를 인하한 임대사업자에 대한 세액공제	제96조의3	임대료 인하액의 70%	10B		
선결제 금액에 대한 세액공제	제99조의12	선결제금액 × 1%	18Q		
통합투자세액공제	제24조	기본공제: 투자금액 × 1(중견3, 중소10)/100, 신성장·원천기술 투자금액 × 3(중견5, 중소12)/100, 국가전략기술 투자금액 × 6(중견8, 중소16)/100 추가공제: 직전 3년 연평균 투자금액 초과액 × 3/100(국가전략기술 4/100) (기본공제 200% 한도)	13W		
합　　계			1A1		

2. 당기공제세액 및 이월액계산

⑩구분	⑩사업연도	요공제세액			당기 공제대상세액							⑩계	⑰최저한세 적용에 따른 미공제액	⑱그 밖의 사유로 인한 미공제액	⑫공제세액 (⑩-⑰-⑱)	⑫소멸	⑫이월액 (⑩+⑱-⑫-⑭)
		⑩당기분	⑩이월분	⑩당기분	⑪1차연도 ⑮6차연도	⑪2차연도 ⑪7차연도	⑪3차연도 ⑪8차연도	⑪4차연도 ⑪9차연도	⑪5차연도 ⑪10차연도								
	소계																
	소계																
합　계													훈				

작성방법

1. ⑩ 구분란에는 1. 공제세액계산(「조세특례제한법」)의 코드를 적습니다.
2. ⑩ 사업연도란에는 이월된 공제대상세액이 발생한 사업연도와 종료월을 적습니다.
3. ⑩ 당기분란에는 ⑩ 공제대상세액을 적습니다.
4. ⑱ 이월분란에는 ⑩ 구분별, 사업연도별로 전기의 ⑫ 이월액을 적습니다.
5. ⑩ 당기분란에는 당기분 세액을 적고, ⑪란~⑲란의 해당 연도란에는 ⑱ 이월분 세액을 각각 적습니다.
6. ⑰최저한세 적용에 따른 미공제액란의 합계(※표란)에는 "최저한세조정계산서(별지 제4호서식)"의 ④란 중 ⑱ 세액공제란의 금액을 옮겨 적고, 「조세특례제한법」 제144조제2항에 규정된 순서에 따라 ⑫란의 최저한세 적용에 따른 미공제액의 각 란에 조정하여 적습니다.
7. 근거법조항 중 "구"는 「조세특례제한법」(2020. 12. 29. 법률 제17759호로 개정되기 전의 것)에 따른 조항을 의미합니다.

210mm×297mm[백상지 80g/㎡ 또는 중질지 80g/㎡]

사 업 연 도	. . ~ . .	공제감면세액계산서(4)	법 인 명	
			사업자등록번호	

1. 감면세액의 계산(「조세특례제한법」)

(단위: 원)

1-1. 외국인투자기업에 대한 조세감면(「조세특례제한법」 제121조의2제1항 제1호 외의 사업 및 제121조의4제1항)

① 증자횟수	과 세 표 준 금 액				⑤ 산출세액	⑥ 감면대상소득 비율 (②/④)	⑦ 감면비율 (㉝)	⑧ 감면세액 (⑤×⑥×⑦)
	② 감면대상 사업	③ 비감면 사 업	④ 계					

1-2. 외국인투자기업에 대한 조세감면(「조세특례제한법」 제121조의2제1항제1호 및 제121조의4제1항)

⑨ 증자 횟수	과 세 표 준 금 액				⑭ 산출세 액	⑮ 감면대상사업 소득비율 [⑩/(⑩+⑪)]	⑯ 감면대상 소득비율		⑰ 감면 비율(㉝)	⑱ 감면 세액 (⑭×⑯× ⑰)
	⑩ 감면 대상사업	비감면사업		⑬ 계			⑮≥80인 경우 [(⑩+⑪)/ ⑬]	⑮<80인 경우 [⑩/⑬]		
		⑪⑩과 직접 관련사업	⑫ 기타사업							

2. 감면비율의 계산

(단위: 원)

⑲ 증자 횟수	⑳ 구분	㉑ 증자 등기 일자	㉒ 등록 일자	증자 자본금 (합병 후 자본금)			감면기간		㉘ 해당 사업연도 감면율 (㉖또는 ㉗)	㉙ 감면대상 외국투자가 자본금 [(㉔-㉕)×㉘]	㉚ 해당 사업연도 또는증자 감면사업 총자본금	㉛ 대여금 차감 전 감면비율 (㉙/㉚)	㉜ 감면배제 대여금 비율	㉝ 감면비율 [㉛× (1-㉜)]
				㉓ 총액	㉔ 외국 투자가 자본금	㉕ 감면 배제 자본금	㉖ 100% 연월일	㉗ 50% 연월일						

3. 감면한도·감면의 제한 및 당기 감면세액의 계산

(단위: 원)

3-1. 감면한도의 계산

㉞ 증자 횟수	투자금액기준한도계산			고용기준한도계산					㊸ 감면 한도세액 (㊲+㊷)	㊹ 감면세 액 누계액	㊺ 한도 초과세액 (㊹-㊸)	㊻ 당기 감면세액 (⑧+⑱- ㊺)
	㉟외국인 투자 누계액	㊱ 한도 율 (50%, 40%)	㊲ 투자 기준 한도액 (㉟×㊱)	㊳ 해당 사업연도 상시근로자 수	㊴ 한도액 (㊳×1천 만원, 1천 5백만원, 2천만원)	㊵ 외국인 투자누계액 (㉟)	㊶ 한도액 (㊵×50%, ㊵×40%)	㊷ 고용기준 한도액 Min(㊴,㊶)				

3-2. 감면의 제한 (「조세특례제한법」 제121조의4제4항)

㊼ 종전사업의 사업용 고정자산의 가액	㊽ 증자분 사업의 사업 용 고정자산의 총가액	㊾ 종전 사업의 사업용 고정자산의 재사용 비율 (㊼/㊽)	㊿ 감면의 제한이 적용 된 감면세액 [(⑧+⑱)×(1-㊾)]	51 당기 감면세액 [Min(㊻,㊿)]

붙임 서류	감면대상사업과 비감면사업의 소득구분계산서

210mm×297mm[백상지 80g/㎡ 또는 중질지 80g/㎡]

(뒤쪽)

작 성 방 법

1. ①, ⑨, ⑲, ㉞ 증자횟수란은 "처음", "1차", "2차" 등으로 적습니다.

2. 과세표준금액 ②, ③, ④, ⑩, ⑪, ⑫, ⑬란은 감면대상사업과 비감면사업의 소득구분계산서(수입이자는 감면대상사업에 포함되지 아니함)에 따라 적으며, 「조세특례제한법」 제121조의4에 따라 증자분에 대한 조세감면을 받는 경우 해당 증자분별로 감면대상사업과 비감면사업을 구분하여 적습니다.

3. ⑪란은 감면대상사업(⑩)과 직접 관련된 사업을 하여 발생한 소득을 적습니다.

4. ⑥, ⑮ 감면대상사업소득비율란에는 그 비율이 100%를 초과하는 경우 100%로 적습니다.

5. ⑳ 구분란은 「외국인투자 촉진법」 제2조제1항제8호에 따른 출자목적물로서 현금 또는 현물, 배당금 또는 배당주식, 이익준비금, 재평가적립금 등으로 적습니다.

6. ㉒ 등록일자란은 「외국인투자 촉진법」 제21조에 따른 등록일을 적되, 출자목적물의 납입을 완료하기 전에 등록한 경우에는 납입완료일을 적습니다.

7. ㉓ 총액란은 처음 투자액과 증자액을 적고, ㉔란의 외국투자가자본금은 처음 투자액 및 증자총액 중 외국투자가의 지분상당액(감면결정을 받은 지분상당액에 한정하며, 「조세특례제한법」 제121조의2제11항제3호에 따른 자본금은 제외합니다)을 아래와 같이 계산하여 적되, 「외국인투자 촉진법」 제2조제1항제8호사목 및 같은 법 제6조에 따른 투자금액은 제외합니다.
   외국투자가자본금＝기초외국인투자자본금＋기중회수별증자외국인투자자본금×증자등기일 이후일수÷사업연도일수

8. ㉕ 감면배제자본금란은 「조세특례제한법」 제121의2제11항제1호 및 제2호에 따라 조세감면대상으로 보지 아니하는 자본금의 금액을 적습니다.

9. ㉘ 해당 사업연도 감면율란은 감면기간에 따라 100% 또는 50% 중 해당율을 적습니다.

10. ㉙ 감면대상외국투자가자본금란은 [(㉔-㉕)×㉘]로 하되, 증자의 경우 [(㉔-㉕)×㉘] × 증자등기일 이후 일수 ÷ 사업연도일수로 계산하며, 이익준비금·재평가적립금 또는 외국투자가가 취득한 주식·출자지분으로부터 생긴 과실(주식·출자지분에 한정합니다)에 의한 증자금액이 있는 경우에는 기출자한 외국투자가 자본금 중 「조세특례제한법 시행령」 제116조의2제11항제1호에 따라 조세감면이 배제되는 부분을 제외한 외국투자가 자본금의 비율로 안분한 금액별로 해당 감면율을 곱한 금액의 합계액을 적습니다.

11. ㉚ 해당 사업연도 또는 증자분 감면사업 총자본금란은 「조세특례제한법」 제121조의2에 따라 조세감면을 받는 경우 아래와 같이 계산하며, 「조세특례제한법」 제121조의4에 따라 증자분에 대한 조세감면을 받는 경우에는 증자분 감면사업을 기준으로 아래의 식을 준용하여 적습니다.
   해당 사업연도 총자본금＝기초자본금＋기중증자횟수별 자본금 × 증자등기일 이후 일수 ÷ 사업연도일수

12. ㉜ 감면배제대여금 비율란은 외국인투자금액(「외국인투자 촉진법」에 따라 외국인투자금액으로 인정되는 총 투자금액을 말합니다) 적수(積數) 중에서 「조세특례제한법 시행령」 제116조의2제11항제2호에 해당하는 대여금 적수가 차지하는 비율을 적습니다.

13. 3-1. 감면한도의 계산은 2011년 1월 1일 이후에 감면결정을 받은 외국인투자기업에 대하여 적용됩니다.

14. ㉟ 외국투자누계액이란 「외국인투자 촉진법」 제2조제1항제4호에 따른 외국인투자(「조세특례제한법」 제121조의2제9항, 같은 조 제11항제1호 및 「외국인투자 촉진법」 제2조제1항제4호나목에 따른 외국인투자는 제외합니다)로서 「조세특례제한법」 제121조의2제8항에 따른 감면결정을 받아 해당 과세연도 종료일까지 납입된 자본금의 합계액(외국인투자에 따라 발생된 것으로서 기업회계기준에 따른 주식발행초과금 및 감자차익을 가산하고 주식할인발행차금 및 감자차손을 차감하되 감면기간이 종료된 외국인투자누계액은 제외합니다)을 적습니다.

15. ㊱ 한도율에는 「조세특례제한법」 제121조의2제1항제1호 및 제2호의 감면사업을 경영하는 경우에는 50%, 같은 조 제1항제2호의2부터 제2호의9까지, 제3호 및 같은 조 제12항제1호의 감면사업을 경영하는 경우에는 40%를 적습니다.

16. ㊳ 해당 사업연도 상시근로자 수는 아래와 같이 계산하되, 상시근로자의 범위 및 근로자 수의 계산방법에 관하여는 「조세특례제한법 시행령」 제23조제5항, 제7항, 제8항 및 제10항부터 제12항까지의 규정을 준용합니다.
   상시근로자 수 = 해당기간의 매월 말 현재 상시근로자 수의 합 ÷ 해당기간의 개월 수

17. ㊶ 한도액에는 「조세특례제한법」 제121조의2제1항제1호 및 제2호의 감면사업을 경영하는 경우에는 ㊵×50%, 같은 조 제1항제2호의2부터 제2호의9까지, 제3호 및 같은 조 제12항제1호의 감면사업을 경영하는 경우에는 ㊵×40%를 각각 적습니다.

18. ㊹ 감면세액누계액(전기감면세액누계액+⑧+⑱)은 해당 외국인투자기업이 감면기간 동안 해당 감면대상사업별로 감면받는 소득세 또는 법인세의 합계액을 적습니다.

19. ㊺ 한도초과세액이 (-)이면 "0"으로 봅니다.

20. ㊻ 당기 감면세액의 합계금액을 "공제감면세액 및 추가납부세액합계표(갑)[별지 제8호서식(갑)]"에 옮겨 적습니다. 다만, ㊻ 당기 감면세액이 (-)인 경우 0으로 보며 3-2. 감면의 제한이 적용되는 경우에는 ㊻ 당기 감면세액을 계산하여 "공제감면세액 및 추가납부세액합계표(갑)[별지 제8호서식(갑)]"에 옮겨 적습니다.

21. 3-2. 감면의 제한은 「조세특례제한법」 제121조의2제1항에 따른 감면을 받은 외국인 투자기업이 감면기간 종료 후 증자(2014. 1. 1. 이후)하거나 제1호 각 목에 따른 산업지원서비스업 등에 대한 감면을 받은 외국인투자기업이 감면기간 종료 후 증자(2012. 1. 1. 이후)를 통하여 새로 감면결정(2014. 1. 1. 이후) 또는 산업지원서비스업 등에 대한 감면결정(2012. 1. 1. 이후)을 받고 감면기간이 종료된 사업의 사업용 고정자산을 증자분 사업에 계속 사용하는 경우로서 자본등기에 관한 변경등기를 한 날 현재 ㊾란의 종전 사업의 사업용 고정자산의 재사용 비율이 100분의 30 이상(2014. 1. 1. 이후), 100분의 50 이상(2012. 1. 1. 이후)인 경우에만 적용됩니다. 다만, ㊾란의 비율이 100분의 30 이상(2014. 1. 1. 이후), 100분의 50 이상(2012. 1. 1. 이후)에 미달하는 경우에는 ㊿란은 적지 않습니다.

22. ㊿ 당기 감면세액을 "공제감면세액 및 추가납부세액합계표(갑)[별지 제8호서식(갑)]"에 옮겨 적습니다. 다만, ㊿ 당기 감면세액이 (-)인 경우 "0"으로 봅니다.

23. 「상법」 제345조에 따라 이익소각하는 경우, ㉓, ㉔, ㉕, ㉚ 란은 이익소각 전 자본금에서 전체주식 중 소각된 주식이 차지하는 비중에 대응하는 금액을 뺀 금액을 기준으로 적습니다.

■ 법인세법 시행규칙[별지 제8호서식 부표 5] <개정 2021. 3. 16.>

(앞쪽)

사 업 연 도	. . . ~ . . .	공제감면세액계산서(5)	법 인 명	
			사업자등록번호	

1. 외국납부세액공제 적용 (선택한 경우의 [ ] 에 V표 합니다.)

[ ] 예

[ ] 아니오

2. 국가별 세액공제 총괄명세 ('1. 외국납부세액공제 적용'에서 '예'를 선택한 경우만 작성)

(단위 : 원)

① 연 번	②국가명	③국가 코드	당기 공제대상 세액		⑥국가별 공제한도	⑦당기 실제 세액공제액	⑧이월배제액	⑨차기이월액
			④전기 이월액	⑤당기 외국납부세액 발생액				
1								
2								
3								
4								
5								
6								
7								
8								
9								
10								
합 계								

3. 손금산입 명세 ('1. 외국납부세액공제 적용'에서 '아니오'를 선택한 경우만 작성)

(단위 : 원)

구 분	금 액
⑩ 매출원가 계상	
⑪ 판매비와 일반관리비에 계상	
⑫ 제조원가에 계상	
⑬ 그 밖의 계정과목에 계상	
⑭ 세무조정에 의한 손금산입	
합계(⑩+⑪+⑫+⑬+⑭)	

첨부서류	외국납부세액의 증빙서류, 감면근거(발생국가 관련법령, 조문) 등

210mm×297mm[백상지 80g/㎡ 또는 중질지 80g/㎡]

(뒤쪽)

작 성 방 법

1. 이 서식은 「법인세법」 제57조제1항에 따라 외국납부세액을 산출세액에서 공제하는 경우에 작성합니다.

2. 「법인세법」 제57조제1항에 따른 세액공제를 적용하는 경우 '1. 외국납부세액공제 적용'의 '예'에 'V'로 표기합니다.

3. '1. 외국납부세액공제 적용'에서 '예' 또는 '아니오'의 선택에 따라 다음 구분과 같이 작성합니다.

　가. '예'를 선택한 경우: '2. 국가별 세액공제 총괄명세'를 작성하고 '3. 손금산입 명세'는 작성하지 않습니다.

　나. '아니오'를 선택한 경우: '2. 국가별 세액공제 총괄명세'는 작성하지 않고 '3. 손금산입 명세'를 작성합니다.

4. ② 국가명란에는 외국납부세액이 발생한 국가를 적고 ③ 국가코드란에는 국제표준화기구(ISO)가 정한 ISO 국가코드를 기재합니다.

5. ④ 전기이월액란은 별지 제8호서식 부표 5의2 '국가별 외국납부세액공제 명세서'상 ⑭ 전기이월액을 기재합니다. 이 경우 전기 이전에 공제한도 초과로 공제받지 못한 금액 중 해당 사업연도에 이월공제로 인정되는 금액을 기재하며, 「법인세법 시행령」 제94조제15항에 따라 이월공제가 배제되는 금액 및 이월공제기간을 초과한 금액은 제외합니다(2015년 1월 1일 이후 개시하는 사업연도분부터 이월공제를 10년간 적용합니다).

6. ⑤ 당기 외국납부세액 발생액란은 별지 제8호서식 부표 5의2 '국가별 외국납부세액공제 명세서'상 ⑮ 당기 외국납부세액 발생액을 기재합니다.

7. ⑥ 국가별 공제한도란은 별지 제8호서식 부표 5의2 '국가별 외국납부세액공제 명세서'상 ⑬ 공제한도를 기재합니다.

8. ⑦ 당기 실제세액공제액란은 별지 제8호서식 부표 5의2 '국가별 외국납부세액공제 명세서'상 ㉖ 당기 실제세액공제액의 합계분 금액을 기재합니다.

9. ⑧ 이월배제액란은 별지 제8호서식 부표 5의2 '국가별 외국납부세액공제 명세서'상 ㉗ 이월배제액의 당기분 금액을 기재합니다.

10. ⑨ 차기이월액란은 별지 제8호서식 부표 5의2 '국가별 외국납부세액공제 명세서'상 ㉘ 차기이월액의 합계분 금액을 기재합니다.

11. ⑩ ～ ⑭란은 '1. 외국납부세액공제 적용'에서 '아니오'를 선택한 경우 해당 금액을 각각 적습니다.

210mm×297mm[백상지 80g/㎡ 또는 중질지 80g/㎡]

(앞쪽)

사 업 연 도	· · · ~ · · ·	**국가별 외국납부세액공제 명세서**	법 인 명	
			사업자등록번호	

※ 본 서식은 국외원천소득(결손)이 발생한 각 국가별로 구분하여 각각 작성해야 합니다.

1. 국외원천소득(결손) 발생국가

① 국가명		② 국가코드	

2. 공제한도 계산

(단위 : 원)

구 분		금 액
③ 국외원천소득 대응 비용 차감 전 국외원천소득		
④ 국외원천소득에 대응하는 비용 등		
⑤ 국외원천소득 대응 비용 차감 후 국외원천소득(③ - ④)		
감면되는 국외원천소득	⑥ 국외원천소득 중 「조세특례제한법」 등에 따른 감면적용대상금액	
	⑦ 감면비율	
	⑧ 차감되는 감면 국외원천소득(⑥ × ⑦)	
⑨ 외국납부세액 공제대상 국외원천소득(⑤ - ⑧)		
⑩ 기준 국외원천소득(결손국가가 없는 경우=⑨, 있는 경우 작성방법 참조)		
공제한도	⑪ 산출세액	
	⑫ 과세표준	
	⑬ 공제한도(⑪ × ⑩ / ⑫)	
당기공제대 상세액	⑭ 전기 이월액	
	⑮ 당기 외국납부세액 발생액	
	⑯ 당기 공제대상 세액(⑭ + ⑮)	
이월배제액	⑰ 한도초과액(⑮ - ⑬, 음수인 경우 영(0))	
	⑱ 이월배제 대상 외국납부세액	
	⑲ 이월배제 외국납부세액(⑰와 ⑱ 중 작은 금액)	
⑳ 차기 이월액(⑯ - ⑬ - ⑲, 음수인 경우 영(0))		

3. 공제세액 계산

(단위 : 원)

㉑ 사업 연도	㉒ 당초 외국납 부세액 발생액	㉓ 전기 누적 공제액	㉔ 당초 이월 배제액	㉕ 당기 공제대상 세액 (㉒-㉓-㉔=⑯)	㉖ 당기 실제 세액공제액 (합계≤⑬)	㉗ 이월배제액 (⑲)	㉘ 차기이월액 (㉕-㉖-㉗)
당 기 합 계							

210mm×297mm[백상지 80g/㎡ 또는 중질지 80g/㎡]

(뒤쪽)

작 성 방 법

1. 이 서식은 「법인세법」 제57조제1항에 따라 외국납부세액을 산출세액에서 공제하는 경우에 작성하며, 국외원천소득이 발생한 모든 국가(국외원천소득이 결손인 국가를 포함합니다)별로 구분하여 각각 작성합니다.

2. '1. 국외원천소득(결손) 발생국가' 의 ① 국가명란에는 국외원천소득(결손)이 발생한 국가를 적고 ② 국가코드란에는 국제표준화기구(ISO)가 정한 ISO 국가코드를 적습니다.

3. ④ 국외원천소득에 대응하는 비용 등은 「법인세법 시행령」 제94조제2항에 따른 직접비용 및 배분비용을 의미합니다. 국외원천소득 대응 비용 계산명세는 세무당국이 요구할 때 제출할 수 있도록 보관해야 합니다.

4. ⑤ 국외원천소득 대응 비용 차감 후 국외원천소득란은 별지 제8호서식 부표 5의3 '소득종류별 외국납부세액 명세서'상 '⑥ 국외원천소득'의 국가별 합계를 적습니다.

5. ⑥ 국외원천소득 중 「조세특례제한법」 등에 따른 감면적용대상금액란에는 「조세특례제한법」 또는 그 밖의 법률에 따라 세액면제 또는 세액감면을 적용받은 국외원천소득을 적습니다.

6. ⑦ 감면비율란에는 세액면제의 경우 100%, 세액감면의 경우에는 해당 감면비율을 적습니다.

7. ⑨ 외국납부세액 공제대상 국외원천소득란에는 ⑤에서 ⑧을 차감하여 적습니다. 음수인 경우(국외소득이 결손인 경우를 말합니다)에도 음수를 그대로 적고, ⑩ 기준 국외원천소득란에는 영(0)을 적습니다.

8. ⑩ 기준 국외원천소득은 결손이 발생한 국가가 있는 경우 아래 계산방식을 참고하여 기재하고, 결손이 발생한 국가가 없는 경우에는 '⑨ 외국납부세액 공제대상 국외원천소득'을 그대로 적습니다.(법인세 과세표준 400에 대하여 산출세액 120 가정)

<기준 국외원천소득 계산방법 예시>

국가별	외국납부세액	국별소득	⑩ 기준 국외원천소득	세액공제 한도액	비 고
A국	100	500	$500 - (600 \times \frac{500}{1,000}) = 200$	$120 \times \frac{200}{400} = 60$	산출세액 120
B국	0	△600	0	0	
C국	60	300	$300 - (600 \times \frac{300}{1,000}) = 120$	$120 \times \frac{120}{400} = 36$	
국내	–	200	–	–	
계	160	△600 1,000	320	96	

9. 공제한도를 계산할 때 '⑩ 기준 국외원천소득'은 '⑫ 과세표준'을 초과할 수 없습니다.

10. ⑯ 당기 외국납부세액 발생액은 별지 제8호서식 부표 5의3 '소득종류별 외국납부세액 명세서'상 '⑦~⑩외국납부세액'의 국가별 합계액을 적습니다.

11. ⑱ 이월배제 대상 외국납부세액은 「법인세법 시행령」 제94조제15항에 따른 국외원천소득 대응 비용과 관련된 외국법인세액을 의미합니다.

12. ㉑ 사업연도란은 이월공제가 적용되는 사업연도 중 외국납부세액이 먼저 발생한 사업연도분부터 차례로 적고, 해당 사업연도에 발생한 외국납부세액을 ㉒ 당초 외국납부세액 발생액란에 적습니다. (2015년 1월 1일 이후 개시하는 사업연도분부터 이월공제를 10년간 적용합니다)

13. ㉓ 전기 누적 공제액란은 직전 사업연도까지 이미 공제받은 외국납부세액을 누계로 적습니다.

14. ㉔ 당초 이월배제액란은 외국납부세액 발생 사업연도의 이월배제액 계산금액을 각각 적습니다.

15. ㉕ 당기 공제대상 세액란은 외국납부세액 공제한도를 초과하여 세액공제를 받지 못한 잔액을 적되, 「법인세법 시행령」 제94조제15항에 따른 국외원천소득 대응 비용과 관련된 외국법인세액 및 이월공제기간을 초과한 외국납부세액을 차감하여 적습니다.

16. ㉖ 당기 실제세액공제액란에는 '⑬ 공제한도'에 달할 때까지 ㉕ 당기 공제대상 세액 중 해당분을 차례로 적습니다.

210mm×297mm[백상지 80g/㎡ 또는 중질지 80g/㎡]

(앞쪽)

사 업 연 도	· · · ~ · · ·	**소득종류별 외국납부세액 명세서**		법 인 명	
				사업자등록번호	

(단위 : 원)

① 연 번	소득발생처			⑤ 소득 구분 코드	⑥국외원천 소득		외국납부세액			
	②국가명	③ 코드	④상호(성명)				⑦직접	⑧간주	⑨간접	⑩하이브리드 (Hybrid)
1						세목				
						세액				
2						세목				
						세액				
3						세목				
						세액				
4						세목				
						세액				
5						세목				
						세액				
6						세목				
						세액				
7						세목				
						세액				
8						세목				
						세액				
9						세목				
						세액				
10						세목				
						세액				
11						세목				
						세액				
12						세목				
						세액				
13						세목				
						세액				
14						세목				
						세액				
15						세목				
						세액				
합 계						세액				

210mm×297mm[백상지 80g/㎡ 또는 중질지 80g/㎡]

(뒤쪽)

작 성 방 법

1. ② 국가명란에는 국외원천소득이 발생한 국가를 적고, ③ 코드란에는 국제표준화기구(ISO)가 정한 ISO 국가코드를 적습니다.

2. ⑤ 소득구분은 해당 소득이 발생한 국가와 우리나라가 체결한 조세조약에 따른 소득구분을 기재하되, 조세조약이 체결되지 않은 경우 「법인세법」 제93조 각 호에 따라 소득을 구분하여 적습니다. (아래 표를 참고하여 적습니다.)

종류	이자소득	배당소득	부동산소득	선박 등 임대소득	사업소득
코드	INT	DIV	RRI	RSI	BSI
종류	인적용역	부동산 양도소득	사용료소득	유가증권양도소득	그 밖의 소득
코드	PSI	CGR	RYT	CGS	ETC

3. ⑥ 국외원천소득은 해당 사업연도의 과세표준을 계산할 때 손금에 산입된 금액으로서 국외원천소득에 대응하는 직접비용·배분비용을 뺀 금액입니다(직접비용·배분비용 계산 명세는 세무당국이 요구할 때 제출할 수 있도록 보관해야 합니다.)

4. ⑦~⑩ 외국납부세액란은 아래 표와 같이 「법인세법」 제57조에 따른 외국납부세액의 종류별로 구분하여 외국납부세목과 외국납부세액을 각각 적습니다.

외국납부세액 구분 (약자)	관련근거
⑦ 직접	「법인세법」 제57조제1항에 따른 직접외국납부세액
⑧ 간주	「법인세법」 제57조제3항에 따른 간주외국납부세액
⑨ 간접	「법인세법」 제57조제4항에 따른 간접외국납부세액
⑩ 하이브리드 (Hybrid)	「법인세법」 제57조제6항에 따른 외국 하이브리드(Hybrid) 사업체를 통한 국외투자 관련 외국납부세액

5. ⑦~⑩ 외국납부세액란의 세목은 외국의 법령에 따라 납부한 세금의 명칭 그대로(영문 또는 한글) 구분하여 적습니다.

6. ⑦~⑩ 외국납부세액란의 세액은 「법인세법」 제57조의 적용대상이 되는 외국에서 납부한 세금의 금액을 각각 구분하여 적습니다.
   간접외국납부세액의 경우에는 별지 제8호서식 부표 5의4 '간접외국납부세액공제 명세서'의 '⑰수입배당금액에 대응하는 간접 외국납부세액'을 기재하고, 외국 하이브리드(Hybrid) 사업체를 통한 국외투자 관련 외국납부세액의 경우에는 별지 제8호서식 부표 5의5 '외국 Hybrid 사업체를 통한 국외투자 관련 외국납부세액공제 명세서'상 ⑫수입배당금액에 대응하는 소득에 대하여 해당 법인에게 부과된 외국납부세액을 적습니다.

사 업 연 도	· · ~ · ·	간접외국납부세액공제 명세서	법 인 명	
			사업자등록번호	

1. 외국자회사 등에 대한 직접·간접 소유명세

가. 외국자회사

① 외국자회사 법인명	② 외국자회사 소재지국	③ 국가코드	④ 해외현지기업 고유번호	⑤ 내국법인의 주식소유비율

나. 외국손회사

⑥ 외국손회사 법인명	⑦ 외국손회사 소재지국	⑧ 국가코드	⑨ 외국자회사 법인명	⑩ 외국자회사의 주식소유비율	⑪ 내국법인의 주식간접소유비율 [⑤×⑩]

2. 「법인세법」 제57조제4항에 따른 외국납부세액(간접외국납부세액) 명세

(단위:원)

⑫ 외국자회사 법인명	외국자회사의 해당 사업연도			⑯ 수입배당금액	⑰ 수입배당금액에 대응하는 간접 외국납부세액 [(⑭ + ⑮×50%) × ⑯/(⑬-⑭-⑮×50%)]
	⑬ 소득금액	⑭ 외국자회사 소재지국 납부 법인세액	⑮ 외국자회사가 제3국에 납부한 외국납부세액 [㉓+㉙]		
합계					

3-1. 외국자회사가 외국손회사 소재지국에 납부한 세액 명세

(단위:원)

⑱ 외국자회사 법인명	⑲ 외국손회사 법인명	⑳ 외국손회사 소재지국	㉑ 국가코드	㉒ 외국자회사의 수입배당금액	㉓ 외국손회사 소재지 국에 납부한 외국 납부세액

3-2. 외국자회사가 제3국의 지점 등의 소재지국에 납부한 세액 명세

(단위:원)

㉔ 외국자회사 법인명	㉕ 제3국 지점 등의 명칭	㉖ 소재지국	㉗ 국가코드	㉘ 제3국 지점 등에 귀속되는 소득	㉙ 제3국에 납부한 외국납부세액

210mm×297mm[백상지 80g/㎡ 또는 중질지 80g/㎡]

(뒤쪽)

작 성 방 법

1. ②, ⑦란은 외국자회사 등이 소재하는 국가를 적고, ③, ⑧란은 국제표준화기구(ISO)가 정한 ISO 국가코드를 적습니다.

2. ④ 해외현지기업 고유번호란은 세무서장이 부여한 해외현지기업고유번호('3자리-6자리')를 적습니다.

   ※ 고유번호를 부여받지 못한 경우 관할 세무서에 신청하여 부여받을 수 있습니다.

3. ⑤(⑩)란은 외국자회사(외국손회사)의 의결권이 있는 발행주식총수 또는 출자총액에 대한 내국법인(외국자회사)의 주식 소유 비율을 적습니다.

4. ⑬ 소득금액, ⑭ 외국자회사 소재지국 납부 법인세액란은 내국법인의 각 사업연도 소득금액에 외국자회사로부터 받은 수입배당금액이 포함되어 있는 경우에 외국자회사의 해당 사업연도 소득금액, 법인세액을 적고, ⑯ 수입배당금액란은 내국법인이 외국자회사로부터 받은 수입배당금을 적습니다.

5. ⑰ 수입배당금액에 대응하는 간접외국납부세액란은 외국자회사별로 수입배당금액에 대응하는 간접외국납부세액을 다음 계산식에 따라 계산한 금액을 적습니다.

$$\text{외국자회사의 해당 사업연도 법인세액} \times \frac{\text{수입배당금액}}{\text{외국자회사의 해당 사업연도 소득금액} - \text{외국자회사의 해당 사업연도 법인세액}}$$

   ※ 외국자회사의 해당 사업연도 법인세액에는 아래 세액을 외국자회사가 외국납부세액으로 공제받았거나 공제받을 금액 또는 해당수입금액이나 제3국 지점 등 귀속소득에 대하여 외국자회사의 소재지국에서 국외소득 비과세·면제를 적용받았거나 적용받을 경우, 해당 세액 중 100분의 50에 상당하는 금액을 포함하여 계산합니다.

   - 외국자회사가 외국손회사로부터 지급받는 수입배당금액에 대하여 외국손회사의 소재지국 법률에 따라 외국손회사의 소재지국에 납부한 세액 → '3-1. 외국자회사가 외국손회사 소재지국에 납부한 세액 명세' 작성

   - 외국자회사가 제3국(본점이나 주사무소 또는 사업의 실질적 관리장소 등을 둔 국가 외의 국가를 말한다)의 지점 등에 귀속되는 소득에 대하여 그 제3국에 납부한 세액 → '3-2. 외국자회사가 제3국의 지점 등의 소재지국에 납부한 세액 명세' 작성

6. ⑳ 외국손회사소재지국란은 외국손회사가 소재하는 국가를 적고, ㉑ 국가코드란은 국제표준화기구(ISO)가 정한 ISO 국가코드를 적습니다.

7. ㉒ 외국자회사의 수입배당금액란은 외국자회사가 외국손회사로부터 받은 수입배당금액을 적습니다.

8. ㉓ 외국손회사 소재지국에 납부한 외국납부세액란은 외국자회사가 외국손회사로부터 지급받는 수입배당금액에 대하여 외국손회사의 소재지국 법률에 따라 외국자회사가 외국손회사의 소재지국에 직접 납부한 세액을 적습니다.

9. ㉖ 소재지국란은 제3국(본점이나 주사무소 또는 사업의 실질적 관리장소 등을 둔 국가 외의 국가를 말한다)의 지점이 소재하는 국가를 적고, ㉗ 국가코드란은 국제표준화기구(ISO)가 정한 ISO 국가코드를 적습니다.

10. ㉘ 제3국 지점 등에 귀속되는 소득란은 제3국(본점이나 주사무소 또는 사업의 실질적 관리장소 등을 둔 국가 외의 국가를 말한다)의 지점 등에 귀속되는 소득을 적습니다.

11. ㉙ 제3국에 납부한 외국납부세액란은 외국자회사가 제3국(본점이나 주사무소 또는 사업의 실질적 관리장소 등을 둔 국가 외의 국가를 말한다)의 지점 등에 귀속되는 소득에 대하여 그 제3국에 납부한 세액을 적습니다.

■ 법인세법 시행규칙 [별지 제8호서식 부표 5의5] <신설 2012.2.28>

(앞 쪽)

| 사 업
연 도 | ・ ・ ・
~
・ ・ ・ | **외국 Hybrid 사업체를 통한 국외투자
관련 외국납부세액공제 명세서** | 법 인 명 | |
| | | | 사업자등록번호 | |

1. 외국법인(외국 Hybrid 사업체) 명세

①외국법인명	②소재지국	③국가코드	④해외현지기업고유번호	⑤현지납세자번호

2. 외국법인(외국 Hybrid 사업체)의 소득에 대하여 해당 법인에게 부과된 외국납부세액 중
수입배당금액에 대응하는 외국납부세액 명세

(단위:원)

⑥외국법인명	외국법인 소득발생 내역		⑨해당법인의 손익분배비율	⑩수입배당금	⑪해당법인이 부담한 외국 납부세액	⑫수입배당금액에 대응하는 소득에 대하여 해당 법인에게 부과된 외국납부세액 [⑪×⑩/(⑧×⑨-⑪)]
	⑦사업연도	⑧소득금액				
합 계						

3. 해당법인이 소득 발생 국가에서 직접납세의무를 부담한 내역

(단위:원)

⑬외국법인명	⑭사업연도	⑮외국법인의 거주지국에서 해당법인이 부담한 금액	외국법인의 거주지국 이외의 국가에서 해당 법인이 부담한 경우			⑲해당법인이 부담한 외국납부세액 [⑮+⑱]
			⑯국가명	⑰국가코드	⑱부담한 금액	

210mm×297mm[백상지 80g/㎡ 또는 중질지 80g/㎡]

(뒤쪽)

작 성 방 법

1. ①, ⑥, ⑬란의 외국법인(외국 Hybrid 사업체)이란 다음의 요건을 갖춘 외국법인을 말합니다.

 (1) 외국법인의 소득이 그 본점 또는 주사무소가 있는 국가에서 발생한 경우: 거주지국의 세법에 따라 그 외국법인의 소득에 대하여 해당 외국법인이 아닌 그 주주 또는 출자자인 내국법인이 직접 납세의무를 부담하는 경우 그 외국법인을 말합니다.

 (2) 외국법인의 소득이 거주지국 이외의 국가에서 발생한 경우에는

　　거주지국 이외의 국가의 세법에 따라 그 외국법인의 소득에 대하여 해당 외국법인이 아닌 그 주주 또는 출자자인 내국법인이 직접 납세의무를 부담하고, 거주지국의 세법에 따라 그 외국법인의 소득에 대하여 해당 외국법인이 아닌 그 주주 또는 출자자인 내국법인이 직접 납세의무를 부담하는 경우 그 외국법인을 말합니다.

2. ②란은 외국법인(외국 Hybrid 사업체)이 소재하는 국가를 적고, ③란은 국제표준화기구(ISO)가 정한 ISO 국가 코드를 적습니다.

3. ④란은 세무서장이 부여한 해외현지기업고유번호(3자리-6자리)를 적습니다.

 ※ 고유번호를 부여받지 못한 경우 관할세무서장에게 신청하면 부여받을 수 있습니다.

4. ⑤란은 외국법인(외국 Hybrid 사업체)이 소재하는 국가에서 부여받은 납세자번호를 적습니다.

5. ⑦, ⑭란은 해당 법인이 외국법인(외국 Hybrid 사업체)로부터 받은 수입배당금액을 배당의 재원이 되는 외국법인(외국 Hybrid 사업체)의 소득에 대해 연도별로 작성합니다.

6. ⑨란의 외국법인(외국 Hybrid 사업체)의 소득에 대해 연도별로 해당 법인에게 귀속되는 손익분배비율을 적습니다.

7. ⑩란의 외국법인(외국 Hybrid 사업체)으로부터 받은 수입배당금을 배당의 재원이 되는 잉여금이 발생한 사업연도별로 구분하여 금액을 적습니다.

8. ⑪란은 외국법인명과 사업연도가 일치하는 ⑲란의 금액을 적습니다.

9. ⑫란은 아래의 계산식을 적용하여 계산한 금액을 적습니다.

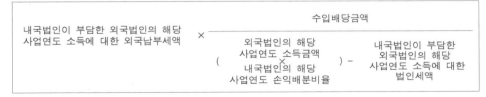

10. ⑮란은 외국법인(외국 Hybrid 사업체) 거주지국의 세법에 따라 그 외국법인(외국 Hybrid 사업체)의 소득에 대하여 해당 외국법인이 아닌 그 주주 또는 출자자인 내국법인이 직접 납세의무를 부담한 금액을 적습니다.

11. ⑯란은 외국법인(외국 Hybrid 사업체)의 소득이 거주지국 이외의 국가("원천지국"이라 한다)에서 발생하여 원천지국 세법에 따라 그 외국법인(외국 Hybrid 사업체)의 소득에 대하여 해당 외국법인이 아닌 그 주주 또는 출자자인 내국법인이 직접 납세의무를 부담한 경우 그 원천지국 국가명을 적습니다.

(앞쪽)

사 업 연 도	· · · ~ · · ·	**추가납부세액계산서(6)**	법 인 명	
			사업자등록번호	

1. 준비금환입에 대한 법인세 추가납부액

① 구 분	② 손금산 입연도	③ 추가납부대상 준비금환입액	④ 공제액	⑤ 차감계 (③-④)	⑥ 법인세상 당액	⑦ 이 율 (일변)	⑧ 기 간	⑨법인세추가납부액 (⑥×⑦×⑧)
계								

2. 소득공제액에 대한 법인세 추가납부액

⑩ 구 분	⑪ 소득공제 연 도	⑫ 추가납부 사 유	⑬ 공제받은소 득금액	⑭ 법인세 상당액	가 산 액			⑱법 인 세 추가납부액 (⑭+⑰)
					⑮이율 (일변)	⑯기간	⑰금액 (⑭×⑮×⑯)	
계								

3. 공제감면세액에 대한 법인세 추가납부액

⑲ 구 분	⑳ 공제감면 받은연도	㉑ 추가납부 사 유	㉒ 공제감면 세 액	가 산 액			㉖법 인 세 추가납부액 (㉒+㉕)
				㉓이율 (일변)	㉔기간	㉕금 액 (㉒×㉓×㉔)	
계							

4. 법인세 추가납부세액 합계 ㉗(⑨+⑱+㉖)

210mm×297mm[백상지 80g/㎡ 또는 중질지 80g/㎡]

(뒤 쪽)

작성방법

1. 준비금환입에 대한 법인세 추가납부액
   「법인세법」 및 「조세특례제한법」의 추가납부대상 준비금환입액에 대한 법인세상당액에 이자율을 곱하여 ⑨란의 법인세추가납부세액을 산출하여 적습니다. 다만, 이자추징대상이 되지 아니하는 환입액은 ④공제액란에 적어 ⑤란의 차감계에 따라 산출하여 적습니다.

2. 소득공제액에 대한 법인세 추가납부액
   「조세특례제한법」의 추가납부대상 공제소득에 대한 ⑭법인세상당액과 그 금액에 ⑮란의 이율을 곱하여 산출한 ⑰란의 가산액의 합계액을 ⑱란의 법인세추가납부액란에 적습니다.

3. 공제감면세액에 대한 법인세 추가납부액
   ㉒란의 추가납부대상 공제감면세액과 그 금액에 이자율을 곱하여 산출한 ㉕란의 가산액의 합계액을 ㉖법인세추가납부액란에 적습니다.

4. ⑨, ⑱, ㉖란의 법인세추가납부액은 구분별로 공제감면세액 및 추가납부세액합계표(을)[별지 제8호서식(을)]에 옮겨 적습니다.

■ 법인세법 시행규칙 [별지 제8호서식 부표 9] <개정 2013.2.23>

사 업 연 도	· · · ~ · · ·	기술도입대가에 대한 조세면제명세서						법 인 명		
								사업자등록번호		

조세면제확인 통지내용					⑤ 최초대가지 급 일	해당연도 지급 및 면제 내역		
①계약 제품명	② 계약기간	③ 통보일	④기술제공자			⑥ 지급일	⑦ 지급금액	⑧ 면제세액
			거주지국	거주지국코 드				
합 계								

작성방법

1. (구)「조세특례제한법」 제121조의6에 따라 외국인에게 지급하는 기술도입대가에 대해 법인세 및 소득세를 면제한 내용을 적되 해당 기술도입계약제품별 지급일자 순으로 적습니다.

2. ①, ②, ③, ④란은 조세면제 확인·통지받은 기술도입계약내용을 적습니다.

3. ④의 "거주지국" 및 "거주지국코드"란은 국제표준화기구(ISO)가 정한 국가별 ISO코드 중 국명(약어) 및 국가코드를 적습니다.

4. ⑤최초대가지급일은 해당 기술도입계약에서 최초로 그 대가를 지급하기로 한 날을 적습니다.

5. ⑥지급일은 현실적으로 지급한 일자를 적습니다.

6. ⑦지급금액은 지급시의 환율에 의한 원화금액을 적습니다.

7. ⑧면제세액은 면제가 되지 않았다면 납부하여야 할 세액으로서 국내 세법 및 해당국과의 조세조약에 따른 원천징수세율을 적용하여 계산한 법인세 또는 소득세를 적습니다.

210mm×297mm[백상지 80g/㎡ 또는 중질지 80g/㎡]

■ 법인세법 시행규칙 [별지 제8호서식 부표 10] <신설 2018. 3. 21.>

사 업 연 도	· · · ~ · · ·	이월과세로 양수한 자산 명세서	법 인 명	
			사업자등록번호	

1. 자산의 구분

[ ] 1) 「조세특례제한법」 제31조(중소기업 통합에 대한 양도소득세 이월과세)

[ ] 2) 「조세특례제한법」 제32조(법인전환에 대한 양도소득세 이월과세)

[ ] 3) 「조세특례제한법」 제66조제7항(영농조합법인에 현물출자 시 양도소득세 이월과세)

[ ] 4) 「조세특례제한법」 제68조제3항(농업회사법인에 현물출자 시 양도소득세 이월과세)

2. 이월과세 적용 신청하고 양수한 자산명세

① 구분	② 당초 양도자				③ 양수 일자	④ 양수 가액	⑤ 이월 과세액	⑥ 양수자산			⑦ 양도 일자	⑧ 비고
	성명 (상호)	생년월일 (사업자번호)	취득 일자	취득 가액				자산 종류	면적 (수량)	자산 소재지 (사업자번호)		

작성방법

※ 「조세특례제한법」 제31조, 제32조, 제66조제3항 및 같은 조 제7항에 근거하여 이월과세를 적용 신청하여 양도소득세를 납부하지 않은 개인으로부터 자산을 양수한 법인은 이 서식을 작성합니다.

1. ① 구분란에는 위 1. 자산의 구분에 해당하는 분류번호(숫자 1 ~ 4)를 적습니다.
   * 예시) 법인전환에 대한 이월과세를 적용받아 양수한 자산 → 3
2. ② 당초 양도자란에는 이월과세를 적용 신청하여 양도소득세를 납부하지 않은 개인에 대한 인적사항 등을 기재합니다.
3. ③ 양수일자, ④ 양수가액, ⑤ 이월과세액란은, ② 당초 양도자가 이월과세 적용 신청하면서 양수한 법인과 함께 제출한 「조세특례제한법 시행규칙」 별지 제12호서식 「이월과세 적용 신청서」상 각 ⑯ 양도일, ⑰ 양도가액, ⑱ 이월과세액과 일치하여야 합니다.
4. ⑥양수자산란 중 자산소재지에는 부동산 및 기타자산 등의 경우 자산의 소재지를 시/도 + 시/군/구 + 읍/면 + 도로명까지 적고, 주식의 경우 주식발행법인의 사업자번호를 기재합니다.
5. ⑦ 양도일자란은 양수받은 법인이 해당 이월과세 적용 신청한 자산을 양도한 경우 기재합니다.

210mm×297mm[백상지 80g/㎡ 또는 중질지 80g/㎡]

(4) 최저한세

조세정책적 목적에 의해 조세감면을 적용받는 경우라도 과다한 조세감면은 과세형평에 어긋나며 국가의 조세수입을 감소시키므로 일정한도의 세액은 납부하도록 하고 있는 바, 이러한 일정한도의 세액을 최저한세라 한다.

1) 최저한세 적용대상 조세감면

최저한세는 조세특례제한법상 모든 조세특례·감면을 대상으로 하나, 다른 법률(법인세법, 지방세법 등)상의 조세특례 및 감면은 최저한세 대상이 아니다.

2) 최저한세의 계산

최저한세 적용대상 조세감면을 적용받은 후의 세액이 다음의 최저한세에 미달하는 경우 그 미달하는 세액은 감면을 하지 않으므로 결국 최저한세 만큼은 납부해야 한다.

중소기업 등인 경우와 중소기업 등이 아닌 일반법인의 경우 최저한세는 각각 다음과 같이 계산된다.

> 최저한세액 = 최저한세 적용대상을 적용하지 않은 경우의 과세표준 × 최저한세율

구 분	최저한세율
중소기업(유예기간 포함)	7%
중소기업이 최초로 중소기업에 해당하지 않게 된 경우*	• 최초 3년 이내 끝나는 과세연도: 8% • 그 다음 2년 이내 끝나는 과세연도: 9%
위 이외의 기업	10%(과세표준이 100억 원 초과 1천억 원 이하분 12%, 과세표준이 1천억 원 초과분 17%)

* "중소기업이 최초로 중소기업에 해당하지 아니하게 된 경우"란 중소기업에 해당하지 아니하게 된 사유가 발생한 날이 속하는 사업연도와 그 다음 3개 사업연도가 경과한 경우를 말함.

(5) 가산세

가산세는 세법에 규정한 의무의 성실한 이행을 확보하기 위하여 그 의무를 위반한 자에게 부과하는 행정벌이다. 의무위반 종류별로 각각 5천만 원(중소기업이 아닌 경우 1억 원)의 한도를 적용한다. 단, 아래 ③, ⑥, ⑦, ⑨ 중 미발급, 가공·허위수수분 가산세는 한도적용대상에서 제외한다.

법인세법상 가산세		가산세의 내용
① 주주 등의 명세서 제출 불성실가산세		미제출·누락제출·불분명 주식 등의 액면금액 × 0.5%
② 주식 등 변동상황명세서 미제출가산세		미제출·누락제출·불분명 주식 등의 액면가액 × 1%
③ 장부의 기록·보관 불성실가산세		Max(산출세액 × 20%, 수입금액 × $\frac{7}{10,000}$)
④ 기부금영수증 발급·작성·보관 불성실가산세		㉠ 영수증을 사실과 다르게 발급한 금액 × 5% ㉡ 발급명세를 작성·보관하지 않은 금액 × 0.5%
⑤ 증명서류 수취 불성실가산세		미수취·불명금액 중 손금으로 인정되는 금액 × 2%
⑥ 신용카드 발급불성실가산세		Max(건별 거부금액·불명금액 × 5%, 건별 5천 원)
⑦ 현금영수증 발급불성실 가산세	현금영수증가맹점으로 가입하지 아니하거나 그 가입기한이 지나서 가입한 경우	미가입기간의 수입금액 × 1% × 기간비율
	현금영수증 발급을 거부하거나 사실과 다르게 발급하여 납세지 관할 세무서장으로부터 통보받은 경우	Max(건별 발급거부금액·불명금액 × 5%, 건별 5천 원)
	현금영수증 의무발급대상자가 현금영수증을 발급하지 아니한 경우	현금영수증발급의무위반금액 × 20%(착오 등으로 거래대금을 받은 날부터 7일 이내에 세무서에 자진 신고하거나 현금영수증을 자진 발급한 경우 10%)
⑧-1. 지급명세서제출 불성실가산세		미제출·불명금액[2] × 1%(3개월 내 제출시 0.5%)
⑧-2. 근로소득간이지급명세서제출 불성실가산세		미제출·불명금액[2] × 0.25%(3개월 내 제출시 0.125%)
⑨ 계산서 등 제출불성실가산세	매입처별세금계산서합계표를 미제출·부실기재한 경우	매입처별세금계산서합계표 미제출·불명가액[2] × 0.5%
	발급한 계산서를 부실기재한 경우	계산서 불명가액[2] × 1%
	매출·매입처별계산서합계표 미제출·부실기재한 경우	매출·매입처별계산서합계표 미제출·부실기재한 공급가액[2] × 0.5%
	계산서를 미발급, 가공발급 및 가공수취, 위장발급 및 위장수취한 경우	미발급, 가공발급·가공수취, 위장발급·위장수취분 공급가액 × 2%(전자계산서 외의 계산서를 발급한 경우와 계산서를 지연발급한 경우에는 1%)
	전자계산서를 전송기한이 지난 후 공급시기가 속하는 사업연도 말의 다음 달 25일까지 전송한 경우	전자계산서발급명세 지연전송가액[2] × 0.3%

법인세법상 가산세		가산세의 내용
	전자계산서를 전송기한이 지난 후 공급시기가 속하는 사업연도 말의 다음 달 25일까지 전송하지 아니한 경우	전자계산서발급명세 미전송가액[2] × 0.5%
⑩ 특정외국법인의 유보소득계산명세서 제출 불성실가산세		특정외국법인의 배당가능유보소득금액 × 0.5%
⑪ 성실신고확인서 제출 불성실가산세		대상법인이 각 사업연도의 종료일이 속하는 달의 말일부터 4개월 이내에 미제출시 Max(법인세 산출세액 × 5%, 수입금액 × 0.02%)
⑫ 업무용승용차 관련비용 명세서 제출 불성실가산세		업무용승용차 관련비용 명세서의 미제출시(불성실제출시) 손금산입액(사실과 다르게 제출한 금액) × 1%

[1] 신고, 납부 및 원천징수와 관련된 가산세는 국세기본법으로 이관되었으므로 「국세기본법」편에 기술하였다.

[2] 불명이란 제출된 지급명세서에 지급자 또는 소득자의 주소, 성명, 고유번호(주민등록번호로 갈음하는 경우 주민등록번호)나 사업자등록번호, 소득의 종류, 소득귀속연도 또는 지급액을 적지 않거나 잘못 적어 지급사실을 확인할 수 없는 경우 등을 말한다.

[3] 지연전송은 전자계산서의 발급일의 다음 날이 지난 후 재화 또는 용역의 공급시기가 속하는 사업연도 말의 다음 달 11일까지 국세청장에게 전자계산서 발급명세를 전송하는 경우이고, 미전송은 전송하지 않은 경우를 말한다.

심화학습

주식 등 변동상황명세서의 작성, 제출
가. 제출대상 법인
　사업연도중에 주식 또는 출자지분의 변동이 있는 내국법인
　예: 주식회사, 유한회사, 합명회사, 합자회사, 조합 등
　　* 새로 설립한 법인의 경우 당해 설립일이 속하는 사업연도중에 주식 및 출자지분변동상황이 없었더라도 법인세
　　　과세표준 신고기한내에 「주식등변동상황명세서」를 제출하여야 함.
나. 제출기한 및 제출관서
　• 법인세법 제60조의 법인세과세표준 신고기한내
　• 납세지 관할 세무서장에게 제출
다. 제출방법(법 제119조)
　사업연도 중에 주식 등의 변동사항이 있는 법인은 「주식등변동상황명세서」 제출하여야 함.
　– 주식등의 변동이 있는 경우에는 「주식등변동상황명세서(갑)」 2부
　– 주식등의 변동원인이 양도에 의한 경우에는 「주식등변동상황명세서(을)」 2부
라. 주식등변동상황명세서 제출 의무의 면제(영 제161조)
　• 주권 상장법인의 지배주주와 그 특수관계인을 제외한 주주의 주식
　• 한국거래소에 상장되지 않는 주식 중 소액주주(주식 액면금액이 500만 원 이하)의 주식
　• 주식회사가 아닌 법인의 소액출자자(출자총액이 500만 원 이하)의 출자지분

심화학습

법인 비용관련 법정지출증명서류
법인이 사업과 관련하여 재화 또는 용역을 사업자로부터 공급받고 그 대가를 지출하는 경우 세법에서는 적법한 증명을 구비하도록 요구하고 있다.
1. 법정지출증명서류 구비의 목표
　이는 납세자의 경비투명성을 확보하고 거래상대방 사업자의 과세표준양성화를 유도하는 것이다.
2. 법정지출증명서류의 범위와 보관기간
　법인은 각 사업연도에 그 사업과 관련된 모든 거래에 대해 다음과 같은 증명서류를 작성 또는 수취하여 신고기한이 경과한 날부터 5년간(이월결손금을 공제받고자 하는 경우 해당 기간동안) 보관하여야 한다. 다만, 각 사업연도 개시일 전 5년이 되는 날 이전에 개시한 사업연도에서 발생한 결손금을 각 사업연도의 소득에서 공제하려는 법인은 해당 결손금이 발생한 사업연도의 증명서류를 공제되는 소득의 귀속사업연도의 신고기한부터 1년이 되는 날까지 보관하여야 한다.
　① 신용카드매출전표(직불카드, 외국신용카드, 기명식선불카드, 직불전자지급수단, 기명식선불전자지급수단 또는 기명식전자화폐 등을 사용하여 거래하는 경우에는 그 증명서류를 포함함)
　② 현금영수증
　③ 세금계산서
　④ 계산서
　⑤ 매입자발행세금계산서

⑥ 매입자발행계산서(2023.7.1. 이후 지출분부터 적용)

장부 또는 증명서류는 "전자거래기본법"에 따라 종이문서를 스캐너를 통해 전자파일 형태로 변환한 문서인 전자화문서로 변환하여 전자문서보관소에 보관하는 경우 실물보관의무가 면제된다. 다만, 기명날인 서명문서, 계약서 등 위·변조 소지가 큰 문서는 제외한다.

3. 법정지출증명서류의 보관 특례

법인이 다음에 해당하는 지출증명서류를 받은 경우에는 이를 보관하지 아니할 수 있다.

① 현금영수증

② 신용카드매출전표

③ 국세청장에게 전송된 전자세금계산서

④ 국세청장에게 전송된 전자계산서

4. 영수증 수취가능거래

다음에서 설명하는 지출증명서류 특례적용대상에 해당하는 경우에는 영수증(거래사실을 입증하는 서류)의 수취가 허용된다.

지출증명서류 특례적용대상

---

1. 공급받은 재화 또는 용역의 거래건당 금액(부가가치세를 포함한다)이 3만 원 이하인 경우
2. 거래상대방이 읍·면지역에 소재하는 사업자(부가가치세법 제25조의 규정에 의한 간이과세자 또는 과세특례자에 한한다)로서 여신전문금융업법에 의한 신용카드가맹점이 아닌 경우
3. 금융·보험용역을 제공받은 경우
4. 국내사업장이 없는 비거주자 또는 외국법인과 거래한 경우
5. 농어민(통계청장이 고시하는 한국표준산업분류상의 농업 중 작물생산업·축산업·복합농업, 임업 또는 어업에 종사하는 자를 말하며, 법인을 제외한다)으로부터 재화 또는 용역을 공급받은 경우
6. 국가·지방자치단체 또는 지방자치단체조합으로부터 재화 또는 용역을 공급받은 경우
7. 비영리법인(비영리외국법인을 포함하며, 수익사업과 관련된 부분을 제외한다)으로부터 재화 또는 용역을 공급받은 경우
8. 소득세법 제127조 제1항 제3호에 규정하는 원천징수대상 사업소득자로부터 용역을 공급받은 경우(원천징수한 경우에 한한다)
9. 기타 다음의 1에 해당하는 경우
    ① 부가가치세법 제6조의 규정에 의하여 재화의 공급을 받지 아니하는 사업양도에 의하여 재화를 공급받은 경우
    ② 방송용역을 제공받은 경우
    ③ 전기통신사업법에 의한 전기통신사업자로부터 전기통신용역을 공급받은 경우
    ④ 국외에서 재화 또는 용역을 공급받은 경우(세관장이 세금계산서 또는 계산서를 교부한 경우는 제외)
    ⑤ 공매·경매 또는 수용에 의하여 재화를 제공받은 경우
    ⑥ 토지 또는 주택을 구입하거나 주택의 임대업을 영위하는 자(법인은 제외한다)로부터 주택임대용역을 공급받은 경우
    ⑦ 택시운송용역을 공급받은 경우

---

⑧ 건물(토지를 함께 공급하는 경우에는 당해 토지를 포함하며, 주택을 제외한다)을 구입하는 경우로서 거래내용이 확인되는 매매계약서 사본을 과세표준확정신고서에 첨부하여 납세지 관할세무서장에게 제출하는 경우

⑨ 국세청장이 정하여 고시한 전산발매통합관리시스템에 가입한 사업자로부터 입장권·승차권·승선권 등을 구입하여 용역을 제공받은 경우

⑩ 항공기의 항행용역을 제공받은 경우

⑪ 부동산임대용역을 제공받은 경우로서 부가가치세법시행령 제49조의 2 제1항의 규정을 적용받는 전세금 또는 임대보증금에 대한 부가가치세액을 임차인이 부담하는 경우

⑫ 재화공급계약·용역제공계약 등에 의하여 확정된 대가의 지급지연으로 인하여 연체이자를 지급하는 경우

⑬ 한국철도공사로부터 철도의 여객운송용역을 공급받는 경우

⑭ 유료도로를 이용하고 통행료를 지급하는 경우

⑮ 다음 중 어느 하나에 해당하는 경우로서 공급받은 재화 또는 용역의 거래금액을 금융실명거래 및 비밀보장에 관한 법률에 의한 금융기관을 통하여 지급한 경우로서 과세표준확정신고서에 송금사실을 기재한 경비 등의 송금명세서를 첨부하여 납세지 관할세무서장에게 제출하는 경우

  가. 부가가치세법상 간이과세자로부터 부동산임대용역을 제공받은 경우

  나. 임가공용역을 공급받은 경우(법인과의 거래는 제외한다)

  다. 운수업을 영위하는 자(부가가치세법상 간이과세자에 한한다)가 제공하는 운송용역을 공급받은 경우(택시운송용역은 제외)

  라. 부가가치세법상 간이과세자로부터 재활용폐자원 등 또는 자원의 절약과 재활용촉진에 관한 법률시행규칙 별표 1에서 규정하는 재활용가능자원

  마. 항공법에 의한 상업서류 송달용역을 제공받는 경우

  바. 부동산 중개업에 의한 중개업자에게 수수료를 지급하는 경우

  사. 복권사업자가 복권을 판매하는 자에게 수수료를 지급하는 경우

  아. 통신판매에 따라 재화 또는 용역을 공급받는 경우

  자. 그 밖에 국세청장이 정하여 고시하는 경우

5. 가산세와 적용특례

  ① 지출증명미수취가산세
  - 적용대상: 개인사업자(소규모사업자와 소득금액이 추계되는 자의 경비율이 적용되는 분은 제외함)와 법인(국가·지방자치단체, 수익사업을 영위하지 아니하는 비영리법인은 제외함)
  - 가산세부과금액: 법정증명서류 미수취금액의 2%
  - 적용특례: 손금불산입되는 3만 원 초과 기업업무추진비지출액은 증명불비가산세 적용을 제외함.
  - 재화 또는 용역을 공급받은 실제 거래처와 다른 사업자의 명의로 교부된 세금계산서·계산서 또는 신용카드매출전표는 법정증명서류로 보지 아니한다(법기통 116−158…1, 2001. 11. 1).

  ② 영수증수취명세서 미제출가산세: 법인의 경우 영수증수취명세서 제출의무가 없으므로 영수증수취명세서 미제출가산세를 적용받지 아니하지만 개인사업자(소규모사업자와 소득금액이 추계되는 자의 경비율이 적용되는 분은 제외함)는 영수증수취명세서를 과세표준확정신고기한 내에 제출하지 아니하거나 제출한 금액이 불분명한 경우에는 지급금액의 1%에 해당하는 가산세(이를 "영수증수취명세서 미제출가산세"라 한다)를 부담한다.

③ 거래시 유의사항

사업자가 재화 또는 용역을 거래할 때의 거래상대방이 과세관청을 통하여 사업자로 판명이 되는 경우에는 이에 대하여 거래증명특례규정을 적용받지 아니하면 지출증명미수취가산세를 부과당할 수 있다. 거래상대방이 간이과세자인 경우에는 송금명세서를 첨부하여도 되는 거래가 아니라면 신용카드로 거래를 하여야 한다. 면세사업자와 거래하는 경우는 거래상대방이 계산서를 교부할 수 있으므로 이들과 거래시에는 반드시 계산서를 교부받아야 한다.

법정지출증명서류 미수취시 불이익

수취 여부			대상	법정증명서류 이외의 증명서류 수취시 불이익	
				손금여부	가산세
미수취			제한 없음.	손금불산입 (배당·상여 등)	–
수취	기업업무추진비		건당 3만 원 초과 (경조금 20만 원)	손금불산입 (기타사외유출)	–
	기업업무추진비 이외의 지출	사업자로부터 재화·용역을 공급받는 경우	건당 3만 원 초과	손금산입	가산세 부과 (거래금액의 2%)
		위 이외의 경우	제한 없음.	손금산입	–

[별지 제24호 서식] (2013. 6. 28. 개정)

경비등의 송금명세서

사업연도	. . . ~ . . .	
공급받는자 (신고법인)	① 법 인 명	② 사업자등록번호
	③ 대표자성명	④ 전화번호

거래, 송금내역 및 공급자

⑤ 일련 번호	⑥ 거래 일자	⑦ 법인명(상호) ⑧ 성　　　명	⑨ 사 업 자 등록번호	⑩ 거래내역	⑪ 거래금액	⑫ 송금 일자	⑬ 은 행 명 ⑭ 계좌번호
계							

210mm×297mm[백상지 80g/㎡ 또는 중질지 80g/㎡]

01 다음의 자료를 이용하여 (주)삼일의 제25기 사업연도(2024년 1월 1일 ~ 2024년 12월 31일) 과세표준 금액을 계산하면 얼마인가?

ㄱ. 당기순이익: 250,000,000원
ㄴ. 소득금액조정합계표상 금액
  – 익금산입 · 손금불산입: 150,000,000원
  – 손금산입 · 익금불산입: 120,000,000원
ㄷ. 일반기부금 한도초과액: 20,000,000원
ㄹ. 비과세소득: 3,000,000원
ㅁ. 소득공제: 2,000,000원

① 280,000,000원 ② 285,000,000원
③ 290,000,000원 ④ 295,000,000원

02 서울에서 제조업을 영위하는 중소기업인 (주)삼일의 제21기 사업연도의 각사업연도소득에 대한 법인세 과세표준과 세액의 계산과 관련하여 가장 옳은 주장을 하고 있는 사람은 누구인가?

김부장: 우리회사의 경우 이월결손금은 각사업연도소득금액의 80% 범위에서 공제할 수 있습니다.
이과장: 외국납부세액공제는 최저한세 적용대상이며, 최저한세 적용으로 공제하지 못한 금액은 10년간 이월공제가 가능합니다.
박차장: 당기에 재해로 인하여 회사가 보유하고 있는 사업용자산의 20%가 파손되었으므로 재해손실세액공제를 신청하여야 합니다.
최사원: 재화를 100만 원에 공급받고 신용카드 매출전표 등 법정지출증명서류를 구비하지 아니한 경우에는 손금으로 인정받을 수도 없고 적격증빙서류 불성실가산세를 납부하여야 합니다.

① 김부장 ② 이과장
③ 박차장 ④ 최사원

03 다음은 (주)삼일의 제24기(2024년 1월 1일 ~ 2024년 12월 31일) 세무조정계산서의 일부이다. 담당 회계사의 검토를 받던 중 회사는 아래와 같은 누락사항을 확인하고 이를 수정하여 당기 세부담을 최소화하기로 했다. 수정 후 옳은 과세표준은 얼마인가?

(단위 : 원)

① 각사업 연도소득 계산	(101)결산서상당기순손익	01	500,000,000
	소득조정금액　(102)익 금 산 입	02	20,000,000
	(103)손 금 산 입	03	35,000,000
	(104)차가감 소득금액 (101＋102－103)	04	485,000,000
	(105)기부금한도초과액	05	0
	(106)기부금한도초과 이월액손금산입	54	0
	(107)각 사업연도 소득금액 {(104)＋(105)－(106)}	06	485,000,000
② 과세 표준 계산	(108)각 사업연도 소득금액 (108=107)		485,000,000
	(109)이 월 결 손 금	07	0
	(110)비 과 세 소 득	08	0
	(111)소 득 공 제	09	0
	(112)과 세 표 준 (108－109－110－111)	10	485,000,000
	(159)선 박 표 준 이 익	55	0

〈누락사항〉
ㄱ. 이월결손금: 제12기　　30,000,000원
ㄱ. 이월결손금: 제18기　　50,000,000원
ㄱ. 이월결손금: 제19기　　20,000,000원
ㄴ. 일반기부금 한도초과액:　50,000,000원

① 385,000,000원　　　　　　② 390,000,000원
③ 435,000,000원　　　　　　④ 465,000,000원

04 다음의 자료를 이용하여 (주)삼일의 외국납부세액 공제액을 구하면 얼마인가?

ㄱ. 법인세 과세표준	200,000,000원
ㄴ. 법인세 산출세액	20,000,000원
ㄷ. 국외원천소득자료	
• 과세표준에 산입된 국외원천소득	60,000,000원
• 국외원천소득에 대한 외국납부세액	3,000,000원

① 900,000원 ② 3,000,000원
③ 6,600,000원 ④ 13,200,000원

05 법인세는 사업연도 종료후 법정 신고·납부기한에 신고·납부하는 것이 원칙이나 세수의 조기확보, 세원관리 및 납세자의 조세부담 분산 등을 목적으로 사업연도 중에 법인세를 미리 납부·징수하도록 규정되어 있는 바, 이를 기납부세액이라 한다. 이에 해당하는 것이 아닌 것은?

① 중간예납세액 ② 원천징수세액
③ 수시부과세액 ④ 세액공제액

06 다음 중 법인세법상 과세표준에 대한 설명으로 옳지 않은 것은?

① 과세표준은 각사업연도소득에서 이월결손금, 비과세소득, 소득공제의 순서대로 공제하여 계산한다.
② 비과세소득은 10년간 이월하여 공제가 가능하나 소득공제는 이월공제가 불가능하다.
③ 각사업연도소득금액에서 세법상 공제 가능한 이월결손금을 공제한 금액을 초과하는 비과세소득은 다음 사업연도로 이월되지 않고 소멸한다.
④ 자산수증이익이나 채무면제이익에 의해 충당된 이월결손금은 과세표준 계산시 공제하지 않는다.

07 다음 자료에 따라 계산한 (주)삼일의 제21기(2024. 1. 1~2024. 12. 31) 사업연도 차감납부세액은 얼마인가?

(1) 과세표준	204,000,000원
(2) 외국납부세액 공제액	200,000원
(3) 중간예납세액	150,000원

① 18,410,000원　　　　　　　② 18,560,000원
③ 18,760,000원　　　　　　　④ 20,800,000원

08 세법이 규정하는 의무를 위반한 경우 국세기본법 또는 개별 세법에서 정하는 바에 따라 가산세를 적용하고 있다. 다음 중 가산세와 관련하여 가장 잘못된 주장을 하고 있는 사람은 누구인가?

최과장 : 납세의무자가 법정 신고기한 내에 세법에 따른 과세표준신고서를 제출하지 아니한 경우에는 무신고가산세가 적용됩니다.

문과장 : 납세의무자가 법정신고기한 내에 신고한 과세표준이 세법에 신고하여야 할 과세표준에 미달한 경우에는 과소신고가산세가 적용됩니다.

홍대리 : 원천징수한 세액을 납부기한이 경과하여 납부하거나 납부하지 아니한 경우 원천징수 등 납부지연가산세가 적용됩니다.

허대리 : 납세의무자가 세법에 따른 납부기한 내에 국세를 납부하지 아니하거나 납부한 세액이 납부하여야 할 세액에 미달한 경우에 납부지연가산세가 적용되나, 납세의무자가 환급받은 세액이 세법에 따라 환급받아야 할 세액을 초과하는 경우에는 별도의 가산세가 적용되지 않습니다.

① 최과장　　　　　　　　　　② 문과장
③ 홍대리　　　　　　　　　　④ 허대리

09 (주)용산의 제1기 사업연도(2024.7.20.~2024.12.31.)의 과세표준은 200,000,000원이고 재해손실세액공제액은 9,000,000원인 경우 법인세 차가감납부세액은 구하면 얼마인가? (기납부세액은 없으며, 법인세의 세율은 과세표준 2억 원 이하 9%, 2억 원 초과 200억 원 이하 18,000,000+2억 원 초과분 19%이다.)

① 19,000,000원   ② 15,000,000원

③ 13,000,000원   ④ 11,000,000원

XIV 법인세의 신고와 납부

1 사업연도 중의 신고 · 납부

법인세는 사업연도 종료후 법정신고납부기한에 신고 · 납부하는 것이 원칙이나 사업연도 중에 법인세를 미리 납부 · 징수하도록 규정되어 있는 것이 있다. 이는 중간예납, 원천징수 및 수시부과제도로 세수의 조기확보, 세원관리 및 납세자의 조세부담 분산 등을 목적으로 도입된 것이다.

(1) 중간예납

각 사업연도의 기간이 6개월을 초과하는 법인은 사업연도 개시일부터 6개월간을 중간예납기간으로 하여 중간예납기간이 경과한 날로부터 2개월 이내에 그 기간에 대한 법인세를 신고 · 납부해야 한다.

중간예납세액의 계산방법에는 다음의 두 가지가 있다.

1) 직전사업연도 산출세액 기준

직전사업연도 부담세액의 50%를 중간예납세액으로 하는 방법이다.

2) 해당 중간예납기간 법인세액 기준

중간예납기간을 1사업연도로 보아 세액을 계산하는 방법으로 가결산을 하여 과세표준과 산출세액을 구한다.

(2) 원천징수

내국법인에게 다음의 소득을 지급하는 자는 해당 원천징수세율을 적용하여 계산한 금액에 상당하는 법인세를 징수하여 그 징수일이 속하는 달의 다음달 10일까지 납세지 관할세무서장에게 납부하여야 한다.
① 이자소득금액: 14%(비영업대금의 이익은 25%(온라인투자연계금융업자를 통한 지급은 14%))
② 집합투자기구로부터의 이익 중 투자신탁의 이익: 14%

		법인에게 지급	개인에게 지급
이자소득		법인세 원천징수	소득세 원천징수
배당소득	① 투자신탁의 이익	법인세 원천징수	소득세 원천징수
	② 일반배당	–	소득세 원천징수

* 단, 국외에서 지급하는 경우는 원천징수를 하지 않는다.

(3) 수시부과

법인세법에서는 법인세포탈의 우려가 있어 조세채권을 조기에 확보하여야 될 것으로 인정되는 일정한 요건을 정하고 그 요건에 해당되는 경우에는 사업연도 중이라도 당해 사업연도 법인세액의 일부로서 수시로 부과할 수 있도록 규정하고 있는데, 이와 같은 과세방법을 수시부과라 한다.

2 법인세 신고 및 납부

(1) 법인세의 신고

1) 신고기한

법인세 납세의무가 있는 내국법인은 각 사업연도 종료일이 속하는 달의 말일부터 3개월* (내국법인이 성실신고확인서를 제출하는 경우에는 4개월)이내에 법인세 과세표준과 세액을 신고하여야 한다. 각 사업연도 소득금액이 없거나 결손금이 있는 경우에도 마찬가지이다.

* 외부감사대상 법인이 감사가 종결되지 아니하였다는 사유로 신고기한의 종료일 이전 2주가 되는 날까지 신고기한의 연장을 신청한 경우 1개월의 범위에서 연장을 허용(단, 연장기간에 대하여 연 1.8%의 이자 부과)

2) 신고시 제출서류

과세표준 신고시에는 "법인세 과세표준 및 세액신고서"에 다음의 서류를 첨부하여 신고하여야 한다.

① 필수적 첨부서류*

- 개별내국법인의 재무상태표와 포괄손익계산서
- 이익잉여금처분(결손금처리)계산서
- 세무조정계산서(법인세 과세표준 및 세액조정계산서)
  * 필수적 첨부서류를 첨부하지 않으면 신고하지 않은 것으로 본다.

② 임의적 첨부서류

- 기타 부속서류

3) 법인세 과세표준 및 세액신고서 작성 및 보관

법인세 과세표준 및 세액신고서(별지 제1호 서식)는 법인세 신고법인에 대한 일반적인 사항과 세무조정을 수행한 후의 최종 결과물인 과세표준, 산출세액, 차감납부할세액 등을 하나의 표에 일목요연하게 나타낸 서식이다.

외부감사 대상 법인이 전자신고를 통해 법인세 과세표준을 신고한 경우에는 본 서식에 대표자가 서명날인하여 5년간 보관하여야 한다.

■ 법인세법 시행규칙 [별지 제1호서식] <개정 2021. 3. 16.>

홈택스(www.hometax.go.kr)에서도 신고할 수 있습니다.

법인세 과세표준 및 세액신고서

※ 뒤쪽의 신고안내 및 작성방법을 읽고 작성하여 주시기 바랍니다.

(앞쪽)

① 사업자등록번호			② 법인등록번호	
③ 법 인 명			④ 전 화 번 호	
⑤ 대 표 자 성 명			⑥ 전 자 우 편 주 소	
⑦ 소 재 지				
⑧ 업 태		⑨ 종 목	⑩ 주업종코드	
⑪ 사 업 연 도	. . . ~ . . .		⑫ 수시부과기간	. . . ~ . . .
⑬ 법 인 구 분	1. 내국 2.외국 3.외투(비율 %)		⑭ 조 정 구 분	1. 외부 2. 자기

⑮ 종류별 구분	중소기업	일반			당기순이익과세	⑯ 외부감사 대상	1. 여 2. 부
		중견기업	상호출자제한기업	그외기업			
영리법인 상장법인	11	71	81	91		⑰ 신 고 구 분	1. 정기신고
코스닥상장법인	21	72	82	92			2. 수정신고(가.서면분석, 나.기타)
기 타 법 인	30	73	83	93			3. 기한후 신고
비 영 리 법 인	60	74	84	94	50		4. 중도폐업신고
							5. 경정청구

⑱ 법인유형별구분		코드	⑲ 결 산 확 정 일	
⑳ 신 고 일			㉑ 납 부 일	
㉒ 신고기한 연장승인	1. 신청일		2. 연장기한	

구 분	여	부	구 분	여	부
㉓ 주식변동	1	2	㉔ 장부전산화	1	2
㉕ 사업연도의제	1	2	㉖ 결손금소급공제 법인세환급신청	1	2
㉗ 감가상각방법(내용연수)신고서 제출	1	2	㉘ 재고자산등평가방법신고서 제출	1	2
㉙ 기능통화 채택 재무제표 작성	1	2	㉚ 과세표준 환산시 적용환율		
㉛ 동업기업의 출자자(동업자)	1	2	㉜ 한국채택국제회계기준(K-IFRS)적용	1	2
㊼ 기능통화 도입기업의 과세표준 계산방법			㊽ 미환류소득에 대한 법인세 신고	1	2
㊾ 성실신고확인서 제출	1	2			

구 분	법 인 세			계
	법 인 세	토지 등 양도소득에 대한 법인세	미환류소득에 대한 법인세	
㉝ 수 입 금 액	(		)	
㉞ 과 세 표 준				
㉟ 산 출 세 액				
㊱ 총 부 담 세 액				
㊲ 기 납 부 세 액				
㊳ 차 감 납 부 할 세 액				
㊴ 분 납 할 세 액				
㊵ 차 감 납 부 세 액				

㊶ 조 정 반 번 호		㊸ 조정자	성 명	
㊷ 조 정 자 관 리 번 호			사업자등록번호	
			전 화 번 호	

국세환급금 계좌 신고 (환급세액 5천만원 미만인 경우)	㊹ 예 입 처	은행 (본)지점
	㊺ 예금종류	
	㊻ 계 좌 번 호	예금

신고인은 「법인세법」 제60조 및 「국세기본법」 제45조, 제45조의2, 제45조의3에 따라 위의 내용을 신고하며, 위 내용을 충분히 검토하였고 신고인이 알고 있는 사실 그대로를 정확하게 적었음을 확인합니다.

년 월 일

신고인(법 인) (인)

신고인(대표자) (서명 또는 인)

세무대리인은 조세전문자격자로서 위 신고서를 성실하고 공정하게 작성하였음을 확인합니다.

세무대리인 (서명 또는 인)

세무서장 귀하

첨부서류	1. 재무상태표 2. (포괄)손익계산서 3. 이익잉여금처분(결손금처리)계산서 4. 현금흐름표(「주식회사 등의 외부감사에 관한 법률」 제2조에 따른 외부감사의 대상이 되는 법인의 경우만 해당합니다). 5. 세무조정계산서	수수료 없음

210mm×297mm[백상지 80g/㎡ 또는 중질지 80g/㎡]

(뒤쪽)

신 고 안 내

1. 결손금 소급공제에 따른 법인세액의 환급을 받으려는 법인은 소급공제법인세액환급신청서(별지 제68호서식)를 제출해야 합니다.
2. 법인세분 지방소득세도 사업연도종료일부터 4개월 이내에 해당 시·군·구청에 신고납부해야 합니다.

작성방법

1. ①사업자등록번호란, ②법인등록번호란, ③법인명란, ④전화번호란, ⑤대표자성명란, ⑥전자우편주소란 및 ⑦소재지란은 신고일 현재의 상황을 기준으로 작성합니다.

2. ⑧업태란·⑨종목란·⑩주업종코드 : 주된 업태·종목·주업종코드["조정후수입금액명세서(별지 제17호서식)"의 수입금액이 가장 큰 업태·종목을 말합니다]를 적습니다.

3. ⑪사업연도란·⑫수시부과기간란

가. 정상적으로 사업을 영위하는 법인은 신고사업연도를 적고 수시부과기간란에는 적지 않습니다.

나. 휴·폐업 등으로 수시부과기간에 해당하는 법인세를 신고납부하는 경우에는 사업연도란에 정상적인 사업연도를 적고, 수시부과기간란에 사업연도 개시일과 수시부과사유발생일까지의 기간을 적습니다(반드시 신고구분의 중도폐업신고란에 "○"표시를 해야 합니다).

4. ⑬법인구분란·⑭조정구분란·⑯외부감사대상란·⑰신고구분란·㉓주식변동여부·㉔장부전산화 여부란·㉕사업연도의제 여부란 : 각각 해당란에 "○"표시를 합니다.

5. ⑮종류별구분란 : '중소기업'과 '중견기업'은 중소기업 등 기준검토표(별지 제51호서식)상 적합 기업, '상호출자제한기업'은 「독점규제 및 공정거래에 관한 법률」 제14조제1항에 따른 상호출자제한기업집단에 속하는 기업으로 각각 해당하는 란에 "○"표시를 합니다. 「법인세법」 제75조의12에 따른 법인과세 신탁재산은 기타법인의 그외기업(93)란에 "○"표시를 합니다.

6. ⑱법인유형별 구분란 : 아래의 표를 참고하여 법인유형의 명칭과 코드란에 ( )안의 번호를 적습니다. 다만, 아래에 해당되지 아니하는 경우에는 기타법인으로 적고, 코드란에는 "100"을 적습니다.

금 융 기 관	은행(101), 증권(102), 생명보험(103), 손해보험(104), 금융지주회사(105), 상호저축은행(106), 신탁회사(107), 종합금융회사(108), 선물회사(109), 신기술금융회사(110), 신용카드사(111), 재보험사(112), 투자자문회사(113), 시설대여회사(리스회사포함)(114), 할부금융회사(115), 기타금융회사(199)
투자회사 (「법인세법」 제51조의2제1항, 「조세특례제한법」 제104조의31)	유동화전문회사(201), 「자본시장과 금융투자업에 관한 법률」에 따른 투자회사 등(경영참여형 사모집합투자기구 제외)(202), 기업구조조정투자회사(207), 기업구조조정부동산투자회사(203), 위탁관리부동산투자회사(204), 선박투자회사(205), 「민간임대주택에 관한 특별법」 또는 「공공주택 특별법」에 따른 특수목적법인(208), 「문화산업진흥기본법」에 따른 문화산업전문회사(209), 「해외자원개발 사업법」에 따른 해외자원개발투자회사(210), 기타 특수목적의 명목회사(206)
비영리 조합 등	정비사업조합(301), 농협(302), 수협(303), 신용협동조합(304), 새마을금고(305), 영농조합(306), 영어조합(307), 학교법인(308), 의료법인(309), 산학협력단(310), 산림조합(311), 인삼협동조합(312), 소비자생활협동조합(313), 기타 조합법인(399)
공 기 업 등	정부투자기관(401), 정부출자기관(402), 지방공기업(출자)(403), 지방공기업(출자)(499)
일반 지주회사	위 금융기관, 투자회사, 비영리조합 등, 공기업 등에 해당하지 않는 법인으로서 「독점규제 및 공정거래에 관한 법률」 제2조제1호의2에 따른 지주회사(501), 「기술의 이전 및 사업화 촉진에 관한 법률」 제2조제10호의 공공연구기관첨단기술지주회사(502), 「산업교육진흥 및 산학연협력촉진에 관한 법률」 제2조제8호의 산학연협력기술지주회사(503)

7. ㉒신고기한 연장승인란 : 법인세신고기한 연장승인을 받은 경우 신청일 및 승인된 연장기한을 적습니다.

8. ㉓주식변동 여부란 : 주식 등의 변동이 있는 경우에는 주식 등 변동상황명세서를 반드시 붙임 서류로 제출해야 합니다.

9. ㉔장부전산화 여부란 : 국세청의 「전자기록의 보전방법 등에 관한 고시」에 따라 장부와 증빙서류의 전부 또는 일부를 전산조직을 이용하여 작성·보존하는 경우에 "여"란에 "○"표시를 하고 전산조직운용명세서를 붙임 서류로 제출해야 합니다.

10. ㉕사업연도의제 여부란 : 해산·합병·분할 등으로 사업연도가 의제된 경우 "여"란에 "○"표시를 합니다.

11. ㉖결손금소급공제법인세환급신청란 ~ ㉝재고자산등평가방법신고서 제출란 : 해당 신청(신고)서 등을 제출한 경우 "여"란에 "○"표시를 합니다.

12. ㉙기능통화채택 재무제표 작성란 : 원화 외의 통화를 기능통화로 채택하여 재무제표를 작성하는 법인의 경우 "여"란에 "○"표시를 합니다.

13. ㉚과세표준 환산시 적용환율란 : 「법인세법」 제53조의2(제53조의3)제1항제2호의 방법으로 과세표준계산방법 적용을 신고한 법인은 "과세표준계산방법신고(변경신청)서(별지 제64호의5서식)"에 신고한 적용환율의 해당 사업연도 환율을 적습니다(단위 : 원, 소수점 이하 2자리까지 표시).

14. ㉛동업기업의 출자자(동업자)란 : 「조세특례제한법」 제100조의14제2호에 따른 동업자인 경우 "여"란에 "○"표시를 합니다.

15. ㉜한국채택국제회계기준(K-IFRS)적용란 : 한국채택국제회계기준(K-IFRS)을 적용하는 법인인 경우 "여"란에 "○"표시를 합니다.

16. ㉝수입금액란 : 조정후수입금액명세서(별지 제17호서식)상의 ⑫합계란 중 ④계란의 금액을 적습니다.

17. ㉟산출세액란 : 법인세란에는 법인세 과세표준 및 세액조정계산서(별지 제3호서식)의 ⑬란의 금액을, 토지 등 양도소득에 대한 법인세란에는 ⑭란의 금액을 각각 적습니다.

18. ㊱총부담세액란 : 법인세란에는 "법인세 과세표준 및 세액조정계산서(별지 제3호서식)"의 ⑬란과 ⑬란을 합한 금액을, 토지 등 양도소득에 대한 법인세란에는 같은 서식의 ⑯란의 금액을 각각 적습니다.

19. ㊶조정반번호란 : 외부조정법인은 외부조정자의 조정반 번호를 적습니다.

20. ㊷조정자관리번호, ㊸조정자란 : 세무조정조정반의 구성원 중 실제로 세무조정한 조정자의 것을 적습니다.

21. ㊼기능통화 도입기업의 과세표준 계산방법란 : 과세표준계산방법이 「법인세법」 제53조의2제1항제1호에 따른 방법(원화 재무제표 기준)일 경우 "1", 같은 항 제2호에 따른 방법(기능통화 표시 재무제표 기준)일 경우 "2", 같은 항 제3호에 따른 방법(자산, 부채 및 거래손익의 원화환산액 기준)일 경우 "3"을 적습니다.

22. 환급받을 세액이 5천만원 이상인 경우는 「국세기본법 시행규칙」 별지 제22호서식 계좌개설(변경)신고서에 통장사본을 첨부하여 신고해야 합니다.

23. 「법인세법」 제60조제5항 단서에 따른 비영리법인은 재무상태표 등의 붙임 서류를 제출하지 않을 수 있으며, 비영리법인의 수익사업수입명세서(별지 제57호서식)를 첨부해야 합니다.

24. 음영으로 표시된 란은 적지 않습니다.

25. 「주식회사 등의 외부감사에 관한 법률」 제2조에 따라 외부감사의 대상이 되는 법인이 「국세기본법」 제2조제19호에 따른 전자신고를 통해 법인세 과세표준을 신고한 경우에는 대표자가 서명하고 날인한 신고서를 관할세무서에 제출해야 합니다.

210mm×297mm[백상지 80g/㎡ 또는 중질지 80g/㎡]

(2) 법인세의 납부

  법인세는 법인세의 신고기한 내에 납부하여야 한다. 그러나 납부할 세액이 1천만 원을 초과하는 경우에는 다음의 금액을 납부기한이 경과한 날로부터 1개월(중소기업은 2개월) 이내에 분납할 수 있다.

① 납부세액이 2천만 원 이하: 1천만 원을 초과하는 금액
② 납부세액이 2천만 원 이상: 납부세액의 50% 이하의 금액

심화학습

연결납세제도

연결납세제도(Consolidated tax return)는 모회사와 자회사가 경제적으로 결합되어 있는 경우 해당 모회사와 자회사를 하나의 과세단위로 보아 소득을 통산하여 법인세를 과세하는 제도이다.

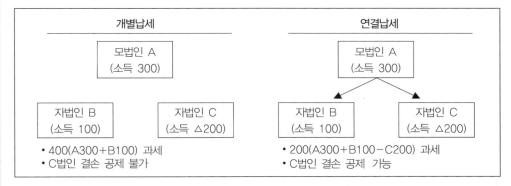

1. 적용범위
   - 내국법인이 다른 내국법인의 자기주식을 제외한 주식 전부(우리사주조합, 스톡옵션의 경우 지분비율 판정시 5% 이내의 주식은 제외)를 보유하는 경우
   - 연결모법인이 연결납세방식을 신청하는 경우 100% 자회사는 모두 연결 강제됨.

2. 적용방법
   - 내국법인은 연결모법인의 관할지방국세청장의 승인을 받아 연결납세방식 적용이 가능함.
   - 연결납세방식 적용의 포기도 가능함. 다만, 연결납세방식을 최초로 적용받은 연결사업연도와 그 다음 연결사업연도의 개시일부터 4년 이내에 종료하는 연결사업연도까지는 연결납세방식의 적용 포기가 불가능함.

3. 세부내용
(1) 연결과세표준 계산
   - 각 연결법인의 각 사업연도 소득금액에 연결수정*을 하여 수정소득금액을 산출하고, 이를 통산하여 연결소득금액을 계산함.
     * 연결수정: 연결법인간 내부거래손익 제거 및 기부금과 기업업무추진비 손금불산입 조정, 수입배당금액 익금불산입의 조정을 연결단위로 세무조정함
   - 연결소득금액에서 연결이월결손금, 비과세소득, 소득공제를 차감하여 과세표준 계산함.

(2) 신고 및 납부
   - 연결모법인은 각 연결사업연도의 종료일이 속하는 달의 말일부터 4개월 이내에 납세지 관할 세무서장에게 신고·납부하고, 연결자법인은 연결모법인에 연결법인별 세액을 지급함.
   - 연결법인은 각 연결사업연도의 법인세를 연대하여 납부할 의무가 있음.

01 사업연도가 매년 1. 1~12. 31인 법인(성실신고확인서를 제출해야 하는 내국법인이 아님)의 2024년 각 사업연도 소득에 대한 법인세 과세표준 확정신고기한은 언제인가?

① 2025. 3. 30
② 2025. 3. 31
③ 2025. 5. 30
④ 2025. 5. 31

02 다음은 법인세 과세표준 신고시 첨부하지 않으면 무신고로 보는 서류들을 나열한 것이다. 이 중 잘못된 것은?

① 개별법인의 재무상태표
② 개별법인의 포괄손익계산서
③ 개별법인의 제조원가명세서
④ 이익잉여금처분계산서

03 다음 중 법인세법상 원천징수의무자에 해당하는 경우로 가장 옳은 것은?

① 개인에게 물품을 구입하는 법인
② 법인에게 투자신탁의 이익을 지급하는 집합투자기구
③ 건물임대료를 법인에게 지급하는 자
④ 법인주주에게 배당소득을 지급하는 법인(일반배당)

04 다음 중 법인세법상 기납부세액에 관한 설명으로 가장 올바르지 않은 것은?

① 중간예납시 직전사업연도 부담세액의 50%를 중간예납세액으로 납부하여야 하므로 전기 납부세액이 없는 경우 중간예납을 할 필요가 없다.

② 원천징수한 세액은 징수일이 속하는 달의 다음달 10일까지 납세지 관할세무서장에게 납부하여야 한다.

③ 법인세포탈의 우려가 있어 조세채권을 조기에 확보하여야 할 필요가 있는 일정 요건에 해당할 경우 사업연도 중이라도 과세권자에 의해 부과된 세액을 납부할 수 있다.

④ 법인주주에게 배당금을 지급하는 경우 원천징수를 하지 않는다.

05 다음 중 법인세의 신고 및 납부에 관한 설명으로 가장 올바르지 않은 것은?

① 법인세 납세의무가 있는 내국법인은 각 사업연도 종료일이 속하는 달의 말일로부터 4개월 이내에 법인세 과세표준과 세액을 신고하여야 한다.

② 내국법인에게 이자소득금액을 지급하는 자는 이자소득금액의 14%(비영업대금의 이익은 25%)를 원천징수하여 납부하여야 한다.

③ 과세표준을 신고할 때 개별내국법인의 재무상태표와 포괄손익계산서를 제출하지 아니한 경우에는 신고하지 않은 것으로 본다.

④ 법인이 납부할 세액이 4천만 원인 경우에는 2천만 원을 기한 내에 납부하고 나머지 2천만 원은 일정기한이 경과한 후에 분납할 수 있다.

06 법인세의 사업연도 중 신고납부제도에 관한 설명으로 가장 올바르지 않은 것은?

① 각 사업연도 기간이 6개월 이하인 내국법인은 중간예납대상에서 제외된다.

② 각 사업연도소득금액이 없거나 결손금이 있는 경우에도 법인세 신고기간 내에 과세표준과 세액을 신고하여야 한다.

③ 내국법인에게 배당소득을 지급하는 자는 원천징수세율을 적용하여 계산한 금액에 상당하는 법인세를 징수하여 그 징수일이 속하는 달의 다음달 10일까지 납세지에 납부하여야 한다.

④ 법인세법에서는 법인세포탈의 우려가 있어 조세채권을 조기에 확보하여야 할 것으로 인정되는 경우에 사업연도 중이라도 법인세를 수시로 부과할 수 있다.

07 중소기업인 (주)삼일의 제23기(2024년 1월 1일 ~ 12월 31일)사업연도의 법인세 납부세액은 30,000,000원이다. (주)삼일의 최대 분납가능금액과 분납기한을 가장 올바르게 연결한 것은?(단, 국세기본법에 따른 기한 연장의 특례(기한이 공휴일, 토요일 등인 경우 그 다음날)는 고려하지 않을 것)

	최대 분납가능금액	분납기한
①	15,000,000원	2025. 4. 30.
②	15,000,000원	2025. 5. 31.
③	20,000,000원	2025. 4. 30.
④	20,000,000원	2025. 5. 31.

08 다음에서 설명하고 있는 것으로 가장 옳은 것은?

> 조세정책적 목적에 의해 조세감면을 적용받는 경우라도 과다한 조세감면은 과세형평에 어긋나며 국가의 조세수입을 감소시키므로 일정한도의 세액을 납부하도록 하고 있는바, 이러한 일정한도의 세액을 말한다.
> 조세특례제한법상 모든 조세특례 및 감면을 대상으로 하나, 다른 법률(법인세법, 제방세법 등)상의 조세특례 및 감면은 그 대상이 아니다.

① 외국납부세액공제   ② 최저한세
③ 수시부과세액   ④ 원천징수세액

Chapter

4

소득세법

I 총설

1 소득세의 특징

소득세는 개인의 소득을 과세대상으로 하여 부과하는 조세이다. 이러한 소득세는 국가가 과세주체가 되고 개인을 과세객체로 하며 소득금액을 과세표준으로 하는 조세로서 그 특징을 살펴보면 다음과 같다.

(1) 열거주의 과세방법(이자 · 배당소득은 유형별 포괄주의)

소득이란 특정경제주체가 일정기간에 얻은 경제적 이익을 말하며, 소득세법상 소득이란 소득세법상 열거된 소득을 의미한다. 즉, 소득세법은 열거주의에 의해 과세대상소득을 규정하고 있으므로 열거되지 아니한 소득은 비록 담세력이 있더라도 과세되지 않는다. 예컨대 일반적인 상장주식, 채권의 양도차익 등이 있다. 다만, 예외적으로 이자소득 · 배당소득은 열거되지 않은 소득이라도 유사한 소득을 포함하는 유형별 포괄주의를 채택하고 있다.

현행 소득세법은 이자소득 · 배당소득의 경우에는 유사한 소득으로서 금전의 사용대가 및 수익분배의 성격이 있는 것은 구체적인 법 조문으로 나열하지 않아도 과세할 수 있도록 유형별 포괄주의를 채택하고 있다. 이는 사회발전에 따라 발생하는 신종소득을 법 개정 없이도 포착하여 과세함으로써 과세기반을 확대하고 과세의 공평성을 높이기 위하여 도입된 것이다.

(2) 개인단위과세제도

소득세법은 개인별 소득을 기준으로 과세하는 개인단위과세제도를 원칙으로 하되, 예외적으로 가족이 공동으로 사업을 경영하는데 있어 지분 또는 손익분배비율을 허위로 정하는 등 법 소정 사유가 있는 경우에 한하여 합산과세를 하고 있다.

(3) 종합과세방법과 분류과세방법의 병행

소득세의 모든 소득은 종합과세, 분리과세 또는 분류과세 중 어느 한 방법으로 과세되는데, 구체적인 내용은 다음과 같다.

1) 종합과세

'종합과세(global taxation)'란 소득을 그 종류에 관계없이 일정한 기간을 단위로 합산하여 과세하는 방식을 말한다. 현행 소득세법은 이러한 종합과세를 기본원칙으로 삼고 있다.

2) 분류과세

퇴직소득·양도소득은 다른 소득과 합산하지 않고 별도로 과세한다. 이처럼 소득을 그 종류별로 구분하여 각각 별도로 과세하는 방식을 "분류과세(schedular taxation)"라고 한다.

퇴직소득·양도소득은 장기간에 걸쳐 발생한 소득이 일시에 실현되는 특징을 가지고 있다. 따라서 이들을 무차별적으로 종합과세하여 누진세율을 적용한다면 그 실현되는 시점에 부당하게 높은 세율을 적용받는 현상(결점효과, bunching effect)이 발생한다. 이러한 점을 고려하여 현행 소득세법은 이들 소득을 분류과세 하도록 한 것이다.

3) 분리과세

다음의 소득은 기간별로 합산하지 않고 그 소득이 지급될 때 소득세를 징수함으로써 과세를 종결하는 데, 이것을 '분리과세'라고 한다.

구분	분리과세소득
(1) 거주자의 경우	① 분리과세 이자소득 ② 분리과세 배당소득 ③ 근로소득 중 일용근로자의 급여 ④ 분리과세 연금소득 ⑤ 분리과세 기타소득
(2) 비거주자의 경우	원천징수특례의 대상이 되는 소득

(4) 인적공제 · 누진과세

소득세법은 개인에게 과세되는 것이므로 개인의 인적사항이 다르면 부담능력도 다르다는 것을 고려하여 부담능력에 따른 과세를 채택하고 있다. 또한 개인의 세금부담능력(담세력)은 소득의 증가에 비례하여 누진적으로 증가하므로 소득세법은 누진과세를 채택하고 있다.

(5) 신고납세제도

소득세는 신고납세제도를 채택하고 있으므로 납세의무자의 확정신고로 과세표준과 세액이 확정된다. 즉, 납세의무자는 과세기간의 다음연도 5월 1일~5월 31일까지 과세표준확정신고를 함으로써 소득세가 확정되며 정부의 결정은 원칙적으로 필요하지 않다.

(6) 원천징수

소득세의 납세의무자는 사업자가 아닌 자가 상당히 많은 비중을 차지하고 있다. 이러한 조건에서 세원의 탈루를 최소화하고 납세편의를 도모하기 위하여 소득세법은 원천징수제도를 시행하고 있다.

원천징수란 소득을 지급하는 자가 그 지급받는 자의 조세를 징수하여 정부에 납부하는 제도로서 원천징수로 납세의무가 종결되는지 여부에 따라 예납적 원천징수와 완납적 원천징수로 나눌 수 있다.

1) 예납적 원천징수

예납적 원천징수란 일단 소득을 지급하는 시점에 원천징수를 하되 추후 납세의무를 확정할 때 이를 다시 정산하는 방법을 말한다. 즉, 원천징수의 대상이 된 소득도 과세표준에 포함하여 세액을 계산한 후 원천징수된 세액은 기납부세액으로 공제받는 방식으로 근로소득자의 연말정산이 예납적 원천징수의 대표적인 예이다.

2) 완납적 원천징수

완납적 원천징수란 원천징수로써 별도의 확정신고 절차없이 당해 소득에 대한 납세의무가 종결되는 경우의 원천징수를 말한다. 분리과세대상소득의 경우 완납적 원천징수로 모든 납세의무가 종결된다.

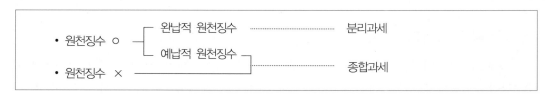

예 제

김수정씨는 (주)삼일에게 자금을 대여하였는데, (주)삼일은 20×1년 8월 3일 그 이자 1,000,000원을 지급하였다. 그 원천징수세율은 25%라고 가정하고, 다음의 상황에 따라 (주)삼일과 김수정씨의 세무처리를 설명하시오.
(1) 해당 이자소득이 종합과세대상인 경우
(2) 해당 이자소득이 분리과세대상인 경우

풀 이

1. (주)삼일의 세무처리
① 원천징수세액: 1,000,000×25%=250,000원
② 이자 1,000,000원 중 원천징수세액을 차감한 잔액 750,000원을 김수정씨에게 지급하고, 원천징수세액 250,000원은 20X1년 9월 10일까지 (주)삼일의 관할세무서에 납부하여야 한다.

2. 김수정씨의 세무처리
　(1) 해당 이자소득이 종합과세대상인 경우
　　실제로 수령한 금액은 750,000원이지만 1,000,000원을 종합소득금액에 합산하여 종합소득세를 계산한다. 여기에서 원천징수당한 세액 250,000원을 기납부세액으로 공제한 후의 잔액을 20×2년 5월에 김수정씨의 주소지 관할세무서에 신고납부하여야 한다.
　(2) 해당 이자소득이 분리과세대상인 경우
　　원천징수당한 것으로 납세의무가 종결되므로 그 이자소득을 종합소득금액에 합산하지 않으며, 원천징수당한 세액을 기납부세액으로 공제하지도 않는다. 그리고 해당 소득에 대해서는 20×2년 5월 종합소득세 신고시 신고할 필요가 없다.

2 납세의무자

소득세의 납세의무자는 자연인인 개인에 한정된다.

다만, 국세기본법의 규정에 의하여 법인으로 보는 단체 외의 법인 아닌 단체는 그 단체를 개인 (거주자 또는 비거주자)으로 보아 소득세 납세의무자가 된다.

(1) 거주자와 비거주자

1) 거주자: 무제한 납세의무자

국내에 주소를 두거나 1과세기간 중 183일 이상 거소를 둔 개인을 거주자라 하며, 국내·외원천소득에 대하여 소득세를 과세한다.

여기서 거소란 주소지 외의 장소 중 상당기간에 걸쳐 거주하는 장소로서 주소와 같이 밀접한 일반적 생활관계가 형성되지 않는 장소를 말한다. 국내에 거소를 둔 기간은 입국한 날의 다음 날부터 출국한 날까지로 계산한다.

2) 비거주자: 제한 납세의무자

거주자가 아닌 개인을 비거주자라 하며 비거주자에 대하여는 국내원천소득에 대해서만 소득세를 과세한다.

(2) 법인 아닌 단체

법인이 아닌 사단·재단 그 밖의 단체에 대해서는 다음과 같이 과세한다.

구　분		법인세 또는 소득세의 과세
법인으로 의제되는 경우		해당 단체를 법인으로 보아 법인세 과세
법인으로 의제되지 않는 경우	구성원에게 이익을 분배하지 않는 경우	국내에 주사무소 또는 사업의 실질적 관리장소를 둔 경우 해당 단체를 1 거주자로, 그 밖의 경우에는 1비거주자로 보아 소득세법을 적용함.
	모든 구성원에게 이익을 분배하는 경우	다음 중 어느 하나에 해당하는 경우에는 소득구분에 따라 해당 단체의 각 구성원별로 소득세 또는 법인세(해당 구성원이 법인세법에 따른 법인 또는 법인으로 보는 단체인 경우로 한정)를 납부할 의무를 짐. ① 구성원 간 이익의 분배비율이 정하여져 있고 해당 구성원별로 이익의 　분배비율이 확인되는 경우 ② 구성원 간 이익의 분배비율이 정하여져 있지 아니하나 사실상 구성원 　별로 이익이 분배되는 것으로 확인되는 경우
	일부 구성원에게만 이익이 분배되는 경우	해당 단체의 전체 구성원 중 일부 구성원의 분배비율만 확인되거나 일부 구성원에게만 이익이 분배되는 것으로 확인되는 경우에는 다음의 구분에 따라 소득세 또는 법인세를 납부할 의무를 짐. ① 확인되는 부분 : 해당 구성원별로 소득세 또는 법인세에 대한 납세의 　무 부담 ② 확인되지 아니하는 부분 : 해당 단체를 1거주자 또는 1비거주자로 보 　아 소득세에 대한 납세의무 부담

 심화학습

신탁재산 귀속 소득에 대한 납세의무의 범위

구분	신탁재산 귀속 소득
(원칙) 신탁재산에 귀속되는 소득	신탁의 이익을 받을 수익자(수익자 가 사망하는 경우에는 그 상속인) 에게 귀속되는 것으로 봄
(특례) 다음 중 어느 하나에 해당하는 신탁 ① 수익자가 특별히 정하여지지 아니하거나 존재하지 아니하는 신탁 ② 다음 요건을 모두 충족하는 신탁 　㉠ 위탁자가 신탁재산을 실질적으로 통제 또는 지배할 것 　㉡ 신탁재산 원본의 이익에 대한 수익자는 위탁자로, 수익의 이 　　익에 대한 수익자는 배우자 또는 생계를 같이 하는 직계존비속 　　(배우자의 직계존비속을 포함한다)으로 설정하였을 것	신탁재산에 귀속되는 소득은 위탁 자에게 귀속되는 것으로 봄

3 소득의 구분

(1) 거주자

거주자의 과세소득은 종합과세대상으로서 이자소득·배당소득·사업소득·근로소득·연금소득과 기타소득(분리과세이자소득·분리과세배당소득·분리과세근로소득·분리과세연금소득 및 분리과세기타소득은 종합과세소득에서 제외된다)의 6가지로 나누고, 분류과세대상으로서 퇴직소득·양도소득의 2가지로 나눈다. 그러므로 결국 소득세법상 과세소득을 원천별로 보면 8가지 종류로 구분된다.

과세소득의 구분을 도시하면 다음과 같다.

(2) 비거주자

1) 종합과세의 경우

국내사업장이 있는 비거주자와 국내에 부동산소득(양도소득 제외)이 있는 비거주자에 대하여는 국내원천소득을 종합하여 과세한다.

또한 국내원천소득으로서 퇴직소득·양도소득이 있는 비거주자에 대하여는 거주자와 동일한 방법으로 분류과세한다.

2) 분리과세의 경우

국내사업장이 없는 비거주자에 대하여는 국내원천소득(퇴직소득·양도소득을 제외한다)을 소득별로 분리하여 과세한다.

심화학습

신탁재산에 귀속되는 소득의 구분
소득을 구분할 때 다음의 신탁을 제외한 신탁의 이익은 수탁자에게 이전되거나 그 밖에 처분된 재산권에서 발생하는 소득의 내용별로 구분한다.
① 법인세법에 따라 신탁재산에 귀속되는 소득에 대하여 그 신탁의 수탁자가 법인세를 납부하는 신탁
② 투자신탁
③ 집합투자업겸영보험회사의 특별계정

4 과세기간

개인의 과세대상소득과 세금을 계산할 때 언제부터 언제까지 벌어들인 소득에 대해 세금을 부과할 것인지를 정해야 한다. 이렇게 과세대상소득과 세금을 계산하는 기초가 되는 한 단위의 기간을 과세기간이라 한다.

소득세법상 과세기간은 매년 1월 1일부터 12월 31일까지이다. 법인세법상 법인은 1년 이내에서 선택에 의해 사업연도를 임의로 정할 수 있으나, 개인은 선택에 따라 과세기간을 임의로 정할 수 없으며, 모든 개인에게 동일한 과세기간이 적용된다.

다만, 납세의무자가 사망한 경우에는 1월 1일로부터 사망일까지, 주소 또는 거소를 이전한 출국시에는 1월 1일부터 출국한 날까지를 과세기간으로 하여 그 기간의 소득금액에 대하여 소득세를 과세한다.

한편, 신규사업자 또는 폐업자는 일반 거주자와 마찬가지로 1월 1일부터 12월 31일까지의 기간을 1과세기간으로 하고 있는데, 이는 신규사업 전 또는 폐업 이후에도 과세대상이 되는 다른 소득이 있을 수 있기 때문이다.

5 납세지

납세지는 납세의무자가 세법에 의한 의무를 이행하고 권리를 행사하는 기준이 되는 장소로서 관할세무서를 정하는 기준이 되는 장소를 말한다.

(1) 거주자의 납세지

거주자의 납세지는 주소지로 한다. 다만, 주소지가 없는 경우에는 그 거소지로 한다.

개인사업자의 납세지도 사업장소재지가 아닌 주소지이다.

다만, 사업소득이 있는 거주자가 사업장소재지를 납세지로 신청한 때에는 "그 사업장소재지"를 납세지로 지정할 수 있다.

(2) 비거주자의 납세지

비거주자의 납세지는 국내사업장의 소재지로 하며, 국내사업장이 없는 경우에는 국내원천소득이 발생하는 장소로 한다.

국내사업장이 2 이상이 있는 경우에는 주된 국내사업장의 소재지로 하되, 주된 사업장을 판단할 수 없는 때에는 국세청장 또는 관할지방국세청장이 납세지를 지정한다.

(3) 납세지 변경신고

거주자나 비거주자는 납세지가 변경된 경우 변경된 날부터 15일 이내에 납세지변경신고서를 작성하여 그 변경 후의 납세지 관할 세무서장에게 신고하여야 한다. 이때 부가가치세법에 따른 사업자등록 정정을 한 경우에는 변경신고를 한 것으로 본다.

MEMO

01 다음 중 우리나라의 소득세에 관한 설명으로 가장 올바르지 않은 것은?

① 소득세법상 과세기간은 원칙적으로 1월 1일부터 12월 31일까지이나 사업자인 경우에는 법인과 같이 과세기간을 임의로 정하여 신고할 수 있다.

② 국내에 주소를 두거나 183일 이상의 거소를 둔 개인을 거주자라 하며, 거주자는 국내 및 국외원천소득에 대하여 소득세를 과세한다.

③ 거주자가 아닌 자를 비거주자라 하며 국내원천소득에 대해서만 소득세 납세의무가 있다.

④ 개인단위로 과세하는 것이 원칙이므로 부부인 경우에도 종합소득을 합산하여 과세하지 아니한다.

02 소득세법상 과세기간에 대한 다음의 설명 중 잘못된 것은?

① 소득세법상의 과세기간은 1월 1일부터 12월 31일까지를 과세기간으로 함을 원칙으로 한다.

② 거주자가 사망한 경우 1월 1일부터 사망한 날까지의 소득금액에 대하여 소득세를 부과한다.

③ 거주자가 주소 또는 거소의 국외이전으로 인하여 비거주자가 되는 경우에는 1월 1일부터 출국한 날까지의 소득금액에 대하여 소득세를 부과한다.

④ 거주자가 폐업을 하는 경우 1월 1일부터 폐업일까지를 과세기간으로 한다.

03 다음 중 소득세법상 과세기간 및 납세지에 대한 설명으로 가장 올바르지 않은 것은?

① 소득세법상 과세기간은 매년 1월 1일부터 12월 31일까지로 함을 원칙으로 한다.

② 거주자가 폐업을 하거나 신규로 사업을 시작한 경우에도 1월 1일 부터 12월 31일까지를 과세기간으로 한다.

③ 거주자와 비거주자의 납세지는 모두 주소지로 하는 것이 원칙이다.

④ 사업소득이 있는 거주자는 사업장소재지를 납세지로 신청할 수 있다.

04 다음 중 소득세의 납세의무자에 관한 설명으로 가장 올바르지 않은 것?

① 거주자와 국내원천소득이 있는 비거주자는 소득에 대한 소득세 납세의무를 진다.
② 비거주자에 대하여는 국내원천소득에 대해서만 소득세를 과세한다.
③ 1 거주자로 보는 법인 아닌 단체의 경우 그 단체의 소득을 단체구성원들의 다른 소득과 합산하여 과세한다.
④ 국내에 주소를 두거나 1 과세기간 중 183 일이상 거소를 둔 개인을 거주자라고 한다.

05 다음 중 소득세법에 관한 설명으로 가장 올바르지 않은 것은?

① 이자소득과 배당소득은 법령에 열거되지 않은 경우라도 유사한 소득에 대해서는 소득세를 과세한다.
② 소득세는 신고납세제도를 채택하고 있으므로 납세의무자의 확정신고로 과세표준과 세액이 확정된다.
③ 거주자의 경우 연금소득은 종합과세하는 것이 원칙이므로 분리과세하는 연금소득은 없다.
④ 예납적 원천징수의 경우 원천징수의 대상이 된 소득도 과세표준에 포함하여 세액을 계산한 후 원천징수된 세액을 기납부세액으로 공제받는다.

06 다음 중 우리나라의 소득세에 관한 설명으로 가장 올바르지 않은 것은?

① 소득세법은 부부라 하더라도 개인단위과세제도를 원칙으로 한다.
② 퇴직소득과 양도소득은 다른 소득과 합산하지 않고 별도로 과세한다.
③ 분리과세대상 소득은 일단 소득을 지급하는 시점에 원천징수를 하되 추후 납세의무를 확정할 때 이를 다시 정산하는 방법을 말한다.
④ 소득세법은 열거주의에 의하여 과세대상 소득을 규정하고 있으므로 열거되지 아니한 소득은 비록 담세력이 있더라도 과세되지 않는다. 다만, 예외적으로 이자소득과 배당소득은 열거되지 않은 소득이라도 유사한 소득을 포함하는 유형별 포괄주의를 채택하고 있다.

Ⅱ 소득세의 계산구조

1 소득세 계산구조

종합소득	퇴직소득	양도소득
총수입금액 (-)필요경비 및 소득공제 -	총수입금액 - -	총수입금액 (-)필요경비 (-)장기보유특별공제
종합소득금액 (-)종합소득공제	퇴직소득금액 (-)퇴직소득공제	양도소득금액 (-)양도소득기본공제
종합소득과세표준 (×)기본세율	퇴직소득과세표준 (×)기본세율	양도소득과세표준 (×)양도소득세율
종합소득산출세액 (-)세액공제ㆍ감면	퇴직소득산출세액 (-)세액공제ㆍ감면	양도소득산출세액 (-)세액공제ㆍ감면
종합소득결정세액 (+)가산세 (-)기납부세액	퇴직소득결정세액 (+)가산세 (-)기납부세액	양도소득결정세액 (+)가산세 (-)기납부세액
종합소득 신고납부세액	퇴직소득 신고납부세액	양도소득 신고납부세액

2 종합소득과세표준계산의 흐름

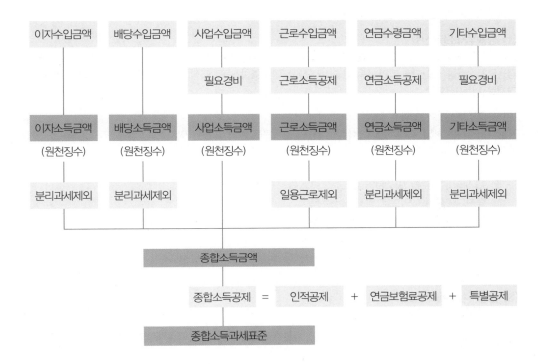

소득세법상 소득금액은 총수입금액에서 필요경비를 차감하여 계산한다. 다만, 이자소득과 배당소득에 대하여는 필요경비를 인정하지 아니하고 총수입금액 전액을 소득금액으로 한다.

한편, 근로소득과 연금소득에 대하여는 필요경비계산의 어려움 때문에 필요경비 대신에 개산공제제도인 근로소득공제제도와 연금소득공제제도를 적용한다.

심화학습

금융투자소득세 신설 및 금융투자상품 세제 개편(2025년 시행)

(1) 금융투자소득 신설
금융투자의 활성화 및 금융투자상품에 대한 과세의 합리화를 위하여 2025.1.1. 이후 발생하는 소득부터 금융투자소득을 신설함에 따라 소득세 과세대상 소득은 종합소득, 퇴직소득, 금융투자소득, 양도소득의 네 가지로 나누어진다.

(2) 금융투자소득의 범위
금융투자소득은 해당 과세기간에 발생한 다음의 소득으로 한다. 다만, 이자소득, 배당소득 및 양도소득에 해당하는 것은 제외한다.
 ① 주식등의 양도로 발생하는 소득
 ② 채권등의 양도로 발생하는 소득
 ③ 투자계약증권의 양도로 발생하는 소득
 ④ 집합투자증권의 환매·양도 및 집합투자기구의 해지·해산으로 발생한 이익과 적격집합투자기구로부터의 이익 중 집합투자기구의 이익금에 대한 소득의 구분을 고려하여 대통령령으로 정하는 이익
 ⑤ 파생결합증권으로부터의 이익
 ⑥ 파생상품의 거래 또는 행위로 발생하는 소득

(3) 금융투자소득세 계산구조

	금융투자소득금액	
(−)	금융투자이월결손금	⋯ 금융투자결손금 중 해당 과세기간 개시일 전 5년 이내에 발생분 중 미공제분
(−)	금융투자소득 기본공제	⋯ (아래 표)
(−)	금융투자소득세 감면소득금액	⋯ 조특법에서 금융투자소득감면액을 과세표준에서 차감하도록 한 경우의 감면소득금액
(×)	금융투자소득과세표준 세율	⋯ (아래 표)
(−)	금융투자소득산출세액 금융투자소득감면세액·세액공제액	⋯ (아래 산식)
(+)	금융투자소득결정세액 가산세	
	금융투자소득총결정세액	

금융투자소득 기본공제 세부 내용:

구 분	기본공제
상장주식의 장내 양도소득, 중소·중견기업인 비상장주식을 K−OTC를 통해 장외매매한 경우의 양도소득과 공모국내주식형 격적집합투자기구에서 발생하는 소득, 상장주식의 장외 교환·이전·주식매수청구권 행사에 따른 양도소득	5,000만 원
그 밖의 금융투자소득	250만 원

금융투자소득과세표준 세율:

금융투자소득과세표준	세율
3억 원 이하	20%
3억 원 초과	25%

금융투자소득감면세액·세액공제액 산식:

$$\text{금융소득산출세액} \times \frac{\text{금융투자소득금액} - \text{금융투자소득기본공제}}{\text{금융투자소득과세표준}} \times \text{감면율}$$

(4) 금융투자소득에 대한 원천징수

금융회사등이 금융투자소득에 대해 반기(계약을 해지한 경우 반기시작일부터 계좌해지일까지) 중 관리하는 모든 계좌에 대하여 금융투자소득금액에서 기본공제액을 공제한 후 20%의 세율로 원천징수하고 반기 종료일이 속하는 달의 다음달 10일까지 원천징수하여야 한다.

(5) 금융투자소득 예정신고와 납부

구 분	예정신고·납부 기한
금융회사등을 통하여 지급받지 아니한 금융투자소득	지급일 또는 양도일이 속하는 반기의 말일부터 2개월
금융회사등을 통하여 지급받은 금융투자소득 중 원천징수되지 아니한 소득	
부담부증여시 수증자가 부담한 채무액에 해당하는 부분으로 양도로 보는 부분의 소득	

(6) 금융투자소득 확정신고와 납부

해당 과세기간의 금융투자소득금액이 있는 거주자(금융투자소득과세표준이 없거나 금융투자결손금이 있는 거주자를 포함한다)는 그 금융투자소득과세표준을 그 과세기간의 다음 연도 5월 1일부터 5월 31일까지 납세지 관할 세무서장에게 신고하고 납부하여야 함.

337

01 다음 〈보기〉 중 필요경비가 인정되지 않는 소득을 모두 고르시오.

┌─〈보기〉─────────────────────────────────┐
ㄱ. 기타소득   ㄴ. 사업소득
ㄷ. 이자소득   ㄹ. 배당소득
└──────────────────────────────────────┘

① ㄱ   ② ㄱ, ㄴ
③ ㄴ, ㄷ   ④ ㄷ, ㄹ

02 다음은 문구류 소매업을 영위하는 거주자 김삼일씨의 2024년 소득금액이다. 아래 소득 이외에 다른 소득이 없는 경우 종합소득세 신고시 반드시 포함해야 할 소득은 무엇인가?(단, 모든 소득은 국내에서 발생 하였다)

① 은행예금에서 발생한 이자수익   20,000,000원
② 문구소매점 운영수익   5,000,000원
③ 복권당첨소득   200,000,000원
④ 보유주식 처분시 발생한 이익   2,000,000원

03 다음 중 소득세 계산구조에 관한 설명으로 가장 올바르지 않은 것은?

① 소득금액은 총수입금액에서 필요경비를 차감하여 계산하는 것이 원칙이다.
② 이자소득과 배당소득에 대하여는 필요경비를 차감하지 아니한다.
③ 근로소득과 연금소득에 대하여는 필요경비계산의 어려움 때문에 필요경비를 차감하는 대신에 개산공제제도를 적용한다.
④ 모든 소득에 대하여 분리과세대상 소득을 차감하여 종합소득금액을 계산한다.

III 금융소득

1 이자소득

(1) 이자소득의 범위

소득세법에서는 많은 종류의 이자소득을 열거하고 있는데 대표적인 예를 들면 다음과 같다.

① 예금이자

② 채권 또는 증권의 이자와 할인액

③ 채권 또는 증권의 환매조건부 매매차익

환매조건부 매매차익은 증권거래법에 의하여 증권업허가를 받은 법인이 환매기간에 따른 사전약정이율을 적용하여 환매수 또는 환매도하는 것을 조건으로 매매하는 채권 또는 증권의 매매차익을 말한다.

④ 단기 저축성보험의 보험차익

저축성보험이란 만기에 지급받는 금액이 계약기간 동안 납부한 보험료보다 많은 보험으로서 성격상 예금과 동일하므로 소득세법에서는 이자소득으로 과세하고 있다. 다만 만기가 10년 이상인 경우 등 법 소정 요건을 갖춘 경우 과세하지 않는다.

⑤ 비영업대금의 이익

비영업대금이라 함은 자금대여를 영업으로 하지 아니하고 일시적·우발적으로 금전을 대여하는 것을 뜻하며, 영업대금에서 생긴 이익은 사업소득으로 과세하는 반면 비영업대금에서 생긴 이익은 이자소득으로 과세하게 된다.

⑥ 직장공제회 초과반환금(1999. 1. 1 이후 최초로 직장공제회에 가입하고 탈퇴 또는 퇴직으로 인하여 받는 반환금)

직장공제회 초과반환금이란 동일직장이나 동일직종에 종사하는 근로자로 구성된 공제조합 또는 공제회로부터 받는 공제회 반환금 중 납입원금을 초과하는 금액을 말한다.

⑦ 이자소득을 발생시키는 거래·행위와 파생상품이 결합된 경우 해당 파생상품의 거래·행위로부터의 이익

(2) 비과세이자소득

다음의 이자소득에 대해서는 소득세를 과세하지 아니한다.

---

① 공익신탁의 이익
② 농어가목돈마련저축에서 발생하는 이자소득(2025. 12. 31까지 가입분에 한함)
③ 개인종합자산관리계좌(ISA)에서 발생하는 금융소득(이자소득과 배당소득) 중 200만 원까지의 금액*
④ 청년도약계좌에서 발생하는 이자소득(2025 .12. 31.까지 가입분에 한함)
⑤ 그 밖의 조세특례제한법상 비과세이자소득

---

* 법 소정 요건을 갖춘 서민형이나 농어민형의 경우 400만 원까지 비과세

(3) 이자소득금액의 계산

이자소득금액은 해당 과세기간의 총수입금액으로 하며 필요경비는 인정되지 않는다.

이자소득금액＝총수입금액(비과세소득과 분리과세소득은 제외)

---

(4) 이자소득의 수입시기

구분		수입시기
(1) 유사 이자소득 및 이자부상품 결합 파생 상품의 이자와 할인액		약정에 따른 상환일, 다만 기일전에 상환하는 경우 그 상환일
(2) 채권 등의 이자와 할인액	무기명의 경우	그 지급을 받은 날
	기명의 경우	약정에 따른 이자지급 개시일
(3) 보통예금·정기예금·적금 또는 부금의 이자		① "실제로 이자를 지급받는 날" ② 원본에 전입하는 뜻의 특약이 있는 이자는 그 특약에 의하여 "원본에 전입된 날" ③ 해약으로 인하여 지급되는 이자는 그 "해약일" ④ 계약기간을 연장하는 경우에는 그 "연장하는 날" ⑤ 정기예금연결 정기적금의 경우 해당 정기예금 이자는 "해약되거나 만료되는 날"
(4) 통지예금의 이자		인출일
(5) 채권 또는 증권의 환매조건부 매매차익		약정에 따른 당해 채권 또는 증권의 환매수일 또는 환매도일. 다만, 기일 전에 환매수 또는 환매도하는 경우에는 그 환매수 또는 환매도일
(6) 저축성보험의 보험차익		보험금 또는 환급금의 지급일. 다만, 기일 전에 해지하는 경우에는 그 해지일
(7) 직장공제회의 초과반환금		약정에 따른 공제회 반환금의 지급일
(8) 비영업대금의 이익		약정에 따른 이자지급일. 다만, 이자지급일의 약정이 없거나 약정에 따른 이자지급일 전에 이자를 지급하는 경우에는 그 이자지급일
(9) 채권 등의 보유기간 이자상당액		당해 채권 등의 매도일 또는 이자 등의 지급일
(10) 위의 이자소득이 발생하는 상속재산이 상속되거나 증여되는 경우		상속개시일 또는 증여일

※ 법인세법상 이자소득의 귀속시기도 위의 소득세법상 이자소득의 수입시기를 준용한다.

2 배당소득

(1) 배당소득의 범위

배당소득이란 해당 과세기간에 발생한 다음의 소득을 의미한다.

① 일반적인 이익배당

② 의제배당

③ 법인세법에 따라 배당으로 처분된 금액(인정배당)

④ 집합투자기구*로부터의 이익

* '집합투자기구'란 투자자로부터 운용지시를 받지 않으며 자산을 운용하여 그 결과를 배부해주는 기구로 투자신탁, 투자회사
(투자유한회사, 사모투자전문회사), 투자조합이 등이 있다.

⑤ 국내 또는 국외에서 받는 대통령령으로 정하는 파생결합증권 또는 파생결합사채로부터의 이익*

* 금 또는 은의 가격에 따라 수익이 결정되는 골드, 실버뱅킹 포함

⑥ 공동사업에서 발생한 소득금액 중 출자공동사업자의 손익분배비율에 해당하는 금액

⑦ 소득세 과세대상인 배당소득을 발생시키는 상품과 파생상품을 결합한 복합금융거래에서 발생한 이익

(2) 의제배당

상법상 배당은 아니지만 배당과 같은 경제적 효과가 있는 경우에 배당으로 간주하여 과세하는 것을 의제배당이라 한다.

① 잉여금의 자본전입으로 무상주를 받은 경우

 ㉠ 이익잉여금의 자본전입으로 무상주 수령: 의제배당

 ㉡ 자본잉여금의 자본전입으로 무상주 수령: 주식발행초과금 등 법에 규정된 것을 제외하면 의제배당으로 봄.

잉여금의 자본금 전입으로 인한 의제배당의 구체적인 범위는 다음과 같다.

구분		의제배당
(1) 자본잉여금의 자본금 전입	법인세가 과세되지 않은 잉여금의 자본금 전입 ① 일반적인 경우 ② 자기주식소각이익의 자본금 전입* ③ 자기주식 보유상태에서의 자본금 전입으로 인한 지분비율 증가분	× ○ ○
	법인세가 과세된 잉여금의 자본금 전입 ① 주식발행액면초과액 중 출자전환시 채무면제이익의 자본금 전입 ② 재평가적립금 중 토지 재평가차액 상당액의 자본금 전입 ③ 기타자본잉여금의 자본금 전입	○ ○ ○
(2) 이익잉여금의 자본금 전입		○

* 소각 당시 시가가 취득가액을 초과하거나 소각일부터 2년 이내에 자본금에 전입하는 경우에만 해당한다.

의제배당액=교부받은 주식수 × 액면가액

---

② 주식의 감자 · 법인의 해산 · 합병 · 분할의 경우

의제배당액=주주 등이 취득하는 재산의 가액-주식의 취득 등에 사용한 가액

---

③ 취득재산의 평가

  ㉠ 주식: 무상주 등(액면가액), 주식배당(발행가액), 과세특례요건 충족한 합병 · 분할(MIN[액면가액, 시가]), 기타(시가)

  ㉡ 주식 이외의 자산: 시가

(3) 비과세 배당소득

① 비과세종합저축에서 발생한 배당소득(2025. 12. 31.까지 가입분에 한함)

② 소액주주에 해당하는 우리사주조합원이 우리사주조합을 통하여 취득한 후 증권금융회사에 예탁한 우리사주의 배당소득(액면가액의 개인별 합계액이 1,800만 원 이하일 것)

(4) 배당소득금액의 계산

> 배당소득금액＝총수입금액(배당소득－비과세－분리과세)＋Gross－up금액

> Gross－up금액＝Gross－up대상 배당소득 × 가산율(10%)

(5) 배당소득의 수입시기

구분	수입시기
실지배당	• 무기명주식의 이익배당: 실제지급일 • 기명주식의 이익배당: 잉여금처분결의일
의제배당	• 감자 등: 감자결의일, 퇴사·탈퇴일 • 해산: 잔여재산가액 확정일 • 합병: 합병등기일 • 분할: 분할등기일(또는 분할합병등기일) • 잉여금 자본전입: 자본금 전입 결정일
인정배당	당해 사업연도의 결산확정일

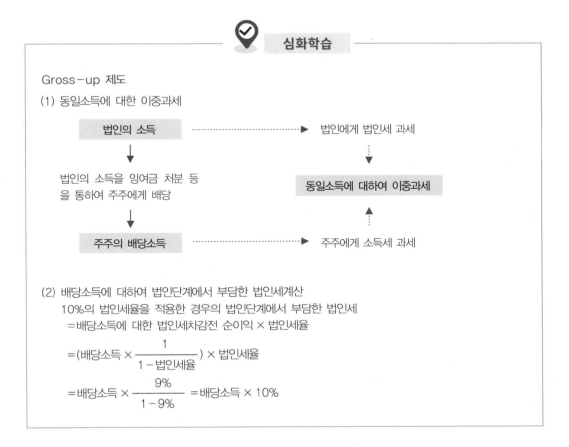

✓ 심화학습

Gross-up 제도

(1) 동일소득에 대한 이중과세

| 법인의 소득 | ┈┈┈┈┈┈▶ | 법인에게 법인세 과세 |

↓

법인의 소득을 잉여금 처분 등
을 통하여 주주에게 배당

| 동일소득에 대하여 이중과세 |

↓

| 주주의 배당소득 | ┈┈┈┈┈┈▶ | 주주에게 소득세 과세 |

(2) 배당소득에 대하여 법인단계에서 부담한 법인세계산
    10%의 법인세율을 적용한 경우의 법인단계에서 부담한 법인세
     =배당소득에 대한 법인세차감전 순이익 × 법인세율

    $=(배당소득 \times \dfrac{1}{1-법인세율}) \times 법인세율$

    $=배당소득 \times \dfrac{9\%}{1-9\%} =배당소득 \times 10\%$

3 금융소득의 과세방법

금융소득 종합과세란 이자소득과 배당소득(이하 금융소득)을 종합소득에 합산하여 누진세율로
과세하는 제도이다.

(1) 금융소득의 과세유형 구분(1단계)

금융소득에 대한 과세유형을 무조건 분리과세 · 무조건 종합과세 · 조건부 종합과세의 3가지로
분류한다.

1) 무조건 분리과세대상 금융소득

다음에 해당하는 금융소득은 종합소득에 합산하지 아니하고 원천징수로써 납세의무가 종결된다.
① 직장공제회 초과반환금
② 비실명금융소득
③ 법원보증금 등의 이자
④ 법인으로 보는 단체 외의 단체 중 수익을 구성원에게 분배하지 아니하는 단체가 단체명을 표시하여 금융거래를 함으로써 금융회사로부터 받는 이자소득 및 배당소득

2) 무조건 종합과세대상 금융소득

다음 중 어느 하나에 해당하는 금융소득은 무조건 종합과세하여야 한다.
① 국외금융소득(다만, 국내 대리인이 원천징수한 것은 조건부 종합과세 대상 금융소득임)
② 국내금융소득 중 원천징수하지 않은 금융소득
③ 출자공동사업자의 배당소득

3) 조건부 종합과세대상 금융소득

1), 2) 이외의 금융소득으로서 원천징수가 이루어지는 금융소득을 조건부 종합과세대상 금융소득이라 한다.

조건부 종합과세대상 금융소득은 그 소득금액과 무조건 종합과세대상 금융소득(출자공동사업자의 배당소득 제외)과의 합계금액이 2천만 원을 초과하는 경우에 종합과세를 한다. 만일 무조건종합과세대상 금융소득과 조건부 종합과세대상 금융소득금액의 합계액이 2천만 원을 초과하지 않는다면 조건부 종합과세대상 금융소득은 원천징수로써 소득세 납세의무를 종결하게 된다.

(2) 금융소득종합과세 여부의 판정(2단계)

종합과세 여부를 판단할 때 주의하여야 할 점은 금융소득이 2천만 원을 초과하느냐 여부를 검토할 때 무조건 종합과세대상 금융소득과 조건부 종합과세대상 금융소득의 합계액을 가지고 판단한다는 점이다. 따라서 무조건 종합과세대상 금융소득이 5백만 원이고, 조건부 종합과세대상 금융소득이 1천 7백만 원이면 이 둘의 합계액이 2천만 원을 초과하므로 무조건 종합과세대상 금융소득과 조건부 종합과세대상 금융소득 모두를 종합과세하는 것이다.

종합과세되는 금융소득이라고 해서 모두 다른 소득과 합산하여 누진세율을 적용하는 것은 아니다. 현행 소득세법에서는 종합과세대상 금융소득이 2천만 원 이하인 경우에는 14%의 세율을 적용하며, 2천만 원을 초과하는 경우에는 2천만 원까지는 14%를, 2천만 원 초과분은 누진세율을 적용한다.

1) 무조건 종합과세대상 금융소득+조건부 종합과세대상 금융소득>2천만 원

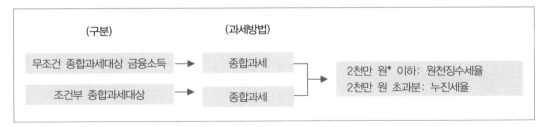

* 구성순서: ㉠ 이자소득 → ㉡ Gross-up 대상이 아닌 배당소득 → ㉢ Gross-up 대상인 배당소득

2) 무조건 종합과세대상 금융소득+조건부 종합과세대상 금융소득≤2천만 원

(3) 종합과세되는 금융소득금액의 확정(3단계)…Gross-up금액 가산

① 이자소득금액=이자소득 총수입금액
② 배당소득금액= Gross-up 제외 배당소득 총수입금액*+Gross-up대상 배당소득

    총수입금액 × 10%

  * 종합과세되는 경우에도 원천징수세율이 적용되는 경우에는 Gross-up대상에서 제외됨.

(4) 금융소득에 대한 원천징수세율 적용 순서

  종합과세 되는 경우에도 원천징수 세율(14%)이 적용되는 부분에 대하여는 Gross-up을 적용하지 않는다.
  이러한 소득은 다음의 순서대로 적용한다.

① 이자소득
② 국내에서 법인세가 과세되지 않은 잉여금을 재원으로 하여 지급되는 배당
  −자기주식소각이익의 자본전입, 외국법인으로부터의 배당 등
③ ②의 대상이 아닌 배당

다음 자료에 의하여 거주자 김수정씨의 종합소득에 가산할 배당소득금액을 계산하라. 20×1년에
수령한 배당금 등의 내역은 다음과 같다.
  (1) 금전배당: 20,000,000원
  (2) 주식배당
      ① 상장법인 주식배당: 30,000,000원
      ② 비상장법인 주식배당: 10,000,000원
  (3) 배당소득 가산율은 10%이다.

풀 이

(1) 총수입금액 계산

구분	금액
① 금전배당	20,000,000원
② 상장법인 주식배당	30,000,000원
③ 비상장법인 주식배당	10,000,000원
	60,000,000원

  배당소득 금액이 20,000,000원을 초과하므로 금융소득 종합과세 대상이다.
(2) Gross-up 금액계산
  Gross-up은 종합과세 기준금액 20,000,000원 초과분에 대해서 적용하므로
  (60,000,000−20,000,000) × 0.1＝4,000,000원
(3) 종합과세 대상 배당소득금액
  60,000,000＋4,000,000＝64,000,000원

예 제

거주자인 김자경씨(우리사주조합원이 아님)의 20×1년 귀속 금융소득의 내역은 다음과 같다. 종합소득금액에 합산될 금융소득금액은 얼마인가?
(1) 은행예금이자   6,000,000원
(2) 비실명이자   2,000,000원
(3) 주권상장법인으로부터 받은 현금배당금   10,000,000원
(4) 비상장법인으로부터 받은 현금배당금   5,000,000원
(5) 외국법인으로부터 받은 현금배당금(국내에서 원천징수되지 않음)   5,000,000원

풀 이

금융소득 종합과세
(1) 과세방법의 분류
　　① 무조건 분리과세 대상: 2,000,000원(비실명이자)
　　② 무조건 종합과세 대상: 5,000,000원(외국법인 배당)(A)
　　③ 조건부 종합과세 대상: 6,000,000(은행예금이자)+10,000,000(상장법인 현금배당)
　　　　　　　　　　　　　　　+5,000,000(비상장법인 현금배당)
　　　　　　　　　　　　　　　=21,000,000원(B)
(2) (A)+(B) 〉기준금액(20,000,000원): (A), (B)를 모두 종합과세함.
(3) 세율의 적용
　　① 원천징수세율 적용분: 6,000,000(은행예금이자)+5,000,000(외국법인배당)
　　　　　　　　　　　　　　+9,000,000(상장법인현금배당)=20,000,000원
　　② 누진세율 적용분: 6,000,000원
(4) 종합과세되는 금융소득금액의 계산
　　① 이자소득금액: 6,000,000원
　　② 배당소득금액: 14,000,000+6,000,000 × 1.1=20,600,000원
　　③ 계: 6,000,000+20,600,000=26,600,000원

01 다음 중 금융소득에 대한 총수입금액의 수입시기로 가장 올바르지 않은 것은?

① 무기명 공채의 경우: 그 지급을 받은 날
② 보통예금 정기예금의 경우: 실제로 이자를 지급받는 날
③ 저축성보험의 보험차익: 보험금 또는 환급금의 지급일
④ 법인세법상 소득처분에 따른 인정배당: 잉여금처분 결의일

02 다음 중 소득세법상 이자소득에 관한 설명으로 가장 올바르지 않은 것은?

① 자금대여를 영업으로 하는 자가 금전을 대여하여 얻은 이익은 이자소득으로 과세된다.
② 보험기간이 10년 미만인 저축성보험의 보험차익은 이자소득으로 과세된다.
③ 이자소득을 발생시키는 거래·행위와 파생상품이 결합된 경우 해당 파생상품의 거래·행위로부터의 이익은 이자소득으로 과세된다.
④ 동일직장이나 동일직종에 종사하는 근로자로 구성된 공제조합 또는 공제회로부터 받는 공제회 반환금 중 납입원금을 초과하는 금액은 이자소득으로 과세된다.

03 다음 중 소득세법상 과세되는 배당소득을 모두 고르면?

ㄱ. 이익배당
ㄴ. 법인세법에 의하여 배당으로 처분된 금액(인정배당)
ㄷ. 의제배당

① ㄱ　　　　　　　　　　　　　　　② ㄱ, ㄴ
③ ㄷ　　　　　　　　　　　　　　　④ ㄱ, ㄴ, ㄷ

NEW

04 다음 자료를 참고하여 거주자 김자경씨의 종합과세되는 배당소득금액을 계산하면 얼마인가?

> 1. 2024년에 수령한 금융소득의 내역은 다음과 같다.
>   (1) 주권상장법인으로부터의 배당(금전배당)   40,000,000원
>   (2) 비상장법인으로부터의 배당(주식배당)   20,000,000원
>   (3) 공익신탁의 이익   10,000,000원
>   (4) 개인종합자산관리계좌에서 발생한 배당소득   1,000,000원
>   (5) A법인의 주식발행초과금의 자본전입으로 수령한 무상주 30,000,000원
> 2. 배당소득 가산율은 10%이다.

① 60,000,000원   ② 64,000,000원
③ 90,000,000원   ④ 97,700,000원

NEW

05 다음은 각 거주자가 얻은 금융소득에 대한 자료이다. 금융소득에 대하여 종합과세를 적용받는 사람은 누구인가(단, 자료 이외의 금융소득은 없다)?

> 지수 : 비실명 이자소득 5,000,000 원
> 제니 : 보험기간이 5 년인 저축성보험의 보험차익 20,000,000 원
> 로제 : 국외 상장주식에서 받은 배당금 수령액으로 원천징수되지 않은 금액 20,000,000 원
> 리사 : 국내 비상장법인에서 받은 현금배당금 20,000,000 원

① 지수   ② 제니
③ 로제   ④ 리사

NEW

06 다음 중 무조건 분리과세대상 금융소득으로 가장 올바르지 않은 것은?

① 출자공동사업자의 배당소득
② 법원보증금 등의 이자
③ 직장공제회 초과반환금
④ 법인으로 보는 단체 이외의 단체 중 수익을 구성원에게 분배하지 아니하는 단체가 단체 명을 표시하여 금융거래를 함으로써 금융기관으로부터 받는 이자소득 및 배당소득

07 다음 중 금융소득의 과세방법에 관한 설명으로 가장 올바르지 않은 것은?

① 이자, 배당소득 중 국외에서 받은 금융소득과 같이 원천징수 되지 않는 금융소득은 무조건 종합과세한다.

② 비실명금융소득의 경우 종합소득에 합산하지 아니하고 원천징수로써 납세의무가 종결된다.

③ 종합과세대상 금융소득이 2,000만 원 이하인 경우에는 누진세율이 적용되지 않는다.

④ 배당소득이 종합과세 되는 경우 종합과세대상금액 총액에 Gross-up이 적용된다.

08 다음 중 소득세법상 무조건 종합과세대상이 되는 금융소득에 해당되지 않는 것은?

① 국외에서 받은 배당소득

② 직장공제회 초과반환금

③ 원천징수가 누락된 국내에서 지급받는 금융소득

④ 출자공동사업자의 배당소득

09 다음은 거주자 김삼일씨의 금융소득(이자소득과 배당소득)과 관련된 자료이다. 김삼일씨의 금융소득 중 종합과세되는 금융소득금액은 얼마인가?

ㄱ. 국내 예금이자	15,000,000 원
ㄴ. 비상장 내국법인으로부터 받은 현금배당금	15,000,000 원
ㄷ. 외국법인으로부터 받은 현금배당금 (원천징수되지 않음)	5,000,000 원
단, 배당소득 가산율은 10%이다.	

① 15,000,000원

② 16,650,000원

③ 35,000,000원

④ 36,500,000원

Ⅳ 사업소득

1 사업소득

(1) 사업소득의 범위

사업소득은 개인이 사업을 함에 따라 발생하는 소득을 말한다. "사업"이라 함은 자기의 계산과 위험 아래 영리 목적이나 대가를 받을 목적으로 독립적으로 경영하는 업무로서 계속적이고 반복적으로 행하는 것을 말한다.

각종 사업을 법인이 영위하는 경우에는 법인세법을 적용하고 개인이 영위하는 경우에는 소득세법상 사업소득이 적용된다.

사업의 범위와 구분은 세법에 규정하는 것을 제외하고는 통계청장이 고시하는 한국표준산업분류표를 기준으로 분류하며, 소득세법은 열거주의에 따라 다음의 사업만을 과세대상으로 한다.

① 농업(작물재배업 중 곡물 및 기타 식량작물 재배업은 제외함)·임업 및 어업에서 발생하는 소득
② 광업에서 발생하는 소득
③ 제조업에서 발생하는 소득
④ 전기, 가스, 증기 및 수도사업에서 발생하는 소득
⑤ 하수·폐기물처리, 원료재생 및 환경복원업에서 발생하는 소득
⑥ 건설업에서 발생하는 소득
⑦ 도매 및 소매업에서 발생하는 소득
⑧ 운수업에서 발생하는 소득
⑨ 숙박 및 음식점업에서 발생하는 소득
⑩ 출판, 영상, 방송통신 및 정보서비스업에서 발생하는 소득
⑪ 금융 및 보험업에서 발생하는 소득
⑫ 부동산업 및 임대업에서 발생하는 소득(지역권, 지상권 설정 대여소득 제외)

> * 다만 「공익사업을 위한 토지 등의 취득 및 보상에 관한 법률」에 따른 공익사업과 관련하여 지역권·지상권(지하 또는 공중에 설정된 권리를 포함한다)을 설정하거나 대여함으로써 발생하는 소득은 제외

⑬ 전문, 과학 및 기술서비스업(대통령령으로 정하는 연구개발업은 제외함)에서 발생하는 소득
⑭ 사업시설관리 및 사업지원서비스업에서 발생하는 소득
⑮ 교육서비스업에서 발생하는 소득
⑯ 보건업 및 사회복지서비스업(대통령령으로 정하는 사회복지사업은 제외함)에서 발생하는 소득

⑰ 예술, 스포츠 및 여가 관련 서비스업에서 발생하는 소득

⑱ 협회 및 단체, 수리 및 기타 개인서비스업에서 발생하는 소득

⑲ 가구내 고용활동에서 발생하는 소득

⑳ 복식부기의무자가 차량 및 운반구 등 사업용 유형자산을 양도함으로써 발생하는 소득. 다만, 양도소득에 해당하는 경우는 제외

㉑ ①부터 ⑳까지의 규정에 따른 소득과 유사한 소득으로서 영리를 목적으로 자기의 계산과 책임 하에 계속적·반복적으로 행하는 활동을 통하여 얻는 소득

다음의 것들은 해당 사업의 범위에서 제외되므로 소득세를 과세하지 않는다.

① 작물재배업 중 곡물 및 식량작물재배업
② 전문 과학·기술서비스업 중 대가를 받지 않는 연구개발업
③ 교육서비스업 중 유치원·학교·직업능력개발훈련시설·노인학교 등 교육사업
④ 보건업·사회복지서비스업 중 사회복지사업 및 장기요양사업
⑤ 협회·단체 중 법정 협회·단체

(2) 비과세사업소득

다음 중 어느 하나에 해당하는 사업소득에 대해서는 소득세를 과세하지 아니한다.

① 논·밭을 작물 생산에 이용하게 함으로써 발생하는 소득
② 1주택을 소유하는 자의 주택임대소득(기준시가 12억 원을 초과하는 주택 및 국외주택 제외)
③ 농어가부업소득으로 다음의 소득
　　㉠ 소득세법 시행령 [별표 1]의 농가부업규모의 축산에서 발생하는 소득
　　㉡ ㉠ 외의 소득으로서 소득금액의 합계액이 3천만 원 이하인 소득
④ 수도권 밖의 읍·면지역에서 전통주를 제조함으로써 발생하는 소득으로서 소득금액의 합계액 이 1,200만 원 이하인 것
⑤ 조림기간이 5년 이상인 임지(林地)의 임목(林木)의 벌채 또는 양도로 발생하는 소득으로서 연 600만 원 이하의 금액
⑥ 작물재배업(곡물 및 식량작물재배업 제외)에서 발생하는 소득으로서 해당 과세기간의 수입금 액의 합계액이 10억 원 이하인 것
⑦ 연근해어업과 내수면어업에서 발생하는 소득으로서 해당 과세기간의 소득금액의 합계액이 5천 만 원 이하인 소득

(3) 사업소득금액의 계산

사업소득금액은 해당 과세기간의 총수입금액에서 이에 소요된 필요경비를 공제한다.

사업소득금액 = 총수입금액(비과세소득 제외) − 필요경비

$$= 당기순이익 + \begin{bmatrix} 총수입금액산입 \\ 필요경비불산입 \end{bmatrix} - \begin{bmatrix} 필요경비산입 \\ 총수입금액불산입 \end{bmatrix}$$

개인사업자는 결산을 하여 당기순이익을 확정하므로, 법인세 세무조정과 마찬가지로 결산상 당기순이익에 세무조정사항을 가감함으로써 사업소득금액을 계산할 수 있다.

개인이 부동산 등을 대여하고 보증금 등을 받은 경우 다음의 금액을 총수입금액에 산입한다. 단, 주택을 대여하고 보증금을 받은 경우에는 3주택 이상 소유하고 보증금 합계 3억 원을 초과하는 경우에만 총수입금액에 산입한다. 이때 주거의 용도로만 쓰이는 면적이 1호 또는 1세대당 40㎡ 이하인 주택으로서 해당 과세기간의 기준시가가 2억 원 이하인 주택은 2026년 12월 31일까지는 주택수에 포함하지 않는다.

또한, 기준시가 12억원 초과하는 고가주택을 2채 보유한 자의 보증금 등이 대통령령으로 정하는 금액을 초과하는 경우에도 간주임대료를 과세하는 것으로 개정되었으나 2026.1.1. 이후 개시하는 과세기간분부터 적용한다.

$$간주임대료 = (보증금적수 − 건설비적수) \times \frac{정기예금이자율}{365(윤년\ 366)} − 보증금에서\ 발생한\ 이자소득\ 등\ 금융소득$$

* 주택의 경우 3억 원이 초과하는 보증금만 보증금 적수로 하고 이 금액의 40%를 건설비적수로 본다.
* 추계시 금융소득은 차감하지 않되 주택외 부동산의 경우는 건설비적수도 차감하지 않는다.

(4) 소득세법상 사업소득금액과 법인세법상 각 사업연도 소득의 차이점

1) 개인사업과 법인사업으로 인한 차이

① 대표자에 대한 인건비

법인의 대표이사는 위임관계에 의하여 근로를 제공하므로 그 대가인 급여와 상여금은 손금에 산입된다. 그러나 개인사업에 있어서 대표자는 사업경영주체로서 고용관계에 있지 아니하고 급여를 지급받아도 그것은 출자금의 인출에 불과하므로 필요경비에 산입되지 아니하며 퇴직급여충당금 설정대상자도 아니다.

다만, 사업자 본인의 국민건강보험료, 노인장기요양보험료, 고용보험료 및 산재보험료 등은 공과금 성격이므로 사업소득의 필요경비로 인정된다.

② 출자자의 자금인출

법인의 주주는 법인의 자금을 임의로 인출하여 사용할 수 없다. 그러나 개인사업체에는 법정자본금이 없으며 개인사업자는 필요하면 언제든지 출자금을 인출할 수 있다. 따라서 개인사업자가 인출하는 자금은 가지급금이 아니므로 인정이자계산 등의 규제를 받지 아니한다.

③ 재고자산의 자가소비

사업자가 재고자산을 가사용으로 소비하거나 이를 사용인 또는 타인에게 지급한 경우 법인세법에서는 부당행위부인이 적용되고, 소득세법에서는 이를 총수입금액에 산입한다.

2) 과세소득의 범위

법인세법은 순자산증가설에 의하나, 소득세법은 소득원천설에 의하여 과세소득을 결정하므로 다음과 같은 차이가 있다.

구분	법인세법	소득세법
이자수익과 배당금수익	각 사업연도 소득에 포함	사업소득에서 제외 이자수익은 이자소득으로 과세 배당금수익은 배당소득으로 과세
유가증권처분손익 · 유형자산처분손익	익금 또는 손금에 산입	총수입금액 · 필요경비에 불산입* * 복식부기의무자는 부동산을 제외한 사업용유형자산의 처분소득은 사업소득에 포함한다.

3) 과세방법상의 차이점 등

법인세법은 소득의 종류를 구분하지 않고 모든 소득을 각 사업연도 소득에 포함하여 종합과세하므로 분리과세나 분류과세가 없다.

소득세법에서는 과세대상소득을 이자, 배당, 사업, 근로, 연금, 기타소득의 6가지 소득에 대해서는 종합과세하고 퇴직, 양도소득의 2가지 소득에 대해서는 분류과세를 채택하고 있다. 예를 들어 사업자금을 일시운용할 목적으로 예금한 경우의 이자는 사업소득이 아니고 이자소득에 해당한다.

예 제

다음 자료에 의하여 거주자(복식부기의무자가 아님) 김자경씨의 20×1년도의 사업소득금액을 계산하시오.

1. 손익계산서상 당기순이익   35,000,000원
2. 손익계산서에는 다음과 같은 수익과 비용이 포함되어 있다.
     (1) 본인에 대한 급여   45,000,000원
     (2) 회계부장인 배우자 급여   30,000,000원
     (3) 이자수익   15,000,000원
     (4) 배당금수익   5,000,000원
     (5) 유형자산처분손실   3,000,000원
     (6) 세금과공과 중 벌금   4,000,000원
3. 사업소득 이월결손금   25,000,000원
     (단, 3년전 발생한 금액임)

풀 이

1. 손익계산서상 당기순이익   35,000,000원
2. 총수입금액산입 · 필요경비불산입(+)
     (1) 본인에 대한 급여   45,000,000원
     (2) 유형자산처분손실   3,000,000원
     (3) 벌금   4,000,000원   52,000,000원
3. 필요경비산입 · 총수입금액불산입(-)
     (1) 이자수익   15,000,000원
     (2) 배당금수익   5,000,000원   20,000,000원
4. 사업소득 이월결손금 공제(-)   25,000,000원
5. 사업소득금액   42,000,000원

부동산임대소득

부동산임대소득은 사업소득에 포함하여 과세된다. 사업소득 중 부동산임대소득의 주요 내용은 다음과 같다. 이와 관련하여 총수입금액계산시 주의할 사항은 다음과 같다.

① 장기간의 임대료를 미리 일시에 받는 경우(선세금을 받는 경우)

선세금을 받는 날 해당금액 전액을 수익으로 잡으면 수익의 기간귀속이 올바르지 않으므로 발생주의에 따라 수익을 인식한다.

> 선세금의 수입금액산입액=(선세금/계약기간의 월수) × 해당 과세기간 대여기간월수

② 간주임대료

간주임대료란 임대인이 부동산 등(주택과 그 부속토지 제외)*을 임대하고 임대보증금을 받은 경우 아래의 산식에 의한 금액을 총수입금액에 산입하는 것을 말한다. 이러한 간주임대료 규정은 부동산 등을 대여하고 받은 보증금 등을 금융자산으로 운영하지 아니하고 부동산 투기자금으로 사용하는 것을 억제하기 위하여 도입된 제도이다.

* 단, 고가주택 2주택 이상 보유하거나 일반주택 3주택 이상 보유한 다주택자의 전세보증금(보증금의 합계액이 3억원을 초과하는 부분)에 대해서도 간주임대료를 과세하되, 주거의 용도로만 쓰이는 면적이 1호 또는 1세대당 40m^2 이하인 주택으로서 기준시가가 2억 원 이하인 주택은 2026년 12월 31일까지 주택수에 포함하지 않음.

> 간주임대료
>
> $$=(\text{임대보증금적수}-\text{건설비상당액적수}^*) \times \text{정기예금이자율} \times \frac{1}{365}\left(\text{윤년}\frac{1}{366}\right) -\text{임대사업금융수익}^*$$

* 추계결정에 의한 간주임대료 계산시 건설비상당액적수 및 임대사업 금융수익을 차감하지 않음.
건설비상당액이란 임대부동산(토지 제외)의 투자비로서 취득가액에 자본적 지출을 합한 금액이고 임대사업금융수익은 수입이자와 할인료 및 수입배당금을 말한다.

③ 공공요금과 관리비

구분	원칙	예외
공공요금(전기료, 수도료 등)	총수입금액 불산입	공공요금 명목으로 지급받는 금액이 공공요금 납부액을 초과하는 경우에는 그 초과액을 총수입금액에 산입함
관리비	총수입금액 산입	청소·난방 등의 사업이 부동산임대사업과 객관적으로 구분되는 경우에는 사업소득 총수입금액에 산입함

MEMO

01 다음 중 사업소득에 관한 설명으로 가장 옳은 것은?

① 개인사업자가 재고자산을 가사용으로 소비한 경우 총수입금액에 산입한다.

② 개인사업자가 출자금을 인출하는 경우 가지급금인정이자를 계산하여 총수입금액에 산입한다.

③ 복식부기의무자의 경우 유형자산처분손익은 어떤 경우에도 사업소득에 포함하지 않는다.

④ 1 주택을 소유하는 자의 주택임대소득(기준시가 12억 원을 초과하는 주택 포함)에 대해서는 비과세가 적용된다.

02 다음 자료를 참고하여 2024년 거주자 김자경의 세법상 부동산임대 관련 사업소득 총수입금액을 계산하면?

> 1. 임대현황
>
> | 구분 | 월임대료 | 임대보증금 | 임대기간 |
> |------|----------|------------|----------|
> | 사무실 | 100,000원 | 100,000,000원 | 2024. 1. 1.~2024. 6. 30. |
>
> − 임대보증금은 정기예금에 가입하여 이자수익 200,000원을 수령하였다.
> 2. 임대자산의 취득내역(토지를 제외한 가격임)
>
> | 구분 | 취득일자 | 취득가액 |
> |------|----------|----------|
> | 사무실 | 2013. 1. 28. | 40,000,000원 |
>
> 3. 기획재정부령이 정하는 정기예금이자율은 1.8%로 가정한다.

① 1,393,424원   ② 935,561원

③ 876,054원   ④ 1,076,054원

03 다음 자료를 보고 복식부기의무자인 개인사업자 김삼일씨의 2024년도 사업소득금액을 계산하면 얼마인가?

ㄱ) 손익계산서상 당기순이익	300,000,000원
ㄴ) 손익계산서에는 다음과 같은 수익과 비용이 포함되어 있다.	
(아래 기술한 내용 이외에는 모두 세법상 적정하게 계상되어 있음)	
본인에 대한 급여	50,000,000원
본인에 대한 국민건강보험료 및 노인장기요양보험료	3,000,000원
인사팀장으로 근무하는 자녀에 대한 급여	30,000,000원
정기예금으로부터 발생한 이자수익	5,000,000원
유가증권처분이익	10,000,000원
세금과공과 중 벌금	2,000,000원
ㄷ) 이월결손금 70,000,000원(2020년 사업소득에서 발생함)	

① 199,000,000원　　　　　　② 277,000,000원
③ 267,000,000원　　　　　　④ 282,000,000원

04 다음 중 비과세되는 사업소득에 해당하지 않는 것은?

① 논·밭을 작물 생산에 이용하게 함으로써 발생하는 소득
② 국외에 있는 1주택을 소유하는 자의 주택임대소득
③ 작물재배업(곡물 및 식량작물재배업 제외)에서 발생하는 소득으로서 해당 과세기간의 수입금액의 합계액이 10억 원 이하인 것
④ 연근해어업과 내수면어업에서 발생하는 소득으로서 해당 과세기간의 소득금액의 합계액이 5천만 원 이하인 소득

05 다음 중 소득세법상 부동산임대소득에 관한 설명으로 가장 올바르지 않은 것은?

① 부동산임대소득은 사업소득에 포함하여 과세된다.
② 부동산임대업에서 장기간의 임대료(선세금)를 미리 일시에 받는 경우 발생주의에 따라 수익을 인식한다.
③ 전기료 및 수도료 등 공공요금으로 수령하는 금액은 원칙적으로 총수입금액에 산입한다.
④ 임대인이 부동산 등을 임대하고 임대보증금을 받는 경우에는 실제 반환의무가 있는 보증금 외에 수령하는 금액이 없더라도 간주임대료를 계산하여 총수입금액에 산입하여야 한다.

06 다음 중 소득세법상 사업소득금액과 법인세법상 각 사업연도 소득금액의 차이점에 대한 설명으로 가장 옳지 않은 것은?

① 유형자산(건물)의 처분이익은 각 사업연도 소득금액의 계산에 있어서 익금으로 보나, 사업소득금액의 계산에 있어서는 총수입금액으로 보지 아니한다.
② 사업자가 재고자산을 가사용으로 소비하거나 이를 사용인 또는 타인에게 지급한 경우 법인세법에서는 부당행위부인 규정이 적용되고 소득세법에서는 에는 총수입금액에 산입한다.
③ 대표자에 대한 국민건강보험료와 고용보험료의 지급액은 법인세법상 손금으로 인정되나, 개인사업자의 경우 필요경비에 산입되지 아니한다.
④ 수입이자와 수입배당금은 각 사업연도 소득금액의 계산에 있어서 익금으로 보나, 사업소득금액의 계산에 있어서는 총수입금액으로 보지 아니한다.

V 근로소득

1 근로소득의 범위

(1) 근로소득의 범위

근로소득이란 근로자가 고용계약에 의하여 종속적인 지위에서 근로를 제공하고 대가로 받는 모든 금품을 말한다. 근로소득은 해당 과세기간에 발생한 다음의 소득으로 한다.

① 근로를 제공함으로써 받는 봉급 · 급료 · 보수 · 세비 · 임금 · 상여 · 수당과 이와 유사한 성질의 급여
② 법인의 주주총회 · 사원총회 또는 이에 준하는 의결기관의 결의에 따라 상여로 받는 소득
③ 법인세법에 따라 상여로 처분된 금액(인정상여)
④ 퇴직함으로써 받는 소득으로서 퇴직소득에 속하지 아니하는 소득
⑤ 종업원등 또는 대학의 교직원이 지급받는 직무발명보상금(종업원 등 또는 대학의 교직원이 퇴직한 후에 지급받는 직무발명보상금은 기타소득으로 봄)

(2) 근로소득에 포함되는 것으로 보는 것

근로소득에는 다음의 소득이 포함된다.
① 기밀비(판공비 포함) · 교제비 기타 이와 유사한 명목으로 받는 것으로서 업무를 위하여 사용된 것이 분명하지 아니한 급여
② 종업원이 받는 공로금 · 위로금 · 개업축하금 · 학자금 · 장학금(종업원의 수학중인 자녀가 사용자로부터 받는 학자금 · 장학금을 포함한다) 기타 이와 유사한 성질의 급여
③ 근로수당 · 가족수당 · 전시수당 · 물가수당 · 출납수당 · 직무수당 · 급식수당 · 주택수당 · 피복수당 · 기술수당 · 보건수당 및 연구수당 · 시간외근무수당 · 통근수당 · 개근수당 · 특별공로금벽지수당 · 해외근무수당 기타 이와 유사한 성질의 급여
④ 여비의 명목으로 받는 연액 또는 월액의 급여
⑤ 주택을 제공받음으로써 얻는 이익
⑥ 종업원이 주택(주택에 부수된 토지를 포함한다)의 구입 · 임차에 소요되는 자금을 저리 또는 무상으로 대여 받음으로써 얻는 이익
⑦ 임원이 지급받는 퇴직소득으로서 법인세법에 따라 손금불산입된 임원퇴직급여 한도초과액

⑧ 「공무원 수당 등에 관한 규정」, 「지방공무원 수당 등에 관한 규정」, 「검사의 보수에 관한 법률 시행령」, 대법원규칙, 헌법재판소규칙 등에 따라 공무원에게 지급되는 직급보조비

⑨ 공무원이 국가 또는 지방자치단체로부터 공무 수행과 관련하여 받는 상금과 부상

  그러나 다음의 금액은 근로소득으로 보지 아니한다.

① 사용자가 근로자의 업무능력향상 등을 위하여 연수기관 등에 위탁하여 연수를 받게 하는 경우에 근로자가 지급받는 교육훈련비

② 종업원이 출·퇴근을 위하여 차량을 제공받는 경우의 운임

③ 사내근로복지기금으로부터 근로자 또는 근로자의 자녀가 지급받는 장학금(학자금)과 무주택근로자가 지급받는 주택보조금 등

④ 근로자에게 지급한 경조금 중 사회통념상 타당하다고 인정되는 금액

⑤ 퇴직급여로 지급되기 위하여 적립(근로자가 적립금액 등을 선택할 수 없는 것으로서 기획재정부령으로 정하는 방법에 따라 적립되는 경우에 한정한다)되는 급여

  근로소득을 퇴직연금계좌에 적립하면 상대적으로 세부담이 낮은 퇴직소득으로 전환할 수 있는데, 이러한 전환이 아무런 제한 없이 이루어지는 경우에는 조세회피의 우려가 있으므로 사업장 내의 모든 근로자에게 적용되는 퇴직연금 적립규칙을 설정하고 그에 따라 적립하는 경우에만 퇴직소득으로 전환할 수 있도록 하였다.

2 비과세 근로소득

(1) 실비변상적인 성질의 급여

  근로자에게 실비를 보상해주는 정도의 지급액은 소득세를 부과하지 않는다.
  소득세를 비과세하는 실비변상적 성질의 급여에는 다음과 같은 종류가 있다.

① 일직·숙직료 또는 여비로서 실비변상정도의 지급액(종업원이 소유 또는 임차한 차량으로 사업주의 업무수행에 이용하고 그에 소요된 실제비용을 지급받지 않으면서 별도로 지급받는 월 20만 원 이내의 자가운전보조금 포함)

② 선원법에 의하여 받는 식료

③ 법령·조례에 의하여 제복을 착용해야 하는 자가 받는 제복·제모 및 제화

④ 광산 근로자가 지급받는 입갱·발파수당

⑤ 기자의 취재수당으로서 월 20만 원 이내의 금액

⑥ 소득세법 시행령이 정하는 월 20만 원 이내의 벽지수당

⑦ 천재·지변 기타 재해로 인하여 받는 급여

⑧ 소방공무원 등이 받는 월 20만 원 이내의 함정근무수당, 항공수당, 화재진화수당

⑨ 초·중등교육법에 의한 교육기관의 교원이 받는 연구보조비 중 월 20만 원 이내의 금액

⑩ 법령 등에 따른 의무 지방이전기관 종사자에게 한시적으로 지급되는 월 20만 원 이내의 이주수당

(2) 국외근로소득

① 국외에서 근로를 제공하고 받은 급여 중 월 100만 원 이내 금액(원양어업 선박, 국외 등을 항행하는 선박, 국외 등의 건설현장 등에서 근로(설계 및 감리 업무를 포함)를 제공하고 받는 보수의 경우에는 월 500만 원)은 소득세가 비과세된다.

② 공무원 등이 국외에서 근무하고 받는 수당 중 국내에서 근무할 경우에 지급받을 금액을 초과하여 받는 금액 중 실비변상적 성격의 급여로 외교부장관이 고시하는 금액

구분		원천징수 여부	종합과세 여부
국내 근로소득	일반근로자	○ (예납적)	종합과세
	일용근로자	○ (완납적)	분리과세
국외 근로소득		× (납세조합징수는 가능)	종합과세

(3) 생산직 근로자가 받는 연장시간근로·야간근로·휴일근로수당

월정액급여(아래의 월정액급여에서 연장·야간·휴일근로로 받는 수당을 차감한 금액) 210만 원 이하로서 직전 과세기간의 총급여액이 3,000만 원 이하인 다음의 생산직근로자(일용근로자를 포함한다)가 근로기준법에 의한 연장시간근로·야간근로 또는 휴일근로로 인하여 통상임금에 가산하여 지급받는 급여는 연간 240만 원 한도 내에서 비과세된다.

① 공장 근로를 제공하는 생산 및 생산관련 종사자

② 어업을 영위하는 자에게 고용되어 근로를 제공하는 자

③ 운전 및 운송 관련직 종사자, 돌봄·미용·여가 및 관광·숙박시설·조리 및 음식 관련 서비스직 종사자, 매장 판매 종사자, 상품 대여 종사자, 통신 관련 판매직 종사자, 운송·청소·경비·가사·음식·판매·농림·어업·계기·자판기·주차관리 및 기타 서비스 관련 단순 노무직 종사자 중 기획재정부령으로 정하는 자

구분	비과세 대상 초과근로수당	비과세 한도
① 공장에서 근로를 제공하는 생산 및 관련 종사자, 운전원 및 관련 종사자, 배달 및 수하물 운반종사자 등	근로기준법에 따른 연장근로·야간근로 또는 휴일근로를 하여 통상임금에 더하여 받는 급여	연 240만 원
② 광산근로자, 일용근로자		해당 급여총액
③ 어선에 승선하는 선원인 근로자	선원법에 따라 받는 생산수당 * 비율급으로 받는 경우에는 월고정급을 초과하는 비율급	연 240만 원

 심화학습

월정액급여의 범위
'월정액급여'란 매월 직급별로 받는 봉급·급료·보수·임금·수당과 그 밖의 이와 유사한 성질의 급여의 총액을 말한다. 다만, 다음의 급여는 제외한다(소령 17 ①).
① 상여 등 부정기적인 급여
② 비과세하는 실비변상적 성질의 급여 및 복리후생적 성질의 급여
③ 근로기준법에 따른 연장근로·야간근로 또는 휴일근로를 하여 통상임금에 더하여 받는 급여

$$\text{월정액급여} = \begin{matrix}\text{매월 직급별로 받는}\\\text{급여의 총액}\end{matrix} - \begin{matrix}\text{상여 등}\\\text{부정기적 급여}\end{matrix} - \begin{matrix}\text{비과세하는}\\\text{실비변상적 급여}\\\text{복리후생적}\\\text{성질의 급여}\end{matrix} - \text{초과근로수당}$$

(4) 비과세되는 식사대 등

근로자가 제공받는 식사 기타 음식물과 식사 기타 음식물을 제공받지 않는 근로자가 받는 월 20만 원 이하의 식사대에 대해서는 소득세를 과세하지 아니한다.

구분	내용
① 식사 기타 음식물을 제공받는 경우	전액 비과세
② 식사 등을 제공받지 않는 조건의 식사대	월 20만 원 이하 비과세

(5) 기타 비과세소득

① 근로의 제공으로 인한 부상·질병·사망과 관련하여 근로자나 그 유가족이 받는 연금과 위자료의 성질이 있는 급여

② 국민연금법에 따라 받는 반환일시금(사망시) 및 사망일시금

③ 「고용보험법」에 따라 받는 실업급여, 육아휴직 급여, 육아기 근로시간 단축 급여, 출산전후휴 가 급여, 배우자 출산휴가급여 등(사립학교의 직원이 받는 육아휴직수당은 월150만원 한도로 비과세)

④ 공무원연금법 등에 따른 퇴직자·사망자의 유족이 받는 급여

⑤ 다음 요건에 해당하는 근로자 본인의 학자금(입학금·수업료 기타 공납금)

　㉠ 업무와 관련있는 교육·훈련일 것

　㉡ 회사의 지급기준에 따라 받을 것

　㉢ 교육·훈련기간이 6월 이상인 경우 교육·훈련 후 당해 교육기간을 초과하여 근무하지 않는 경우 반환하는 조건일 것

⑥ 「국민건강보험법」, 「고용보험법」 또는 「노인장기요양보험법」에 따라 국가, 지방자치단체 또는 사용자가 부담하는 보험료

⑦ 근로자 또는 그 배우자의 출산이나 6세 이하(해당 과세기간 개시일을 기준으로 판단)의 자녀의 보육과 관련하여 사용자로부터 지급받는 급여로서 월 20만 원 이내의 금액

⑧ 교육기본법에 따라 받는 장학금 중 대학생이 근로를 대가로 지급받는 장학금

⑨ 종업원, 법인의 임원, 공무원 또는 대학의 교직원 또는 대학과 고용관계가 있는 학생이 지급 받는 직무발명보상금으로서 연 700만 원 이하의 금액(단, 법인의 지배주주 및 그와 특수관계에 있는 자가 수령하는 금액은 제외)

⑩ 복리후생적 성질의 급여로서 다음의 것

　㉠ 비출자임원, 소액주주* 임원, 임원이 아닌 종업원(비영리법인 또는 개인의 종업원 포함), 국가·지방자치단체로부터 근로소득을 지급받는 사람이 사택을 제공받음으로써 얻는 이익

　　* 소액주주: '소액주주'란 해당 법인의 발행주식총액(또는 출자총액)의 1%에 해당하는 금액과 3억 원(액면가액의 합계 액을 말한다) 중 적은 금액 미만의 주식을 소유하는 주주(지배주주의 특수관계인 주주는 제외)를 말한다(소령 38 ③). 다만, 은행 등 금융기관의 주주는 지분율이 1% 미만이면 보유주식의 액면가액이 3억 원 이상이라 하더라도 소액주주로 취 급한다.

　㉡ 중소기업 종업원이 주택(주택에 부수토지 포함)의 구입·임차에 소요되는 자금을 저리 또 는 무상으로 대여 받음으로써 얻는 이익(단, 법인의 지배주주이거나 개인사업자와 친족관 계에 있는자 제외)

구분	출자임원	비출자임원*	종업원
① 사택제공이익	근로소득	–	–
② 주택자금대여이익	근로소득	근로소득	근로소득(단, 중소기업은 제외)

ⓒ 종업원이 계약자이거나 종업원 또는 그 배우자 및 기타의 가족을 수익자로 하는 보험·신탁 또는 공제와 관련하여 사용자가 부담하는 보험료·신탁부금 또는 공제부금 중 다음의 보험료 등

　－ 단체순수보장성보험과 단체환급부보장성보험의 보험료 중 연 70만 원 이하의 금액

　－ 임직원의 고의(중과실 포함) 외의 업무상 행위로 인한 손해의 배상청구를 보험금의 지급 사유로 하고 임직원을 피보험자로 하는 보험의 보험료

ⓓ 공무원이 국가 또는 지방자치단체로부터 공무 수행과 관련하여 받는 상금과 부상 중 연 240만 원 이내의 금액

ⓔ 「영유아보육법시행령」에 따라 사업주가 부담하는 보육비용

⑪ 벤처기업의 임직원이 해당 벤처기업으로부터 2024.12.31. 이전에 「벤처기업육성에 관한 특별조치법」에 따라 부여받은 주식매수선택권 및 상법에 따라 부여받은 주식매수선택권(코넥스상장기업으로부터 부여받은 경우로 한정함)을 행사(벤처기업 임원 등으로서 부여받은 주식매수선택권을 퇴직 후 행사하는 경우 기타소득으로 비과세되는 경우 포함)함으로써 얻은 이익 중 연간 2억 원(누적한도 5억 원) 이내의 금액

예 제

과세대상 근로소득

(주)삼일 근로자인 김수정씨의 20×1년 급여내역이 다음과 같을 때 과세대상 근로소득을 계산하시오(김수정이 세법에서 정한 공제를 최대한 받는다고 가정한다).

(1) 월 급 여 액:　　　　　　　　　　　　2,000,000원
(2) 상　　　　여:　　　　　　　　　　월급여액의 400%
(3) 연월차수당:　　　　　　　　　　　　2,000,000원
(4) 가 족 수 당:　　　　　　　　　　　　1,000,000원
(5) 6세이하자녀 보육수당:2,400,000원(월 200,000원)
(6) 식 사 대:　　　　　　　　　　　　　2,400,000원(월 200,000원)
　　(단, 식사 또는 기타 음식물을 제공받지 않음)
(7) 자가운전보조금:　　　　　　　　　　3,000,000원(월 250,000원)
(8) (주)삼일로부터 법인세법상 상여로 처분된 금액: 1,000,000원

풀 이

과세대상 근로소득

급여	2,000,000 × 12=	24,000,000원
상여	2,000,000 × 4=	8,000,000원
연월차수당		2,000,000원
가족수당		1,000,000원
차량유지비	(250,000−200,000) × 12=	600,000원
인정상여		1,000,000원
합계		36,600,000원

3 근로소득의 구분

(1) 근로소득의 종류

① 봉급 · 급료 · 보수 · 세비 · 임금 · 상여 · 수당과 이와 유사한 성질의 급여

② 주주총회 등의 결의에 의하여 상여로 받는 소득

③ 법인세법에 의하여 상여로 처분된 금액(인정상여)

④ 퇴직으로 인하여 지급받는 소득으로서 퇴직소득에 속하지 아니하는 소득

(2) 일용근로자의 급여

일반적인 근로소득은 종합소득에 합산되지만 일용근로자의 급여는 종합소득에 합산되지 아니하고 원천징수로써 과세가 종결된다.

 심화학습

일용근로자란?
일용근로자란 근로를 제공한 날 또는 시간에 따라 근로대가를 계산하여 받는 사람으로서 계약에 따라 동일한 고용주에게 3개월 이상 계속하여 고용되어 있지 않은 사람을 말한다.

4 근로소득금액의 계산

> 근로소득금액=총급여액-근로소득공제

근로소득의 경우는 실제로 소요된 필요경비를 확인하기가 어렵기 때문에 개산공제방식을 채택하였는바, 다른 종합소득의 필요경비에 해당하는 것이 근로소득공제이다.

(1) 일반근로자

연간급여액(비과세소득은 제외)을 기준으로 다음의 금액을 공제한다. 다만, 공제액이 2천만 원을 초과하는 경우에는 2천만 원을 공제한다. 참고로 근로소득공제액은 월할계산하지 않는다.

연간급여액	근로소득공제액
500만 원 이하	총급여액 × 70%
500만 원 초과 1,500만 원 이하	350만 원+500만 원 초과액 × 40%
1,500만 원 초과 4,500만 원 이하	750만 원+1,500만 원 초과액 × 15%
4,500만 원 초과 1억 원 이하	1,200만 원+4,500만 원 초과액 × 5%
1억 원 초과	1,475만 원+1억 원 초과금액 × 2%

(2) 일용근로자

급여액에서 1일 150,000원을 공제한다.

예제

20×1년도에 월급여 200만 원, 상여 월급여의 400%, 자녀학자금 80만 원을 지급받은 경우 근로소득금액은?

풀이

(1) 연간급여액 계산: (2,000,000 × 12)+(2,000,000 × 400%)+800,000=32,800,000원
(2) 근로소득공제액 계산: min(7,500,000+(32,800,000-15,000,000) × 15%, 20,000,000)
      =10,170,000원
(3) 32,800,000-10,170,000=22,630,000원

5 근로소득의 과세방법

(1) 근로소득자

1) 매월 지급하는 급여에 대한 원천징수

근로소득을 지급하는 자는 기본세율을 적용하여 계산한 소득세를 매월 원천징수하여 그 징수일이 속하는 달의 다음달 10일까지 납부하여야 한다.

이 경우 매월 원천징수할 세액은 간이세액표에 의하여 계산한다.

2) 근로소득세액의 연말정산

연말정산이란 근로소득금액을 지급하는 자가 다음해 2월분 급여를 지급하는 때에 1년간의 총급여액에 대한 근로소득세액을 세법에 따라 정확하게 계산한 후, 매월 급여지급시 간이세액표에 의하여 이미 원천징수납부한 세액과 비교하여 많이 징수한 세액은 돌려주고 덜 징수한 경우에는 더 징수하여 납부하는 절차를 말한다.

근로소득 외에 다른 소득이 없는 근로소득자의 경우에는 연말정산을 통해 모든 납세절차가 종결되며 과세표준확정신고를 하지 않아도 된다.

(2) 일용근로자

일용근로자는 소득 지급자가 소득의 지급시에 원천징수함으로써 모든 납세의무를 종결한다(완납적 원천징수).

일용근로자가 부담할 원천징수세액은 다음과 같다.

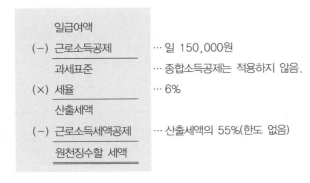

일급여액
(−) 근로소득공제 ··· 일 150,000원
과세표준 ··· 종합소득공제는 적용하지 않음.
(×) 세율 ··· 6%
산출세액
(−) 근로소득세액공제 ··· 산출세액의 55%(한도 없음)
원천징수할 세액

> **예 제**

일용근로자인 김수정씨는 (주)삼일로부터 일당 580,000원을 지급받았다.
일용근로자인 김수정씨가 부담할 세액을 계산하시오.

> **풀 이**

일용근로자가 부담할 세액

$$
\begin{array}{rl}
& 580,000원 \\
(-) & \underline{150,000원} \\
& 430,000원 \\
(\times) & \underline{\qquad 6\%} \\
& 25,800원 \\
(-) & \underline{14,190원} \quad = 25,800 \times 55\% \\
& 11,610원
\end{array}
$$

6 근로소득의 수입시기

(1) 일반적인 경우

구분	근로소득의 수입시기
① 급여	근로를 제공한 날
② 잉여금처분에 의한 상여	당해 법인의 잉여금처분 결의일
③ 인정상여	해당 사업연도 중의 근로를 제공한 날* * 이 경우 월평균금액을 계산한 것이 2년도에 걸친 때에는 각각 해당사업 연도 중 근로를 제공한 날로 함
④ 임원퇴직금 한도초과금액	지급받거나 지급받기로 한 날
⑤ 주식매수선택권행사로 인한 근로소득	주식매수선택권을 행사한 날

예 제

김자경씨의 20×1년 근로소득 금액을 구하시오.
수입시기 주주총회에서 잉여금 처분결의에 따라 김자경씨에게 지급된 상여금은 다음과 같다.

대상 사업연도	처분결의일	지급일	금액
20×0년도	20×1. 2. 15	20×1. 3. 10	1,200,000원
20×1년도	20×2. 2. 20	20×2. 6. 20	1,600,000원

(주)삼일의 법인세 신고시 김자경씨에게 처분된 것으로 인정된 익금산입액이 발생하였는데, 그 명세서는 다음과 같다.

대상 사업연도	결산확정일	법인세 신고일	금액
20×0년도	20×1. 2. 15	20×1. 3. 10	2,400,000원
20×1년도	20×2. 2. 20	20×2. 3. 20	1,800,000원

풀 이

(1) 잉여금 처분에 따른 상여의 수입시기는 잉여금 처분결의일이므로, 20×1년에 잉여금 처분결의가 이루어진 금액이 20×1년 귀속 근로소득이 된다.
(2) 인정상여의 수입시기는 근로제공일이므로, 20×1년 귀속 법인세와 관련하여 발생하는 인정상여가 20×1년 귀속 근로소득이 된다.
(3) 1,200,000 + 1,800,000 = 3,000,000원

 심화학습

법인세법에 따른 소득처분	소득세법		
	소득의 구분	수입시기	원천징수시기 특례
(1) 배당	배당소득	결산확정일	① 신고시 처분된 금액: 신고일
(2) 상여	근로소득	근로제공일	② 결정·경정시 처분된 금액: 소득 금액변동통지서 수령일
(3) 기타소득	기타소득	결산확정일	

(2) 근로소득의 지급시기의제

① 1월부터 11월까지의 급여액을 12월말까지 미지급한 경우에는 12월 31일에 지급한 것으로 본다.
② 12월분의 급여액을 2월말까지 미지급한 경우에는 2월 말일에 지급한 것으로 본다.

01 다음 중 소득세법상 근로소득에 관한 설명으로 가장 올바르지 않은 것은?

① 근로소득이란 근로를 제공하고 대가로 받는 모든 금품을 의미하나, 비과세 금액과 근로소득으로 보지 않는 금액은 근로소득금액 계산 시 제외한다.

② 근로소득금액은 총급여액에서 근로소득공제를 차감하여 계산한다.

③ 일용근로자의 연간 소득금액이 일정규모 초과 시 종합소득신고를 해야 한다.

④ 인정상여의 수입시기는 근로를 제공한 날이 속하는 사업연도이다.

02 근로소득에 대한 다음 설명 중 가장 옳지 않은 것은?

① 해당 과세기간 5월에 입사한 근로소득이 있는 거주자라 하더라도 근로소득공제는 월할 계산하지 않는다.

② 근로자는 필요경비를 차감하는 대신 근로소득공제방식을 적용한다.

③ 소득의 지급자는 일반근로자에 대한 소득세를 1월~12월까지는 간이세액조견표에 의하여 원천징수하고, 다음해 2월 급여지급시에 연말정산에 의하여 징수하여야 한다.

④ 법인의 소득처분에 의한 인정상여의 귀속시기는 당해 법인의 잉여금처분결의일이다.

03 김삼일씨의 2024년 급여내역이 다음과 같을 때 과세대상 총급여액은 얼마인가?(단, 김삼일씨는 1년 동안 계속 근무하였다)

```
• 월급여액:        2,000,000원
• 상여:          월급여액의 400%
• 연월차수당:      2,000,000원
• 자녀학자금:        500,000원
• 직무발명보상금:   8,000,000원
• 식사대:         2,400,000원(월 200,000원. 단, 식사 또는 기타 음식물을 제공받지 않음)
• 차량유지비:      3,000,000원(월 250,000원)
• 회사로부터 법인세법상 상여로 처분된 금액: 1,000,000원
```

① 35,000,000원   ② 36,500,000원
③ 37,100,000원   ④ 39,500,000원

04 다음 중 소득세가 과세되는 근로소득은?

① 사내급식을 제공받는 것과 별도로 지급받은 식대
② 원양어선이 선원이 받는 월 500만 원의 급여
③ 국외에서 근로를 제공하고 받은 월 100만 원 급여
④ 종업원이 받는 연 200만 원의 직무발명보상금

05 (주)삼일에 근무하는 김철수 대리의 2024년 급여지급내역이 다음과 같을 때 과세대상 총급여액은 얼마인가?(김철수 대리는 2024년에 1년 동안 계속 근무하였다)

ㄱ. 월급여:	3,000,000원 (자녀보육수당, 중식대 제외)	
ㄴ. 상여:	4,000,000원	
ㄷ. 6세 이하 자녀보육수당:	월 200,000원	
ㄹ. 중식대:	월 200,000원 (별도의 식사를 제공받고 있지 않음)	
ㅁ. 자가운전보조금:	월 250,000원	
(종업원 소유차량을 업무에 사용하고 소요비용을 별도로 지급받지 않음)		
ㅂ. (주)삼일로부터 법인세법상 상여로 처분된 금액: 1,000,000원		

① 41,600,000원
③ 44,600,000원
② 43,400,000원
④ 45,800,000원

06 다음 중 소득세법상 근로소득에 관한 설명으로 가장 올바르지 않은 것은?

① 잉여금처분에 의한 상여의 경우 당해 법인의 잉여금처분 결의일을 근로소득의 수입시기로 한다.
② 퇴직함으로써 받는 소득으로서 퇴직소득에 속하지 아니하는 소득은 근로소득에 해당한다.
③ 종업원의 소유차량을 종업원이 직접 운전하여 사용자의 업무수행에 이용하고 시내출장 등에 소요된 실제여비를 받는 대신에 그 소요경비를 당해 사업체의 규칙 등에 의하여 정하여진 지급기준에 따라 받는 금액 중 월 20 만원 이내의 금액에 대해서는 소득세를 과세하지 아니한다.
④ 소액주주인 임원이 사택을 제공받음으로써 얻는 이익은 과세대상 근로소득에 해당한다.

07 다음 자료에 의하여 거주자 김수정씨의 2024년도 근로소득금액을 계산하면 얼마인가?

(1) 월급여:	2,000,000원
(2) 상여:	월급여의 500%
(3) 6세이하 자녀 보육수당:	월 250,000원
(4) 중식대:	월 200,000원 (식사를 제공받지 않음)
(5) 연간 연월차수당 총합계:	1,000,000원

* 거주자는 당해 1년 동안 계속 근무하였다.

연간급여액	근로소득공제액
1,500만 원 초과 4,500만 원 이하	750만 원+1,500만 원 초과액 × 15%
4,500만 원 초과 1억 원 이하	1,200만 원+4,500만 원 초과액 × 5%

① 21,330,000원 ② 25,010,000원
③ 27,700,000원 ④ 28,108,000원

08 다음 중 근로소득에 포함되어 소득세가 과세되는 항목을 모두 고르면?

ㄱ. 비출자임원과 종업원이 사택을 제공받음으로써 얻는 이익
ㄴ. 근로자에게 지급한 경조금 중 사회통념상 타당하다고 인정되는 금액
ㄷ. 주주총회 등의 결의에 의하여 상여로 받은 소득
ㄹ. 사내근로복지기금으로부터 근로자가 지급받은 장학금
ㅁ. 시간외근무수당 및 통근수당

① ㄱ, ㄴ ② ㄱ, ㄹ
③ ㄴ, ㅁ ④ ㄷ, ㅁ

VI 연금소득 · 기타소득

1 연금소득

노령화사회로의 진전에 따라 노후자금 마련의 중요성도 커지고 있다. 이에 정부에서는 국민연금 제도를 시행하고 있으나 좀 더 안정적인 노후자금 마련을 유도하기 위해 연금저축 불입금액에 대해 연말정산 시 일정한도 내에서 세액공제 혜택을 제공하고 있으며, 퇴직연금 제도를 도입하여 퇴직금 도 연금형태로 수령할 것을 유도하고 있다.

(1) 연금소득의 범위

연금소득은 다음과 같이 공적연금소득과 사적연금소득으로 구분한다.

구분	연금소득 범위
공적연금소득	공적연금 관련법[1]에 따라 받는 연금
사적연금소득	연금저축[2]과 이연퇴직소득[3] 및 그 운용수익 등을 연금형태[4]로 수령한 금액

[1] 공적연금 관련법 : 국민연금법, 공무원연금법 또는 「공무원 재해보상법」, 군인연금법 또는 「군인 재해보상법」, 「사립학교교직 원 연금법」, 별정우체국법 또는 「국민연금과 직역연금의 연계에 관한 법률」
[2] 연금저축 금액은 거주자가 연말정산 시 세액공제를 받은 납입금액을 의미한다.
[3] 이연퇴직소득이란 퇴직금을 연금계좌에 입금하여 퇴직소득세가 과세이연되는 금액을 의미한다.
[4] 연금형태란 사적연금을 법정한도 내에서 수령한 금액을 의미한다.

(2) 비과세 연금소득

① 국민연금법, 공무원연금법, 군인연금법, 사립학교교직원연금법 또는 별정우체국법 등에 따라 받는 유족연금, 장애연금, 장해연금, 상이연금 등
② 산업재해보상보험법에 따라 받는 각종 연금
③ 「국군포로대우 등에 관한 법률」에 따른 국군포로가 받는 연금

(3) 연금소득금액의 계산

연금소득금액 = 종연금액(비과세 및 분리과세소득 제외) − 연금소득공제액

여기서 총연금액이란 공적연금 중 과세대상 금액과 연금계좌 인출액 중 연금소득에 해당하는 금액의 합을 의미한다.

1) 연금소득공제

MIN(900만 원, 다음 식에 의하여 계산한 금액)

총연금액	공제액
350만 원 이하	전액 공제
350만 원 초과 700만 원 이하	350만 원+350만 원을 초과하는 금액의 40%
700만 원 초과 1,400만 원 이하	490만 원+700만 원을 초과하는 금액의 20%
1,400만 원 초과	630만 원+1,400만 원을 초과하는 금액의 10%

(4) 연금소득의 과세방법

1) 공적연금

① 원천징수: 공적연금은 지급시 연금간이세액표에 따라 원천징수하고, 다음 연도 1월분 공적연금소득을 지급할 때(해당 과세기간 중 사망한 경우에는 사망일이 속하는 달의 다음다음달 말일까지) 연말정산한다.
② 과세방법: 공적연금소득은 무조건 종합과세대상이다.

2) 사적연금

① 원천징수: 연금소득을 지급할 때 원천징수세율(3~5%, 이연퇴직소득은 연금외 수령시 원천징수세율의 70% 또는 60%)을 곱한 금액을 원천징수한다.
② 과세방법: 납세의무자는 사적연금소득에 대하여 무조건분리과세대상을 제외하고 분리과세와 종합과세를 선택할 수 있다.

구 분	대 상
무조건 분리과세	① 이연퇴직소득을 연금으로 수령하는 경우 ② 의료목적, 천재지변이나 그 밖의 부득이한 사유로 인출하는 연금소득
선택적 분리과세	위 외에 사적연금소득에 대해서는 다음의 원천징수세율로 분리과세하는 방법과 종합과세하는 방법 중 선택 가능

사적연금소득 합계액	원천징수세율
1,500만 원 이하	3% ~ 5%
1,500만 원 초과	15%

(5) 연금소득의 과세체계

과거 우리나라는 연금보험료를 납입하더라도 소득공제(또는 세액공제)를 하지 않고 이후 연금 수령시 소득세를 과세하지 않는 방식이었으나, 연금을 활성화할 필요에 따라 연금보험료 납입시 소득공제(또는 세액공제)를 하고 연금수령시 소득세를 과세하는 방식으로 개편되었다.

1) 공적연금

공적연금이란 2002. 1. 1 이후 납입분을 기초로 국민연금법, 공무원연금법 등 공적연금관련 법에 따라 지급받는 금액을 말한다.

구분	과세대상
① 국민연금 및 연계노령연금	연금수령액 × $\dfrac{\text{2002. 1. 1 이후 환산소득 누계액}}{\text{총 환산소득누계액}}$ − 과세제외 기여금
② 공무원 연금 등	연금수령액 × $\dfrac{\text{2002. 1. 1 이후 기여금 납입월수}}{\text{총 기여금 납입월수}}$ − 과세제외 기여금

과세제외 기여금이란 과세기준일인 2002. 1. 1 이후에 연금보험료공제를 받지 않고 납입한 기여금 또는 개인부담금을 말한다. 이 경우 과세제외기여금 등이 해당 과세기간의 과세기준금액을 초과하는 경우 그 초과하는 금액은 그 다음 과세기간부터 과세기준금액에서 뺀다.

2) 사적연금

사적연금이란 연금계좌(연금저축계좌, 퇴직연금계좌)로부터 연금수령(연금수령 한도 등 세법에서 정한 요건을 만족한 연금인출액을 말함)하거나 연금외수령하는 금액을 말하는데 다음과 같이 과세가 이루어진다.

구분	연금수령	연금외수령
① 자기불입분 중 세액공제 ×	과세 ×	과세 ×
② 자기불입분 중 세액공제 ○	과세 ○ (연금소득)	과세 ○ (기타소득)
③ 연금계좌운용수익	과세 ○ (연금소득)	과세 ○ (기타소득)
④ 이연퇴직소득	과세 ○ (연금소득)	과세 ○ (퇴직소득)

　　연금계좌에서 일부금액을 인출하는 경우에는 ①과세제외금액, ②이연퇴직소득, ③연금계좌세액 공제를 받은 금액과 운용수익의 순서에 따라 인출하는 것으로 본다. 한편 인출된 금액이 연금수령 한도를 초과하는 경우에는 연금수령분이 먼저 인출되고, 연금외수령분이 인출되는 것으로 본다.

(6) 연금소득의 수입시기

　　연금소득에 대한 수입시기는 연금을 지급받거나 받기로 한 날로 한다.

구분	연금소득의 수입시기
① 공적연금소득	연금을 지급받기로 한 날
② 사적연금소득	연금수령한 날
③ 그 밖의 연금소득	해당 연금을 지급받은 날

2 기타소득

(1) 기타소득의 범위

　　기타소득은 이자소득 · 배당소득 · 사업소득 · 근로소득 · 연금소득 · 퇴직소득 및 양도소득 이외의 소득으로서 소득세법에서 열거하고 있는 다음과 같은 소득을 말한다.

① 저작자 외의 자가 저작권 등의 양도 · 사용대가로 받는 금품
② 각종 무체재산권의 양도 · 대여 대가로 받는 금품
　　광업권 · 어업권 · 산업재산권 · 산업정보 · 산업상비밀 · 상표권 · 영업권(점포임차권 포함), 토 사석의 채취허가에 따른 권리 · 지하수의 개발이용권 등의 자산이나 권리를 양도, 대여하고 받 은 금품을 말한다. 단, 토지, 건물, 부동산상의 권리와 함께 양도하는 영업권은 양도소득으로 분류한다.

③ 물품(유가증권 포함) 또는 장소를 일시적으로 대여하고 사용료로서 받는 금품

④ 「전자상거래 등에서의 소비자보호에 관한 법률」에 따라 통신판매중개를 하는 자를 통하여 물품 또는 장소를 대여하고 연 500만 원 이하의 사용료로서 받은 금품

⑤ 「공익사업을 위한 토지 등의 취득 및 보상에 관한 법률」 제4조에 따른 공익사업과 관련하여 지역권 · 지상권을 설정하거나 대여함으로써 발생하는 소득

단, 공익사업과 관련없는 일반적인 지상권 · 지역권 설정 등에서 발생하는 소득은 '사업소득'으로 분류

구분	소득의 분류
① 일반적인 지상권 · 지역권의 설정 또는 대여로 인한 소득	사업소득
② 「공익사업을 위한 토지 등의 취득 및 보상에 관한 법률」에 따른 공익사업과 관련하여 지역권 · 지상권을 설정하거나 대여로 인한 소득	기타소득

⑥ 계약의 위약 또는 해약으로 인하여 받는 위약금, 배상금 또는 부당이득반환시 지급받는 이자 (주택입주지체상금 등)

⑦ 일시적인 문예창작소득

문예 · 예술 · 미술 · 음악 또는 사진에 속하는 창작품에 대한 원작자로서 받는 원고료, 저작권 사용료인 인세, 미술 · 음악 · 사진에 속하는 창작품에 대하여 받는 대가 등

구분	소득의 분류
① 소설가가 소설을 쓰고 받는 원고	사업소득
② 업무와 관계있는 사보게재 원고료, 신규채용시험 · 사내교육출제수당 · 강사료 등	근로소득
③ 사원이 업무와 관계없이 독립된 자격에 의해 사보 등에 원고를 게재하고 받는 대가	기타소득
④ 고용관계 없는 타회사의 신규채용시험 · 사내교육출제수당 등	기타소득

⑧ 일시적인 인적용역의 대가

－고용관계 없이 다수인에게 강연을 하고 강연료 등 대가를 받은 용역

－라디오 · 텔레비전방송 등을 통하여 해설 · 계몽 · 연기의 심사 등을 하고 대가를 받는 용역

－변호사 · 공인회계사 · 건축사 그 밖에 전문적 지식 또는 특별한 기능을 가진 자가 그 지식 또는 기능을 활용하여 보수 또는 그 밖의 대가를 받고 제공하는 용역

⑨ 주식매수선택권행사이익(고용관계없는 상태에서 행사한 경우)

⑩ 특수관계인으로부터 얻는 일정한 경제적 이익

⑪ 사적 연금계좌에서 연금외수령한(일시불) 소득 중 자기불입분과 그 운용수익

단, 공적연금 자기불입분과 그 운용수익을 연금외수령한 경우에는 퇴직소득

⑫ 뇌물 · 알선수재 · 배임수재에 의하여 받은 금품

⑬ 종교인소득

단, 종교인소득을 근로소득으로 원천징수하거나 과세표준확정신고를 한 경우는 근로소득임

구분	소득의 분류
① 종교인이 종교단체로부터 받은 소득의 원칙적 소득분류	기타소득
② 종교인 단체가 근로소득으로 원천징수거나, 종교인이 근로소득으로 신고한 경우	근로소득

⑭ 서화 골동품의 양도로 발생하는 소득. 다만, 다음 중 어느 하나에 해당하는 경우에는 사업소득으로 본다.

　　㉠ 서화 · 골동품의 거래를 위하여 사업장 등 물적시설(인터넷 등 정보통신망을 이용한 가상의 시설을 포함한다)을 갖춘 경우

　　㉡ 서화 · 골동품을 거래하기 위한 목적으로 사업자등록을 한 경우

⑮ 「특정 금융거래정보의 보고 및 이용 등에 관한 법률」 제2조제3호에 따른 가상자산을 양도하거나 대여함으로써 발생하는 소득(2025.1.1. 이후 가상자산을 양도·대여하는 분부터 적용함)

⑯ 그 밖에 법에서 열거된 다음의 소득

　　－사례금, 인정기타소득

　　－복권, 경품권, 그 밖의 추첨권, 슬롯머신 등에서 당첨되어 받는 금품 등

　　－종업원등이 퇴직한 후에 지급받는 직무발명보상금

　　－상금 · 현상금 · 보상금 또는 이에 준하는 금품

　　－영화필름 · 방송용테이프 · 필름 기타 이와 유사한 자산 또는 권리의 양도 · 대여 · 사용의 대가로 받는 금품

　　－재산권에 관한 알선수수료

(2) 비과세 기타소득

다음의 기타소득에 대해서는 소득세를 과세하지 아니한다.

① 국가유공자 또는 보훈대상자가 받는 보훈급여금 · 학습보조비 및 북한이탈주민의 정착금 · 보로금과 그 밖의 금품

② 국가보안법에 따라 받는 상금과 보조금

③ 상훈법에 따른 훈장과 관련하여 받는 부상(副賞)이나 그 밖에 대통령령으로 정하는 상금과 부상(예: 예술원상 수상자, 미술대전 수상작품에 대한 수상자, 체육상 수상자, 노벨상 수상자

등이 받는 상금과 부상, 범죄신고자 보상금 등)

④ 종업원, 법인의 임원 등이 퇴직한 후에 지급받는 직무발명보상금으로서 연 500만 원 이하의 금액

⑤ 국가지정문화재로 지정된 서화·골동품의 양도로 발생하는 소득

⑥ 서화·골동품을 박물관 또는 미술관에 양도함으로써 발생하는 소득

⑦ 종교인소득 중 일정한 소득

⑧ 법령·조례에 따른 위원회 등의 보수를 받지 아니하는 위원(학술원 및 예술원의 회원을 포함한다) 등이 받는 수당

(3) 기타소득금액의 계산

기타소득금액＝총수입금액(비과세소득, 분리과세소득 제외)−필요경비

1) 필요경비

기타소득의 필요경비도 적정한 증빙을 갖추어야만 적정비용으로 인정된다. 다만, 다음의 경우에는 수입금액에 대응되는 필요경비의 증빙을 갖추기가 현실적으로 어려우므로 증빙이 없더라도 예외적으로 총수입금액의 일정부분을 비용으로 인정하나, 실제 소요된 필요경비가 필요경비 인정금액을 초과하면 그 초과하는 금액도 필요경비에 산입한다.

필요경비 인정률	내용
60%	① 인적용역의 일시제공으로 인한 대가(고용관계없는 자가 다수인에게 강연을 하고 받는 강연료 등) ② 일시적인 문예창작소득(원작자의 원고료 등) ③ 공익사업과 관련된 지역권·지상권의 설정 또는 대여로 인한 금품 ④ 산업재산권 등(광업권·어업권·산업정보·산업상 비밀·상표권·영업권·점포임차권·토사석의 채취허가에 따른 권리·지하수의 개발·이용권 기타 이와 유사한 자산이나 권리)의 양도 및 대여소득 ⑤ 「전자상거래 등에서의 소비자보호에 관한 법률」에 따라 통신판매중개를 하는 자를 통하여 물품 또는 장소를 대여하고 연 500만 원 이하의 사용료로서 받은 금품
80%	① 공익법인이 주무관청의 승인을 받아 시상하는 상금 및 부상과 다수가 순위경쟁하는 대회에서 입상자가 받는 상금 및 부상 ② 주택입주 지체상금

필요경비 인정률	내용
양도가액 1억 원까지: 90% 1억 원 초과: 80% (단, 보유기간이 10년 이상인 경우 90%)	서화 · 골동품의 양도로 발생하는 소득

(4) 기타소득의 과세방법

기타소득은 종합과세하는 것이 원칙이나 다음의 경우에는 분리과세한다.

① 기타소득금액이 연 300만 원 이하인 경우로써 분리과세를 선택한 경우
② 연금계좌 및 연금계좌 운용실적에 따라 증가된 금액을 연금외수령한 경우
③ 서화 · 골동품의 양도로 발생하는 소득
④ 복권당첨소득 등

한편, 국내에서 거주자 또는 비거주자에게 기타소득금액을 지급하는 자는 기타소득금액의 20%에 해당하는 세액을 원천징수하여 그 징수일이 속하는 달의 다음달 10일까지 원천징수세액을 납부하여야 한다. 다만, 복권당첨소득이 3억 원을 초과하는 경우, 그 초과분에 대해서는 원천징수세율을 30%로 하며, 상기 ②에 해당하는 연금외수령 금액은 15%로 원천징수한다.

2015. 1. 1 이후 건별 기타소득금액이 5만 원 이하이면 과세최저한으로 소득세가 과세되지 않는다는 점을 이용하여 연금계좌에서 건별로 5만 원 이하로 분할하여 인출하는 방법으로 소득세를 회피하는 현상이 발생할 수 있다. 이러한 조세회피를 방지하기 위해서 연금계좌에서 연금외수령한 기타소득에 대해서는 과세최저한을 적용받지 않도록 하였다. 그 결과 연금계좌에서 연금외수령한 기타소득은 건별 5만 원 이하인 경우에도 15% 세율로 소득세를 원천징수하고 무조건 분리과세한다.

(5) 기타소득의 수입시기

기타소득의 수입시기는 그 지급을 받는 날이다. 다만, 법인세법에 의하여 기타소득으로 소득처분된 경우의 수입시기는 당해 법인의 사업연도 결산확정일을 귀속시기로 한다.

구분	기타소득의 수입시기
(1) 일반적인 기타소득	그 지급을 받은 날
(2) 법인세법에 따라 처분된 기타소득	해당 법인의 해당 사업연도 결산확정일
(3) 산업재산권 등을 양도하고 그 대가로 받은 금품	그 대금을 청산한 날, 자산을 인도한 날 또는 사용·수익일 중 빠른 날 * 다만, 대금을 청산하기 전에 자산을 인도 또는 사용·수익하였으나 대금이 확정되지 않은 경우에는 그 대금 지급일
(4) 계약의 위약·해약으로 인하여 받은 기타소득 중 계약금이 위약금·배상금으로 대체되는 경우의 기타소득	계약의 위약·해약이 확정된 날
(5) 연금계좌에서 연금외수령한 기타소득	연금외수령한 날

예제

다음 자료는 (주)삼일에 근무하고 있는 거주자 김삼일씨의 20×1년도의 기타소득과 관련된 자료이다. 김삼일씨의 기타소득 중 원천징수할 세액(지방소득세 포함)과 종합소득에 포함되는 기타소득금액을 계산하시오. 단, 법인세법에 따라 처분된 기타소득은 필요경비가 없고 분리과세는 신청하지 않았다.

구분	금액
복권당첨금	5,000,000원
강연료	2,000,000원
법인세법에 따라 처분된 기타소득	1,000,000원
원작자로서 받은 원고료	3,000,000원

풀이

구분	과세구분	총수입금액	필요경비	기타소득금액	원천징수액
복권당첨금	분리과세	5,000,000	–	–	1,100,000
강연료	종합과세	2,000,000	1,200,000	800,000	176,000
법인세법에 따라 처분된 기타소득	종합과세	1,000,000	–	1,000,000	220,000
원작자로서 받은 원고료	종합과세	3,000,000	1,800,000	1,200,000	264,000
합계				3,000,000	1,760,000

복권당첨금은 분리과세대상이므로 종합과세되지 않는다.
기타소득의 원천징수는 기타소득금액의 20%이나 개인지방소득세를 고려하면 22%가 된다.

심화학습

거주자의 가상자산소득에 대한 과세방법 개정

구분	내용
과세대상 가상자산소득	가상자산을 양도하거나 대여함으로써 발생하는 소득
소득구분	기타소득(무조건 분리과세)
가상자산소득금액	총수입금액−양도된 가상자산의 실제 취득가액*과 부대비용 * 2025.1.1. 전에 이미 보유하고 있던 가상자산의 취득가액 = Max[2024.12.31. 당시의 시가, 그 가상자산의 취득가액] ※ 먼저 거래한 것부터 순차적으로 양도된 것으로 봄(선입선출법)
가상자산결정세액	(가상자산소득금액−250만 원)×20%(단일세율)
원천징수	원천징수하지 않음
신고방법	종합소득세 신고시 가상자산결정세액을 종합소득결정세액에 더해서 신고

MEMO

01 다음 중 기타소득에 관한 설명으로 가장 올바르지 않은 것은?

① 일반적인 지상권의 설정으로 받는 소득은 기타소득이다.

② 에어비앤비 등 통신판매중개업자를 통하여 여행자에게 방을 대여하고 얻은 연 500만 원 이하의 수입금액은 기타소득이다.

③ 고용관계 없는 자가 다수인에게 강연을 하고 받는 강연료 등은 총수입금액의 60%를 필요경비로 인정한다.

④ 공적연금관련법에 따라 받는 유족연금, 장애연금, 장해연금, 상이연금은 비과세 연금소득이다.

02 다음 중 연금소득에 대한 설명으로 옳지 않은 것은?

① 연금소득이 있는 거주자에 대해서는 해당 과세기간에 받은 총연금액(분리과세연금소득 제외)에서 연금소득공제를 공제하는데, 연금소득공제액이 900만 원을 초과하는 경우 900만 원을 한도로 한다.

② 이연퇴직소득을 연금으로 수령하는 경우에는 무조건 분리과세한다.

③ 공적연금은 지급시 연금간이세액표에 따라 원천징수하고, 다음 연도 1월분 공적연금소득을 지급할 때(해당 과세기간 중 사망한 경우에는 사망일이 속하는 달의 다음다음달 말일까지) 연말정산한다.

④ 사적연금소득은 연금납입시점에 이미 세액공제를 적용받았으므로 연금소득과세시점에는 수령한 연금을 전액 연금소득금액으로 과세한다.

03 다음은 (주)삼일 직원들의 대화 내용이다. 소득세법상 가장 올바르지 않은 설명을 하고 있는 사람은 누구인가?

> 안부장: 최대리, 로또 2억 원 당첨됐다면서요? 축하해요.
> 최대리: 고마워요. 근데 세금이 엄청날 거 같아요. 소득세 20%에 지방소득세 2%를 원천징수할 것 같거든요.
> 김사원: 아! 로또 당첨되면 세금을 22% 공제하는군요. 그러면, 로또 10억 원 당첨되면 실수령액은 7억 8천만 원 정도이겠네요.
> 안부장: 그건 그렇고, 로또 당첨금도 있고 하니 최대리 내년에 종합소득확정신고 해야 하나요?
> 하과장: 아닐 거에요. 기타소득은 종합과세 하는 것이 원칙이지만, 복권당첨소득은 분리과세 될 거에요.
> 안부장: 그런데 종합소득확정신고는 언제 하나요?
> 이차장: 신고납부기한이 다음연도 5월말까지에요.

① 최대리   ② 김사원
③ 하과장   ④ 이차장

04 다음은 근로자 김삼일씨의 2024년도 기타소득금액 자료이다. 김삼일씨의 종합과세될 기타소득금액은 얼마인가?(단, 분리과세 신청은 하지 않았다)

복권당첨금	5,000,000원
강연료(필요경비 차감 후)	4,000,000원
법인세법에 따라 처분된 기타소득	2,000,000원

① 6,000,000원   ② 7,500,000원
③ 11,000,000원   ④ 12,500,000원

05 다음 중 기타소득에 관한 설명으로 가장 올바르지 않은 것은?

① 국내에서 거주자 또는 비거주자에게 기타소득을 지급하는 자는 기타소득금액의 25%에 해당하는 세액을 원천징수하여 그 징수일이 속하는 달의 다음달 10일까지 납부하여야 한다.

② 기타소득은 종합과세하는 것이 원칙이나 복권당첨소득은 무조건 분리과세한다.

③ 기타소득금액이 연 300만원 이하인 경우 선택적 분리과세가 가능하다.

④ 기타소득의 수입시기는 그 지급을 받은 날이다.

06 다음 중 소득세법상 기타소득에 관한 설명으로 가장 올바르지 않은 것은?

① 기타소득은 종합과세하는 것이 원칙이나 기타소득금액이 연 300만 원 이하인 경우 분리 과세를 선택할 수 있다.

② 국가지정문화재로 지정된 서화·골동품의 양도로 발생하는 소득은 기타소득으로 과세되지 않는다.

③ 복권당첨소득은 기타소득으로 분류되며 무조건 분리과세되므로 별도로 종합과세 되지 않는다.

④ 고용관계 없는 자가 다수인에게 강연을 하고 받는 강연료는 기타소득으로 분류되며 총수입금액의 80%를 필요경비로 인정한다.

VII 종합소득금액의 계산

1 결손금의 공제

종합소득은 이자소득, 사업소득 등 여러 가지 종류의 소득을 합산하여 계산한다. 따라서 소득세법은 사업소득에서 결손이 발생한 경우 결손금을 타소득에서 공제하는 순서에 대해 규정하고 있다.

1) 사업소득*[1](주거용 건물임대업 포함*[2])의 결손금

사업소득에서 발생한 결손금은 근로소득금액 → 연금소득금액 → 기타소득금액 → 이자소득금액 → 배당소득금액에서 순서대로 공제한다. 공제후 남은 결손금은 다음연도로 이월시킨다.

2) 부동산임대업(주거용 건물임대업 제외)에서 발생한 결손금

다른 소득금액에서 공제하지 아니하며 다음연도로 이월시킨다.

*[1] 일반 사업소득의 결손금: 해당 과세기간에 부동산임대업에서 발생한 소득금액이 있는 경우 일반적인 사업에서 발생한 결손금을 먼저 부동산임대업의 소득금액에서 공제하고 남은 결손금을 말한다.
*[2] 주거용 건물임대업의 결손금: 해당 과세기간에 일반적인 사업에서 발생한 소득금액이 있는 경우 주거용 건물임대업에서 발생한 결손금을 먼저 일반적인 사업에서 발생한 소득금액(일반 부동산임대업의 소득금액 포함)에서 공제하고 남은 결손금을 말한다.

2 이월결손금의 공제

결손금은 발생연도 종료일부터 15년(2020. 1. 1 전에 개시하는 과세연도에 발생한 결손금은 10년) 이내에 끝나는 과세기간의 소득금액을 계산할 때 먼저 발생한 과세기간의 이월결손금부터 순서대로 공제한다.

1) 사업소득(주거용 건물임대업 포함)의 이월결손금

사업소득의 이월결손금은 다음 순서로 순차적으로 공제한다.
사업소득금액 → 근로소득금액 → 연금소득금액 → 기타소득금액 → 이자소득금액 → 배당소득금액

2) 부동산임대업(주거용 건물임대업 제외)에서 발생한 이월결손금

부동산임대업에서 발생한 이월결손금은 부동산임대업의 소득금액에서 공제한다.

3) 이월결손금 공제의 배제

해당 과세기간의 소득금액에 대해서 추계신고(비치·기록한 장부와 증명서류에 의하지 않은 신고를 말한다)를 하거나 추계조사결정하는 경우에는 이월결손금 공제규정을 적용하지 않는다. 다만, 천재지변이나 그 밖의 불가항력으로 장부나 그 밖의 증명서류가 멸실되어 추계신고를 하거나 추계조사결정을 하는 경우에는 그렇지 않다.

MEMO

01 다음 중 소득세법상 결손금공제에 관한 설명으로 가장 올바르지 않은 것은?

① 사업소득(주거용 건물임대업 포함)의 이월결손금은 다른 소득금액과 통산하고 통산 후 남은 결손금은 다음 연도로 이월시킨다.

② 부동산임대업에서 발생한 결손금은 다른 소득금액과 통산하지 않고 다음 연도로 이월시킨다.

③ 2023년에 발생한 결손금은 발생한 과세기간 종료일부터 10년 내에 종료하는 과세기간의 소득금액계산시 먼저 발생한 것부터 순차로 공제한다.

④ 사업소득의 결손금은 법에서 정한 순서에 따라 공제한다.

02 김영인씨의 2024년도 소득자료를 이용하여 2025년 5월말까지 신고해야 할 종합소득금액을 계산하면 얼마인가?

ㄱ) 근로소득금액	12,000,000원
ㄴ) 퇴직소득금액	13,000,000원
ㄷ) 사업소득금액	15,000,000원
ㄹ) 기타소득금액*	4,800,000원
ㅁ) 이자소득금액(정기예금이자)	15,200,000원
* 기타소득금액은 강사료 수입으로, 필요경비를 공제한 후의 금액임.	

① 35,000,000원 ② 31,800,000원

③ 30,000,000원 ④ 26,000,000원

03 다음 중 소득세법상 결손금 및 이월결손금 공제에 관한 설명으로 가장 올바르지 않은 것은?

① 해당과세기간의 소득금액에 추계신고하는 경우에는 이월결손금 공제규정을 적용한다.

② 부동산임대업이 아닌 사업소득에서 발생한 결손금이 다른 소득금액과 통산한 후 남은 경우 당해 금액은 다음연도로 이월시킨다.

③ 사업소득의 결손금은 법에서 정한 순서에 따라 공제한다.

④ 부동산임대업(주거용 건물 임대업 제외)에서 발생한 결손금은 다른 소득금액과 통산하지 않고 다음 연도로 이월시킨다.

04 개인사업자인 김삼일씨는 20X1년 사업부진으로 사업소득과 부동산임대소득(주거용 건물임대업 제외)에서 결손금이 발생하였다. 소득자료가 다음과 같을 때, 20X1년과 20X2년의 종합소득 금액을 구하면 각각 얼마인가(단, 아래의 소득은 모두 종합과세 대상이며, △는 결손금을 표시함)?

구분	20×1년	20×2년
ㄱ. 부동산임대소득금액	△3,000,000	5,000,000
ㄴ. 사업소득금액	△10,000,000	12,000,000
ㄷ. 근로소득금액	20,000,000	20,000,000

	20×1년	20×2년
①	7,000,000원	37,000,000원
②	10,000,000원	34,000,000원
③	17,000,000원	27,000,000원
④	20,000,000원	24,000,000원

VIII 종합소득과세표준 및 세액의 계산

1 종합소득과세표준의 계산

종합소득과세표준은 종합소득금액에서 종합소득공제와 조세특례제한법상 소득공제를 차감하여 계산한다.

> 종합소득과세표준=종합소득금액−종합소득공제−조세특례제한법상 소득공제

현재 종합소득공제의 항목은 다음과 같다.

구분		구체적인 내용
인적공제	기본공제	대상자 1인당 150만 원
	추가공제	① 장애인공제(200만 원) ② 경로우대공제(100만 원) ③ 부녀자공제(50만 원) ④ 한부모공제(100만 원)
물적공제	연금보험료 공제	공적연금보험료 납부액 전액
	주택담보노후연금에 대한 이자 비용공제	MIN(200만 원, 이자비용)
	특별소득공제	① 보험료공제 ② 주택자금소득공제
	신용카드 등 사용금액에 대한 소득공제	신용카드 등 사용금액에 일정 비율을 곱한 금액을 한도 이내로 소득공제

2 종합소득공제

(1) 인적공제

인적공제제도는 거주자의 최저생계비보장 및 부양가족의 상황에 따라 세부담에 차별을 두어 부담능력에 따른 과세를 실현하기 위한 제도이다.

1) 기본공제

기본공제는 거주자 본인을 포함하여 생계를 같이하는 가족 1명당 연 150만 원을 해당 과세기간의 종합소득에서 공제하는 것을 말한다.
기본공제대상자는 다음과 같다.

구분		적용요건		비고
		나이(장애인은 적용×)	소득금액	
본인		–	–	
배우자		×	100만 원 이하	
생계를 같이하는 부양가족	① 직계존속	60세 이상	100만 원 이하	계부, 계모 포함
	② 직계비속	20세 이하	100만 원 이하	직계비속과 그 배우자가 장애인인 경우 그 배우자도 포함
	③ 형제자매	60세 이상(20세 이하)	100만 원 이하	
	④ 위탁아동	18세 미만	100만 원 이하	

※ 총급여 500만 원 이하의 근로소득만 있는 경우에는 소득금액의 요건을 충족한 것으로 한다.

2) 추가공제

기본공제대상자(거주자 본인, 배우자, 부양가족)가 다음의 사유에 해당하는 경우 기본공제금액 외에 1명당 다음의 금액을 추가로 공제한다.

구분	내용	1명당 공제금액
① 경로우대공제	만 70세 이상인 경우	연 100만 원
② 장애인공제	장애인인 경우	연 200만 원
③ 부녀자공제	종합소득금액이 3천만 원 이하인 다음의 여성 거주자 ① 배우자 있는 여성 ② 배우자 없는 여성으로서 기본공제대상자가 있는 세대주	연 50만 원
④ 한부모공제	배우자가 없는 사람으로서 기본공제대상자인 직계비속 또는 입양자가 있는 경우	연 100만 원

* 부녀자공제와 한부모공제가 동시에 적용되는 경우 한부모공제를 적용한다.

3) 공제대상자의 범위와 판정시기

① 공제대상가족인 생계를 같이하는 자의 범위

기본공제를 적용받기 위해서는 당해 과세기간 종료일 현재 주민등록표상 동거가족으로서 당해 거주자의 주소 또는 거소에서 현실적으로 생계를 같이하는 자이어야 한다. 다만, 다음의 경우는 동거하지 않아도 생계를 같이하고 있는 것으로 본다.

- ㉠ 배우자 및 직계비속(항상 생계를 같이하는 것으로 봄)
- ㉡ 재학증명서, 재직증명서 등 서류에 의하여 일시퇴거자임을 입증하는 경우
- ㉢ 주거의 형편에 따라 별거하고 있는 직계존속

② 공제대상자의 판정시기

공제대상배우자 · 공제대상부양가족 · 공제대상장애자 또는 공제대상경로우대자에 해당하는지 여부의 판정은 해당 과세기간 종료일인 12월 31일 현재의 상황에 의한다.

그러나 연령기준이 정해진 공제의 경우 해당 과세기간 중에 기준연령에 해당하는 날(해당 나이가 되는 첫날)이 있는 경우 공제대상자가 된다. 예를 들어 2004. 5. 1생인 자녀가 있는 경우 2024. 5. 1에 만 20세가 되었으므로 2024년도 연말정산시 기본공제를 받을 수 있다.

4) 동일인이 여러 거주자의 소득공제 대상이 되는 경우

거주자의 배우자 또는 부양가족이 다른 거주자의 부양가족에 해당하는 경우에는 소득공제신고서에 기재된 바에 따라 그 중 1인의 공제대상 가족으로 하며, 그 기본공제대상자에 대한 추가공제는 기본공제를 적용받은 거주자가 적용받는다.

예 제

18세의 자녀와 5세의 자녀가 있는 맞벌이 부부의 경우 각자의 인적공제액을 계산하시오. 단, 부부 모두 총급여가 3천만원이며, 배우자의 경우 종합소득금액이 3천만원 이하이다. 자녀에 대한 기본공제는 남편이 전부 받는다고 가정한다.

풀 이

① 남 편: 기본공제액 450만 원
② 배우자: 기본공제 150만 원+부녀자공제 50만 원=200만 원

---

(2) 연금보험료공제

종합소득이 있는 거주자가 공적연금 관련법에 따른 기여금 또는 개인부담금을 납부한 경우에는 그 과세기간에 납입한 연금보험료를 전액 공제한다.

* 공적연금 관련법: 국민연금법, 공무원연금법 또는 「공무원 재해보상법」, 군인연금법 또는 「군인 재해보상법」, 「사립학교교직원 연금법」, 별정우체국법 또는 「국민연금과 직역연금의 연계에 관한 법률」

(3) 주택담보노후연금에 대한 이자비용공제

연금소득이 있는 거주자가 주택담보노후연금을 받은 경우에는 그 받은 연금에 대해서 해당 과세기간에 발생한 이자비용 상당액(200만 원 한도)을 해당 과세기간 연금소득금액에서 공제한다.

(4) 특별소득공제

1) 보험료공제

근로소득자(일용근로자 제외)가 해당 과세기간에 국민건강보험법, 고용보험법 또는 노인장기요양보험법에 따라 부담하는 보험료 전액을 근로소득금액에서 공제한다.

예제

근로소득자 홍길동씨는 20×1년에 다음과 같은 보험료를 납부하였다. 홍길동씨의 20×1년 연말정산시 보험료공제로 공제받을 금액은 얼마인가?

* 홍길동씨의 보험료 지급액
  고용보험총부담금   1,200,000원 (회사부담 600,000원 포함)
  국민건강보험총부담금   600,000원 (회사부담 300,000원 포함)
  자동차보험   800,000원
  생명보험료   1,000,000원

풀이

* 고용보험·국민건강보험료 중 근로자 본인 부담분:
  600,000+300,000=900,000원
* 보장성보험료의 납부액은 세액공제를 받는다.
* 따라서 보험료공제액은 90만 원이다.

---

2) 주택자금공제

근로소득이 있는 거주자로서 세대주*가 ① 주택청약에 납입한 금액, ② 주택임차자금차입금의 원리금상환액, ③ 장기주택저당차입금의 이자상환액이 있는 경우에는 일정한 조건하에 그 금액을 종합소득과세표준에서 공제한다. 이때 ①과 ②를 합한 금액의 40%를 공제하며, 400만 원을 한도로 하고, ③이 있는 경우 ①에서 계산한 금액과 합하여 최고 2,000만 원을 한도로 한다.(법정요건 충족시)

* ②와 ③의 경우에는 세대주가 주택자금공제를 받지 아니하는 경우에는 세대의 구성원을 말하며, 일정한 요건을 갖춘 외국인을 포함한다.

3 조세특례제한법상 공제

(1) 신용카드 등 사용금액에 대한 소득공제

개인이 신용카드를 사용하게 되면 현금으로 결제하는 경우에 비해 사업자의 소득탈루를 방지하여 정부에서는 더 많은 세원을 확보할 수 있다. 이에 적극적인 신용카드 사용의 권장을 위해 도입한 제도가 바로 신용카드 소득공제제도이다.

근로소득자가 2025년 12월 31일까지 ① 신용카드나 ② 현금영수증, ③ 직불카드 또는 기명식 선불카드 등을 사용한 금액의 연간 합계액(신용카드 등 사용금액: ①+②+③)이 총급여의 25%를 초과하는 경우 다음 금액을 근로소득금액에서 공제한다.

---

(1) 신용카드 등 사용금액의 구분
  ㉠ 전통시장 구역 안의 법인 또는 사업자와 거래한 금액(전통시장사용분)
  ㉡ 대중교통의 육성 및 이용촉진에 관한 법률에 따른 대중교통 사용대가(대중교통이용분)
  ㉢ 도서·공연·신문·박물관·미술관·영화관람료 사용분(총급여 7천만 원 이하인 경우에만 해당함. 단, 영화관람료는 2023. 7. 1 이후 사용분부터 적용)
  ㉣ 직불카드·현금영수증 사용분
  ㉤ 신용카드 등 사용금액(① + ② + ③)에서 ㉠, ㉡, ㉢, ㉣을 제외한 금액(신용카드사용분)
(2) 소득공제액: (㉠ + ㉡) × 40% + (㉢ + ㉣) × 30% + ㉤ × 15% − 차감금액
(3) 차감금액
  • 신용카드사용분(㉤) ≥ 최저사용금액(= 총급여액의 25%): 최저사용금액 × 15%
  • 신용카드사용분(㉤) 〈 최저사용금액이고,
    ㉢+㉣+㉤ ≥ 최저사용금액인 경우: ㉤ × 15% + (최저사용금액 − ㉤) × 30%
    ㉢+㉣+㉤ 〈 최저사용금액인 경우: ㉤ × 15% + (㉢ + ㉣) × 30% + {최저사용금액 − (㉢+㉣+㉤)} × 40%
(4) 한도액: 300만 원(총급여액이 7천만 원을 초과하는 경우 250만 원)

---

(5) 추가공제(한도초과금액이 있는 경우)

$$\text{MIN}\left[\begin{array}{l}\text{한도초과금액}\\ \text{MIN}[(\textcircled{9}\times40\%+\textcircled{L}\times40\%+\textcircled{C}\times30\%),\ 300만\ 원(총급여가\ 7천만\ 원을\ 초과하는\ 경우\ 200\\ 만\ 원)]\end{array}\right.$$

신용카드 등 사용금액은 본인뿐만 아니라 기본공제대상자(단, 나이요건은 불문)인 배우자, 부양가족(형제자매는 제외) 사용분을 포함하되 다음의 사용금액은 제외한다.

구분	소득공제가 배제되는 신용카드 등 사용금액
보험료	국민건강보험법 또는 고용보험법에 의하여 부담하는 보험료, 국민연금법에 의한 연금보험료, 보험업법에 의한 생명보험계약 또는 손해보험계약의 보험료(또는 농협 등의 생명공제계약·손해공제계약의 공제료)
교육비	유아교육법, 초·중등교육법, 고등교육법 또는 특별법에 의한 학교(대학원 포함) 및 영유아보호법에 의한 보육시설에 납부하는 수업료·입학금·보육비용 기타 공납금(취학전 아동의 학원·체육시설의 수강료 제외)
제세공과금	정부·지방자치단체에 납부하는 국세·지방세, 전기료·수도료·가스료·전화료(전화료와 함께 고지되는 정보사용료, 인터넷이용료 등 포함)·아파트관리비·텔레비전시청료(종합유선방송 이용료 포함) 및 고속도로통행료
그 밖의 비용	① 리스료(자동차대업사업의 자동차대여료 포함) ② 상품권 등 유가증권 구입비 ③ 취득세 또는 등록면허세가 부과되는 재산의 구입비용(단, 대통령령으로 정하는 중고자동차를 신용카드, 직불카드, 직불전자지급수단, 기명식선불카드, 기명식선불전자지급수단, 기명식전자화폐 또는 현금영수증으로 구입하는 경우에는 그 중고자동차 구입금액의 10%를 신용카드등사용금액에 포함함) ④ 국가·지방자치단체 또는 지방자치단체조합(「의료법」에 따른 의료기관 및 「지역보건법」에 따른 보건소는 제외한다)에 지급하는 사용료·수수료 등의 대가(단, 우정사업조직이 소포우편물 방문접수하여 배당하는 용역, 부동산임대업 등을 영위하는 경우는 제외) ⑤ 차입금 이자상환액, 증권거래수수료 등 금융·보험용역과 관련한 지급액, 수수료, 보증료 및 이와 비슷한 대가 ⑥ 「정치자금법」에 따라 정당(후원회 및 각 급 선거관리위원회를 포함한다)에 신용카드 등으로 결제하여 기부하는 정치자금(법 제76조에 따라 세액공제를 적용받은 경우에 한한다) ⑦ 세액공제를 적용받은 월세, 고향사랑기부금 세액공제 받은 금액 ⑧ 보세판매장, 지정면세점, 선박 및 항공기에서 판매하는 면세물품의 구입비용 ⑨ 기타 이와 유사한 것으로서 기획재정부령이 정하는 금액(현재 정해진 것은 없음)

(2) 기타

① 벤처투자조합 출자 등에 대한 소득공제(조특법 16)
② 우리사주조합출자에 대한 소득공제(조특법 88의4)
③ 소기업, 소상공인공제부금에 대한 소득공제(조특법 86의3)
④ 장기집합투자증권저축에 대한 소득공제 등(조특법 91의16)

4 소득공제 종합한도

거주자의 종합소득에 대한 소득세 계산시 특정 공제항목은 2,500만 원을 한도로 공제하며, 한도를 초과한 금액은 없는 것으로 한다.

2,500만 원 한도 적용대상	2,500만 원 한도 적용제외
주택자금 소득공제 신용카드 소득공제 벤처투자조합 출자 등에 대한 소득공제 우리사주조합출자에 대한 소득공제 소기업, 소상공인공제부금에 대한 소득공제 장기집합투자증권저축에 대한 소득공제 등	인적공제 연금보험료공제 보험료공제

5 종합소득세액의 계산

(1) 종합소득세액의 계산구조

종합소득세액의 계산구조는 다음과 같다.

① 종합소득과세표준 × 기본세율 = 종합소득산출세액
② 종합소득산출세액 − 세액감면 · 세액공제 = 종합소득결정세액
③ 종합소득결정세액 + 가산세 − 기납부세액 = 차감납부할세액

(2) 세율

종합소득산출세액은 종합소득과세표준에 기본세율을 곱하여 결정하는데, 기본세율은 다음과 같이 초과누진세율 구조로 되어 있다.

과세표준	세율
1,400만 원 이하	6%
1,400만 원 초과 5,000만 원 이하	84만 원 + 1,400만 원 초과분의 15%
5,000만 원 초과 8,800만 원 이하	624만 원 + 5,000만 원 초과분의 24%
8,800만 원 초과 1억 5천만 원 이하	1,536만 원 + 8,800만 원 초과분의 35%
1억 5천만 원 초과 3억 원 이하	3,706만 원 + 1억 5천만 원 초과분의 38%
3억 원 초과 5억 원 이하	9,406만 원 + 3억 원 초과분의 40%
5억 원 초과 10억 원 이하	1억 7,406만 원 + 5억 원 초과분의 42%
10억 원 초과	3억 8,406만 원 + 10억 원 초과분의 45%

6 산출세액 계산 특례

종합소득과세표준에 금융소득(이자소득과 배당소득)이 포함된 경우 종합소득산출세액은 다음과 같이 계산한다.

산출세액: MAX[①, ②]

① (과세표준－20,000,000원) × 기본세율＋20,000,000 × 14%
② (과세표준－금융소득 합계액) × 기본세율＋금융소득 합계액[1] × 원천징수세율[2]

[1] 배당소득을 Gross－up한 경우에는 Gross－up금액을 제외한 금융소득을 말한다.
[2] 원천징수세율은 14%이다. 단, 비영업대금의 이익은 25%이다.

예 제

거주자 김자경씨의 20×1년도 금융소득이 다음과 같은 경우 산출세액을 구하라. (단, 소득공제
는 5,500,000원으로 가정)
- 정기예금 이자소득   15,000,000원
- 내국영리법인으로부터 수령한 배당소득   10,000,000원
- 사업소득금액   20,000,000원
- 종합소득세율은 아래와 같다고 가정한다.

과세표준	세율
1,400만 원 초과 5,000만 원 이하	840,000원+1,400만 원 초과분의 × 15%
5,000만 원 초과 8,800만 원 이하	6,240,000원+5,000만 원 초과액 × 24%
8,800만 원 초과 1.5억 원 이하	15,360,000원+8,800만 원 초과액 × 35%

풀 이

1)

이자·배당소득 내용	소득	적용세율 원천징수세율	적용세율 누진세율	Gross-up금액	소득금액	과세대상소득구분
① 정기예금 이자소득	15,000,000	15,000,000	−	−	15,000,000	조건부종합과세
② 내국법인 배당소득	10,000,000	5,000,000	5,000,000	500,000	10,500,000	조건부종합과세
	25,000,000*	20,000,000	5,000,000	500,000	25,500,000	

* 금융소득이 기준금액(2천만 원)을 초과하므로 조건부 종합과세대상을 종합과세함.

2) 종합소득과세표준

① 이자소득금액	15,000,000
② 배당소득금액	10,500,000
③ 사업소득금액	20,000,000
종합소득금액	45,500,000
소 득 공 제	(5,500,000)
과 세 표 준	40,000,000

3) 다음의 ① 일반산출세액과 ② 비교산출세액 중 큰 금액: 4,540,000원

일반산출세액 → ① (40,000,000−20,000,000)×기본세율+20,000,000×14%=4,540,000원

비교산출세액 → ② (40,000,000−25,500,000)×기본세율+25,500,000×14%= 4,415,000원

MEMO

01 다음 중 소득공제 대상에 해당하지 않는 것은?

① 근로자가 부담한 국민건강보험료 ② 공적연금 관련법에 따른 기여금
③ 주택담보노후연금 이자비용 ④ 의무가입대상인 자동차보험의 보험료

02 다음 중 소득세법상 인적공제에 관한 설명으로 가장 올바르지 않은 것은?

① 부양가족이 장애인에 해당하는 경우에는 연령의 제한을 받지 않는다.
② 부양가족의 범위에는 배우자의 직계존속, 직계비속 및 형제자매도 포함되며, 형제자매
   의 배우자도 포함한다.
③ 직계비속이 장애인이고 그 직계비속의 배우자가 장애인인 경우 당해 배우자도 기본공제
   대상자에 포함된다.
④ 부양가족의 범위에는 아동복지법에 따라 6개월 이상 양육한 위탁아동도 포함된다.

03 다음은 거주자 김삼일씨(남성)의 2024년 부양가족 현황이다. 김삼일씨가 소득공제로 적용받을
수 있는 인적공제(기본공제와 추가공제)의 합계는 얼마인가?

가족구성원	연령	소득종류 및 금액
김삼일	42세	종합소득금액 5,000만 원
배우자	40세	총급여 500만 원. 근로소득 외 소득 없음
부친(장애인)	80세	소득 없음
모친	71세	사업소득금액 500만 원
딸	10세	소득 없음
아들	8세	소득 없음

① 900만 원 ② 950만 원
③ 1,050만 원 ④ 1,150만 원

04 다음은 거주자 홍길동(남자)씨의 2024년도 소득공제 관련 자료이다. 홍길동씨가 적용받을 수 있는 소득공제의 합계는 얼마인가?(단, 배우자를 제외한 가족에 대한 인적공제는 모두 홍길동씨가 받는 것으로 한다)

---

(1) 부양가족 현황

가족	연령	소득현황		비고
홍길동	40세	총급여	40,000,000원	-
배우자	38세	사업소득금액	2,000,000원	-
모친	76세	예금이자	800,000원	-
장남	10세	-		장애인
차남	8세	-		-
삼남	6세	-		-

(2) 국민연금 납부액 2,000,000원(회사부담분 1,000,000원 포함)
(3) 건강보험료 납부액 1,200,000원(회사부담분 600,00원 포함)
(4) 자동차보험료 700,000원

---

① 12,100,000원   ② 12,800,000원
③ 13,700,000원   ④ 14,400,000원

05 다음 신용카드 등 사용금액 소득공제에 관한 설명으로 가장 올바르지 않은 것은?

① 해외에서 지출한 신용카드 사용액도 신용카드 소득공제 대상에 포함된다.
② 신용카드 사용액이 총급여의 25%를 초과하는 경우에만 소득공제액이 발생한다.
③ 정부 및 지방자치단체에 납부하는 국세·지방세·전기료 등의 제세공과금은 신용카드 소득공제 대상에서 제외된다.
④ 총급여가 7,000만원을 초과하는 경우 신용카드소득공제 한도가 감소한다.

06 소득세법상 종합소득산출세액 계산과 그 특례에 관한 설명으로 가장 옳은 것은?

① 금융소득에 대해서는 무조건 14%의 세율로 과세한다.
② 2,000만 원 이하의 일반금융소득은 14%의 세율로 과세한다.
③ 금융소득에 원천징수세율을 곱하는 경우 국외금융소득과 비영업대금의 이익은 25% 세율을 곱한다.
④ 국외에서 받는 금융소득도 국내 금융소득과 동일하게 2,000만 원을 초과하는 경우에만 종합과세된다.

[문제 7~8] 다음 자료는 거주자 김자경씨의 2024년도 소득금액이다. 질문에 답하라.

• 정기예금 등 이자소득　　　　　　　　　　　5,000,000원
• 비영업대금이익　　　　　　　　　　　　　10,000,000원
• 비상장법인배당소득　　　　　　　　　　　15,000,000원
• 사업소득금액　　　　　　　　　　　　　100,000,000원
• 종합소득공제　　　　　　　　　　　　　 11,000,000원

단, 종합소득세율은 다음과 같다.

과세표준	세율
5,000만 원 초과 8,800만 원 이하	624만 원+5,000만 원 초과금액의 24%
8,800만 원 초과 1.5억 원 이하	1,536만 원+8,800만 원 초과금액의 35%

07 종합소득 과세표준을 계산하면?

①　38,000,000원　　　　　　② 　60,000,000원
③ 120,000,000원　　　　　　④ 150,000,000원

08 종합소득 산출세액을 계산하면?

① 20,000,000원　　　　　　② 20,960,000원
③ 22,360,000원　　　　　　④ 23,160,000원

09 거주자인 김삼일씨의 2024년도 소득자료는 다음과 같다. 이에 의하여 2025년 5월말까지 신고해야 할 종합소득금액은 얼마인가?

ㄱ. 근로소득금액	22,000,000원
ㄴ. 양도소득금액	13,000,000원
ㄷ. 사업소득금액	15,000,000원
ㄹ. 퇴직소득금액	20,000,000원
ㅁ. 기타소득금액	4,800,000원

① 37,000,000원   ② 41,800,000원
③ 57,000,000원   ④ 65,200,000원

10 다음 중 소득세법상 종합소득공제에 관한 설명으로 가장 올바르지 않은 것은?

① 근로소득이 없는 사람은 특별소득공제를 적용받을 수 없다.
② 연금소득이 있는 거주자가 주택담보노후연금을 받은 경우에는 그 받은 연금에 대해서 해당 과세기간에 발생한 이자비용 상당액(200만 원 한도)을 해당 과세기간 연금소득금액에서 공제한다.
③ 부녀자공제와 한부모공제가 동시에 적용되는 경우 한부모공제를 적용한다.
④ 종합소득이 있는 거주자가 공적연금 관련법에 따른 기여금 또는 개인부담금을 납부한 경우에는 그 과세기간에 납입한 연금보험료를 연 500만 원 한도로 공제한다.

11 다음 소득세법상 종합소득공제에 관한 설명으로 가장 올바르지 않은 것은?

① 경로우대공제는 만 70세 이상인 경우에 적용된다.
② 기본공제대상자가 아닌 자는 추가공제대상자가 될 수 없다.
③ 거주자와 생계를 같이하는 장애인 아들은 소득과 관계없이 그 거주자의 기본공제대상자가 된다.
④ 부양가족공제시 부양가족에는 계부·계모 및 의붓자녀도 해당된다.

12 다음 중 소득세법상 인적공제에 관한 설명으로 가장 올바르지 않은 것은?

① 배우자와 직계비속은 동거하지 않아도 생계를 같이하고 있는 것으로 본다.
② 부양가족의 범위에는 직계존속의 형제자매도 포함한다.
③ 공제대상자에 해당하는지 여부의 판정은 해당 과세기간종료일을 기준으로 하는 것이 원칙이다.
④ 추가공제 중 부녀자공제와 한부모공제는 중복하여 적용할 수 없다.

13 다음 중 종합소득공제 인적공제의 추가공제에 관한 설명으로 가장 올바르지 않은 것은?

① 해당 과세기간에 종합소득금액이 4천만 원 이하인 배우자가 있는 여성거주자인 경우 연 50만 원의 부녀자공제를 적용한다.
② 생계를 같이하는 부양가족으로 75세의 아버지(연간소득 없음)가 포함되어 있다면 아버지에 대하여 기본공제 150만 원과 추가공제 중 경로우대공제 100만 원을 적용한다.
③ 거주자의 기본공제대상자 중 장애인복지법에 따른 장애인이 있는 경우에는 연 200만 원의 장애인공제를 적용한다.
④ 배우자가 없는 사람으로서 기본공제대상자인 직계비속이 있는 경우 연 100만 원의 한부모공제를 적용한다.

IX   세액공제·감면

세액공제란 거주자가 부담하여야 할 세액을 계산함에 있어서 일정한 요건을 갖춘 경우에 산출세액에서 그 세액의 일부를 공제하여 주는 제도이다. 세액공제는 소득공제와 더불어 개인적 사정을 반영한다는 점에서 소득세가 가지는 조세정책상 형평과세의 역할을 행하고 있다.

1 자녀세액공제

(1) 자녀수에 따른 세액공제

종합소득이 있는 거주자의 기본공제대상자에 해당하는 자녀(입양자 및 위탁아동 포함)로서 만 8세 이상의 사람에 대해서는 다음 금액을 종합소득산출세액에서 공제한다.

자녀 수	세액공제 금액
1명	15만 원
2명	35만 원
3명 이상	35만 원 + (자녀수−2명) × 30만 원

(2) 출산·입양세액공제

종합소득이 있는 거주자의 경우 다음의 구분에 따른 금액을 종합소득산출세액에서 공제한다.

구분	추가공제
해당 과세기간에 출생·입양 신고한 공제대상자녀가 있는 경우	첫째 출생·입양시 30만 원, 둘째 출생·입양시 50만 원, 셋째 이상 출생·입양시 70만 원

2 연금계좌세액공제

(1) 연금계좌세액공제액

종합소득이 있는 거주자가 연금계좌에 납입한 금액의 12%[종합소득금액이 4,500만 원 이하인 경우(근로소득만 있는 경우 총급여액 5,500만 원)는 15%]에 해당하는 금액을 해당 과세기간의 종합소득산출세액에서 공제한다. 다만, 연금계좌 중 연금저축계좌 납입액이 연 600만 원을 초과하는 경우에는 그 초과하는 금액은 없는 것으로 한다. 다만, 퇴직연금납입액이 있는 경우 연금계좌 납입액 중 600만 원이내의 금액과 퇴직연금납입액을 합한 금액이 900만 원을 초과하는 경우에는 900만 원을 그 초과하는 금액은 없는 것으로 본다.

(2) 연금계좌 납입액

연금계좌에 납입한 금액은 일반적으로 연금저축이나 퇴직연금 계좌 본인 불입액을 의미하는 바, 연금계좌 납입액에는 다음의 금액을 포함하지 않는다.

- 소득세가 원천징수되지 아니한 퇴직소득 등 과세가 이연된 소득으로 납입되는 금액
- 연금계좌에서 다른 연금계좌로 계약을 이전함으로써 납입되는 금액

3 특별세액공제

특별소득공제와 특별세액공제는 기본적으로 근로소득이 있는 자가 신청을 한 경우 적용하며 신청하지 않는 경우 표준세액공제를 적용하는 바 내용을 요약하면 다음과 같다.

구분		공제금액
근로소득 있는 자		표준세액공제 13만 원과 특별세액공제(및 특별소득공제) 중 선택
근로소득 없는 자	소득세법상 성실사업자	표준세액공제 12만 원+기부금세액공제
	조세특례제한법상 성실사업자	표준세액공제 12만 원+기부금세액공제와 의료비 · 교육비 · 기부금 세액공제 중 선택
	성실신고확인대상사업자로서 성실신고 확인서를 제출한 사업자	표준세액공제 7만 원+의료비 · 교육비 · 기부금 세액공제
	기타	표준세액공제 7만 원+기부금세액공제

* 근로소득이 있는 자는 특별세액공제를 신청하더라도 정치자금기부금세액공제, 우리사주조합기부금세액공제는 적용 가능하다.
** 근로소득이 없는 자도 다른 종합소득이 있는 경우에는 기부금세액공제 적용이 가능하나, 사업소득만 있는 자는 기부금을 필요경비에 산입하므로 적용하지 않는다.

특별세액공제에는 보험료, 의료비, 교육비, 기부금 등이 있다. 세액공제 시 지출금액의 일정비율을 공제하지만, 세액공제 대상 지출금액은 일정 한도까지만 인정한다. 따라서, 특별세액공제는 ① 세액공제대상 지출금액 산정, ② 세액공제 금액 계산 이렇게 2단계로 나누어 접근하도록 한다.

(1) 보험료세액공제

근로소득자가(일용근로자 제외) 지출한 보험료의 12%(장애인전용 보장성 보험은 15%)를 세액공제한다.

1) 공제대상 보험료

일반보장성보험과 장애인전용보장성보험 각각에 대해 100만 원까지 세액공제 대상이 된다.

구분	세액공제대상 보험료	공제대상금액
장애인전용 보장성보험료*	기본공제대상자 중 장애인을 피보험자 또는 수익자로 하는 보장성보험	MIN(보험료, 100만 원)
일반 보장성보험료*	기본공제대상자를 피보험자로 하는 보장성보험	MIN(보험료, 100만 원)

* 보장성보험료: 만기 환급되는 금액이 납입보험료를 초과하지 아니하는 생명·상해·손해보험, 「수산업협동조합법」 등에 따른 공제, 주택임차보증금반환 보증보험

2) 보험료세액공제 금액

위에서 산정한 보험료에 일정률을 세액공제한다.

구분	공제금액
장애인전용 보장성보험료	공제대상 보험료 × 15%
일반 보장성보험료	공제대상 보험료 × 12%

(2) 의료비세액공제

근로소득이 있는 거주자가 기본공제대상자(나이 및 소득의 제한을 받지 아니한다)를 위하여 해당 과세기간에 의료비를 지급한 경우 다음의 금액(실손의료보험금으로 보전받은 금액은 제외)을 세액공제한다. 공제대상의료비에는 미용·성형수술을 위한 비용, 건강증진을 위한 의약품 구입비용, 국외의료기관에 지급한 비용은 제외한다.

1) 공제대상의료비

의료비세액공제대상 의료비는 해당 근로자가 직접 부담하는 다음 중 어느 하나에 해당하는 의료비(보험회사 등으로부터 지급받은 실손의료보험금은 제외함)를 말한다(소령 118조의5 1항).

① 진찰·진료·질병예방을 위하여 의료법 제3조의 의료기관에 지급하는 비용
② 치료·요양을 위하여 의약품(한약 포함)을 구입하고 지급하는 비용
③ 장애인 보장구 및 의사·치과의사·한의사 등의 처방에 따라 의료기기를 직접 구입 또는 임차하기 위하여 지출한 비용과 보청기 구입을 위하여 지출한 비용
④ 시력보정용 안경 또는 콘택트렌즈 구입을 위하여 지출한 비용으로서 기본공제대상자(나이 및 소득의 제한을 받지 아니한다) 1명당 연 50만 원 이내의 금액
⑤ 장애인활동지원급여(활동보조, 방문목욕, 방문간호 등) 비용 중 실제 지출한 본인부담금
⑥ 노인장기요양보험법에 따른 장기요양급여에 대한 비용으로서 실제 지출한 본인일부부담금
⑦ 근로자가 모자보건법에 따른 산후조리원에 산후조리 및 요양의 대가로 지급하는 비용으로서 출산 1회당 200만 원 이내의 금액

다만, 미용·성형수술을 위한 비용, 건강증진을 위한 의약품 구입비용, 국외의료기관에 지급한 비용은 의료비세액공제 대상이 아니다.

2) 의료비세액공제대상 금액

구　　분	의료비 내용	세액공제대상 금액
일 반 의 료 비	기본공제대상자를 위하여 지급한 의료비 (특정의료비, 난임시술비 및 미숙아·선천성이상아에 대한 의료비 제외)	일반의료비 - 총급여액의 3% (연 700만 원 한도)
특 정 의 료 비	다음에 해당하는 사람을 위하여 지출한 의료비 (가) 해당 거주자 (나) 과세기간 종료일 현재 65세 이상인 사람 (다) 장애인, 6세이하 부양가족 (라) 중증질환자, 희귀난치성질환자 또는 결핵환자	특정의료비 - 일반의료비가 총급여액의 3%에 미달하는 경우 그 미달액
난 임 시 술 비	난임부부가 임신을 위하여 지출하는 보조생식술에 소요된 비용	난임시술비 - 일반의료비와 특정의료비의 합계액이 총급여액의 3%에 미달하는 경우 그 미달액

구 분	의료비 내용	세액공제대상 금액
미숙아 · 선천성이상아를 위하여 지급한 의료비	「모자보건법」에 따른 미숙아 · 선천성이상아의 치료를 위해 지급한 의료비	미숙아 · 선천성이상아를 위하여 지급한 의료비 – 일반의료비와 특정의료비의 합계액이 총급여액의 3%에 미달하는 경우 그 미달액

3) 의료비세액공제 금액

> 의료비세액공제대상 금액 × 15%(단, 난임시술비 30%, 미숙아 · 선천성이상아 의료비 20%)

(3) 교육비세액공제

근로소득이 있는 거주자가 그 거주자와 기본공제대상자(나이의 제한을 받지 아니함)를 위하여 해당 과세기간에 교육비(1인당 30만 원 이내의 초중고교생의 체험학습비 포함)를 지급한 경우 15%에 해당하는 금액을 해당 과세기간의 종합소득 산출세액에서 공제한다. 다만, 소득세 또는 증여세가 비과세되는 소득으로 지출한 교육비는 공제하지 아니한다.

1) 공제대상 교육비

지출대상	공제대상 교육기관	공제대상 교육비
① 부양가족(배우자, 형제자매, 직계비속, 입양자, 위탁아동) (나이 ×, 소득 ○)	㉮ 「유아교육법」, 「초 · 중등교육법」, 「고등교육법」 및 특별법에 따른 학교 ㉯ 「평생교육법」에 따른 전공대학의 명칭을 사용할 수 있는 평생교육시설(전공대학) 및 원격대학 형태의 평생교육시설(원격대학), 「학점인정 등에 관한 법률」 및 「독학에 의한 학위취득에 관한 법률」에 따른 교육과정(학위취득과정) ㉰ 초등학교 취학 전 아동을 위하여 「영유아보육법」에 따른 어린이집, 「학원의 설립 · 운영 및 과외교습에 관한 법률」에 따른 학원 또는 체육시설	㉮ 대학교: 1명당 연 900만 원 ㉯ 초 · 중 · 고등학교: 1명당 연 300만 원 ㉰ 유치원 · 보육시설 및 사설 학원 유치부: 1명당 연 300만 원
본인	–위 ①의 교육기관(단, ㉰는 제외) –「고등교육법」 제36조에 따른 시간제 과정 –「근로자직업능력 개발법」 제2조에 따른 직업능력개발훈련시설의 직업능력개발훈련시설	전액

지출대상	공제대상 교육기관	공제대상 교육비
장애인 (나이 ×, 소득 ×)	−시행령으로 정하는 학자금대출의 원리금 상환에 지출한 교육비 −사회복지시설 및 비영리법인 −장애인의 기능향상과 행동발달을 위한 발달재활 서비스를 제공하는 기관(과세기간 종료일 현재 18세 미만인 사람만 해당한다)	전액

2) 교육비세액공제 금액

공제대상 교육비 × 15%

(4) 기부금 세액공제

거주자 및 기본공제대상자(다른 거주자의 기본공제를 적용받은 사람은 제외하며, 나이요건은 적용하지 않음)가 지급한 다음의 공제대상 기부금이 있는 경우 당해 공제대상 기부금의 합계액에서 사업소득금액을 계산할 때 필요경비에 산입한 기부금을 뺀 금액의 100분의 15(해당 금액이 1천만 원을 초과하는 경우 그 초과분에 대해서는 100분의 30)를 세액공제한다.

1) 공제대상 기부금

공제대상 기부금	공제금액
특례기부금	MIN(특례기부금, 기준소득금액*1) × 100%)
우리사주조합 기부금	MIN{우리사주조합기부금, (기준소득금액−특례기부금 공제액) ×30%}
일반기부금	MIN{일반기부금, 일반기부금 한도액*2)}

*1) 기준소득금액 = 종합소득금액 + 필요경비 산입 기부금 − 원천징수세율적용 금융소득
*2) 일반기부금 한도액
  − 종교단체기부금이 없는 경우
    (기준소득금액 − 특례기부금 공제액 − 우리사주조합기부금 공제액) × 30%
  − 종교단체기부금이 있는 경우
    (기준소득금액 − 특례기부금 공제액 − 우리사주조합기부금 공제액) × 10% + MIN(a, b)
    A. (기준소득금액 − 특례기부금 공제액 − 우리사주조합기부금 공제액) × 20%
    B. 종교단체 외 일반기부금

2) 기부금세액공제 금액

기부금세액공제 금액은 다음의 합으로 하되, 세액공제 한도를 초과하는 금액은 10년간 이월하여 공제한다.

공제대상기부금 - 사업소득금액 계산시 필요경비에 산입한 기부금	세액공제율
1천만 원까지	15%
1천만 원 초과~3천만원 이하	30%
3천만 원 초과한 금액	40%

기부금세액공제 한도 = 종합소득산출세액 - 필요경비에 산입한 기부금이 있는 경우 사업소득에 대한 산출세액*

* 종합소득산출세액 × 사업소득 / 종합소득금액

(5) 특별세액공제의 한도

특별세액공제금액의 한도는 다음과 같다.

	공제한도
보험료, 의료비, 교육비, 월세 세액공제액("보험료등세액공제액")	공제세액의 합계액이 그 거주자의 해당 과세기간의 근로소득에 대한 종합소득산출세액*을 초과하는 경우 그 초과하는 금액은 없는 것으로 한다.
위 세액공제 + 기부금세액공제	세액공제 합계액이 그 거주자의 해당 과세기간의 합산과세되는 종합소득산출세액을 초과하는 경우 그 초과하는 금액은 없는 것으로 한다.

* 근로소득에 대한 종합소득산출세액 = 종합소득산출세액 × (근로소득금액 / 종합소득금액)

4 근로소득세액공제

근로소득세액공제는 근로소득과 여타 소득(자영업자의 사업소득 등)과의 세부담의 형평을 도모하고 임금상승에 따른 근로소득세 부담을 완화하여 실질적인 소득증대가 되도록 모든 근로자에게 일률적으로 근로소득에 대한 산출세액에서 일정기준에 따라 계산한 금액을 공제하는 세액공제 제도이다.

(1) 공제대상 금액

근로소득산출세액	세액공제액
130만 원 이하	근로소득산출세액 × 55%
130만 원 초과	715,000원+(근로소득산출세액-1,300,000원) × 30%

* 일용근로자의 경우 근로소득산출세액의 55%를 공제한다.

(2) 공제한도

총급여	세액공제 한도
3,300만 원 이하	74만 원
3,300만 원 초과 7,000만 원 이하	MAX(ⓐ, ⓑ) ⓐ 74만 원-(총급여액-3,300만 원)×0.8% ⓑ 66만 원
7,000만 원 초과 1억 2,000만 원 이하	MAX(ⓐ, ⓑ) ⓐ 66만 원-(총급여액-7,000만 원)×50% ⓑ 50만 원
1억 2,000만 원 초과	MAX(ⓐ, ⓑ) ⓐ 50만 원-(총급여액-1억 2,000만 원)×50% ⓑ 20만 원

5 배당세액공제

(1) 의의

거주자의 종합소득과세표준에 배당소득이 합산되어 있을 경우에 그 합산된 배당소득금액의 일정한 비율에 상당하는 금액을 종합소득산출세액에서 공제하는데 이를 배당세액공제라 한다.

(2) 배당세액공제액

거주자의 종합소득금액에 Gross-up된 배당소득금액이 합산된 경우에는 당해 배당소득에 가산된 금액을 산출세액에서 공제한다.

> 배당소득공제액: 종합소득에 포함된 Gross-up금액
> 배당세액공제 한도: 산출세액-비교산출세액

6 외국납부세액공제

거주자의 종합소득에 국외원천소득이 포함되어 있는 경우 그 국외원천소득에 대하여 국외에서 납부하였거나 납부할 것이 있는 때에는 다음 계산식에 따라 계산한 금액 내에서 외국소득세액을 해당 과세기간의 종합소득산출세액에서 공제할 수 있다.

공제한도 = 종합소득산출세액 × (국외원천소득금액 / 종합소득금액)

위의 규정을 적용할 때 외국정부에 납부하였거나 납부할 외국소득세액이 해당 과세기간의 공제한도금액을 초과하는 경우 그 초과하는 금액은 해당 과세기간의 다음 과세기간부터 10년 이내에 끝나는 과세기간으로 이월하여 그 이월된 과세기간의 공제한도금액 내에서 공제받을 수 있다. 다만, 외국정부에 납부하였거나 납부할 외국소득세액을 이월공제기간 내에 공제받지 못한 경우 그 공제받지 못한 외국소득세액은 이월공제기간의 종료일 다음 날이 속하는 과세기간의 소득금액을 계산할 때 필요경비에 산입할 수 있다.

7 기장세액공제

간편장부대상자(기장능력이 부족한 소규모사업자)가 과세표준확정신고시 복식부기에 따라 기장하여 사업소득금액을 계산하고 기업회계기준을 준용하여 작성한 재무상태표, 손익계산서와 그 부속서류 및 합계잔액시산표와 조정계산서를 제출하는 경우에 적용한다.

세액공제액=종합소득산출세액×(기장된 사업소득금액 / 종합소득금액) ×20%

그러나 세액공제액이 100만 원을 초과하는 경우에는 100만 원을 한도로 한다.

8 재해손실세액공제

사업자가 천재·지변 기타 재해로 인하여 자산총액의 20% 이상을 상실한 경우에 상실된 자산의 가액을 한도로 적용한다.

$$\text{세액공제 금액} = \text{종합소득세액} \times \frac{\text{사업소득금액}}{\text{종합소득금액}} \times \frac{\text{상실자산가액}}{\text{상실전 자산가액}}$$

여기서 종합소득세액은 산출세액에서 배당세액공제·기장세액공제액·외국납부세액을 차감한 후의 세액을 말한다.

9 근로소득자의 월세 세액공제

과세기간 종료일 현재 주택을 소유하지 않는 세대의 세대주로서 해당 과세기간의 총급여액이 8,000만 원 이하인 근로소득이 있는 거주자(종합소득금액 7,000만 원을 초과하는 사람은 제외)가 월세액을 지급하는 경우 다음 금액을 해당 과세기간의 종합소득산출세액에서 공제한다.

> 월세 세액공제액 = MIN[주택을 임차하기 위하여 지급한 월세액, 1,000만 원] × 15%

* 총급여 5,500만 원 이하인 자(종합소득금액이 4,500만 원을 초과하는 사람은 제외)는 17%

10 전자계산서 발급 세액공제

직전연도 사업장별 총수입금액이 3억 원 미만인 개인사업자가 공급하는 재화 또는 용역에 대하여 전자계산서를 발급하고, 당해 발급명세를 국세청장에게 전송하는 경우 2024년 12월 31일까지 발급하는 분에 대하여 다음 금액을 해당 과세기간의 종합소득산출세액에서 공제한다.

> 전자계산서 발급 세액공제액 = MIN[발급건수 당 200원, 100만 원]

MEMO

01 다음 중 소득세법상 세액공제에 관한 설명으로 가장 올바르지 않은 것은?

① 근로소득이 있는 자는 표준세액공제 13만 원과 특별세액공제 중 선택하여 적용할 수 있다.

② 보험료세액공제는 일반보장성보험과 장애인전용보장성보험 각각에 대해 100만 원까지 세액공제 대상이 된다.

③ 의료비세액공제는 본인의료비 외에 지출한 의료비가 전혀 없더라도, 본인이 지출한 의료비 전액에 대해 세액공제 적용이 가능하다.

④ 기부금세액공제는 한도가 존재하며, 한도를 초과하는 금액은 10년간 이월하여 공제가 가능하다.

02 다음 중 종합소득공제와 세액공제에 대한 설명으로 가장 올바르지 않은 것은?

① 어린이집, 유치원에서 지출한 급식비는 교육비세액공제가 가능하다.

② 국민건강보험료 근로자 부담금은 전액 소득공제 가능하다.

③ 사업소득만 있는 거주자가 지출한 보장성보험료는 세액공제가 불가능하다.

④ 연금계좌세액공제는 근로소득자만이 적용받을 수 있다.

03 다음 중 의료비 세액공제 금액 계산 시 한도 없이 세액공제를 인정하는 의료비에 해당하지 않는 것은?

① 본인을 위해 지출한 의료비

② 65세 이상인 부양가족을 위해 지출한 의료비

③ 배우자(40세)를 위해 지출한 의료비

④ 6세이하 자녀를 위해 지출한 의료비

04 다음 자료를 이용하여 거주자 김수호씨의 2024년 교육비 세액공제가 가능한 교육비 지출액을 계산하면 얼마인가?

ㄱ) 자녀의 연령 및 소득
　　장남: 30세(대학원생), 소득금액 없음
　　차남: 20세(대학생), 사업소득금액 200만 원
　　장녀: 19세(고등학생), 정기예금이자 50만 원
　　차녀: 15세(중학생), 소득금액 없음

ㄴ) 자녀의 교육비 지출액
　　장남의 대학원 학비:　　10,000,000원
　　차남의 대학교 학비:　　 5,000,000원
　　장녀의 고등학교 학비:　 3,000,000원
　　차녀의 외국어학원비:　　 1,000,000원

① 2,000,000원　　　　　　② 3,000,000원
③ 8,000,000원　　　　　　④ 14,000,000원

05 다음 중 거주자 김삼일씨의 교육비세액공제 대상을 모두 고른 것은?(자료상의 가족은 모두 생계를 같이하고 있다)

〈 교육비지출 현황 〉

	관계	교육비 지출내역	연령(만)	소득종류 및 금액
ㄱ.	본인	대학원 학비	38세	근로소득금액 1억 원
ㄴ.	배우자	대학교 학비	36세	사업소득금액 200만 원
ㄷ.	여동생	대학교 학비	27세	소득 없음
ㄹ.	딸	유치원비	5세	소득 없음

① ㄱ, ㄴ, ㄷ　　　　　　② ㄱ, ㄷ, ㄹ
③ ㄴ, ㄷ, ㄹ　　　　　　④ ㄱ, ㄴ, ㄷ, ㄹ

06 다음은 김삼일 회계사의 홈페이지에 있는 연말정산에 대한 상담사례들을 모은 것이다. 다음 상담사례의 답변 중 가장 올바르지 않은 것은?

(질문 1)

안녕하세요. 김삼일 회계사님.

제가 사고로 인해 이번달에 병원에서 MRI 촬영을 했는데 이것도 의료비공제가 됩니까? 가뜩이나 MRI 촬영비도 비싼데 공제도 안된다면 사고난 곳이 더 아플 것 같습니다.

▪ 답변 1

사고로 인해 MRI를 촬영한 경우 의료비 공제대상에 해당합니다.

(질문 2)

제 총급여가 8,000만원 인데요 산후조리원에 지출한 비용이 세액공제 대상에 해당하나요?

▪ 답변 2

근로자가 산후조리원에 지급하는 비용은 출산 1회당 200만원 한도로 세액공제 대상에 포함합니다.

(질문 3)

아이가 아파서 미국에서 수술을 받았습니다. 해당 의료비는 세액공제를 받을 수 있나요?

▪ 답변 3

국내뿐만 아니라 국외에서 지출한 의료비도 세액공제가 가능합니다.

(질문 4)

올해 대학에 입학하는 자녀의 대학등록금 900만 원을 신용카드로 납부하였습니다. 신용카드로 결제한 대학교 등록금도 신용카드 공제대상이 되나요?

▪ 답변 4

신용카드로 결제한 대학교 등록금은 신용카드 세액공제 대상이 되지 아니합니다.

---

① 답변 1
② 답변 2
③ 답변 3
④ 답변 4

07 다음 중 소득세법상 세액공제에 관한 설명으로 가장 올바르지 않은 것은?

① 종합소득이 있는 거주자의 기본공제대상자에 해당하는 자녀에 대해서는 자녀세액공제를 받을 수 있다.

② 기장세액공제액이 100만 원을 초과하는 경우에는 100만 원을 공제한다.

③ 근로소득이 있는 거주자로서 소득공제나 세액공제 신청을 하지 아니한 경우에는 연 13만 원의 표준세액공제를 적용받을 수 있다.

④ 사업자가 천재지변이나 그 밖의 재해로 자산총액 20% 이상에 해당하는 자산을 상실하여 납세가 곤란하다고 인정되는 경우에는 재해손실세액공제를 받을 수 있다.

08 거주자인 근로자 갑의 2024년도 자료를 기초로 의료비세액공제액을 계산하면 얼마인가?

> (1) 갑의 급여총액 40,000,000원(비과세소득 2,400,000원 포함)
> (2) 본인 및 부양가족에 대한 의료비지출내역
>   ① 본인(49세)의 건강검진비 1,500,000원
>   ② 장남(20세)의 안경구입비 600,000원
>   ③ 장녀(18세)의 쌍거풀수술비 1,000,000원
>   ④ 부친(73세)의 암치료비   6,000,000원
>   본인 외에는 모두 소득이 없다.

① 1,030,800원   ② 1,125,000원

③ 1,135,800원   ④ 1,200,000원

09 다음 중 소득세법상 의료비세액공제에 관한 설명으로 가장 올바르지 않은 것은?

① 근로소득이 있는 거주자는 소득 및 연령조건을 미충족한 기본공제대상자의 의료비에 대해서도 의료비세액공제 적용이 가능하다.

② 미용이나 성형을 위해 지출한 의료비는 공제대상 의료비에 해당하지 않는다.

③ 의료비세액공제는 모든 공제대상 의료비 지출액의 20%로 한다.

④ 시력보정용 안경 또는 콘택트렌즈 구입을 위하여 지출한 비용으로서 기본공제대상자(나이 및 소득제한 없음) 1명당 50만 원 이내의 금액은 공제대상 의료비에 해당한다.

10 다음 자료를 바탕으로 근로소득자 김삼일씨의 교육비세액공제액을 계산하면 얼마인가?

교육비 지출내역	금액
본인의 대학원 학비	600만 원
총급여액이 500만 원이 있는 배우자의 대학교 학비	400만 원
15세인 장녀의 중학교 학비	250만 원
7세인 차녀의 유치원 학비	150만 원

① 900,000원

② 1,000,000원

③ 1,500,000원

④ 2,100,000원

X 퇴직소득세

1 퇴직소득세의 계산구조

2 퇴직소득의 범위

퇴직소득금액은 다음 각 호 소득의 합계액(비과세소득 금액 제외)으로 한다.

① 국민연금법, 공무원연금법, 군인연금법, 사립학교교직원연금법 또는 별정우체국법에 따라 받는 일시금
② 사용자 부담금을 기초로 하여 현실적인 퇴직을 원인으로 지급받는 소득

> 퇴직판정 특례
> ㄱ. 일정한 사유가 발생하였으나 퇴직급여를 실제로 지급받지 않은 경우에는 퇴직으로 보지 않을 수 있다.
> ㄴ. 계속근로기간 중에 일정한 사유로 퇴직급여를 미리 지급받은 경우에는 그 지급받은 날에 퇴직한 것으로 본다.

퇴직급여를 실제로 받지 않은 경우는 퇴직으로 보지 않을 수 있는 경우	퇴직급여를 미리 지급받은 경우 그 지급받은 날에 퇴직으로 보는 경우
• 종업원이 임원이 된 경우 • 합병·분할 등 조직변경, 사업양도, 직접·간접으로 출자관계에 있는 법인으로의 전출(또는 동일한 사업자가 경영하는 다른 사업장으로의 전출)이 이루어진 경우 • 법인의 상근임원이 비상근임원이 된 경우 • 비정규직 근로자(기간제근로자 또는 단시간근로자를 말함)가 정규직 근로자(근로기준법에 따라 근로계약을 체결한 근로자로서 비정규직 근로자가 아닌 근로자를 말한다)로 전환된 경우	• 「근로자퇴직급여 보장법」에 따라 근로자가 주택구입 등 긴급한 자금이 필요한 사유로 퇴직금을 퇴직하기 전에 미리 중간정산하여 지급받은 경우[1] • 「근로자퇴직급여 보장법(제38조)」에 따라 퇴직연금제도가 폐지되는 경우

[1] ① 무주택근로자의 주택구입 및 전세금·보증금 부담, ② 질병·부상으로 6개월 간 요양, ③ 파산선고·개인회생절차개시 결정, ④ 임금피크제의 실시로 임금이 줄어드는 사유로 근로자가 요구하는 경우

③ 퇴직소득 지연지급에 따른 이자

④ 「과학기술인공제회법」에 따라 받는 과학기술발전장려금

⑤ 「건설근로자의 고용개선 등에 관한 법률」에 따른 퇴직공제금

다만, 임원의 2012. 1. 1 이후 근무기간의 퇴직소득금액(공적연금 관련법에 따라 받는 일시금은 제외)이 다음의 한도액을 초과하는 경우 그 초과금액은 근로소득으로 본다. 2012. 1. 1. 이후 근무기간의 퇴직소득금액은 전체 퇴직소득에서 2011.12.31. 퇴직 가정시 퇴직소득 해당금액을 차감한 금액으로 한다.

① **임원 퇴직소득 한도액**

$$= 2019년\ 이전\ 3년[2]\ 동안\ 지급받은\ 총급여[1]의\ 연평균환산액 \times 10\% \times \frac{2012.\ 1.\ 1.\ \sim\ 2019.12.31.\ 근무기간[1]}{12개월} \times 3$$

$$+ 퇴직한\ 날부터\ 소급(단\ 2020년\ 이후)하여\ 3년[2]\ 동안\ 지급받은\ 총급여[1]의\ 연평균환산액 \times 10\% \times \frac{2020.\ 1.\ 1.\ 이후의\ 근무기간[1]}{12개월} \times 2$$

② **임원 퇴직소득 한도초과액**

= 임원퇴직급여－2011.12.31. 퇴직시 지급한 퇴직소득[3])－임원 퇴직소득 한도액

[1] 여기서 총급여액과 근무기간은 다음의 각 방법으로 산정한다(소법 22 ④ (1)).
　① 총급여: 해당 과세기간에 발생한 다음의 근로소득(비과세소득은 제외한다)을 합산한다.
　　㉠ 근로를 제공함으로써 받는 봉급·급료·보수·세비·임금·상여·수당과 이와 유사한 성질의 급여
　　㉡ 법인의 주주총회·사원총회 또는 이에 준하는 의결기관의 결의에 따라 상여로 받는 소득
　② 근무기간: 개월 수로 계산한다. 이 경우 1개월 미만의 기간이 있는 경우에는 이를 1개월로 본다.
[2] 근무기간이 3년 미만인 경우에는 해당 근무기간으로 한다.

*3) 2011.12.31. 퇴직시 퇴직소득은 다음과 같이 계산한다.

$$퇴직소득 \times \frac{2011.\ 12.\ 31.\ 이전\ 근무기간(1개월\ 미만은\ 1개월로\ 봄)}{전체\ 근무기간}$$

다만, 2011. 12. 31.에 정관의 위임에 따른 임원 퇴직급여지급규정이 있는 법인의 임원의 경우에는 2011. 12. 31.에 퇴직한다고 가정할 때 해당 규정에 따라 지급받을 퇴직소득금액으로 할 수 있다(소령 42조의2 6항).

3 퇴직소득 산출세액의 계산

거주자의 퇴직소득산출세액은 다음 순서에 따라 계산한 금액으로 한다.

- 환산급여 = (해당 과세기간의 퇴직소득금액 − 근속연수에 따른 공제액*1)) $\times \dfrac{12}{근속연수}$
- 퇴직소득과세표준 = 환산급여 − 환산급여에 따른 차등공제액*2)
- 퇴직소득산출세액 = 퇴직소득과세표준 × 기본세율 × $\dfrac{근속연수}{12}$

*1) 근속연수에 따른 공제액

근속연수		근속연수에 따른 공제액
	5년 이하	100만 원 × 근속연수
5년 초과	10년 이하	500만 원 + 200만 원 × (근속연수 − 5년)
10년 초과	20년 이하	1,500만 원 + 250만 원 × (근속연수 − 10년)
20년 초과		4,000만 원 + 300만 원 × (근속연수 − 20년)

*2) 환산급여에 따른 차등공제액

환산급여		환산급여에 따른 차등공제액
	800만 원 이하	환산급여의 100%
800만 원 초과	7,000만 원 이하	800만 원 + (800만 원 초과분의 60%)
7,000만 원 초과	1억 원 이하	4,520만 원 + (7,000만 원 초과분의 55%)
1억 원 초과	3억 원 이하	6,170만 원 + (1억 원 초과분의 45%)
3억 원 초과		1억 5천 170만 원 + (3억 원 초과분의 35%)

4 퇴직소득의 수입시기

퇴직소득에 대한 총수입금액의 수입시기는 퇴직을 한 날로 한다.

단, 다음의 경우 연금을 수령하는 시점까지 과세를 이연한다(연금 외 수령하는 경우 퇴직소득으로 과세한다).

① 퇴직일 현재 연금계좌에 있거나 연금계좌로 지급되는 경우
② 지급받은 날부터 60일 이내에 연금계좌에 입금되는 경우

01 다음은 퇴직소득에 관한 설명이다. 틀린 것은?

① 종업원이 임원이 된 경우에는 퇴직급여를 실제로 받지 않은 경우에는 퇴직으로 보지 않을 수 있다.

② 원칙적으로 퇴직소득에 대한 총수입금액의 수입시기는 퇴직을 한 날로 한다.

③ 임원의 2010. 1. 1. 이후 근무기간의 퇴직소득금액(공적연금 관련법에 따라 받는 일시금은 제외)이 임원 퇴직소득 한도액을 초과하는 경우 그 초과금액은 퇴직소득으로 보지 아니한다.

④ 근로자퇴직급여 보장법」에 따라 퇴직연금제도가 폐지되는 경우에 퇴직급여를 지급받은 경우 그 지급받은 날에 퇴직한 것으로 본다.

02 다음 중 소득세법상 퇴직소득에 관한 설명으로 가장 올바르지 않은 것은?

① 사용자 부담금을 기초로 하여 현실적 퇴직을 원인으로 지급받는 소득은 퇴직소득으로 본다.

② 법인의 상근임원이 비상근임원이 된 경우는 현실적 퇴직으로 본다.

③ 과세이연된 퇴직소득금액을 연금외수령한 경우 퇴직소득에 해당한다.

④ 퇴직소득에 대한 총수입금액의 수입시기는 원칙적으로 퇴직을 한 날로 한다.

03 다음 중 소득세법상 퇴직소득으로 과세되는 항목으로 묶인 것은 무엇인가?

> ㄱ. 국민연금법에 따라 받는 일시금
> ㄴ. 사용인부담금을 기초로 하여 비현실적인 퇴직을 원인으로 지급받는 소득
> ㄷ. 퇴직소득 지연지급에 따른 이자

① ㄱ   ② ㄱ, ㄴ
③ ㄴ, ㄷ   ④ ㄱ, ㄷ

XI 원천징수

1 원천징수의 의의

(1) 원천징수의 개념

원천징수(tax withholding)란 원천징수의무자가 소득 또는 수입금액을 지급할 때 납세의무자가 내야 할 세금을 미리 징수하여 정부에 납부하는 제도이다. 즉, 원천징수의무자는 납세의무자에게 그 소득에 대한 원천징수세액을 차감한 잔액만을 지급하고 그 원천징수한 세액은 정부에 납부하게 된다. 원천징수에 있어서는 세금을 실제로 부담하는 납세의무자와 이를 신고·납부하는 원천징수의무자는 서로 다르게 된다.

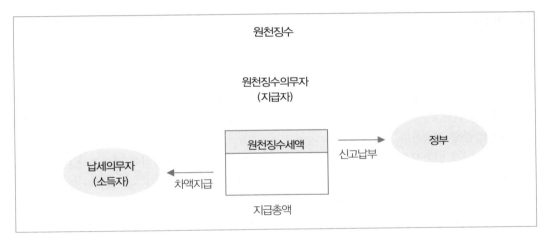

(2) 원천징수의 장점

원천징수제도가 채택되고 있는 이유는 다음과 같다.

1) 탈세의 방지

원천징수는 납세의무자의 숫자가 대단히 많아 정부에서 일괄적으로 세원을 관리하기 어려운 문제점을 해결하기 위해 그 세원이 발생하는 원천에서 세금을 일괄징수하여 세원의 탈루를 최소화할 수 있다는 측면에서 광범위하게 활용되고 있다.

2) 조세수입의 조기확보와 평준화

정부에서는 소득이 발생할 때마다 원천징수를 함으로써 조세수입을 조기확보할 수 있고 정부재원조달의 평준화를 기할 수 있다.

3) 징세비용절약과 징수사무의 간소화

원천징수의무자가 정부를 대신하여 원천징수를 하게 되므로 징세비용절약과 징수사무의 간소화를 기할 수 있다.

4) 납세의무자의 세금부담 분산

납세의무자의 입장에서 원천징수는 세금부담을 분산시킨다.

(3) 원천징수의 종류

원천징수는 원천징수로 납세의무가 종결되는지 여부에 따라 완납적 원천징수와 예납적 원천징수로 나눌 수 있다.

완납적 원천징수란 원천징수로써 별도의 확정신고절차 없이 당해 소득에 대한 납세의무가 종결되는 경우의 원천징수를 말한다. 분리과세대상소득은 원천징수로써 납세의무가 종결되므로 완납적 원천징수방법에 해당한다.

한편, 예납적 원천징수란 원천징수 이후에 별도의 확정신고절차를 통하여 과세기간동안 납세의무자가 벌어들인 총소득에 대하여 사후에 세금을 정산하는 경우의 원천징수를 말한다. 즉, 원천징수의무자가 원천징수한 세금을 정부에 납부하는 것으로 납세의무가 종결되는 것이 아니라, 과세기간 동안에 발생한 모든 소득금액을 합산하여 당해 과세기간에 대한 과세표준과 세액을 산출한 다음 이미 원천납부한 세금을 기납부세액으로 공제하여 그 차액을 신고·납부함으로써 당해 소득에 대한 납세의무가 종결되는 경우의 원천징수이다. 종합과세에 포함되는 원천징수대상소득과 법인세법상 원천징수가 예납적 원천징수에 해당하는 것이다.

예납적 원천징수와 완납적 원천징수의 비교

구분	예납적 원천징수	완납적 원천징수
납세의무종결	원천징수로 종결되지 않음	원천징수로 납세의무종결
확정신고의무	확정신고의무 있음	확정신고 불필요
조세부담	확정신고시 정산하고 원천징수세액을 기납부세액으로 공제함	원천징수세액
대상소득	분리과세 이외의 소득	분리과세소득

(4) 원천징수시 적용 세법과 원천징수세율

원천징수의무자란 세법에서 규정하고 있는 특정한 금액이나 소득금액을 지급하는 때에 원천징수세율을 적용하여 계산한 세금을 납세의무자로부터 징수하여 소정기일 내에 정부에 납부하도록 의무를 부과한 개인이나 법인을 말한다. 이때 지급받는 자가 법인인 경우에는 법인세법을, 개인인 경우에는 소득세법을 적용하여 소득세를 원천징수한다.

1) 소득세법상 소득세원천징수(지급받는 자가 개인인 경우)

소득의 지급자가 개인에게 다음과 같은 소득금액 또는 수입금액을 지급하는 경우에는 그 지급하는 금액에 해당하는 원천징수세율을 적용하여 계산한 소득세를 그 개인의 소득세로 원천징수하여 그 징수일이 속하는 달의 다음달 10일까지 이를 납세지 관할세무서에 납부하여야 한다.

구분	원천징수여부	비고
이자소득	○	-지급액의 14% -비영업대금의 이익*1)은 25%. 다만, 온라인을 통하여 중개하는 자로서 금융위원회에 등록한 온라인투자연계금융업자를 통하여 지급받는 이자소득은 14% -법원에 납부한 보증금 및 경락대금에서 발생하는 이자 14% -실지명의가 확인되지 아니하는 소득 45%(「금융실명거래 및 비밀보장에 관한 법률」가 적용되는 경우에는 90%) -직장공제회초과반환금: 기본세율
배당소득	○	-지급액의 14% -실지명의가 확인되지 아니하는 소득 45%(「금융실명거래 및 비밀보장에 관한 법률」가 적용되는 경우에는 90%)
특정사업소득	○	-특정사업소득수입금액(인적용역과 의료 · 보건용역)의 3%(봉사료는 5%). 다만, 외국인 직업운동가가 프로스포츠구단과의 계약(계약기간이 3년 이하인 경우)에 따라 용역을 제공하고 받는 소득은 20%

구분	원천징수여부	비고
근로소득	O	−기본세율. 다만, 일용근로자의 근로소득은 6%
연금소득	O	−공적연금: 기본세율 −사적연금: 다음 각 항의 구분에 따른 세율 −연금계좌 및 연금계좌의 운용실적에 따라 증가된 금액을 의료목적, 천재지변이나 그 밖의 부득이한 인출요건을 갖추어 연금계좌에서 인출하는 경우도 다음 각 항의 구분에 따른 세율 1) 연금소득자의 나이에 따른 세율 <table><tr><th>나이(연금수령일 현재)</th><th>세 율</th></tr><tr><td>55세 이상 70세 미만</td><td>5%</td></tr><tr><td>70세 이상 80세 미만</td><td>4%</td></tr><tr><td>80세 이상</td><td>3%</td></tr></table> 2) 연금계좌로 수령하여 과세이연된 퇴직금을 연금 형태로 지급받는 금액: 대통령령으로 정하는 연금의 수령 원천징수세율의 70%(단, 연금 실제 수령연차가 10년을 초과하는 경우 60%) 3) 사망할 때까지 연금수령하는 연금소득: 4% 4) 단, 1) ~ 3)의 요건이 동시에 충족되는 경우 낮은 세율을 적용한다.
기타소득	O	− 기타소득금액의 20% (3억 초과 복권당첨소득 30%. 연금소득을 연금외수령한소득 등은 15%)
퇴직소득	O	− 기본세율
양도소득	×	

*1) 비영업대금의 이익이란 영업적으로 대여하는 대금업을 영위하지 않는 일반개인이 타인에게 자금을 대여하고 받는 이자를 말한다.

국외에서 지급하는 소득에 대하여는 원천징수를 하지 않는다. 원천징수는 국내에서 지급하는 경우에 한하여 이루어지는 것이기 때문이다.

2) 법인세법상 법인세원천징수(지급받는 자가 법인인 경우)

소득의 지급자가 법인에게 이자소득금액과 투자신탁의 이익을 지급하는 때에는 법인세를 원천징수(소득세와 원천징수세율은 동일)하여 그 징수일이 속하는 달의 다음달 10일까지 이를 납세지 관할세무서장에게 납부해야 한다.

2 원천징수시기 특례

본래 원천징수는 소득을 지급할 때 하여야 한다. 그러나 일정한 시기가 되면 해당 소득을 지급하지 않았더라도 그 소득을 지급한 것으로 보아 원천징수하는데, 이것을 '원천징수시기에 대한 특례'라고 한다. 이 경우 원천징수의무자는 일단 그 다음 달 10일까지 해당 소득에 대한 원천징수세액을 납부한 후에 실제로 지급할 때 지급할 금액에서 이미 원천징수하여 납부한 세액을 빼는 방법으로 처리한다. 이러한 원천징수시기의 특례는 다음과 같다.

(1) 이자소득 원천징수시기의 특례

① 금융회사 등이 정기예금 이자를 실제로 지급하지 않고 납입할 부금에 대체하는 정기예금연결 정기적금에 가입한 경우 그 정기예금의 이자: 그 정기예금 또는 정기적금이 해약되거나 정기적금의 저축기간이 끝나는 때
② 금융회사 등 매출 또는 중개하는 어음과 은행(상호신용금고 포함)이 매출하는 표지어음의 이자 및 할인액: 할인매출하는 날
③ 직장공제회 반환금을 분할하여 지급하는 경우 납입금 초과이익: 납입금 초과이익을 원본에 전입하는 뜻의 특약에 따라 원본에 전입된 날
④ 그 밖의 이자소득(이자소득이 발생하는 자산이 상속 또는 증여되는 경우는 제외): 총수입 금액의 수입시기

(2) 배당소득

① 법인이 이익 또는 잉여금의 처분에 따른 배당 또는 분배금을 그 처분을 결정한 날부터 3개월이 되는 날까지 지급하지 않은 경우: 그 3개월이 되는 날(다만, 11. 1. ~ 12. 31.까지의 사이에 결정된 처분에 따라 다음 연도 2월 말일까지 배당소득을 지급하지 않은 경우: 그 처분을 결정한 날이 속하는 과세기간의 다음 연도 2월 말일)
② 의제배당: 그 총수입금액의 수입시기
③ 그 밖의 배당소득: 그 총수입금액의 수입시기

(3) 연말정산되는 사업소득 원천징수시기의 특례

① 1월부터 11월까지의 사업소득을 해당 과세기간의 12월 31일까지 지급하지 않은 경우: 12월 31일

② 12월분의 사업소득을 다음연도 2월 말일까지 지급하지 않은 때: 다음연도 2월 말일

(4) 근로소득 원천징수시기의 특례

① 1월부터 11월까지의 근로소득을 해당 과세기간의 12월 31일까지 지급하지 않은 경우: 12월 31일
② 12월분의 근로소득을 다음 연도 2월 말일까지 지급하지 않은 경우: 2월 말일
③ 법인이 이익 또는 잉여금의 처분에 따라 지급하여야 할 상여를 그 처분을 결정한 날부터 3개월이 되는 날까지 지급하지 않은 경우: 그 3개월이 되는 날. 다만, 그 처분이 11월 1일부터 12월 31일까지의 사이에 결정된 경우에 다음 연도 2월 말일까지 그 상여를 지급하지 않은 경우에는 그 상여를 2월 말일에 지급한 것으로 본다.

(5) 퇴직소득 원천징수시기의 특례

① 1월부터 11월까지의 사이에 퇴직한 사람의 퇴직소득을 해당 과세기간의 12월 31일까지 지급하지 않은 경우: 12월 31일
② 12월에 퇴직한 사람의 퇴직소득을 다음 연도 2월 말일까지 지급하지 않은 경우: 2월 말일
   * 공적연금 관계법에 따라 받는 일시금에 대해서는 위 ① · ②의 규정을 적용하지 않는다.

(6) 인정배당 · 인정상여 · 인정기타소득 원천징수시기의 특례

① 법인세 과세표준을 결정 또는 경정하는 경우: 소득금액변동통지서를 받은 날*
② 법인세 과세표준을 신고하는 경우: 그 신고일 또는 수정신고일

   * 법인 소득금액을 결정 · 경정하는 세무서장 또는 지방국세청장은 그 결정 · 경정에 있어서 처분되는 배당 · 상여 및 기타소득을 그 결정 · 경정일부터 15일 이내에 소득금액변동통지서에 의해 해당 법인에게 통지하여야 한다. 다만, 해당 법인의 소재지가 분명하지 않거나 그 통지서를 송달할 수 없는 경우에는 그 소득처분을 받은 거주자에게 통지하여야 한다(소령 192 ①)

3 원천징수의 신고 · 납부

원천징수의무자는 원천징수한 세액을 그 징수일이 속하는 달의 다음달 10일까지 국세징수법에 의한 납부서와 함께 원천징수 관할세무서 · 한국은행 또는 체신관서에 납부하여야 한다. 이 경우 원천징수의무자는 원천징수이행상황신고서를 원천징수 관할세무서장에게 제출하여야 한다.

MEMO

01 다음 중 소득세법상 원천징수에 관한 설명으로 가장 올바르지 않은 것은?

① 원천징수는 소득금액을 지급하는 자에게 부과한 의무이므로 지급받는 자가 개인인지 법인인지 관계없이 동일하게 적용한다.

② 원천징수의무자는 원천징수한 소득세를 그 징수일이 속하는 달의 다음 달 10일까지 납부하여야 한다.

③ 예납적 원천징수의 경우에는 별도의 소득세 확정신고절차가 필요하나, 완납적 원천징수에 해당하면 별도의 확정신고가 불필요하다.

④ 원천징수에 의해서 정부는 조세수입을 조기에 확보할 수 있으며, 탈세를 방지할 수 있는 장점이 있다.

02 다음은 원천소득에 대한 원천징수세율(지방소득세 제외)이다. 잘못된 것은?

① 비영업대금이익: 25%(다만, 온라인을 통하여 중개하는 자로서 금융위원회에 등록한 온라인투자연계금융업자를 통하여 지급받는 이자소득은 14%)

② 연금계좌로 수령하여 과세이연된 퇴직금을 연금형태로 지급받는 금액(단, 실제 수령 10년차인 경우): 퇴직소득세의 70%

③ 일용근로자의 근로소득: 10%

④ 실지명의가 확인되지 아니하는 소득 45%(「금융실명거래 및 비밀보장에 관한 법률」가 적용되는 경우에는 90%)

NEW

03 ㈜삼일은 20X2 년 10 월 25 일 사업소득자 최영희씨의 사업소득 10,000,000 원에 대해 3 % (지방소득세제외) 300,000 원을 원천징수하고 나머지 금액을 지급하였다. 원천징수의무자인 ㈜ 삼일의 원천징수 신고 · 납부기한으로 가장 옳은 것은?

① 20X2년 10월 25일 ② 20X2년 10월 31일
③ 20X2년 11월 10일 ④ 20X2년 11월 30일

04 거주자에게 소득을 지급하는 경우 다음 중 소득세법상 원천징수의무가 없는 소득은?

① 연금소득   ② 기타소득

③ 퇴직소득   ④ 양도소득

05 다음 중 소득세법상 원천징수에 관한 설명으로 가장 옳은 것은?

① 실지명의가 확인되지 아니하는 배당소득에 대해서는 25%의 세율을 적용하여 원천징수한다.

② 인적용역과 의료·보건용역 등의 특정사업소득수입금액은 5%의 세율을 적용하여 원천징수한다.

③ 3억 원을 초과한 복권당첨소득에 대해서는 20%의 세율을 적용하여 원천징수한다.

④ 원천징수는 국내에서 지급하는 경우에 한하여 적용된다.

06 다음 중 예납적 원천징수와 완납적 원천징수에 관한 비교내용으로 가장 올바르지 않은 것은?

구 분	예납적 원천징수	완납적 원천징수
① 납세의무	원천징수로 납세의무 종결되지 않음	원천징수로 납세의무 종결
② 확정신고	확정신고 의무 있음	확정신고 의무 없음
③ 조세부담	확정신고 시 정산하고 원천징수 세액을 기납부세액으로 공제함	원천징수세액
④ 대상소득	분리과세 소득	분리과세 이외의 소득

XII 연말정산

1 연말정산의 의의

연말정산이란 근로소득을 지급하는 자가 다음해 2월분 급여를 지급하는 때에 1년간의 총급여액에 대한 근로소득세액을 세법에 따라 정확하게 계산한 후, 매월 급여지급시 간이세액표에 의하여 이미 원천징수납부한 세액과 비교하여 많이 징수한 세액은 돌려 주고 덜 징수한 경우에는 더 징수하여 납부하는 절차를 말한다.

2 연말정산의 시기

(1) 일반적인 경우

2024년 2월분 지급시 2023년도 지급한 연간 총급여액에 대해 연말정산을 하여야 한다.

(2) 중도퇴직한 경우

퇴직한 경우에는 퇴직한 달의 급여를 지급하는 때 정산한다.

(3) 반기별 납부의 경우

반기별 납부승인을 받은 경우도 2월분 급여를 지급하는 때 정산하며 2월분 급여를 2월말까지 지급하지 못한 경우에도 2월 말일에 지급한 것으로 보아 연말정산을 하여야 한다.

다만, 연말정산시 납부할 세액(환급할 세액)은 7월 10일까지 납부 또는 납부할 세액에서 조정할 수 있다.

심화학습

연말정산 증빙서류 간소화 절차
1. 연말정산 증빙서류 간소화 절차
   ① 소득공제 항목에 대해 증빙서류를 발급하는 자가 법에 정하는 자료집중기관을 통하여 국세청에 관련 자료를 제출하는 경우, 근로소득자는 국세청 연말정산간소화서비스 사이트(http://www.yesone.go.kr)에서 본인의 「근로소득자 소득공제내역(공제항목)」을 조회·출력하여 원천징수의무자에게 제출한다. 다만, 소득자가 본인의 의료비내역과 관련된 자료가 자료집중기관을 통하여 국세청에 제출되는 것을 거부하는 경우 그러하지 아니하다(소득세법 시행령 216조의3 ④).
2. 간소화 대상 소득공제 항목(법 165조)
   ① 개인연금저축
   ② 연금저축
   ③ 보험료
   ④ 주택자금공제
   ⑤ 신용카드 소득공제 등

심화학습

연말정산 FAQ
1. 보험료 공제
(1) [질문] 장애인이 장애인전용보장성보험료를 40만 원 납입하고 일반보장성 보험료를 30만 원 납입한 경우 일반보험료공제는 못 받고 40만 원에 대해서는 연 100만 원 한도로 공제 받을 수 있는지?
   [답변] 장애인전용보장성보험료공제 40만 원, 일반 보장성보험료공제 30만 원 각각 공제 받을 수 있음.
(2) [질문] 맞벌이 부부인데, 자녀의 보험료를 기본공제받지 않는 배우자가 공제 받을 수 있는지?
   [답변] 기본공제 받지 않는 배우자가 공제 받을 수 없음.
(3) [질문] 봉급생활자인데 자동차종합보험료도 보험료 공제 받을 수 있는지?
   [답변] 자동차종합보험료도 보장성보험으로 보험료공제(연 100만 원 한도)대상임.
(4) [질문] 부모님은 시골에 계시고 저와 동생(나이 22세, 소득 없음)은 서울에 따로 살고 있는데, 동생 보험료, 동생의 의료비 및 동생 명의의 개인연금저축에 대해 제가 공제 받을 수 있는지?
   [답변] 1. 근로소득자의 20세 초과하는 형제자매를 피보험자로 하는 보장성보험는 당해 근로소득자의 보험료공제대상에 해당하지 아니하는 것이고,
   2. 개인연금저축 소득공제는 본인 가입분에 한하여 소득공제되며,
   3. 근로소득자가 생계를 같이하는 형제자매를 위하여 지출한 의료비는 당해 형제자매의 연간 소득금액 및 연령에 관계없이 당해 근로소득자의 의료비공제대상임.
(5) [질문] 장애인전용보장성보험이란 장애인이 가입한 보장성보험은 모두 해당하는지?
   [답변] 장애인전용보장성보험은 보험계약 또는 보험료납입영수증에 장애인전용보험으로 표시된 것을 말함.

2. 의료비 공제

(1) [질문] 소아혈액암 판정을 받고 치료 중인 아이가 있는데 의료비공제 외에 추가적인 공제가 있는지?

　[답변] 항시 치료를 요하는 중증환자(지병에 의해 평상시 치료를 요하고 취학·취업이 곤란한 상태에 있는 자)는 소득세법시행령 제107조 제1항 제4호의 규정에 의하여 장애인에 포함되므로 치료비에 대한 의료비공제 외에 장애인공제를 추가로 받을 수 있음.

(2) [질문] 아이가 아토피성피부염 때문에 일본에 있는 병원에서 치료를 받았는데 의료비공제를 받을 수 있는지?

　[답변] 외국에 소재한 병원은 의료법 제3조에 규정하는 의료기관에 해당되지 아니하므로 동 병원에 지급한 의료비는 의료비공제를 받을 수 없음.

(3) [질문] 빠진 치아에 대한 임플란트(인공치아를 심는 것)와 보철에 대한 비용이 의료비공제 대상인지?

　[답변] 의료법에 의한 의료기관에 지급한 보철, 틀니 비용, 임플란트 모두 공제대상임.

(4) [질문] 아이가 안짱다리가 심해서 교정기(보조기구)를 구입하게 되었는데 의료보조기 구입시에도 의료비공제가 가능한지?

　[답변] 의사·치과의사·한의사 등의 처방에 따라 의료기기를 직접 구입 또는 임차하기 위하여 지출한 비용은 의료비 공제를 받을 수 있음.

(5) [질문] MRI 촬영비가 의료비공제 대상인지?

　[답변] MRI 촬영비가 진료, 질병예방 목적으로 의료기관에 지급된 경우에는 의료비공제 대상이며, 건강진단과 관련하여 지급한 경우에도 의료비공제 대상임.

(6) [질문] 장남인 형이 부모님에 대하여 부양가족공제를 받고 있으며 어머님께서 수술을 받게 되어 큰 금액의 수술비를 삼형제가 함께 부담하였는 바, 이러한 경우 부모님에 대한 부양가족공제를 받고 있지 않는 차남이나 삼남은 어머님의 수술비에 대하여 의료비공제를 받을 수 있는지?

　[답변] 부양가족공제(기본공제)를 적용 받지 않는 직계존속에 대한 의료비를 의료비공제대상에 해당하지 않음(장남은 자신이 부담한 범위에서 공제가능하나, 차남·삼남은 공제 받을 수 없음)

(7) [질문] 3남으로 모친과 생계를 같이하고 있지는 않고 큰형 앞으로 의료보험이 등재되어 있고 작은형 집에서 7년을 생활하고 계시는 중임. 이번에 모친이 심장수술로 인해 많은 병원비를 제가 카드로 납부하게 되었는데 의료비공제가 되나?

　[답변] 주민등록표상의 동거가족으로서 당해 거주자의 주소(거소)에서 생계를 같이하는 자에 해당하지 아니하여 의료비공제에 해당하지 아니함.

3. 교육비 공제

(1) [질문] 사이버대학에 재학중인데, 사이버대학 학비가 교육비공제대상인지?

　[답변] 평생교육법에 의한 원격대학생(사이버대학)의 학비는 교육비 공제됨.

(2) [질문] 기혼 여성근로자인데, 친정동생의 대학등록금을 부담한 경우, 교육비공제 받을 수 있는지?

　[답변] 동생의 대학등록금을 부담한 경우 그 동생이 주민등록표상 같이 등재된 자로서 생계를 같이 하고, 연간소득금액이 100만 원 이하인 자인 경우에 한하여 등록금을 부담한 자의 근로소득금액에서 교육비 공제 가능함.

(3) [질문] 대학 수업료 영수증 내역을 보면 입학금, 수업료, 기성회비로 구분되어지는데, 이중 교육비공제대상이 되는 것은?

　[답변] 수업료, 기성회비, 입학금 전액 공제대상임.

(4) [질문] 처제 대학등록금을 형부인 제가 부담한 경우 교육비공제 가능한지?

    [답변] 처제가 기본공제대상에 해당되는 경우 교육비공제대상 형제자매에 해당함.
        (법인 46013-1697, 1999. 5. 6.)

(5) [질문] 맞벌이부부인 경우 자녀에 대한 기본공제를 받지 않은 배우자가 자녀의 교육비, 의료비 및 보험료(자녀를 피보험자로 함)를 공제 받을 수 있는지?

    [답변] 맞벌이부부의 자녀교육비·의료비는 자녀에 대한 기본공제를 받은 자가 공제받을 수 있는 것임
        (서면1팀 1562, 2006. 11. 17.).

(6) [질문] 5세 유아인데 사설 유치원 학원비도 교육비공제가 되나?

    [답변] 학원의 설립·운영에 관한 법률에 의한 학원에서 1일 3시간 이상, 1주 5일 이상 실시하는 교습과정의 교습을 받고 지출한 수강료는 1인당 연 300만 원 한도로 교육비공제를 받을 수 있음.

(7) [질문] 금년 6월중 대학에 수시모집에 합격하여 6월중 납부한 입학금 등은 금년 귀속분 연말정산시 공제할 수 있는지?

    [답변] 당해 금액은 내년분 교육비를 미리 선납한 것이므로 내년 귀속분 연말정산시 공제함.

4. 주택자금 공제

(1) [질문] 주택마련저축공제를 받는 세대주란 어느 시점을 기준으로 하는지?

    [답변] 주택마련저축공제의 요건인 세대주인지 여부는 과세기간 종료일 현재의 상황에 의하는 것임.

(2) [질문] 1주택을 소유하고 있는 거주자가 기존 보유주택을 양도하기 전 다른 주택을 취득하기 위해 신주택을 담보로 차입금을 차입한 경우 장기주택저당차입금이자 공제 가능한지?

    [답변] 해당하지 않음. 장기주택저당차입금이자상환액공제는 차입 당시 1주택 요건을 충족해야 함(조심 2010서1822, 2010. 9. 1.).

(3) [질문] 현재 어머니가 세대주이나 지금 저로 세대주를 변경하면 지난 1년간 저축한 금액에 대해서 소득공제를 받을 수 있나?

    [답변] 세대주인지 여부는 과세기간 종료일 현재의 상황에 의하는 것임.

(4) [질문] 부인이 국민주택규모 초과주택을 소유하고 있고 남편인 세대주는 국민주택규모이하의 주택을 소유한 경우 주택마련저축소득공제가 가능하나?

    [답변] 무주택자 또는 국민주택규모 1주택 소유자라 함은 근로소득자 본인 뿐만 아니라 주민등록표상의 동거가족 또한 과세기간 종료일 현재 무주택자 또는 국민주택규모 1주택 소유자이어야 함을 말하는 것임(법인 46013-4325, 1995. 11. 23.).

01 다음 중 근로소득 연말정산에 관한 설명으로 가장 올바르지 않은 것은?

① 일반적으로 다음 해 1월분 급여를 지급하는 때에 연말정산을 수행한다.

② 2월분 급여를 2월말까지 지급하지 못하거나 근로소득이 없는 경우에는 2월 말일에 2월 분 급여를 지급한 것으로 보아 연말정산을 행한다.

③ 중도퇴직한 경우에는 퇴직한 달의 급여를 지급하는 때 연말정산한다.

④ 소득공제에 필요한 서류를 제출하는 경우에 한하여 소득공제를 받을 수 있다.

02 다음은 홍길동 회계사의 홈페이지에 있는 연말정산에 대한 상담사례들을 모은 것이다. 다음 상 담사례의 답변 중 틀린 것은 어느 것인가?

> [질문 1] 안녕하세요. 홍길동 회계사님.
> 생계를 같이하고 있지 않는 동생의 의료비를 부담한 경우 의료비 세액공제 대상이 됩니까?
> [답변 1] 의료비 세액공제는 기본공제대상자에 대해 지출한 의료비만 공제되므로 생계를 함께 하고 있지 않은 형제, 자매에 대한 의료비는 공제되지 않습니다. 다만, 일시적 퇴거의 사유에 해당되는 경우 의료비세액 공제가 가능합니다.
>
> [질문 2] 제 총급여가 8,000만원 인데요 산후조리원에 지출한 비용이 세액공제 대상에 해당하나요?
> [답변 2] 근로자가 산후조리원에 지급하는 비용은 출산 1회당 200만원 한도로 세액공제 대상에 포 함합니다.
>
> [질문 3] 안녕하세요. 이번에 일본여행을 다녀왔는데 여행 중 신용카드로 핸드백을 구매했습니다. 일본에서 구매했더라도 물론 신용카드공제 대상이 되겠죠?
> [답변 3] 안됩니다. 국외에서 지출한 신용카드사용액은 신용카드공제 대상에 포함되지 않습니다.
>
> [질문 4] 수고하십니다. 저는 40세의 근로소득자인데요, 아내가 직장을 다녀 기본공제대상자는 아 닌데 아내가 사용한 신용카드 사용액을 제가 공제받을 수 있나요?
> [답변 4] 물론입니다. 아내분께서 근로소득자이므로 신용카드 공제를 받으실 수 있습니다.

① 답변 1   ② 답변 2

③ 답변 3   ④ 답변 4

XIII 양도소득세

1 양도의 범위

　양도라 함은 자산에 대한 등기·등록에 관계없이 매도·교환·법인에 대한 현물출자 등으로 인하여 그 자산이 유상으로 사실상 이전되는 것을 말한다. 그러나 환지처분, 양도담보 등은 양도에 해당하지 않는다.

2 양도소득세 과세대상자산

그룹	자산	범위
그룹1	부동산	토지 및 건물
	부동산에 관한 권리	① 부동산을 취득할 수 있는 권리 ② 지상권 ③ 전세권과 등기된 부동산 임차권
	기타자산	① 특정주식 ①(과점주주가 보유하는 부동산과다보유법인 주식) ② 특정주식 ②(골프장 등을 영위하는 부동산과다보유법인 주식) ③ 특정시설물이용권 ④ 토지, 건물, 부동산상의 권리와 함께 양도하는 영업권
그룹2	주식 또는 출자지분	① 비상장주식[1] ② 대주주소유 상장주식 ③ 장외거래 상장주식[2]
그룹3	파생상품	다음 중 어느 하나에 해당하는 파생상품 등의 거래 또는 행위로 발생하는 소득 (이자 및 배당소득 제외) ① 국내 장내파생상품: 모든 주가지수 관련 파생상품 ② 해외 장내 파생상품 ③ 주가지수 관련 장외 파생상품
그룹4	신탁수익권	신탁의 이익을 받을 권리(금전신탁수익증권, 투자신탁 수익권의 그 양도로 발생하는 소득이 배당소득으로 과세되는 경우 해당 수익권은 제외)의 양도로 발생하는 소득. 다만, 신탁 수익권의 양도를 통하여 신탁재산에 대한 지배·통제권이 사실상 이전되는 경우는 신탁재산 자체의 양도로 봄.

[1] K-OTC를 통한 소액주주의 중소·중견기업 주식의 양도소득은 비과세
[2] 소액주주 상장주식 장외거래시 주식의 포괄적 교환·이전 및 포괄적 교환·이전에 대한 주식매수선택권행사에 따라 양도하는 주식은 비과세

상기 과세대상 중 기타자산과 특정상장주식에 대해 살펴본다.

(1) 기타자산

1) 부동산 과다법인의 주식(특정주식 ①)

다음의 요건을 모두 충족하는 경우에 양도소득세 과세대상이 된다.
- ㉠ 주식을 발행한 법인의 토지·건물·부동산에 관한 권리의 합계액(해당 법인이 직접 또는 간접으로 보유한 다른 법인의 주식가액에 그 다른 법인의 부동산등 보유비율을 곱하여 산출한 가액 포함)이 자산총액의 50% 이상
- ㉡ 주주 1인과 그 특수관계인(과점주주)의 소유주식합계액이 주식총액의 50% 이상
- ㉢ 과점주주가 과점주주 외의 자에게 3년 이내 양도한 주식합계액이 주식총액의 50% 이상. 단, 과점주주가 과점주주 외의 자에게 50% 이상 양도한 주식 등 중에서 과점주주 외의 자에게 양도하기 전에 과점주주 간에 양도·양수한 주식등도 포함

2) 골프장 등 특수업종을 영위하는 부동산 과다법인의 주식(특정주식 ②)

다음의 요건을 모두 충족하는 경우에 양도소득세 과세대상이 된다.
- ㉠ 골프장·스키장·휴양콘도미니엄·전문휴양시설을 건설 또는 취득하여 직접 경영하거나 분양 또는 임대하는 사업을 영위하는 법인
- ㉡ 해당 법인의 자산총액 중 토지·건물 및 부동산에 관한 권리의 합계액(해당 법인이 직접 또는 간접으로 보유한 다른 법인의 주식가액에 그 다른 법인의 부동산등 보유비율을 곱하여 산출한 가액 포함)이 80% 이상인 법인
  → 상기 요건에 해당하는 주식은 단 1주를 양도하더라도 양도세 과세대상이다.

특정주식 ①과 특정주식 ②의 비교

구분		특정주식 ①	특정주식 ②
과세요건	① 업종기준	제한 없음	골프장, 스키장 등의 업종
	② 부동산비율	50% 이상	80% 이상
	③ 주식소유비율	50% 이상	제한 없음
	④ 주식양도비율	50% 이상	제한 없음
과세시기		50% 이상을 양도하는 때	해당 주식을 양도하는 때
장기보유특별공제		적용대상이 아님	적용대상이 아님
적용세율		보유기간에 관계없이 기본세율 적용	

3) 특정시설물이용권

시설물을 배타적으로 이용하거나 일반이용자에 비하여 유리한 조건으로 이용할 수 있도록 한 시설물이용권을 말하며, 골프회원권, 헬스클럽이용권 등이 있다.

(2) 특정상장주식

주식시장의 활성화를 위하여 상장주식에 대하여는 원칙적으로 양도소득세를 과세하지 않는다. 그러나 이러한 점을 이용해 변칙증여를 하는 경우가 있으므로 이를 방지하기 위하여 대주주* 거래분과 장외거래분은 양도소득세를 과세한다.

* 대주주: 지분율이나 시가총액이 다음에 해당하는 자를 의미한다.

주식발행법인	지분비율	시가총액
① 상장법인	주식합계액의 1% 이상	
② 코스닥상장법인	주식합계액의 2% 이상	50억 원 이상 소유
③ 코넥스상장법인	주식합계액의 4% 이상	

3 비과세 양도소득

① 파산선고에 의한 처분으로 발생하는 소득
② 대통령령으로 정하는 농지의 교환 또는 분합으로 발생하는 소득
③ 1세대 1주택*의 양도로 인하여 발생하는 소득
④ 조합원입주권의 양도로 법정요건을 충족한 양도소득
⑤ 「지적재조사에 관한 특별법」 제18조에 따른 경계의 확정으로 지적공부상의 면적이 감소되어 같은 법 제20조에 따라 지급받는 조정금

* 세대수 산정시 재개발 및 재건축 관련 입주권을 주택수에 포함함.

4 양도소득세 과세표준

(1) 과세표준 계산절차

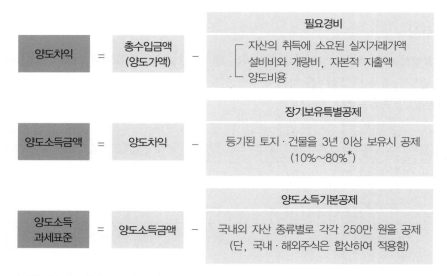

			필요경비
양도차익	=	총수입금액 (양도가액) −	┌ 자산의 취득에 소요된 실지거래가액 │ 설비비와 개량비, 자본적 지출액 └ 양도비용

			장기보유특별공제
양도소득금액	=	양도차익 −	등기된 토지·건물을 3년 이상 보유시 공제 (10%~80%*)

			양도소득기본공제
양도소득 과세표준	=	양도소득금액 −	국내외 자산 종류별로 각각 250만 원을 공제 (단, 국내·해외주식은 합산하여 적용함)

* 대통령령으로 정하는 1세대1주택이 아닌 것은 30% 한도

(2) 양도가액과 취득가액의 결정

양도자산 종류	원칙
토지·건물·부동산에 관한 권리	실지거래가액
특정상장주식·비상장주식·기타자산	실지거래가액

(3) 필요경비

취득가액·설비비와 개량비·자본적 지출액·양도비용을 합한 금액을 필요경비로 한다.

(4) 장기보유특별공제

토지 · 건물로서 등기되고 보유기간이 3년 이상인 것 및 조합원입주권에 대해서 적용된다. 조합원입주권을 양도하는 경우에는 관리처분계획인가 전 주택분의 양도차익으로 한정한다.

장기보유특별공제는 "토지 및 건물로서 미등기자산"과 "조합원입주권 중 조합원으로부터 취득하는 것"은 적용배제된다. 또한 "2주택 이상 보유자"가 조정대상지역 내 주택 양도 시 장기보유특별공제의 적용을 배제한다.

[표 1] 1세대 1주택 외의 자산에 대한 공제율

보유기간		장기보유특별공제율
3년 이상	4년 미만	6%
4년 이상	5년 미만	8%
5년 이상	6년 미만	10%
6년 이상	7년 미만	12%
7년 이상	8년 미만	14%
8년 이상	9년 미만	16%
9년 이상	10년 미만	18%
10년 이상	11년 미만	20%
11년 이상	12년 미만	22%
12년 이상	13년 미만	24%
13년 이상	14년 미만	26%
14년 이상	15년 미만	28%
15년 이상		30%

[표 2] 1세대 1주택에 대한 공제율

보유기간	공제율	거주기간		공제율
3년 이상 4년 미만	12%	2년 이상 3년 미만 (보유기간 3년 이상에 한정함)		8%
		3년 이상 4년 미만		12%
4년 이상 5년 미만	16%	4년 이상 5년 미만		16%
5년 이상 6년 미만	20%	5년 이상 6년 미만		20%
6년 이상 7년 미만	24%	6년 이상 7년 미만		24%
7년 이상 8년 미만	28%	7년 이상 8년 미만		28%
8년 이상 9년 미만	32%	8년 이상 9년 미만		32%
9년 이상 10년 미만	36%	9년 이상 10년 미만		36%
10년 이상	40%	10년 이상		40%

(5) 양도소득기본공제

자산그룹별로 각각 연간 250만 원을 공제하며 양도한 모든 자산에 대하여 적용되나 토지ㆍ건물ㆍ부동산에 관한 권리로서 "미등기양도자산"에 대하여는 양도소득기본공제를 적용하지 아니한다.

5 취득 및 양도시기

취득시기 및 양도시기는 원칙적으로 "대금청산일"을 기준으로 한다. 다만, 다음의 경우에는 해당일을 기준으로 한다.

- 대금을 청산한 날이 분명하지 아니한 경우: 등기부·등록부 또는 명부 등에 기재된 등기·등록 접수일 또는 명의개서일
- 대금청산일 전에 소유권이전등기를 한 경우: 등기부·등록부 또는 명부상에 기재된 등기접수일
- 장기할부조건의 경우: 이전등기일, 인도일, 사용수익일 중 빠른 날
- 자가건설 건축물의 경우: 사용승인서교부일 다만, 사용승인서 교부 전에 사실상 사용하거나 임시 사용승인을 받은 경우 사실상 사용일과 승인일 중 빠른날로 하고, 건축허가를 받지 않고 건축하는 건축물은 사실상 사용일
- 상속 또는 증여에 의하여 취득한 경우: 상속개시일 또는 증여를 받은 날

6 양도소득세액계산 및 납부

	양도소득과세표준	각 세율별로 구분하여 계산
(×)	세율	
	양도소득산출세액	
(−)	세액공제·감면	
	양도소득결정세액	
(+)	가산세	
	양도소득총결정세액	
(−)	기납부세액	예정신고시 납부한 세액차감
	차감납부할세액	

(1) 세율

양도소득세율은 자산의 종류, 보유기간 및 등기여부에 따라 다음과 같이 다양하다.

과세대상	구분		세율
토지, 건물, 부동산에 관한 권리	미등기자산		70%
	1년 미만 보유자산		50%(주택, 조합원입주권, 분양권은 70%)
	1년 이상 2년 미만 보유자산		40%(주택, 조합원입주권, 분양권은 60%)
	비사업용토지		기본세율 + 10%
	이외 토지 등 자산		기본세율(분양권은 60%)
	조정대상지역 내 주택으로 1세대2주택에 해당하는 주택		기본세율 + 20%
	조정대상지역 내 주택으로 1세대 3주택에 해당하는 주택		기본세율 + 30%
	조정대상지역 내 주택의 입주자로 선정된 지위(조합원입주권은 제외)*1)		위의 분양권 관련 규정 적용
주식 등	중소기업 주식		10%(대주주*2) 20%)
	중소기업 외 주식	일반주주	20%
		대주주 1년 미만 보유	30%
		대주주 1년 이상 보유	20%(3억 원 초과분은 25%)
기타자산	영업권, 특정시설물이용권, 특정주식 ①, ②		기본세율
	비사업용토지과다보유법인의 주식		기본세율 + 10%
파생상품의 거래 또는 양도로 인한 소득			10%(탄력세율)
신탁수익권			20%(3억 원 초과액은 25%)

*1) 1세대가 보유하고 있는 주택이 없는 경우로서 대통령령으로 정하는 경우는 제외
*2) 양도차익 3억 원 초과 25% 적용

위의 표에서 적용되는 양도소득세 기본세율(6~45%)은 소득세 기본세율과 같다.

(2) 예정신고와 납부

거주자가 토지, 건물, 부동산에 관한 권리, 기타자산, 신탁수익권을 양도한 경우에는 양도한 날이 속하는 달의 말일부터 2개월 이내에, 주식 및 출자지분을 양도한 경우에는 양도일이 속하는 반기 말일부터 2개월 이내에 납세지 관할세무서장에게 신고(양도소득과세표준 예정신고)하고 그 세액을 납부하여야 한다.

예 제

다음 자료에 의하여 민경원씨의 양도소득세 산출세액을 계산하라.
① 양도자산: 토지 200㎡
② 취득가액 및 양도가액

구분	일자	금액
양도	2024. 6. 30	400,000,000원
취득	2004. 1. 1	100,000,000원

③ 토지 양도에 소요된 비용은 3,000,000원이다.
④ 민경원씨의 토지는 등기된 자산으로 비사업용토지에 해당하지 않는다.

풀 이

구분	계산내역	금액
양도가액		400,000,000원
필요경비		
① 취득가액		△100,000,000원
② 양도비용		△3,000,000원
양도차익		297,000,000원
장기보유특별공제	297,000,000 × 30%	△89,100,000원
양도소득금액		207,900,000원
양도소득기본공제		△2,500,000원
과세표준		205,400,000원
산출세액	37,600,000+(205,400,000−150,000,000) × 38%	58,652,000원

01 다음 중 양도소득세가 과세되는 소득은?

① 1세대 1주택(고가주택 아님)의 양도소득
② 사업용 기계장치처분이익
③ 토지와 함께 양도하는 영업권
④ 소액주주가 양도한 상장법인의 주식

02 다음 중 양도소득세 과세대상자산이 아닌 것은?

① 부동산을 취득할 수 있는 권리
② 업무용승용차의 양도
③ 상장법인의 대주주가 소유한 주식
④ 과점주주가 보유하는 부동산과다보유법인 주식

03 다음 중 양도소득세 과세대상은 몇 개인가?

> ㉠ 토지의 현물출자
> ㉡ 건물의 무상이전
> ㉢ 임대하던 점포를 양도한 경우
> ㉣ 1세대 1주택(고가주택 아님)에 해당하는 주택의 양도
> ㉤ 직전 사업연도말 현재 상장법인의 총발행주식의 0.5%(시가 20억)를 보유한 주주가 보유주식을 전부 매각한 경우
> ㉥ 토지와 함께 양도하는 영업권

① 2개   ② 3개
③ 4개   ④ 5개

04 다음 중 양도소득세에 관한 설명으로 가장 올바르지 않은 것은?

① 필요경비에는 취득가액, 설비비와 개량비, 자본적 지출액을 포함하고 양도비용을 제외한다.

② 토지·건물로서 등기되고 보유기간이 3년 이상인 것은 장기보유특별공제 적용대상이다.

③ 토지, 건물, 부동산에 관한 권리는 원칙적으로 실지거래가액에 의해서 양도차익을 계산한다.

④ 거주자가 토지 및 건물을 양도하는 경우에는 양도한 날이 속하는 달의 말일부터 2개월이내에 납세지 관할세무서장에게 신고하고 그 세액을 납부하여야 한다.

05 다음 중 양도소득에 관한 설명으로 가장 올바르지 않은 것은?

① 상장주식에 대하여는 원칙적으로 양도소득세 대상이 아니나, 대주주 거래분과 장외거래분에 한해서 양도소득세를 과세한다.

② 1세대 1주택(고가주택 제외)과 그 부수토지의 양도로 인한 소득에 대해서는 비과세를 적용한다.

③ 소유권이전의 형식을 띠고 있는 양도담보는 양도소득세 과세대상에 포함된다.

④ 거주자가 토지 및 건물을 양도한 경우 양도한 날이 속하는 달의 말일부터 2개월 이내에 양도소득세 신고 및 납부하여야 한다.

06 다음 양도소득세의 세율에 관한 사항 중 가장 높은 양도소득세율을 적용받는 것은?

① 등기되지 않은 토지의 양도

② 2년 이상 보유한 조합원입주권의 양도

③ 보유기간이 1년 미만인 등기된 건물의 양도

④ 대주주가 보유하는 보유기간이 2년 이상인 비상장주식의 양도

07 다음 자료에 의해서 등기된 토지의 양도로 인한 양도소득 과세표준을 계산하면?

취득일자	2016. 5. 10
양도일자	2024. 10. 20
토지면적	200㎡
양도당시의 실지거래가	200,000/㎡
취득당시의 실지거래가	100,000/㎡
양도비용(중개사 수수료 등)	600,000
단, 장기보유특별공제율은 16%를 적용	

① 20,000,000원　　　　　　　② 17,500,000원

③ 13,796,000원　　　　　　　④ 16,296,000원

08 다음은 거주자 김삼일씨가 2024년에 양도한 토지(등기된 토지로 사업용임)와 관련된 자료이다. 해당 토지의 양도로 인한 양도차익 및 양도소득 과세표준은 각각 얼마인가?

ㄱ. 양도당시의 실지거래가	50,000,000원
ㄴ. 취득당시의 실지거래가	20,000,000원
ㄷ. 양도비용(중개수수료 등)	5,000,000원
단, 장기보유특별공제율은 20%를 적용한다.	

	양도차익	양도소득 과세표준
①	17,500,000원	17,500,000원
②	20,000,000원	20,000,000원
③	25,000,000원	17,500,000원
④	30,000,000원	20,000,000원

XIV 신고납부 및 결정과 징수

1 소득세 신고절차

소득세는 매년 1월 1일부터 12월 31일까지를 1과세기간으로 하여 다음연도 5월에 확정신고를 하여야 한다.

구분	신고여부	납부기한	비고
중간예납	고지납부	11월 30일	사업소득이 있는 자가 6개월간의 소득세를 미리납부하는 절차
예정신고	자진신고	양도일이 속하는 달(일반주식은 반기)의 말일부터 2개월 이내	부동산(주식)을 양도하는 자가 미리 양도소득세를 납부하는 절차
사업장 현황신고	자진신고	다음연도 2월 10일까지	면세사업자의 총수입금액을 파악하기 위한 제도
확정신고	자진신고	다음연도 5월말까지	소득세법상 소득이 있는 자가 소득세를 신고·납부하는 제도

2 중간예납

소득세는 1년간의 소득에 과세하는 것이지만, 세금을 과세기간 경과 후 일시에 납부하게 하는 것보다 이를 분할 예납하게 하는 것이 정부의 세입 충족면에서나 납세자의 자금 부담면에서 효율적이기 때문에 중간예납 제도를 두고 있다.

중간예납대상자는 종합소득이 있는 거주자 중 사업소득이 있는 자이다.

중간예납기간은 1월 1일부터 6월 30일까지의 기간으로 하며, 중간예납절차에 관련되는 기간은 다음 표와 같다.

중간예납기간	세액통지기간	세액납부기간
1월 1일~6월 30일	11월 1일~11월 15일	11월 16일~11월 30일

종합소득이 있는 거주자로서 중간예납을 하여야 할 자는 중간예납기간에 대한 중간예납세액을 11월 30일까지 납부하여야 한다. 단, 중간예납세액이 50만 원 미만일 경우 중간예납세액을 징수하지 아니한다.

3 토지 등 매매차익과 자산양도차익의 예정신고와 납부

(1) 토지 등 매매차익 예정신고

부동산 매매업자는 토지 등 매매차익과 세액을 그 매매일이 속하는 달의 말일부터 2개월이 되는 날까지 납세지 관할세무서장에게 신고해야 하고, 그에 해당하는 세액을 납부해야 한다. 이 경우 매매차익이 없거나 매매차손이 발생한 경우에도 신고하여야 한다.

(2) 자산양도차익 예정신고

양도소득세 과세대상자산을 양도한 거주자(부동산을 매매한 자가 부동산 소유권이전에 관한 등기를 신청하는 날까지 신고한 경우는 제외한다)는 자산의 양도차익을 그 양도일이 속하는 달의 말일부터 2개월이 되는 날(주식과 출자지분의 경우에는 반기의 말일부터 2개월 이내)까지 납세지 관할세무서장에게 신고해야 하고, 그에 해당하는 세액을 납부해야 한다.

4 사업장 현황신고

사업자(해당 과세기간 중 사업을 폐업 또는 휴업한 사업자를 포함한다)는 사업장별로 사업실적, 시설현황 및 인건비 등 기본사항과 휴 · 폐업 사실 등을 기재한 현황보고서를 해당 과세기간의 다음연도 2월 10일까지 사업장 소재지 관할세무서장에게 보고하여야 한다. 다만, 사업자가 부가가치세법에 의한 예정신고와 확정신고를 한 때에는 신고를 하지 않아도 된다.

5 확정신고와 세액납부

(1) 과세표준 확정신고

해당 과세기간의 종합소득금액, 퇴직소득금액 및 양도소득금액이 있는 거주자(종합소득과세표준이 없거나 결손금이 있는 거주자를 포함한다)는 각 소득의 과세표준을 해당 과세기간의 다음연도 5월 1일부터 5월 31일까지(성실신고확인대상자가 성실신고확인서를 제출하는 경우에는 5월 1일부터 6월 30일까지) 관할 세무서장에게 신고해야 하는데, 이를 "과세표준확정신고"라 한다.

다만, 다음에 해당하는 거주자는 확정신고하지 아니하여도 된다.

① 근로소득만 있는 자
② 퇴직소득만 있는 자

③ 공적연금소득만 있는 자

④ 연말정산대상인 사업소득만 있는 자

⑤ ① 및 ② / ② 및 ③ / ② 및 ④의 소득만 있는 자

⑥ 분리과세이자소득, 분리과세배당소득, 분리과세연금소득 및 분리과세기타소득만 있는 자

⑦ ①~⑤의 소득이 있는 자로 분리과세이자소득, 분리과세배당소득, 분리과세연금소득 및 분리과세기타소득이 있는 자

(2) 확정신고 자진납부

거주자는 해당 과세기간의 과세표준에 대한 각 소득 산출세액에서 감면세액과 세액공제액을 공제한 금액을 과세표준확정신고 기한까지 납부하여야 한다. 이 경우, 이미 납부한 중간예납세액, 토지 등 매매차익 예정신고세액, 결정·경정한 세액, 수시부과세액, 원천징수세액 및 납세조합의 징수세액이 있는 때에는 이를 공제하고 납부한다. 그리고 세액을 납부하는 경우, 납부할 세액이 1천만 원을 초과하는 경우에는 2개월 이내 분납할 수 있다.

6 결정과 경정

(1) 결정과 경정의 의의

소득세는 신고납세제도를 채택하고 있는 바, 납세의무는 과세표준과 세액의 신고에 따라 확정된다.

그런데 납세의무자의 신고에 대하여 납세의무를 확정하는 효력을 가지게 하는 것은 납세의무자의 신고가 진실한 내용에 합치되는 것을 전제로 하는 것으로서 납세의무자가 신고를 하지 아니하거나 신고내용에 오류·탈루 등이 있는 경우에는 정부가 납세의무를 확정하는 결정을 하거나 신고내용을 수정하는 경정을 하게 된다.

여기서 결정은 신고를 하지 아니한 경우 정부가 과세표준과 세액을 조사·결정하는 것을 말하고, 경정은 신고에 의하여 확정된 것을 수정하는 것을 말한다.

(2) 결정과 경정의 방법

과세표준과 세액의 결정 또는 경정방법은 실지조사에 의하는 경우와 추계조사에 의하는 경우가 있으며, 장부 기타 증빙서류를 근거로 하여 실지조사에 의하는 것을 원칙으로 하되 실지조사를 할 수 없는 경우에만 추계조사에 의하도록 하고 있다.

1) 실지조사 결정

실지조사 결정 또는 경정은 과세표준신고서 및 그 첨부서류에 의하거나, 비치·기장한 장부와 기타 증빙서류에 의하여 과세표준과 세액을 결정 또는 경정하는 것을 말한다.

2) 추계조사 결정

과세표준을 조사함에 있어 필요한 장부와 증빙서류가 없거나 중요한 부분이 미미하거나 기장의 내용이 시설규모, 종업원수 등에 비추어 허위임이 명백하여 이를 기초로 조사할 수 없는 경우에는 단순경비율 및 기준경비율에 의한 방법 등에 따라 결정하거나 경정한다.

7 가산세

가산세는 세법에 규정한 의무의 성실한 이행을 확보하기 위하여 그 의무를 위반한 자에게 부과하는 행정벌이다. 소득세법상 가산세의 자세한 내용은 본서의 범위를 벗어나므로 종류와 가산세액에 대한 기본내용만 기술하기로 한다.

구분	가산세액
① 장부의 기록·보관불성실 가산세	무기장산출세액의 20%
② 지급명세서 제출 불성실 가산세	지급명세서 미제출·불분명금액의 1% (3개월 이내 제출시 0.5%)
	근로소득간이지급명세서 미제출·불분명금액의0.25% (3개월 이내 제출시 0.125%)
③ 계산서 등 제출 불성실 가산세	공급가액의 1%(또는 2%)
④ 증빙서류 수취 불성실 가산세	사실과 다른 금액의 2%
⑤ 영수증 수취명세서 제출 불성실 가산세	불분명한 금액의 1%
⑥ 사업장 현황신고 불성실 가산세	무신고·미달신고한 금액의 0.5%
⑦ 공동사업장 등록·신고 불성실 가산세	총수입금액의 0.5%(또는 0.1%)
⑧ 사업용계좌 신고·사용 불성실 가산세 (사업용 계좌를 사용하지 않은 경우)	미사용금액의 0.2%
⑨ 신용카드 및 현금영수증 발급 불성실 가산세	발급거부·사실과 다르게 발급한 금액의 5%
	현금영수증가맹점 미가입기간의 수입금액의 1%(또는 5%)
⑩ 업무용승용차 관련비용 명세서 제출 불성실 가산세	업무용승용차 관련비용 명세서의 미제출시(불성실제출시) 필요경비산입액(사실과 다르게 제출한 금액) × 1%

※ 무신고 및 과소신고가산세, 납부지연가산세는 국세기본법에서 규정하고 있다.

MEMO

01 다음 중 개인의 소득세 신고에 관한 내용으로 가장 올바르지 않은 것은?

① 사업장 현황신고는 부가가치세 면세사업자의 총수입금액을 파악하기 위한 제도로써 다음 연도 2월10일까지 자진신고하여야 한다.
② 종합소득세 확정신고는 다음연도 5월말까지 신고해야 한다.
③ 매년 정기예금이자 2,500만 원 이외의 소득이 없는 김철수 할아버지는 종합소득세 확정신고를 안해도 된다.
④ 매년 근로소득 총수입금액 1억 이외의 다른 소득이 없는 김삼일씨는 종합소득세 확정신고를 안해도 된다.

02 다음의 소득세 신고납부에 관한 사항 중 옳은 것은?

① 부동산 매매업자는 토지 등 매매차익과 세액을 그 매매일이 속하는 달의 말일부터 3개월이 되는 날까지 납세지 관할세무서장에게 신고해야 하고, 그에 해당하는 세액을 납부해야 한다.
② 성실신고확인대상자가 성실신고확인서를 제출하는 경우에는 5월 1일부터 6월 30일까지 종합소득과세표준 확정신고를 해야 한다.
③ 면세사업자는 다음 연도 1월 25일까지 사업장현황신고를 하여야 한다.
④ 양도소득세 과세대상에 해당하는 주식을 양도한 자는 양도일이 속하는 달의 말일로부터 2개월 이내에 예정신고를 하여야 한다.

03 다음 소득세법상 신고납부에 관한 내용 중 옳지 않은 것은?

① 소득세의 과세기간은 개인의 임의대로 변경할 수 없다.
② 사업소득이 있는 자는 6개월간의 소득세를 미리 납부하는 중간예납제도 적용대상이다.
③ 소득세는 분납할 수 없다.
④ 근로소득만이 있는 자는 연말정산으로 모든 납세절차가 종결되기 때문에 확정신고는 원칙적으로 하지 않아도 된다.

XIV. 신고납부 및 결정과 징수

04 다음 중 소득세법상 신고·납부에 관한 설명으로 가장 올바르지 않은 것은?

① 해당 과세기간 중 신규로 사업을 시작하는 경우 중간예납 대상에서 제외한다.
② 소득세법상 중간예납대상자는 종합소득이 있는 거주자 중 사업소득이 있는 자이다.
③ 소득세법상 중간예납을 하여야 할 자는 중간예납세액을 8월 31일까지 납부하여야 한다.
④ 소득세는 원칙적으로 신고납부제도이므로 납세의무는 과세표준과 세액의 신고에 따라 확
　정된다.

05 다음 중 소득세법상 신고 · 납부에 관한 설명으로 가장 옳은 것은?

① 소득세 중간예납 적용대상은 원칙적으로 종합소득이 있는 거주자 중 사업소득이 있는 자
　로 한다.
② 부가가치세법에 따른 사업자가 예정신고 또는 확정신고를 한 경우에도 사업장 현황신고
　를 하여야 한다.
③ 근로소득만 있는 거주자도 소득세 확정신고 의무가 있다.
④ 소득세 과세표준과 세액의 결정 및 경정방법은 추계조사를 원칙으로 한다.

Chapter

5

부가가치세법

Ⅰ   부가가치세의 의의

1 부가가치세의 기본개념

우리가 흔히 물건을 구입하면서 받은 거래내역서에는 물건가격과는 별도로 부가가치세가 표시되어 있다.

이로 인하여 우리가 부담하는 물건가격은 부가가치세만큼 높아지며 물건의 판매자는 우리가 부담한 부가가치세를 일괄적으로 세무서에 납부하게 된다.

그렇다면 부가가치세란 무엇이며 어떤 것에 부가가치세가 과세되는 것일까?

부가가치세란 재화 또는 용역이 생산되거나 유통되는 모든 단계에서 창출되는 부가가치를 과세대상으로 하는 조세이다. 부가가치란 사업자가 생산활동 또는 유통과정을 통하여 새로이 창출한 가치의 증가액을 말하는 것으로서 일반적으로는 재화 또는 용역의 매출액에서 원재료 등 외부로부터 구입한 중간생산물의 가치를 차감한 순생산액으로 정의된다.

예를 들어 어떤 도매상이 생산자로부터 상품을 15,000원에 매입한 후 이를 소비자에게 20,000원에 파는 경우 부가가치는 가치의 상승액인 5,000원이 되는 것이다.

부가가치

(1) 부가가치세의 과세대상

부가가치세 과세대상은 사업자가 공급하는 재화, 사업자가 공급하는 용역, 수입하는 재화 등 세 가지로 분류된다.

1) 사업자가 공급하는 재화

부가가치세는 국내에서 거래되는 재화 중 사업자가 공급하는 것만 과세대상으로 하며 사업자가 아닌 자가 일시적으로 공급하는 재화는 과세대상에서 제외하고 있다.

여기서 재화란 재산 가치가 있는 모든 물건과 권리를 말한다. 물건이란 상품, 제품, 원료, 기계, 건물 등 모든 유체물과 전기, 가스, 열 등 관리할 수 있는 자연력을 말한다. 재화의 범위와 관련된 주요내용은 다음과 같다.

① 재산적 가치가 있는 물, 흙, 퇴비, 자연석, 온천수, 불량 재고자산, 기계장치 등은 유체물에 해당한다.
② 유체물 그 자체가 거래의 대상이 되지 아니하는 것, 예를 들어 화폐·수표·어음 등은 재화의 범위에서 제외된다.
③ 무체물에는 재산적 가치가 있는 권리가 포함되기 때문에 영업권의 양도는 재화의 공급에 해당한다.

한편, 재화의 범위에 포함되더라도 부가가치세법상 면세재화에 해당하는 경우에는 부가가치세를 면제한다.

2) 사업자가 공급하는 용역

부가가치세는 국내에서 공급되는 용역 중 사업자가 공급하는 것만 과세대상으로 하며 사업자가 아닌 자가 일시적으로 공급하는 용역은 과세대상에서 제외하고 있다.

여기서 용역이란 재화 외의 재산 가치가 있는 모든 역무 및 그 밖의 행위를 말하며 구체적으로는 다음과 같다.

① 건설업(단, 부동산매매업은 재화를 공급하는 사업으로 본다)
② 숙박 및 음식점업
③ 운수 및 창고업
④ 정보통신업(출판업과 영상·오디오 기록물 제작 및 배급업은 제외한다)
⑤ 금융 및 보험업
⑥ 부동산업. 다만. 다음의 사업은 제외한다.
　　㉠ 전·답·과수원·목장용지·임야 또는 염전 임대업
　　㉡ 공익사업과 관련하여 지역권·지상권(지하 또는 공중에 설정된 권리를 포함한다)을 설정하거나 대여하는 사업을 제외한다.
⑦ 전문, 과학 및 기술 서비스업과 사업시설 관리, 사업 지원 및 임대서비스업
⑧ 공공행정, 국방 및 사회보장행정
⑨ 교육서비스업
⑩ 보건업 및 사회복지 서비스업

⑪ 예술, 스포츠 및 여가 관련 서비스업

⑫ 협회 및 단체, 수리 및 기타 개인서비스업과 제조업 중 산업용 기계 및 장비 수리업

⑬ 가구내 고용활동 및 달리 분류되지 않는 자가소비 생산활동

⑭ 국제 및 외국기관의 사업

3) 재화의 수입

재화의 수입은 수입자가 사업자가 아니라도 부가가치세가 과세된다. 예를 들어, 외국여행 중에 구입한 카메라, TV 등을 국내에 반입하는 경우에도 재화의 수입으로 보아 부가가치세가 과세된다.

재화의 수입을 과세대상으로 하는 것은 수입하는 재화에 대하여도 국내생산 재화의 경우와 동일한 세부담이 되도록 함으로써 국내생산 재화와의 과세형평을 유지하고 국내산업을 보호하기 위한 것이다. 이러한 취지에서 재화와 용역의 공급에 있어서는 사업자가 공급하는 경우에 한하여 과세대상으로 하고 있으나, 재화의 수입의 경우에는 수입자가 사업자인지 여부를 불문하고 과세대상으로 하고 있는 것이다. 다만, 경제정책이나 수입되는 재화의 성격에 따라 면세로 규정된 재화에 대하여는 과세하지 아니한다.

4) 부수재화 또는 용역

① 주된 공급(거래)에 부수되어 공급되는 재화 또는 용역

주된 재화 또는 용역의 공급(거래)에 부수되어 공급되는 재화 또는 용역이란 다음의 경우에 해당하는 것을 말한다.

구분	구체적 사례
• 해당 대가가 주된 거래인 재화 또는 용역의 공급 대가에 통상적으로 포함되어 공급되는 재화 또는 용역 • 거래의 관행으로 보아 통상적으로 주된 거래인 재화 또는 용역의 공급에 부수하여 공급되는 것으로 인정되는 재화 또는 용역	① 피아노를 공급하면서 피아노용 의자를 제공하고 이를 운반해 주는 경우 ② 미술학원에서 교육용역을 제공하면서 실습교재를 공급하는 경우 ③ TV를 공급하고 그 후 A/S용역을 제공하는 경우 ④ 수선용역을 제공하면서 부속품을 교체해 주는 경우

이 경우 부수재화 또는 용역의 과세범위 · 공급장소 · 공급시기 등은 모두 주된 재화 또는 용역의 공급에 따라 판단한다. 즉, 주된 재화 또는 용역이 과세대상이면 부수재화 또는 용역도 과세대상이 되고, 주된 재화 또는 용역이 면세대상이면 부수재화 또는 용역도 면세대상이 된다.

② 주된 사업에 부수하여 공급되는 재화 또는 용역

주된 사업에 부수하여 공급하는 재화 또는 용역은 다음의 경우에 해당하는 것을 말한다.

구분	구체적 사례
주된 사업과 관련하여 주된 재화의 생산에 필연적으로 부수하여 생산되는 재화	부산물, 작업설물 등의 매각(생사 제조업에서 발생한 번데기)
주된 사업과 관련하여 우연히 또는 일시적으로 공급되는 재화 또는 용역	면세사업자의 사업용 고정자산 매각

주된 사업에 부수되는 재화 또는 용역의 공급은 별도의 공급으로 본다. 다만, 과세 및 면세여부는 주된 사업의 과·면세 여부를 따른다. 그러나 주된 사업과 관련하여 우연히 또는 일시적으로 공급되는 재화나 용역의 경우 해당 재화나 용역이 면세대상인 경우에는 주된 사업과 무관하게 면세로 본다. 예를 들면 전자제품 제조업자(과세사업자)가 건물(과세재화)를 공급하는 경우에는 과세이지만, 토지(면세제화)를 공급하는 경우에는 면세이다.

③ 주된 거래나 주된 사업에 부수되는 재화·용역의 면세 여부

구분	부수 재화·용역	판정
주된 거래가 과세	과세	과세
	면세	
주된 거래가 면세	과세	면세
	면세	
주된 사업이 과세	과세	과세
	면세	과세(또는 면세*)
주된 사업이 면세	과세	면세
	면세	

(*) 주된 사업과 관련하여 필연적으로 생기는 재화는 과세이나 주된 사업과 관련하여 우연히 또는 일시적으로 공급되는 재화나 용역의 경우 주된 사업과 무관하게 해당 재화나 용역이 면세인 경우 면세가 된다.

(2) 부가가치세율

우리나라의 부가가치세는 매출세액에서 매입세액을 차감하여 납부세액을 계산하도록 되어 있으며 이때 적용할 부가가치세율은 10%로 규정하고 있다.

2 우리나라 부가가치세 제도

부가가치세는 부가가치에 세율을 곱하여 산출하는 바, 부가가치의 계산방법은 가산방법과 공제방법으로 구분된다. 가산방법이란 부가가치의 구성요소인 인건비, 이자비용, 세금과 공과, 이윤 등을 합하여 부가가치를 계산하는 방법이고, 공제방법이란 매출액에서 외부로부터 구입한 중간생산물의 가치를 공제하여 부가가치를 계산하는 방법이다. 공제방법은 다시 부가가치세액을 산출하는 방법에 따라 전단계거래액공제방법과 전단계세액공제방법으로 구분된다. 이를 산식으로 표시하면 다음과 같다.

잘못된 계산식전단계거래액공제방법: 납부세액＝(매출액－매입액) × 세율
전단계세액공제방법: 납부세액＝매출세액－매입세액

우리나라의 부가가치세 제도는 전단계세액공제방법을 채택하고 있다.

3 우리나라 부가가치세의 특징과 과세방법

(1) 국세

조세는 부과권자를 기준으로 국세와 지방세로 구분할 수 있다. 부가가치세는 법인세·소득세 등과 같이 국가가 일반경비에 충당하기 위하여 부과하는 조세이다.

(2) 일반소비세

소비세란 재화 또는 용역을 구입하거나 사용하는 사실에서 담세능력을 파악하고, 이에 대하여 과세하는 조세를 말한다. 부가가치세는 원칙적으로 모든 재화 또는 용역의 공급을 과세대상으로 하는 일반소비세에 해당한다.

(3) 간접세

간접세란 법률상의 납세의무자와 실질적인 담세자가 일치하지 않는 조세를 말한다. 부가가치세법에서는 재화 또는 용역을 공급하는 사업자가 이를 공급받는 사업자로부터 부가가치세액을 거래징수하여 납부하도록 하고 있다. 따라서 납세의무자는 재화 또는 용역을 공급하는 사업자이지만, 실제 담세자는 재화 또는 용역의 최종 소비자이므로 부가가치세는 간접세에 해당한다.

(4) 다단계과세(전단계세액공제법)

부가가치세는 최종소비자에 이르기까지 모든 거래단계에서 창출된 부가가치에 대하여 각 단계별로 과세하는 다단계과세방법을 따르고 있다. 그러나 부가가치세는 간접세로서 각 단계에서 부과된 조세가 다음 단계로 전가되기 때문에 결국 최종소비자가 전체 부가가치에 대한 조세를 부담하게 된다. 예를 들어 다음 표에서 원재료생산업자는 자신이 창출한 부가가치 300원에 대한 세액 30원을 제조업자로부터 거래징수하여 납부한다. 즉, 원재료생산업자가 납부한 세액이 제조업자에게 전가되는 것이다.

또한, 제조업자는 매출시 소매업자로부터 거래징수한 70원의 매출세액에서, 원재료생산업자에게 거래징수당한 30원의 매입세액을 공제하여 차액 40원을 부가가치세액으로 납부하게 된다. 한편, 소매업자는 매출시 최종소비자로부터 거래징수한 100원의 매출세액에서 제조업자에게 거래징수당한 70원의 매입세액을 공제하여 차액 30원을 부가가치세액으로 납부하게 된다. 결국 원재료생산업자와 제조업자 및 소매업자는 자신이 창출한 부가가치에 대하여 각각 세액을 납부하지만 이들이 납부한 세액 100원이 모두 최종소비자에게 전가되는 것이다.

부가가치세 과세방법

구분	원재료생산업자	제조업자	소매업자	최종소비자
① 매 출 액	300	700	1,000	
② 매 입 액	–	300	700	
③ 부가가치 (①-②)	300	400	300	1,000
(VAT계산)				소비자가격 1,100
① 매출세액	30	70	100	
② 매입세액	–	30	70	
③ 납부세액 (①-②)	30	40	30	100

VAT징수액 100

(5) 소비지국과세원칙

부가가치세법에서는 간접세에 대한 국제적 중복과세의 문제를 해결하기 위하여 수입국에서만 간접세를 과세할 수 있도록 하는 소비지국과세원칙을 채택하고 있다. 이에 따라 현행 부가가치세 제도는 수출재화에 대하여 후술하는 바와 같이 영세율을 적용하여 국내에서의 모든 세부담을 배제하고 있다.

01 다음 중 부가가치세법에 대한 설명으로 가장 올바르지 않은 것은?

① 우리나라의 부가가치세는 전단계거래액공제법의 방식을 채택하고 있다.
② 부가가치세의 납세의무자는 재화나 용역을 공급하는 사업자이며 국가나 지방자치단체가 포함된다.
③ 사업상 독립적으로 재화 또는 용역을 공급하는 경우 법인 뿐 아니라 개인도 부가가치세법상 사업자에 해당한다.
④ 부가가치세는 사업자별이 아닌 사업장별로 과세함이 원칙이다.

02 다음 중 부가가치세 과세대상이 아닌 것은?

① 지하수를 용기에 담아 판매하는 경우
② 수표를 화폐와 교환하는 경우
③ 영업권을 양도한 경우
④ 외국여행 중에 구입한 카메라를 국내에 반입하는 경우

03 다음 중 부가가치세 과세대상에 관한 설명으로 가장 올바르지 않은 것은?

① 과세대상이 되는 재화란 재산적 가치가 있는 모든 물건과 권리를 말하나 주식 등의 유가 증권과 특허권 등의 무체물은 과세대상이 아니다.
② 용역의 공급은 과세대상이나 용역의 수입은 과세대상이 아니다.
③ 주된 사업과 관련하여 우연히 또는 일시적으로 공급되는 재화나 용역의 경우 주된 사업과 무관하게 해당 재화나 용역이 면세인 경우 면세가 된다.
④ 부동산임대업은 과세대상이나, 염전임대업은 과세대상이 아니다.

04 다음 중 부가가치세에 대하여 가장 옳은 주장을 하는 사람은 누구인가?

① 김철수: 부가가치세가 과세되는 재화란 재산 가치가 있는 유체물을 말한다. 따라서 동력이나 열과 같은 무체물은 부가가치세 과세대상이 아니다.

② 김영희: 우리나라의 부가가치세 제도는 전단계거래액공제법을 채택하고 있다.

③ 김영수: 재화의 수입은 수입자가 사업자인 경우에만 부가가치세가 과세된다. 따라서 사업자가 아닌 개인이 재화를 수입하는 경우에는 부가가치세가 과세되지 않는다.

④ 김순희: 간접세에 대한 국제적 중복과세의 문제를 해결하기 위하여 수입국에서만 간접세를 과세할 수 있도록 소비지국과세원칙을 채택하고 있다.

NEW

05 원재료 생산업자가 생산한 원료를 ㈜삼일에게 2,000,000 원에 판매하고, ㈜삼일은 제품을 생산하여 도매업자인 ㈜용산에게 5,000,000 원에 판매하였다. 그 후 ㈜용산은 소매업자인 ㈜강남에게 7,000,000 원에판매하고, ㈜강남은 소비자 김삼일에게 10,000,000 원에 판매한 경우 전체 거래에서 창출된 총 부가가치 금액을 구하면 얼마인가??

①   1,000,000원   ②   8,000,000원

③ 10,000,000원   ④ 24,000,000원

06 다음은 신문기사의 일부를 발췌한 것이다. 다음 기사의 내용과 가장 밀접한 부가가치세의 특성은 무엇인가?

> **한 · 중합자회사 북한에서 버스 조립생산**
> 한국의 P그룹은 중국 H자동차와 오는 5월부터 북한에서 버스를 합작 생산하기로 합의했다. 신화통신은 두 회사가 최근 중국 선양에 소재한 H자동차에서 생산한 부품을 북한 남포에 소재한 P그룹의 공장으로 가져가 버스를 조립 · 생산하기로 했다며 생산된 제품은 국제시장에서 판매하기로 합의했다고 보도했다. P그룹의 남포공장은 차량을 한국에 수출할 경우 영세율 혜택을 보게 된다고 신화통신은 밝혔다.

① 소비지국과세원칙 ② 직접세
③ 생산지국과세원칙 ④ 다단계과세(전단계세액공제법)

07 다음 중 우리나라 부가가치세에 관한 설명으로 가장 올바르지 않은 것은?

① 면세사업만을 영위하는 사업자는 부가가치세법상의 사업자 등록의무가 없다.
② 재화를 수입하는 자는 사업자인지 여부에 관계없이 모두 납세의무가 있다.
③ 부가가치세법상 사업자의 요건을 충족하기 위해서는 영리를 목적으로 거래하여야 한다.
④ 부수재화의 과세대상여부는 주된재화의 과세여부에 의해서 결정된다.

Ⅱ 부가가치세의 계산구조

1 부가가치세의 계산구조

부가가치세의 계산구조는 다음과 같다.

	과세표준	··· 재화·용역의 공급가액(면세재화·용역 제외)
(×)	세율	··· 10%(영세율: 0%)
	매출세액	
(−)	매입세액	··· 과세기간 중 매입세액(매입세액불공제액 제외)
	납부(환급)세액	
(−)	공제세액	
(+)	가산세	··· 세금계산서불성실가산세 등
	차가감납부세액(환급세액)	

예 제

제조업을 영위하는 (주)삼일의 20×1년 제1기 부가가치세 예정신고(20×1. 1. 1 ~ 20×1. 3. 31)와 관련된 자료이다. 예정신고시 삼일이 납부해야 할 부가가치세는 얼마인가? (다음의 금액에는 VAT가 제외되어 있다)

- 예정신고기간 중 (주)삼일의 제품공급가액　　　　 100,000,000원
- 예정신고기간 중 (주)삼일의 매입액　　　　　　　 80,000,000원
　　　　　　　　　　　　 (불공제매입액　 10,000,000원)
- 예정신고시 세금계산서를 발행하지 않은 금액　　 5,000,000원
  단, 세금계산서 불성실가산세는 미발급금액의 2%를 적용한다.

풀 이

① 납부세액 = 100,000,000 × 10%−(80,000,000−10,000,000) × 10%
　　　　　 = 3,000,000원
② 자진납부세액=3,000,000+5,000,000 × 2%=3,100,000원

01 다음의 자료를 통해서 부가가치세 차가감납부세액을 계산하면 얼마인가?(단, 면세로 매입한 금액 중 의제매입세액공제대상은 없다고 가정한다)

> (1) 공급가액: 20,000,000원(면세공급가액 2,000,000원 포함)
> (2) 매입가액: 10,000,000원(면세 매입금액 1,000,000원, 기타 불공제 매입금액 2,000,000원 포함)
> (3) 세금계산서 불성실가산세: 10,000원
>   (단, 위의 공급가액과 매입가액은 모두 부가가치세가 포함되지 않은 금액이다)

① 1,110,000원   ② 1,210,000원
③ 1,010,000원   ④   810,000원

Ⅲ   납세의무자

1   사업자의 개념

(1) 사업자

부가가치세의 납세의무자는 각 거래단계별로 재화 또는 용역을 공급하는 사업자이다. 사업자란 사업목적이 영리이든 비영리이든 관계없이 사업상 독립적으로 재화 또는 용역을 공급하는 자를 말하며, 개인과 법인(국가 · 지방자치단체 · 지방자치단체조합 포함) 및 법인격 없는 사단 · 재단 또는 그 밖의 단체를 포함한다.

(2) 사업자의 요건

1) 사업목적이 영리이든 비영리이든 관계없음

부가가치세의 담세자는 최종소비자이므로, 비영리사업자라 하더라도 소비자에게 조세를 전가하기 위해서는 납세의무자로서 부가가치세를 거래징수하여야 한다. 또한 조세의 중립성을 유지하기 위해서도 사업목적이 영리이든 비영리이든 관계없이 납세의무를 부담하도록 할 필요가 있다.

2) 사업상 재화 또는 용역의 공급

부가가치세 납세의무자는 사업상 재화 또는 용역을 공급하는 자이다. 사업에 대한 명문의 규정은 없으나 판례는 "부가가치를 창출해 낼 수 있는 정도의 사업형태를 갖추고 계속적 · 반복적인 의사로 재화 또는 용역을 공급하는 자"라고 해석하고 있다. 즉 일정한 인적 · 물적 설비와 거래의 계속성 및 반복성을 사업의 판단기준으로 보고 있는 것이다. 따라서 장기간이 소요되는 단 한번의 용역을 제공하는 경우나, 사업자가 아닌 자가 채권 · 채무관계로 취득한 재화를 일시적으로 판매하는 경우에는 납세의무가 없다. 그러나 사업이라고 인정되면, 사업자등록을 하지 않았거나 거래시 부가가치세를 공급받는 자로부터 징수하지 않았더라도 부가가치세 납세의무가 있다.

3) 사업의 독립성

사업상 독립적인 재화 또는 용역의 공급이라 함은 다른 사업자에게 고용 또는 종속되어 있지 아니하며, 주된 사업에 부수되지 아니하고 대외적으로 독립하여 재화 또는 용역을 공급하는 것을 말한다. 따라서 종업원이 재화를 공급하더라도 납세의무는 고용주인 사업자에게 있는 것이다.

2 사업자의 분류

사업자를 납세의무의 유형에 따라 구분하면 다음과 같다.

부가가치세 제도는 재화 또는 용역의 소비액에 대하여 일정 세율로 과세하기 때문에 동일한 소비액에 대하여 동일한 세액을 부담하게 된다. 그러나 소비자의 소득에서 세액이 차지하는 비율로 보면 세부담률은 오히려 역진적이라고 할 수 있다. 현행 부가가치세법은 이러한 조세부담의 역진성을 완화하기 위하여 면세제도와 간이과세제도를 운영하고 있다. 이들은 사업자의 범위에는 포함되나 납세의무의 내용에는 다음과 같은 차이가 있다.

(1) 과세사업자

과세사업자란 부가가치세 과세대상 재화 또는 용역을 공급하는 사업자를 말한다. 과세사업자는 전단계세액공제방법에 의하여 매출세액에서 매입세액을 차감한 금액을 납부세액으로 하는 일반과세자와 매입세액을 별도로 공제하지 아니하고 공급대가에 업종별 부가가치율과 세율을 곱한 금액을 납부세액으로 하는 간이과세자로 구분할 수 있다. 한편, 과세사업자라 하더라도 면세대상 재화 또는 용역을 공급하는 경우에는 부가가치세가 면제되는 경우가 있음을 주의해야 한다.

(2) 면세사업자

면세사업자란 부가가치세가 면세되는 재화 또는 용역을 공급하는 사업자를 말한다. 면세사업자는 부가가치세 납부의무가 면제되므로 매출세액을 거래징수할 필요가 없으며, 반면에 매입세액을 공제받을 수도 없다. 면세사업자는 부가가치세 납세의무자가 아니므로 부가가치세법상 사업자등록, 세금계산서 발급, 과세표준신고 등의 제반의무에서 제외된다.

(3) 과세 및 면세사업 겸영자

겸영사업자는 과세사업과 면세사업을 겸영하는 자를 말한다. 겸영사업자는 부가가치세 납세의무가 있기 때문에 과세사업자로 분류하고 있다.

3 재화의 수입에 대한 납세의무자

재화의 수입에 대해서는 재화를 수입하는 자가 부가가치세를 납부할 의무가 있다. 재화의 수입에 대하여 부가가치세가 면제되는 경우를 제외하고, 재화를 수입하는 자는 사업자인지의 여부에 관계없이 모두 납세의무가 있다.

4 신탁재산과 관련된 재화 또는 용역 공급시 납세의무자

신탁재산과 관련된 재화 또는 용역을 공급하는 경우의 부가가치세 납세의무자는 다음과 같다.

2021. 12. 31.이전에 설정한 신탁	2022. 1. 1.이후에 설정한 신탁
(1) 원칙: 위탁자 (2) 예외: 다음의 경우에는 수탁자 　① 채무이행을 위해 담보신탁*의 신탁재산을 처분하는 경우 　② 수탁자가 지정개발자로서 재개발사업·재건축사업 또는 가로주택정비사업·소규모재건축사업을 시행하는 과정에서 신탁재산을 처분하는 경우	(1) 원칙: 수탁자 (2) 예외: 다음의 경우에는 위탁자 　① 신탁재산과 관련된 재화 또는 용역을 위탁자 명의로 공급하는 경우 　② 위탁자가 신탁재산을 실질적으로 지배·통제하는 경우로서 다음 중 어느 하나에 해당하는 경우 　　㉠ 수탁자가 위탁자로부터 법 소정 재산을 수탁받아 부동산개발사업을 목적으로 하는 신탁계약을 체결한 경우로서 그 신탁계약에 의한 부동산개발사업비의 조달의무를 수탁자가 부담하지 아니하는 경우(수탁자가 재개발사업·재건축사업 또는 가로주택정비사업·소규모재건축사업의 사업시행자인 경우는 제외) 　　㉡ 수탁자가 재개발사업·재건축사업 또는 가로주택정비사업·소규모재건축사업의 사업대행자인 경우 　　㉢ 위탁자의 지시로 수탁자가 위탁자의 특수관계인에게 신탁재산 관련 재화 또는 용역을 공급하는 경우 　③ 그 밖에 신탁의 유형, 신탁설정의 내용, 수탁자의 임무 및 신탁사무 범위 등을 고려하여 대통령령으로 정하는 경우 　④ 2022.1.1. 이후 위탁자의 지위이전을 신탁재산의 공급으로 보는 경우 : 기존 위탁자

* 담보신탁: 수탁자가 위탁자로부터 일정한 재산을 위탁자의 채무이행을 담보하기 위하여 수탁으로 운용하는 내용으로 체결되는 신탁계약

5 사업자등록

신규로 사업을 개시하는 자 또는 개시하고자 하는 자는 사업장마다 사업장 관할세무서장에게 사업자등록을 하여야 한다(사업장 소재지에 관계없이 전국 모든 세무서에서 가능하며 온라인신청도 가능하다). 이는 납세의무자의 인적사항 및 기타 과세자료를 확보하기 위하여 납세의무자에게 부과하고 있는 조세협력의무이다.

(1) 등록절차

1) 등록대상자

등록대상자는 신규로 사업을 개시하는 자이며, 사업자등록과 관련된 주요내용은 다음과 같다.

① 면세사업만을 영위하는 자는 납세의무가 배제되므로 부가가치세법상의 사업자등록의무도 배제되나, 법인세법 또는 소득세법에 의한 사업자등록은 하여야 한다.
② 면세사업과 과세사업을 겸영하는 자는 사업자등록을 하여야 하며, 이 경우 별도로 법인세법 또는 소득세법에 의한 사업자등록을 할 필요는 없다.
③ 면세사업만을 영위하는 자가 과세사업으로 전환하거나, 과세사업을 겸영하게 되는 경우에는 새로이 사업자등록을 하여야 한다. 한편, 사업자등록신청이 아닌 사업자등록정정신고를 하는 경우에도 등록신청을 한 것으로 본다.

2) 등록신청

신규로 사업을 개시한 자 중 사업자단위과세사업자*가 아닌 자는 사업장마다, 사업자단위과세사업자는 당해 사업자의 본점 또는 주사무소에서 사업개시일로부터 20일 내에 사업자등록신청을 하여야 한다. 다만, 신규로 사업을 개시하고자 하는 자는 사업개시일 전이라도 등록할 수 있다.
* 사업자단위과세사업자에 대한 상세 설명은 후술함.

3) 등록증 발급

등록신청을 받은 세무서장은 그 신청내용을 조사하여 적법한 경우 신청일로부터 2일 내에 사업자등록번호가 부여된 사업자등록증을 발급하여야 한다. 다만, 사업장시설이나 사업현황을 확인하기 위하여 필요하다고 인정되는 경우에는 발급기한을 5일에 한하여 연장하고 조사한 사실에 따라 사업자등록증을 발급할 수 있다.

(2) 사업자등록증의 정정

사업자에게 다음에 해당하는 등록사항의 정정사유가 발생한 경우에는 지체없이 사업자등록정정신고서를 제출하여야 한다.

① 상호를 변경하는 경우
② 법인의 대표자를 변경하는 경우
③ 사업의 종류에 변동이 있는 경우

④ 사업장(사업자단위과세사업자의 경우에는 사업자단위적용사업장을 말한다)을 이전하는 경우. 다만, 사업장과 주소지가 동일한 사업자가 사업자등록 신청서 또는 사업자등록 정정신고서를 제출하면서 주민등록법에 따른 주소가 변경되면 사업장의 주소도 변경되는 것에 동의한 경우에는 사업자가 주민등록법에 따른 전입신고를 하면 사업자등록 정정신고서를 제출한 것으로 본다.

⑤ 상속으로 사업자의 명의가 변경되는 경우

⑥ 공동사업자의 구성원 또는 출자지분 변경되는 경우

⑦ 임대인, 임대차목적물 및 그 면적, 보증금, 임차료 또는 임대차기간이 변경되거나 새로 상가 건물을 임차한 경우

⑧ 사업자단위과세사업자가 사업자단위과세적용사업장을 변경하는 경우

⑨ 사업자단위과세사업자가 종된 사업장을 신설하거나 이전하는 경우

⑩ 사업자단위과세사업자가 종된 사업장의 사업을 휴업하거나 폐업하는 경우

⑪ 통신판매업자가 사이버몰의 명칭 또는 인터넷 도메인이름을 변경하는 경우

(3) 휴 · 폐업신고 및 사업자등록의 말소

사업자등록을 한 사업자가 휴업 또는 폐업을 하거나 사업개시전 등록의 경우 사실상 사업을 개시하지 아니하게 되는 때에는 지체없이 휴업(폐업)신고서에 사업자등록증을 첨부하여 세무서에 제출(서면신청 혹은 온라인 신청)하여야 한다. 또한 세무서장은 사업자가 폐업하거나 사실상 사업을 개시하지 아니하게 되는 경우 사업자등록을 말소하고 사업자등록증을 회수하여야 하며, 회수할 수 없는 경우 등록말소사실을 공시하여야 한다.

(4) 미등록에 대한 불이익

사업자등록을 하지 아니한 경우의 불이익은 다음과 같다.

① 사업개시일로부터 20일 이내에 사업자등록 신청을 하지 아니한 경우에는 미등록가산세의 적용을 받는다(사업개시일로부터 등록신청일의 직전일까지의 공급가액에 대하여 100분의 1에 해당하는 금액).

② 사업자등록 전 매입세액은 매출세액에서 공제받을 수 없다(단, 공급시기가 속하는 과세기간이 끝난 후 20일 이내에 등록 신청한 경우 그 과세기간 내의 것은 매입세액공제를 받을 수 있다).

01 다음 중 납세자에 관한 설명으로 가장 올바르지 않은 것은?

① 사업자란 사업목적이 영리이든 비영리이든 관계없이 사업상 독립적으로 재화 또는 용역을 공급하는 자를 말한다.

② 부가가치세의 납세의무를 지는 과세사업자는 일반과세자와 간이과세자로 구분된다.

③ 면세사업자의 경우 부가가치세법상 납세의무는 없으나, 법정증빙을 구비한 매입에 대하여는 매입세액 공제를 받을 수 있다.

④ 과세사업자에 해당하더라도 면세대상 재화·용역을 공급하면 부가가치세가 면제된다.

02 다음 중 부가가치세 납세의무자인 사업자에 관한 설명으로 가장 옳은 것은?

① 면세사업자는 매출세액을 거래 징수할 필요는 없으나 매입세액 공제는 받는다.

② 면세사업자는 부가가치세법 상 사업자등록 후 면세사업자 신청을 해야 한다.

③ 겸영사업자는 일반과세사업과 면세사업(비과세사업 포함)을 함께 영위하는 자를 말하며 부가가치세의 납세의무가 있다.

④ 집에 있는 폐품을 일시적으로 파는 경우에는 사업성이 있는 경우에 해당한다.

03 다음 중 사업자에 관한 설명으로 가장 올바르지 않은 것은?

① 사업자는 크게 과세사업자와 면세사업자로 나뉜다.

② 사업자가 되기 위해서는 영리목적의 유무와는 무관하다.

③ 단순히 한두 번 정도의 재화와 용역을 공급하는 행위에 대하여도 독립적인 경우 사업성이 인정된다.

④ 과세와 면세사업을 겸영하는 자를 겸영사업자라 하며 겸영사업자는 과세사업에 대하여 부가가치세 납세의무가 있다.

04 다음 중 사업자등록을 이행하지 않을 경우의 불이익에 관한 설명으로 가장 올바르지 않은 것은?

① 사업자로서 세금계산서를 발급할 수 없다.

② 미등록가산세의 적용을 받는다.

③ 사업자등록전 매입세액은 원칙적으로 매출세액에서 공제받을 수 없다.

④ 사업을 개시한 이후 사업자등록을 하기 전에는 공급받은 부분에 대해 세금계산서를 발급받을 수 없고 영수증을 발급받아야 한다.

05 다음 중 부가가치세법상 사업자등록에 관한 설명으로 가장 올바르지 않은 것은?

① 면세사업자는 실질적인 납세의무자가 아니므로 부가가치세법상 사업자등록의무가 없으나, 겸영사업자의 경우 사업자등록이 필요하다.

② 신규로 사업을 개시하고자 하는 자는 사업개시일 전이라도 사업자등록을 할 수 있다.

③ 면세사업만을 영위하는 자가 과세사업을 겸영하게 되는 경우에는 별도의 사업자등록이 필요없다.

④ 사업자등록신청을 받은 세무서장은 원칙적으로 2일내에 사업자등록증을 발급하여야 한다.

06 다음 중 우리나라 부가가치세에 관한 설명으로 가장 옳은 것은?

① 면세사업을 영위하는 사업자도 부가가치세법상의 사업자 등록의무가 있다.

② 재화를 수입하는 자는 사업자가 아닌 경우 부가가치세 납세의무가 없다.

③ 부가가치세법상 사업자의 요건을 충족하기 위해서는 영리목적 여부는 무방하다.

④ 주된 사업이 과세이면 사업과 관련하여 일시적으로 공급되는 재화도 과세이고, 주된 사업이 면세이면 일시적으로 공급되는 재화도 면세이다.

07 다음 중 새롭게 부가가치세법상 사업자등록을 해야 하는 사람을 모두 고르면?

> 김순희: 이번에 초등학생을 대상으로 한 수학학원을 오픈할 예정이예요. 정부인허가 받는데 시간이
> 꽤 걸렸지만 아이들을 위해 수업할 생각을 하니 너무 기쁘네요.
> 김영희: 저희도 초등학생을 대상으로 학습잡지를 반기별로 발간하려고 해요. 잡지 구독료만으로는 운
> 영이 어려워 광고도 함께 할 생각입니다.
> 김영수: 저희는 시즌 아동용 장난감에 대한 반응이 좋아서 이달 안으로 용산구에 직매장을 추가로 설
> 치해서 판매량을 더욱 더 늘릴 예정입니다.
> 김철수: 아동복 의류재고가 계속 늘어나 현재 창고로는 수용하기가 힘들어 새롭게 보관만을 목적으로
> 한 창고를 임차하여 세무서에 설치신고를 완료했습니다.

① 김순희, 김철수   ② 김순희, 김영수
③ 김영희, 김영수   ④ 김영희, 김철수

Ⅳ   과세기간

1   과세기간

과세기간이란 과세표준 및 납부세액을 계산하기 위한 단위기간을 의미한다. 소득세는 매 1년을 과세기간으로 하고 있으나, 부가가치세는 1년을 2과세기간으로 나누어 매 6개월마다 확정신고·납부하도록 하되, 간이과세자는 납세편의 제고를 위해 과세기간을 1년으로 하고 있는 바, 이를 구체적으로 살펴보면 다음과 같다.

(1) 계속사업자의 과세기간

구분	간이과세자(1년)	일반과세자(6개월)
과세기간	1월 1일 ~ 12월 31일	• 제1기: 1월 1일 ~ 6월 30일 • 제2기: 7월 1일 ~ 12월 31일

단, 공급대가의 변동으로 과세유형이 변경되는 경우 그 변경되는 해에 간이과세자 규정이 적용되는 기간의 부가가치세 과세기간은 다음 구분에 따른 기간으로 한다.

과세유형의 전환	과세유형이 변경되는 해에 간이과세 규정이 적용되는 과세기간
① 일반과세자가 간이과세자로 변경되는 경우	그 변경 이후 7월 1일부터 12월 31일까지
② 간이과세자가 일반관세자로 변경되는 경우	그 변경 이전 1월 1일부터 6월 30일까지

(2) 신규사업자의 최초 과세기간

신규사업자는 사업개시일부터 개시일이 속하는 과세기간의 종료일까지를 최초 과세기간으로 한다. 다만, 사업개시일 이전에 사업자등록을 신청한 경우에는 그 신청한 날부터 그 신청일이 속하는 과세기간의 종료일까지를 최초 과세기간으로 한다.

(3) 폐업자의 최종 과세기간

폐업자는 폐업일이 속하는 과세기간 개시일부터 폐업일까지를 최종 과세기간으로 한다.

(4) 간이과세포기의 경우 과세기간

간이과세자가 간이과세를 포기함으로써 일반과세자로 되는 경우 그 적용을 받고자 하는 달의 전 달 마지막 날까지 간이과세 포기신고를 해야 한다. 이 때 간이과세의 포기 신고일이 속하는 과세기 간 개시일부터 그 신고일이 속하는 달의 마지막 날까지의 기간은 간이과세자의 과세기간으로 하고, 그 신고일이 속하는 달의 다음달 1일부터 그날이 속하는 과세기간의 종료일까지의 기간은 일반과 세자의 과세기간으로 한다.

2 신고 · 납부기한

부가가치세는 자진신고납부제도에 의해 운영되고 있으며 납세의무자인 사업자는 1년에 네 번 부 가가치세를 신고 · 납부해야 한다.

부가가치세의 신고 · 납부기한은 다음과 같다.

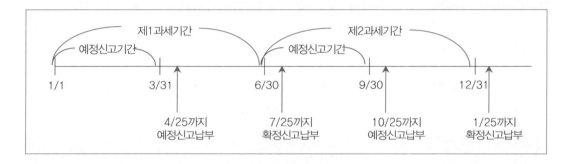

(1) 예정신고와 납부

사업자는 각 예정신고기간에 대한 과세표준과 세액을 당해 예정신고기간이 끝난 후 25일 이내에 사업장 관할세무서장에게 신고하고 세액을 납부하여야 한다.

(2) 확정신고와 납부

사업자는 각 과세기간에 대한 과세표준과 납부세액을 과세기간의 말일(폐업하는 경우에는 폐업 일이 속한 달의 말일)부터 25일 이내에 각 사업장 관할세무서장에게 신고하고 세액을 납부하여야 한다. 다만, 예정신고가 이루어진 부분은 확정신고시 신고대상에서 제외되며, 예정신고가 정상적 으로 이루어졌다면 예정신고 이후 분만이 신고대상이 된다. 그러므로 확정신고시에는 예정신고시 이미 신고한 과세표준과 세액을 제외한 과세기간 최종 3개월분과 예정신고시 누락된 거래의 과세 표준과 세액을 신고 · 납부하면 된다.

MEMO

01 다음 중 부가가치세법상 과세기간에 관한 설명으로 가장 올바르지 않은 것은?

① 간이과세자의 경우 과세기간을 1월 1일 부터 12월 31일로 적용한다.
② 부가가치세의 과세기간은 1년을 4 과세기간으로 나누어 3개월마다 신고·납부하도록 하고 있다.
③ 폐업자는 폐업일이 속하는 과세기간 개시일부터 폐업일까지를 최종 과세기간으로 한다.
④ 신규사업자가 사업개시일 전에 사업자등록을 신청한 경우에는 그 신청한 날부터 신청일이 속하는 과세기간의 종료일까지를 최초 과세기간으로 한다.

02 다음 중 부가가치세의 신고·납부에 관한 설명으로 가장 올바르지 않은 것은?

① 부가가치세 신고·납부기한은 신고기간이 끝난 후 25일까지이다.
② 부가가치세 신고는 예정신고와 확정신고로 나뉜다.
③ 사업자는 과세표준과 납부세액의 확정신고시 이미 신고한 예정신고의 내용을 포함하여 신고하여야 한다.
④ 법인사업자는 부가가치세를 1년에 네 번 신고·납부한다.

03 다음 부가가치세와 관련한 재경담당자들의 대화 내용 중 가장 올바르지 않은 설명을 하고 있는 사람은 누구인가?

> 김영희: 신규사업자는 사업개시일부터 개시일이 속하는 과세기간의 종료일까지를 최초 과세기간으로 합니다.
> 강철수: 사업자가 자기사업과 관련한 재화를 직접 판매하기 위해 판매시설을 갖춘 직매장은 사업장에 해당합니다.
> 이민호: 주사업장총괄납부제도란 사업자가 하나의 사업장에서 총괄하여 부가가치세를 납부할 수 있도록 규정한 제도입니다.
> 박민주: 부가가치세법은 계속사업자의 과세기간을 1월 1일 ~12월 31일까지로 단일 과세기간을 적용하고 있습니다.

① 김영희　　　　　　　　　　② 강철수
③ 이민호　　　　　　　　　　④ 박민주

04 다음 중 부가가치세 과세기간에 관한 설명으로 가장 올바르지 않은 것은?

① 신규사업자의 최초과세기간은 사업개시일부터 그 날이 속하는 과세기간의 종료일까지로 하는 것이 원칙이다.
② 신규사업자가 사업개시일 이전에 사업자등록을 신청한 경우의 과세기간은 그 신청일부터 그 신청일이 속하는 과세기간의 종료일까지로 한다.
③ 사업자는 각 예정신고기간에 대한 과세표준과 세액을 당해 예정신고기간이 끝난 후 25일 이내에 신고납부하여야 한다.
④ 확정신고시에는 예정신고시 신고한 과세표준과 세액을 포함하여 신고납부하여야 한다.

V 납세지

1 사업장별 과세원칙

(1) 의의

납세지란 납세의무를 이행함에 있어서 기준이 되는 장소로서 세법에서 정한 각종 신고의무를 이행하고 세액을 납부하기 위한 관할세무서를 결정하는 의미를 가지고 있다. 부가가치세의 납세지는 원칙적으로 각 사업장이다. 즉, 부가가치세는 각 사업장마다 신고·납부하여야 하며 각 사업장마다 사업자등록을 하여야 한다. 다만, 총괄납부신청을 한 경우에는 신고는 각 사업장에서 하되, 납부만은 주된 사업장에서 할 수 있다. 한편, 사업장이 둘 이상인 사업자(사업장이 하나이나 추가로 사업장을 개설하려는 사업자를 포함한다)가 사업자 단위로 해당 사업자의 본점 또는 주사무소 관할세무서장에게 등록을 신청할 수 있는데, 이 경우 등록한 사업자를 사업자단위과세사업자라고 한다. 사업자단위과세사업자는 본점 또는 주사무소에서 사업자등록을 하고, 그 등록번호로 세금계산서를 발급하며, 본점 또는 주사무소에서 신고·납부할 수 있다.

(2) 사업장

1) 사업장의 개념

사업장이란 사업을 하기 위하여 거래의 전부 또는 일부를 하는 고정된 장소를 말한다. 여기에서 거래라 함은 과세대상 재화 또는 용역을 공급하는 것을 의미하므로 단순히 업무 연락만을 하는 장소, 원재료 또는 중간제품의 생산만을 위한 장소, 재고자산의 보관만을 위한 장소 등은 사업장에 해당하지 않는다.

2) 사업유형별 사업장

구분	사업장
광업	광업사무소의 소재지
제조업	최종 제품을 완성하는 장소. 다만, 따로 제품의 포장만을 하거나 용기에 충전만을 하는 장소는 제외한다.

구분	사업장
건설업·운수업과 부동산매매업	• 사업자가 법인인 경우: 그 법인의 등기부상의 소재지(등기부상 지점소재지 포함) • 사업자가 개인인 경우: 업무총괄장소
부동산임대업	그 부동산의 등기부상의 소재지
무인자동판매기를 통하여 재화·용역을 공급하는 사업	그 사업에 관한 업무총괄장소
국가·지방자치단체 또는 지방자치단체조합이 공급하는 부동산임대업, 도매 및 소매업, 음식점업, 숙박업, 골프장·스키장운영업, 기타스포츠시설운영업	그 사업에 관한 업무를 총괄하는 장소. 다만, 위임·위탁 또는 대리에 의하여 재화 또는 용역을 공급하는 경우에는 수임자·수탁자 또는 대리인이 그 업무를 총괄하는 장소
비거주자 또는 외국법인	비거주자 또는 외국법인의 국내사업장
사업장을 설치하지 않은 경우	사업자의 주소 또는 거소 * 사업장을 설치하지 아니하고 사업자등록도 하지 아니한 경우에는 과세표준 및 세액을 결정 또는 경정할 당시의 사업자의 주소 또는 거소로 함
기타	위에 규정하는 사업장 이외의 장소도 사업자의 신청에 의하여 추가로 사업장으로 등록할 수 있다. 다만, 위의 무인자동판매기를 통하여 재화·용역을 공급하는 사업은 그러하지 아니한다.

3) 수탁자가 납세의무자가 되는 신탁의 경우 사업장

수탁자가 납세의무자가 되는 경우 수탁자(공동수탁자가 있는 경우 대표수탁자)는 해당 신탁재산을 사업장으로 보아 신탁재산별로 사업자등록을 신청하여야 한다. 이 경우에는 해당 신탁재산의 등기부상 소재지 또는 그 사업에 관한 업무를 총괄하는 장소를 사업장으로 한다. 다만, 담보신탁의 경우 다수의 담보신탁재산을 대표하여 하나의 사업자등록을 할 수 있다.

(3) 직매장과 하치장

직매장이란 사업자가 자기의 사업과 관련하여 생산 또는 취득한 재화를 직접 판매하기 위하여 특별히 판매시설을 갖춘 장소를 말하며, 이를 별개의 사업장으로 본다. 또한 2 이상의 사업장이 있는 사업자가 자기사업과 관련하여 생산 또는 취득한 재화를 타인에게 직접 판매할 목적으로 다른 사업장에 반출하는 것은 재화의 공급으로 간주하므로 사업자가 제조장에서 직매장으로 재화를 반출하는 것은 재화의 공급으로 보아 부가가치세가 과세된다. 다만, 사업자 단위 과세 사업자로 적용받는 과세기간 또는 주사업장 총괄납부의 적용을 받는 과세기간에 직매장으로 반출하는 것은 재화의 공급으로 보지 아니한다.

한편, 재화를 보관하고 관리할 수 있는 시설만을 갖춘 장소로서 사업자가 관할세무서장에게 그 설치신고를 한 장소를 하치장이라 하며, 하치장은 사업장으로 보지 않는다.

(4) 임시사업장

기존사업장을 가지고 있는 사업자가 기존사업장 외에 각종 경기대회나 박람회 등 행사가 개최되는 장소에서 임시로 사업장을 개설하는 경우 그 임시사업장은 기존사업장에 포함되는 것으로 한다. 임시사업장을 개설하고자 하는 자는 임시사업장의 사업개시일부터 10일 이내에 임시사업장개설신고서를 임시사업장 관할세무서장에게 제출하여야 한다. 다만, 임시사업장의 설치기간이 10일 이내인 경우 임시사업장 개설신고를 하지 아니할 수 있다.

임시사업장을 폐쇄하였을 때에는 그 폐쇄일부터 10일 이내에 임시사업장 폐쇄신고서를 그 임시사업장 관할 세무서장에게 제출하여야 한다.

2 주사업장 총괄납부제도

(1) 의의

사업장이 둘 이상인 사업자(사업장이 하나이나 추가로 사업장을 개설하려는 사업자를 포함한다)가 주된 사업장의 관할 세무서장에게 주사업장 총괄 납부를 신청한 경우에는 납부할 세액을 주된 사업장에서 총괄하여 납부하거나 환급받을 수 있는데, 이를 주사업장총괄납부제도라 한다. 총괄납부하는 경우에도 사업자등록 및 과세표준의 신고 등은 각 사업장마다 이행하여야 한다.

(2) 총괄납부의 요건

1) 주된 사업장

주사업장은 법인의 본점 또는 개인(일반과세자에 한함)의 주사무소로 한다. 다만, 법인은 지점 또는 분사무소를 주사업장으로 할 수 있다.

2) 총괄납부 신청

사업장이 둘 이상인 사업자가 주사업장 총괄납부하려는 경우에는 총괄납부하려는 과세기간 개시 20일 전에 주사업장총괄납부신청서를 주사업장 관할세무서장에게 제출하여야 한다. 따라서 20X1

년 제2기부터 총괄납부하고자 하는 경우 20X1년 6월 10일까지 신청을 하여야 한다.

신규로 사업을 시작하는 자가 주된 사업장에서 총괄하여 납부하려는 경우에는 주된 사업장의 사업자등록증을 받은 날부터 20일 이내에 주사업장 총괄 납부 신청서를 주된 사업장의 관할 세무서장에게 제출하여야 한다.

사업장이 하나인 사업자가 추가로 사업장을 개설하면서 추가 사업장의 사업 개시일이 속하는 과세기간부터 총괄납부를 적용받으려는 경우에는 추가 사업장의 사업 개시일부터 20일 이내(추가 사업장의 사업 개시일이 속하는 과세기간 이내로 한정한다)에 사업자의 주사업장에 신청하여야 한다.

(3) 총괄납부의 효력

1) 총괄납부

주사업장 총괄납부는 총괄납부할 과세기간 개시일부터 적용한다. 총괄납부 신청을 한 사업자는 (총괄납부할 과세기간의 개시일) 이후 거래분부터 각 사업장의 납부세액 또는 환급세액을 사업장간에 통산하여 주사업장 관할세무서장에게 납부하거나 환급받게 된다.

하지만 사업장간의 납부세액을 통산한다는 의미가 과세표준 및 매출세액과 매입세액을 사업장간에 통산하여 납부세액을 총액으로 산정하라는 것은 아니다. 즉, 각 사업장별로 매출세액과 매입세액을 따로 계산하여 납부세액 또는 환급세액을 계산하고 이들을 서로 합산 또는 상계하여 그 잔액을 납부하거나 환급받는 것으로서 각 사업장별 계산내용은 "사업장별 부가가치세 과세표준 및 납부세액(환급세액)신고명세서"에 개별적으로 나타나게 된다.

즉 총괄납부는 납부(또는 환급)에 국한되는 것일 뿐이며, 사업장별 과세원칙을 변경시키는 것은 아니다.

2) 재화의 공급의제 적용배제

원칙적으로 둘 이상의 사업장이 있는 사업자가 자기사업과 관련하여 생산 또는 취득한 재화를 타인에게 직접 판매할 목적으로 다른 사업장에 반출하는 것은 재화의 공급으로 간주하여 부가가치세를 납부하여야 한다. 그러나 총괄납부 신청을 한 사업자의 경우에는 이를 재화의 공급으로 보지 아니하며 따라서 세금계산서를 발급하지 아니한다.

다음은 제조업을 영위하는 (주)삼일의 부가가치세 신고와 관련된 사항이다.
각 사업장별 납부시의 납부세액과 총괄납부시의 납부세액을 각각 계산하시오.

(단위: 원)

구분		주사업장			종사업장		
	내역	공급가액	세액	내역	공급가액	세액
매출세액	매출	900,000	90,000	매출	250,000	25,000
	직매장반출*	350,000	35,000			
	소계	1,250,000	125,000	소계	250,000	25,000
매입세액	매입	700,000	70,000	제조장반입*	350,000	35,000
				매입	400,000	40,000
	소계	700,000	70,000	소계	750,000	75,000

* 주사업장 총괄납부제하에서는 직매장반출 및 반입을 부가가치세법상 재화의 공급으로 보지 아니하므로 주사업장
  의 직매장반출은 매출세액에서 제외되고 종사업장의 직매장매입분은 매입세액에서 제외된다.

(1) 개별납부세액
    주사업장 납부세액: 125,000－70,000＝55,000원
    종사업장 환급세액: 25,000－75,000＝△50,000원
(2) 총괄납부세액
    90,000－70,000＝20,000원(주사업장)
    25,000－40,000＝△15,000원(종사업장)
    총괄납부세액: 20,000＋△15,000＝5,000원
(3) 개별납부세액과 총괄납부세액의 비교
    사업장 단위로 개별적으로 납부하는 경우에는 주사업장에서 납부세액 55,000원을 납부하고 종
    사업장은 환급세액 50,000원을 별도로 환급받게 되나, 주사업장에서 총괄납부하는 경우에는
    양 사업장의 납부세액 및 환급세액을 통산하여 차액 5,000만 원 납부하게 된다.

3 사업자 단위과세제도

(1) 의의

현재 다수의 기업이 전사적기업자원관리시스템을 도입하여 본사에서 각 사업장의 모든 자원의 관리가 가능해 짐에 따라 사업장별로 부가가치세를 신고하고 납부하는 것이 업무의 중복 및 비효율성을 초래한다는 지적이 있었다.

따라서 부가가치세법에서는 사업자가 본사에서 총괄하여 부가가치세를 신고 및 납부할 수 있도록 규정하고 있는데 이를 사업자단위과세제도라고 한다.

주사업장 총괄납부제도는 주사업장에서 각 사업장의 부가가치세를 총괄납부만 가능하였지만, 사업자단위과세제도는 신고까지도 가능하다는 점에서 차이가 있다.

(2) 사업자단위과세제도 신청

사업장 단위로 등록한 사업자가 사업자단위과세사업자로 변경하려면 사업자단위과세사업자로 적용받으려는 과세기간 개시 20일 전까지 사업자의 본점 또는 주사무소 관할 세무서장에게 변경등록을 신청하여야 한다. 따라서 20X1년 제2기부터 적용하고자 하는 경우 20X1년 6월 10일까지 신청을 하여야 한다.

사업장이 하나인 사업자가 추가로 사업장을 개설하면서 추가 사업장의 사업 개시일이 속하는 과세기간부터 사업자 단위 과세 사업자로 적용받으려는 경우에는 추가 사업장의 사업 개시일부터 20일 이내(추가 사업장의 사업 개시일이 속하는 과세기간 이내로 한정한다)에 사업자의 본점 또는 주사무소 관할 세무서장에게 변경등록을 신청하여야 한다.

(3) 사업자단위과세의 효력

사업자단위 신고·납부를 하는 경우 사업자의 본점 혹은 주사무소에서 부가가치세를 총괄하여 신고 및 납부를 할 수 있으며, ① 사업자등록 및 세금계산서를 단일화하여 ② 세금계산서의 발급과 수령을 본점 또는 주사무소에서 수행할 수 있다.

구분	주사업장 총괄납부	사업자단위과세
주된 사업장 또는 사업자 단위과세 사업자의 납세지	• 법인: 본점 • 개인: 주사무소	• 법인: 본점 • 개인: 주사무소
효력	• 주된 사업장 관할세무서장에게 총괄납부(환급) * 사업자등록, 세금계산서 발급 · 수취, 과세표준 및 세액계산, 신고는 사업장별로 이행하여야 하며, 각 사업장 관할 세무서장이 결정 · 경정 및 징수함.	• 사업자단위로 납세의무와 세금계산서 발급 · 수취 등의 협력의무를 이행하고 본점 또는 주사무소 관할세무서장이 결정 · 경정 및 징수함.
	• 판매목적 타사업장 반출재화의 공급의제 배제	• 판매목적 타사업장 반출재화의 공급의제 배제
포기	• 각 사업장에서 납부하려는 경우 포기할 수 있음.	• 각 사업장별로 신고 · 납부하거나 주사업장 총괄납부하려는 경우 포기할 수 있음.

MEMO

01 다음 중 부가가치세법의 주사업장 총괄납부에 관한 설명으로 가장 올바르지 않은 것은?

① 총괄납부하려는 자는 주사업장총괄납부신청서를 총괄납부하고자 하는 과세기간 개시 20일 전에 주사업장 관할 세무서장에게 제출하여야 한다.

② 법인의 지점은 본점을 대신하여 주된 사업장이 될 수 없다.

③ 주사업장 총괄납부를 하기 위해서는 주사업장 관할 세무서장의 승인은 필요하지 않다.

④ 주사업장 총괄납부에 따라 납부하던 사업자가 총괄납부 포기신고를 하면 각 사업장에서 납부가 가능하다.

NEW

02 부가가치세는 원칙적으로 사업장별로 신고·납부하여야 한다. 다음 중 사업장에 관한 설명으로 가장 올바르지 않은 것은?

① 사업자가 재화의 보관·관리시설을 갖춘 장소는 사업장에 해당하지 않는다.

② 사업자가 자기가 생산한 재화를 직접 판매하기 위하여 판매시설을 갖춘 장소(직매장)는 사업장에 해당한다.

③ 한명의 사업자가 여러 개의 사업장을 보유하는 경우 원칙적으로 각 사업장별로 신고·납부하여야 하며 각 사업장마다 별도의 사업자등록을 해야 한다.

④ 부동산매매업을 영위하는 법인의 사업장은 해당 부동산의 등기부상 소재지이다.

NEW

03 다음 중 부가가치세법상 사업장에 관한 설명으로 가장 올바르지 않은 것은?

① 건설업의 경우 법인은 등기부상 소재지, 개인은 업무총괄장소를 사업장으로 한다.

② 제조업의 경우 최종 제품을 완성하는 장소를 사업장으로 본다.

③ 부동산임대업의 경우 사업에 관한 업무총괄장소를 사업장으로 본다.

④ 사업장을 설치하지 않은 경우 해당 사업자의 주소 또는 거소를 사업장으로 본다.

04 다음 중 부가가치세법상 사업장에 관한 설명으로 가장 올바르지 않은 것은?

① 제조업의 경우 최종제품을 완성하는 장소를 사업장으로 하며, 이 경우 따로 제품의 포장만을 하거나 용기에 충전만을 하는 장소를 포함한다.
② 사업자가 자기의 사업과 관련하여 생산한 재화를 직접 판매하기 위해 판매시설을 갖춘 직매장은 사업장에 해당한다.
③ 한명의 사업자가 여러 개의 사업장을 보유하는 경우 각 사업장별로 신고·납부하여야 하며 각 사업장마다 별도의 사업자등록을 해야 한다.
④ 기존사업장을 가지고 있는 사업자가 기존사업장 외의 법소정의 임시사업장을 개설하는 경우 그 임시사업장은 기존사업장에 포함된다.

05 다음의 경우 각 사업장별로 납부할 경우와 주사업장에서 총괄납부할 경우의 납부할 세액으로 맞는 것은?

(단위: 원)

구분		사업장 1(주사업장)			사업장 2(종사업장)	
	내역	공급가액	세액	내역	공급가액	세액
매출세액	매출	200,000	20,000	매출	100,000	10,000
	직매장반출	50,000	5,000			
	소계	250,000	25,000	소계	100,000	10,000
매입세액	매입	150,000	15,000	제조장반입	50,000	5,000
				매입	20,000	2,000
	소계	150,000	15,000	소계	70,000	7,000

	사업장별 납부시		주사업장 총괄납부시	
	사업장 1	사업장 2	사업장 1	사업장 2
①	5,000원	8,000원	13,000원	–
②	5,000원	8,000원	–	13,000원
③	10,000원	3,000원	13,000원	–
④	10,000원	3,000원	–	13,000원

06 다음 중 부가가치세 납세지인 사업장에 관한 설명으로 가장 옳은 것은?

① 사업장을 설치하지 않은 경우 그 사업에 관한 업무를 총괄하는 장소를 사업장으로 한다.
② 무인자동판매기를 통하여 재화·용역을 공급하는 사업의 경우 그 사업에 관한 업무를 총괄하는 장소를 사업장으로 한다.
③ 부동산임대업을 영위하는 법인의 경우 법인의 등기부상 소재지를 사업장으로 한다.
④ 건설업을 영위하는 법인의 경우 건설현장을 사업장으로 본다.

07 다음 중 부가가치세법상 주사업장 총괄납부에 관한 설명으로 가장 올바르지 않은 것은?

① 법인은 지점 또는 분사무소를 주사업장으로 할 수 있다.
② 총괄납부 신청을 한 사업자의 경우 사업과 관련하여 생산 또는 취득한 재화를 판매목적으로 타사업장에 반출한 경우 이를 재화의 공급으로 본다.
③ 주사업장 총괄납부는 총괄납부할 과세기간 개시일부터 적용한다.
④ 주사업장 총괄납부를 하는 경우에도 사업자등록은 각 사업장마다 이행하여야 한다.

VI 부가가치세의 과세대상거래

1 재화의 공급

재화의 공급이란 계약상 또는 법률상 모든 원인에 의하여 재화를 인도 또는 양도하는 것을 말하는데 실질적 공급과 간주공급으로 분류된다.

재화의 공급

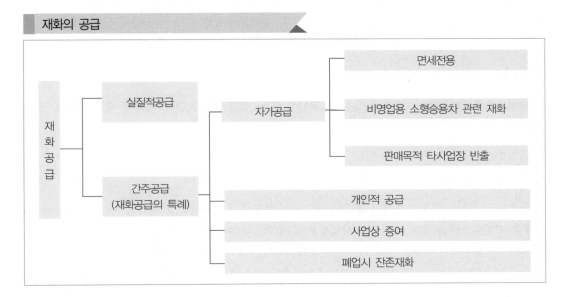

(1) 실질적 공급

재화의 인도 또는 양도에 해당하는 한 그 원인을 불문하고 부가가치세 과세대상이 되는 재화의 공급으로 본다. 재화의 공급에 해당하는 범위는 다음과 같다.

① 매매계약

현금판매, 외상판매, 할부판매, 장기할부판매, 조건부판매, 기한부판매, 위탁판매 기타 매매계약에 의하여 재화를 인도 또는 양도하는 것

② 가공계약

자기가 주요자재의 전부 또는 일부를 부담하고 상대방으로부터 인도받은 재화에 공작을 가하여 새로운 재화를 만드는 가공계약에 따라 재화를 인도하는 것. 따라서 주요자재를 부담하지 아니하고 가공계약에 따라 재화를 가공하여 인도하는 것은 용역의 공급으로 본다.

③ 교환계약

재화의 인도대가로서 다른 재화를 인도받거나 용역을 제공받는 교환계약에 의하여 재화를 인도 또는 양도하는 것

④ 기타

경매·수용·현물출자·대물변제 기타 계약상 또는 법률상의 원인에 의하여 재화를 인도 또는 양도하는 것

(2) 간주공급(재화공급의 특례)

간주공급이란 실질적인 재화의 공급이 아님에도 불구하고 과세목적상 재화의 공급으로 의제하는 경우를 말한다. 예를 들어 사업자가 사업용으로 재화를 구입하여 자신이나 타인이 무상으로 사용하는 경우 이를 부가가치세 과세대상이 되는 재화의 공급으로 보지 않는다면 사업자는 재화의 실질적 공급의 경우와는 달리 부가가치세의 부담 없이 재화를 소비할 수 있게 되어 과세의 형평을 침해하고 부가가치세의 본질을 훼손시키게 된다. 따라서 부가가치세법에서는 과세의 형평을 위해서 간주공급에 관한 규정을 두고 있는 것이다. 간주공급은 자가공급, 개인적 공급, 사업상 증여, 폐업시 잔존재화로 구분할 수 있다. 이러한 간주공급에 대해서는 자가공급 중 판매목적 타사업장 반출의 경우에만 세금계산서를 발급하고, 나머지는 세금계산서 발급의무가 없다.

1) 간주공급의 유형

① 자가공급

자가공급이란 사업자가 자기의 사업과 관련하여 생산하거나 취득한 재화를 자기의 사업을 위하여 직접 사용·소비하는 것을 말한다. 자가공급으로 인하여 매출세액이 발생하므로 자가공급을 모두 과세하는 것은 아니며, 다음에 해당하는 자가공급에만 부가가치세를 과세한다.

구분	내용
면세전용	사업자가 자기의 과세사업을 위하여 생산하거나 취득한 재화로서 자기생산·취득재화[*1]를 자기의 면세사업을 위하여 직접 사용하거나 소비하는 것
비영업용 소형승용자동차[*2]와 그 유지를 위한 재화	사업자가 자기생산·취득재화[*1]를 비영업용 소형승용차로 사용하거나 그 승용차의 유지를 위하여 사용·소비하는 것
판매목적[*3] 타사업장반출	사업장이 둘 이상의 사업자가 자기의 사업과 관련하여 생산 또는 취득한 재화를 판매할 목적으로 자기의 다른 사업장에 반출하는 것. 다만, 사업자단위과세사업자로 적용받는 과세기간 또는 주사업장 총괄납부의 적용을 받는 과세기간에 반출하는 것은 재화의 공급으로 보지 아니하되, 주사업장 총괄납부의 적용을 받는 사업자가 세금계산서를 발급하고 예정신고 또는 확정신고 규정에 따라 관할세무서장에게 신고한 경우에는 재화의 공급으로 봄.

[*1] 자기생산·취득재화란 ㉠ 매입세액이 공제된 재화나 ㉡ 재화의 공급으로 보지 않는 사업양도로 취득한 재화로서 사업양도자가 매입세액을 공제받은 재화, ㉢ 내국신용장(또는 구매확인서)으로 재화를 공급하는 경우로서 수출에 해당하여 영세율로 매입한 재화를 말한다.
[*2] 「개별소비세법」제1조 제2항 제3호에 따른 자동차로 정원 8인 이하로 배기량 1,000cc 이상인 승용자동차와 배기량 125cc를 초과하는 2륜자동차 등을 말한다.

[*3]

구분	내용	
(1) 일반적인 경우	공급의제 ○	→ 세금계산서 발급 ○
(2) 사업자단위과세 사업자와 주사업장 총괄 납부 사업자의 경우	세금계산서 발급 ×	→ 공급의제 × (원칙)
	주사업장 총괄납부 사업자의 경우 : 세금계산서 발급 ○ + 예정·확정신고 ○ → 공급의제 ○ (예외)	

② 개인적 공급

개인적 공급이란 사업자가 자기생산·취득재화를 자기의 사업과 관련하여 생산 또는 취득한 재화를 자기나 그 사용인의 개인적인 목적 또는 그 밖의 목적으로 사용·소비하는 것으로서 그 대가를 받지 아니하거나 시가보다 낮은 대가를 받는 것을 말한다. 예를 들어 회사창립 기념품으로 회사의 제품을 종업원에게 무상으로 공급하는 경우에는 과세목적상 이를 재화의 공급으로 보는 것이다. 다만, 다음의 것은 개인적 공급에 해당하지 않는다.

㉠ 사업을 위해 착용하는 작업복, 작업모 및 작업화를 제공하는 경우
㉡ 직장 연예 및 직장 문화와 관련된 재화를 제공하는 경우
㉢ 다음 중 어느 하나에 해당하는 재화를 제공하는 경우. 이 경우 ⓐ와 ⓑ 각각 사용인 1명당 연간 10만 원을 한도로 하며, 10만 원을 초과하는 경우 해당 초과액에 대해서는 재화의 공급으로 본다.
ⓐ 경조사와 관련된 재화
ⓑ 설날·추석, 창립기념일 및 생일 등과 관련된 재화

③ 사업상 증여

사업상 증여란 사업자가 자기생산·취득재화를 자기의 고객이나 불특정 다수에게 증여하는 것을 말한다. 다만, 다음의 것은 사업상 증여에 해당하지 않는다.

　㉠ 증여되는 재화의 대가가 주된 거래인 재화의 공급대가에 포함되는 것
　㉡ 사업을 위하여 대가를 받지 아니하고 다른 사업자에게 인도하거나 양도하는 견본품
　㉢ 「재난 및 안전관리 기본법」의 적용을 받아 특별재난지역에 공급하는 물품
　㉣ 자기적립마일리지등으로만 전부를 결제받고 공급하는 재화

구분	부가가치세법에 따른 취급
(1) 판매장려금	사업자가 자기재화의 판매촉진을 위하여 거래상대자의 판매실적에 따라 일정률의 장려금품을 지급 또는 공급하는 경우 ① 금전으로 지급하는 장려금은 과세표준에서 공제하지 않으며 ② 재화로 공급하는 것은 사업장 증여에 해당하므로 과세한다. 다만, 해당 재화가 자기생산·취득재화에 해당하지 아니하는 것은 과세하지 아니한다.(부기통 10-0-5).
(2) 기증품	사업자가 자기의 제품 또는 상품을 구입하는 자에게 구입 당시 그 구입액의 비율에 따라 증여하는 기증품 등은 주된 재화의 공급에 포함하므로 과세되는 재화의 공급으로 보지 않는다. 다만, 당사자간의 약정에 따라 일정기간의 판매비율에 따라 장려금품으로 공급하는 재화는 그렇지 않다(부기통 10-0-6 (1)).
(3) 경품	사업자가 자기의 고객 중 추첨을 통하여 당첨된 자에게 재화를 경품으로 제공하는 경우에는 과세되는 재화의 공급으로 본다. 다만, 해당 경품이 자기생산·취득재화에 해당하지 아니하는 것은 그렇지 않다(부기통 10-0-6 (2)).

④ 폐업시 잔존재화

폐업시 잔존재화란 사업자가 사업을 폐업할 때 또는 사업개시전 등록한 자가 사실상 사업을 시작하지 아니하게 되는 때에 자기생산·취득재화 중 남아 있는 재화를 말한다. 폐업시 잔존재화의 경우 이미 매입세액을 공제받았으나 폐업 후 잔존재화를 판매하거나 개인적 목적 등으로 사용하는 때에는 사업자가 아니므로 부가가치세를 과세할 수 없다. 이에 따라 폐업시점에서 재화의 공급으로 의제하여 부가가치세를 과세하는 것이다. 폐업시 잔존재화로 과세된 경우 추후 이를 판매하는 것은 사업자로서 재화를 공급하는 것이 아니므로 부가가치세 납세의무가 없다.

2) 공급시기 및 공급가액

① 공급시기

면세전용, 비영업용소형승용차와 그 유지를 위한 재화, 개인적 공급은 재화를 사용하거나 소비하는 때, 판매목적 타사업장 반출은 반출하는 때, 사업상 증여는 재화를 증여하는 때, 폐업시 잔존재화는 폐업일을 공급시기로 본다.

② 공급가액

- 자가공급, 개인적 공급, 사업상 증여, 폐업시 잔존재화: 당해 재화의 시가(단, 시가보다 낮은 대가를 받고 제공하는 것은 시가와 받은 대가의 차액에 한정)
- 직매장 등 반출: 취득가액. 단 취득가액에 일정액을 더하여 반출하는 경우 취득가액에 일정액을 더한 금액

(3) 위탁자의 지위 이전에 대한 재화공급의 특례

「신탁법」에 따라 위탁자의 지위가 제3자에게 이전되는 경우에는 기존 위탁자가 새로운 위탁자에게 신탁재산을 공급한 것으로 본다. 다만, 집합투자업자가 다른 집합투자업자에게 위탁자의 지위를 이전한 경우 및 이에 준하는 경우와 같이 신탁재산에 대한 실질적인 소유권의 변동이 없는 경우에는 신탁재산의 공급으로 보지 아니한다.

(4) 재화의 공급으로 보지 아니하는 거래

1) 담보제공

재화를 담보로 제공하는 것은 재화의 공급으로 보지 아니한다. 담보의 제공이란 질권, 저당권 또는 양도담보의 목적으로 동산·부동산 및 부동산상의 권리를 제공하는 것을 말한다. 이는 외형상 재화의 인도가 있는 것으로 보이나 담보권자가 채권의 우선변제권을 획득하는 것일 뿐 실질적으로 재화의 소비권을 취득하는 것이 아니므로 재화의 공급으로 보지 않는 것이다.

2) 신탁재산 소유권 이전

신탁재산은 위탁자로부터 수탁자 또는 수탁자로부터 위탁자로 이전하거나 수탁자가 변경되어 신수탁자에게 이전하는 경우에는 재화의 공급으로 보지 않는다.

3) 사업의 양도

사업을 양도하는 것은 재화의 공급으로 보지 아니한다. 다만, 사업을 양수받는 자가 대가를 지급하는 때에 그 대가를 받은 자로부터 부가가치세를 징수하여 납부한 경우는 재화의 공급으로 본다.

사업의 양도란 사업장별(상법에 따라 분할하거나 분할합병하는 경우에는 같은 사업장 안에서 사업부문별로 구분하는 경우를 포함한다)로 그 사업에 관한 모든 권리와 의무를 포괄적으로 승계시키는 것을 말한다. 이 경우 미수금, 미지급금, 업무와 관련이 없는 자산을 포함하지 않고 승계시킨 경우에도 그 사업을 포괄적으로 승계시킨 것으로 본다.

사업의 양도를 재화의 공급으로 보지 않는 것은 사업양도에 대하여 부가가치세를 과세할 경우 사업양수인에게 불필요한 자금부담이 발생하는 것을 방지하기 위한 정책적 배려 때문이다.

구분	사업 양도
(1) 일반적인 경우	재화의 공급으로 보지 않음 → 세금계산서 발급 ×(양수자 매입세액 공제 ×)
(2) 사업양수시 양수자가 부가가치세를 대리납부한 경우	재화의 공급으로 인정함 → 세금계산서 발급 ○(양수자 매입세액 공제 ○)

* '사업양수시 양수자 대리납부'에 따라 양수자가 납부한 부가가치세액은 매출세액에서 공제하는 매입세액으로 한다(부가법 38 ① (2)).

4) 조세의 물납, 법률에 따른 공매, 경매, 수용

5) 자기의 과세사업을 위하여 사용

사업자가 자기의 사업과 관련하여 생산하거나 취득한 재화를 자기의 과세사업을 위하여 다음 예시와 같이 사용하거나 소비하는 경우에는 재화의 공급으로 보지 않는다(부기통 10-0-1).

① 자기의 다른 사업장에서 원료·자재 등으로 사용하거나 소비하기 위하여 반출하는 경우
② 자기사업상의 기술개발을 위하여 시험용으로 사용하거나 소비하는 경우
③ 수선비 등에 대체하여 사용하거나 소비하는 경우
④ 사후무료 서비스 제공을 위하여 사용하거나 소비하는 경우
⑤ 불량품 교환 또는 광고선전을 위한 상품진열 등의 목적으로 자기의 다른 사업장으로 반출하는 경우

2 용역의 공급

(1) 용역공급의 범위

용역의 공급이란 계약상 또는 법률상의 모든 원인에 의하여 역무를 제공하거나 재화·시설물 또는 권리를 사용하게 하는 것을 말한다. 이 경우 용역공급의 범위와 관련하여 다음에 유의하여야 한다.

① 건설업에 있어서는 건설업자가 건설자재의 전부 또는 일부를 부담하는 경우에도 용역의 공급으로 본다.

② 제조가공업자가 상대방으로부터 인도받은 재화에 주요 자재를 전혀 부담하지 아니하고 단순히 가공만 하여 주는 것은 용역의 공급으로 본다.

③ 산업상·상업상 또는 과학상의 지식, 경험 또는 숙련에 관한 정보를 제공하는 것은 용역의 공급으로 본다.

(2) 용역의 자가공급

사업자가 자기의 사업을 위하여 직접 용역을 공급하는 것을 용역의 자가공급이라고 한다. 용역의 자가공급으로서 과세대상이 되는 용역은 당해 용역이 무상으로 공급되어 다른 동업자와의 과세형평이 침해되는 경우로서 그 대상 및 이에 필요한 사항은 시행규칙으로 정하고 있으나 현재 이에 관하여 규정하고 있지 않으므로 실질적으로 용역의 자가공급으로서 과세대상으로 하고 있는 것은 없다.

예컨대, 다음과 같은 것은 용역의 자가공급에 해당하므로, 부가가치세를 과세하지 않고 있다.

① 사업자가 자기의 사업과 관련하여 사업장 내에서 그 사용인에게 음식용역을 무상으로 제공하는 경우

② 사업자가 사용인의 직무상 부상 또는 질병을 무상으로 치료하는 경우

③ 사업장이 각각 다른 수개의 사업을 겸영하는 사업자가 그 중 한 사업장의 재화 또는 용역의 공급에 필수적으로 부수되는 용역을 자기의 다른 사업장에서 공급하는 경우

(3) 용역의 공급으로 보지 아니하는 거래

1) 용역의 무상공급

대가를 받지 아니하고 타인에게 용역을 공급하는 것은 용역의 공급으로 보지 아니한다. 다만, 사업자가 특수관계에 있는 자에게 사업용 부동산의 임대용역 등 대통령령으로 정하는 용역을 공급

하는 경우, 용역의 공급으로 보아 시가로 과세한다.

용역의 무상공급을 과세대상에서 제외하는 것은 첫째, 재화와 달리 용역의 경우에는 시가를 확인하기 어려우며, 둘째, 용역은 주로 인적역무로서 무상으로 공급되는 인적용역에 대하여 과세하는 것은 바람직하지 않을 뿐 아니라 현실적으로 어렵다는 이유 때문이다.

2) 고용관계에 의한 근로의 제공

고용관계에 의한 근로의 제공은 용역의 공급으로 보지 아니한다. 왜냐하면, 근로의 제공은 사업상 독립적으로 용역을 공급하는 것이 아니기 때문이다.

3 재화의 수입

(1) 의의

재화의 수입은 외국으로부터 우리 나라에 들어온 물품과 수출신고가 수리된 물품으로서 선적이 완료되었던 물품을 우리 나라의 영토 및 우리 나라가 행사할 수 있는 권리가 미치는 곳에 반입하는 것을 말한다.

일단 수출신고를 하고 선적이 완료된 물품은 외국물품으로 간주되는 것이므로, 당해 물품이 계약취소 등의 사유로 수출되지 않고 다시 국내로 재반입되는 경우에는 다시 수입절차를 거쳐야 하며, 이는 부가가치세 과세대상이다. 반면, 수출신고를 한 재화로서 선적되지 아니한 것을 보세구역에서 반입하는 것은 재화의 수입으로 보지 아니한다.

(2) 재화의 수입에 대한 신고 · 납부

재화의 수입에 대한 납세의무자가 재화의 수입에 대하여 관세법에 따라 관세를 세관장에게 신고하고 납부하는 경우에는 재화의 수입에 대한 부가가치세를 함께 신고하고 납부하여야 한다.

4 위탁매매, 대리인에 의한 매매

위탁매매 또는 대리인에 의한 매매를 할 때에는 위탁자 또는 본인이 직접 재화를 공급하거나 공급받은 것으로 본다. 다만, 위탁매매 또는 대리인에 의한 매매를 하는 해당 거래 또는 재화의 특성상 또는 보관 · 관리상 위탁자 또는 본인을 알 수 없는 경우에는 수탁자 또는 대리인에게 재화를 공급하거나 수탁자 또는 대리인으로부터 재화를 공급받은 것으로 본다.

MEMO

01 다음 중 부가가치세법상 재화의 공급에 해당하지 않는 것은?

① 사업을 폐지하는 때에 잔존하는 재화
② 사업을 위해 대가를 받지 않고 다른 사업자에게 인도하거나 양도하는 견본품
③ 교환계약에 의하여 인도하는 재화
④ 현금판매하는 것으로서 구입시 매입세액공제를 받지 못한 재화

02 다음 중 부가가치세법상 간주공급에 관한 설명으로 가장 올바르지 않은 것은?

① 간주공급에 해당하는 경우 해당 과세표준은 일반적으로 시가에 의해 계산되나 직매장 등 반출 시에는 취득가액으로 한다.
② 개인적공급 및 사업상 증여에 해당하는 간주공급의 경우 세금계산서 발행의무가 면제된다.
③ 자가공급, 개인적공급, 사업상 증여의 간주공급 시기는 당해 용도에 사용 또는 소비되는 때이다.
④ 폐업시 잔존재화로 과세된 경우로서 추후 해당 재화를 판매하는 경우에는 재화의 공급에 해당되어 납세의무가 있다.

03 다음 중 재화 및 용역의 수입에 관한 설명으로 가장 올바르지 않은 것은?

① 수출신고를 한 재화로서 선적되지 아니한 것을 보세구역에서 반입하는 것은 재화의 수입으로 보지 아니한다.
② 재화의 수입에 대한 납세의무자가 재화의 수입에 대하여 관세법에 따라 관세를 세관장에게 신고하고 납부하는 경우에는 재화의 수입에 대한 부가가치세를 함께 신고하고 납부하여야 한다.
③ 수출신고를 마치고 선적이 완료된 물품을 국내로 다시 반입하는 경우는 재화의 수입에 해당한다.
④ 수입하는 재화에 대하여는 당해 수입자가 사업자가 아닌 경우 부가가치세가 과세되지 않는다.

NEW

04 다음 중 부가가치세 과세대상에 해당하지 않는 것은?

① 사업자단위과세사업자가 판매목적 타사업장 반출시 세금계산서를 발급하는 경우
② 아들에게 무료로 상가를 임대하는 경우
③ 타인에게 무료로 청소용역을 제공하는 경우
④ 회사창립 기념품으로 시가 20만 원인 제품을 종업원에게 1개씩 무상으로 공급하는 경우

05 다음 중 부가가치세법상 용역의 공급에 관한 설명으로 가장 올바르지 않은 것은?

① 건설업에 있어서는 건설업자가 건설자재의 전부 또는 일부를 부담하는 경우에도 용역의 공급으로 본다.
② 고용관계에 의한 근로의 제공은 용역의 공급으로 보지 않는다.
③ 사업자가 자기의 사업을 위해 직접 용역을 공급하는 경우에는 용역의 공급에 해당된다.
④ 제조가공업자가 상대방으로부터 인도받은 재화에 주요 자재를 전혀 부담하지 아니하고 단순히 가공만 하는 것은 용역의 공급으로 본다.

06 다음 중 부가가치세법상 재화의 공급으로 의제되지 않는 것은?

① 총괄납부 신청을 한 자가 직매장으로 재화를 반출하는 경우
② 사업자가 자기의 사업과 관련하여 생산·취득한 재화를 면세사업을 위하여 직접 사용 또는 소비하는 것
③ 사업자가 자기의 사업과 관련하여 생산·취득한 재화를 자기의 고객이나 불특정 다수인에게 증여하는 경우
④ 사업자가 자기의 사업과 관련하여 생산·취득한 재화를 자기나 그 사용인의 개인적인 목적으로 사용 또는 소비하는 경우

07 다음 중 간주공급의 한 유형인 사업상 증여에 관한 설명으로 가장 올바르지 않은 것은?

① 부가가치세법에서는 과세의 형평을 위하여 자기사업과 관련하여 생산 또는 취득한 재화를 고객에게 증여시 이를 공급으로 보도록 하고 있다.

② 사업자가 제품을 구매하는 고객에게 구입액의 비율에 따라 기증품을 증여하는 것은 사업상 증여에 해당하지 않는다.

③ 매입세액이 공제되지 아니한 재화라도 고객에게 증여하는 것은 사업상 증여에 해당된다.

④ 사업상 증여시 세금계산서를 발급할 필요가 없다.

08 다음 중 간주공급에 관한 설명으로 가장 올바르지 않은 것은?

① 주사업장총괄납부사업자가 판매목적 타사업장 반출시 세금계산서를 발급하는 경우에는 재화의 공급으로 본다.

② 개인적 공급의 공급시기는 당해 용도에 사용한 때이며, 폐업시 잔존재화의 간주공급시기는 폐업일이 된다.

③ 사업을 위하여 무상으로 다른 사업자에게 인도 또는 양도하는 견본품은 사업상 증여에 해당하지 않는다.

④ 자가공급의 경우 해당 재화를 사용하는 때 세금계산서를 발급해야 한다.

09 다음 중 부가가치세법에 따른 재화의 공급에 관한 설명으로 가장 올바르지 않은 것은?

① 재화의 공급은 계약상 또는 법률상의 모든 원인에 의해 재화를 인도 또는 양도하는 것으로 한다.

② 위탁매매 또는 대리인에 의한 매매를 할 때에는 위탁자 또는 본인이 직접 재화를 공급하거나 공급받은 것으로 본다. 다만, 위탁자 또는 본인을 알 수 없는 경우에는 그렇지 않다.

③ 질권·저당권 또는 양도담보의 목적으로 동산·부동산 및 부동산상의 권리를 제공하는 경우 재화의 공급으로 본다.

④ 세금계산서를 발급받지 않아 매입세액을 공제받지 못한 재화를 면세사업에 사용하는 경우에는 재화의 공급에 해당하지 않는다.

10 다음 중 부가가치세 과세대상에 관한 설명으로 가장 옳은 것은?

① 총괄납부승인을 얻은 자가 직매장으로 재화를 반출하는 경우에는 재화의 공급으로 보지 아니한다.
② 건설업자가 건설자재의 전부 또는 일부를 부담하는 경우에도 재화의 공급으로 본다.
③ 사업을 위하여 대가를 받지 아니하고 다른 사업자에게 인도하거나 양도하는 견본품은 재화의 공급에 해당한다.
④ 대가수령 여부와 관계없이 타인에게 용역을 공급하는 것은 부가가치세 과세 대상이다.

11 다음 중 부가가치세법상 과세대상거래에 관한 설명으로 가장 옳지 않은 것은?

① 조세를 물납하는 것은 재화의 공급에 해당하지 않는다.
② 재화를 담보로 제공하는 것은 재화의 공급에 해당하지 않는다.
③ 수출신고가 수리되어 선적되었으나 당해 계약이 취소되어 실제 수출이 이루어지지 않고 다시 국내로 반입되는 경우 재화의 수입에 해당하지 않는다.
④ 위탁매매의 경우 위탁자가 직접 재화를 공급하는 것으로 보는 것이 원칙이다.

1 재화의 공급시기

부가가치세는 1년을 두 개의 과세기간으로 구분하여 과세기간 단위로 과세한다. 따라서 개별 거래에 대하여 해당 과세기간을 결정하기 위한 시간적 기준이 필요하다. 이러한 시간적 기준이 재화 또는 용역의 공급시기이다. 사업자는 공급시기에 세금계산서를 발급하고 부가가치세를 거래징수하여야 하며, 공급시기가 당해 과세기간에 속하는 거래에 대하여 과세표준을 신고하여야 한다.

(1) 일반적 기준

재화의 공급시기는 원칙적으로 다음 세 가지 기준에 따른다.

- 재화의 이동이 필요한 경우: 재화가 인도되는 때(일반적인 상품 및 제품)
- 재화의 이동이 필요하지 아니한 경우: 재화가 이용가능하게 되는 때(부동산, 무체물)
- 상기 두 가지 기준을 적용할 수 없는 경우: 재화의 공급이 확정되는 때

(2) 거래형태별 공급시기

1) 현금판매·외상판매

현금판매·외상판매의 경우에는 당해 재화가 인도되거나 이용가능하게 되는 때를 공급시기로 한다. 공급가액이 결정되기 전에 재화를 인도한 경우에는 인도시점의 시가에 따라 세금계산서를 발급하고 추후 공급가액이 결정될 때 수정세금계산서를 발급한다. 한편 판매시점과 재화의 인도시점이 서로 다른 경우에는 실질적인 판매가 이루어지는 때가 공급시기가 된다.

2) 할부판매와 장기할부판매

할부판매란 대가를 2회 이상 분할하여 지급하는 것으로 이 중에서도 재화의 인도일의 다음날부터 최종부불금의 지급기일까지의 기간이 1년 이상인 것을 장기할부판매라고 한다.

할부판매의 경우에는 재화가 인도되거나 이용가능하게 되는 때가 공급시기가 되나, 장기할부판매의 경우에는 대가의 각 부분을 받기로 한 때가 공급시기가 된다.

예 제

정수기를 판매하는 (주)맑은물의 거래내역이다. 제1기 예정신고 및 확정신고시의 과세표준은 얼마인가?

① 2월 1일: A정수기 1대를 100,000원에 현금판매하였다.
② 3월 4일: B정수기 1대를 300,000원에 할부판매하고 대금을 당월부터 매월 50,000원씩 받기로 하였다.
③ 3월 7일: C정수기 1대를 1,000,000원에 할부판매하고 대금을 3월 7일부터 매월 50,000원씩 받기로 하였다.

풀 이

구분	예정신고시 과세표준	확정신고시 과세표준
A정수기[*1]	100,000원	—
B정수기[*2]	300,000원	—
C정수기[*3]	50,000원	150,000원
합계	450,000원	150,000원

[*1] A정수기는 현금판매조건이므로 인도한 날인 2월 1일을 공급시기로 한다.
[*2] B정수기는 할부기간이 6개월이므로 할부판매조건이다. 할부판매인 경우에도 인도일인 3월 4일을 공급시기로 한다.
[*3] C정수기: 할부기간이 1년 이상인 장기할부판매이므로 대가의 각 부분을 받기로 한 때를 공급시기로 한다. 따라서 3월에 받기로 한 50,000원은 예정신고시 신고하고, 4월, 5월, 6월에 각각 받기로 한 150,000원을 확정신고시 신고한다.

3) 반환, 동의 기타 조건부판매 및 기한부판매

조건부판매 및 기한부판매의 경우에는 그 조건이 성취되거나 기한이 경과되어 판매가 확정되는 때가 공급시기이다.

4) 완성도기준지급 또는 중간지급조건부판매

완성도기준지급 또는 중간지급조건부판매 및 계속적 공급의 경우에는 그 대가의 각 부분을 받기로 한 때가 공급시기이다. 다만, 재화가 인도되거나 이용가능하게 되는 날 이후에 받기로 한 대가의 부분에 대해서는 재화가 인도되거나 이용가능하게 되는 날을 그 재화의 공급시기로 본다.

구분	요건
완성도기준지급	재화의 완성비율에 따라 대금을 지급받는 경우
중간지급조건부	재화가 인도되기 전 또는 재화를 이용 가능하게 되기 전이거나 용역의 제공이 완료되기 전에 계약금 이외의 대가를 분할하여 지급하는 경우로서 계약금을 지급하기로 한 날부터 잔금을 지급하기로 한 날까지의 기간이 6개월 이상인 경우

5) 계속적 공급

전력 기타 공급단위를 구획할 수 없는 재화를 계속적으로 공급하는 경우에는 대가의 각 부분을 받기로 한 때를 재화의 공급시기로 본다.

재화의 거래형태별 공급시기

구분	재화의 공급시기
① 반환조건부 판매, 동의조건부 판매, 그 밖의 조건부 판매 및 기한부 판매의 경우	그 조건이 성취되거나 기한이 지나 판매가 확정되는 때
② 장기할부판매의 경우	대가의 각 부분을 받기로 한 때
③ 완성도기준지급조건부 또는 중간지급조건부로 재화를 공급하는 경우	대가의 각 부분을 받기로 한 때 * (다만, 재화가 인도되거나 이용 가능하게 되는 날 이후에 받기로 한 대가의 부분에 대해서는 재화가 인도되거나 이용 가능하게 되는 날을 공급시기로 본다)
④ 전력이나 그 밖의 공급단위를 구획할 수 없는 재화를 계속적으로 공급하는 경우	대가의 각 부분을 받기로 한 때

6) 간주공급의 공급시기

구분		재화의 공급시기
① 자기생산·취득재화의 공급의제	면세전용	재화를 사용하거나 소비하는 때
	비영업용 소형승용자동차와 그 유지에 사용·소비	
	개인적 공급	
	사업상 증여	재화를 증여하는 때
	폐업시 잔존재화	폐업일
② 판매목적 타사업장 반출		재화를 반출하는 때

7) 폐업 전에 공급한 재화의 공급시기가 폐업일 이후 도래하는 경우

폐업일 이전에 공급한 재화의 공급시기가 폐업일 이후에 도래하는 경우에는 그 폐업일을 공급시기로 본다.

8) 무인판매기를 이용하여 재화를 공급하는 경우

해당 사업자가 무인판매기에서 현금을 꺼내는 때를 재화의 공급시기로 본다.

9) 수출재화

수출재화의 선적일(위탁판매수출은 공급가액이 확정되는 때, 외국인도수출 및 위탁가공무역방식의 수출은 외국에서 인도되는 때)이 공급시기이다. 다만, 내국신용장에 의하여 공급하는 재화의 공급시기는 재화를 인도하는 때이다.

10) 위탁판매

상기 기준에 따른 수탁자 또는 대리인의 공급시기를 위탁자의 공급시기로 한다.

구분	재화의 공급시기
① 수출재화의 경우 　내국물품의 국외반출 및 중계무역방식의 수출 　원양어업 및 위탁판매수출 　외국인도수출 및 위탁가공무역방식의 수출	수출재화의 선(기)적일 수출재화의 공급가액이 확정되는 때 외국에서 해당 재화가 인도되는 때*
② 무인판매기를 이용하여 재화를 공급하는 경우	해당 사업자가 무인판매기의 현금을 꺼내는 때

* 사업자가 위탁가공을 위하여 원자재를 국외의 수탁가공 사업자에게 대가 없이 반출하는 것은 재화의 공급으로 보지 않는다(부가령 18 ② (3)). 국외의 수탁가공 사업자가 가공을 완료하여 외국에서 해당 재화가 인도되는 때(재화의 소유권이 이전되는 때)를 공급시기로 하기 때문이다.

2 용역의 공급시기

(1) 일반적 기준

용역의 공급시기는 역무가 제공되거나 재화, 시설물 또는 권리가 사용되는 때이다. 재화와 달리 용역은 공급시기가 불분명한 경우가 많으므로 법령에 구체적으로 규정되지 아니한 경우 일반적 기준에 따라 판단하여야 할 것이다.

(2) 거래형태별 공급시기

1) 통상적인 용역공급

역무의 제공이 완료되는 때가 공급시기이다.

2) 완성도기준지급, 중간지급, 장기할부 또는 기타 조건부용역공급

계약에 따라 대가의 각 부분을 받기로 한 때가 공급시기이다.

구분	용역의 공급시기
① 장기할부조건부 또는 그 밖의 조건부로 용역을 공급하는 경우*1)	대가의 각 부분을 받기로 한 때
② 완성도기준지급조건부 또는 중간지급조건부로 용역을 공급하는 경우*2)	대가의 각 부분을 받기로 한 때 * 다만, 역무의 제공이 완료되는 날 이후 받기로 한 대가의 부분에 대해서는 역무의 제공이 완료되는 날을 공급시기로 본다.
③ 공급단위를 구획할 수 없는 용역을 계속적으로 공급하는 경우	대가의 각 부분을 받기로 한 때

*1) '장기할부조건부로 용역을 공급하는 경우'는 용역을 공급하고 그 대가를 월부, 연부 또는 그 밖의 할부의 방법에 따라 받는 것 중 ① 2회 이상으로 분할하여 대가를 받고 ② 해당 용역의 제공이 완료되는 날의 다음 날부터 최종 할부금 지급기일까지의 기간이 1년 이상인 것으로 한다(부가칙 19).

*2) '중간지급조건부로 용역을 공급하는 경우'란 ① 계약금을 받기로 한 날의 다음 날부터 용역의 제공을 완료하는 날까지의 기간이 6개월 이상인 경우로서 ② 그 기간 이내에 계약금 외의 대가를 분할하여 받는 경우를 말한다. 여기에는 「국고금 관리법(제26조)」에 따라 경비를 미리 지급받는 경우와 지방회계법(제35조)에 따라 선금급(先金給)을 지급받는 경우를 포함한다(부가칙 20).

3) 상기 이외의 경우

역무의 제공이 완료되고 그 공급가액이 확정되는 때가 공급시기이다. 무상으로 공급되는 용역은 과세대상이 아니기 때문에 용역제공이 완료되었다 하더라도 용역의 대가가 확정되어야 공급시기가 되는 것이다.

4) 부동산 임대용역

부동산 임대용역은 계속적 공급이므로 대가의 각 부분을 받기로 한 때를 공급시기로 한다. 그러나 2과세기간 이상에 걸쳐 부동산 임대용역을 제공하고 그 대가를 선불 또는 후불로 받는 경우에는 당해 금액을 월수로 안분한 금액을 공급가액으로 하며, 이 경우 그 공급시기는 예정신고기간 또는 과세기간의 종료일로 한다.

5) 다음 용역을 둘 이상의 과세기간에 걸쳐 계속적으로 제공하고 그 대가를 선불로 받는 경우에는 예정신고기간 또는 과세기간의 종료일

- 헬스클럽장 등 스포츠센터를 운영하는 사업자가 연회비를 미리 받고 회원들에게 시설을 이용하게 하는 것
- 사업자가 다른 사업자와 상표권 사용계약을 할 때 사용대가 전액을 일시불로 받고 상표권을 사용하게 하는 것

한편, 사업자가 부동산 임대용역을 공급하고 그 대가로 전세금 또는 임대보증금을 받는 경우 그 전세금이나 임대보증금의 이자에 상당하는 금액을 부가가치세 과세대상금액으로 하고 있는 바, 이를 간주임대료라 한다. 즉, 간주임대료란 부동산 임대용역을 제공하고 전세금 또는 보증금을 받는 경우 전세금 등에 대하여 1년 만기 정기예금 이자상당액을 임대료로 간주하여 과세하는 것을 말한다. 이러한 간주임대료의 경우도 그 공급시기를 예정신고기간 또는 과세기간의 종료일로 한다.

3 세금계산서 발급과 공급시기

세금계산서는 재화와 용역의 공급시기를 작성일자로 하여 발급함이 원칙이나, 세금계산서가 대금청구서로 갈음되고 세금계산서 발급 후 일정기간 이후에 대금결제가 이루어지는 현실을 감안하여 교부시기의 예외를 인정하고 있다.

01 (주)삼일은 2024년 11월 10일 상품을 3개월 할부로 인도하고 판매대금 120,000원은 아래와 같이 회수하기로 약정하였다. 할부대금의 실제 회수액이 다음과 같을 때 2024년 제2기 확정신고기간(2024년 10월 1일 ~ 2024년 12월 31일)에 동 할부판매와 관련하여 신고할 과세표준은 얼마인가?(단, 회수약정액과 회수액은 부가가치세를 포함하지 않는 금액이다)

일자	회수약정액	회수액
2024년 11월 10일	40,000원	–
2024년 12월 10일	40,000원	40,000원
2025년 1월 10일	40,000원	30,000원
계	120,000원	70,000원

① 40,000원   ② 70,000원
③ 80,000원   ④ 120,000원

02 다음 중 부가가치세법상 재화의 공급시기에 관한 설명으로 옳은 것은 몇 개인가?

> ㄱ. 현금판매·외상판매에 의한 재화의 공급: 재화가 인도되거나 이용 가능하게 되는 때
> ㄴ. 조건부 판매: 조건이 성취되거나 기한이 경과되어 판매가 확정되는 때
> ㄷ. 완성도기준지급조건부의 재화공급: 대가의 각 부분을 받기로 한 때
> ㄹ. 무인판매기를 이용하여 재화를 공급하는 경우: 재화가 인도되는 때

① 1개   ② 2개
③ 3개   ④ 4개

03 다음 중 부가가치세법상 재화의 공급시기로서 가장 옳은 것은?

① 상품을 외상판매한 경우: 상품대금을 실제 받은 때
② 단기할부판매의 경우: 대가의 각 부분을 받기로 한 때
③ 판매목적 타사업장반출로 인한 공급의제의 경우: 재화를 반출하는 때
④ 재화를 외국인도수출하는 경우: 선적일

04 다음 중 부가가치세법상 재화의 공급시기에 관한 설명으로 가장 올바르지 않은 것은?

① 간주공급 중 개인적 공급은 재화를 사용하거나 소비하는 때를 재화의 공급시기로 본다.

② 폐업시 잔존재화의 공급시기는 원칙적으로 폐업신고일이다.

③ 내국신용장에 의하여 공급하는 재화의 공급시기는 재화를 인도하는 때이다.

④ 공급단위를 구획할 수 없는 재화를 계속적으로 공급하는 경우에는 각 대가의 각 부분을 받기로 한 때가 공급시기이다.

05 다음 중 부가가치세법상 재화와 용역의 공급시기에 관한 연결이 가장 올바르지 않은 것은?

① 용역공급: 역무의 제공이 완료되는 때

② 장기할부판매: 재화가 인도되거나 이용 가능하게 되는 때

③ 위탁판매: 수탁자 또는 대리인의 공급시기

④ 2 과세기간 이상에 걸쳐 부동산임대용역을 제공하고 그 대가를 선·후불로 받는 경우: 예정신고기간 또는 과세기간의 종료일

06 다음 중 부가가치세법상 간주공급의 공급시기에 관한 연결이 가장 올바르지 않은 것은?

① 면세전용: 재화를 사용하거나 소비하는 때

② 개인적 공급: 재화를 사용하거나 소비하는 때

③ 사업상 증여: 재화를 사용하거나 소비하는 때

④ 내국신용장에 의해 수출하는 재화: 수출재화의 선·기적일

영세율과 면세

부가가치세법에서는 모든 재화 및 용역의 공급에 대하여 10%의 동일한 세율로 과세하는 것을 원칙으로 한다. 그러나 그 예외를 규정하고 있는 바, 세율 및 과세대상에 대한 예외규정인 영세율 및 면세제도를 규정하고 있다.

1 영세율

(1) 영세율의 의의

1) 영세율 제도의 개요

영세율이라 함은 재화와 용역의 공급에 대하여 "0"의 세율을 적용하는 것을 말한다. 부가가치세의 과세방법은 전단계세액공제방식에 의하고 있으므로 매출세액에서 매입세액을 공제하여 납부세액을 계산하게 된다. 따라서 영세율을 적용하면 매출세액이 발생하지 아니하는 반면 사업자가 부담한 매입세액은 전액 환급받게 되어 부가가치세 부담이 완전히 면제된다. 이처럼 영세율 제도는 당해 거래단계에서 창출된 부가가치뿐만 아니라 그 이전단계에서 창출된 부가가치에 대하여도 과세되지 않기 때문에 이를 완전면세제도라고 한다.

영세율에서의 부가가치세 계산

부가가치세＝매출세액－매입세액＝매출액 × 0%－매입세액
＝0－매입세액＝－매입세액(환급)

2) 영세율 제도의 취지

수출의 경우에는 소비지과세원칙에 따라 부가가치세를 과세하지 않아야 한다. 수출의 경우 생산수출국과 수입소비국에서 각각 부가가치세를 과세하면 동일 재화의 부가가치에 대하여 국가간 이중과세 문제가 발생하기 때문이다. 이에 따라 수출의 경우 완전면세를 위하여 영세율을 적용하는 것이다.

또한 영세율 제도는 수출산업을 지원하는 목적을 지니고 있다. 영세율이 적용되면 부가가치세 부담이 완전히 없어지므로 가격경쟁력이 향상되기 때문이다. 예를 들어 10,000원에 판매되는 상품에 10%인 부가가치세를 과세하면 결국 상품은 11,000원이 된다. 만약, 이 상품이 미국에 수출되어 해외 여러 나라의 경쟁업체와 경쟁하게 될 경우, 다른 경쟁국이 부가가치세를 도입하지 않고 있다면 결국 우리 나라 상품가격이 부가가치세액인 1,000원만큼 비싸질 가능성이 있다. 따라서 주로 수출하는 재화 등에 대해서 부가가치세율을 "0"으로 하여 부가가치세가 과세되지 않게 함으로써 수출경쟁력을 확보하도록 하는 제도가 영세율인 것이다.

주의할 것은 영세율 제도는 세율을 "0"으로 한다는 것이지 부가가치세의 납세의무 자체가 면제되는 것이 아니기 때문에 사업자 등록·세금계산서 발급 등 납세의무자로서의 모든 의무를 이행하여야 하며 이를 이행하지 아니하면 가산세 등의 불이익이 발생한다.

(2) 영세율 적용대상 사업자의 범위

영세율 적용대상자는 과세사업자이어야 한다. 따라서 면세사업자는 면세를 포기하지 않는 한 영세율을 적용받을 수 없다. 면세사업자가 영세율을 적용받기 위해서는 면세포기를 하여야 한다.

또한 영세율은 내국법인과 거주자에 한하며, 외국법인이나 비거주자는 영세율을 적용할 수 없다. 다만, 외국에서 우리 나라의 거주자 또는 내국법인에 대하여 동일한 면세를 하는 경우에는 그 외국의 비거주자 또는 외국법인에 대하여 영세율을 적용한다.

(3) 영세율 적용대상거래

영세율을 적용받는 재화 또는 용역의 범위는 다음과 같다.

① 수출하는 재화
② 국외에서 제공하는 용역
③ 선박·항공기의 외국항행 용역
④ 기타 외화획득사업

1) 수출하는 재화

① 내국물품(대한민국 선박에 의하여 채집되거나 잡힌 수산물을 포함한다)을 외국으로 반출하는 것. 다만, 대행수출의 경우에는 수출품생산업자가 영세율의 적용을 받는 것이며, 무역업자가 지급받는 수출대행수수료는 용역의 제공에 해당하여 영세율 적용대상이 아니다.
② 내국신용장과 구매확인서에 의하여 공급하는 재화. 다만, 내국신용장과 구매확인서는 재화의 공급시기가 속하는 과세기간이 끝난 후 25일 이내에 개설·발급받는 것이어야 한다.
③ 중계무역수출, 위탁판매수출, 외국인도수출, 위탁가공무역방식의 수출

구분	용어의 뜻
① 중계무역 방식의 수출	수출할 것을 목적으로 물품 등을 수입하여 「관세법(제154조)」에 따른 보세구역 및 보세구역 외 장치의 허가를 받은 장소 또는 「자유무역지역의 지정 및 운영에 관한 법률(제4조)」에 따른 자유무역지역 외의 국내에 반입하지 않는 방식의 수출을 말한다.
② 위탁판매수출	물품 등을 무환(無煥)으로 수출하여 해당 물품이 판매된 범위에서 대금을 결제하는 계약에 의한 수출을 말한다.
③ 외국인도수출	수출대금은 국내에서 영수(領水)하지만 국내에서 통관되지 아니한 수출물품 등을 외국으로 인도하거나 제공하는 수출을 말한다.
④ 위탁가공무역방식의 수출	가공임(加工賃)을 지급하는 조건으로 외국에서 가공(제조, 조립, 재성, 개조를 포함한다)할 원료의 전부 또는 일부를 거래 상대방에게 수출하거나 외국에서 조달하여 가공한 후 가공물품 등을 외국으로 인도하는 방식의 수출

2) 국외에서 제공하는 용역

국외에서 제공하는 용역은 소비지과세원칙에 따라 과세대상에서 제외하는 것이 타당하다. 그러나 당해 용역의 제공과 관련하여 국내에서 매입이 발생하는 경우 이에 대한 매입세액을 환급하여 줌으로써 소비지과세원칙을 보다 철저히 하고 용역수출에 대한 지원을 하기 위하여 영세율을 적용하는 것이다.

국외에서 용역을 제공하는 한 거래상대방이나 대가지급방법을 불문하고 영세율을 적용한다. 예를 들어 국외건설공사를 내국법인으로부터 재도급받아 국외에서 건설용역을 제공하고 대가를 국내에서 원화로 받는 경우에도 영세율을 적용받는다.

3) 선박·항공기의 외국항행용역

외국항행용역이란 여객이나 화물을 국내에서 국외로, 국외에서 국내로 또는 국외에서 국외로 수송하는 것을 말한다. 또한 외국항행용역의 제공에 부수하여 공급하는 재화 또는 용역도 외국항행용역에 포함된다.

다만, 국내사업장이 있는 외국법인이 제공하는 외국항행용역에 대한 영세율 적용은 상호주의원칙에 따른다.

4) 기타 외화획득사업

① 국내에서 비거주자 또는 외국법인에게 공급하는 법 소정 재화용역
② 법 소정 수출재화 임가공용역
③ 외국을 항행하는 선박 및 항공기 또는 원양어선에 공급하는 재화 또는 용역

④ 우리나라에 상주하는 외교공관, 영사기관, 국제연합과 이에 준하는 국제기구, 국제연합군 또는 미합중국군대(「대한민국과 아메리카합중국간의 상호방위조약에 의한 시설과 구역 및 대한민국에서의 합중국군대의 지위에 관한 협정」에 따른 공인 조달 기관을 포함한다)에게 공급하는 재화 또는 용역

⑤ 국내에서 국내사업장이 없는 비거주자, 외국법인에 공급되는 법소정 재화, 용역으로 대가를 외국환은행에서 원화 등으로 받는 것

⑥ 국가 또는 지방자치단체 등에게 공급하는 도시철도건설용역(2023. 12. 31.까지)

⑦ 국가 또는 지방자치단체에 공급하는 사회기반시설 또는 사회기반시설의 건설용역(2026. 12. 31.까지)

(4) 영세율과 세금계산서

영세율이 적용되는 경우에도 세금계산서를 발급해야 할까? 직수출하는 재화의 경우에는 세금계산서 발급의무가 면제되지만 내국신용장 또는 구매확인서에 의한 간접수출의 경우에는 재화의 공급자인 사업자가 수출업자에게 세금계산서를 발급하여야 한다. 이 경우 발급되는 세금계산서의 세액란에는 매출세액이 "0"이 되므로 "영세율"이라고 기재한다.

구분	영세율 적용대상
세금계산서 발급	① 내국신용장 또는 구매확인서에 의한 수출재화 ② 수출재화임가공용역
세금계산서 발급의무 면제	① 직수출하는 재화 ② 국외에서 제공하는 용역 ③ 항공기의 외국항행용역 등

심화학습

내국신용장(Local L/C)
내국신용장(Local L/C)이란 수출업자가 수령한 신용장(원신용장 Master L/C) 등을 근거로 수출물품을 제조하기 위한 원자재 등을 국내에서 원활히 조달하기 위하여 국내 공급업자(제조업자)를 수혜자로 하여 개설한 국내신용장을 말한다.
내국신용장의 개설을 전제로 하여 하여 재화나 용역이 공급된 후 공급시기가 속하는 과세기간이 끝난 후 일정기간 이내에 내국신용장이 개설되는 경우에도 영세율을 적용한다. 종전에는 내국신용장의 개설기한을 '공급시기가 속하는 과세기간이 끝난 후 20일 이내'로 하였으나, 2014년에 수출업자의 납세편의를 위해서 '공급시기가 속하는 과세기간이 끝난 후 25일 이내'로 연장하였다. 이와 마찬가지로 구매확인서도 '공급시기가 속하는 과세기간이 끝난 후 25일 이내'에 발급된 경우에도 영세율을 적용하도록 그 발급기한을 연장하였다.

다음은 영세율에 대한 설명이다. 잘못된 것은 어느 것인가?
① 영세율은 이중과세의 문제를 해결하기 위해서 도입되었다.
② 영세율 적용대상자들도 부가가치세의 신고의무가 있고 부가가치세법상의 각종 의무를 준수하여야 한다.
③ 영세율을 적용받으면 매출세액은 없고 매입시 부담한 매입세액은 환급받는다.
④ 영세율 적용대상자들도 영세율을 포기하고 면세를 적용받을 수 있다.

④: 면세사업자는 면세를 포기하고 일반과세자로 전환할 수 있으나 영세율 적용대상자는 영세율을 포기하고 면세를 적용받을 수 없다.

(5) 영세율 첨부서류

영세율이 적용되는 경우에는 부가가치세 예정·확정신고시 영세율임을 증명하는 서류를 제출*하여야 한다. 영세율 첨부서류를 제출하지 않은 경우에도 영세율 대상임이 확인되는 경우에는 영세율을 적용하나 영세율 과세표준 신고불성실가산세가 적용되는 점에 유의하여야 한다.

*

구분	영세율 첨부서류
① 재화의 수출	• 수출실적명세서(소포우편으로 수출한 경우에는 소포수령증), 수출계약서사본 또는 외화입금증명서 등
② 용역의 국외공급	• 외화입금증명서(외국환은행이 발급) 또는 국외에서 제공하는 용역에 관한 계약서
③ 선박·항공기의 외국항행 용역의 공급	• 선박: 외국환은행이 발급하는 외화입금증명서 • 항공기: 공급가액확정명세서

2 면세

(1) 면세의 의의

면세제도란 부가가치세의 납세의무가 면제되는 것을 말한다. 따라서 면세사업자는 과세표준의 신고, 사업자등록, 세금계산서 발급 등의 의무가 없다. 면세사업자는 영세율과는 달리 매입한 재화 또는 용역에 대하여 부담한 매입세액을 환급받을 수 없다. 따라서 면세사업자가 부담한 매입세액은 원가에 가산되어 다음 거래상대방에게 전가될 수밖에 없다. 이처럼 면세제도는 당해 거래에서 창출된 부가가치에 대하여는 과세하지 아니하나 그 이전 단계에서 창출된 부가가치까지 면제하는 것이 아니므로 이를 부분면세제도라고 한다.

면세제도는 주로 기초 생필품 또는 국민후생용역과 관련하여 최종소비자의 세부담을 줄이기 위하여 운용되고 있다. 이는 재화나 용역의 공급에 있어 그 최종소비단계에서 면세를 적용하면 면세사업자가 창출한 부가가치만큼 최종소비자의 세부담이 경감되기 때문이다.

(2) 면세의 적용대상

면세의 적용대상은 주로 국민생활 안정과 관련한 재화 및 용역의 공급 또는 재화의 수입으로 하며, 면세적용대상은 다음과 같다.

1) 생활필수 재화와 용역

① 가공되지 아니한 식료품(식용으로 제공되는 농·축·수·임산물 포함)
② 우리 나라에서 생산된 비식용 농·축·수·임산물. 다만, 원생산물의 본래 성상이 변하지 아니하는 정도의 원시가공을 거친 것은 면세되나 원생산물의 물리적, 외형적 상태 또는 화학적 성질이 변화되는 경우에는 과세된다.
③ 수돗물
④ 연탄과 무연탄
⑤ 여객운송용역. 다만, 항공기, 우등고속버스, 전세버스, 택시, 자동차대여사업, 특수선박 또는 고속철도에 의한 운송용역, 삭도·관광유람선업·관광순환버스업· 관광궤도업 등에 제공되는 운송수단에 의한 여객운송용역은 제외한다.
⑥ 영·유아 기저귀와 분유, 여성용 생리처리 위생용품

2) 의료보건용역과 혈액

의사, 간호사, 한의사, 수의사(애완동물 진료 용역 중 발생 빈도 높은 질병 포함), 장의사 등이 제공하는 용역, 화장, 묘지분양 및 관리업, 응급환자이송용역, 산후조리원에서 분만 직후의 임산부나 영유아에게 제공하는 급식·요양 등의 용역, 사회적기업 및 사회적협동조합이 직접 제공하는 간병, 산후조리, 보육용역, 정신건강복지센터의 정신건강증진사업등의 용역 등을 의미한다.

※ 미용목적 성형수술, 미용목적 피부시술 등은 과세

3) 교육, 문화, 종교관련 재화 또는 용역

① 교육용역*. 단, 정부의 인·허가를 받은 학교, 학원, 강습소, 훈련원, 교습소 기타 비영리단체 및 청소년수련시설, 산학협력단, 사회적기업, 사회적협동조합, 과학관, 미술관, 어린이집(위탁 운영 포함)에 한한다.

   * 무도학원, 자동차운전학원은 과세

② 도서(실내 도서 열람 및 대여 용역을 포함), 신문, 잡지, 관보, 통신. 다만, 광고는 제외한다.

③ 예술창작품, 비영리 예술행사, 비영리 문화행사와 비직업운동경기

④ 도서관, 과학관, 박물관, 미술관, 동물원, 식물원, 민속문화관 및 전쟁기념관에의 입장

⑤ 종교, 자선, 학술, 구호 기타 공익을 목적으로 하는 단체가 공급하는 재화 또는 용역

⑥ 도서대여용역

4) 부가가치 생산요소

① 금융·보험용역 (보호예수, 신탁업 중 부동산, 실물자산 등에 투자하는 금전신탁, 부동산 신탁업 중 관리·처분·분양관리 신탁 투자자문업, 보험계리용역과 연금계리용역은 과세)

② 토지의 공급

③ 저술가·작곡가 등이 제공하는 인적용역

5) 기타 재화 또는 용역

① 주택과 이에 부수되는 토지의 임대용역: 부동산의 임대는 원칙적으로 과세이나 주택과 그 부수토지의 임대는 면세이다. 이 경우 주택이라 함은 상시 주거용으로 사용하는 건물을 말한다. 또한 부수토지란 주택정착면적의 5배(도시지역 밖의 토지는 10배)를 초과하지 아니하는 것을 말하며, 이를 초과하는 부분은 과세되는 토지의 임대로 본다.

② 제조담배 중 일부(20개비 기준 200원 이하이거나 특수용담배)

③ 우표(수집용 우표를 제외한다), 인지, 증지, 복권, 공중전화

④ 국가, 지방자치단체, 지방자치단체조합이 공급하는 재화 또는 용역(단, 소포우편물을 방문접수하여 배달하는 용역과 고속철도에 의한 여객운송용역, 군인·공무원 및 이들의 배우자·직계존비속에게 제공하는 부동산 임대업, 도·소매업, 음식점업, 숙박업 기타 스포츠 시설운영업 등은 제외한다)

⑤ 주무관청에 인·허가를 받거나 등록된 단체로서 상속·증여세법에 의한 공익단체 또는 기타 기획재정부령이 정하는 단체(예: 환경관리공단)가 공급하는 재화 또는 용역

⑥ 국가, 지방자치단체, 지방자치단체조합, 공익단체에 무상으로 공급하는 재화 또는 용역

⑦ 국민주택과 당해 주택의 건설용역

⑧ 공동주택 어린이집의 임대용역

⑨ 국민주택, 전용면적 135㎥ 이하인 공동주택, 수도권 외의 읍·면 지역의 주택, 노인복지주택의 관리용역, 임대주택에 공급하는 난방용역(국민주택규모 초과 공동주택 관리용역 2025. 12. 31.까지)

⑩ 온실가스 배출권과 외부사업 온실가스 감축량 및 상쇄배출권(2025. 12. 31.까지)

부동산의 공급과 부동산의 임대에 대한 면세 여부

부동산의 공급(재화의 공급)	부동산의 임대(용역의 제공)
① 토지의 공급: 면세	① 토지의 임대: 과세(주택부속토지의 임대는 면세)
② 건물의 공급: 과세(국민주택의 공급은 면세)	② 건물의 임대: 과세(주택의 임대는 면세)

예 제

다음 중 부가가치세 면세대상 재화 또는 용역만을 고르시오.

ㄱ. 과실류	ㄴ. 수돗물
ㄷ. 우등고속버스 여객운송용역	ㄹ. 상가임대용역
ㅁ. 주택임대용역	ㅂ. 토지의 공급
ㅅ. 일반건물의 공급	ㅇ. 신문사 광고

풀 이

• ㄱ, ㄴ, ㅁ, ㅂ

ㄱ. 과실류는 미가공식료품이므로 면세이다.

ㄴ. 수돗물은 기초생활필수품으로 면세이다.

ㄷ. 일반버스 여객운송용역은 면세이나 우등고속버스 여객운송용역은 과세이다.

ㄹ. 상가임대용역은 부동산의 임대용역으로 과세이다.

ㅁ. 부동산의 임대용역 중 주택임대용역은 예외적으로 면세이다.

ㅂ. 토지의 공급은 면세이다.

ㅅ. 국민주택의 공급은 면세이나 일반건물의 공급은 과세이다.

ㅇ. 도서, 신문 등은 면세이나 광고는 과세이다.

(3) 면세포기

  면세사업자는 매입세액을 공제받지 못하므로 당해 매입세액을 원가에 산입하기 때문에 가격경쟁력 측면에서 불리할 수 있다. 이러한 불이익이 있기 때문에 세법에서는 일정한 재화 또는 용역을 공급하는 면세사업자의 경우 선택에 따라 면세를 포기하고 과세사업자로 적용받을 수 있도록 하는 제도를 마련하고 있다.

  그러나 면세제도는 최종소비자의 세부담경감에 그 취지가 있으므로 모든 면세사업자에게 면세포기를 인정해 주는 것은 아니다. 따라서 부가가치세법에서는 면세를 포기하여도 최종소비자에게 조세부담이 전가되지 아니하는 몇 가지 경우에 한해서 면세포기를 허용하고 있다.

1) 면세포기 대상

  ㉠ 영세율 적용대상인 재화·용역
  ㉡ 공익단체 중 학술연구단체 또는 기술연구단체가 실비 또는 무상으로 공급하는 재화 또는 용역

2) 면세포기 신고 및 효력

  면세포기 대상 재화 또는 용역을 공급하는 사업자가 면세를 받지 아니하고자 하는 경우에는 면세포기신고서를 관할세무서장에게 제출하고 지체없이 사업자등록을 하여야 한다. 면세포기는 새로이 납세의무자가 되는 절차이므로 과세기간 중 언제든지 포기신고를 할 수 있으며, 면세포기는 사업자등록 이후 거래분부터 적용된다. 다만, 한번 면세포기를 하면 3년간은 다시 면세적용을 받을 수 없다.

예 제

다음은 면세포기에 관한 설명이다. 잘못된 것은 어느 것인가?
① 모든 면세사업자들은 면세를 포기하고 과세로 전환할 수 있다.
② 면세를 포기하면 일반과세자와 마찬가지로 부가가치세 신고의무가 발생한다.
③ 면세포기를 하고 난 후 3년간은 다시 면세적용을 받을 수 없다.
④ 면세를 포기하면 매입세액을 매출세액에서 공제받을 수 있다.

풀 이

①: 면세는 부가가치세의 역진성을 완화하기 위한 제도이므로 그 취지상 면세를 포기하여도 최종소비자에게 조세부담이 전가되지 아니하는 몇 가지 경우에 한정해서 면세포기를 허용하고 있는 것이다.

3 영세율과 면세

구분		영세율	면세
목적		국제적인 이중과세방지	부가가치세의 역진성 완화
대상		수출 등 외화획득거래	생활필수품 등
성격		완전면세제도	부분면세제도
기본원리	매출시	과세표준에 0%의 세율을 적용하므로 거래징수할 세액은 없음	거래징수의무가 없음
	매입시	환급받음 (매입세액공제)	환급되지 아니함 (매입세액 불공제)
부가가치세법상 의무	사업자등록의무	있음	없음
	세금계산서발급	있음	없음
	신고납부의무	있음	없음
	매출처별세금계산서 합계표제출	있음	없음
	매입처별세금계산서 합계표제출	있음	있음

예 제

다음은 면세와 영세율의 차이를 설명한 것이다. 잘못된 것은 어느 것인가?
① 영세율 적용대상자는 부가가치세법상 사업자등록의무가 있으나, 면세 적용대상자는 그러하지 아니하다.
② 영세율이 적용되는 경우 매입세액은 환급되지만 면세가 적용되는 경우에는 매입세액이 환급되지 않는다.
③ 영세율 적용대상자는 부가가치세법상 사업자이나, 면세 적용대상자는 부가가치세법상 사업자가 아니다.
④ 면세가 적용되는 재화를 공급하는 경우에는 매입세액이 환급되지는 않지만 매입세액은 공제된다.

풀 이

④: 면세가 적용되는 재화를 공급하는 경우에는 매출세액을 납부하지 아니하고 부담한 매입세액도 공제되지 아니한다. 즉, 매입세액이 불공제되는 것이다.

01 다음 중 부가가치세법상 영세율과 면세에 관한 설명으로 가장 올바르지 않은 것은?

	구분	영세율	면세
①	목적	국제적인 이중과세방지	부가가치세의 역진성 완화
②	성격	부분면세제도	완전면세제도
③	세금계산서 발급의무	있음	없음
④	매입처별세금계산서 합계표제출의무	있음	있음

02 다음 중 부가가치세법상 영세율에 관한 설명으로 가장 올바르지 않은 것은?

① 영세율은 소비지국과세원칙에 따른 이중과세문제를 해소하기 위한 취지로 제정된 제도이다.

② 영세율을 적용할 경우 전 거래단계에 대한 완전면세가 가능하다.

③ 면세사업자가 영세율을 적용받기 위해서는 면세를 포기해야만 한다.

④ 영세율이 적용되는 직수출 거래라 하더라도 세금계산서는 발급하여야 한다.

03 다음 중 영세율 적용대상이 아닌 것은?

① 내국신용장과 구매확인서에 의하여 공급하는 재화

② 국가, 지방자치단체에 무상으로 공급하는 재화 또는 용역

③ 선박·항공기의 외국항행용역

④ 국외에서 제공하는 용역

04 다음은 김삼일씨의 2024년도 8월 가계부 지출내역이다. 지출금액에 포함된 부가가치세의 합계는 얼마인가?(단, 공급자는 부가가치세법에 따라 적정하게 부가가치세를 거래징수하였다고 가정한다)

(단위: 원)

일자	적요	금액
8월 10일	국민주택 월세	330,000
8월 12일	영화표	110,000
8월 15일	택시비	220,000
8월 21일	자동차운전학원비	220,000
8월 27일	주근깨 제거시술	110,000

① 10,000원   ② 20,000원
③ 30,000원   ④ 60,000원

05 다음 중 부가가치세법상 면세에 관한 설명으로 가장 옳지 않은 것은?

① 수의사의 애완견에 대한 의료용역에 대해서는 부가가치세를 면제한다.
② 예술창작품의 공급에 대해서는 부가가치세를 면제한다.
③ 무도학원이 공급하는 교육용역에 대해서는 부가가치세를 과세한다.
④ 미용목적의 피부 노화방지 예방 의료용역에 대해서는 부가가치세를 과세한다.

06 다음 중 부가가치세법상 영세율이 적용되는 거래에 해당하는 것을 모두 고르면?

ㄱ. 재화의 수출
ㄴ. 가공되지 아니한 식료품의 국내판매
ㄷ. 선박·항공기의 외국항행 용역
ㄹ. 내국신용장에 의하여 공급하는 재화

① ㄱ, ㄷ   ② ㄱ, ㄴ, ㄷ
③ ㄱ, ㄴ, ㄹ   ④ ㄱ, ㄷ, ㄹ

07 인사팀 최대리는 최근 (주)삼일에서 진행되는 부가가치세 교육을 듣고 우리가 일상적으로 구매하는 재화 및 용역의 대가에 부가가치세가 포함되어 있다는 사실을 알게 되었다. 다음은 수업을 듣고 회사에 돌아온 동료 직원들과 나눈 대화이다. 다음 중 최대리의 대화 내용으로 가장 올바르지 않은 것은?

〈대화1〉
김계장: 최대리님, 저 어제 여자친구와 한강에 위치한 레스토랑에서 근사한 저녁식사를 하였습니다.
최대리: 김계장님, 어제 지불한 음식값에 부가가치세가 포함되어 있습니다.

〈대화2〉
이과장: 우리 아이가 이번 중간고사 전교 1등을 해서, 선물로 스마트폰을 사주었습니다.
최대리: 이과장님, 아실지 모르겠지만 그 스마트폰 가격 안에는 부가가치세가 포함되어 있습니다.

〈대화3〉
곽과장: 어제 저녁 늦게 마트에 가니 수박을 저렴한 가격에 판매하고 있어서 수박 한 개에 1만 원씩,
        2개를 사왔습니다.
최대리: 곽과장님, 저렴한 가격에 구매하셨지만 그 수박 가격에도 부가가치세가 포함되어 있습니다.

〈대화4〉
감부장: 부가가치세 수업은 잘 듣고 왔습니까? 이번 주말에 식구들과 프로야구 경기를 관람하려 하는
        데, 프로야구 입장권 가격에도 부가가치세가 포함되어 있나요?
최대리: 예, 감부장님, 프로야구 입장권 가격에도 부가가치세가 포함되어 있습니다.

---

① 대화 1   ② 대화 2
③ 대화 3   ④ 대화 4

08 다음 중 부가가치세법상 면세에 관한 설명으로 가장 올바르지 않은 것은?

① 면세는 부가가치세의 역진성을 해소하기 위한 불완전면세제도이다.
② 면세사업자는 과세표준의 신고, 사업자등록, 세금계산서 발급 등에 관한 부가가치세상
  의 제반의무가 없다.
③ 면세의 포기는 면세사업자가 면세포기사유에 해당하는 경우에 한해서만 가능하다.
④ 면세사업자가 면세를 포기하는 경우 1년간은 면세적용을 받을 수 없다.

09 다음 중 부가가치세가 과세되는 것은?

① 가공되지 않은 외국산 식료품을 공급하는 것
② 의사가 치료목적으로 제공하는 진료 용역
③ 국가에 무상으로 공급하는 용역
④ 상가용 부수토지를 임대하는 용역

10 다음 자료를 바탕으로 회사 입장에서 영세율 제도와 면세 제도에 따라 부가가치세 납부 또는 환급세액을 계산할 경우 어떤 제도가 얼마나 유리한지 알맞게 짝지어진 것을 고르시오?

구분	영세율	면세
매출액	20,000,000원(수출)	20,000,000원(면세-국내매출)
매입액	10,000,000원(과세)	10,000,000원(과세)
부가가치 (매출액-매입액)	10,000,000원	10,000,000원

① 영세율 제도가 1,000,000원 유리함
② 영세율 제도가 2,000,000원 유리함
③ 면세 제도가 1,000,000원 유리함
④ 면세 제도가 2,000,000원 유리함

IX 과세표준과 매출세액의 계산

1 과세표준계산의 일반원칙

(1) 의의

과세표준이란 세액산출의 기초가 되는 과세대상의 수량 또는 가액을 말한다. 부가가치세는 전단계세액공제방법을 따르고 있기 때문에 매출세액에서 매입세액을 공제하는 방법으로 납부세액을 산출하게 된다. 따라서 부가가치세의 과세표준은 매출세액과 매입세액을 산출하는 기준금액을 의미하게 된다.

(2) 과세표준의 범위

1) 개요

재화 또는 용역의 공급에 대한 부가가치세 과세표준은 해당 과세기간의 공급한 재화 또는 용역의 공급가액을 합한 금액으로 한다. 공급가액은 다음의 금액을 말한다.

① 금전으로 대가를 받는 경우: 그 대가
② 금전 외의 대가를 받는 경우: 자기가 공급한 재화 또는 용역의 시가
③ 특수관계인에게 재화 또는 용역을 공급하고 부당하게 낮은 대가를 받거나 재화 또는 부동산 임대용역 등 대통령령으로 정하는 용역을 무상으로 공급하는 경우: 자기가 공급한 재화 또는 용역의 시가.
④ 폐업하는 경우: 폐업시 남아있는 재화의 시가

다만, 공급가액에는 부가가치세를 제외하여야 할 것이며, 재화 또는 용역을 공급하고 대가로 받은 금액에 세액이 포함되었는지 여부가 불분명한 경우에는 부가가치세가 포함된 것으로 보아 대가의 110분의 100에 해당하는 금액을 과세표준으로 한다.

2) 금전으로 대가를 받는 경우

금전으로 대가를 받는 경우에는 그 대가를 공급가액으로 하며, 거래상대방으로부터 받은 대금, 요금, 수수료 기타 명목여하에 불구하고 실질적 대가관계에 있는 모든 금전적 가치가 있는 것을 포함한다. 거래형태별 공급가액은 다음과 같다.

① 외상판매 및 할부판매의 경우에는 공급한 재화의 총가액

② 장기할부판매의 경우에는 계약에 따라 받기로 한 대가의 각 부분

③ 완성도기준지급·중간지급조건부 및 계속적 공급의 경우에는 계약에 따라 받기로 한 대가의 각 부분

④ 기부채납의 경우에는 기부채납된 가액

한편, 재화 또는 용역의 공급에 대한 대가로 볼 수 없는 경우에는 과세표준에서 제외되어야 한다. 예를 들어 반환의무가 있는 보증금이나 입회금을 받거나 위약금, 손해배상금, 장려금 등을 받는 것은 대가에 포함되지 않는다.

3) 금전 이외의 대가를 받는 경우

금전 이외의 대가를 받는 경우에는 자기가 공급한 재화 또는 용역의 시가를 공급가액으로 한다.

4) 조세부담을 부당하게 감소시킬 것으로 인정되는 경우

특수관계인에게 공급하는 재화 또는 용역에 대한 조세의 부담을 부당하게 감소시킬 것으로 인정되는 경우로서 다음의 어느 하나에 해당하는 경우에는 공급한 재화 또는 용역의 시가를 공급가액으로 한다.

① 재화의 공급에 대하여 부당하게 낮은 대가를 받거나 아무런 대가를 받지 아니한 경우

② 용역의 공급에 대하여 부당하게 낮은 대가를 받는 경우

③ 사업자가 특수관계인에게 사업용 부동산의 임대용역을 공급하고 아무런 대가를 받지 아니한 경우

5) 폐업시 잔존재화

폐업시 잔존재화에 대하여는 시가를 공급가액으로 한다. 다만, 감가상각자산에 대하여는 간주공급의 규정에 따라 계산한다.

(3) 공급가액에 포함하지 않는 금액

다음 금액은 공급가액에 포함하지 아니한다.

① 재화나 용역을 공급할 때 그 품질이나 수량, 인도조건 또는 공급대가의 결제방법이나 그 밖의 공급조건에 따라 통상의 대가에서 일정액을 직접 깎아 주는 금액

② 환입된 재화의 가액

③ 공급받는 자에게 도달하기 전에 파손되거나 훼손되거나 멸실한 재화의 가액

④ 재화 또는 용역의 공급과 직접 관련되지 아니하는 국고보조금과 공공보조금

⑤ 공급에 대한 대가의 지급이 지체되었음을 이유로 받는 연체이자

⑥ 공급에 대한 대가를 약정기일 전에 받았다는 이유로 사업자가 당초의 공급가액에서 할인해 준 금액

⑦ 음식 · 숙박용역 등 개인서비스용역을 공급하고 그 대가와 함께 받는 종업원(자유직업소득자를 포함한다)의 봉사료를 세금계산서, 영수증 또는 신용카드매출전표 등에 그 대가와 구분하여 적은 경우로서 봉사료를 해당 종업원에게 지급한 사실이 확인되는 경우의 봉사료. 다만, 사업자가 그 봉사료를 자기 수입금액에 계상하는 경우에는 그러하지 아니하다.

⑧ 당초 재화 또는 용역을 공급하고 마일리지 등을 적립(다른 사업자를 통하여 적립하여 준 경우를 포함한다)하여 준 사업자에게 사용한 마일리지 등(자기적립마일리지 사용분). 단, 여러 사업자가 적립하여 줄 수 있거나 여러 사업자를 대상으로 사용할 수 있는 마일리지 등의 경우 다음의 요건을 모두 충족한 경우로 한정함.

　－고객별 · 사업자별로 마일리지 등의 적립 및 사용 실적을 구분하여 관리하는 등의 방법으로 당초 공급자와 이후 공급자가 같다는 사실이 확인될 것

　－사업자가 마일리지 등으로 결제받은 부분에 대하여 재화 또는 용역을 공급받는 자 외의 자로부터 보전받지 아니할 것

(4) 과세표준에서 공제하지 않는 금액

다음 금액은 과세표준에서 공제하지 아니한다.

1) 대손금

대손금이란 거래처의 부도 등으로 인하여 회수할 수 없는 매출채권 및 미수금 등을 말하며, 당해 재화 또는 용역을 거래상대방이 이미 사용 · 소비한 것이므로 과세표준에서 공제하지 아니한다.

2) 장려금

장려금이란 판매촉진 등을 위하여 거래수량이나 거래금액에 따라 지급하는 금전으로 과세표준에서 공제하지 아니한다. 참고로 금전 대신 재화로 지급하는 장려품은 사업상 증여에 해당하여 추가로 과세하므로 해당 재화의 시가를 과세표준에 포함한다.

3) 하자보증금

하자보증을 위하여 공급받는 자에게 공급대가의 일부를 보관시키는 하자보증금은 공급가액에서 공제하지 아니한다.

예 제

다음은 제조업과 건설업을 영위하는 (주)삼일의 제2기 예정신고기간에 발생한 거래이다. 이를 보고 예정신고기간의 과세표준을 계산하시오.
(1) 특수관계인 매출액 5,000,000원(시가 10,000,000원)
(2) 특수관계인 이외의 매출액 50,000,000원(매출에누리 3,000,000원과 매출할인액 1,000,000원이 차감된 금액임)
(3) 회사가 공급한 재화와 직접 관련되지 않은 국고보조금 20,000,000원
(4) 외상매출금의 지급지연으로 인하여 추가로 받은 연체이자 2,000,000원

풀 이

- 60,000,000원
  ① 특수관계인 매출액의 공급대가는 시가에 의해 계산된다.
  ② 매출에누리와 매출할인은 과세표준에 포함되지 않는다.
  ③ 재화 또는 용역의 공급과 직접 관련되지 않은 국고보조금과 공급대가의 지급이 지연되어 받는 연체이자는 과세표준에 포함되지 아니한다.
  ④ 과세표준: 10,000,000+50,000,000=60,000,000원

---

(5) 재화의 수입에 대한 과세표준

재화의 수입에 대한 부가가치세의 과세표준은 관세의 과세가격과 관세, 개별소비세, 주세, 교육세, 교통 · 에너지 · 환경세 및 농어촌특별세의 합계액으로 한다. 세관장은 여기에 세율을 곱하여 계산한 부가가치세를 수입자로부터 징수하여야 한다.

> 수입재화의 과세표준=관세의 과세가격+관세+개별소비세+교통 · 에너지 · 환경세+주세
> +교육세 + 농어촌특별세

2 과세표준계산의 특례

(1) 간주공급

자가공급, 개인적 공급, 사업상 증여, 폐업시 잔존재화에 대한 과세표준은 당해 재화의 시가에 의한다. 다만, 직매장반출의 경우에는 당해 취득가액을 과세표준으로 하되, 취득가액에 일정액을 가산하여 공급하는 경우에는 그 취득가액에 일정액을 더한 금액을 공급가액으로 보며, 개별소비세, 주세 및 교통·에너지·환경세가 부과되는 재화에 대해서는 개별소비세, 주세 및 교통·에너지·환경세의 과세표준에 해당 개별소비세, 주세, 교육세, 농어촌특별세 및 교통·에너지·환경세 상당액을 합계한 금액을 공급가액으로 한다.

또한, 당해 재화가 감가상각자산일 경우에는 중고재화로서 일반적인 거래대상이 아니기 때문에 객관적인 정상가격을 산정하기가 어려운 점을 감안하여 다음 산식에 의하여 계산한 금액을 당해 재화의 시가로 본다.

1) 건물 또는 구축물의 과세표준

$$\text{시가} = \text{당해 재화의 취득가액} \times (1 - 5/100^* \times \text{경과된 과세기간의 수})$$

2) 기타 감가상각자산의 과세표준

$$\text{시가} = \text{당해 재화의 취득가액} \times (1 - 25/100 \times \text{경과된 과세기간의 수})$$

건물 또는 구축물의 경과된 과세기간의 수가 20을 초과하는 때는 20으로 하며, 기타 감가상각자산의 경과된 과세기간의 수가 4를 초과하는 때에는 4로 한다. 경과된 과세기간의 수를 계산함에 있어서 과세기간 개시일 이후에 감가상각자산을 취득·간주공급한 경우에는 그 과세기간 개시일에 당해 재화를 취득·간주공급한 것으로 본다.

과세사업을 영위하던 (주)삼일은 2024. 10. 10 당해 사업을 폐지하였다. 다음 자료는 폐업 당시 잔존재화이다. 자료를 보고 부가가치세 과세표준을 계산하라.

자산의 종류	취득일	취득원가	시가
제품	2022. 8. 30	15,000,000원	20,000,000원
토지	2018. 7. 16	200,000,000원	200,000,000원
건물	2020. 4. 15	100,000,000원	80,000,000원
기계장치	2022. 9. 10	50,000,000원	20,000,000원

풀 이

간주공급의 경우 과세표준은 감가상각 이외의 자산은 시가에 의하고 감가상각자산은 특례기준에 의해 계산한다. 그리고 토지는 면세대상이므로 부가가치세 과세대상이 아니다.

(1) 제품			20,000,000
(2) 토지			–
(3) 건물	$100,000,000 \times (1 - 5\% \times 9)$	=	55,000,000
(4) 기계장치	$50,000,000 \times (1 - 25\% \times 4)$	=	0
합계			75,000,000원

(2) 부동산임대용역을 공급하는 경우

일반적으로 부동산임대용역에 대한 과세표준은 다음의 세 가지로 이루어진다.

1) 임대료

과세표준인 임대료는 당해 과세기간에 수입할 임대료로 한다. 만약 사업자가 2과세기간 이상에 걸쳐 부동산임대용역을 공급하고 그 대가를 선불 또는 후불의 방법으로 일시에 받는 경우에는 다음의 금액을 과세표준으로 한다.

$$\text{선불 또는 후불로 받는 임대료} \times \frac{\text{과세대상기간의 월수}}{\text{계약기간의 월수}}$$

이 경우 월수는 달력에 따라 계산하되 개시일이 속하는 달이 1개월 미만이면 1개월로 하고 종료일이 속하는 달이 1개월 미만이면 이를 산입하지 않는다.

2) 관리비

부동산임대용역과 관련하여 관리비를 받는 경우에는 관리비도 과세표준에 포함된다. 다만, 임차인이 부담하여야 할 공공요금을 별도로 구분하여 징수한 경우에는 과세표준에 포함되지 않는다.

3) 간주임대료

부동산임대용역을 제공하고 임대보증금이나 전세금을 받는 경우에는 임대보증금 등을 운용하여 발생하리라고 예상되는 이자상당액을 임대료로 간주하여 과세표준에 산입한다.

$$\text{당해 과세기간 임대보증금 또는 전세금} \times \text{정기예금이자율} \times \frac{\text{과세대상기간의 일수}}{365(\text{윤년 } 366)}$$

위의 산식에서 정기예금이자율이란 기획재정부령이 정하는 계약기간 1년의 정기예금이자율을 말한다. 한편 사업자가 부동산을 임차하여 다시 임대용역을 제공하는 경우 당해기간의 전세금 또는 임대보증금은 임차시 지불한 전세금 또는 임차보증금을 차감한 금액으로 한다.

예 제

다음 자료는 부동산임대업을 영위하는 김삼일씨의 20×1년 제2기 예정신고기간의 거래내역이다. 김삼일씨의 20×1년 제2기 예정신고기간의 부가가치세 과세표준은 얼마인가?(단, 1년은 365일로 가정한다)
① 임대부동산: 상가
② 임대기간: 20×1. 1. 1~20×1. 12. 31
③ 임대보증금: 100,000,000원
④ 1월에 1년 임대료 선급받음: 24,000,000원
⑤ 관리비: 월 150,000원
⑥ 기획재정부령이 정하는 계약기간 1년의 정기예금이자율: 1.8% 가정

풀 이

① 임대료: 24,000,000 × 3/12=6,000,000원
② 관리비: 150,000 × 3=450,000원
③ 간주임대료: 100,000,000 × 1.8% × 92/365=453,698원
④ 과세표준: 6,903,698원

---

(3) 토지와 건물을 일괄공급하는 경우

1) 원칙

토지의 공급은 부가가치세가 면세되나 건물 및 기타 구축물의 공급은 부가가치세가 과세된다. 만약 토지와 건물 등을 일괄 양도하였다면 건물 등의 공급가액은 실지거래가액에 의한다.

2) 예외

토지와 건물 등의 일괄양도시 ㉠ 토지의 가액과 건물 등의 가액 구분이 불분명한 경우나 ㉡ 사업자가 실지거래가액으로 구분한 토지와 건물 등의 가액이 기준시가에 따라 안분 계산한 금액과 30% 이상 차이가 있는 경우(건물이 있는 토지를 취득하여 건물을 철거하고 토지만 사용하는 경우 등과 같이 사업자가 구분한 실지거래가액을 인정할 만한 일정한 경우는 제외)에는 다음의 방법으로 안분 계산한다.

① 감정가액이 있는 경우에는 감정가액에 비례하여 안분계산한다.
② 감정가액이 없는 경우에는 다음 순서에 의한다.
  ㉠ 기준시가가 있는 경우에는 공급계약일 현재의 기준시가에 따라 안분계산한다.
  ㉡ 기준시가가 없는 경우에는 장부가액에 따라 안분계산한 후(1차 안분계산) 기준시가가 있는 자산에 대하여는 그 합계액을 다시 기준시가에 의하여 안분계산한다(2차 안분계산).

예제

과세사업자인 (주)삼일은 토지, 건물 및 구축물을 10억(부가가치세 별도)에 일괄양도하였다. 공급계약일 현재 처분한 부동산의 가액이 다음과 같을 경우 과세표준을 계산하라.

구분	토지	건물	구축물
취득가액	200,000,000원	300,000,000원	100,000,000원
장부가액	200,000,000원	240,000,000원	60,000,000원
기준시가	150,000,000원	150,000,000원	–
감정가액	–	–	–

풀이

감정가액이 없고 기준시가가 일부만 존재하는 경우에는 장부가액에 따라 안분계산한 후(1차 안분계산) 기준시가가 있는 자산에 대하여 그 합계액을 다시 기준시가에 의하여 안분계산하도록 되어 있다 (2차 안분계산).

① 1차 안분계산

	1차 배분기준(장부가액)	비율	1차 배분금액
토지	200,000,000	88%	880,000,000
건물	240,000,000		
구축물	60,000,000	12%	120,000,000
계	500,000,000	100%	1,000,000,000

② 2차 안분계산

	1차 배분금액	2차 배분기준(기준시가)	비율	2차 배분금액
토지	880,000,000	150,000,000	50%	440,000,000
건물		150,000,000	50%	440,000,000
구축물	120,000,000			120,000,000
계	1,000,000,000	300,000,000	100%	1,000,000,000

③ 과세표준: 440,000,000(건물)+120,000,000(구축물)=560,000,000원

(4) 겸용주택임대용역을 제공하는 경우

겸용주택에 부가가치세가 과세되는 사업용 건물과 면세되는 주택이 함께 설치되어 있는 경우에는 다음과 같이 과세·면세여부를 판정한다.

구분	건물	주택부수토지
주택면적 > 주택 이외의 건물면적	전부를 주택으로 보아 면세	주택부수토지는 다음 중 작은 것으로 한다. • 토지면적 • MAX[건물의 연면적, 주택정착면적 × 5(또는 10)]
주택면적 ≤ 주택 이외의 건물면적	주택부분만 주택으로 보아 면세	주택부수토지는 다음 중 작은 것으로 한다. • 토지면적 × $\dfrac{주택연면적}{건물연면적}$ • MAX[주택의 연면적, 주택정착면적 × 5(또는 10)]

※ 도시계획구역 내에서는 5배를 적용하고 도시계획구역 밖에서는 10배를 적용한다.

(5) 공통사용재화를 공급하는 경우

1) 의의

과세사업을 영위하는 과세사업자의 경우 매출세액에서 매입세액을 공제한 금액을 납부하지만 면세사업을 영위하는 면세사업자는 매출세액은 없지만 매입세액은 공제받지 못한다.

따라서 과세사업과 면세사업을 겸영하는 사업자가 두 사업에 공통으로 사용되는 재화를 공급하는 경우 과세사업분과 면세사업분으로 구분하여야 그 공급재화의 과세사업분의 매출세액에서 과세사업분 매입세액을 공제하여 납부세액을 계산할 수 있다. 이 경우 과세사업분와 면세사업분은 실지귀속에 따라 구분하여야 하며 실지귀속이 불분명한 경우에는 일정한 방법에 따라 공급가액과 매입세액을 안분계산하여야 하는데 이를 "과세표준의 안분계산"과 "공통매입세액의 안분계산"이라고 한다.

과세와 면세에 공통으로 사용하던 재화를 공급한 경우 과세표준의 안분계산에 의해서 과세사업분 매출세액을 계산하고 공통매입세액의 안분계산에 의해서 면세사업분의 매입세액불공제분을 계산하여 매입세액에서 공제함으로써 과세사업자가 부담할 세액을 계산할 수 있는 것이다.

예 제

과세사업과 면세사업을 겸영하고 있는 (주)삼일은 두 사업에서 공통으로 사용하고 있던 재화를 매각하였다. 다음 자료를 보고 (주)삼일이 20×1년 제2기 확정신고시 공통사용재화와 관련된 매출세액과 매입세액을 계산하시오.
(1) 공통사용재화 A 취득일: 20×1. 10. 2
(2) 공통사용재화 A 취득시 부담한 매입세액: 1,000,000원
   (과세사업관련: 800,000원, 면세사업관련: 200,000원)
(3) 공통사용재화 B 공급일: 20×1. 12. 28
(4) 공통사용재화 B 공급가액: 15,000,000원
   (과세사업관련: 10,000,000원, 면세사업관련: 5,000,000원)

풀 이

부가가치세 신고서식에서 매출세액은 과세사업과 관련된 과세표준에서 세율을 곱해서 계산하도록 되어 있으나 매입세액의 경우 전체 매입세액에서 매입세액불공제를 차감하여 계산하도록 되어 있으므로 다음과 같이 매출세액과 매입세액을 계산한다.
① 과세사업분 과세표준: 10,000,000원
② 매입세액불공제: 200,000원
③ 매출세액: 10,000,000 × 10%=1,000,000원
④ 매입세액: 1,000,000-200,000=800,000원

2) 과세표준 안분계산방법

과세사업과 면세사업에 공통으로 사용하던 재화를 양도한 경우에 과세표준을 안분계산할 경우 사용한 비율에 따라 공급가액을 안분계산하는 것이 합리적이다. 그러나 사용비율을 정확히 계산하는 것은 거의 불가능하므로 일반적으로 다음과 같이 과세표준을 안분계산한다.

$$\text{과세표준} = \text{당해 재화의 공급가액} \times \frac{\text{공급일이 속하는 과세기간 직전과세기간의 과세공급가액}}{\text{공급일이 속하는 과세기간 직전과세기간의 총공급가액}}$$

예 제

과세사업과 면세사업을 겸영하고 있는 (주)삼일은 두 사업에서 공통으로 사용하고 있던 재화를 매각하였다. 다음 자료를 보고 (주)삼일이 20×1년 제2기 확정신고시 공통사용재화와 관련된 매출세액을 계산하시오.
(1) 공통사용재화 공급일: 20×1. 12. 28
(2) 공통사용재화 공급가액: 15,000,000원
(3) 공급가액

구분	20×1년 제1기	20×1년 제2기
과세	2억	1억
면세	3억	3억
계	5억	4억

풀 이

① 과세사업분 과세표준: 15,000,000 × 2억/5억=6,000,000원
② 매출세액: 6,000,000 × 10%=600,000원

3 대손세액공제

(1) 의의

사업자가 공급한 재화 또는 용역에 대한 매출채권 또는 미수금의 전부 또는 일부가 대손되어 부가가치세를 회수할 수 없는 경우에도 사업자는 거래징수하지 못한 금액에 대하여 부가가치세 납부의무를 부담하게 된다. 이러한 경우 그 거래징수하지 못한 부가가치세를 매출세액에서 차감할 수 있도록 함으로써 기업의 자금부담을 완화시켜주기 위하여 부가가치세법에서는 대손세액공제제도를 실시하고 있다.

(2) 대손사유

사업자가 부가가치세가 과세되는 재화 또는 용역을 공급하고 난 후 공급받는 자의 다음과 같은 대손사유로 인해서 당해 재화 또는 용역에 대한 매출채권 및 기타 채권을 회수할 수 없는 경우에는 그 사유가 발생한 과세기간에 대손세액공제를 적용받을 수 있다.

① 소득세법 및 법인세법에 따라 대손금으로 인정되는 경우
② 회생계획인가결정에 따라 채무를 출자전환하는 경우. 이 경우 대손되어 회수할 수 없는 금액은 출자전환하는 시점의 출자전환된 매출채권의 장부가액과 출자전환으로 취득한 주식 또는 출자지분의 시가와의 차액으로 한다.

(3) 대손세액공제금액과 대손확정기한

$$대손세액 = 대손금액 \times 10/110$$

상기 산식에서 대손금액은 부가가치세가 포함된 금액을 말한다. 대손세액공제는 공급일로부터 10년이 지난 날이 속하는 과세기간에 대한 확정신고기한까지 대손세액공제요건이 확정되는 것에 한한다.

(4) 대손세액의 공제절차

사업자는 대손이 확정된 날이 속하는 과세기간의 매출세액에서 대손세액을 차감할 수 있는 바, 대손세액공제를 받기 위하여는 부가가치세확정신고서에 대손세액공제신고서와 대손사실을 입증할 수 있는 서류를 첨부하여 관할세무서장에게 제출하여야 한다. 따라서 확정신고시에만 대손세액공제를 적용하고, 예정신고시에는 대손세액공제를 적용하지 아니한다.

예 제

다음 자료에 의하여 일반과세자인 김대손씨의 2024년 제2기분 부가가치세 차가감납부세액을 계산하시오.

(1) 확정신고기간 매출세액: 20,000,000원
(2) 확정신고기간 매입세액: 10,000,000원(매입세액불공제액 1,000,000원 포함)
(3) 2021. 3. 5에 과세재화를 공급하고 받은 받을어음 1,100,000원이 2024. 5. 20에 부도 처리되었다.
(4) 2021. 2. 5에 과세재화를 공급함에 따라 발생한 매출채권 880,000원에 대한 소멸시효가 2024. 2. 4에 완성되었다.

풀 이

① 대손세액공제판단
- 받을어음의 경우 부도발생일로부터 6개월이 경과하는 날이 2024. 11. 20이므로 당해 과세기간에 대손세액공제를 받을 수 있다.
- 소멸시효완성일이 속하는 제1기에 대손세액공제를 적용받아야 한다. 제1기에 공제받지 못한 경우에는 경정청구를 하여야 하며, 제2기에 공제해서는 아니된다.
② 대손세액공제: 1,100,000 × 10/110=100,000원
③ 차가감납부세액

매출세액	매입세액	차가감납부세액
(20,000,000−100,000)	(10,000,000−1,000,000)	10,900,000원

MEMO

01 다음 중 부가가치세의 과세표준에 관한 설명으로 가장 올바르지 않은 것은?

① 폐업하는 경우의 재고재화는 시가를 과세표준으로 한다.
② 금전 이외의 대가를 받는 경우에는 공급한 재화 또는 용역의 시가를 과세표준으로 한다.
③ 특수관계인에게 용역을 공급하고 대가를 받지 않은 경우에는 어떠한 경우에도 자기가 공급한 용역의 시가를 과세표준으로 한다.
④ 손해배상금, 위약금, 장려금 등은 일반적으로 과세표준에 포함하지 않는다.

02 다음 중 부가가치세 과세표준과 관련하여 성격이 다른 것은?

① 판매장려금
② 하자보증금
③ 대손금
④ 공급대가의 지급이 지연되어 받는 연체이자

03 다음은 제조업과 건설업을 영위하는 (주)삼일의 제1기 예정신고기간(2024년 1월 1일 ~ 2024년 3월 31일)에 발생한 거래이다. 해당 예정신고기간의 과세표준은 얼마인가?

> (1) 특수관계인 매출액 5,000,000원(시가 10,000,000원)
> (2) 특수관계인 이외의 매출액 54,000,000원(매출에누리 3,000,000원과 매출할인액 1,000,000원이 차감된 금액임)
> (3) 회사가 공급한 재화와 직접 관련되지 않은 국고보조금 20,000,000원
> (4) 거래처 파산으로 인한 대손금 10,000,000원

① 55,000,000원
② 60,000,000원
③ 62,000,000원
④ 64,000,000원

04 다음 자료를 이용하여 부가가치세 과세표준을 구하면 얼마인가?

> ㄱ. 특수관계가 없는 자에 대한 외상매출액   200,000,000원
>   (매출에누리 5,000,000원, 매출할인 10,000,000원이 차감되어 있음)
> ㄴ. 특수관계인에 대한 재화매출액(시가 50,000,000원)   40,000,000원
> ㄷ. 상가건물의 처분액   700,000,000원

① 250,000,000원   ② 940,000,000원
③ 950,000,000원   ④ 965,000,000원

05 부동산임대업을 영위하는 사업자인 (주)성룡의 2024년 제2기 예정신고기간의 부가가치세 과세표준은 얼마인가?(단, 소수점 첫째 자리에서 반올림하시오)

> (1) 상가건물 임대료선급액: 24,000,000원(임대개시일에 1년분 임대료를 선급받음)
> (2) 상가건물 임대보증금: 50,000,000원
> (3) 2024. 9. 30 현재 기획재정부령이 정하는 계약기간 1년의 정기예금이자율: 1.8%
> (4) 임대기간: 2024. 1. 1~12. 31

①   201,644원   ②   6,000,000원
③ 6,226,849원   ④ 12,201,644원

06 과세사업을 영위하던 (주)삼일은 2024년 2월 5일에 사업을 폐지하였다. 폐업 당시의 잔존재화가 다음과 같다면 부가가치세 과세표준은 얼마인가?

자산종류	취득일	취득원가	시　가
제 품	2022. 8. 20	30,000,000원	40,000,000원
토 지	2020. 6. 20	700,000,000원	800,000,000원
건 물	2023. 1. 20	300,000,000원	200,000,000원

① 150,000,000원 ② 200,000,000원
③ 310,000,000원 ④ 650,000,000원

07 다음은 겸용주택의 임대와 관련된 사항이다. 면세되는 건물과 토지의 면적을 계산하라. 제시된 건물은 모두 단층 건물이다.

경우 1(도시계획구역내)	경우 2(도시계획구역내)
(1) 주택 50m²이고 점포 40m²	(1) 주택 40m²이고 점포 50m²
(2) 부수토지 270m²	(2) 부수토지 270m²

	경우 1		경우 2	
	면세건물	면세토지	면세건물	면세토지
①	90m²	270m²	40m²	120m²
②	90m²	150m²	40m²	120m²
③	50m²	150m²	40m²	200m²
④	90m²	270m²	90m²	200m²

08 농산물 및 수산물을 수출 및 국내판매하고 있는 (주)삼일이 2024년 9월 20일 농산물 포장에 사용하던 포장기계를 30,000,000원에 매각하였다. 다음 자료에 의거하여 동 기계매출에 대한 2024년 제2기 부가가치세 과세표준을 계산하면 얼마인가?

> (1) 포장용 기계의 매매일자: 2024. 9. 20
> (2) 2024년 제1기 농산물의 공급가액
> • 수출(영세율):   250,000,000원
> • 국내판매(면세):   250,000,000원
> (3) 2024년 제1기 수산물의 공급가액
> • 수출(영세율):   10,000,000원
> • 국내판매(면세):   90,000,000원

① 　　　　0원
② 15,000,000원
③ 12,000,000원
④ 30,000,000원

09 다음 중 부가가치세법상의 대손세액공제에 관한 설명으로 가장 올바르지 않은 것은?

① 대손세액은 대손금액(부가가치세가 포함된 금액)의 110분의 10으로 한다.
② 대손세액공제를 받고자 하는 사업자는 부가가치세 확정신고서에 대손세액공제신고서와 대손사실을 증명하는 서류를 첨부하여 관할세무서장에게 제출하여야 한다.
③ 대손세액공제는 재화의 공급일로부터 10년이 지난 날이 속하는 과세기간에 대한 확정신고기한까지 대손세액공제요건이 확정된 대손액에 한한다.
④ 「채무자 회생 및 파산에 관한 법률」에 따른 법원의 회생계획인가 결정에 따라 채무를 출자전환하는 경우에는 대손세액공제를 적용받을 수 없다.

10 다음 자료는 (주)삼일의 재화 및 용역의 제공 내역이다. 이 자료를 기초로 (주)삼일의 2024년 제1기 예정신고 및 확정신고시의 부가가치세 과세표준을 계산하면?

(1) 2024. 1. 17 노트북 1대를 1,000,000원에 현금 판매하였다. 판매시 매출에누리 100,000원이 발생하였다.
(2) 2024. 1. 30 노트북 2대를 2,000,000원에 외상 판매하였다.
(3) 2024. 2. 20 외상 판매 대금을 기일보다 일찍 회수하여 200,000원을 할인해 주었다.
(4) 2024. 3. 1 노트북 10대를 총액 10,000,000원에 할부판매하고 대금을 당월부터 매월 1,000,000원씩 회수하기로 하였으며 실제로 회수기일은 정확히 지켜졌다.
(5) 2024. 3. 10 노트북 10대를 총액 10,000,000원에 할부판매하고 대금을 당월부터 매월 500,000원씩 회수하기로 하였으며 실제로 회수기일은 정확히 지켜졌다.

	예정신고시의 과세표준	확정신고시의 과세표준
①	13,200,000원	1,500,000원
②	13,400,000원	1,500,000원
③	23,200,000원	0원
④	23,400,000원	1,000,000원

11 다음 중 부가가치세 공급가액(또는 과세표준)에 관한 설명으로 가장 올바르지 않은 것은?

① 재화의 공급과 직접 관련되는 국고보조금은 공급가액에 포함한다.
② 하자보증금은 과세표준에서 공제하나 판매장려금은 과세표준에서 공제하지 아니한다.
③ 공급에 대한 대가의 지급이 지체되었음을 이유로 받는 연체이자는 공급가액에 포함하지 아니한다.
④ 공급받는 자에게 도달하기 전에 파손되거나 훼손, 멸실한 재화의 가액은 과세표준에 포함하지 않는다.

12 다음 자료를 이용하여 부가가치세 과세표준을 구하면 얼마인가?

ㄱ. 외상매출액(매출에누리 1,000,000원이 차감된 금액)	370,000,000원
ㄴ. 거래처 파산으로 인한 대손금	10,000,000원
ㄷ. 금전으로 지급한 판매장려금	5,000,000원
ㄹ. 외상매출금의 지급지연으로 인해 수령한 연체이자	2,000,000원

① 355,000,000원   ② 360,000,000원
③ 370,000,000원   ④ 385,000,000원

13 과세사업과 면세사업을 겸영하고 있는 (주)삼일은 두 사업에서 공통으로 사용하고 있던 재화를 매각하였다. 다음 자료를 보고 (주)삼일의 2024년 제2기 확정신고시 공통사용재화의 매각과 관련된 과세표준을 계산하면 얼마인가?

- 공통사용재화 취득일: 2024년 1월 2일
- 공통사용재화 공급일: 2024년 11월 25일
- 공통사용재화 공급가액: 20,000,000원(부가가치세 미포함)
- 과세사업과 면세사업의 공급가액

구분	2024년 1기	2024년 2기
과세	1억 원	2억 원
면세	3억 원	3억 원
계	4억 원	5억 원

① 5,000,000원   ② 8,000,000원
③ 12,000,000원   ④ 15,000,000원

14 다음 중 부가가치세 과세표준에 관한 설명으로 가장 올바르지 않은 것은?

① 거래처의 자금악화로 이번 달 제품공급에 대한 대가를 해당 거래처가 제작한 제품으로 받은 경우 거래처가 제공한 제품의 시가를 과세표준으로 한다.
② 임대사업자인 아버지가 자신의 아들에게 소유중인 상가의 임대서비스를 제공하는 경우 통상의 임대료 시가액을 과세표준으로 한다.
③ 대손금과 판매촉진을 위해 거래처에 지급하는 장려금은 과세표준에서 공제하지 아니한다.
④ 폐업시 잔존재화(비상각자산)는 시가를 과세표준으로 한다.

15 ㈜삼일은 20X2년 11월 15일 상품을 3개월 할부로 인도하고 판매대금 1,500,000원은 아래와 같이 회수하기로 약정하였다. 할부대금의 실제 회수액이 다음과 같을 때 20X2년 제2기 확정 신고기간에 동 할부판매와 관련하여 신고할 과세표준은 얼마인가?(단, 회수약정액과 회수액은 부가가치세를 포함하지 않은 금액임)?

> - 20X2년 11월 15일 : 회수약정액 500,000원/ 회수액 0원
> - 20X2년 12월 15일 : 회수약정액 500,000원/ 회수액 500,000원
> - 20X3년 1월 15일 : 회수약정액 500,000원/ 회수액 400,000원

① 500,000원   ② 900,000원
③ 1,000,000원   ④ 1,500,000원

X 매입세액의 계산

부가가치세는 전단계세액공제법을 적용하고 있다. 따라서 재화 또는 용역의 매입시 거래징수당한 매입세액 또는 재화를 수입할 때 징수당한 매입세액은 납부세액계산시 공제된다.

1 매입세액공제액 계산

부가가치세법상 매입세액공제액은 세금계산서를 수령한 매입세액에 기타 공제매입세액을 가산하고 공제받지 못할 매입세액을 차감하여 계산한다.

매 입 세 액	세금계산서 수취분	일반 매입	(10)			
		수출기업 수입분 납부유예	(10-1)			
		고정자산 매입	(11)			
	예정신고 누락분		(12)			
	매입자발행 세금계산서		(13)			
	그 밖의 공제매입세액		(14)			
	합계 (10)-(10-1)+(11)+(12)+(13)+(14)		(15)			
	공제받지 못할 매입세액		(16)			
	차 감 계 (15)-(16)		(17)		ⓐ	
납부(환급)세액 (매출세액㉮-매입세액ⓐ)					ⓒ	

(1) 세금계산서 수령분

세금계산서 수령분은 매입시 세금계산서를 발급받은 매입세액을 말한다. 여기서 세금계산서란 일반적인 세금계산서와 수입세금계산서를 모두 포함한 것이다. 또한 발급받은 모든 매입세금계산서이므로 공제받지 못하는 매입세금계산서도 포함한다.

(2) 신용카드매출전표상의 매입세액

1) 의의

부가가치세가 과세되는 재화·용역을 공급하고 이에 따라 영수증발급의무가 있는 사업자는 영수증 대신 신용카드업법에 의한 신용카드매출전표를 발행할 수 있다. 신용카드매출전표는 영수증으로 간주되나 세금계산서와 같이 거래가 투명하게 노출되어 거래파악이 가능하므로 신용카드매출전표 등을 받은 경우에는 일정한 요건을 충족하면 매입세액을 공제받을 수 있다.

2) 매입세액공제 요건

사업자가 다른 사업자로부터 재화 또는 용역을 공급받고 부가가치세액이 별도로 구분가능한 신용카드매출전표 등을 발급받은 경우 다음 요건을 모두 충족하는 경우 그 부가가치세액은 공제할 수 있는 매입세액으로 본다.
① 신용카드매출전표등 수령명세서를 제출할 것
② 신용카드매출전표등을 보관할 것. 이 경우 소득세법 또는 법인세법에 따른 방법으로 증명 자료를 보관하는 경우에는 신용카드매출전표등을 보관하는 것으로 본다.
③ 간이과세자가 영수증을 발급하여야 하는 기간(XI. 세금계산서 발급실무 참조)에 발급한 신용카드매출전표등이 아닐 것

(3) 매입자발행세금계산서에 의한 매입세액공제 특례

납세의무자로 등록한 사업자로서 세금계산서 교부의무가 있는 사업자가 재화 또는 용역을 공급하고 세금계산서 발급시기에 세금계산서를 발급하지 아니한 경우(사업자의 부도·폐업 등으로 사업자가 수정세금계산서 또는 수정전자세금계산서를 발급하지 아니한 경우를 포함한다) 그 재화 또는 용역을 공급받은 자는 대통령령으로 정하는 바에 따라 관할세무서장의 확인을 받아 세금계산서(이하 "매입자발행세금계산서"라 한다)를 발행할 수 있다. 매입자발행세금계산서에 기재된 그 부가가치세액은 공제할 수 있는 매입세액으로 본다. 참고로 사업자가 현금영수증의 발급을 거부하는 경우 소비자가 관할세무서장의 확인을 받은 때에는 현금영수증을 발급받은 것으로 간주한다.

2 매입세액의 공제시기

매입세액의 공제시기는 당해 재화 또는 용역을 공급받은 거래시기가 속하는 예정신고기간 또는 확정신고기간의 매출세액에서 공제한다. 즉, 부가가치세 매입세액 공제가 가능한 세금계산서 수취기한은 원칙적으로 재화·용역의 공급시기이지만, 예외적으로 해당 공급시기가 속하는 과세기간의

확정신고 기한(수정신고·경정청구하거나, 거래사실을 확인하여 결정·경정하는 경우에는 확정신고기한의 다음 날부터 1년)까지 수취기한은 연장된다. 이 경우 당해 재화의 사용·소비여부나 당해 세액의 실제 지급여부와 관계없이 공제한다. 따라서 매입한 재화를 사용하지 못하였다 하더라도 매입이 발생한 과세기간에 매입세액을 공제받을 수 있다.

3 매입세액불공제

부가가치세법상 공제대상 매입세액은 자기의 사업과 관련하여 매입한 재화 또는 용역에 대한 세액을 의미한다. 다만, 세액을 거래징수당한 사실이 세금계산서에 의하여 입증되는 경우에 한하여 공제가 가능하다. 따라서 사업과 관련성이 없거나, 거래징수당한 사실이 세금계산서에 의하여 입증되지 않는 경우에는 공제를 받을 수 없다. 부가가치세법은 공제받지 못할 매입세액으로 다음과 같은 것을 규정하고 있다.

① 매입처별세금계산서합계표의 미제출 또는 부실·허위기재 매입세액
② 세금계산서 미수령 또는 부실·허위기재 매입세액
③ 사업과 직접 관련이 없는 지출에 대한 매입세액
④ 비영업용 소형승용차의 구입과 유지 및 임차비용에 관한 매입세액
⑤ 기업업무추진비 및 이와 유사한 비용의 지출에 관련된 매입세액
⑥ 면세사업 및 토지관련 매입세액
⑦ 사업자등록 전 매입세액

(1) 매입처별세금계산서합계표의 미제출 또는 부실·허위기재 매입세액

매입처별세금계산서합계표를 제출하지 않은 경우 또는 제출한 매입처별세금계산서합계표의 기재사항 중 거래처별 등록번호 또는 공급가액의 전부 또는 일부가 적히지 않았거나 사실과 다르게 적힌 경우 그 기재사항이 적히지 아니한 부분 또는 사실과 다르게 적힌 부분의 매입세액은 공제되지 아니한다.

(2) 세금계산서 미수령 또는 부실·허위기재 매입세액

재화나 용역을 공급받으면서 세금계산서를 발급받지 않은 경우에는 해당 매입세액은 공제되지 않는다. 또한 세금계산서를 발급받았다 하더라도 세금계산서의 필요적 기재사항이 누락되어 있거나 사실과 다르게 적힌 경우에도 해당 매입세액은 공제되지 않는다. 단, 공급가액이 사실과 다른 경우에는 실제 가액과의 차액을 매입세액 불공제한다.

(3) 사업과 직접 관련이 없는 지출에 대한 매입세액

소득세법과 법인세법에서는 업무와 관련없는 지출에 대해서는 비용으로 인정하지 않고 있다. 부가가치세법에서도 마찬가지로 업무와 관련없는 지출에 대한 매입세액을 공제하지 않는다.

심화학습

업무무관지출
매입세액이 공제되지 않는 업무와 관련없는 지출의 예를 살펴보면 다음과 같다.
① 사업자가 그 업무와 관련없는 자산을 취득·관리함으로써 발생하는 취득비·유지비·수선비와 이와 관련되는 필요경비
② 사업자가 그 사업에 직접 사용하지 아니하고 타인(종업원을 제외한다)이 주로 사용하는 토지·건물 등의 유지비·수선비·사용료와 이와 관련되는 지출금

(4) 비영업용 소형승용차의 구입과 유지 및 임차비용에 관한 매입세액

비영업용 소형승용차는 개인적인 목적으로 사용되는 경우가 대부분이며 그 지출도 업무용 사용과 구별하기 어렵고 교통혼잡의 억제 등을 위한 규제목적에 의하여 비영업용 소형승용차와 관련된 매입세액은 매출세액에서 공제하지 아니한다.

(5) 기업업무추진비 및 이와 유사한 비용의 지출에 관련된 매입세액

세법상 교제비·기밀비·사례금 기타 명목여하에 불구하고 기업업무추진비와 유사한 성질의 비용에 해당하는 지출에 대한 매입세액은 매출세액에서 공제받을 수 없다. 따라서 기업업무추진비를 지출하면서 부담한 매입세액은 기업업무추진비에 포함하여 회계처리하여야 하며 세금계산서를 받았다 하더라도 이를 공제해서는 안된다.

(6) 면세사업 및 토지관련 매입세액

부가가치세가 면제되는 면세사업에 관련된 매입세액은 공제되지 않는다. 또한 토지의 조성 등을 위한 자본적 지출과 관련하여 발생한 매입세액도 공제되지 않는다.

(7) 사업자등록전 매입세액

사업자등록을 하기 전의 매입세액은 공제되지 않는다. 여기서 등록이란 등록신청일을 기준으로 한다. 다만, 공급시기가 속하는 과세기간이 끝난 후 20일 이내에 등록 신청한 경우 등록신청일부터 공급시기가 속하는 과세기간개시일(1. 1 혹은 7. 1)까지 역산한 기간 내의 것은 매입세액공제를 받을 수 있다.

예 제

다음 중 공제받지 못할 매입세액이 아닌 것은?
① 면세사업과 관련된 매입세액
② 비영업용 소형승용차 관련 매입세액
③ 영수증수령 매입세액
④ 건물의 매입과 관련된 매입세액(건물은 과세사업을 위해 사용할 예정임)

풀 이

④ 건물은 면세대상이 아니며, 과세사업을 위해 사용할 것이므로 매입세액공제 대상이다.

---

4 의제매입세액공제

(1) 의의

부가가치세 과세사업자가 면세되는 농·축·수·임산물을 구입하여 제조·가공한 재화 또는 용역이 부가가치세 과세대상에 해당하는 경우에 면세로 구입한 농산물 등의 매입가액에 소정의 율을 곱한 금액을 매입세액으로 의제하여 매출세액에서 공제하도록 하고 있는데, 이를 의제매입세액공제라 한다.

의제매입세액공제제도는 중간단계에서 면세를 적용하고 그 후의 단계에서 과세를 적용함으로써 발생하는 면세의 중복효과를 해소하고, 소비자들의 세부담을 경감시키기 위해서 도입되었다.

(2) 의제매입세액 적용요건

의제매입세액을 적용받기 위해서는 다음에 해당하는 요건을 모두 충족시켜야 한다.

① 일반과세자일 것
② 면세로 농·축·수·임산물을 공급받아야 할 것
③ 면세로 공급받은 농·축·수·임산물을 제조·가공한 재화 또는 용역이 과세대상일 것
④ 면세농산물 등을 공급받은 사실을 증명하는 서류를 제출할 것

(3) 의제매입세액의 계산

공제금액 = 면세로 구입한 농·축·수·임산물의 매입가격 × 공제율

* 1. 공제율

구분		공제율
① 일반적인 경우		2/102
② 음식점업	법인사업자	6/106
	개인사업자	8/108(과세표준이 2억 원 이하인 경우 2026. 12. 31까지 9/109)
	과세유흥장소	2/102
③ 중소제조업(중소기업 및 개인사업자)		4/104

※ 간이과세자에 대하여는 의제매입세액공제를 적용하지 아니한다.
※ 과자점업, 도정업, 제분업 및 떡류 제조업 중 떡방앗간을 경영하는 개인사업자: 6/106

2. 공제한도

공제대상금액 = MIN(①, ②)

① 해당 과세기간의 면세농산물 등의 매입가액: 운임 등의 부대비용을 제외한 매입원가로 계산하며, 수입되는 농산물 등의 경우에는 관세의 과세가격(소기통 45-84-2, 부가칙 56 ①)

② 공제한도: 해당 과세기간에 해당 사업자가 면세농산물 등과 관련하여 공급한 과세표준(이하 '과세표준'이라 한다)×한도율

구분		한도율		비고
		음식업점*	일반업종	
개인사업자	과세표준이 1억 원 이하인 경우	75%	65%	간이과세자는 ①의 가액을 공제대상금액으로 한다.
	과세표준이 1억 원 초과 2억 원 이하인 경우	70%		
	과세표준이 2억 원 초과인 경우	60%	55%	
법인사업자		50%		–

* 음식점업을 영위하는 개인사업자의 한도율과 기타 개인사업자 및 법인사업자의 특례 한도율(상기 표상 괄호안의 한도율)은 2025. 12. 31까지의 과세표준에 대해서 적용한다.

(4) 의제매입세액 공제시기

의제매입세액은 면세농산물 등을 공급받거나 구입한 날이 속하는 과세기간의 매출세액에서 공제한다. 즉, 구입시점에서 공제하므로 사용시점을 기준으로 공제하는 것은 아니다.

또한 예정신고기간에 구입하였으나 그 기간에 공제받지 못한 것은 확정신고시 의제매입세액공제를 받을 수 있다.

예 제

제조업을 영위하는 (주)삼일의 20×1년 제1기 예정신고기간의 의제매입세액공제액을 계산하시오 (단, (주)삼일은 중소기업이 아니다).
20×1. 1. 10 면세로 매입한 농산물 10,000,000원

풀 이

의제매입세액=10,000,000 × 2/102=196,078원

---

(5) 재활용폐자원 등에 대한 매입세액

재활용폐자원 및 중고자동차를 수집하는 사업자가 국가 등과 부가가치세 과세사업을 영위하지 않는 자(과세·면세 겸영사업자 포함) 또는 간이과세자로부터 2025년 12월 31일까지 재활용폐자원 등을 취득하여 제조·가공하거나 이를 공급하는 경우에는 다음의 금액을 매입세액으로 공제한다. 이는 재활용폐자원 등을 수집하는 사업자가 과세사업자 이외의 자로부터 매입함에 따라 세금계산서를 발급받지 못한 경우에도 매입세액을 공제받을 수 있도록 하기 위한 목적이라고 할 수 있다.

공제액 = MIN[①, ②]

① 공제대상액: 재활용폐자원 매입가액 $\times \dfrac{3}{103}$ (중고자동차는 $\dfrac{10^{*1)}}{110}$)

② 한도[3]: $\left(\begin{array}{c}\text{당해 과세기간에 공급한}\\\text{재활용폐자원 관련 과세표준}\end{array} \times 80\% - \begin{array}{c}\text{세금계산서 수취한}\\\text{재활용폐자원 매입가액}^{*2)}\end{array}\right) \times \dfrac{3}{103}$

[1] 사업자의 사업용 고정자산 매입가액은 제외한다.
[2] 예정신고 및 조기환급신고의 경우에는 한도적용 없이 공제대상액을 공제하며 확정신고를 할 때 예정신고 및 조기환급시 이미 공제받은 금액에 대하여 정산한다.
[3] 중고자동차에 대하여는 한도를 적용하지 않는다.

5 공통매입세액의 안분계산

1) 의의

과세사업과 면세사업(비과세사업 포함)을 겸영하는 사업자의 매입세액을 계산할 경우 과세사업 관련 매입세액은 공제되지만, 면세사업 관련 매입세액은 공제되지 않는다. 따라서 과세사업과 면세사업에 공통으로 사용되는 재화나 용역에 있어서는 공제받지 못할 면세사업과 관련된 매입세액을 일정한 방식으로 계산하여야 한다.

이 경우에는 원칙적으로 과세·면세비율을 실지귀속에 따라 계산하여야 하나 실지귀속이 불분명한 경우에는 일정한 방법에 따라 공통매입세액을 안분계산해야 한다.

과세와 면세에 공통으로 사용하던 재화를 공급한 경우 과세표준의 안분계산에 의해서 과세사업분 매출세액을 계산하고 공통매입세액의 안분계산에 의해서 면세사업분의 매입세액불공제분을 계산하여 매입세액에서 공제함으로써 과세사업자가 부담할 세액을 계산할 수 있는 것이다.

2) 공통매입세액의 안분방법

공통매입세액 중 면세사업과 관련된 매입세액은 다음과 같이 계산하며 면세사업 관련 매입세액은 매입세액으로 공제받지 못한다.

$$\text{면세사업 관련 매입세액} = \text{공통매입세액} \times \frac{\text{당해 과세기간의 면세공급가액 등}}{\text{당해 과세기간의 총공급가액}}$$

※ 면세공급가액 등은 면세사업 등과 관련하여 받았으나 공급가액에 포함되지 않는 국고보조금, 공공보조금 및 이와 유사한 금액 포함

다만, 예정신고기간의 공통매입세액은 예정신고기간 동안의 총공급가액에 대한 면세공급가액의 비율로 안분계산하고 확정신고를 하는 때에 정산한다.

예 제

택시사업과 시내버스사업을 운영하는 (주)삼일운수는 두 사업에 공통으로 사용할 목적으로 기계장비를 20×1. 9. 15. 15,000,000원(부가가치세 제외)에 매입하였다. (주)삼일운수의 공급가액의 내역이 다음과 같을 때 제2기 예정신고 및 확정신고에 있어서 이 기계장비의 매입세액 중 불공제되는 금액을 계산하시오.

구분	20×1. 7. 1~20×1. 9. 30	20×1. 10. 1~20×1. 12. 31	합계
택시사업	3억	2억	5억
시내버스사업	7억	8억	15억
합계	10억	10억	20억

풀 이

① 제2기 예정신고시 불공제매입세액: 1,500,000 × 7억/10억=1,050,000원
② 제2기 확정신고시 불공제매입세액: 1,500,000 × 15억/20억−1,050,000=75,000원

01 다음 중 부가가치세법상 매입세액공제에 관한 설명으로 가장 올바르지 않은 것은?

① 사업자가 사업자로부터 재화를 공급받고 세금계산서 대신 부가가치세액이 별도로 구분 가능한 신용카드 매출전표 등을 발급 받은 경우 일정한 요건을 구비하면 매입세액 공제를 받을 수 있다.

② 재화를 공급받은 자가 발행한 매입자발행세금계산서에 대하여도 일정 요건을 갖출 경우 매입세액공제가 가능하다.

③ 사업자등록 전의 매입세액은 원칙적으로 공제되지 않는다.

④ 의제매입세액은 해당 면세 농산물 등의 구입시점이 아닌 사용시점에 공제한다.

02 다음의 부가가치세 매입세액 중 공제 불가능한 매입세액은?

① 면세로 구입한 농산물의 의제매입세액

② 세금계산서에 필요적 기재사항이 누락된 매입세액

③ 재화를 수입하고 세관장으로부터 세금계산서를 발급받은 경우 매입세액

④ 공제가능한 매입세액을 예정신고시 누락하고 확정신고시 신고하는 경우 관련 매입세액

03 다음은 자동차를 제조하여 판매하는 (주)삼일의 2024년 4월 1일부터 2024년 6월 30일까지의 거래내역이다. 2024년 제1기 확정신고와 관련한 설명으로 가장 옳은 것은?

> 〈매출내역〉
> 면세사업자에게 판매한 금액: 30,000,000원(부가가치세 별도)
> 과세사업자에게 판매한 금액: 20,000,000원(부가가치세 별도)
>
> 〈매입내역〉
> 원재료 매입금액(세금계산서 수령): 33,000,000원(부가가치세 포함)

① 과세사업자에게 판매한 20,000,000원은 과세표준에 포함하지 않는다.
② 면세사업자에게 판매한 30,000,000원은 과세표준에 포함해야 한다.
③ 원재료 매입시 부담한 부가가치세 3,300,000원은 매입세액으로 공제한다.
④ 2024년 제1기 예정신고 시 누락한 매출금액은 확정신고 시 과세표준에 포함해 신고할 수 없다.

04 다음 중 부가가치세법상 매입세액에 관한 설명으로 가장 올바르지 않은 것은?

① 의제매입세액은 해당 면세 농산물 등의 사용시점이 아닌 구입시점에 공제한다.
② 기업업무추진비 및 이와 유사한 비용의 지출에 관련된 매입세액은 매출세액에서 공제되지 않는다.
③ 의제매입세액은 국내 농산물 등을 매입하는 경우에만 적용된다.
④ 사업자가 일반과세자로부터 재화 또는 용역을 공급받고 부가가치세액이 별도로 구분 가능한 신용카드매출전표 등을 교부 받은 경우 신용카드매출전표 등 수취명세서를 제출하고, 신용카드매출전표 등을 보관하면 부가가치세액을 매입세액으로 공제받을 수 있다.

05 다음 중 부가가치세 의제매입세액공제를 적용받기 위해 충족해야할 요건으로 가장 옳지 않은 것은?

① 면세사업자일 것
② 면세로 농·축·수·임산물을 공급받아야 할 것
③ 면세로 공급받은 농·축·수·임산물을 제조, 가공한 재화 또는 용역이 과세대상일 것
④ 면세농산물 등을 공급받은 사실을 증명하는 서류를 제출할 것

06 다음 자료에서 제조업을 영위하는 중소기업인 (주)삼일의 2024년 1기 확정신고시 매출세액에서 공제할 매입세액은 얼마인가?(단, 의제매입세액은 공제한도를 초과하지 않는다고 가정한다)

(1) 세금계산서 수취 매입가액: 33,000,000원(부가가치세 포함)
(2) 세금계산서 수취분 중 기업업무추진비 관련 매입액: 1,100,000원(부가가치세 포함)
(3) 계산서 수취분 면세농산물(원재료): 3,120,000원
(4) 영수증 수취 매입가액: 2,200,000원(부가가치세 포함)

① 3,320,000원
② 3,220,000원
③ 3,120,000원
④ 3,020,000원

07 다음은 제조업을 영위하는 과세업자인 (주)삼일의 2024년 10월 1일부터 12월 31일까지의 매입내역이다. 2024년 제2기 확정신고 시 공제받을 수 있는 매입세액은 얼마인가?(단, 필요한 경우 적정하게 세금계산서를 수령하였다)

매입내역	매입가액	매입세액
기계장치	500,000,000원	50,000,000원
비영업용소형승용차	60,000,000원	6,000,000원
원재료	30,000,000원	3,000,000원
비품	60,000,000원	6,000,000원

① 50,000,000원   ② 56,000,000원
③ 57,000,000원   ④ 59,000,000원

08 다음은 음식업을 영위하지 않는 일반과세자 (주)삼일의 제2기 예정신고기간의 매입내역과 매입세액이다. 제2기 예정신고기간의 매입세액 공제액은 얼마인가?(단, 별도의 언급이 없는 항목은 정당하게 세금계산서를 수령하였다고 가정하고, 의제매입세액은 면세로 구입한 농·축·수·임산물 매입가액의 102분의 2이며, 의제매입세액은 공제한도를 초과하지 않았다고 가정한다. 소수점 첫째 자리에서 반올림하시오.)

매입내역	매입가액	매입세액
기계장치 구입	200,000,000원	20,000,000원
업무무관 자산 구입	100,000,000원	10,000,000원
원재료 구입	50,000,000원	5,000,000원
면세로 구입한 농산물	20,000,000원	–
비품 구입(신용카드매출전표 수령)*	50,000,000원	5,000,000원

* 단, 신용카드매출전표는 일반과세자로부터 수취한 것으로 부가가치세액이 별도로 구분가능하며 신용카드매출전표 등 수령명세서를 제출하였다.

① 25,000,000원   ② 25,392,157원
③ 30,000,000원   ④ 30,392,157원

09 다음은 겸영사업자인 (주)삼일의 2024년 제2기 확정신고기간(2024년 10월 1일 ~ 2024년 12월 31일)의 매입 및 공급과 관련된 자료이다. (주)삼일이 2024년 제2기 확정신고시 공제받을 수 있는 매입세액은 얼마인가?

(1) 매입세액
   가. 과세사업에 사용할 부품 : 5,000,000원
   나. 면세사업에 사용할 부품 : 4,000,000원
   다. 과세사업과 면세사업에 공통으로 사용할 부품 : 3,000,000원

(2) 공급가액
   가. 2024 년 제2기 과세공급가액 : 200,000,000원
   나. 2024 년 제2기 면세공급가액 : 100,000,000원

(3) 과세사업과 면세사업에 공통으로 사용된 재화의 실지귀속은 불분명하며, 예정신고기간의 공통매입세액은 없다.

① 5,000,000원   ② 6,000,000원
③ 7,000,000원   ④ 8,000,000원

10 과세사업을 영위하는 (주)삼일의 부가가치세 신고시 매입세액공제가 가능한 항목은?(단, 법적증빙은 적정하게 수령했다고 가정한다)

① 업무와 관련하여 지출한 기업업무추진비
② 토지정지비용 지출액
③ 영업부서의 업무용 소형승용차 구입액
④ 물류부서의 업무용 화물운반용 트럭 구입액

11 다음 중 부가가치세법상 매입세액공제에 관한 설명으로 가장 올바르지 않은 것은?

① 간이과세자가 영수증을 발급하여야 하는 기간에 발급한 신용카드매출전표는 매입세액 공제대상이 아니다.
② 재화를 공급받은 자가 발행한 매입자발행세금계산서는 원칙적으로 공제 받을 수 있는 세금계산서에 해당되지 않는다.
③ 사업자등록전의 매입세액은 원칙적으로 공제되지 않는다.
④ 의제매입세액은 해당 면세 농산물 등의 사용시점이 아닌 구입시점에 공제된다.

12 다음 중 의제매입세액에 관한 설명으로 가장 올바르지 않은 것은?

① 의제매입세액공제는 면세 농산물 등을 매입하는 모든 사업자에 대해서 적용한다.
② 국내 또는 해외 농산물의 구분과 상관 없이 면세농산물 등을 매입하는 경우 적용한다.
③ 면세농산물을 예정신고기간에 구입하였으나 공제받지 못한 경우에는 확정신고시 공제를 받을 수 있다.
④ 공제시기는 면세농산물 등을 실제로 공급받는 때가 속하는 예정신고시 또는 확정신고시에 공제한다.

XI 세금계산서 실무

1 세금계산서 작성과 발급

사업자가 재화 또는 용역을 공급하는 경우에는 해당 공급사실과 거래징수세액을 입증하기 위하여 거래상대방에게 세금계산서를 발급하여야 한다.

(1) 세금계산서의 발급

1) 발급대상

사업자가 과세대상이 되는 재화 또는 용역을 공급하는 경우 세금계산서를 발급하여야 한다. 종전에 간이과세자는 세금계산서를 발급할 수 없었으나, 2021.7.1.부터 간이과세자도 세금계산서를 발급하여야 한다. 다만, 간이과세자 중 신규사업자와 직전 연도의 공급대가 합계액이 4,800만 원 미만인 사업자는 다음 기간은 영수증을 발급하여야 하는 기간이므로 세금계산서를 발급할 수 없다.

구분	영수증을 발급하여야 하는 기간
간이과세자의 1역년의 공급대가가 4,800만 원 미만인 경우	그 다음 해의 7월 1일부터 그 다음 해의 6월 30일까지
간이과세자 중 신규사업자인 경우	사업개시일부터 사업을 시작한 해의 다음 해의 6월 30일까지

2) 발급시기

세금계산서는 재화와 용역의 공급시기를 작성일자로 하여 발급함이 원칙이나, 다음과 같은 예외를 인정한다.

① 선교부

- ㉠ 사업자가 공급시기가 되기 전에 재화 또는 용역에 대한 대가의 전부 또는 일부를 받고 그 받은 대가에 대하여 세금계산서(영수증 포함)를 발급하는 경우
- ㉡ 사업자가 공급시기 이전에 세금계산서를 발급하고 그 세금계산서 발급일로부터 7일 이내에 대가를 받은 경우

ⓒ 세금계산서를 발급받은 후 7일이 지난 후 대가를 지급하더라도 다음 중 어느 하나에 해당하는 경우
- 거래 당사자 간의 계약서·약정서 등에 대금 청구시기(세금계산서 발급일을 말한다)와 지급시기를 따로 적고, 대금 청구시기와 지급시기 사이의 기간이 30일 이내인 경우
- 세금계산서 발급일이 속하는 과세기간(공급받는 자가 조기환급을 받은 경우에는 세금계산서 발급일부터 30일 이내)에 재화 또는 용역의 공급시기가 도래하는 경우

ⓓ 사업자가 할부로 재화 또는 용역을 공급하는 경우 등으로서 아래에서 열거하고 있는 공급시기가 되기 전에 세금계산서를 발급하는 경우. 이 경우 대가 수령여부를 불문함.
- 장기할부판매로 재화를 공급하거나 장기할부조건부로 용역을 공급하는 경우의 공급시기
- 전력이나 그밖에 공급단위를 구획할 수 없는 재화를 계속적으로 공급하는 경우의 공급시기
- 공급단위를 구획할 수 없는 용역을 계속적으로 공급하는 경우의 공급시기

② 후교부

다음에 해당하는 경우에는 재화 또는 용역의 공급일이 속하는 달의 다음달 10일까지 세금계산서를 발급할 수 있다.

ⓐ 거래처별로 달의 1일부터 말일까지의 공급가액을 합하여 해당 달의 말일을 작성 연월일로 하여 세금계산서를 발급하는 경우
ⓑ 거래처별로 달의 1일부터 말일까지의 기간 이내에서 사업자가 임의로 정한 기간의 공급가액을 합하여 그 기간의 종료일을 작성 연월일로 하여 세금계산서를 발급하는 경우
ⓒ 관계증빙서류 등에 의하여 실제 거래사실이 확인되는 경우로서 당해 거래일자를 작성연월일로 하여 세금계산서를 발급하는 경우

3) 작성방법

세금계산서에는 다음과 같은 필요적 기재사항과 임의적 기재사항이 있다. 필요적 기재사항은 그 전부 또는 일부가 적히지 아니하거나 사실과 다른 경우에는 적법한 세금계산서로 보지 아니하며, 가산세 등의 불이익이 있으므로 주의하여야 한다.

세금계산서(공급받는자 보관용)

책 번 호	권	호

일련번호 ☐☐ - ☐☐☐☐

<table>
<tr><td rowspan="4">공급자</td><td>등록번호</td><td colspan="4">1 3 3 - 8 1 - 2 2 3 9 0</td><td rowspan="4">공급받는자</td><td>등록번호</td><td colspan="3">1 1 0 - 1 2 - 7 9 3 1 0</td></tr>
<tr><td>상호(법인명)</td><td>삼일제지</td><td>성명(대표자)</td><td colspan="2">한혜수</td><td>상호(법인명)</td><td>삼일</td><td>성명(대표자)</td><td></td></tr>
<tr><td>사업장 주소</td><td colspan="4">경기 시흥시 정왕동 시화공단 3-302</td><td>사업장 주소</td><td colspan="3">서울 용산구 한강로</td></tr>
<tr><td>업 태</td><td>제조업</td><td>종 목</td><td colspan="2">프린트용지</td><td>업 태</td><td>서비스업</td><td>종 목</td><td>서비스업</td></tr>
</table>

작 성			공 급 가 액	세 액	비 고
연	월	일	공란수 조 천 백 십 억 천 백 십 만 천 백 십 일	천 백 십 억 천 백 십 만 천 백 십 일	
2024	1	10	4 ... 9 0 0 0 0 0	... 9 0 0 0 0	

월	일	품 목	규 격	수 량	단 가	공 급 가 액	세 액	비 고
1	10	프린트 용지	A4	1,000	900	900,000	90,000	

합계금액	현 금	수 표	어 음	외상미수금	이 금액을 청구함
990,000	990,000				

필요적 기재사항	임의적 기재사항
① 공급하는 사업자의 등록번호와 성명 또는 명칭 ② 공급받는 자의 등록번호 ③ 공급가액과 부가가치세액 ④ 작성연월일	① 공급하는 자의 주소 ② 공급받는 자의 상호, 성명, 주소 ③ 공급하는 자와 공급받는 자의 업태와 종목 ④ 공급품목 ⑤ 단가와 수량 ⑥ 인도연월일 ⑦ 거래의 종류

(2) 세금계산서 발급 특례

1) 위탁판매 등의 경우

위탁판매의 경우 수탁자가 재화를 인도하는 때에는 수탁자가 위탁자를 공급자로 하여 세금계산서를 발급하며, 위탁자가 재화를 직접 인도하는 경우에는 수탁자의 사업자등록번호를 부기하여 위탁자가 세금계산서를 발급할 수 있다.

위탁매입의 경우 공급자가 위탁자를 공급받는 자로 하여 세금계산서를 발급한다. 이 경우 수탁자의 등록번호를 부기하여야 한다.

2) 리스자산의 경우

납세의무가 있는 사업자가 여신전문금융업법에 의하여 등록한 시설대여업자로부터 시설 등을 임차하고 당해 시설 등을 공급자 또는 세관장으로부터 직접 인도받는 경우에는 공급자 또는 세관장이 당해 사업자에게 직접 세금계산서를 발급할 수 있다.

3) 공동매입의 경우

전력을 공급받는 명의자와 전력을 실지로 소비하는 자가 다른 경우, 전기사업자는 명의자를 공급받는 자로 하여 세금계산서를 발급하고 당해 명의자는 그 발급받은 세금계산서에 기재된 공급가액의 범위 내에서 실지 소비자를 공급받는 자로 하여 세금계산서를 발급한 때에는 당해 전기사업자가 실지 소비자를 공급받는 자로 하여 세금계산서를 발급한 것으로 본다.

도시가스사업자가 도시가스를 공급함에 있어서 도시가스를 공급받는 명의자와 실지 소비자가 다른 경우 상기 규정을 준용한다.

4) 세금계산서 분실의 경우

공급자 보관용 세금계산서를 분실한 경우에는 기장 및 제증빙에 의하여 공급자 보관용 세금계산서를 사본으로 작성하여 보관하여야 하며, 공급받는 자 보관용 세금계산서를 분실한 경우에는 공급자가 확인한 사본을 발급받아 보관하여야 한다.

(3) 전자세금계산서의 발급

법인 사업자와 직전연도 사업장별 과세공급가액과 면세공급가액의 합계액(수입금액)이 1억 원 이상인 개인사업자는 전자세금계산서를 발급하고 발급일의 다음날까지 전자세금계산서 발급명세를 국세청에 전송해야 한다. 전자세금계산서 발급대상 개인사업자가 종전에는 직전연도 사업장별 공급가액 합계액 2억 원 이상인 개인사업자이었으나, 세원투명성을 제고하기 위하여 2023년 7월 1일 이후 공급분부터는 직전연도 사업장별 공급가액 합계액이 1억 원 이상인 개인사업자로 조정되었다. 2024년 7월 1일 공급분부터는 직전연도 사업장별 공급가액 합계액이 8천만 원 이상인 개인사업자로 확대 적용된다.

한편, 전자세금계산서 의무발급대상자가 아닌 사업자도 원하면 전자세금계산서를 발급할 수 있다.

전자세금계산서를 발급하고 전자세금계산서 발급명세를 국세청에 전송하지 않거나 지연전송하면 다음과 같이 가산세를 부과한다.

구분	사유	가산세
지연전송	전자세금계산서 발급명세 전송기한이 지난 후 재화·용역의 공급시기가 속하는 과세기간의 확정신고기한까지 국세청장에게 전송하는 경우	그 공급가액 × 0.3%
미전송	전자세금계산서 발급명세 전송기한이 지난 후 재화·용역의 공급시기가 속하는 과세기간의 확정신고기한까지 국세청장에게 전송하지 않은 경우	그 공급가액 × 0.5%

전자세금계산서를 발급하거나 발급받고 전자세금계산서 발급명세를 해당 재화 또는 용역의 공급시기가 속하는 과세기간(예정신고의 경우에는 예정신고기간) 마지막 날의 다음 달 11일까지 국세청장에게 전송한 경우에는 해당 예정신고 또는 확정신고시 매출·매입처별 세금계산서합계표를 제출하지 아니할 수 있다.

(4) 세금계산서 발급의무의 면제

사업자가 다음의 재화 또는 용역을 공급하는 경우에는 세금계산서의 발급의무가 면제된다.
① 택시운송, 노점, 행상, 무인판매기를 이용한 재화의 공급
② 소매업* 또는 목욕·이발·미용업을 영위하는 자가 공급하는 재화 또는 용역
   * 소매업은 공급받는 자가 세금계산서의 발급을 요구하지 않는 경우에 한정함.
③ 자가공급·개인적공급·사업상증여·폐업시 잔존재화. 다만, 판매목적 타사업장 반출은 세금계산서 발급대상
④ 영세율 적용대상 중 다음의 재화 또는 용역
   ㉠ 수출하는 재화. 다만, 내국신용장 또는 구매확인서에 의하여 공급하는 재화는 제외한다.
   ㉡ 국외에서 제공하는 용역(용역을 제공받는 자가 국내에 사업장이 없는 비거주자 또는 외국법인인 경우에 한한다)
   ㉢ 선박 또는 항공기의 외국항행용역(선박에 의한 외국항행용역은 공급받는 자가 국내에 사업장이 없는 비거주자 또는 외국법인인 경우에 한한다)
⑤ 기타 국내사업장이 없는 비거주자 또는 외국법인에게 공급하는 재화 또는 용역. 다만, 사업자임을 증명하는 서류를 제시하고 세금계산서의 발급을 요구하는 경우 또는 외국법인의 연락사무소와 거래한 경우(2023년 7월 1일 이후부터 적용)를 제외한다.
⑥ 부동산 임대용역 중 간주임대료가 적용되는 부분
⑦ 공인인증기관이 전자서명법에 따른 공인인증서를 발급하는 용역. 다만, 법인에게 용도를 제한하여 발급하거나 개인에게 발급하는 경우에 한한다.
⑧ 법정 사업을 하는 사업자가 신용카드매출전표 등을 발급하는 경우에는 세금계산서를 발급하지 아니한다.

참고사항

[관련예규] 서면3팀-438, 2004. 3. 8

[질의] 부가가치세법시행령 제57조 제2항의 규정 신설과 관련하여 다음과 같이 질의함.

1. 부가가치세법시행령 제80조 제4항의 규정에 의한 사업자가 부가가치세가 과세되는 재화 또는 용역을 공급하고 그 거래시기에 세금계산서를 교부한 후 거래시기 이후에 신용카드로 대금결제를 받는 경우 거래시기에 교부한 세금계산서를 취소하여야 하는지 여부

2. 부가가치세법시행령 제80조 제4항의 규정에 의한 사업자가 재화를 공급하기 전에 선수금을 신용카드로 결제받고 재화가 인도될 때 세금계산서를 교부하는 것이 타당한지 여부

3. 일반과세자로서 소매업을 영위하는 주유소가 택시사업자에게 월중에 유류를 판매하고 그 거래시기에 신용카드로 결제를 받은 후 월말에 당해 택시사업자가 신용카드매출전표를 제시하면서 월합계세금계산서의 교부를 요구하는 경우 교부하여야 하는지 여부

4. 소매업을 영위하는 사업자가 고객으로부터 인터넷, 전화, 팩스 등으로 주문을 받아 재화를 공급하고 그 대금은 결제대행회사를 통한 신용카드에 의하여 인터넷으로 결제하고 매출전표는 이메일로 교부하는 경우 별도로 세금계산서를 교부하여야 하는지 여부 및 교부할 수 없는 경우 공급받는 자는 신용카드매출전표에 의하여 매입세액을 공제할 수 있는지 여부

[회신] 1. 부가가치세법시행령 제80조 제4항의 규정에 의한 사업자가 재화 또는 용역을 공급하면서 부가가치세법 제9조에 규정된 거래시기에 그 대가를 영수하지 아니하고 동법 제16조의 규정에 의하여 세금계산서를 교부한 후 당해 재화 또는 용역의 공급에 대한 외상대금을 신용카드로 지급받는 경우에 당초에 교부한 세금계산서는 사실과 다른 세금계산서에 해당하지 아니하는 것임. 재화 또는 용역의 공급에 대한 외상대금을 신용카드로 지급받는 때에는 신용카드매출전표의 여백 또는 이면에 "00년00월00일 세금계산서 발행분"으로 기재하여 교부하여야 하고, 당해 매출전표는 동법 제31조 제3항의 규정에 의하여 그 거래사실이 속하는 과세기간에 대한 확정신고를 한 날로부터 5년간 보존하여야 하는 것임.

2. 부가가치세법시행령 제80조 제4항의 규정에 의한 사업자가 재화 또는 용역의 공급계약을 체결하고 부가가치세법 제9조 제1항 및 제2항의 규정에 의한 거래시기가 도래하기 전에 당해 재화 또는 용역의 공급에 대한 대가를 신용카드로 지급받고 신용카드매출전표를 발행한 경우 당해 재화 또는 용역의 공급에 대하여는 동법시행령 제57조 제2항의 규정에 의하여 세금계산서를 교부할 수 없는 것임.

3. 부가가치세법시행령 제80조 제4항의 규정에 의한 사업자가 동일한 거래처에 1역월 동안 2회 이상의 재화 또는 용역을 공급하고 동령 제54조 제1호의 규정에 의하여 세금계산서를 교부하는 경우에 있어 재화 또는 용역의 공급시 그 대가의 일부를 신용카드로 지급받고 신용카드매출전표를 발행한 분에 대하여는 동령 제57조 제2항의 규정에 의하여 세금계산서를 교부할 수 없는 것임.

4. 부가가치세법시행령 제80조 제4항의 규정에 의한 사업자가 인터넷으로 주문받아 부가가치세가 과세되는 재화 또는 용역을 공급하고 그 공급시기에 결제대행업체를 통한 신용카드매출전표를 발행한 경우에는 동령 제57조 제2항의 규정에 의하여 세금계산서를 교부할 수 없는 것이며, 이 경우 인터넷에 의하여 신용카드매출전표를 발행한 경우에 당해 재화 또는 용역을 공급받은 자가 신용카드매출전표를 출력·보관하고 있는 경우에 신용카드매출전표상에 구분 기재된 부가가치세액(구분 기재되지 아니한 경우에는 발행금액의 110분의 10에 상당하는 금액)은 부가가치세법 제32조의 2 제3항의 규정에 의하여 매출세액에서 공제할 수 있는 것임.

2 수정세금계산서

(1) 발급요건

세금계산서를 발급한 후 그 기재사항에 착오 또는 경미한 과실로 확인되거나 수입자가 귀책사유가 없음을 증명하는 경우에는 정부의 경정통지가 있기 전까지 수정세금계산서를 발급할 수 있다. 다만, 당초 계약의 해지 등에 따라 공급가액에 추가되는 금액 또는 차감되는 금액이 발생한 경우에는 그 발생한 때에 세금계산서를 수정하여 발급할 수 있다.

수정세금계산서는 당초에 세금계산서를 발급한 경우에만 적용되는 것이다. 따라서 거래시기에 면세로 판단하여 계산서를 발급한 경우에는 수정세금계산서를 발급할 수 없다. 한편 폐업한 사업자는 폐업 전 거래에 대하여 수정세금계산서를 발급하거나 발급받을 수 없다.

(2) 수정발급방법

1) 기재사항에 착오 또는 정정사유가 발생한 경우

당초에 발급한 세금계산서는 붉은색 글씨로, 수정발급하는 세금계산서는 검은색 글씨로 각각 작성하여 함께 발급한다.

2) 당초 계약의 해지 등에 따라 공급가액에 증감되는 금액이 발생한 경우

그 증감사유가 발생한 일자를 작성연월일로 하여 추가되는 금액은 검은색 글씨로, 차감되는 금액은 붉은색 글씨로 수정세금계산서를 작성 · 발급한다.

3) 일반과세자에서 간이과세자로 전환된 후 전환 전 공급분에 대한 수정세금계산서

일반과세자에서 간이과세자로 과세유형이 전환된 후 과세유형전환 전에 공급한 재화 또는 용역에 대하여 수정세금계산서 발급사유가 발생한 경우 처음에 발급한 세금계산서 작성일자를 수정세금계산서의 작성일자로 적고, 추가되는 금액은 검은색 글씨로 쓰고, 차감되는 금액은 붉은색 글씨로 작성하여 수정세금계산서를 발급한다.

4) 간이과세자에서 일반과세자로 전환된 후 전환 전 공급분에 대한 수정세금계산서

간이과세자에서 일반과세자로 과세유형이 전환된 후 과세유형전환 전에 공급한 재화 또는 용역에 수정세금계산서 작성사유가 발생한 경우에는 처음에 발급한 세금계산서 작성일을 수정세금계산서의 작성일로 적고, 추가되는 금액은 검은색 글씨로 쓰고 차감되는 금액은 붉은색 글씨로 쓰거나 음(陰)의 표시를 하여 수정세금계산서를 발급하여야 한다.

3 매입자발행세금계산서

(1) 개요

부가가치세 납세의무자로 등록한 사업자로서 세금계산서 발급의무가 있는 사업자(영수증 발급 대상사업자 중 세금계산서 발급요구시 발급의무가 있는 자 포함)가 재화 또는 용역을 공급하고 거래시기에 세금계산서를 발급하지 않은 경우(사업자의 부도·폐업, 계약의 해제 또는 변경 등으로 수정세금계산서를 발행이 어려운 경우 포함) 그 재화 또는 용역을 공급받은 자(면세사업자 포함)는 관할 세무서장의 확인을 받아 세금계산서를 발행할 수 있는데 이것을 '매입자발행세금계산서'라 한다.

(2) 거래사실의 확인 및 발행·발급의 절차

신청인은 재화 또는 용역(건당 공급대가가 5만 원 이상인 경우)의 거래시기가 속한 과세기간의 종료일부터 1년 이내에 거래사실확인신청서에 거래사실을 객관적으로 입증할 수 있는 서류를 첨부하여 신청인의 관할 세무서장에게 거래사실의 확인을 신청하여야 한다. 신청인 관할 세무서장은 제출된 날부터 7일 이내에 신청서와 제출된 증빙서류를 공급자의 관할 세무서장에게 송부하여 거래사실 여부를 확인하고 확인결과를 신청인에게 즉시 통지하여야 한다. 그리고 거래사실 확인 통지를 받은 신청인은 공급자 관할 세무서장이 확인한 거래일자를 작성일자로 하여 매입자발행세금계산서를 발행하여 공급자에게 발급하여야 한다.

매입자발행세금계산서의 발급절차

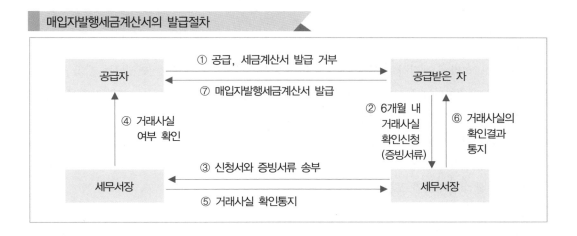

4 수입세금계산서

수입재화에 대하여는 세관장이 부가가치세를 징수하는 때에 세금계산서에 관한 규정을 준용하여 수입세금계산서를 수입자에게 발급한다.

5 영수증

(1) 의의

영수증이란 세금계산서의 필요적 기재사항 중 공급받는 자와 부가가치세액을 따로 기재하지 아니한 약식 계산서를 말한다.* 주로 사업자가 아닌 다수의 소비자를 상대로 하는 비교적 소액거래에 사용되며, 다음에 예시되는 것은 모두 영수증에 해당한다.

① 금전등록기계산서
② 신용카드매출전표
③ 여객운송업자가 발급하는 승차권, 승선권, 항공권
④ 전기사업법에 의한 전기사업자 또는 가스사업법에 의한 가스사업자가 가계소비자에게 발급하는 전력 또는 가스요금의 영수증
⑤ 기타 위와 유사한 영수증

* 단, 최종 소비자를 대상으로 하는 모든 일반과세자는 영수증 발급시 부가가치세액과 공급가액을 구분하여 표시하여야 함.

(2) 발급의무자

다음 중 어느 하나에 해당하는 자가 재화 또는 용역을 공급(부가가치세가 면제되는 재화 또는 용역의 공급은 제외한다)하는 경우에는 재화 또는 용역의 공급시기에 그 공급을 받은 자에게 세금계산서를 발급하는 대신 영수증을 발급하여야 한다.

① 주로 사업자가 아닌 자에게 재화 또는 용역을 공급하는 사업자로서 다음의 사업을 하는 사업자
    ㉠ 소매업
    ㉡ 음식점업(다과점업 포함)
    ㉢ 숙박업
    ㉣ 목욕, 이발, 미용업
    ㉤ 여객운송업
    ㉥ 입장권을 발행하여 영위하는 사업

      ⓢ 변호사, 공인회계사, 변리사 등 전문적 인적용역을 공급하는 사업(사업자에게 공급하는 것은 제외)

      ⓞ 주로 사업자가 아닌 소비자에게 재화 또는 용역을 공급하는 사업자로서 도정업, 양복점업 등의 사업

  다만, 공급받는 자(목욕 · 이발 · 미용업, 여객운송업, 입장권 발행을 영위하는 사업의 경우에는 감가상각자산 등의 공급에 한함)가 사업자등록증을 제시하고 세금계산서의 발급을 요구하는 경우에는 세금계산서를 발급해야 한다.

② 간이과세자로서 다음 중 어느 하나에 해당하는 자

      ㉠ 직전 연도의 공급대가의 합계액(직전 과세기간에 신규로 사업을 시작한 개인사업자의 경우 환산한 금액)이 4,800만 원 미만인 자

      ㉡ 신규로 사업을 시작하는 개인사업자로서 간이과세자로 하는 최초의 과세기간 중에 있는 자

(3) 작성방법

  영수증의 발급시기 및 발급장소 등은 세금계산서의 경우와 동일하다. 작성요령은 공급자용 1매와 공급받는자용 1매를 동시에 작성하여 공급받는자용은 거래상대방에게 발급하여야 한다.

6 세금계산서합계표의 제출

(1) 과세사업자의 경우

  사업자가 세금계산서를 발급하였거나 발급받은 때에는 매출 · 매입처별세금계산서합계표를 당해 예정신고 또는 확정신고와 함께 제출하여야 한다. 다만, 매출 · 매입처별세금계산서합계표의 기재사항을 모두 기재한 전자계산조직에 의하여 처리된 테이프 또는 디스켓을 제출하는 경우에는 이를 제출한 것으로 본다.

(2) 납세의무가 없는 자의 경우

  세금계산서를 발급한 세관장은 과세사업자의 규정을 준용하여 매출처별세금계산서합계표를 사업장 관할세무서장에게 제출하여야 한다.

  세금계산서를 발급받은 국가, 지방자치단체, 지방자치단체조합, 그 밖에 대통령령으로 정하는 자는 부가가치세의 납세의무가 없는 경우에도 매입처별세금계산서합계표를 해당 과세기간이 끝난 후 25일 이내에 사업장 관할 세무서장에게 제출하여야 한다.

01 다음 중 세금계산서의 기능이 아닌 것은?

① 재화 및 용역의 공급계약서
② 청구서 또는 영수증
③ 거래여부를 확인하는 거래증빙자료 또는 기장의 기초자료
④ 부가가치세를 징수하였음을 증명하는 세금영수증

02 다음 중 세금계산서의 필요적 기재사항이 아닌 것은?

① 작성연월일   ② 공급자의 등록번호와 성명
③ 공급받는 자의 등록번호   ④ 단가와 수량

03 다음 중 부가가치세법상 세금계산서에 관한 설명으로 가장 올바르지 않은 것은?

① 사업자의 편의를 위하여 일정기간의 거래액을 합계하여 한 번에 세금계산서를 발급할 수 있다.
② 부동산임대용역은 실제임대료와 간주임대료 모두 세금계산서 발급 의무가 면제된다.
③ 재화나 용역의 공급 전에 세금계산서를 발행하고 7일 이내에 대가를 지급받은 경우 공급받는 자는 발급받은 세금계산서로서 매입세액을 공제받을 수 있다.
④ 수정세금계산서는 당초에 세금계산서를 발급한 경우에만 적용되는 것이다.

04 다음 중 부가가치세법상 세금계산서에 관한 설명으로 가장 옳은 것은?

　① 간이과세자는 세금계산서의 발급의무가 없으나 공급받는 자의 요청이 있을 때는 세금계산서를 발행할 수 있다.

　② 부동산임대용역의 간주임대료에 대해서는 세금계산서 교부 의무가 면제된다.

　③ 세금계산서는 재화 또는 용역의 공급시기에 발급하는 것이 원칙이나 공급시기가 도래하기 전이나 공급시기 후에 대가의 전부 또는 일부를 받은 경우 그 받은 대가에 대하여 세금계산서를 발급할 수 있다.

　④ 주사업장총괄납부 또는 사업자단위 신고·납부 승인을 얻은 사업자도 직매장 반출 등 타인에게 직접 판매할 목적으로 다른 사업장에 재화를 반출하는 경우 세금계산서를 교부해야 한다.

05 다음 중 세금계산서의 발급에 관한 설명으로 가장 올바르지 않은 것은?

　① 세금계산서는 재화 또는 용역을 실제로 공급한 때에 발급하여야 한다.

　② 사업자의 편의를 위하여 일정기간의 거래액을 합계하여 한번에 세금계산서를 발급할 수 있다.

　③ 사업자등록을 하지 않은 경우에는 세금계산서를 발급할 수 없다.

　④ 재화나 용역의 공급 전에 세금계산서를 발행하는 것은 어떠한 경우에도 인정되지 아니한다.

06 다음 중 부가가치세법상 세금계산서에 관한 설명으로 가장 올바르지 않은 것은?

① 공급시기가 되기 전에 세금계산서를 발급하고 그 세금계산서 발급일부터 7일 이내에 대가를 받으면 해당 세금계산서를 발급한 때를 재화 또는 용역의 공급시기로 본다.

② 위탁판매의 경우 수탁자가 재화를 인도할 때에는 수탁자가 위탁자를 공급하는 자로 하여 세금계산서를 발급하는 것이 원칙이다.

③ 공급시기가 되기 전에 재화 또는 용역에 대한 대가의 전부 또는 일부를 받고, 이와 동시에 그 받은 대가에 대하여 세금계산서를 발급하면 그 세금계산서를 발급하는 때를 공급시기로 본다.

④ 법인사업자와 전자세금계산서 의무발급 개인사업자 외의 사업자는 전자세금계산서를 발급하고 전송할 수 없다.

07 다음 중 부가가치세법상 세금계산서에 관한 설명으로 가장 옳지 않은 것은?

① 공급하는 사업자의 등록번호와 성명 또는 명칭, 공급받는 자의 등록번호, 공급가액과 부가가치세액, 작성연월일은 세금계산서의 필요적 기재사항이다.

② 사업상 증여에 대해서는 간주공급으로 과세되는 경우 세금계산서 발급의무는 면제된다.

③ 세금계산서는 재화 또는 용역의 공급시기에 발급하는 것이 원칙이나 공급시기가 도래하기 전에 대가의 전부 또는 일부를 받은 경우 그 받은 대가에 대하여 세금계산서를 발급할 수 있다.

④ 영세율 적용대상의 경우 세금계산서 교부의무가 없다.

08 다음 중 부가가치세법상 세금계산서 및 영수증에 관한 설명으로 옳지 않은 것은?

① 일반과세자는 세금계산서를 발급할 수 있으나, 간이과세자는 세금계산서를 발급할 수 없다.

② 위탁판매의 경우 수탁자는 위탁자의 명의로 된 세금계산서를 발급하여야 한다.

③ 재화나 용역의 공급 전에 세금계산서를 발행하고 7일 이내에 대가를 지급받은 경우 공급받는 자는 발급받은 세금계산서로 매입세액을 공제 받을 수 있다.

④ 과세대상 수입재화에 대해서는 세관장이 부가가치세를 징수하는 때에 수입세금계산서를 발급한다.

09 다음 중 전자세금계산서에 대한 설명으로 가장 올바르지 않은 것은?

① 전자세금계산서 의무발급대상자가 아닌 사업자도 전자세금계산서를 발급할 수 있다.

② 전자세금계산서를 발급하고 전자세금계산서 발급명세를 국세청에 전송하지 않거나 지연전송하면 가산세를 부과한다.

③ 전자세금계산서는 법인사업자만이 발급 가능하다.

④ 전자세금계산서를 발급하거나 발급받고 전자세금계산서 발급명세를 해당 재화 또는 용역의 공급시기가 속하는 과세기간 마지막 날의 다음 달 11 일까지 국세청장에게 전송한 경우에는 해당 예정신고 또는 확정신고시 매출·매입처별 세금계산서합계표를 제출하지 아니할 수 있다.

XII 부가가치세의 신고·납부

부가가치세 과세기간은 원칙적으로 6개월이다. 즉, 사업자가 6개월 동안 거래한 내역에 대하여 매출세액에서 매입세액을 차감한 순잔액을 신고하도록 되어 있다. 그러나 정부에서는 세금의 조기징수를 위하여 6개월을 다시 3개월 단위로 구분하여 예정신고기간으로 정하고, 거래내용을 예정신고한 후 다시 6개월을 정산하여 확정신고하는 방식을 채택하고 있다.

1 예정신고와 확정신고

(1) 신고기간 및 기한

사업자는 각 예정신고기간 또는 과세기간이 끝난 후 25일(폐업하는 경우는 폐업일이 속한 달의 다음 달 25일) 이내에 사업장 관할세무서장에게 각 예정신고기간 또는 과세기간에 대한 과세표준을 신고하고 세액을 자진납부하여야 한다.

그러나 개인사업자와 직전 과세기간의 공급가액의 합계액이 1억 5천만 원 미만인 법인사업자에 대하여는 관할 세무서장이 각 예정신고기간마다 직전 과세기간의 납부세액의 50%를 결정하여 해당 예정신고기간이 끝난 후 25일까지 징수하되, 휴업 또는 사업 부진으로 인하여 사업실적이 악화된 경우 등 일정요건에 해당하는 경우에는 예정신고를 할 수 있도록 하고 있다. 예정신고기간에 대하여 징수하여야 할 금액이 50만 원 미만인 경우, 간이과세자에서 해당 과세기간 개시일 현재 일반과세자로 변경된 경우 또는 재난 등의 사유로 관할 세무서장이 징수하여야 할 금액을 사업자가 납부할 수 없다고 인정하는 경우에는 예정신고기한의 세액을 징수하지 아니한다.

(2) 신고대상

1) 예정신고대상

예정신고와 납부에 있어서는 해당 예정신고기간에 대한 과세표준과 납부세액으로 하되 대손세액공제와 가산세는 제외하고 신용카드발행세액공제는 포함한다. 그리고 부가가치세 영세율 적용사업자 또는 시설투자사업자가 월별조기환급을 받기 위하여 이미 신고한 매출·매입은 예정신고금액에서 제외하여야 한다.

2) 확정신고대상

확정신고와 납부에 있어서는 해당 과세기간에 대한 과세표준과 납부세액으로 하되 예정신고 등에 의하여 이미 신고한 금액은 제외하며, 예정신고누락분과 가산세가 있을 경우에는 이를 추가하여 신고한다. 그리고 당해 과세기간 중 대손이 발생하였거나 대손금이 회수되었을 경우에는 확정신고시에 대손세액을 가감한다.

(3) 제출서류

부가가치세 과세사업자는 부가가치세 신고시 부가가치세신고서와 첨부서류를 제출하여야 한다.

1) 첨부서류

부가가치세 신고시 첨부서류는 다음과 같다.

① 매출처별세금계산서합계표
② 매입처별세금계산서합계표
③ 신용카드매출전표등 발행금액 집계표
④ 영세율 첨부서류
⑤ 신용카드매출전표등 수령명세서(매입세액공제를 받는 경우)
⑥ 대손세액공제신고서(확정신고시에만 첨부)
⑦ 기타 서류(부동산 임대업자는 부동산임대공급가액명세서와 임대차계약서사본을 예정신고 또는 확정신고와 함께 제출하여야 함)

2) 전산디스켓을 제출하는 사업자

사업자의 필요에 의거 국세청장이 정하는 바에 따라 매출·매입처별세금계산서합계표의 기재사항과 영세율 첨부서류명세서 등을 모두 기재한 전자계산조직에 의하여 처리된 테이프·디스켓을 제출한 경우에는 매출·매입처별세금계산서합계표 및 영세율 첨부서류를 제출한 것으로 본다.

다음은 컴퓨터 제조업을 영위하는 (주)서경국의 2024년 제1기 확정신고를 위한 자료이다. 수출분은 세금계산서를 적법하게 제출하였다.

① 2024. 4. 1부터 6. 30까지의 매출거래

국내판매	세금계산서 발행 매출액(VAT 미포함)	500,000,000원
	신용카드매출전표 발행분(VAT 포함)	330,000,000원
	현금영수증 발행(VAT 포함)	22,000,000원
수출분	내국신용장에 의한 공급분(Local 수출분)	400,000,000원
	직수출분	600,000,000원

② 2024. 4. 1부터 6. 30까지의 매입거래

원재료 매입	세금계산서 수령분(VAT 미포함)	500,000,000원
	신용카드매출전표 수령분(VAT 미포함)	300,000,000원
	영수증 수령분(VAT 포함)	22,000,000원
기업업무추진비 지출	세금계산서 수령분(VAT 미포함)	50,000,000원
기계구입	세금계산서 수령분(VAT 미포함)	400,000,000원

신용카드매출전표 수령분은 매출전표에 공급받는 자와 부가가치세액을 별도로 기재하고 법소정 절차를 이행하였다.

③ 2024년 1기 예정신고 누락분 매출내역:
국내매출(세금계산서 발급분, VAT 미포함) 20,000,000원

④ 대손발생내역:
2024. 5. 3 거래처 파산으로 인하여 발생한 대손금액 77,000,000원(VAT 포함, 2020년 12월 매출분)

다음의 2024년 제1기 부가가치세 확정신고서를 완성하시오.

❶ 신고내용				금액	세율	세액
과세표준및매출세액	과세	세금계산서발급분	(1)		10/100	
		매입자발행세금계산서	(2)		10/100	
		신용카드 · 현금영수증발행분	(3)		10/100	
		기타(정규영수증외매출분)	(4)			
	영세율	세금계산서발급분	(5)		0/100	
		기타	(6)		0/100	
	예정신고누락분		(7)			
	대손세액가감		(8)			
	합계		(9)		㉮	
매입세액	세금계산서 수취분	일반매입	(10)			
		수출기업 수입분 납부유예	(10-1)			
		고정자산매입	(11)			
	예정신고누락분		(12)			
	매입자발행세금계산서		(13)			
	기타공제매입세액		(14)			
	합계(10)-(10-1)+(11)+(12)+(13)+(14)		(15)			
	공제받지못할매입세액		(16)			
	차감계(15)-(16)		(17)		㉯	
납부(환급)세액(매출세액㉮-매입세액㉯)					㉰	

❶ 신고내용					
구분				금액	세율	세액

구분				금액	세율	세액
과세표준및매출세액	과세	세금계산서발급분	(1)	500,000,000	10/100	50,000,000
		매입자발행세금계산서	(2)		10/100	
		신용카드 · 현금영수증발행분	(3)	320,000,000	10/100	32,000,000
		기타(정규영수증외매출분)	(4)			
	영세율	세금계산서발급분	(5)	400,000,000	0/100	−
		기타	(6)	600,000,000	0/100	−
	예정신고누락분		(7)	20,000,000		2,000,000
	대손세액가감		(8)			△7,000,000
	합계		(9)	1,840,000,000	㉒	77,000,000
매입세액	세금계산서수취분	일반 매입	(10)	550,000,000		55,000,000
		수출기업 수입분 납부유예	(10-1)			
		고정자산매입	(11)	400,000,000		40,000,000
	예정신고누락분		(12)			
	매입자발행세금계산서		(13)			
	기타공제매입세액		(14)	300,000,000		30,000,000
	합계(10)−(10-1)+(11)+(12)+(13)+(14)		(15)	1,250,000,000		125,000,000
	공제받지못할 매입세액		(16)	50,000,000		5,000,000
	차감계(15)−(16)		(17)	1,200,000,000	㉯	120,000,000
납부(환급)세액(매출세액㉒−매입세액㉯)					㉰	△43,000,000

2 결정 및 경정

부가가치세는 신고주의 국세로서 납세의무자의 신고에 의하여 세액이 확정되는 것이나, 확정신고를 하지 아니한 경우에는 정부가 결정한다. 그러나 확정신고의 내용에 오류 또는 탈루가 있는 등의 경우에는 신고에 의하여 확정된 납세의무를 정부가 조사하여 경정한다.

3 환급

(1) 환급의 구분

환급세액은 매입세액이 매출세액을 초과하는 경우에 발생한다. 일반환급의 경우에는 각 과세기간 단위로 확정신고기한 경과후 30일 내에 환급한다. 환급은 예정신고시에 환급세액이 발생하여도 이를 환급하지 아니하고 확정신고시 납부할 세액에서 차감하며, 차감후 환급세액이 발생하는 경우에 환급한다. 다만, 다음의 경우에는 수출과 설비투자에 대한 지원 등을 위하여 조기환급할 수 있다.

① 영세율 적용대상인 때
② 사업설비(감가상각자산)를 신설·취득·확장·증축하는 때
③ 사업자가 재무구조개선계획을 이행 중인 경우

그러나 조기환급세액은 영세율 또는 시설투자 관련 매입세액을 구분하지 아니하고 사업장별로 매출세액에서 매입세액을 공제하여 계산한다.

(2) 조기환급신고 및 환급시기

예정신고기간 또는 확정신고기간 중 매월 또는 매 2월을 영세율 등 조기환급기간이라고 한다. 따라서 제1기 과세기간의 경우 1월, 2월, 4월, 5월 또는 1·2월, 4·5월이 조기환급기간이 될 수 있다.

조기환급기간의 환급세액을 조기환급받고자 하는 사업자는 조기환급기간 종료일로부터 25일 이내에 조기환급기간에 대한 과세표준과 환급세액을 신고하여야 하는데 이를 영세율 등 조기환급신고라 한다. 이 경우 부가가치세신고서, 조기환급신고서, 매출·매입처별세금계산서합계표, 영세율 첨부서류, 건물등감가상각자산취득명세서 등의 첨부서류를 제출하여야 한다. 조기환급을 신청한 경우에는 조기환급 신고기한 경과후 15일 이내에 환급세액을 환급받을 수 있다.

부가가치세 환급에 대한 다음 설명 중 잘못된 것은?

① 매월 또는 매 2월마다 조기환급받고자 하는 자는 조기환급기간 경과 후 25일 이내에 조기환급 신고서를 제출하여야 한다.

② 영세율적용 사업자가 예정신고 또는 확정신고를 한 경우에는 환급에 관하여 신고서를 제출한 것으로 본다.

③ 조기환급제도는 수출과 설비투자에 대한 지원을 위한 제도이다.

④ 조기환급은 조기환급기간별로 당해 조기환급신고기한 경과 후 25일 이내에 사업자에게 환급 하여야 한다.

④: 조기환급은 당해 조기환급신고기한 경과 후 15일 이내에 환급하여야 한다.

4 가산세

가산세란 세법에서 정하는 각종 의무의 성실한 이행을 확보하기 위하여 산출세액에 가산하여 징수하는 금액을 말한다. 부가가치세법에서는 사업자등록, 세금계산서, 세액의 신고·납부 등과 관련하여 다음의 가산세 규정을 두고 있으며, 동 가산세를 납부세액에 더하거나 환급세액에서 빼도록 하고 있다. 다만, 신고 및 납부와 관련된 가산세는 국세기본법으로 이관되었으므로 「국세기본법」편에 기술하였다.

① 미등록(타인명의)가산세

② 세금계산서 불성실가산세

③ 가공세금계산서가산세

④ 비사업자의 세금계산서 발행가산세

⑤ 신용카드매출전표 등 미제출가산세(매입자)

⑥ 매출처별세금계산서합계표 제출불성실가산세

⑦ 매입처별세금계산서합계표 제출불성실가산세

⑧ 현금매출명세서 불성실가산세

(1) 미등록가산세

구분	설명	가산세
미등록가산세	사업개시일부터 20일 이내에 사업자등록을 신청하지 아니한 경우	사업 개시일부터 등록을 신청한 날의 직전일까지의 공급가액 × 1%
타인명의등록가산세	타인의 명의로 사업자등록을 하거나 타인 명의의 업자등록을 이용하여 사업을 하는 것으로 확인되는 경우	타인명의의 사업개시일로부터 실제사업을 하는 것으로 확인되는 날의 직전일까지의 공급가액 × 1%

(2) 세금계산서 불성실가산세

구분	설명	가산세
지연발급	세금계산서의 발급시기가 지난 후 해당 재화 또는 용역의 공급시기가 속하는 과세기간에 대한 확정신고기한까지 세금계산서를 발급	공급가액 × 1%
미발급	세금계산서의 발급시기가 지난 후 재화·용역의 공급시기가 속하는 과세기간에 대한 확정신고 기한까지 세금계산서를 미발급	공급가액 × 2%
전자세금계산서 이외 발급	전자세금계산서를 발급 의무자가 발급기간 내 전자세금계산서 외의 세금계산서를 발급	공급가액 × 1%
자기 소유 타사업장 명의 발급	둘 이상의 사업장을 가진 사업자가 재화 또는 용역을 공급한 사업장 명의로 세금계산서를 발급하지 아니하고 세금계산서의 발급시기에 자신의 다른 사업장 명의로 세금계산서를 발급한 경우	공급가액 × 1%
전자세금계산서 발급명세 지연·미전송	전자세금계산서 발급명세를 공급시기가 속하는 과세기간 확정신고 기한까지 지연전송 혹은 미전송한 경우	공급가액 × 0.3% (미전송은 0.5%)
부실기재	세금계산서의 필요적 기재사항의 전부 또는 일부가 적혀 있지 아니하거나 사실과 다른 경우	공급가액 × 1%

(3) 가공세금계산서가산세

구분	설명	가산세
가공 세금계산서	재화 또는 용역을 공급.매입하지 아니하고 세금계산서 등을 발급하거나 발급받은 경우	공급가액 × 3%
타인명의 세금계산서	재화·용역을 공급하거나 공급받고 타인 명의로 세금계산서 등을 발급하거나 발급받은 경우	공급가액 × 2%
과다금액	재화 또는 용역을 공급하거나 공급받고 세금계산서 등의 공급가액을 과다하게 기재한 경우	공급가액 × 2%

(4) 비사업자의 세금계산서 발행가산세

구분	설명	가산세
비사업자의 세금계산서 발행	사업자가 아닌 자가 재화·용역을 공급하지 아니하고 세금계산서를 발급하거나 재화·용역을 공급받지 않고 세금계산서를 발급받은 경우	공급가액 × 3%

(5) 신용카드매출전표 등 미제출가산세(매입자)

구분	설명	가산세
경정시 환급신청	신용카드매출전표 등을 발급받아 예정·확정시 공제받지 아니하고 경정청구를 통해 매입세액을 공제받는 경우	공급가액 × 0.5%
과다기재	신용카드매출전표 등 수령명세서에 공급가액을 과다기재한 경우	공급가액 × 0.5%

(6) 매출처별세금계산서합계표 제출불성실가산세

구분	설명	가산세
미제출	매출처별세금계산서합계표를 제출하지 않은 경우	공급가액 × 0.5%
부실기재	매출처벌세금계산서합계표의 거래처별 등록번호, 공급시기의 전부 또는 일부가 적혀있지 아니하거나 사실과 다른 경우	공급가액 × 0.5%
지연제출	예정신고를 할 때 제출하지 못하여 해당 예정신고기간이 속하는 과세기간에 확정신고를 할 때 매출처별 세금계산서합계표를 제출하는 경우	공급가액 × 0.3%

(7) 매입처별세금계산서합계표 제출불성실가산세

구분	설명	가산세
지연수취·공급시기 오류기재	• 사업자가 재화·용역의 공급시기 이후에 발급받은 세금계산서로서 공급시기가 속하는 과세기간에 대한 확정신고기한까지 세금계산서를 발급받아 공제받는 경우 • 과세기간의 확정신고기한 다음 날부터 1년 이내에 발급받은 것으로 수정신고·경정청구하거나, 거래사실을 확인하여 결정·경정하여 공제받는 경우 • 공급시기 이전 세금계산서를 발급받았으나 실제 공급시기가 6개월 이내에 도래하고 거래사실을 확인하여 결정·경정하여 공제받는 경우	공급가액 × 0.5%

구분	설명	가산세
경정시 제출	• 매입처별 세금계산서합계표를 제출하지 아니한 경우 • 매입처별 세금계산서합계표의 기재사항 중 거래처별 등록번호 또는 공급가액의 전부 또는 일부가 적혀 있지 아니하거나 사실과 다르게 적혀 있는 경우*	공급가액 × 0.5%
과다기재	매입처별 세금계산서합계표의 공급가액을 과다하게 신고한 경우	공급가액 × 0.5%

* 예정신고누락분을 확정신고시 제출하는 경우, 합계표를 수정신고, 경정청구, 기한후신고와 함께 제출하는 경우, 합계표의 기재사항이 착오로 적힌 경우로서 사업자가 발급한 세금계산서에 따라 거래사실이 확인되는 부분의 공급가액에 대하여는 그러하지 아니하다.

(8) 현금매출명세서 불성실가산세

구분	설명	가산세
미제출 · 부실기재	법소정 사업자가 현금매출명세서, 부동산임대공급가액명세서를 제출하지 아니하거나 다르게 제출한 경우	공급가액 × 1%

(9) 가산세 중복적용의 배제

우선 적용		중복적용 배제
미등록가산세		세금계산서 불성실가산세(미발급 제외) 신용카드매출전표 등 미제출가산세(매입자) 신용카드매출전표 등 수령명세서 과다신고가산세(매입자) 매출처별세금계산서합계표 불성실가산세
세금계산서 불성실가산세(미발급 제외)		매출처별세금계산서합계표 불성실가산세
세금계산서 불성실가산세(미발급 경우) 가공세금계산서가산세		미등록가산세 매출처별세금계산서합계표 불성실가산세 매입처별세금계산서합계표 불성실가산세
가공세금계산서가산세(발급한 경우만)		세금계산서 불성실가산세(미발급 경우)
세금계산서불성실가산세 (발급)	지연발급	전자세금계산서 발급명세 지연 · 미전송 부실기재
	미발급	
	전자세금계산서 이외 발급	
	부실기재	전자세금계산서 발급명세 지연 · 미전송
	과다기재	사실과 다른 세금계산서(필수적 기재사항이 사실과 다르게 기재된 경우) 발급가산세

(10) 공급받은자(매입자)의 매입세액공제와 가산세

	매입세액공제	가산세
매입처별세금계산서합계표 미제출	×	×
매입처별세금계산서합계표 제출 -기한내 제출 -예정신고시 제출분을 확정신고시 제출 -수정신고, 경정청구, 기한 후 신고시 제출	○	×
매입처별세금계산서합계표, 신용카드매출전표등수령명세서를 미제출하였으나 경정시 세금계산서, 신용카드매출전표등을 제출한 경우	○	○
공급시기 후 공급시기에 대한 확정신고기한까지 세금계산서 수취	○	○
공급시기가 속하는 과세기간의 확정신고기한 다음 날부터 1년 이내에 세금계산서를 수취한 것으로서 수정신고·경정청구하거나, 거래사실을 확인하여 결정·경정한 경우	○	○
공급시기 이전 세금계산서를 발급받았으나 실제 공급시기가 6개월 이내에 도래하고 거래사실을 확인하여 결정·경정하여 공제받는 경우	○	○
매입처별세금계산서합계표에 공급가액을 과다기재	×	○
신용카드매출전표등 수령명세서에 공급가액을 과다기재	×	○
세금계산서 가공·허위수취, 공급가액 과다기재 수취	×	○

> **예 제**
>
> (주)삼일은 제1기 예정신고기간 중에 공급한 매출가액 15,000,000원과 관련 매입세액 500,000원을 신고하지 못하여 이를 확정신고시 수정신고하고 관련 합계표를 제출하려고 한다. 이 경우 회사가 납부하여야 할 세액과 가산세의 합계액을 계산하면?(단, 납부지연가산세의 적용시 미납일수는 90일이다)
>
> ① 1,000,000원   ② 1,089,800원
> ③ 1,255,000원   ④ 1,265,000원

> **풀 이**
>
> ② 1,089,800원
> (1) 납부세액: 15,000,000 × 10%−500,000=1,000,000원
> (2) 가 산 세: ①+②+③=89,800원
>   ① 매출처별세금계산서합계표 제출불성실가산세(지연제출): 15,000,000 × 0.3%=45,000원
>   ② 과소신고가산세: 1,000,000 × 10% × (1−75%)=25,000원
>   * 3개월 이내 수정신고시 과소신고 가산세 감면율 75% 적용함.
>   ③ 납부지연가산세: 1,000,000 × 0.022%×90일=19,800원

예 제

다음은 일반과세자인 (주)삼일의 제2기 부가가치세 확정신고와 관련된 자료이다.
(1) 2024. 10. 1~2024. 12. 31까지의 공급가액(부가가치세 별도)은 300,000,000원이다.
(2) 2024. 10. 1~2024. 12. 31까지 발급받은 세금계산서의 공급가액(부가가치세 별도)은
    150,000,000원이다.
(3) 2024년 제2기 예정신고 내용 중 다음과 같은 사항에 잘못이 있음을 발견하고 2025. 1.
    25 확정신고시 이를 포함하여 신고하기로 하였다. 또한 예정신고시 미제출한 매입·매출
    처별세금계산서합계표도 추가 제출하기로 하였다(부당과소신고에는 해당하지 않은 것
    으로 가정한다).
    ① 국내판매분 중 공급가액 5,000,000원은 세금계산서를 발급하였으나 신고누락하였고 매
       출처별세금계산서합계표에도 포함시키지 않았다.
    ② 국내판매분 중 공급가액 6,000,000원은 세금계산서를 발급하고 과세표준에 포함시켜 신
       고하였으나 매출처별세금계산서합계표에는 포함시키지 않았다.
    ③ 원료구입액 2,000,000원(공급가액)의 세금계산서를 예정신고기간에 수령하였으나, 신고
       및 매입처별세금계산서합계표의 제출이 누락되었다.
    ④ 장비구입액 4,000,000원(공급가액)을 매입처별세금계산서합계표에 5,000,000원으로
       기재하여 매입세액을 공제받았다.
위 자료에 의하여 제2기 확정신고시 납부할 부가가치세 자진납부세액을 계산하시오.

풀 이

(1) 가산세
    ① 매출처별세금계산서합계표 제출불성실가산세
       예정신고시 제출하지 아니한 매출처별세금계산서합계표를 확정신고시 제출하면 지연제출가
       산세(0.3%)가 적용되며 매출처별세금계산서합계표 불성실가산세가 적용되는 부분에 대해서
       는 세금계산서 불성실가산세가 적용되지 아니한다.
       매출처별세금계산서합계표 불성실가산세(지연제출)
       =(5,000,000+6,000,000) × 0.3%=33,000원
    ② 매입처별세금계산서합계표 불성실가산세
       예정신고시 매입가액의 과다기재로 인하여 매입세액을 과다하게 공제받은 부분에 대해서는
       매입처별세금계산서합계표 불성실가산세가 적용된다.
       매입처별세금계산서합계표 불성실가산세(과다기재)
       =(5,000,000-4,000,000) × 0.5%=5,000원
    ③ 과소신고가산세
       신고기한 경과후 3개월내 수정신고이므로 신고불성실가산세는 75%가 감면된다.
       과소신고가산세={(5,000,000-2,000,000+1,000,000*) × 10%}× 10% ×
                      (1- 75%)=10,000원
       * 매입가액의 과다기재로 인하여 예정신고시 과다하게 공제받은 매입액에 대해서 확정신고시 수정신고로 과세표
         준에 가산할 금액

④ 납부지연가산세

　　납부지연가산세={(5,000,000−2,000,000+1,000,000) × 10%} × 0.022% × 92일*
　　　　　　　=8,096원

　　* 미납부금액의 계산기간은 2023. 10. 26~2024. 1. 25이며 그 기간은 92일이다.

(2) 자진납부세액의 계산

① 매출세액(300,000,000 × 10%+5,000,000 × 10%)=	30,500,000원
② 매입세액(150,000,000×10%+2,000,000 × 10%−1,000,000 × 10%)=	15,100,000원
③ 납부세액	15,400,000원
④ 가산세(33,000+5,000+10,000+8,096) =	56,096원
⑤ 자진납부세액	15,456,096원

MEMO

01 다음은 (주)삼일의 제2기 부가가치세 확정신고를 위한 자료이다. (ㄱ)에 들어갈 금액으로 가장 옳은 것은?

ㄱ. 국내판매분 　－ 세금계산서 발행 매출액　　30,000,000원(부가가치세 제외) 　－ 신용카드매출전표 발행분　22,000,000원(부가가치세 포함) ㄴ. 내국신용장에 의한 수출　　10,000,000원 ㄷ. 직수출분　　　　　　　　　12,000,000원

〈 신고내용 〉

구분			금액	세율	세액
과세표준 및 매출세액	과세	세금계산서 발급분		10/100	
		매입자발행세금계산서		10/100	
		신용카드 · 현금영수증발행분		10/100	
		기타(정규영수증 외 수취분)		10/100	
	영세율	세금계산서 발급분	(ㄱ)	0/100	
		기　　　　타		0/100	

① 　　　　0원　　　　　　　　　　　② 10,000,000원
③ 12,000,000원　　　　　　　　　　④ 22,000,000원

02 다음 중 부가가치세에 대한 가산세가 부과되는 경우가 아닌 것은?

① 예정신고시 매입처별세금계산서 합계표를 제출하지 않고 확정신고시 제출한 경우
② 가공세금계산서를 발행한 경우
③ 재화를 공급받고 타인 명의로 세금계산서를 발급받은 경우
④ 사업자등록을 하지 않은 경우

03 다음 중 부가가치세 예정신고시 첨부할 서류가 아닌 것은?

① 매출·매입처별세금계산서합계표
② 대손세액공제신고서
③ 영세율 첨부서류
④ 신용카드매출전표수령명세서

04 다음 중 부가가치세의 신고 및 납부, 환급에 관한 설명으로 가장 올바르지 않은 것은?

① 사업자는 각 예정신고기간 또는 과세기간이 끝난 후 25일 이내에 사업장 관할 세무서장에게 과세표준을 신고하고 세액을 자진납부하여야 한다.
② 일반환급세액은 각 예정 및 확정신고기한 경과 후 30일 이내에 환급한다.
③ 매월 또는 매 2월마다 조기환급받고자 하는 자는 조기환급기간 경과 후 25일 이내에 조기환급신고서를 제출하여야 한다.
④ 당해 과세기간 중 대손이 발생하였거나 대손금이 회수되었을 경우 확정신고 시에 대손세액을 가감한다.

05 다음 중 부가가치세법상 가산세에 관한 설명으로 가장 올바르지 않은 것은?

① 예정신고와 납부에 있어서는 해당 예정신고기간에 대한 과세표준과 납부세액으로 하되 가산세는 제외한다.
② 매출처별세금계산서합계표를 제출하지 않은 경우에는 가산세가 부과되나 매입처별세금계산서합계표를 제출하지 않은 경우에는 가산세가 부과되지 않는다.
③ 전자세금계산서 발급의무자가 발급기간 내에 종이세금계산서를 발급하면 가산세가 부과되지 않는다.
④ 사업개시일부터 20일 이내에 사업자등록을 신청하지 아니한 경우에는 미등록가산세가 부과된다.

06 다음 중 부가가치세법상 가산세에 관한 설명으로 가장 올바르지 않은 것은?

① 세금계산서불성실가산세와 매출처별세금계산서합계표 불성실가산세에 동시에 해당하는 경우 두가지 모두 적용한다.

② 신규로 사업을 개시한 사업자가 기한 내에 사업자등록을 신청하지 아니한 경우 사업개시 일부터 등록신청일의 직전일까지의 공급가액에 대하여 1%를 미등록가산세로 납부하여 야 한다.

③ 예정신고 시 제출하지 않은 매출처별세금계산서합계표를 확정신고 시에 지연제출한 경우에 가산세를 납부하여야 한다.

④ 영세율 첨부서류를 제출하지 아니한 경우에도 가산세가 부과된다.

07 다음은 전자제품을 제조하는 (주)삼일의 2024년 4월 1일부터 2024년 6월 30일까지의 거래내역이다. 2024년 제1기 확정신고와 관련한 설명으로 가장 올바르지 않은 것은?

〈매출내역〉
과세사업자에게 판매한 금액: 50,000,000원(부가가치세 별도)
면세사업자에게 판매한 금액: 30,000,000원(부가가치세 별도)

〈매입내역〉
원재료 매입금액(세금계산서 수령): 44,000,000원(부가가치세 포함)
기업업무추진비 지출액(세금계산서 수령): 1,100,000원(부가가치세 포함)

① 과세사업자에게 판매한 50,000,000원에 대하여 매출처별세금계산서합계표를 제출하지 아니한 경우 가산세가 부과된다.

② 면세사업자에게 판매한 30,000,000원에 대하여는 매출처별세금계산서합계표를 제출하지 아니한다.

③ 원재료 매입시 부담한 부가가치세 4,000,000원에 대하여 매입처별세금계산서합계표를 제출하지 않은 경우 가산세가 부과되지 않는다.

④ 기업업무추진비 지출액에 대한 부가가치세 100,000원에 대하여 가공의 세금계산서를 발급받은 경우 가산세가 부과된다.

NEW

08 제조업을 영위하는 (주)삼일의 제1기 부가가치세 확정신고(2024. 4. 1~2024. 6. 30)와 관련된 자료이다. 확정신고시 (주)삼일의 차가감납부세액은 얼마인가?(단, 아래의 금액에는 부가가치세가 제외되어 있다)

ㄱ) 확정신고기간 중 (주)삼일의 제품공급가액   200,000,000원
ㄴ) 확정신고기간 중 (주)삼일의 매입세액   8,000,000원
    (매입세액 불공제 대상인 매입세액은 1,000,000원이다)
ㄷ) 확정신고시 세금계산서를 발행하지 않은 금액(공급가액)   5,000,000원
    (동 금액은 ㄱ)에 포함되어 있지 않음)
ㄹ) 세금계산서 관련 가산세는 미발급금액의 2%를 적용한다.

---

① 13,000,000원
② 13,050,000원
③ 13,100,000원
④ 13,600,000원

09 다음 중 부가가치세의 신고 및 납부, 환급에 관한 설명으로 가장 올바르지 않은 것은?

① 폐업하는 경우 폐업일이 속하는 달의 다음 달 25일 이내에 과세표준과 세액을 신고 납부하여야 한다.
② 일반환급세액은 각 확정신고기한 경과 후 30일 이내에 환급한다.
③ 부가가치세법상 사업자라면 누구나 조기환급을 신청할 수 있다.
④ 조기환급을 신청한 경우 환급세액은 각 신고기한 경과 후 15일 내에 환급받을 수 있다.

10 다음은 (주)서울의 2024년 10월 1일부터 2024년 12월 31일까지의 거래 내역이다. 부가가치세 신고서 〈#1〉 ~ 〈#4〉에 기입할 금액은 얼마인가?(단, 세금계산서는 부가가치세법에 따라 적절하게 교부하였다)

〈 자료 1 〉 2024년 10월 1일 - 2024년 12월 31일 거래내역

> ㄱ. 국내 도매상인 (주)부산에 600,000,000원(VAT 미포함)의 제품을 판매하고 세금계산서를 발행함
> ㄴ. 국내 소매상인 (주)광주에 330,000,000원(VAT 포함)의 제품을 판매하고 신용카드매출전표를 발행함 (매출전표에 공급받는 자와 부가가치세액을 별도로 기재함)
> ㄷ. 수출업체인 (주)대구에 Local L/C에 의해 400,000,000원의 제품을 판매함
> ㄹ. 2024년 11월 3일 거래처인 (주)인천의 파산으로 매출채권 88,000,000원(VAT포함, 2018년 6월 매출분)의 대손이 확정됨

〈 자료 2 〉 부가가치세 신고서 양식

구분		과세표준	세액
과세	세금계산서	〈#1〉	
	매입자발행세금계산서		
	신용카드 · 현금영수증	〈#2〉	
	기타		
영세율	세금계산서	〈#3〉	
	기타		
대손세액			〈#4〉

	〈#1〉	〈#2〉	〈#3〉	〈#4〉
①	660,000,000원	–	400,000,000원	△88,000,000원
②	600,000,000원	300,000,000원	400,000,000원	△ 8,000,000원
③	600,000,000원	330,000,000원	–	△ 8,000,000원
④	900,000,000원	–	400,000,000원	△80,000,000원

11 다음 중 부가가치세 가산세에 관한 설명으로 가장 올바르지 않은 것은?

① 세금계산서의 발급시기가 지난 후 해당 재화 또는 용역의 공급시기가 속하는 과세기간에 대한 확정신고기한까지 세금계산서를 발급한 경우 공급가액의 1%를 가산세로 납부한다.

② 전자세금계산서 발급명세를 공급시기가 속하는 과세기간 확정신고기한까지 지연전송한 경우 지연전송한 금액의 0.3%를 가산세로 납부한다.

③ 사업자가 아닌 자가 재화·용역을 공급하지 아니하고 세금계산서를 발급한 경우 공급가액의 3%를 가산세로 납부한다.

④ 재화 또는 용역을 공급하지 아니하고 세금계산서 등을 발급하는 경우, 해당 공급가액의 2%를 가산세로 납부한다.

XIII 간이과세

1 의의

사업자는 거래시마다 부가가치세를 거래징수하여야 하고 이를 장부에 기장하여야 하며, 각 과세기간별로 매출세액에서 매입세액을 차감하여 납부세액을 계산하여야 한다. 그러나 영세사업자의 경우 납세편의와 세부담경감을 위하여 매출액에 일정률을 적용하여 과세하는 간이과세제도를 택하고 있다.

2021. 7. 1. 부터 간이과세자도 세금계산서를 발급하여야 하며, 간이과세자 중 신규사업자와 직전 연도의 공급대가 합계액이 4,800만 원 미만인 사업자는 영수증을 발급하여야 한다.

2 간이과세자의 범위

(1) 간이과세자의 범위

간이과세자란 직전 연도의 공급대가(부가가치세를 포함한 가액)의 합계액이 8천만 원에 미달하는 개인사업자를 말한다.

(2) 간이과세의 배제

다음 중 어느 하나에 해당하는 사업자는 간이과세자로 보지 아니한다.
① 간이과세가 적용되지 아니하는 다른 사업장을 보유하고 있는 사업자
② 다음 중 어느 하나에 해당하는 사업을 경영하는 자
  ㉠ 광업
  ㉡ 제조업. 다만, 주로 최종소비자에게 직접 재화 또는 용역을 공급하는 사업으로서 기획재정부령으로 정하는 것은 제외함.
  ㉢ 도매업(소매업을 겸영하는 경우 포함하되, 재생용 재료수집 및 판매업 제외) 및 상품중개업
  ㉣ 부동산매매업
  ㉤ 전기·가스·증기 및 수도 사업
  ㉥ 건설업. 다만, 주로 최종소비자에게 직접 재화 또는 용역을 공급하는 사업으로서 기획재정부령으로 정하는 것은 제외함.

ⓐ 전문, 과학 및 기술서비스업과 사업시설 관리, 사업지원 및 임대 서비스업. 다만, 주로 최종소비자에게 직접 재화 또는 용역을 공급하는 사업으로서 기획재정부령으로 정하는 것은 제외함.

ⓞ 과세유흥장소를 경영하는 사업으로서 기획재정부령이 정하는 것

ⓩ 부동산임대업으로서 기획재정부령이 정하는 것

ⓩ 전문직 사업자: 변호사업, 심판변론인업, 변리사업, 법무사업, 공인회계사업, 세무사업, 경영지도사업, 기술지도사업, 감정평가사업, 손해사정인업, 통관업, 기술사업, 건축사업, 도선사업, 측량사업, 공인노무사업, 의사업, 한의사업, 약사업, 한약사업, 수의사업

ⓣ 재화의 공급으로 보지 아니하는 사업양도 규정에 따라 일반과세자로부터 양수한 사업. 다만, 사업을 양수한 이후 공급대가의 합계액이 간이과세기준금액에 미달하는 경우는 제외한다.

ⓔ 사업장의 소재 지역과 사업의 종류·규모 등을 고려하여 국세청장이 정하는 기준에 해당하는 것

ⓟ 소득세법상 복식부기의무자(전전년도 기준)가 경영하는 사업

③ 부동산임대업 또는 과세유흥장소를 경영하는 사업자로서 해당 업종의 직전 연도의 공급대가의 합계액이 4,800만 원 이상인 사업자

④ 둘 이상의 사업장이 있는 사업자로서 그 둘 이상의 사업장의 직전 연도의 공급대가의 합계액이 8천만 원 이상인 사업자. 다만, 부동산임대업 또는 과세유흥장소에 해당하는 사업장을 둘 이상 경영하고 있는 사업자의 경우 그 둘 이상의 사업장의 직전 연도의 공급대가(하나의 사업장에서 둘 이상의 사업을 겸영하는 사업자의 경우 부동산임대업 또는 과세유흥장소의 공급대가만을 말한다)의 합계액이 4,800만 원 이상인 사업자로 한다.

(3) 신규사업자의 간이과세적용

신규로 사업을 시작하는 개인사업자가 사업개시일이 속하는 연도의 공급대가의 합계액이 8천만 원(부동산임대업 또는 과세유흥장소를 경영하는 사업자는 4,800만 원)에 미달될 것으로 예상된다면 사업자등록신청서와 함께 간이과세적용신고서를 제출할 수 있다. 다만, 이 경우에도 사업자가 간이과세 배제대상에 해당하는 경우에는 간이과세를 적용할 수 없다.

3 간이과세자의 계산구조

구 분		계 산 식
납부세액		공급대가×업종별 부가가치율×세율
(−)공제세액	매입세금계산서 등 수취세액공제[*1]	공급대가×0.5%
	신용카드매출전표등 발행세액공제[*2]	발행금액×1.3%[*1]
(+)가산세		

[*1] 2024.1.1.부터는 1%임

(1) 납부세액

간이과세자의 납부세액은 공급대가(부가가치세 포함)에 업종별 부가가치율을 곱한 것에 10%(영세율은 0%)의 세율을 적용해서 계산한다.

그리고 업종별 부가가치율은 업종마다 차등을 두고 있는데 업종별 부가가치율은 다음과 같다.

구분	업종별 부가가치율
소매업, 재생용 재료수집 및 판매업, 음식점업	15%
제조업, 농업·임업 및 어업, 소화물 전문 운송업	20%
숙박업	25%
건설업, 그 밖의 운수업, 창고업, 정보통신업, 그 밖의 서비스업	30%
금융 및 보험 관련 서비스업, 전문·과학 및 기술서비스업(인물사진 및 행사용 영상 촬영업 제외), 사업시설관리·사업지원 및 임대서비스업, 부동산 관련 서비스업, 부동산임대업	40%

(2) 공제세액

1) 매입세금계산서 등 수취세액공제

간이과세자가 다른 사업자로부터 발급받은 세금계산서 등(세금계산서 또는 법 소정 신용카드매출전표 등 포함)을 발급받아 매입처별세금계산서합계표 또는 신용카드 매출전표 등 수령명세서를 사업장 관할세무서장에게 제출한 경우 다음과 같이 계산한 금액을 과세기간에 대한 납부세액에서 공제한다.

구 분	금 액
매입세금계산서등 수취세액공제	매입처별세금계산서합계표 등에 기재된 공급대가 × 0.5%

2) 의제매입세액공제

간이과세자에 대하여는 의제매입세액공제를 적용하지 아니한다.

3) 신용카드매출전표 등 발행세액공제

간이과세자가 신용카드매출전표, 직불카드매출전표 또는 기명식 선불카드, 법소정의 현금영수증을 발행하는 경우에는 그 발행금액의 다음의 공제율을 곱한 금액(연간 1,000만 원 한도)을 납부세액에서 공제한다.

구 분	2026.12.31. 까지 공급분	2027.1.1. 이후 공급분
공제율	1.3%(한도 1,000만원)	1%(한도 500만원)

4) 전자세금계산서 발급세액공제

간이과세자도 세금계산서를 발급할 수 있게 됨에 따라 일반과세자와 마찬가지로 전자세금계산서 의무발급대상인 개인사업자가 2024년 12월 31일까지 전자세금계산서를 발급(전자세금계산서 발급명세를 기한내에 국세청장에게 전송한 경우로 한정함)하는 경우에는 전자세금계산서 발급 건수당 200원을 곱하여 계산한 금액을 연간 100만 원 한도로 해당 과세기간의 부가가치세 납부세액에서 공제할 수 있다. 간이과세자에 대한 전자세금계산서 발급세액공제는 2023년 7월 1일 이후 공급하는 분부터 적용한다.

(3) 가산세

간이과세자의 범위가 확대되어 2021.7.1.부터 간이과세자(간이과세자 중 신규사업자와 직전연도의 공급대가 합계액이 4,800만 원 미만인 자는 제외)도 세금계산서의 발급이 가능하게 되었으므로 간이과세자에 대하여 일반과세자에게 적용하는 가산세 규정 중 해당하는 가산세를 다음과 같이 보완하여 적용한다.

구분	적용대상
① 등록 관련 가산세	일반과세자 규정을 준용하되, 공급대가의 0.5%를 미등록가산세율로 적용
② 세금계산서 등 발급 관련 가산세	세금계산서 지연발급 가산세, 세금계산서 미발급가산세, 전자세금계산서 미전송 가산세, 전자세금계산서 지연전송 가산세, 세금계산서 부실기재 가산세, 세금계산서 가공발급가산세, 세금계산서 위장발급가산세, 세금계산서 공급가액 과다기재 발급 가산세는 일반과세자 규정 준용

구분		적용대상
③ 매입세금 계산서 관련 가산세	세금계산서 미수취 가산세	세금계산서를 발급하여야 하는 사업자로부터 재화 또는 용역을 공급받고 세금계산서를 발급받지 아니한 경우(영수증을 발급하여야 하는 기간에 세금계산서를 발급받지 아니한 경우는 제외)에는 공급대가의 0.5%를 가산세로 함
	경정을 통한 매입세액 공제시 가산세	세금계산서 등을 발급받고 공제받지 아니한 경우로서 결정·경정기관의 확인을 거쳐 일반과세자 규정을 준용하여 납부세액을 계산할 때 매입세액으로 공제받는 경우에는 공급가액의 0.5%를 가산세로 함
④ 매출처별세금계산서 합계표 관련 가산세		매출세금계산서합계표를 미제출, 부실기재의 경우 공급가액의 0.5%(예정부과기간에 대한 신고시 제출하지 못한 매출처별 세금계산서 합계표를 예정부과기간이 속하는 과세기간의 확정신고시 제출하는 경우에는 0.3%)

4 신고와 납부

(1) 예정부과와 납부

관할세무서장은 직전 과세기간에 대한 납부세액의 1/2을 1월 1일부터 6월 30일(이하 "예정부과기간")까지의 납부세액으로 하여 부과한다(단, 휴업 또는 사업부진 등으로 인하여 예정부과기간의 공급가액 또는 납부세액이 직전예정부과기간의 공급가액 또는 납부세액의 3분의 1에 미달하는 경우 예정기간에 대한 부가가치세를 신고납부할 수 있다). 그러나 예정부과기간에 세금계산서를 발급한 간이과세자는 예정부과기간의 과세표준과 납부세액을 예정부과기한까지 사업장 관할 세무서장에게 신고하여야 한다.

(2) 간이과세자의 신고와 납부

간이과세자는 1월 1일부터 12월 31일까지를 과세기간으로 하여 과세기간이 끝난 후 25일(폐업하는 경우에는 폐업일이 속한 달의 다음 달 25일) 이내에 사업장 관할세무서장에게 신고하고 납부하여야 한다. 이 규정에 따라 부가가치세를 납부하는 경우 예정부과기간에 대하여 납부한 세액은 공제하고 납부한다.

5 간이과세의 포기

간이과세자는 간이과세를 포기함으로써 일반과세자가 될 수 있다. 간이과세를 포기하고자 하는 자는 그 적용을 받고자 하는 달의 전달 마지막날까지 간이과세포기신고서를 제출하여야 하며, 간이과세를 포기한 자는 일반적으로 일반과세자 규정을 적용받으려는 달의 1일부터 3년이 되는 날이 속하는 과세기간까지는 간이과세의 적용을 받지 못한다.

6 납부의무 면제

간이과세자의 해당 과세기간에 대한 공급대가의 합계액이 4,800만 원 미만이면 납부의무를 면제한다. 다만, 재고납부세액은 그러하지 아니하다.

일반과세 · 간이과세의 비교

구분	일반과세자	간이과세자
적용대상	간이과세자 이외의 사업자	직전 1역년의 공급대가가 8,000만 원(부동산임대업 또는 과세유흥장소를 경영하는 경우에는 4,800만 원) 미만인 개인사업자
배제업종	일반과세배제대상은 없음	광업 · 제조업 · 도매업 등 간이과세배제 대상이 있음
포기제도	포기제도 없음	간이과세자를 포기하고 일반과세자가 될 수 있음
매출세액	공급가액 × 세율	공급대가 × 업종별 부가가치율 × 세율
대손세액공제	규정 있음	공제 없음
매입세액공제	매입세액 전액공제	공급대가 × 0.5%
의제매입세액공제	업종제한이 없음	폐지
세금계산서 발급	세금계산서 발급 원칙	세금계산서 발급 원칙(다만, 신규사업자와 직전 연도의 공급대가의 합계액이 4,800만 원 미만인 자 제외)

다음은 간이과세자에 대한 설명이다. 잘못된 것은 어느 것인가?
① 간이과세는 개인사업자를 대상으로 하므로 법인사업자는 간이과세를 적용받지 못한다.
② 간이과세자는 세금계산서를 발행하지 않으며 따라서 세금계산서와 관련된 가산세의 적용을 받지 않는다.
③ 간이과세와 일반과세자는 과세유형의 변경이 가능하다.
④ 음식점업을 경영하는 개인사업자는 직전 연도 공급대가의 합계액이 8,000만 원 미만인 경우 간이과세자에 해당한다.

②: 간이과세자도 세금계산서 발급이 가능하며, 세금계산서와 관련된 가산세의 적용을 받는다.

다음은 운수업을 영위하는 간이과세자 김영세씨의 20×1년 7월 1일부터 20×1년 12월 31일까지의 자료이다. 이 자료에 의해서 부가가치세 차가감납부세액을 계산하시오.
(1) 공급대가: 50,000,000원(신용카드매출전표발행분 10,000,000원 포함)
(2) 발급받은 세금계산서의 공급대가: 11,000,000원(매입세액 1,000,000원 포함)
(3) 업종별 부가가치율: 30%

① 납부세액: 50,000,000 × 30% × 10%=1,500,000원
② 공제세액: 185,000원
  ㉠ 매입세액공제: 11,000,000 × 0.5%=55,000원
  ㉡ 신용카드세액공제: 10,000,000 × 1.3%=130,000원
③ 차가감납부세액
  1,500,000원−185,000원=1,315,000원

MEMO

01 다음 상황 중 잘못된 상황을 고르시오.

① 공인회계사 A는 회계법인을 신규 설립하며 사업개시일이 속하는 1역년의 공급대가가 8,000만 원에 미달할 것으로 예상되어 간이과세적용신고서를 제출하였다.

② 음식점업을 영위하는 간이과세자 B는 면세로 수입쌀 10가마를 구입하여 음식의 원재료로 사용하였으나 의제매입세액 공제를 신청하지 아니하였다.

③ 숙박업을 영위하는 간이과세자 C는 1월 1일부터 12월 31일까지를 과세기간으로 하여 부가가치세를 신고하였다.

④ 양복점업을 영위하는 D는 내년의 매출 신장을 예상하여 내년(2025년)에는 일반과세자가 되려고 2024년 12월 10일 간이과세포기신고서를 제출하였다.

02 다음 중 부가가치세법상 간이과세자에 관한 설명으로 가장 올바르지 않은 것은?

① 간이과세자는 개인사업자를 대상으로 하므로 법인사업자는 간이과세를 적용받지 못한다.

② 간이과세자는 예정신고납부제도가 없고 관할세무서장이 예정부과한다.

③ 간이과세자가 다른 사업자로부터 세금계산서를 발급받아 매입처별세금계산서합계표를 제출한 경우 세액공제를 적용받는다.

④ 간이과세자는 부가가치세법 상 사업자가 아니다.

NEW

03 다음 중 부가가치세법상 일반과세자와 간이과세자에 관한 설명으로 가장 올바르지 않은 것은?

① 간이과세자의 해당 과세기간에 대한 공급대가의 합계액이 4,800만 원 미만이면 납부의무를 면제한다.

② 간이과세자는 대손세액공제를 적용받을 수 없다.

③ 간이과세자는 확정신고를 할 필요가 없고 세무서에서 고지한 세액을 납부하는 것으로 모든 납세의무가 종결된다.

④ 간이과세자는 간이과세를 포기함으로써 일반과세자가 될 수 있다.

NEW

04 다음 중 부가가치세법상 일반과세자와 간이과세자를 비교한 것으로 가장 올바르지 않은 것은?

	구분	일반과세자	간이과세자
①	대손세액공제	가능	불가능
②	매입세액	전액 공제	매입세액×0.5%
③	포기제도	없음	있음
④	의제매입세액	가능	불가능

Chapter

연습문제
정답 및 해설

Chapter 1   조세총론

Ⅱ 조세법의 기본원칙

01 ②   ① 납부한 세액에 비례하여 개별보상을 제공하지 않는다.
　　　　　③ 소득세, 법인세는 보통세이다.
　　　　　④ 국세와 지방세로 분류한다.

02 ③   공과금과 과태료 등은 조세가 아니다. 세금은 직접적인 반대급부 없이 부과된다.

03 ③   부가가치세는 간접세이고, 법인세와 소득세는 직접세이다.

04 ③   ① 과세권자가 국가인 국세에 해당한다.
　　　　　② 보통세에 해당한다.
　　　　　④ 간접세에 해당한다.

05 ①   목적세는 조세의 사용용도가 특별히 지정되어 있는 조세이다.

Chapter 2   국세기본법

Ⅰ 총설

01 ④

02 ②   기간의 초일 혹은 중간에 공휴일이 있다고 해서 기한이 연장되지는 않는다.

03 ③   우편날짜도장이 찍힌날에 신고된 것으로 본다.

04 ④   신고기한이 토요일인 경우 그 전날이 아닌 다음날을 기한으로 한다.

05 ③   교부송달의 경우 송달받아야 할 자에게 도달한 때에 효력이 발생한다.

06 ①   쌍방관계를 특수관계인으로 한다.

07 ④   소액주주(지분율 1% 미만)는 특수관계인에 해당하지 아니한다.

Ⅱ 국세부과의 원칙

01	③	
02	①	세무공무원이 직무를 수행할 때에도 적용한다.
03	①	
04	④	
05	②	국세청법규과의 서면질의회신은 공적인 견해표시에 해당하나, 구두설명, 전화안내, 홈택스사이트의 Q&A는 공적인 견해표시에 해당하지 아니한다.
06	④	과세관청이 당초의 견해표시에 반하는 적법한 행정처분을 하여야 한다.
07	③	세무공무원의 재량의 한계에 대한 설명으로 세법적용의 원칙에 해당한다.
08	②	국세를 조사·결정할 때 장부의 기록 내용이 사실과 다르거나, 장부의 기록에 누락된 것이 있을 때에는, 그 부분에 대해서만 정부가 조사한 사실에 따라 결정할 수 있다.

Ⅲ 세법적용의 원칙

01	①	
02	③	부진정소급효는 허용된다.
03	④	그 부분에 대해서만 과세관청이 조사한 사실에 따라 결정할 수 있다.
04	②	세법에 특별한 규정이 있는 경우를 제외한다.

Ⅳ 과세요건

01	④	
02	②	국세를 징수하여 납부할 의무를 제외한다.
03	④	세율: 창문당 2실링, 창문당 4실링

V 과세와 환급

01 ① 기한후신고를 한 자도 포함한다.

02 ④

03 ③ 제척기간이 끝나기 전까지 할 수 있다.

04 ① 법정신고기한이 3개월이 지나고 6개월 이내 기한후 신고를 한 경우 무신고가산세를 20% 감면한다.

05 ① 과다 신고한 세금에 대해 감액청구하는 것을 경정청구라고 한다.

06 ①

07 ③ 행정소송이란 행정소송법에 의하여 법원에 제기하는 것이다. 조세심판원에 제기하는 것은 심판청구라고 한다.

08 ③ 국세환급금 및 국세환급가산금에 대한 권리는 행사할 수 있는 때로부터 5년 간 행사하지 않으면 소멸시효가 완성한다.

09 ② 국세를 감면하는 경우에 가산세는 그 감면하는 국세에 포함하지 않는다. 가산세의 감면을 받고자 하는 경우 가산세 감면신고서를 제출해야 한다. 법정신고기한이 지난 후 2 년 이내에 수정신고를 한 경우 과소신고가산세의 일부를 감면 받을 수 있다.

10 ① 부정행위로 인한 경우 가산세율은 40% 이다.

11 ②

12 ① 과세전적부심사는 납부고지서가 나오기 전에 받을 수 있는 사전적 권리구제제도이다.

13 ④ 체납자가 국외에 6 개월 이상 계속 체류하는 것은 소멸시효의 정지사유이고, 나머지는 소멸시효의 중단사유에 해당한다.

Chapter 3 | 법인세법

I 총설

01 ② 법인세법은 순자산증가설에 바탕을 두고 있다.

02 ① 비영리외국법인으로 보아 국내 수익사업에 대하여 납세의무를 진다.

03 ② 외국법인은 청산소득에 대해서 납세의무가 없다.

04 ② 실제 법인이 영업을 수행하는 장소가 등기부상의 본점소재지와 다르다고 할지라도 납세지는 등기부상의 본점소재지로 한다.

05 ① ② 1년을 초과할 수 없다.
③ 직전 사업연도의 종료일로부터 3개월 이내에 신고하여야 한다.
④ 조세포탈의 우려가 없을 때에는 귀속시킬 수 있다.

06 ④ ① 내국 영리법인의 각 사업연도소득에는 국외 원천소득을 포함한다.
② 내국 비영리법인은 청산소득에 대한 납세의무가 없다.
③ 외국 영리법인은 각 사업연도소득(국내 원천소득)과 토지 등 양도소득에 대하여 납세의무를 진다. 국외 원천소득, 미환류소득 및 청산소득에 대해서는 납세의무가 없다.

07 ① 상호출자제한기업집단에 속한 내국법인에 대해서만 적용한다.

08 ③ 직전 사업연도종료일인 2023년 12월 31일로부터 3개월 이내에 변경신고를 하지 아니하였으므로 2024년까지는 변경전의 사업연도가 적용된다.

09 ② 사업의 실질적인 지배관리 장소가 국내에 소재하는 경우 내국법인으로 본다.

II 각 사업연도 소득에 대한 법인세

01 ① ②와 ③은 유보로 소득처분되어 사후관리가 필요하며, ④는 상여로 소득처분되어 귀속자에게 추가적인 과세가 이루어진다.

02 ② 유보 또는 △유보로 소득처분하는 항목이다. 감가상각비한도초과액은 감가상각비의 차이로 인해 세무상 자산금액과 장부상 자산금액간에 차이를 가져오며, 이는 당해 자산의 감가상각이나 처분시 당해 차이가 소멸되므로 이에 대한 반대조정이 필요하다.

03 ③ 소득의 귀속자가 출자임원인 경우 상여로 소득처분한다.

04 ④ 출자임원에게 귀속되는 소득은 상여로 처분한다.

05 ② 법인세비용 250,000원 + 기업업무추진비한도초과액 100,000원 +
기부금한도초과액 50,000원 = 400,000원

06 ④ 고유목적사업준비금은 잉여금처분에 따른 신고조정사항이므로 신고조정으로 손금에 산입하려면 이익잉여금 처분절차가 필요하다.

07 ④ 재고자산의 평가차손은 결산조정사항이고, 나머지는 신고조정사항이다.

08 ④ 잉여금의 처분은 신고조정사항과 관련이 있다.

09 ④ 기부금한도초과액은 법인세과세표준 및 세액조정계산서에 기재한다.

10 ④ 기부금 한도초과액은 기타사외유출, 자기주식처분이익은 기타, 임원상여금 한도초과 금액은 상여로 소득처분 한다. 자본금과 적립금조정명세서(을) 서식에는 유보를 기재하며 감가상각비 한도초과 금액은 이에 해당한다.

11 ③ 법인세 과세표준＝당기순이익＋익금산입 · 손금불산입－손금산입 · 익금불산입
－공제가능한 세무상 이월결손금
＝300,000,000＋50,000,000－120,000,000－10,000,000
＝220,000,000

법인세 산출세액＝18,000,000＋(220,000,000－200,000,000) × 19%
＝21,800,000

* 2020.1.1. 전에 개시하는 과세연도에 발생하는 결손금은 10년간 이월하여 공제한다.

12 ①

①	②	당기중증감		⑤
과목 또는 사항	기초잔액	③ 감소	④ 증가	기말잔액
대손충당금한도초과액	₩5,000,000	5,000,000	4,000,000	₩4,000,000
감가상각비한도초과	22,000,000	11,000,000	20,000,000	31,000,000
미 수 이 자	△1,500,000	△1,500,000	△2,000,000	△2,000,000
단기매매금융자산평가이익	0	0	△3,000,000	△3,000,000
합 계	₩25,500,000	14,500,000	19,000,000	₩30,000,000

13 ②

법원이 인가한 회생계획을 이행 중인 법인은 중소기업 여부에 관계없이 각 사업연도 소득의 100%를 이월결손금 공제한도로 한다.

14 ②

특례기부금한도초과액은 유보사항이 아니므로 50호 「자본금과적립금조정명세서(을)」에서 관리를 하지 않는다.

15 ②

1. 차가감소득금액 + 기부금한도초과액 = 각 사업연도소득금액이므로 기부금한도초과액은 5,000,000원이다.
2. 각 사업연도소득금액 − 이월결손금 당기공제액 = 과세표준이므로 이월결손금 당기공제액은 20,000,000원이다.

III 익금의 계산

01 ③

부가가치세 매출세액, 이월결손금보전에 사용된 자산수증이익, 일반적인 일반적인 고정자산의 평가이익 및 손금불산입된 금액의 환입액은 익금에 해당하지 아니한다.

02 ④

부동산임대업을 주업으로 하는 법인만 간주익금 대상이다.

03 ②

특수관계인인 법인으로부터 유가증권을 시가보다 낮은 가액으로 매입하는 경우 동 매입가액과 시가의 차액은 익금으로 보지 않는다.

04 ②

2023년 취득시: 특수관계인인 개인으로부터 유가증권을 저가로 매입하였으므로 시가와의 차이금액 100,000원을 익금산입하고 유보로 소득처분한다.
2023년 기말: 유가증권의 세법상 금액 1,000,000원과 장부상 금액 1,200,000원의 차이가 있으므로 평가이익 300,000원을 익금불산입하고 △유보로 소득처분한다.
2024년: 유가증권을 처분하였으므로 유보잔액 △200,000원을 추인한다.

05 ②

감자차익은 익금불산입항목이다.

06 ③ 전기에 손금으로 인정된 재산세의 환급금은 당기에 익금항목에 해당하나 재산세 과오납으로 인한 환급가산금 100,000원은 익금불산입항목이다.

07 ① 전기 법인세환급액 ₩8,000,000은 전기에 손금불산입된 금액이므로 당기에는 익금불산입해야 한다. 전기 재산세환부이자 ₩500,000은 국가 등이 초과징수한 것에 대한 보상의 일종이므로 조세정책상 익금에서 제외한다.

08 ① 자본잉여금을 자본전입하여 주주인 법인이 취득하는 주식은 배당으로 의제하지 아니한다. 이익잉여금을 재원으로 할 경우 의제배당에 해당한다.

09 ② 보험업법 기타 법률에 의한 고정자산의 평가증의 경우를 제외한 고정자산의 평가차익은 익금에 산입하지 않는다.

10 ② 지방세 과오납금에 대한 환급금에 대한 이자는 국가 등이 초과징수한 것에 대한 보상의 일종이므로 정책적으로 익금에서 제외시킨다. 따라서 이를 수익으로 계상한 우에는 익금불산입하는 세무조정을 수행하여야 한다.

11 ③ 회사의 수익이 아니므로 익금에 산입하지 않는다.

12 ② 전기분 법인세 환급액은 익금이 아니므로 익금산입으로 세무조정한 것을 옳지 않다.

13 ④ 채무의 출자전환으로 주식을 발행함에 있어서 그 주식의 시가를 초과하여 발행된 금액은 채무면제이익에 해당하며, 채무면제이익 중 이월결손금 보전에 충당한 금액은 익금에 해당하지 않는다.

Ⅳ 손금의 계산

01 ④ 1. 임원퇴직금
   (1) 임원퇴직금지급액: 70,000,000원
   (2) 임원퇴직금한도액: (50,000,000+15,000,000)* × 1/10 × 3.75년
                       =24,375,000원
    * 비과세소득 2,000,000원과 손금불산입되는 상여 10,000,000원은 제외
   (3) 임원퇴직금한도초과액: (1)-(2)=45,625,000원

   2. 손금불산입 금액
    10,000,000원 + 45,625,000원 = 55,625,000원

02 ③ 사업을 위해 사용하는 토지에 대한 재산세는 손금 인정한다. 당해 토지 등이 업무와 관련없는 자산일 경우에는 손금불산입 한다.

03 ④ 주식할인발행차금, 출자임원(소액주주 아님)에 대한 사택유지비 및 업무 수행과 관련하여 발생한 직원의 교통벌과금, 업무용승용차 관련 비용 중 사적사용 비용 등은 손금불산입항목이다.

04 ③ 합명회사의 노무출자사원에게 지급하는 보수는 출자금의 반환에 해당하므로 손금으로 인정하지 아니한다.

05 ④ 정관이나 정관에서 위임된 퇴직금지급규정이 따로 있는 경우 세법에 정하는 퇴직금 한도에 우선하여 적용된다.

06 ④ 업무무관자산을 처분한 경우 당해 자산의 장부가액은 손금으로 인정된다.

07 ③ 관세법 위반 벌금, 법인세, 법인지방소득세, 원천징수 등 납부지연가산세는 손금불산입항목이나, 본사 건물 재산세는 손금항목이다.
1,000,000+1,500,000+800,000+700,000=4,000,000

08 ② 업무용건물에 대한 종합부동산세는 손금항목이나 가산세는 법인세법상 기타사외유출로 처분되는 손금불산입항목이다.

09 ④ (1) 본사 임원상여금 한도초과액
70,000,000-(150,000,000원×40%)=10,000,000원
→ (손금불산입) 상여금한도초과액 10,000,000(상여)

(2) 건설본부 임원상여금한도초과액
60,000,000-(100,000,000원× 40%)=20,000,000원
→ (손금산입) 건설중인 자산   20,000,000(△유보)
 (손금불산입) 상여금한도초과액 20,000,000(상여)

10 ③ 업무용 자산을 임차하고 지급하는 임차료는 손금으로 인정되므로 세무조정이 필요 없다.

11 ① (1) 감가상각시부인
① 회사계상 감가상각비: 10,000,000
② 상각범위액: 100,000,000 × 0.2 = 20,000,000원
③ 세무조정: 〈손금산입〉 차량감가상각비 10,000,000원(△유보)

    (2) 사적사용비용

        ① 업무용승용차 관련비용: 20,000,000 + 12,000,000 = 32,000,000원

        ② 업무사용비율: $\dfrac{7,500km}{10,000km}$ = 75%

        ③ 사적사용비용: 32,000,000 × (1 - 75%) = 8,000,000원

        ④ 세무조정: 〈손금불산입〉 사적사용비용 8,000,000원(상여)

    (3) 업무사용금액 중 감가상각비 조정

        ① 업무사용금액 중 감가상각비: 20,000,000 × 75% = 15,000,000원

        ② 세무조정: 〈손금불산입〉 감가상각비 7,000,000원(유보)

          * 15,000,000 - 8,000,000 = 7,000,000원

          ∴ 각사업연도소득금액에 미치는 순효과

            (-)10,000,000 + 8,000,000 + 7,000,000 = 5,000,000원

12 ④ 결산조정사항으로 손금으로 인정되는 자산의 평가차손항목이다.

13 ④ 세무상 업무무관자산의 취득에 따른 취득세 등은 취득부대비용으로 자산의 취득가액에 산입한다.

Ⅳ 손익의 귀속

01 ① 기업회계와의 조화를 위하여 발생주의도 일부 인정하고 있다.

02 ④ 잉여금처분으로 수입하는 배당금은 잉여금처분결의일이 속하는 사업연도의 익금에 산입한다.

03 ④ 자산의 판매손익은 인도일을 기준으로 손익을 인식해야 하므로 회계상 3기에 매출로 처리한 회계처리를 2기의 익금으로 세무조정해야 한다. 매출원가 및 기말재고자산가액은 재고자산실사를 통해서 결정되므로 별도 세무조정이 필요없다.

04 ① 장기할부판매의 경우 회수하거나 회수할 금액과 이에 대응하는 비용을 익금과 손금으로 회계처리한 경우 법인세법에서 이를 인정한다.

05 ④ 법인세법상 용역제공(도급공사 및 예약매출 포함)의 경우 진행기준에 의해 수익을 인식한다. 따라서 장단기도급공사를 회계기준에 의한 진행기준으로 회계처리한 경우에는 세무조정 사항이 없다.

06 ④ (1) 회사계상 재고자산가액: 700(총평균법)

(2) 세법상 재고자산가액: MAX(선입선출법, 당초 신고방법)=600
(3) 세무조정: [손금산입] 재고자산평가증 100(△유보)

07 ③ 제품: 재고자산 평가방법의 변경신고는 변경할 평가방법을 적용하고자 하는 사업연도의 종료일 이전 3개월이 되는 날까지 신고하여야 한다. 즉 2024년 9월 30일까지 신고한 분만 적정한 신고에 해당되므로 2024년은 임의변경에 해당되어 선입선출법과 총평균법으로 평가한 금액 중 큰 금액을 적용한다.
저장품: 단순 계산실수는 임의변경에 해당하지 아니하므로 총평균법으로 평가한다.
재고자산금액 = 제품 20,000,000 + 저장품 8,000,000 = 28,000,000

08 ② 원칙적으로 법인세법은 유가증권 평가손익을 인정하지 않는다.

09 ② 법인세법상 원천징수대상인 은행예금 이자수익은 현금수령시점에 수익인식한다. 따라서 제20기 기간경과분 수익인식분은 익금불산입하고, 제21기 이자 수령시점에 익금산입한다.

10 ④ 금융회사가 보유한 유가증권에만 해당하며, 비금융회사는 최초 취득일 또는 발생일의 매매기준율 등으로 평가하는 방법 중 신고한 방법에 따라 평가한다.

11 ① 채권은 개별법, 총평균법, 이동평균법 중 하나로 평가한다.

12 ② 법인세법상 유가증권의 평가방법은 원칙적으로 원가법을 적용한다.

13 ③ 천재·지변에 의한 고정자산 평가차손과 파손·부패에 의한 재고자산 평가차손은 손금에 산입되나, 비금융회사의 비화폐성외화자산은 기말환율로 평가할 수 없다.

14 ① 〈제20기〉
　　(익금산입) 기타포괄손익　　　500,000(기타)
　　(손금산입) 매도가능증권　　　500,000(△유보)
〈제21기〉
　　(익금산입) 매도가능증권　　　500,000(유보)
　　(손금산입) 기타포괄손익　　　500,000(기타)

15 ④ 기부금은 현금주의로 손익을 인식한다.

16 ④ 유가증권평가방법을 임의로 변경할 경우 총평균법과 당초 신고한 방법으로 평가한 금액 중 큰 금액으로 평가한다.

17 ① 이자수익과 다르게 기간 경과분 이자비용을 장부에 비용으로 계상한 경우 법인세법에서도 이를 손금으로 인정한다.

VI 감가상각비의 손금불산입

01 ② 다음에 해당하는 자산은 자산으로 계상 후 감가상각하는 방법과 사업에 사용하는 사업연도에 비용으로 처리하는 방법 중 선택하여 회계처리할 수 있다.
① 소액자산(거래단위별로 취득가액 100만 원 이하). 단, 다음의 자산 제외
　　ㄱ. 고유업무의 성질상 대량으로 보유하는 자산
　　ㄴ. 사업의 개시 또는 확장을 위해 취득한 자산
② 대여사업용 비디오테이프와 음악용 CD(개별자산 취득가액 30만 원 미만)
③ 시험기기·영화필름·측정기기 등
④ 어업에 사용되는 어구
⑤ 전화기(휴대용 전화기 포함) 및 개인용컴퓨터(주변기기 포함)

02 ③ 상각범위액＝(600,000,000＋120,000,000*) × 0.2＝144,000,000원*
* 정액법으로 상각할 경우 당기에 발생한 자본적 지출액 120,000,000원을 상각 기초가액에 포함해서 상각범위액을 계산해야 한다.

03 ④ 1. 전기 시부인계산
　　회사상각액: 50,000,000원
　　상각범위액: 100,000,000 × 0.451＝45,100,000원
　　상각부인액: 4,900,000원

2. 당기 시부인계산
회사상각액: 20,000,000원
상각범위액: (100,000,000－45,100,000) × 0.451＝24,759,900원
시인부족액: △4,759,900원
따라서, 당기에는 시인부족액 △4,759,900원의 범위내에서 전기 상각부인액을 추인하여야 한다.

04 ④ ① 900만 원 → 600만 원
② 재해로 멸실되어 자산의 본래 용도에 이용할 가치가 없는 건축물 등의 복구는 자본적지출에 해당한다.
③ 시설의 개체 또는 기술의 낙후로 인하여 생산설비의 일부를 폐기한 경우에는 당해 자산의 장부가액에서 1천원을 공제한 금액을 폐기일이 속하는 사업연도의 손금에 산입할 수 있다.

05 ① 당기에 시인부족액 ₩1,200,000이 발생하였으므로 이 금액을 한도로 전기까지의 상각부인액을 손금추인할 수 있다.

시인부족액＝(20,000,000−18,800,000)＝₩1,200,000

06 ① 건물 또는 벽의 도장은 수익적지출이다.

07 ④ 개발비의 내용연수는 20년 이내의 기간에서 신고한 내용연수를 적용한다.

08 ④ 새로운 자산을 취득한 경우 자산을 취득한 날이 속하는 사업연도의 법인세 과세표준 신고기한까지 내용연수를 신고해야 한다.

09 ④ 성능의 향상을 가져오지 않는 단순한 수리 및 교체 등의 공사는 수익적 지출에 해당하는 항목이다.

10 ④ ① 기존 고정자산의 장부가액에 합산하여 그 자산의 내용연수를 그대로 적용하여 감가상각한다.
② 유형자산의 잔존가액은 0으로 하되 정률법 계산시 상각률 산정에는 잔존가액을 5%로 하여 상각률을 산정한다.
③ 기계장치의 감가상각방법을 무신고한 경우 정률법을 적용한다.

11 ④ 손금불산입액 = 40만 원(컴퓨터)+5만 원(탁자) = 45만 원
손금산입액 = MIN(50만 원, 20만 원)(차량) = 20만 원

12 ④ 전기감가상각비 손금불산입 금액을 한도로 당기 시인부족액을 손금산입한다. 따라서 제20기 손금불산입액 3억 원은 제21기 1억 원, 제22기 2억 원씩 손금추인하였으므로 제23기 시인부족액으로 인한 손금추인액은 없다.

13 ② 건물: 1,650,000원−600,000원(정액법) = 1,050,000원(손금불산입)
기계: 2,700,000원−2,347,500원(정률법) = 352,500원(손금불산입)

14 ① 법인이 신고한 신고내용연수를 우선적으로 적용하고 내용연수를 신고하지 않은 경우 기준내용연수를 적용한다.

Ⅶ 기부금의 손금불산입

01 ② 의료법인의 고유목적사업비로 지출하는 기부금은 일반기부금에 해당한다.

02 ① 특수관계가 없는 자에게 정당한 사유없이 자산을 정상가액보다 낮은 가액으로 양
도하거나 정상가액보다 높은 가액으로 매입함으로써 실질적으로 증여한 것으로 인
정되는 금액은 기부금으로 본다. 여기서 정상가액이란 시가에 30%를 가감한 범위
내의 금액을 말한다.
당해 거래가액 60억 원이 정상가액(100억 원 × 70% = 70억 원)에 미달하는 금
액 10억 원은 비지정기부금에 해당하므로 전액 손금불산입한다.

03 ① 일반기부금한도초과액은 그 다음 사업연도의 개시일로부터 10년 이내에 종료하는
각 사업연도에 이월하여 손금산입하고, 남은 기부금 공제 한도 내에서 당해 사업연
도 지출한 기부금을 공제한다.

04 ② (1) 기부금의 구분

구분	특례기부금	일반기부금	비지정기부금
국립대학교병원연구비	800,000		
의료법인 기부금		1,000,000	
동창회 기부금			500,000
계	800,000	1,000,000	500,000

(2) 특례기부금한도초과액의 계산
① 특례기부금 해당액: 800,000원
② 특례기부금 한도액:
차가감소득금액＝5,000,000＋1,000,000＋500,000*－3,500,000
＝3,000,000원
* 비지정기부금을 익금산입손금불산입액에 가산함.

기준소득금액＝3,000,000＋800,000＋1,000,000
＝4,800,000원
한도액＝(4,800,000－700,000) × 50%
＝2,050,000원
③ 한도초과액(△한도미달액): △1,250,000 → 한도초과액 없음.
(3) 일반기부금한도초과액의 계산
① 일반기부금 해당액: 1,000,000원
② 한도액＝(4,800,000－700,000－800,000) × 10%＝330,000원
③ 한도초과액＝670,000원

05 ① 시가 → 시가와 장부가액 중 큰 금액

06 ③ 정상가액 (1억 원 × 70%)과 양도금액 5천만 원과의 차이 2천만 원을 기부금으로
보아 세무조정한다. 즉, 7천만 원은 최소 받아야 하나 5천만 원을 받았으므로 처
분손실 2천만 원을 기부금으로 본다는 의미이다.

07 ③ 신용협동조합 또는 새마을금고에 지출하는 기부금은 비지정기부금에 해당한다.

08 ① 대표이사 향우회에 지출한 비지정기부금은 기타사외유출로 소득처분한다.

09 ② 1. 한도액: (100,000,000+13,000,000+80,000,000+12,000,000-80,000,000)
         ×50%=62,500,000원
       2. 한도초과액: 80,000,000원-62,500,000원=17,500,000원

10 ③ 특수관계인(일반기부금단체)에게 금전 외의 자산으로 기부한 경우 당해 기부금은 시가와 장부가액 중 큰 금액으로 한다.

Ⅷ 기업업무추진비의 손금불산입

01 ③ 광고선전 목적으로 기증한 물품의 구입비용은 광고선전비로 본다. 다만, 특정인에게 기증한 물품(개당 3만 원 이하의 물품은 제외한다)의 경우에는 연간 5만 원 이내의 금액에 한정하여 광고선전비로 본다. 컵을 제외한 달력의 금액이 연간 5만 원 이내이므로 전액 기업업무추진비로 보지 아니한다.

02 ② 건당 3만 원을 초과하는 기업업무추진비는 손금불산입하되 가산세는 부과하지 않는다.

03 ② 기업업무추진비와 관련된 부가가치세 매입세액은 불공제되지만, 법인세법 상 전액 손금으로 인정된다.

04 ① 1) 증빙불비 기업업무추진비: 2,000,000원
         〈손금불산입〉 증빙불비 기업업무추진비   2,000,000(기타사외유출)
       2) 기업업무추진비한도초과액
         ㄱ) 기업업무추진비 한도액=36,000,000 × 12/12+450,000,000* × 0.3%
                  =37,350,000
          * 400,000,000+50,000,000=450,000,000
         ㄴ) 기업업무추진비 한도초과액=(26,000,000-2,000,000)-37,350,000
                     <0원 → 없음
       3) 손금불산입 총계=2,000,000

05 ③ 현물기업업무추진비는 장부가액과 시가 중 큰 금액을 기업업무추진비를 계산한다.

06 ③ (1단계) 증빙 불비 등 관련 세무조정
〈손금불산입〉 증빙불비기업업무추진비 500,000(상여)
증빙이 없는 기업업무추진비 500,000원을 손금불산입하여 상여로 소득처분한다. 영수증 수취분은 건당 3만 원을 초과하는 경우 손금불산입하므로 건당 2만 원인 경우에는 세무조정을 하지 아니한다.

(2단계) 기업업무추진비 한도초과액
(23,000,000−500,000)−20,000,000=2,500,000
기업업무추진비총액에서 선부인한 500,000원을 차감한 22,500,000원과 기업업무추진비한도액 20,000,000원을 비교하여 기업업무추진비한도초과액을 계산한다.

07 ① 지출사실이 확인되는 경우 증빙을 수취하지 아니하였더라도 한도액 내에서 손금으로 인정한다.

08 ④ 현물로 접대하는 경우에는 시가와 장부가액 중 큰 금액으로 평가한다.

09 ③ 일반수입금액과 특정수입금액이 동시에 발생한 경우 일반수입금액 → 특정수입금액 순서로 한도율을 적용한다.

IX 지급이자의 손금불산입

01 ① 지급받는 자가 불분명한 경우에 한하여 손금불산입한다.

02 ① 원천징수세액에 상당하는 지급이자는 국가 등에 귀속되므로 기타사외유출로 처분한다.

03 ④

04 ③ 미지급이자는 포함하되 미경과이자는 제외한다.

05 ① 〈업무무관자산 등 관련이자〉

$$지급이자 \times \frac{업무무관자산 등 적수}{차입금적수}$$

$$= 4,200,000 \times \frac{30,000,000 \times 365}{43,800,000,000}$$

$$= 1,050,000원$$

06 ② 법인세법상 건설자금이자는 사업용 고정자산(유·무형자산)에 한한다.

07 ③ 사업연도 동안 발생한 지급이자 중 업무무관가지급금에 상당하는 금액은 손금불산입하고 기타사외유출로 소득처분한다.

08 ② 채권자불분명 사채이자 중 원천징수액을 제외한 금액은 상여로 처분한다. 특정차입금과 일반차입금 이자는 유보로 처분한다. 비실명채권,증권이자와 업무무관자산에 대한 이자는 기타사외유출로 처분한다.

X 충당금의 손금산입

01 ④ 확정급여형 퇴직연금의 경우에는 한도 내 손금인정 되나, 확정기여형 퇴직연금의 경우에는 법인이 부담한 기여금을 전액 손금 인정한다.

02 ④ 회사에 규정이 있는 경우 1년 미만 근속자에 대하여도 설정이 가능하다.

03 ③ 매각거래에 해당하는 할인어음과 배서양도어음이 대손충당금 설정제외 채권이다.

04 ④

05 ④ (1) 한도액: MIN(①, ②)= 5,000,000원
　　① 총급여액 기준
　　　235,000,000 × 5%=11,750,000원
　　② 퇴직금추계액 기준
　　　(Max(120,95)백만원 × 0%+10,000,000)−
　　　(135,000,000−100,000,000− 30,000,000)=5,000,000원

06 ④ (1) 당기전입액: 3,500,0000원
　　(2) 한도액: MIN(①, ②)= 0원
　　　① 총급여액 기준
　　　　110,000,000 × 5%=5,500,000원
　　　② 퇴직금추계액 기준
　　　　(8,000,000 × 0%+0)−(7,000,000−1,000,000−2,000,000)
　　　　=−4,000,000원 → 0
　　(3) 한도초과액: (1)−(2)=3,500,000원

07 ③ (1) 퇴직급여충당금 손금산입한도액=MIN[ㄱ, ㄴ]=0원

ㄱ) 총급여액 기준: $300,000,000 × 5\% = 15,000,000$원

ㄴ) 추계액 기준: $100,000,000 × 0\% - (40,000,000 - 35,000,000)$
$$= -5,000,000원 → 0$$

(2) 퇴직급여충당금 한도초과액 $= 60,000,000 - 0 = 60,000,000$원

08 ① 당기 대손충당금한도초과액
① 기말잔액: 23,000,000원
② 한도액: $500,000,000 × MAX(1\%, 2\%) = 10,000,000$원
③ 한도초과액: 13,000,000원

자본금과 적립금조정명세서(을)표에서 전기 대손충당금한도초과액이 감소하고 당기 대손충당금한도초과액이 증가한다.

09 ④ 국내건설모회사가 해외 건설자회사(지분율90% 이상)에게 지급한 대여금의 경우 2024년에는 채권금액의 10% 까지 대손충당금 설정이 가능하다.

10 ③ 대손충당금의 기말잔액과 한도액을 비교하여 한도초과액을 계산한다.

11 ④ 매출채권은 업무무관가지급금이 아니므로 특수관계인에 대한 것이라 할지라도 대손 처리할 수 있다.

12 ① 당기 대손충당금한도초과액
① 기말잔액: 2,000,000원
② 한도액: $(120,000,000 - 20,000,000) × MAX(1\%, 0.8\%) = 1,000,000$원
③ 한도초과액: 1,000,000원

XI 준비금의 손금산입

01 ② 조세특례제한법 상 준비금으로 손실보전준비금이 있다.

02 ④ 수선충당금은 법인세법에서는 손금으로 인정되는 충당금으로 열거되어 있지 않으므로 손금으로 인정되지 않는다.

03 ② 비영리내국법인의 고유목적사업준비금은 법인세법에 근거하고 있다.

XII 부당행위계산부인

01 ③ 시가와 대가와의 차이 7억 원에 대하여 토지의 세무상 가액을 자산부인(손금산입)하고, 이를 부당행위계산부인으로 보아 손금불산입한다.

02 ③ 소액주주는 부당행위계산부인 규정을 적용하는 특수관계인의 범위에서 제외된다.

03 ④ 출자임원(지분율 1% 미만은 제외)에게 사택을 무상으로 제공하는 것은 부당행위계산부인의 대상이 된다.

04 ① 3,650,000,000 × 4% × 1/365 = 400,000원

05 ④ (1) 양도가액의 계산: ₩96
　　장부가액이 ₩50인 자산을 처분해서 처분이익이 ₩46이 발생했으므로 양도가액은 ₩96이 된다.
(2) 부당행위계산규정 적용여부 판단: ₩4(₩100 − ₩96) 〈 ₩100 × 5%
　　시가 × 5% 보다 작으므로 부당행위계산부인에 해당하지 아니한다. 따라서 세무조정은 필요없다.

06 ③ 법인이 특수관계인에게 업무와 관련 없는 가지급금 지급시 지급이자 손금불산입과 가지급금인정이자 세무조정을 행하고, 이러한 채권은 대손충당금 설정대상 채권에서 제외되며, 대손금에 대하여 손금으로도 인정되지 아니한다.

07 ④ 시가와 대가와의 차이가 시가의 5% 미만이므로 부당행위계산부인에 해당하지 아니하여 세무조정이 필요없다. ①의 경우 발행주식의 30%를 출자하고 있는 내국법인은 특수관계인이며 10억원을 무상으로 대여하였으므로 가지급금인정이자 대상에 해당한다. ②의 경우 중소기업 직원(임원은 직원에 해당하지 아니함)에 대한 주택구입자금의 대여액 등에 대하여만 업무무관가지급금으로 보지 아니하므로 당해 금액은 업무무관가지급금에 해당하여 인정이자의 계산대상이 된다. ③의 경우 임원에 대한 임면권을 사실상 행사하는 창업주 명예회장이 사용하는 사택의 유지비 1억원은 부당행위계산 부인대상에 해당한다.

08 ② ㄴ. 부당행위계산의 부인은 법인과 특수관계에 있는 자 간의 거래를 전제로 한
ㄹ. 부당행위계산의 부인을 적용할 때 시가가 불분명한 경우에는 감정평가 및 감정평가사에 관한 법률에 따른 감정평가업자가 감정한 가액과 상속세 및 증여세법에 따른 보충적 평가방법에 따른 금액을 순서대로 적용한다.

09 ③ 법인의 대주주와 생계를 같이하는 친족은 법인의 특수관계인에 해당한다.

10 ② 저가양도이므로 특수관계인이 아닌 경우 정상가액(시가−시가×30%)과 대가와의 차이금액이 의제기부금액이며, 특수관계인인 경우 시가와 대가와의 차이금액이 부당행위계산금액이 된다.

XIII 과세표준과 세액의 계산

01 ④ 250,000,000원+150,000,000원−120,000,000원+20,000,000원−3,000,000원−2,000,000원=295,000,000원

02 ③ ① 중소기업의 경우 이월결손금은 각사업연도소득금액을 한도로 공제한다.
② 외국납부세액공제는 최저한세 적용대상이 아니다.
③ 재해손실세액공제는 천재·지변·기타재해로 사업용자산가액의 20% 이상을 상실하여야 적용할 수 있다. 옳은 설명이다.
④ 손금으로 인정되나 적격증빙서류 불성실가산세 2만 원을 납부하여야 한다.

03 ④ 일반기부금 한도초과액은 각사업연도소득금액에 가산하며, 10년(2020. 1. 1. 이후 개시하는 사업연도에 발생한 결손금은 15년) 이내에 발생한 세무상 결손금을 과세표준 산출시 차감하여 계산한다.

	차가감소득금액	485,000,000
(+)	일반기부금한도초과액	50,000,000
	각사업연도소득금액	535,000,000
(−)	이월결손금(18기, 19기)	70,000,000
	과세표준	465,000,000

04 ② (1) 외국납부세액: 3,000,000원

(2) 한도액: $20,000,000 \times \dfrac{60,000,000}{200,000,000} = 6,000,000$원

(3) 외국납부세액 공제액: MIN[(1), (2)] = 3,000,000원

05 ④

06 ② 비과세소득과 소득공제는 이월공제가 불가능하다.

07 ① 1) 산출세액 = 18,000,000 + (204,000,000 − 200,000,000) × 19%
= ₩18,760,000
2) 총부담세액 = 18,760,000 − 200,000 = ₩18,560,000
3) 차감납부세액 = 18,560,000 − 150,000 = ₩18,410,000

08 ④ 납세의무자가 환급받아야 할 세액보다 많이 환급받은 경우에도 납부지연가산세를 적용된다.

09 ① 산출세액 $= (200,000,000 \times \frac{12}{6}) \times$ 세율 $\times \frac{6}{12}$

$\qquad = (18,000,000 + 200,000,000 \times 19\%) \times \frac{6}{12}$

$\qquad = 28,000,000$

차가감납부세액 $= 28,000,000 - 9,000,000$

$\qquad = 19,000,000$

ⅩⅣ 법인세의 신고와 납부

01 ② 법인세 납세의무가 있는 내국법인은 각 사업연도 종료일이 속하는 달의 말일로부터 3개월(내국법인이 성실신고확인서를 제출하는 경우에는 4개월) 이내에 법인세 과세표준과 세액을 신고하여야 하므로 12월 결산법인의 경우 3월말까지 신고해야 한다.

02 ③ 법인세 신고시 필수적 첨부서류는 개별법인의 재무상태표, 개별법인의 포괄손익계산서, 이익잉여금처분계산서, 세무조정계산서이다.

03 ② 법인에게 이자소득 또는 투자신탁의 이익을 지급하는 경우 원천징수를 하여야 한다.

04 ① 중간예납세액은 직전사업연도 산출세액 기준과 해당 중간예납기간 법인세액 기준 중 한가지 방법을 선택하여 계산할 수 있다. 전기 납부세액이 없는 경우가결산 방법으로 중간예납을 신고해야 한다.

05 ① 법인세 납세의무가 있는 내국법인은 각 사업연도 종료일이 속하는 달의 말일부터 3개월(내국법인이 성실신고확인서를 제출하는 경우에는 4개월)이내에 법인세 과세표준과 세액을 신고하여야 한다.

06 ③ 법인에게 지급하는 배당소득은 원천징수의 대상이 아니다.

07 ② 납부세액이 2천만 원 이상이고, 중소기업에 해당하므로 30,000,000원×50% = 15,000,000원을 납부기한이 경과한 날로부터 2개월 이내에 분납할 수 있다.

08 ② 최저한세에 대한 설명이다.

| Chapter 4 | 소득세법 |

I 총설

01 ① 과세기간을 임의로 정하여 신고할 수 없다.

02 ④ 폐업자도 일반 거주자와 마찬가지로 1. 1부터 12. 31까지의 기간을 1과세기간으로 하고 있는데, 이는 폐업 이후에도 과세대상이 되는 다른 소득이 있을 수 있기 때문이다.

03 ③ 비거주자의 납세지는 국내사업장의 소재지이나 국내사업장이 없는 경우에는 국내원천소득이 발생하는 장소이다.

04 ③ 1 거주자로 보는 법인 아닌 단체의 경우 그 단체를 1거주자 또는 1비거주자로 보아 소득세를 적용한다. 이 경우 단체를 1거주자나 1비거주자로 보므로 그 단체의 소득을 대표자나 관리인의 소득에 합산해서 과세하는 것은 아니다.

05 ③ 사업소득만이 분리과세대상 소득이 없다. 연금소득에는 분리과세대상이 존재한다.

06 ③ 분리과세 소득이란 원천징수로 납세의무를 종결하는 소득을 의미한다.

II 소득세의 계산구조

01 ④ 이자소득과 배당소득은 필요경비가 인정되지 않는다.

02 ② 사업소득은 분리과세대상소득이 없으므로 반드시 종합소득금액에 포함된다.

03 ④ 사업소득에는 분리과세대상 소득이 없다.

III 금융소득

01 ④ 법인세법상 소득처분에 따른 인정배당의 수입시기는 법인의 결산확정일이다.

02 ① 자금대여를 영업으로 하는 자가 금전을 대여하여 얻은 이익은 사업소득으로 과세된다.

03 ④ 이익배당외에도 인정배당 및 의제배당 모두 과세대상이다.

04 ② 공익신탁의 이익과 개인종합자산관리계좌에서 발생한 배당소득 100만원은 비과세소득이고, 주식발행초과금의 자본전입에 따른 무상주는 의제배당에 해당하지 않는다. 따라서 조건부 종합과세대상금액은 $(40,000,000+20,000,000)=60,000,000$원이므로 $60,000,000$원$+40,000,000$원$\times 10\%=64,000,000$원

05 ③ 비실명이자소득은 무조건분리과세, 저축성보험의 보험차익과 비상장법인의 현금배당금은 조건부조합과세 대상이다.

06 ① 출자공동사업자의 배당소득은 무조건종합과세대상에 해당한다.

07 ④ 원천징수 세율(14%)이 적용되는 부분에 대하여는 Gross-up을 적용하지 아니한다.

08 ② 직장공제회 초과반환금은 무조건 분리과세대상이다.

09 ④ $(15,000,000$원$+15,000,000$원$+5,000,000$원$)+15,000,000$원 $\times 10\%=36,500,000$원

Ⅳ 사업소득

01 ① 개인사업자는 필요하면 언제든지 출자금을 인출할 수 있다. 따라서 개인사업자가 인출하는 자금은 가지급금인정이자 계산 등의 규제를 받지 아니한다. 개인사업자가 재고자산을 가사용으로 소비한 경우 총수입금액에 산입한다. 복식부기의무자가 차량, 공기구, 비품 등을 매각한 경우 사업소득에 포함된다. 1주택자라도 기준시가 12억원을 초과하는 주택을 임대하는 경우 소득세가 과세된다.

02 ② • 간주임대료 $= (100,000,000 - 40,000,000) \times 181/365 \times 1.8\% - 200,000$
   $= 335,561$원
• 월임대료 $= 100,000$원 $\times 6 = 600,000$원
• 총수입금액 $= 355,561 + 600,000 = 935,561$원

03 ③ 당기순이익 300,000,000원 + 본인에 대한 급여 50,000,000원 - 이자수익 5,000,000원 - 유가증권처분이익 10,000,000원 + 세금과공과 2,000,000원 - 이월결손금 70,000,000원 = 267,000,000원

사업자 본인에 대한 국민건강보험료, 노인장기요양보험료, 고용보험료, 산재보험료 등은 필요경비로 인정된다. 또한, 실제 근무하고 있는 자녀에게 지급한 급여는 필요경비로 인정된다.

04 ② 1주택을 소유하는 자의 주택임대소득은 비과세대상이나 기준시가 12억 원을 초과하는 주택 및 국외주택은 비과세대상이 아니다.

05 ③ 전기료 및 수도료 등 공공요금으로 수령하는 금액은 총수입금액에 산입하지 않는 것이 원칙이다. 다만, 수령금액이 납부금액보다 클 경우에는 총수입금액에 산입한다.

06 ③ 공과금의 성격이므로 소득세법상으로도 필요경비로 인정된다.

Ⅴ 근로소득

01 ③ 일용근로자의 근로소득은 무조건 분리과세대상이다.

02 ④ 근로를 제공한 날이 속하는 사업연도이다.

03 ③

$2,000,000 \times 12 + 2,000,000 \times 4 + 2,000,000 + 500,000 + 1,000,000(8,000,000 - 7,000,000) + (250,000 - 200,000) \times 12 + 1,000,000 = 37,100,000$원

04 ① 현물식사를 제공받는 경우 별도로 제공받는 식대는 과세대상이다.

05 ① • $3,000,000 \times 12 + 4,000,000 + (250,000 - 200,000) \times 12 + 1,000,000 = 41,600,000$원

6세 이하 자녀보육수당 월 200,000원과 중식대 월 200,000원, 자가운전보조금 월 200,000원은 비과세대상이다.

06 ④ 소액주주인 임원이 사택을 제공받음으로써 얻는 이익은 과세대상 근로소득에 해당하지 않는다.

07 ② (1) 총급여액 계산

급여: $2,000,000 \times 12$ = 24,000,000

상여금: = 10,000,000

보육수당: $(250,000-200,000) \times 12$ = 600,000

연·월차수당 = 1,000,000

총 급여액 35,600,000

(2) 근로소득공제액 계산=$\min(7,500,000+(35,600,000-15,000,000) \times 15\%,$ $20,000,000원)=10,590,000원$

(3) 근로소득금액=$35,600,000-10,590,000=25,010,000원$

08 ④

Ⅵ 연금소득 · 기타소득

01 ① 공익사업과 관련한 경우에 한하여 기타소득에 해당한다. 공익사업과 관련이 없는 경우 사업소득에 해당한다.

02 ④ 사적연금소득을 종합과세하는 경우 총연금액에서 연금소득공제를 차감한 금액을 연금소득금액으로 한다.

03 ② 복권당첨소득이 3억 원을 초과하는 경우 초과분에 대해서는 30%의 세율이 적용된다.

04 ① 복권당첨소득은 무조건 분리과세한다.

$4,000,000+2,000,000=6,000,000$

05 ① 기타소득을 지급하는 자는 기타소득금액의 20%에 해당하는 세액을 원천징수하여 그 징수일이 속하는 달의 다음달 10일까지 납부하여야 한다.

06 ④ 고용관계 없는 자가 다수인에게 강연을 하고 받는 강연료는 기타소득으로 분류되며 총수입금액의 60%를 필요경비로 인정한다.

Ⅶ 종합소득금액의 계산

01 ③ 2023년에 발생한 결손금은 15년간 공제가능한다.

02 ②　퇴직소득은 분류과세되고, 이자소득금액은 2,000만 원 이하이므로 분리과세된다.
기타소득금액은 300만 원을 초과하므로 종합과세한다.

근로소득금액	12,000,000
사업소득금액	15,000,000
기타소득금액	4,800,000
종합소득금액	31,800,000

03 ①　추계신고의 경우 천재지변 등의 사유를 제외하고는 이월결손금 공제규정을 적용하지 아니한다.

04 ②　20X1년 종합소득금액=근로 20,000,000 - 사업 10,000,000=10,000,000

20X2년 종합소득금액=임대 2,000,000+사업 12,000,000+근로 20,000,000
=34,000,000

Ⅷ 종합소득과세표준 및 세액의 계산

01 ④　보장성보험의 보험료는 세액공제대상이다.

02 ②　형제자매의 배우자(ex. 형수)는 포함하지 아니한다.

03 ③　기본공제: 750만 원(본인, 배우자, 부친, 딸, 아들)
추가공제: 300만 원(부친에 대하여 장애인공제와 경로우대공제)
합계　　1,050만 원

배우자는 총급여 500만 원 이하의 근로소득만 있으므로 공제대상이되나, 모친은 소득금액이 100만 원을 초과하므로 기본공제대상자에 해당하지 않는다.

04 ①　기본공제대상자-홍길동(본인), 모친, 장남, 차남, 삼남
(배우자의 경우 연간소득금액이 100만 원을 초과하므로 기본공제대상자에서 제외됨)
(1) 기본공제: 1,500,000 × 5=7,500,000
(2) 추가공제
　　1) 경로우대공제: 1,000,000 × 1　= 1,000,000
　　2) 장애인공제: 2,000,000 × 1　= 2,000,000
　　　　추가공제 합계　　　　　　　3,000,000

(3) 인적공제액 합계＝7,500,000＋3,000,000＝10,500,000원

(4) 물적공제액＝1,000,000(국민연금)＋600,000(건강보험)＝1,600,000원

(5) 소득공제액 합계＝10,500,000＋1,600,000＝12,100,000원

05 ① 해외에서 지출한 신용카드 사용액은 신용카드 소득공제 대상이 아니다.

06 ② ① 비영업대금의 이익은 25% 세율을 곱한다.
③ 국외금융소득은 14% 세율을 곱한다.
④ 국외에서 받는 금융소득은 무조건종합과세대상이다.

07 ③

	원천징수세율	누진세율	Gross-up	소득금액
정기예금	500			500만 원
비영업대금	1,000			1,000만 원
비상장배당	500	1,000	100	1,600만 원
				3,100만 원

사업소득금액	10,000만 원
종합소득금액	13,100만 원
종합소득공제	(1,100)만 원
종합소득 과세표준	12,000만 원

08 ③ 산출세액 ＝ MAX(①, ②) = 2,236만 원
① (12,000만 원 − 2,000만 원) × 기본세율 + 2,000만 원 × 14% = 2,236만 원
② 1,000만 원 × 25% + 2,000만 원 × 14% + (12,000만 원 − 3,100만 원)
  × 기본세율 = 2,101만 원

09 ② 22,000,000원＋15,000,000원＋4,800,000원＝41,800,000원
퇴직소득과 양도소득은 종합소득금액에 포함하지 아니하며, 기타소득금액이 300
만 원을 초과하므로 종합과세하여야 한다.

10 ④ 공적연금 불입금액은 한도 없이 전액 소득공제 한다.

11 ③ 장애인의 경우 연령요건을 적용하지 아니하나 소득요건은 충족하여야 한다.

12 ② 직계존속의 형제자매는 포함하지 아니한다.

13 ① 해당 과세기간에 종합소득금액이 3천만원 이하인 배우자가 있는 여성거주자인 경우
연 50만원의 부녀자공제를 적용한다.

IX 세액공제 · 감면

01 ③ 의료비지출액에서 총급여액의 3%를 차감한 금액에 대하여 의료비세액공제를 하므로 의료비전액에 대해서 세액공제가 가능한 것은 아니다.

02 ④ 연금계좌세액공제는 종합소득이 있는 거주자면 세액공제 가능하다.

03 ③ 본인, 65세 이상, 장애인, 6세이하 자녀를 위해 지출한 의료비 등은 세액공제 금액에 한도가 없다. 배우자(40세)를 위해 지출한 의료비는 연간 700만원 한도 내에서만 세액공제 대상 의료비로 인정한다.

04 ② 대학원은 본인만 공제 가능하므로 장남의 학비는 공제대상에 해당하지 않는다. 차남은 소득금액이 100만 원 초과하므로 교육비세액공제 불가능하다. 차녀는 중학생이므로 외국어학원비는 공제불가능하다. 따라서 공제가능한 금액은 장녀의 학비 300만 원 뿐이다.

05 ② 배우자는 소득요건을 충족하지 못하므로 교육비세액공제를 적용할 수 없다.

06 ③ 국외에서 지출한 의료비는 의료비세액공제를 적용할 수 없다.

07 ① 자녀세액공제는 거주자의 기본공제대상자에 해당하는 자녀로서 8세 이상인 사람에 대해서만 적용한다.

08 ①

구 분	의료비 지출액	차감액 (총급여액의 3%)	의료비공제 대상 금액	세액 공제율	의료비 세액공제액
일반의료비	500,000	1,128,000	△628,000	15%	–
특정의료비	1,500,000+6.000.000 =7,500,000	628,000	6,872,000	15%	1,030,800
계		2,100,000			1,030,800

09 ③ 의료비세액공제는 모든 공제대상 의료비 지출액의 15% 적용하며 난임시술비에 대하여는 30%, 미숙아 등을 위하여 지출한 의료비는 20%를 적용한다.

10 ④ 본인은 대학원학비까지 전액 공제대상이며, 배우자는 총급여액이 500만 원이므로 소득요건을 충족한다. 차녀는 미취학아동이므로 유치원학비도 공제대상이다.
(6,000,000+4,000,000+2,500,000+1,500,000)×15%=2,100,000

X 퇴직소득세

01 ③ 임원의 <u>2012. 1. 1</u> 이후 근무기간의 퇴직소득금액(공적연금 관련법에 따라 받는 일시금은 제외)이 임원 퇴직소득 한도액을 초과하는 경우 그 초과금액은 퇴직소득으로 보지 아니한다.

02 ② 법인의 상근임원이 비상근임원이 된 경우로 퇴직급여를 실제로 받지 않는 경우 현실적퇴직으로 보지 아니하므로, 항상 옳은 표현은 아니다.

03 ④ ㄴ은 현실적인 퇴직을 원인으로 하여야 한다.

XI 원천징수

01 ① 지급받는 자가 법인인 경우 법인세법을, 개인인 경우 소득세법을 적용하여 원천징수하여야 한다.

02 ③ 일용근로자의 근로소득에 대한 원천징수세율은 6%이다.

03 ③ 원천징수의무자는 원천징수한 세액을 그 징수일이 속하는 달의 다음달 10일까지 신고,납부 해야 한다.

04 ④ 거주자의 양도소득은 원천징수대상이 아니다.

05 ④ 실지명의가 확인되지 않는 경우 45%(90%), 인적용역은 3%, 3억 초과한 복권당첨소득은 30%의 세율을 적용한다. 국외에서 지급하는 소득에 대하여는 원천징수를 하지 않는다.

06 ④ 분리과세 소득은 완납적원천징수에 해당한다.

XII 연말정산

01 ① 일반적으로 다음 해 2월분 급여를 지급하는 때에 연말정산을 수행한다.

02 ④ 신용카드 공제는 본인과 형제자매를 제외한 기본공제 대상자가 지출한 것만 공제대상이 된다.

XIII 양도소득세

01 ③ 토지, 건물, 부동산상의 권리와 함께 양도하는 영업권은 양도소득세 과세대상이다.

02 ② 업무용승용차는 양도소득세 과세대상자산이 아니다.

03 ② ⓛ 자산을 무상이전하는 경우에는 수증자가 증여세를 부담한다.
ⓔ 1세대 1주택에 해당하는 주택은 비과세대상이다.
ⓜ 대주주 여부를 판단하는 금액이 10억원에서 50억원으로 변경되었다. 직전사업
연도말 현재 대주주에 해당하지 않으므로 양도소득세 과세대상이 아니다.

04 ① 양도비용도 필요경비에 포함된다.

05 ③ 양도란 자산이 유상으로 사실상 이전되어야 하므로 환지처분, 양도담보 등은 양도
에 해당하지 않는다.

06 ① 미등기토지에 대해서는 70% 세율이 적용된다.

07 ③ 양도차익 = 200 × (200,000−100,000) − 600,000 = 19,400,000원
과세표준 = 19,400,000 − 19,400,000 × 16% − 2,500,000 = 13,796,000원

08 ③ 1. 양도차익
50,000,000−20,000,000−5,000,000=25,000,000원

2. 양도소득금액
25,000,000×(1−20%)=20,000,000원

3. 과세표준
20,000,000−2,500,000(기본공제)=17,500,000원

XIV 신고납부 및 결정과 징수

01 ③ 금융소득금액이 2,000만 원을 초과하므로 종합소득세 확정신고를 해야한다.

02 ② ① 부동산 매매업자는 토지 등 매매차익과 세액을 그 매매일이 속하는 달의 말일부
터 2개월이 되는 날까지 납세지 관할세무서장에게 신고해야 하고, 그에 해당하
는 세액을 납부해야 한다.
③ 면세사업자는 다음 연도 2월 10일까지 사업장현황신고를 하여야 한다.

④ 양도소득세 과세대상에 해당하는 주식을 양도한 자는 양도일이 속하는 반기의 말일로부터 2개월 이내에 예정신고를 하여야 한다.

03 ③ 납부할 세액이 1천만 원을 초과하는 경우에는 2개월 이내 분납할 수 있다.

04 ③ 11월 30일까지 납부하여야 한다.

05 ① ② 부가가치세법에 따른 사업자가 예정신고 또는 확정신고를 한 경우에는 사업장 현황신고를 하지 않아도 된다. ③ 근로소득만 있는 거주자는 연말정산으로 납세의무를 종결하므로 소득세 확정신고 의무가 없다. ④ 소득세 과세표준과 세액의 결정 및 경정방법은 실지조사를 원칙으로 한다.

Chapter 5 │ 부가가치세법

I 부가가치세의 의의

01 ① 매입세액을 차감하는 전단계세액공제법을 채택하고 있다.

02 ② 화폐, 수표, 어음 등은 재화의 범위에서 제외되므로 부가가치세의 과세대상이 아니다.

03 ① 재산적 가치가 있는 재화에는 무체물도 포함하므로 특허권 등의 권리도 재화부가가치세의 과세대상이다.

04 ④ ① 무체물도 부가가치세 과세대상이 될 수 있다.
② 전단계세액공제법을 채택하고 있다.
③ 재화의 수입의 경우 수입자가 사업자가 아니더라도 부가가치세가 과세된다.

05 ③ 전체 거래에서 창출된 총 부가가치 금액은 결국 최종 판매가격인 10,000,000원이다.

06 ①

07 ③ 부가가치세법상 사업자의 요건을 충족하기 위해서는 영리목적의 여부와는 상관이 없다.

Ⅱ 부가가치세의 계산구조

01 ①

매출세액　1,800,000＝(20,000,000－2,000,000) × 10%
(−)매입세액　700,000＝(10,000,000−1,000,000−2,000,000) × 10%
(+)가산세　　　　10,000
　　차가감납부세액　1,110,000

Ⅲ 납세의무자

01 ③

면세사업자는 부가가치세법의 적용을 받지 아니하므로 어떠한 경우에도 부가가치세법상 규정인 매입세액공제에 대한 규정을 적용받을 수 없다.

02 ③

① 매입세액공제를 받을 수 없다.
② 부가가치세법 상 사업자등록의무가 없다.
④ 일시적이므로 사업성이 없다.

03 ③

계속적, 반복적인 공급에 대하여 사업성이 인정된다.

04 ④

05 ③

새롭게 사업자등록을 하여야 한다.

06 ③

07 ③

김순희: 교육용역은 면세이다.
김영희: 잡지발간은 면세이나, 광고는 과세이다.
김영수: 직매장은 사업장에 해당한다.
김철수: 보관만을 목적으로 하므로 과세대상이 아니다.

Ⅳ 과세기간

01 ②

부가가치세의 과세기간은 1년을 2개의 과세기간으로 나누어 신고 · 납부하도록 하고 있다.

02 ③

확정신고시 예정신고에 이미 신고한 내용을 제외하고 신고한다.

03 ④ 간이과세자는 1월 1일~12월 31일까지 단일과세기간을 적용한다.

04 ④ 확정신고시에는 예정신고시 신고한 과세표준과 세액을 제외하여 신고납부하여야한다.

V 납세지

01 ② 법인은 본점은 물론 지점도 주된 사업장이 될 수 있다.

02 ④ 부동산매매업의 경우 해당 법인의 등기부상 소재지나 업무총괄장소가 사업장이다.

03 ③ 부동산임대업의 사업장은 부동산의 등기부상 소재지이다.

04 ① 제품의 포장이나 용기의 충전만을 하는 장소를 포함하지 않는다. 즉, 사업장으로 보지 않는다.

05 ③ ① 사업장별 납부시
　　사업장 1 : 25,000−15,000=10,000원
　　사업장 2 : 10,000−7,000=3,000원
② 총괄납부시
　　사업장1 = 20,000−15,000 = 5,000
　　사업장2 = 10,000−2,000 = 8,000
　　총괄납부세액(사업장1) = 5,000 + 8,000 = 13,000원

06 ② ① 사업자의 주소 또는 거소를 사업장으로 본다.
③ 당해 부동산의 등기부상의 소재지를 사업장으로 한다.
④ 법인의 등기부상 소재지를 사업장으로 한다.

07 ② 총괄납부 신청을 한 사업자의 경우 사업과 관련하여 생산 또는 취득한 재화를 판매목적으로 타사업장에 반출한 경우 이를 재화의 공급으로 보지 아니한다.

Ⅵ 부가가치세의 과세대상거래

01 ② 견본품은 사업상 증여에 해당하지 아니한다.

02 ④ 폐업시 간주공급으로 이미 과세되었으므로 납세의무가 없다.

03 ④ 수입하는 재화에 대하여는 당해 수입자가 사업자인지 여부와 무관하게 부가가치세가 과세된다.

04 ③ 사업자단위과세사업자가 판매목적 타사업장 반출시 본래 과세대상에 해당하지 않으나 세금계산서를 발급한 경우 과세대상으로 본다. 특수관계인에게 사업용부동산임 무상으로 임대한 경우 부가가치세를 과세한다. 청소용역을 무상으로 제공하는 것은 용역의 무상공급에 해당하여 일반적으로 과세하지 않는다. 설날·추석, 창립기념일 및 생일 등에 무상으로 재화를 제공하는 경우 시가 10만 원 까지는 부가가치세를 과세하지 않는다. 시가 20만원의 제품을 제공했으므로 과세대상에 해당한다.

05 ③ 사업자가 자기의 사업을 위해 직접 용역을 공급하는 경우에는 용역의 공급으로 보지 않는다.

06 ① 총괄납부하는 사업자가 직매장으로 반출하는 것은 재화의 공급으로 보지 않는다.

07 ③ 매입세액이 공제되지 아니한 재화를 고객에게 증여하는 경우 사업상 증여에 해당하지 않는다.

08 ④ 직매장반출을 제외한 간주공급은 세금계산서를 발행하지 않는다.

09 ③ 질권·저당권 또는 양도담보의 목적으로 동산·부동산 및 부동산상의 권리를 제공하는 경우 재화의 공급으로 보지 아니한다.

10 ① ② 용역의 공급으로 본다.
③ 견본품은 재화의 공급에 해당하지 않는다.
④ 원칙적으로 용역의 무상공급은 부가가치세 과세대상이 아니다.

11 ③ 선적완료된 재화가 반입되는 것이므로 재화의 수입에 해당한다.

VII 재화와 용역의 공급시기

01 ④ (단기)할부판매의 경우 재화의 인도일이 공급시기이다.

02 ③ ㄱ, ㄴ, ㄷ은 옳고 ㄹ은 옳지 않다. 무인판매기를 이용하여 재화를 공급하는 경우에는 해당 사업자가 무인판매기에서 현금을 꺼내는 때를 공급시기로 한다.

03 ③ ① 상품을 외상판매한 경우에는 인도되는 때를 공급시기로 본다.
② 단기할부판매의 경우 인도되는 때를 공급시기로 본다.
④ 수출재화의 공급시기는 선적일이나, 외국인도수출은 외국에서 재화가 인도되는 때를 공급시기로 한다.

04 ② 폐업신고일 → 폐업일

05 ② 장기할부판매: 대가의 각 부분을 받기로 한 때

06 ③ 사업상 증여는 재화를 증여하는 때가 공급시기이다.

VIII 영세율과 면세

01 ② 영세율: 완전면세제도, 면세: 부분면세제도

02 ④ 직수출은 세금계산서 발급대상이 아니다.

03 ② 국가, 지방자치단체에 무상으로 공급하는 재화 또는 용역은 면세대상이다.

04 ④ 영화표, 택시비, 자동차운전학원비와 주근깨 제거시술비는 과세이다. 부가가치세가 과세된 비용안에 포함된 부가가치세는 다음과 같이 계산할 수 있다.
$660,000 \times \frac{10}{110} = 60,000$

05 ① 수의사의 애완견에 대한 의료용역 과세이지만, 발생빈도가 높은 100여개의 질병에 대해서는 면세한다.

06 ④ 가공되지 아니한 식료품을 국내에서 판매하는 경우 부가가치세가 면세된다.

07 ③ 　미가공 식료품, 농·축·수·임산물은 부가가치세 면세항목이다.

08 ④ 　면세사업자가 면세를 포기하는 경우 3년간은 면세적용을 받을 수 없다.

09 ④ 　주택부수토지의 임대를 제외하고 토지의 임대는 과세대상이며 토지의 공급이 면세이다.

10 ① 　영세율의 경우 매출세액 0 - 매입세액 100만원=100만원 환급이지만, 면세의 경우 매출세액 0 - 매입세액0=0 따라서, 영세율이 100만원 유리하다.

Ⅸ 과세표준과 매출세액의 계산

01 ③ 　특수관계인에게 사업용 부동산을 무상으로 임대한 경우를 제외한 용역의 무상공급은 과세대상이 아니다.

02 ④ 　공급대가의 지급이 지연되어 받는 연체이자는 공급가액에 포함하지 아니한다. 나머지는 과세표준에서 공제하지 않는 금액이다.

03 ④ 　특수관계인 매출액 10,000,000원(시가) + 특수관계인 이외의 매출액 54,000,000원 = 64,000,000원

04 ③ 　200,000,000+50,000,000+700,000,000=950,000,000

05 ③ 　과세표준 = 24,000,000 × 3/12+간주임대료(50,000,000 × 92/365 × 1.8%)
　　　　 = 6,226,849원

06 ③ 　과세표준 = 제품 40,000,000 + 건물 300,000,000 × (1-5%×2)
　　　　 = 310,000,000

07 ①

경우 1(주택면적이 점포면적보다 큰 경우)	경우 2(주택면적이 점포면적보다 작은 경우)
(1) 면세주택: 90㎡(전부 주택으로 봄)	(1) 면세주택: 40㎡(주택만 주택으로 봄)
(2) 면세토지: 270㎡(주택정착면적의 5배 한도로 주택부수토지로 봄)	(2) 면세토지: 120㎡(주택정착면적의 5배인 200 ㎡와 토지면적에서 주택이 차지하는 면적 120㎡ 중 작은 것을 주택부수토지로 봄)

08 ② 과세표준 = 30,000,000 × 250,000,000/(250,000,000+250,000,000)
         = 15,000,000원
농산물포장에 사용하던 포장기계이므로 수산물 매출액은 과세표준 계산시 관련 없
는 자료이다.

09 ④ 「채무자 회생 및 파산에 관한 법률」에 따른 법원의 회생계획인가 결정에 따라 채무
를 출자전환하는 경우에도 대손세액공제를 받을 수 있다. 이 경우 대손되어 회수할
수 없는 금액은 출자전환하는 시점의 출자전환된 매출채권 장부가액과 출자전환으
로 취득한 주식 또는 출자지분의 시가와의 차액으로 한다.

10 ① 매출에누리는 과세표준에 포함되지 않으며 할인액 역시 과표에서 제외되는 항목이
다. 또한 운송 용역에 따른 비용은 과세표준에 추가로 포함된다. 부가가치세 과세
표준에 포함되는 항목을 유의하면서 할부판매와 장기할부판매의 공급시기를 구분
한다면 쉽게 풀 수 있다.

구분	예정신고시의 과세표준	확정신고시의 과세표준
현 금 판 매 분	900,000	
외 상 판 매 분	1,800,000	
할 부 판 매 분	10,000,000	
장기할부판매분	500,000	1,500,000
	13,200,000	1,500,000

11 ② 하자보증금도 과세표준에서 공제하지 않는다.

12 ③ 대손금, 판매장려금, 연체이자는 과세표준에 포함하지 않는다.

13 ① 20,000,000원 ×1억 원/4억 원=5,000,000원

14 ① 공급한 재화의 시가를 과세표준으로 한다.

15 ④ 장기할부란 대가를 2회 이상 분할하여 지급하는 것으로, 인도일의 다음날부터 최
종할부금 지급일 까지의 기간이 1년 이상인 것을 의미한다. 문제의 경우 인도일의
다음날부터 최종할부금 지급일 까지의 기간이 1년 미만이므로 단기할부에 해당하
고 재화의 인도시점인 20X2년 11월 15에 1,500,000원을 과세표준에 포함하게
된다.

X 매입세액의 계산

01 ④ 구입시점에 공제한다.

02 ② 필요적 기재사항이 누락된 경우 매입세액공제는 불가능하다.

03 ② ① 과세표준에 포함해야 한다.
③ 3,300,000원 → 3,000,000원
④ 예정신고 누락분은 확정신고 시 과세표준에 포함해 신고할 수 있다.

04 ③ 국외농산물(수입분)에 대하여도 적용할 수 있다.

05 ① 의제매입세액공제는 면세농산물 등을 공급받거나 수입하고, 이를 원재료로 하여 제조 가공한 재화 또는 창출한 용역의 공급에 대하여 부가가치세가 과세되는 일반과세자에 대하여 적용한다.

06 ④ 매입세액공제액 $= (33,000,000 - 1,100,000) \times 10/110 + 3,120,000 \times 4/104$
$= 3,020,000$원

07 ④ 비영업용소형승용차 관련 매입세액은 불공제대상이다.

08 ④ 업무무관자산 구입에 따른 매입세액은 공제받을 수 없다. 부가가치세 과세사업자 가 면세로 구입한 농산물에 대하여는 의제매입세액공제를 받을 수 있다.
$20,000,000 + 5,000,000 + (20,000,000 \times 2/102) + 5,000,000$
$= 30,392,157$

09 ③ 과세사업의 매입세액: 5,000,000
공통매입세액 중 과세사업분: $3,000,000 \times \dfrac{200,000,000}{300,000,000} = 2,000,000$
합계: 7,000,000

10 ④

11 ② 매입자발행세금계산서는 공제받을 수 있는 세금계산서에 해당한다.

12 ① 의제매입세액공제는 일반과세자에 대하여 적용한다.

XI 세금계산서 실무

01 ① 세금계산서는 세금영수증으로서의 역할외에도 일반거래에 있어서 송장의 역할, 외상거래에 있어서 청구서 역할, 현금거래에 있어서 대금영수증의 역할 등으로 사용된다. 그러나 재화나 용역의 공급계약이 체결되었다고 해서 세금계산서를 발행·교부하는 것은 아니다.

02 ④

03 ② 실제임대료에 대하여는 세금계산서를 발급하여야 한다.

04 ② ① 간이과세자도 원칙적으로 세금계산서를 발행해야 한다.
③ 공급시기 후에 대가의 전부 또는 일부를 받더라도 공급시기를 기준으로 공급가액에 대하여 세금계산서를 발급하여야 한다.
④ 주사업장총괄납부 또는 사업자단위 신고·납부 승인을 얻은 사업자가 직매장 반출 등 타인에게 직접 판매할 목적으로 다른 사업장에 재화를 반출하는 경우 세금계산서를 발급하지 않는 것이 원칙이다.

05 ④ 선교부를 인정하는 경우가 있다. 가령 공급시기 전에 세금계산서를 발급하고 7일 이내에 대가를 지급받은 경우 이를 인정하며, 공급받는 자는 발급받은 세금계산서로서 매입세액을 공제받을 수 있다.

06 ④ 의무발급대상자가 아니더라도 전자세금계산서를 발급할 수 있다.

07 ④ 국내사업자 간의 거래에 대해 영세율이 적용되는 경우 세금계산서를 교부해야 한다.

08 ① 간이과세자도 신규사업자와 직전 연도의 공급대가의 합계액이 4,800만 원 미만인 자를 제외하고는 세금계산서를 발급하여야 한다.

09 ③ 개인사업자 중 직전 연도 직전 연도의 사업장별 재화 및 용역의 공급가액이 일정 규모 이상인 경우 전자세금계산서를 발급하여야 한다.

XII 부가가치세의 신고 · 납부

01 ② 직수출의 경우 세금계산서가 발행되지 않으나 내국신용장에 의한 수출의 경우 세금계산서가 발행된다.

02 ① 매입처별세금계산서 합계표를 예정신고시 제출하지 않고 확정신고시 제출하는 경우 가산세가 부과되지 않는다.

03 ② 대손세액공제는 확정신고시만 받을 수 있으므로 대손세액공제신고서는 확정신고시만 제출한다.

04 ② 일반환급의 경우 각 과세기간단위로 확정신고기한 경과후 30일 내에 환급한다. 따라서 예정신고시에 환급세액이 발생하여도 이를 환급하지 아니하고 확정신고시 납부할 세액에서 차감한다.

05 ③ 공급가액×1%의 세금계산서 불성실가산세가 적용된다.

06 ① 세금계산서불성실가산세와 매출처별세금계산서합계표 불성실가산세에 동시에 해당하는 경우 매출처별세금계산서합계표 불성실가산세를 적용하지 아니한다. 즉, 중복적용을 배제한다.

07 ② 면세사업자에게 판매하더라도 부가가치세가 과세되며 세금계산서가 발행되므로 매출처별세금계산서합계표에 포함하여야 한다.

08 ④ 자진납부세액＝매출세액－매입세액＋가산세
＝(200,000,000＋5,000,000)×10%－7,000,000＋(5,000,000 × 2%)
＝13,600,000원

09 ③ 영세율적용대상이거나 사업설비를 신설하는 경우에 조기환급을 신청할 수 있다.

10 ②

구분		과세표준	세액
과세	세금계산서	600,000,000	60,000,000
	매입자발행세금계산서		
	신용카드 · 현금영수증	300,000,000	30,000,000
	기타		
영세율	세금계산서	400,000,000	–
	기타	–	–
대손세액			8,000,000

11 ④ 재화 또는 용역을 공급하지 아니하고 세금계산서 등을 발급하는 경우, 해당 공급가액의 3%를 가산세로 납부한다.

XIII 간이과세

01 ① 공인회계사업은 간이과세 배제업종이다. 간이과세자가 간이과세를 포기하고 일반과세자가 되고자 하는 경우 일반과세자 규정을 적용받으려는 달의 전달의 마지막 날까지 간이과세 포기신고서를 제출해야 한다.

02 ④ 간이과세자도 부가가치세법상 사업자에 해당한다.

03 ③ 간이과세자도 확정신고를 해야 한다.

04 ② 간이과세자는 매입한 공급대가×0.5%를 매입세액으로 공제한다.

Chapter

모의고사

제1회 모의고사
제2회 모의고사
정답 및 해설

국가공인 재경관리사 문제지

재무회계/세무회계/원가관리회계 각 과목당 40 문항(총 120 문항)

제한시간	수험번호	성명	생년월일
세 과목 150 분			

응시자 주의사항

1. 시 험 시 간 : 14:00 ~ 16:30(150 분) 세 과목 동시 시행합니다.
2. 지 정 좌 석 : 수험번호별 지정좌석에 착석하여 주십시오.
3. 인적사항 기재 : 시험 문제지 상단에 수험번호, 성명, 생년월일을 기재하여 주십시오.
4. 답 안 지 작 성 : 답안카드 뒷면의 '답안카드 작성요령 및 주의사항'을 꼭 읽고 답안을
   작성하여 주십시오.
5. 시 험 실 시 : 방송타종 또는 감독관의 지시에 따라 시작하십시오.
6. 부 정 행 위 : 부정행위를 하였을 때 당 회 시험은 무효 처리하며 향후 2년간 응시자격을
   제한합니다.

※ 문제지와 답안지는 외부유출이 불가능하므로 반드시 감독관에게 제출하십시오.

무단전재 및 배포를 금합니다.

삼일회계법인

【 1 】 다음 중 국세기본법상 국세부과의 원칙에 관한 설명으로 가장 올바르지 않은 것은?

① 납세자가 그 의무를 이행할 때에는 신의에 따라 성실하게 하여야 한다. 세무공무원이 그 직무를 수행할 때에도 또한 같다.

② 세무서장이 종합소득 과세표준과 세액을 경정하는 경우 거주자가 추계 신고한 경우에도 소득금액을 계산할 수 있는 장부 기타 증빙서류를 비치, 기장하고 있는 때에는 그 장부 기타 증빙서류에 근거하여 실지조사결정하여야 한다.

③ 둘 이상의 거래를 거치는 방법으로 세법의 혜택을 부당하게 받는 경우에도 거래의 형식을 존중하여 세법을 적용한다.

④ 명의신탁부동산을 매각처분한 경우에는 양도의 주체 및 납세의무자는 원칙적으로 명의수탁자가 아니고 명의신탁자이다.

【 2 】 (주)삼일은 이자 수령 시 원천징수된 세액을 납부할 세액에서 차감하지 않고 법인세를 신고·납부하였다. 이 경우 과다 납부한 법인세에 대해 (주)삼일이 수행할 절차에 대해 가장 올바른 설명은?

① 과다하게 신고·납부된 법인세는 심판청구를 통해서만 환급을 받을 수 있다.

② 당초 법정신고기한까지 과세표준신고서를 제출하지 아니한 경우에는 경정청구를 할 수 없다.

③ 과다하게 신고·납부된 법인세는 경정청구 혹은 수정신고를 통해 환급받을 수 없다.

④ 과다하게 신고·납부된 금액에 대하여는 언제든지 수정신고 또는 경정청구를 통한 환급이 가능하다.

【3】 다음 중 국세기본법상 송달에 관한 내용으로 가장 올바르지 않은 것은?

① 국세기본법 또는 세법에 규정하는 서류는 그 명의인의 주소 · 거소 · 영업소 또는 사무소에 송달하는 것을 원칙으로 한다.

② 서류는 교부, 우편 또는 전자송달에 의하여 송달함을 원칙으로 한다. 다만, 주소불명 등의 사유로 송달할 수 없는 경우에는 공시송달에 의한다.

③ 서류의 송달에 대한 효력은 원칙적으로 도달주의에 의하나, 공시송달 등의 경우는 특례규정을 두고 있다.

④ 공시송달의 경우에는 서류의 요지를 공고한 날에 서류의 송달이 있은 것으로 본다.

【4】 근로소득이 있는 김철수씨가 종합소득세의 누진세율을 피하고자 사촌동생인 김영희씨의 명의로 슈퍼마켓을 개업하였다. 김영희씨는 출자한 바 없고 경영에 관여한 바도 없다. 이 경우 적용될 국세부과의 원칙으로 가장 옳은 것은?

① 신의성실의 원칙   ② 근거과세의 원칙
③ 조세감면의 사후관리   ④ 실질과세의 원칙

【5】 다음 중 국세기본법상 수정신고와 경정 등의 청구 및 가산세의 부과와 감면에 관한 설명으로 가장 올바르지 않은 것은?

① 과세표준신고서를 법정신고기한까지 제출한 자는 과세표준신고서에 기재된 결손금액이 세법에 따라 신고하여야 할 결손금액을 초과할 때에는 관할 세무서장이 각 세법에 따라 해당 국세의 과세표준과 세액을 결정 또는 경정하여 통지하기 전까지 과세표준수정신고서를 제출할 수 있다.

② 정부는 국세기본법에 따라 가산세를 부과하는 경우 납세자가 의무를 이행하지 아니한 데 대한 정당한 사유가 있는 때에는 해당 가산세를 부과하지 아니한다.

③ 과세표준신고서를 법정신고기한까지 제출한 자는 최초의 신고·결정에서 과세표준 및 세액의 계산 근거가 된 거래 또는 행위 등이 그에 관한 소송에 대한 판결에 의하여 다른 것으로 확정되었을 때에는 그 사유가 발생한 것을 안 날부터 3개월 이내에 결정 또는 경정을 청구할 수 있다.

④ 정부는 과세전적부심사 결정·통지기간에 그 결과를 통지하지 아니한 경우에는 해당 가산세액을 전액 감면한다.

【 6 】 다음은 (주)삼일의 제21기(2024년 1월 1일 ~ 2024년 12월 31일) 세무조정계산서의 일부이다. 담당 회계사의 검토를 받던 중 회사는 아래와 같은 항목이 세무조정 시 누락된 것을 확인하고 이를 수정하기로 했다. 수정 후 올바른 과세표준은 얼마인가?

(단위: 원)

① 각 사 업 연 도 소 득 계 산	(101)결산서상당기순손익		01	200,000,000
	소득조정금액	(102)익 금 산 입	02	20,000,000
		(103)손 금 산 입	03	35,000,000
	(104)차가감 소득금액 (101+102-103)		04	185,000,000
	(105)기부금한도초과액		05	0
	(106)기부금한도초과 이월액손금산입		54	0
	(107)각 사업연도 소득금액 {(104)+(105)-(106)}		06	185,000,000
② 과 세 표 준 계 산	(108)각 사업연도 소득금액 (108=107)			185,000,000
	(109)이 월 결 손 금		07	0
	(110)비 과 세 소 득		08	0
	(111)소 득 공 제		09	0
	(112)과 세 표 준 (108-109-110-111)		10	185,000,000

<누락사항>
ㄱ. 이월결손금: 2011년(제 9 기): 50,000,000 원
            2013년(제11기): 45,000,000 원
            2021년(제19기): 10,000,000 원
ㄴ. 일반기부금 한도초과액: 15,000,000 원

① 115,000,000원
② 130,000,000원
③ 145,000,000원
④ 150,000,000원

【 7 】 다음 중 법인세법상 소득처분에 관한 설명으로 가장 올바르지 않은 것은?

① 출자자 및 출자임원에게 귀속되는 소득은 모두 배당으로 처분한다.

② 유보로 처분된 익금산입액은 세무상 자기자본을 증가시킨다.

③ 채권자불분명사채이자 중 원천징수분을 제외한 금액은 대표자에 대한 상여로 처분한다.

④ 익금산입액이 개인사업자에게 귀속되는 경우에는 기타사외유출로 처분한다.

【 8 】 다음은 소프트웨어를 제조·판매하는 중소기업인 (주)삼일의 2024년도 절세전략을 논의하기 위한 회의의 한 장면이다. 이 중에서 세법의 내용에 가장 부합하지 않게 주장하는 자는 누구인가?

> 최부장: 이번에 우리 회사가 출시한 제품이 시장에서 반응이 좋아 앞으로 당분간 회사는 당기순이익이 크게 증가할 것으로 예상됩니다. 하지만 이익이 늘어나는 만큼 법인세도 늘어나므로 이에 대한 적절한 대책이 필요하다고 생각됩니다.
> 한대리: 지금 우리 회사가 보유하고 있는 업무무관부동산에 대하여 유지비와 수선비, 관리비가 손금불산입될 뿐 아니라 지급이자손금불산입규정을 적용받고 있습니다. 이 부동산을 처분하는 것이 어떨까요?
> 황과장: 재고자산 평가방법을 신고하지 않았으므로 시장에서 유행이 지난 재고에 대해 장부상 재고자산평가손실을 계상한다면 이는 세법상 손금으로 인정받을 수 있어 과세표준이 줄어들게 됩니다.
> 신대리: 연구개발활동으로 인해 발생한 비용 등에 대하여는 별도의 세액공제도 받을 수 있으므로 세법에서 규정하고 있는 세액공제 요건에 대해 구체적으로 알아보고 평소에 준비해야 할 것입니다.
> 전주임: 퇴직연금제도의 도입을 고려해야 합니다. 퇴직연금에 가입하면 세무상 손금으로 인정받을 수 있어 법인세가 감소됩니다.
> 최부장: 여러분의 의견을 잘 들었습니다. 앞으로 이를 고려하여 절세전략을 수립하겠습니다.

① 한대리   ② 황과장

③ 신대리   ④ 전주임

【 9 】 다음 중 법인세법상 감가상각비에 관한 설명으로 옳은 것은?

① 고정자산에 대한 자본적 지출액은 기존 고정자산의 내용연수에서 취득일로부터 경과한 내용연수를 차감하여 정하여야 한다.
② 유형자산의 잔존가액은 취득가액의 10%로 하는 것이 원칙이다.
③ 기계장치의 감가상각방법을 신고하지 아니한 경우에는 정액법을 적용한다.
④ 사업연도 중에 취득하여 사업에 사용한 감가상각자산에 대한 상각범위액은 사업에 사용한 날부터 당해 사업연도 종료일까지의 월수에 따라 계산한다.

【 10 】 중소기업이 아닌 (주)삼일은 제21기 사업연도(2024년 1월 1일 ~ 2024년 12월 31일)에 회사가 제조한 기계를 할부판매하고 다음과 같이 회계처리하였다. 제21기 회사에 필요한 세무조정으로 가장 옳은 것은?(단, 매출원가는 고려하지 않는다)

ㄱ. 계약일: 2024년 2월 25일
ㄴ. 판매금액: 50,000,000원
ㄷ. 대금결제조건: 2024년 2월 25일 계약금 5,000,000원, 6개월이 경과할 때마다 9,000,000원씩 5회에 분할하여 결제함
ㄹ. 회사의 회계처리: 회사는 당기에 50,000,000원을 매출로 인식함

---

① 세무조정 없음
② (익금불산입) 할부매출액 36,000,000원(△유보)
③ (익금불산입) 할부매출액 45,000,000원(△유보)
④ (익금불산입) 할부매출액 41,000,000원(△유보)

【 11 】 (주)삼일은 2023년 1월 1일에 기계장치를 100,000,000원에 취득하였다. 회사는 세법상 기계장치에 대한 감가상각방법을 정액법으로, 내용연수는 5년으로 신고하였으며 잔존가치는 없다고 가정한다. 회사가 2024년 감가상각비로 19,000,000원을 계상한 경우, 다음 각 상황에 따른 2024년 세무조정으로 가장 옳은 것은?

| 상황1. 전기 상각부인액이 2,000,000원이 있는 경우 |
| 상황2. 전기 시인부족액이 1,000,000원이 있는 경우 |

	상황1	상황2
①	손금산입 2,000,000원	세무조정 없음
②	손금불산입 2,000,000원	손금산입 1,000,000원
③	손금불산입 1,000,000원	손금불산입 1,000,000원
④	손금산입 1,000,000원	세무조정 없음

【 12 】 다음은 (주)삼일이 2023년 12월 3일에 취득한 기계장치에 관한 자료이다. 동 자료를 기초로 제21기(2024년 1월 1일 ~ 2024년 12월 31일) 사업연도의 상각범위액을 구하면 얼마인가?

| ㄱ. 기계취득가액: 6억 원 |
| ㄴ. 신고내용연수: 3년 |
| ㄷ. 2024년 4월 1일 기계장치에 대한 자본적 지출: 3억 원 |
| ㄹ. 감가상각신고방법: 정액법 |

① 50,000,000원   ② 100,000,000원
③ 200,000,000원   ④ 300,000,000원

【 13 】 다음은 (주)삼일의 제21기 사업연도(2024년 1월 1일 ~ 2024년 12월 31일) 법인세 계산을 위한 기초자료이다. 회사가 수행한 세무조정 내용 중 가장 올바르지 않은 것은?

< 관련자료 >

가. 기부금
　기부금에는 대표이사 향우회에 지출한 비지정기부금 지출액 8,000,000원이 포함되어 있다.
　특례기부금 지출액은 10,000,000원이며 법인세법상 특례기부금 한도액은 18,000,000 원이다.
나. 기업업무추진비
　1년간 지출된 기업업무추진비 총액은 15,000,000원이며 모두 적격증빙을 수취하였다.
　법인세법상 기업업무추진비한도액은 13,000,000원이다.
다. 상여금
　상여금에는 임원에게 급여지급기준을 초과하여 지급한 금액 3,000,000원이 포함되어 있다.
라. 전기대손충당금한도초과액
　전기대손상각비한도시부인 계산 결과 한도초과액 3,000,000원이 당기에 이월되었다.

< 세무조정 내용 >　　　　　　　　　　　　　　　　　　　　　　　　　　　（단위: 원）

익금산입 및 손금불산입			손금산입 및 익금불산입		
과목	금액	소득처분	과목	금액	소득처분
㉠ 비지정기부금	8,000,000	유보	㉣ 전기대손충당금 한도초과액	3,000,000	△유보
㉡ 기업업무추진비 한도초과액	2,000,000	기타사외 유출			
㉢ 임원상여금 한도초과액	3,000,000	상여			
합계	13,000,000		합계	3,000,000	

① ㉠　　　　　　　　　　　　　　　　② ㉡
③ ㉢　　　　　　　　　　　　　　　　④ ㉣

【 14 】 법인세법상 자산의 평가손익에 대한 다음의 설명 중 옳지 않은 것은?

① 코스닥상장주식의 장부가액은 기말시점 현재 시장가격을 반영하여야 한다.
② 재고자산의 시가가 취득원가보다 작은 경우 평가손실을 장부에 반영할 수 있다.
③ 비금융회사가 보유하고 있는 화폐성외화자산은 기말 현재 매매기준율로 평가할 수 있다.
④ 천재지변, 화재 혹은 법령에 의한 수용 등의 경우에는 예외적으로 유형자산의 감액손실을 인식할 수 있다.

【 15 】 다음 중 특수관계인에 대한 업무무관가지급금에 대한 법인세법 상 처리내용으로 옳은 것을 모두 고르면?

> ㄱ. 사업연도 동안 발생한 이자비용 중 특수관계인에 대한 업무무관가지급금에 상당하는 금액은 손금불산입한다.
> ㄴ. 특수관계인에 대한 업무무관가지급금에 대하여 이자를 받지 않거나 또는 법인세법 상 적정이자율보다 낮은 이율로 대여한 경우 적정이자율로 계산한 이자상당액 또는 이자상당액과의 차액을 익금산입한다.
> ㄷ. 특수관계인에 대한 업무무관가지급금에 대하여는 대손충당금 설정대상 채권에 포함하지 않는다.

① ㄱ   ② ㄱ, ㄷ
③ ㄴ, ㄷ   ④ ㄱ, ㄴ, ㄷ

【 16 】 (주)삼일의 대표이사는 특수관계인이 아닌 다른 법인으로부터 7억 원에 회사의 건물을(시가 10억 원) 매각하라는 제안을 받았고 동 제안을 수락할 경우 어떤 효과가 있을지 고민하고 있다. 건물을 매각할 경우 다음 중 올바른 세무조정은 어느 것인가?(위 거래와 관련한 정당한 사유가 없다고 가정한다.)

① <손금불산입> 비지정기부금   0.9억 원 (기타사외유출)
② <손금불산입> 비지정기부금   3억 원 (상여)
③ <손금불산입> 비지정기부금   3억 원 (기타사외유출)
④ 세무조정 없음

【 17 】 다음 중 법인세법 상 신고조정으로 대손금의 손금처리가 가능한 것은?

① 채무자의 파산, 강제집행, 사업의 폐지, 사망, 실종, 행방불명으로 인하여 회수할 수 없는 채권
② 부도발생일부터 6개월 이상 지난 수표 또는 어음 상의 채권(다만, 채무자의 재산에 대해 저당권을 설정하고 있는 경우를 제외)
③ 회수기일을 6개월 이상 지난 채권 중 채권가액이 30만 원 이하의 채권
④ 민법에 따라 소멸시효가 완성된 채권

【 18 】 (주)삼일의 다음 거래 중 법인세법상 부당행위계산부인 규정의 적용대상이 아닌 것은?

① 직원인 김삼일에게 사택을 무료로 제공하였다.(단, 김삼일은 지배주주의 특수관계인이 아니다.)
② 임원 김용산에게 시가 8억 원의 기계장치를 7억 원에 양도하였다.
③ 대표이사 김서울에게 업무와 관련 없이 1억 원을 무이자 조건으로 대여하였다.
④ 대주주인 김마포에게 토지를 1년간 무상으로 임대하였다.

【 19 】 다음의 자료를 이용하여 (주)삼일의 외국납부세액 공제액을 구하면 얼마인가?

ㄱ. 법인세 과세표준	200,000,000원
ㄴ. 법인세 산출세액	20,000,000원
ㄷ. 국외원천소득자료	
• 과세표준에 산입된 국외원천소득	60,000,000원
• 국외원천소득에 대한 외국납부세액	3,000,000원

① 900,000원   ② 3,000,000원

③ 6,600,000원   ④ 13,200,000원

【 20 】 다음 중 법인세 신고·납부에 관한 설명으로 가장 올바르지 않은 것은?

① 법인세 납세의무가 있는 내국법인은 각 사업연도 종료일이 속하는 달의 말일부터 3개월 이내에 법인세 과세표준과 세액을 신고하여야 한다.

② 법인세 과세표준 신고 시 개별 내국법인의 재무상태표, 포괄손익계산서 등의 첨부서류는 제출하지 않아도 된다.

③ 각 사업연도소득금액이 없거나 결손금이 있는 경우에도 법인세 신고기간 내에 과세표준과 세액을 신고하여야 한다.

④ 법인세는 신고기한 내에 납부하여야 하나 납부할 세액이 일정 금액을 초과할 경우 분납할 수 있다.

【 21 】 다음 중 소득세법상의 납세지에 관한 설명으로 가장 올바르지 않은 것은?

① 거주자의 납세지는 주소지로 하는 것이 원칙이다.

② 개인사업자의 납세지는 사업장소재지이다.

③ 비거주자의 납세지는 국내사업장의 소재지이나 국내사업장이 없는 경우에는 국내원천소득이 발생하는 장소이다.

④ 비거주자의 국내사업장이 2 이상이 있는 경우에는 주된 국내사업장의 소재지를 납세지로 한다.

【 22 】 다음 중 소득세법상 금융소득에 관한 설명으로 가장 옳은 것은?

① 법원보증금 등의 이자는 무조건 종합과세대상 금융소득에 해당한다.

② 출자공동사업자의 배당소득은 무조건 분리과세대상 금융소득에 해당한다.

③ 대금업을 사업으로 하지 않는 자가 은행에서 자금을 차입하여 이를 친구에게 대여한 경우에 발생한 이자소득의 소득금액 계산 시, 차입금 이자비용은 필요경비로 인정된다.

④ 배당소득이 종합과세 되는 경우에도 원천징수 세율(14%)이 적용되는 부분에 대하여는 Gross-up을 적용하지 않는다.

【 23 】 다음 자료에 의하여 거주자 김삼일씨의 2024년도 근로소득금액을 계산하면 얼마인가?

> ㄱ. 월급여: 2,000,000원(자녀보육수당, 중식대 제외)
> ㄴ. 상여: 월급여의 500%
> ㄷ. 6세 이하 자녀 보육수당: 월 250,000원
> ㄹ. 중식대: 월 200,000원(식사를 별도 제공받음)
> ㅁ. 연간 연월차수당 총합계: 2,000,000원
> ㅂ. 김삼일 씨는 당해 1년 동안 계속 근무하였다.

연간급여액	근로소득공제액
1,500만 원 초과 4,500만 원 이하	750만 원 + 1,500만 원 초과액 × 15%
4,500만 원 초과 1억 원 이하	1,200만 원 + 3,000만 원 초과액 × 5%

① 18,320,000원 ② 22,890,000원

③ 24,690,000원 ④ 27,900,000원

【 24 】 다음은 근로자 김삼일씨의 2024년도 기타소득금액 자료이다. 김삼일씨의 종합과세
될 기타소득금액은 얼마인가?(단, 제시된 소득은 모두 필요경비를 차감한 후의 금
액이다)

·연금계좌 운용실적에 따라 증가된 금액을 연금외수령한 금액	5,000,000원
·강연료	4,000,000원
·법인세법에 따라 처분된 기타소득	2,000,000원

① 6,000,000원
② 7,500,000원
③ 11,000,000원
④ 12,500,000원

【 25 】 다음 중 소득세법상 종합소득공제와 세액공제에 대한 대화에서 가장 올바르지 않은
설명을 하고 있는 사람은 누구인가?

> 김서울: 저는 근로소득자인데요, 제가 쓴 교육비뿐만 아니라 배우자, 직계존속, 직계비
> 속을 위한 교육비 모두가 공제대상인 줄 알았는데 그게 아니더라고요. 직계존
> 속을 위한 교육비는 공제대상이 아니더군요.
> 이경기: 아, 그렇군요. 저도 근로소득자인데요, 올해 연말정산 시 특별세액공제신청서
> 를 제출하지 않았는데 그러면 항목별 특별세액공제 대신 표준세액공제 13만 원
> 만 적용 받는 것이 맞나요?
> 박부산: 네, 맞아요. 저는 근로소득이 없고 사업소득만 있어서 항목별 특별세액공제를
> 적용 받지 못해 좀 아쉽네요. 얼마 전 둘째 딸이 수술을 받아서 의료비지출이
> 많았거든요.
> 조대전: 아, 정말 아쉽군요. 저는 둘째 아들을 위해 대학 등록금을 지출했는데 아들이
> 20세가 넘어 기본공제대상자가 아니기 때문에 교육비세액공제를 받을 수 없었
> 어요.

① 김서울
② 이경기
③ 박부산
④ 조대전

【 26 】 다음은 거주자 김삼일 씨의 2024년도 부양가족 현황이다. 김삼일씨가 적용받을 수 있는 인적공제의 합계는 얼마인가?(단, 배우자를 제외한 가족에 대한 인적공제는 모두 김삼일씨가 받는 것으로 한다)

가족	연령	소득현황		비고
김삼일	40세	총급여	40,000,000원	
아 내	38세	사업소득금액	2,000,000원	장애인
장 남	10세			장애인
차 남	8세			

① 4,500,000원　　　　　　　　　② 6,000,000원
③ 6,500,000원　　　　　　　　　④ 8,000,000원

【 27 】 다음 중 소득세법상 사업소득에 관한 설명으로 가장 올바르지 않은 것은?

① 작물재배업 중 곡물 및 식량작물재배업은 사업소득으로 보지 아니한다.
② 기준시가 12억 원인 주택 1개를 소유하는 자의 주택임대소득은 과세된다.
③ 사업소득금액은 총수입금액을 위해 소요된 실제 필요경비를 공제한다.
④ 사업소득에서 발생한 이월결손금이 있는 경우에는 이를 공제할 수 있다.

【 28 】 다음 중 소득세법상 원천징수에 관한 설명으로 가장 옳은 것은?

① 실지명의가 확인되지 아니하는 배당소득에 대해서는 25%의 세율을 적용하여 원천징수한다.
② 법인이 잉여금의 처분에 따른 배당을 그 처분을 결정한 날부터 2개월이 되는 날까지 지급하지 않은 경우 그 2개월이 되는 날에 지급한 것으로 보아 원천징수를 해야한다.
③ 2억 원을 초과한 복권당첨소득에 대해서는 30%의 세율을 적용하여 원천징수한다.
④ 원천징수는 국내에서 지급하는 경우에 한하여 적용된다.

【 29 】 다음 중 근로소득 연말정산에 관한 설명으로 가장 올바르지 않은 것은?

① 일반적으로 다음해 2월분 급여를 지급하는 때 연말정산을 수행한다.
② 중도 퇴직한 경우 퇴직한 해의 다음 연도 2월에 연말정산을 한다.
③ 공적 연금보험료 납입액은 전액 연금보험료공제를 적용받는다.
④ 기본공제 대상자 중 70세 이상인 자가 있는 경우 1명당 100만 원 경로우대자공제를 적용받는다.

【 30 】 다음 중 양도소득세에 관한 설명으로 가장 올바르지 않은 것은?

① 토지, 건물, 부동산에 관한 권리는 원칙적으로 실지거래가액에 의해서 양도차익을 계산한다.
② 골프장업을 영위하는 법인(자산 총액 중 부동산의 비율이 80% 이상)이 발행한 주식을 주식총액의 50% 미만으로 양도하는 경우에는 양도소득세가 과세되지 아니한다.
③ 보유기간이 3년 이상인 건물(등기된 자산에 한함)은 장기보유특별공제 적용대상이다.
④ 거주자가 토지 및 건물을 양도하는 경우에는 양도한 날이 속하는 달의 말일부터 2개월 이내에 납세지 관할세무서장에게 신고하고 그 세액을 납부하여야 한다.

【 31 】 다음 중 우리나라 부가가치세에 관한 설명으로 가장 올바르지 않은 것은?

① 면세사업만을 영위하는 사업자는 부가가치세법 상의 사업자 등록의무가 없다.
② 재화를 수입하는 자는 사업자인지 여부에 관계없이 모두 납세의무가 있다.
③ 부가가치세법 상 사업자의 요건을 충족하기 위해서는 영리를 목적으로 거래하여야 한다.
④ 부수재화의 과세대상여부는 주된 재화의 과세여부에 의해서 결정된다.

【 32 】 다음 중 부가가치세 납세의무자인 사업자에 관한 설명으로 가장 옳은 것은?

① 영세율을 적용받는 사업자는 부가가치세법상의 사업자 등록의무가 없다.

② 과세사업자가 사업개시일로부터 15일 이내에 사업자등록을 신청하지 아니한 경우에는 미등록가산세의 적용을 받는다.

③ 사업자단위과세사업자는 본점 또는 주사무소에서 모든 사업장의 부가가치세를 총괄하여 신고 및 납부할 수 있다.

④ 신규사업자는 사업자등록신청일부터 신청일이 속하는 과세기간의 종료일까지를 최초 과세기간으로 한다.

【 33 】 다음 중 간주공급에 관한 설명으로 가장 올바르지 않은 것은?

① 면세전용의 경우 해당 재화를 사용하는 때 세금계산서를 발급해야 한다.

② 개인적 공급의 공급시기는 당해 용도에 사용한 때이며, 폐업시 잔존재화의 간주공급시기는 폐업일이 된다.

③ 사업을 위하여 무상으로 다른 사업자에게 인도 또는 양도하는 견본품은 사업상 증여에 해당하지 않는다.

④ 주사업장총괄납부사업자가 판매목적 타사업장 반출시 세금계산서를 발급하는 경우에는 재화의 공급으로 본다.

【 34 】 다음 중 부가가치세법 상 재화의 공급에 관한 설명으로 가장 올바르지 않은 것은?

① 사업자가 사업을 폐업할 때 취득한 재화(매입세액을 공제받음) 중 남아있는 재화는 자기에게 공급한 것으로 본다.

② 사업자가 자기의 과세사업과 관련하여 취득한 재화(매입세액을 공제받음)를 자기의 면세사업에 전용한 경우에는 재화의 공급으로 본다.

③ 주사업장 총괄납부신청을 한 사업자가 판매목적으로 타사업장에 반출하는 경우에는 이를 재화의 공급으로 보지 아니한다.

④ 사업자가 자기의 사업과 관련하여 취득한 재화(매입세액공제를 받음)를 직장문화와 관련으로 사용한 경우에는 재화의 공급으로 본다.

【 35 】 다음 중 최대리의 부가가치세에 관한 대화 내용으로 가장 올바르지 않은 것은?

< 대화1 >
김계장: 최대리님, 저 어제 여자친구와 한강에 위치한 레스토랑에서 근사한 저녁식사를 하였습니다.
최대리: 김계장님, 어제 지불한 음식값에 부가가치세가 포함되어 있습니다.

< 대화2 >
이과장: 우리 아이가 이번 중간고사 전교 1등을 해서, 선물로 스마트폰을 사주었습니다.
최대리: 이과장님, 아실지 모르겠지만 그 스마트폰 가격 안에는 부가가치세가 포함되어 있습니다.

< 대화3 >
곽과장: 어제 저녁 늦게 마트에 가니 수박을 저렴한 가격에 판매하고 있어서 수박 한 개에 1만 원씩, 2개를 사왔습니다.
최대리: 곽과장님, 저렴한 가격에 구매하셨지만 그 수박 가격에도 부가가치세가 포함되어 있습니다.

< 대화4 >
감부장: 부가가치세 수업은 잘 듣고 왔습니까? 이번 주말에 식구들과 프로야구 경기를 관람하려 하는데, 프로야구 입장권 가격에도 부가가치세가 포함되어 있나요?
최대리: 예, 감부장님. 프로야구 입장권 가격에도 부가가치세가 포함되어 있습니다.

---

① < 대화1 >   ② < 대화2 >
③ < 대화3 >   ④ < 대화4 >

【 36 】 다음 중 부가가치세 공급가액에 관한 설명으로 가장 올바르지 않은 것은?

① 재화를 공급하고 금전 이외의 대가를 받는 경우에는 자기가 공급한 재화의 시가를 공급가액으로 한다.
② 폐업하는 경우 남은 재고자산은 시가를 공급가액으로 한다.
③ 공급받는 자에게 도달하기 전에 공급자의 부주의로 인한 파손, 훼손 또는 멸실된 재화의 가액은 공급가액에 포함한다.
④ 물품이 파손되어 가해자로부터 받는 손해배상금은 공급가액에 포함하지 아니한다.

【 37 】 (주)삼일은 2024년 11월 10일 상품을 3개월 할부로 인도하고 판매대금 120,000원은 아래와 같이 회수하기로 약정하였다. 할부대금의 실제 회수액이 다음과 같을 때 2024년 제2기 확정신고기간(2024년 10월 1일 ~ 2024년 12월 31일)에 동 할부판매와 관련하여 신고할 과세표준은 얼마인가?(단, 회수약정액과 회수액은 부가가치세를 포함하지 않은 금액이다)

일 자	회수약정액	회 수 액
2024년 11월 10일	40,000원	–
2024년 12월 10일	40,000원	40,000원
2025년 1월 10일	40,000원	30,000원
계	120,000원	70,000원

① 40,000원
② 70,000원
③ 80,000원
④ 120,000원

【 38 】 다음 중 부가가치세법상 영세율에 관한 설명으로 가장 옳은 것은?

① 내국법인과 거주자뿐만 아니라 외국법인과 비거주자에게도 항상 영세율을 적용할 수 있다.
② 면세사업자는 면세를 포기하더라도 영세율을 적용받을 수 없다.
③ 영세율을 적용받는 사업자는 부가가치세율이 0%이므로 부가가치세법상 제반 의무를 이행할 필요가 없다.
④ 영세율을 적용받는 사업자가 사업과 관련하여 부담한 매입세액은 부가가치세 납부세액 계산 시 공제된다.

【 39 】 다음은 (주)서울의 2024년 10월 1일부터 2024년 12월 31일까지의 거래 내역이다.
부가가치세 신고서 <#1> ~ <#4>에 기입할 금액은 얼마인가?(단, 세금계산서는 부
가가치세법에 따라 적절하게 교부하였다)

<자료1> 2024년 10월 1일 ~ 2024년 12월 31일 거래내역

> ㄱ. 국내 도매상인 (주)부산에 600,000,000원(VAT 미포함)의 제품을 판매하고 세금계산
> 서를 발행함
> ㄴ. 국내 소매상인 (주)광주에 330,000,000원(VAT 포함)의 제품을 판매하고 신용카드매
> 출전표를 발행함(매출전표에 공급받는 자와 부가가치세액을 별도로 기재함)
> ㄷ. 수출업체인 (주)대구에 Local L/C에 의해 400,000,000원의 제품을 판매함
> ㄹ. 2024년 11월 3일 거래처인 (주)인천의 파산으로 매출채권 88,000,000원(VAT포함,
> 2016년 6월 매출분)의 대손이 확정됨

<자료2> 부가가치세 신고서 양식

구분		과세표준	세액
과세	세금계산서	<#1>	
	매입자발행세금계산서		
	신용카드·현금영수증	<#2>	
	기타		
영세율	세금계산서	<#3>	
	기타		
대손세액			<#4>

	<#1>	<#2>	<#3>	<#4>
①	660,000,000원	–	400,000,000원	△ 88,000,000원
②	600,000,000원	300,000,000원	400,000,000원	△ 8,000,000원
③	600,000,000원	330,000,000원	–	△ 8,000,000원
④	900,000,000원	–	400,000,000원	△ 80,000,000원

【 40 】 다음 중 부가가치세법 상 간이과세자에 관한 설명으로 가장 올바르지 않은 것은?

① 간이과세자는 의제매입세액공제를 적용받지 못한다.

② 간이과세자는 간이과세를 포기함으로써 일반과세자가 될 수 있다.

③ 간이과세자의 납부세액은 공급대가에 업종별 부가가치율을 곱한 것에 10%의 세율을 적용해서 계산한다.

④ 간이과세자는 부가가치세법 상 사업자등록의무가 없다.

국가공인 재경관리사 문제지

재무회계/세무회계/원가관리회계 각 과목당 40 문항(총 120 문항)

제한시간	수험번호	성명	생년월일
세 과목 150 분			

응시자 주의사항

1. **시 험 시 간** : 14:00 ~ 16:30(150 분) 세 과목 동시 시행합니다.
2. **지 정 좌 석** : 수험번호별 지정좌석에 착석하여 주십시오.
3. **인적사항 기재** : 시험 문제지 상단에 수험번호, 성명, 생년월일을 기재하여 주십시오.
4. **답 안 지 작 성** : 답안카드 뒷면의 '답안카드 작성요령 및 주의사항'을 꼭 읽고 답안을
   작성하여 주십시오.
5. **시 험 실 시** : 방송타종 또는 감독관의 지시에 따라 시작하십시오.
6. **부 정 행 위** : 부정행위를 하였을 때 당 회 시험은 무효 처리하며 향후 2 년간 응시자격을
   제한합니다.

삼일회계법인

【 1 】 다음 중 세법 상 기간과 기한의 규정에 관한 설명으로 가장 올바르지 않은 것은?

① 기간을 일 · 주 · 월 · 연으로 정한 때에는 기간의 초일을 기간 계산시 산입하지 않는다.

② 기간의 계산은 국세기본법 또는 그 세법에 특별한 규정이 있는 것을 제외하고는 민법에 따른다.

③ 2024년 12월 31일로 사업연도가 종료하는 법인은 2025년 3월 31일까지 법인세를 신고 · 납부하여야 하는데 공교롭게도 2025년 3월 31일이 토요일인 경우에는 그 전날인 2025년 3월 30일까지 법인세를 신고 · 납부하여야 한다.

④ 법인세를 전자신고하는 경우 신고서 등이 국세청장에게 전송된 때에 신고된 것으로 본다.

【 2 】 다음 중 국세부과의 원칙에 해당하는 것으로 가장 올바르지 않은 것은?

① 실질과세의 원칙
② 기업회계의 존중
③ 근거과세의 원칙
④ 조세감면의 사후 관리

【 3 】 다음 중 소급과세의 금지 원칙에 대한 설명으로 가장 올바르지 않은 것은?

① 국세를 납부할 의무가 성립한 소득에 대하여 그 성립 후의 새로운 법에 따라 소급하여 과세할 수 없다.

② 국세청의 해석이 일반적으로 납세자에게 받아들여진 후에는 새로운 해석에 의하여 소급하여 과세할 수 없다.

③ 납세자에게 불리한 소급효 뿐만 아니라 유리한 소급효 역시 인정되지 않는 것이 통설이다.

④ 과세기간 중에 법률의 개정이 있는 경우 이미 진행한 과세기간분에 대해 소급과세하는 부진정 소급효는 허용된다.

【 4 】 다음은 신문기사의 일부이다. 괄호 안에 들어갈 내용으로 가장 옳은 것은?

> #### 빠뜨린 연말정산 추가 환급 이렇게 신청
>
> 시간이 촉박해 소득 및 세액공제 항목 중 일부를 누락한 사람들도 많다. 국세청에서 간소화 서비스를 제공하면서 각종 영수증을 일일이 챙기는 부담은 덜었지만 1 년에 한 번 하는 연말정산이다 보니 빠뜨리는 경우가 많다.
> 이럴 때 활용할 수 있는 것이 바로 (   )라는 제도이다. (   )는 연말정산 시 신고는 하였으나, 소득 및 세액공제 항목 중 일부를 누락하여 세금을 환급 받지 못한 사람들에게 환급 받을 수 있는 기회를 주는 제도이다.

① 경정청구   ② 수시부과
③ 주사업장 총괄납부   ④ 기한후신고

【 5 】 다음 중 국세환급금 및 국세환급가산금에 대한 설명으로 옳은 것은?

① 국세환급금이란 국가가 징수한 세금 중 과오납, 이중납부 등의 사유로 납세자에게 반환하는 환급세액을 말한다.
② 국세환급가산금이란 납세자가 세금을 납부기한까지 납부하지 않은 경우 납세자가 납부해야 할 세금에 추가하여 납부하는 금액을 말한다.
③ 국세환급금에 대한 권리는 행사할 수 있는 때로부터 10년간 행사하지 않으면 소멸시효가 완성한다.
④ 국세환급가산금에 대한 권리는 행사할 수 있는 때로부터 10년간 행사하지 않으면 소멸시효가 완성한다.

【 6 】 다음의 항목 중에서 차후연도 법인의 세무조정시 반대조정이 필요한 것은?

① 대손충당금한도초과액   ② 기업업무추진비한도초과액
③ 임원상여금한도초과액   ④ 벌과금

【 7 】 다음 중 법인세 세무조정이 필요 없는 경우로 가장 옳은 것은?

① 은행에서 빌린 차입금에 대한 이자비용을 발생주의에 따라 미지급비용을 계상하였다.

② 지배주주와 특수관계가 있는 직원에게 특별한 사유없이 동일 직급의 직원에 비하여 과다지급한 인건비를 비용으로 계상하였다.

③ 보유중인 단기매매증권을 보고기간 종료일 현재의 공정가치로 평가하여 단기매매증권평가이익이 발생하였다.

④ 중소기업이 아닌 법인이 진행률을 계산할 수 있는 장기 도급공사에 대하여 완성기준으로 수익을 인식하였다.

【 8 】 (주)삼일은 대주주이자 임원인 홍길동씨로부터 시가 5억 원인 유가증권을 2억 원에 매입하였다. 이 경우 필요한 세무조정 및 소득처분은 무엇인가?

① 익금산입 3억 원(배당)　　　　② 익금산입 3억 원(유보)
③ 익금산입 3억 원(상여)　　　　④ 세무조정 없음

【 9 】 다음 중 법인세법상 익금에 해당하지 않는 금액의 합계액은 얼마인가?

· 자산수증이익	2,000,000원
· 국세의 과오납금의 환급금에 대한 이자	10,000,000원
· 유형자산의 양도가액	3,000,000원
· 부가가치세 매출세액	6,000,000원

① 15,000,000원　　　　② 16,000,000원
③ 19,000,000원　　　　④ 21,000,000원

【 10 】 다음 자료는 (주)삼일의 손익계산서에 비용처리된 내역이다. 이 중 법인세법상 손금불산입되는 금액은 얼마인가?

· 직장회식비	3,000,000원
· 출자임원(소액주주 아님)에 대한 사택유지비	1,000,000원
· 일정한 법률에 따른 징벌적 목적의 손해배상금 (실제 발생한 손해는 분명하지 않음)	3,000,000원
· 임직원에 대한 국민건강보험료(사용자부담분)	1,500,000원

① 2,500,000원
② 3,000,000원
③ 4,500,000원
④ 5,000,000원

【 11 】 (주)삼일은 2024년도 업무용 토지에 대한 종합부동산세 770,000원(가산세 70,000원 포함)을 신고기한 경과후 납부하고 아래와 같이 회계처리하였다. 이에 대한 올바른 세무조정은?

(차) 세금과공과	770,000	(대) 현금	770,000

① (손금불산입) 세금과공과 770,000원 (기타사외유출)
② (손금불산입) 세금과공과 70,000원 (기타사외유출)
③ (손금불산입) 세금과공과 770,000원 (상여)
④ (손금불산입) 세금과공과 70,000원 (상여)

【 12 】 다음 중 법인세법상 재고자산 평가에 관한 설명으로 가장 옳은 것은?

① 재고자산은 영업장별로 상이한 방법으로 평가할 수 없다.
② 재고자산평가방법 무신고시 후입선출법을 적용한다.(매매목적용 부동산은 개별법)
③ 재고자산평가방법 변경신고를 신고기한을 경과하여 신고한 경우 선입선출법(매매목적용 부동산은 개별법)으로 평가한 금액과 당초 신고한 방법으로 평가한 금액 중 큰 금액으로 평가한다.
④ 세무상 재고자산의 평가금액이 재무상태표상 재고자산 기말가액보다 작은 경우에 차이금액을 익금산입하여 유보처분한다.

【 13 】 다음 자료에 의한 (주)삼일의 제21기(2024년 1월 1일 ~ 2024년 12월 31일) 사업연도의 세무조정 사항이 과세표준에 미치는 영향으로 가장 옳은 것은?

구분	건물	기계	영업권
회사계상 상각비	5,000,000원	4,000,000원	1,000,000원
세법상 상각범위액	7,000,000원	3,000,000원	1,200,000원
내용연수	40년	5년	5년
전기이월상각 부인액	1,500,000원	1,000,000원	-

① 영향 없음
② 500,000원 감소
③ 200,000원 감소
④ 1,000,000원 감소

【 14 】 (주)삼일의 연도별 법인세법상 일반기부금 세무조정내역은 다음과 같다. 2023년도와 2024년도의 세무조정으로 가장 옳은 것은?

연도	일반기부금 지출액	일반기부금 한도액
2023 년	1,600 만 원	1,000 만 원
2024 년	2,000 만 원	2,500 만 원

① 2023년도 : (손금불산입) 일반기부금한도초과액　　　600만 원
　　2024년도 : (손금산입)　　일반기부금한도초과이월액 500만 원

② 2023년도 : (손금불산입) 일반기부금한도초과액　　　600만 원
　　2024년도 : (손금산입)　　일반기부금한도초과이월액 600만 원
　　　　　　　(손금불산입) 일반기부금한도초과액　　　100만 원

③ 2023년도 : (손금불산입) 일반기부금한도초과액　　　600만 원
　　2024년도 : 세무조정 없음

④ 2023년도 : 세무조정 없음
　　2024년도 : 세무조정 없음

【 15 】 다음의 기업업무추진비조정명세서(갑)은 (주)삼일의 김철수 과장이 작성한 것인데 한상표 회계사로부터 매출액 100억 원 중에 포함되어 있는 특수관계인과의 거래 50억 원을 전액 일반수입으로 하여 기업업무추진비 한도액을 계산 하였다는 지적을 받았다. 정확한 조정계산서를 작성한다면 <#1> ~ <#2>에 기입될 금액은 얼마인가?

1. 기업업무추진비 한도초과액 조정			
① 12,000,000원(중소기업 36,000,000원) × 사업연도월수/12			12,000,000
수입 금액 기준	총수입 금액기준	100억 원 이하의 금액 × 30/10,000	30,000,000
		100억 원 초과 500억 원 이하의 금액 × 20/10,000	0
		500억 원 초과금액 × 3/10,000	0
		② 소 계	30,000,000
수입 금액 기준	일반수입 금액기준	100억 원 이하의 금액 × 30/10,000	30,000,000
		100억 원 초과 500억 원 이하의 금액 × 20/10,000	0
		500억 원 초과금액 × 3/10,000	0
		③ 소 계	<#1> 30,000,000
	④ 특정수입 금액기준	(②−③) × 10/100	0
⑤ 기업업무추진비 한도액(①+③+④)			<#2> 42,000,000

	<#1>	<#2>
①	15,000,000원	28,500,000원
②	15,000,000원	42,000,000원
③	30,000,000원	28,500,000원
④	30,000,000원	43,000,000원

【 16 】 법인세법상 즉시상각의제와 관련된 다음의 지출 중 성격이 가장 다른 것은?

① 건물외벽 도장   ② 엘리베이터 설치

③ 파손유리의 대체   ④ 기계의 소모된 부속품 대체

【 17 】 다음은 법인세법상 대손금과 대손충당금에 대한 실무담당자들의 대화이다. 가장 올바르지 않은 설명을 하고 있는 사람은 누구인가?

> 강대리: 부도발생일부터 6개월 이상 지난 어음·수표는 결산조정 대손사유이므로 결산에 반영하여야 손금산입이 가능하지만, 소멸시효가 완성된 채권은 신고조정 대손사유에 해당하므로 굳이 결산에 반영하지 않더라도 손금산입이 가능합니다.
>
> 이주임: 특수관계인에 대한 가지급금은 대손충당금 설정대상에 포함되지 않으므로 자회사나 관계회사 등 특수관계인에 대한 가지급금을 잘 파악해두어야 합니다.
>
> 박과장: 대손충당금 설정률은 1%(금융기관은 1%와 대손충당금적립기준 중 큰 비율)와 대손실적률 중 큰 비율을 적용합니다. 여기서 대손실적률이란 당해 사업연도 종료일 현재의 채권잔액 대비 당해 사업연도 대손금의 비율을 의미합니다.
>
> 양과장: 대손충당금의 설정대상채권은 매출채권뿐만 아니라 대여금, 어음상의 채권 및 미수금 등도 포함됩니다.

① 강대리   ② 이주임

③ 박과장   ④ 양과장

【 18 】 법인이 사업과 관련하여 재화 또는 용역을 사업자로부터 공급받고 그 대가를 지출하는 경우 적법한 증빙을 구비해야 한다. 다음은 법정증명서류의 수취의무와 미수취시 불이익을 요약한 표의 일부이다. 가장 올바르지 않은 것은?(단, 모든 지출은 사업자로부터 재화나 용역을 공급받고 발생했다고 가정한다)

대 상		법정증명서류 이외의 서류 수취 시 불이익	
		손금인정여부	가산세
기업업무추진비	건당 3만 원 초과 (경조사비 20만 원초과)	① 손금불산입	② 가산세 없음
기업업무추진비 이외의 지출	건당 3만 원 초과	③ 손금불산입	④ 가산세 부과

【 19 】 (주)삼일은 대표이사인 김삼일 씨에게 업무와 관련 없이 무이자로 자금을 대여하고 있으며, 동 대여금의 2024년 적수는 3,650,000,000원이다. (주)삼일의 대여당시의 가중평균차입이자율이 5%인 경우 (주)삼일의 제21기 사업연도(2024.1.1. ~ 2024. 12.31.)의 필요한 세무조정으로 가장 옳은 것은?(단, 인정이자 계산 시 가중평균차입이자율 적용할 것)

① (익금불산입) 가지급금 인정이자   500,000원(상여)
② (익금산입)   가지급금 인정이자   500,000원(상여)
③ (익금불산입) 가지급금 인정이자   250,000원(상여)
④ (익금산입)   가지급금 인정이자   250,000원(상여)

【 20 】 다음 중 법인세 신고·납부에 관한 설명으로 가장 올바르지 않은 것은?

① 법인세 납세의무가 있는 내국법인(성실신고확인대상법인이 아님)은 각 사업연도 종료일이 속하는 달의 말일부터 3개월 이내에 법인세 과세표준과 세액을 신고하여야 한다.

② 법인세는 신고기한 내에 납부하여야 하나 납부할 세액이 500만 원을 초과하는 경우 분납할 수 있다.

③ 각 사업연도소득금액이 없거나 결손금이 있는 경우에도 법인세 신고기간 내에 과세표준과 세액을 신고하여야 한다.

④ 법인세 과세표준 신고 시 해당 내국법인의 재무상태표, 포괄손익계산서, 이익잉여금처분계산서를 제출하지 않으면 무신고로 본다.

【 21 】 다음 중 소득세법상 납세의무자에 대한 설명으로 가장 올바르지 않은 것은?

① 국내에 주소를 두거나 180일 이상 거소를 둔 개인을 거주자라 하며, 국내·외 원천소득에 대하여 소득세를 과세한다.

② 거주자가 아닌 자를 비거주자라 하며 국내원천소득에 대해서만 소득세를 과세한다.

③ 법인 아닌 단체가 구성원에게 이익을 분배하지 않는 경우에는 국내에 주사무소 또는 사업의 실질적 관리장소를 둔 경우 해당 단체를 1거주자로, 그 밖의 경우에는 1비거주자로 보아 소득세법을 적용한다.

④ 법인으로 보지 아니하는 단체의 전체 구성원 중 일부 구성원의 분배비율만 확인되거나 일부 구성원에게만 이익이 분배되는 것으로 확인되는 경우에는 확인되는 부분은 해당 구성원별로 소득세 또는 법인세에 대한 납세의무 부담하고, 확인되지 아니하는 부분은 해당 단체를 1거주자 또는 1비거주자로 보아 소득세에 대한 납세의무를 부담한다.

【 22 】 다음 중 실제 필요경비가 인정되는 소득을 모두 고른 것은 ?

ㄱ. 기타소득	ㄴ. 양도소득
ㄷ. 배당소득	ㄹ. 퇴직소득

① ㄱ, ㄴ   ② ㄱ, ㄷ

③ ㄷ   ④ ㄷ, ㄹ

【 23 】 다음의 자료를 이용하여 거주자 김수정씨의 2024년도 소득 중 종합과세할 금융소득금액을 계산하면 얼마인가?(단, Gross-up은 고려하지 않는다)

(1) 비상장법인인 A법인의 소액주주로서 받은 현금배당금:	10,000,000원
(2) 주권상장법인인 B법인의 소액주주로서 받은 현금배당금:	8,000,000원
(3) C은행의 정기예금이자:	3,000,000원
(4) 비실명이자 소득금액:	5,000,000원

① 3,000,000원   ② 18,000,000원

③ 21,000,000원   ④ 26,000,000원

【 24 】 다음 자료로 제조업을 경영하는 복식부기 의무자인 개인사업자 김삼일씨의 2024년 사업소득금액을 계산하면 얼마인가?

ㄱ. 손익계산서상 당기순이익	200,000,000원
ㄴ. 손익계산서에는 다음과 같은 수익과 비용이 포함되어 있다.	
- 본인에 대한 급여	30,000,000원
- 영업부장으로 근무하는 배우자의 급여	27,000,000원
- 배당금 수익	5,000,000원
- 비품의 처분이익	4,000,000원
- 세금과공과 중 과태료	2,000,000원

① 197,000,000원   ② 224,000,000원

③ 227,000,000원   ④ 232,000,000원

【 25 】 김삼일씨의 2024년 급여내역이 다음과 같을 때 과세대상 근로소득은 얼마인가?(김삼일씨는 2024년에 연간 계속 근무하였다)

월급여액:	2,000,000원
상여:	월급여액의 400%
연월차수당:	2,000,000원
가족수당:	1,000,000원
자녀학자금:	500,000원
식사대:	2,400,000원
(월 200,000원. 단, 식사 또는 기타 음식물을 제공받지 않음)	
보육수당:	3,000,000원
(월 250,000원)	
회사로부터 법인세법상 상여로 처분된 금액:	1,000,000원

① 35,000,000원   ② 36,100,000원

③ 37,100,000원   ④ 39,500,000원

【 26 】 다음 중 소득세법상 결손금공제에 관한 설명으로 가장 올바르지 않은 것은?

① 2024년 발생한 결손금은 발생연도 종료일로부터 10년 내에 종료하는 과세기간의 소득금액계산시 먼저 발생한 것부터 순차로 공제한다.

② 부동산임대업(주거용 건물임대업 제외)에서 발생한 결손금은 다른 소득금액과 통산하지 않고 다음 연도로 이월시킨다.

③ 사업소득(주거용 건물임대업 포함)의 결손금은 다른 소득금액과 통산하고 통산 후 남은 결손금은 다음 연도로 이월시킨다.

④ 해당 과세기간의 소득금액에 대해 추계신고를 하거나 추계조사결정하는 경우에는 이월결손금 공제규정을 적용하지 않는다.

【 27 】 다음은 근로자 김삼일씨의 2024년도 기타소득금액의 내역이다. 김삼일씨의 종합과
세될 기타소득금액은 얼마인가?(단, 제시된 소득은 모두 필요경비를 차감한 후의
금액이다)

· 원고료	4,000,000원
· 골동품양도소득	5,000,000원
· 물품의 일시적인 대여소득	3,500,000원

① 4,000,000원   ② 7,500,000원

③ 9,000,000원   ④ 11,000,000원

【 28 】 다음은 거주자 김삼일씨의 2024년도 부양가족 현황이다. 김삼일씨가 적용받을 수
있는 인적공제의 합계는 얼마인가?(단, 배우자를 제외한 가족에 대한 인적공제는
모두 김삼일씨가 받는 것으로 한다)

가족	연령	소득현황		비고
김삼일	45세	총급여액	50,000,000원	
배우자	42세	사업소득금액	2,000,000원	장애인
장남	17세			장애인
차남	10세			

① 4,500,000원   ② 6,000,000원

③ 6,500,000원   ④ 8,000,000원

【 29 】 다음 중 소득세법상 신용카드 소득공제에 관한 설명으로 가장 올바르지 않은 것은?

① 신용카드 소득공제는 근로소득이 있는 자만이 적용 가능하다.

② 백화점, 대형쇼핑몰, 면세점에서 사용한 신용카드금액도 소득공제대상이다.

③ 신용카드사용액이 총급여의 25%에 미달하는 경우 신용카드 소득공제금액은 없다.

④ 전통시장, 대중교통이용분, 도서, 공연, 박물관, 미술관 사용분은 소득공제 한
도초과분에 대한 추가공제가 가능하다.

【 30 】 다음은 김삼일 회계사의 홈페이지에 있는 연말정산에 대한 상담사례들을 모은 것이다. 다음 상담사례의 답변 중 가장 올바르지 않은 것은?

（질문 1）
안녕하세요. 김삼일 회계사님.
제가 사고로 인해 이번달에 병원에서 MRI 촬영을 했는데 이것도 의료비공제가 됩니까?
가뜩이나 MRI 촬영비도 비싼데 공제도 안된다면 사고난 곳이 더 아플 것 같습니다.
▪답변 1
MRI촬영비가 진료, 질병예방 목적으로 의료기관에 지급된 경우에는 의료비 공제대상입니다.

（질문2）
수고가 많으십니다. 저는 봉급생활자인데 자동차종합보험료도 보험료 공제를 받을 수 있습니까?
▪답변 2
자동차종합보험은 보장성보험이므로 지급된 보험료가 보험료공제 대상이 됩니다.

（질문 3）
올해 대학에 입학하는 자녀의 대학등록금 900만 원을 신용카드로 납부하였습니다. 신용카드로 결제한 대학교 등록금도 신용카드 공제대상이 되나요?
▪답변 3
신용카드로 결제한 대학교 등록금은 신용카드 세액공제 대상이 되지 아니합니다.

（질문 4）
아이가 아파서 미국에서 수술을 받았습니다. 해당 의료비는 세액공제를 받을 수 있나요?
▪답변 4
국내뿐만 아니라 국외에서 지출한 의료비도 세액공제가 가능합니다.

---

① 답변1　　　　　　　　　　② 답변2
③ 답변3　　　　　　　　　　④ 답변4

【 31 】 다음 중 양도소득세 비과세대상이 아닌 것은?

① 1세대1주택의 양도로 발생하는 소득
② 농지의 대토로 발생하는 소득
③ 파산선고에 의한 처분으로 발생하는 소득
④ 「지적재조사에 관한 특별법」 제18조에 따른 경계의 확정으로 지적공부상의 면적이 감소되어 같은 법 제20조에 따라 지급받는 조정금

【 32 】 다음 중 부가가치세에 관한 설명으로 가장 올바르지 않은 것은?

① 부가가치세란 재화 또는 용역이 생산되거나 유통되는 모든 단계에서 창출되는 부가가치를 과세대상으로 하는 조세이다.

② 주된 재화 또는 용역의 공급에 부수되어 공급되는 것으로 해당 대가가 주된 재화 또는 용역의 공급에 대한 대가에 통상적으로 포함되어 공급되는 재화 또는 용역은 주된 재화 또는 용역의 공급에 포함되는 것으로 본다.

③ 재화수입의 경우 국내생산 재화 및 용역과 마찬가지로 사업자가 수입자인 경우에만 부가가치세를 과세한다.

④ 우리나라의 부가가치세율은 원칙적으로 10%를 적용하되 수출하는 재화 등에는 0%의 세율을 적용한다.

【 33 】 다음 중 부가가치세법상 사업장에 관한 설명으로 가장 올바르지 않은 것은?

① 건설업을 영위하는 법인의 경우 건설현장을 사업장으로 본다.

② 제조업의 경우 최종 제품을 완성하는 장소를 사업장으로 본다.

③ 부동산임대업의 경우 그 부동산의 등기부상의 소재지를 사업장으로 본다.

④ 사업장을 설치하지 않은 경우 해당 사업자의 주소 또는 거소를 사업장으로 본다.

【 34 】 다음 중 부가가치세법상 과세기간에 관한 설명으로 가장 올바르지 않은 것은?

① 간이과세자의 경우 과세기간을 1월 1일 부터 12월 31일로 적용한다.

② 신규사업자가 사업개시일 이전에 사업자등록을 신청한 경우에는 그 신청한 날부터 그 신청일이 속하는 과세기간의 종료일까지를 최초 과세기간으로 한다.

③ 폐업자는 폐업일이 속하는 과세기간 개시일부터 폐업일까지를 최종 과세기간으로 한다.

④ 일반과세자의 부가가치세 과세기간인 경우 1년을 4과세기간으로 나누어 3개월 단위이다.

【 35 】 다음 중 부가가치세법상 재화의 공급에 관한 설명으로 가장 올바르지 않은 것은? (단, 해당 재화는 매입세액공제를 받았음을 가정한다)

① 사업자 단위과세를 적용받는 사업자가 자기사업과 관련하여 생산 또는 취득한 재화를 타인에게 직접 판매할 목적으로 다른 사업장에 반출하는 경우에는 재화의 공급으로 본다.

② 사업자가 자기생산·취득재화를 매입세액이 매출세액에서 공제되지 아니하는 비영업용 소형승용차의 유지를 위하여 사용 또는 소비하는 경우에는 재화의 공급으로 본다.

③ 사업자가 자기생산·취득재화를 사업과 직접 관련없이 자기의 개인적인 목적으로 사용하는 경우에는 재화의 공급으로 본다.

④ 사업자가 자기생산·취득재화를 자기의 부가가치세 면세사업을 위하여 사용·소비하는 경우에는 재화의 공급으로 본다.

【 36 】 다음 중 용역의 공급시기와 공급가액에 관한 설명으로 가장 올바르지 않은 것은?

① 통상적으로 용역의 공급시기는 역무의 제공이 완료되는 때이다.

② 완성도기준지급·중간지급·장기할부 또는 기타 조건부용역공급의 공급시기는 계약에 따라 대가의 각 부분을 받기로 한 때이다.

③ 2 이상의 과세기간에 걸쳐 부동산임대용역을 공급하고 그 대가를 선불로 받는 경우에는 그 대가를 받은 날을 공급시기로 본다.

④ 부동산임대용역의 경우 임대보증금에 대한 간주임대료의 공급시기는 예정신고기간 또는 과세기간의 종료일이다.

【 37 】 다음은 (주)서울의 2024년 10월 1일부터 2024년 12월 31일까지의 거래 내역이다. 부가가치세 신고서 <#1> ~ <#4> 에 기입할 금액은 얼마인가?(단, 세금계산서는 부가가치세법에 따라 적절하게 교부하였다)

< 자료1 > 2024년 10월 1일 ~ 2024년 12월 31일 거래내역

ㄱ. 국내 도매상인 (주)부산에 500,000,000원(VAT 불포함)의 제품을 판매하고 세금계산서를 발행함
ㄴ. 국내 소매상인 (주)광주에 440,000,000원(VAT 포함)의 제품을 판매하고 신용카드매출전표를 발행함(매출전표에 공급받는 자와 부가가치세액을 별도로 기재함)
ㄷ. 미국에 직수출로 100,000,000원의 제품을 판매함
ㄹ. 2024년 11월 3일 거래처인 (주)한강에서 2023년 제1기에 회수불능하게 되어 대손세액 공제를 받은 매출채권 66,000,000원(VAT포함, 2018년 6월 매출분)을 회수함

< 자료2 > 부가가치세 신고서 양식

구분		과세표준	세액
과세	세금계산서	<#1>	
	매입자발행세금계산서		
	신용카드 · 현금영수증	<#2>	
	기타		
영세율	세금계산서		
	기타	<#3>	
대손세액			<#4>

	<#1>	<#2>	<#3>	<#4>
①	550,000,000원	-	100,000,000원	66,000,000원
②	500,000,000원	400,000,000원	100,000,000원	6,000,000원
③	500,000,000원	440,000,000원	-	6,000,000원
④	900,000,000원	-	100,000,000원	60,000,000원

【 38 】 (주)삼일은 할부판매를 실시하고 있으며 2024. 7. 10 상품을 할부로 30,000원에 판매하였다. 동 매출의 회수약정금액(VAT 제외)과 실제 회수액(VAT 제외)이 다음과 같을 때 2024년 제2기 예정신고기간 과세표준은?

일자	회수약정액	회수액
7. 10	10,000원	10,000원
8. 10	8,000원	–
9. 10	5,000원	3,000원
10. 10	7,000원	2,000원
계	30,000원	15,000원

① 23,000원   ② 30,000원
③ 13,000원   ④ 15,000원

【 39 】 과세사업을 영위하던 (주)삼일은 2024년 2월 5일에 사업을 폐지하였다. 폐업 당시의 잔존재화가 다음과 같다면 부가가치세 과세표준은 얼마인가?

자산종류	취득일	취득원가	시 가
제 품	2022. 9. 20	30,000,000원	20,000,000원
토 지	2020. 4. 20	700,000,000원	800,000,000원
건 물	2023. 2. 20	400,000,000원	200,000,000원

① 150,000,000원   ② 200,000,000원
③ 350,000,000원   ④ 380,000,000원

【 40 】 다음 중 부가가치세 가산세에 관한 설명으로 가장 옳은 것은?

① 과소신고가산세와 납부지연가산세가 동시에 적용되는 경우 각각 가산세를 적용한다.

② 재화 또는 용역을 공급받지 아니하고 세금계산서를 발급받은 경우에는 공급가액의 2%를 가산세로 부과한다.

③ 사업 개시 후 20일 이내에 사업자등록을 하지 아니한 경우 사업개시일 부터 등록신청일의 직전일까지의 공급가액에 2%를 미등록가산세로 부과한다.

④ 매출처별세금계산서합계표를 제출하지 않은 경우에는 공급가액의 1%를, 예정신고분을 확정신고 시 매출세액에 포함하여 신고한 경우 공급가액의 0.5%를 가산세로 부과한다.

MEMO

세무회계	모의고사 1회

1 ③ 제3자를 통한 간접적인 방법이나 둘 이상의 행위 또는 거래를 거치는 방법으로 이 법 또는 세법의 혜택을 부당하게 받기 위한 것으로 인정되는 경우에는 그 경제적 실질 내용에 따라 당사자가 직접 거래를 한 것으로 보거나 연속된 하나의 행위 또는 거래를 한 것으로 보아 국세기본법 또는 세법을 적용한다.

2 ② ①, ③ 과다 납부한 세액은 경정청구를 통해 환급받을 수 있다.
④ 법정신고기한이 지난 후 5년 이내에 청구하여야 한다.

3 ④ 공시송달의 경우에는 서류의 요지를 공고한 날로부터 14일이 경과함으로써 서류의 송달이 있은 것으로 본다.

4 ④ 명의상 사업자와 실질사업자가 다른 경우 실질과세의 원칙에 따라 실질사업자를 납부의무자로 보아야 한다.

5 ④ 과세전적부심사 결정·통지기간에 그 결과를 통지하지 아니한 경우에는 결정·통지가 지연됨으로써 해당 기간에 부과되는 납부지연가산세의 50%를 감면하므로 가산세를 전액 감면하는 것은 아니다.

6 ③ 185,000,000(수정전 과세표준)－45,000,000(11기 이월결손금)
－ 10,000,000(19기 이월결손금)＋15,000,000(일반기부금 한도초과)
＝145,000,000

7 ① 출자임원에게 귀속되는 소득에 대해서는 상여로 처분한다.

8 ② 법인세법상 재고자산은 파손 및 부패 등으로 평가차손을 계상한 경우와 세법상 재고자산평가방법을 저가법으로 신고한 법인이 평가손실을 계상한 경우에만 재고자산평가손실을 손금으로 인정하고 있다. 따라서 유행이 지난 재고자산에 대한 평가손실은 손금으로 인정되지 않는다.

9 ④ ① 고정자산에 대한 자본적 지출액은 기존 고정자산의 장부가액에 합산하여 그 자산의 내용연수를 그대로 적용하여 감가상각한다.
② 유형자산의 잔존가액은 0으로 하는 것이 원칙이다.
③ 기계장치의 감가상각방법을 신고하지 아니한 경우에는 정률법을 적용한다.

10 ① 장기할부판매는 인도기준을 적용한다. 단, 회수하였거나 회수할 금액과 이에 대응하는 비용을 익금, 손금처리한 경우 이를 인정한다.

11 ④ 회사상각액: 19,000,000
상각범위액: 100,000,000 × 0.2=20,000,000
상각부인액: △ 1,000,000
(상황 1) 〈손금산입〉 전기상각부인액 1,000,000(△유보)
(상황 2) 세무조정 없음

12 ④ 상각범위액 = (6억 원 + 3억 원)×1/3 = 3억 원

13 ① 비지정기부금은 손금불산입하여 기타사외유출로 소득처분한다.

14 ① 법인세법상 유가증권의 평가방법은 원칙적으로 원가법을 적용한다.

15 ④ ㄱ, ㄴ, ㄷ 모두 옳은 내용이다.

16 ④ 특수관계가 없는 자에게 정당한 사유없이 자산을 정상가액보다 낮은 가액으로 양도하거나 정상가액보다 높은 가액으로 매입함으로써 실질적으로 증여한 것으로 인정되는 금액은 기부금으로 본다. 여기서 정상가액이란 시가에 30%를 가감한 범위 내의 금액을 말한다.
당해 거래가액 7억 원은 정상가액(10억 원 × 70% = 7억 원)에 미달하지 않으므로 세무조정 없다.

17 ④ 법정권리가 소멸된 채권에 대해 신고조정이 가능하다.

18 ① 주주가 아닌 임원(소액주주인 임원 포함) 및 직원에게 사택을 제공하는 경우는 부당행위계산부인 규정이 제외된다.

19 ② 외국납부세액공제 = MIN(3,000,000원, 20,000,000 × 60,000,000/200,000,000
= 3,000,000원

20 ② 법인세신고시 재무상태표 등 재무제표를 제출하여야 한다.

21 ② 개인사업자의 납세지도 사업장소재지가 아니라 주소지이다.

| 22 | ④ |

① 법원보증금 등의 이자는 무조건 분리과세대상 금융소득에 해당한다.

② 출자공동사업자의 배당소득은 무조건 종합과세대상 금융소득에 해당한다.

③ 대금업을 사업으로 하지 않는 자가 은행에서 자금을 차입하여 이를 친구에게 대여한 경우에 발생한 이자소득의 소득금액 계산 시, 차입금 이자비용은 필요경비로 인정되지 아니한다.

| 23 | ④ |

- 근로소득 $= 2,000,000 \times 12 + 2,000,000 \times 5 + (250,000 - 200,000) \times 12 + 200,000 \times 12 + 2,000,000 = 39,000,000$원
- 근로소득공제 $= \min(7,500,000 + (39,000,000원 - 15,000,000) \times 15\%, 20,000,000원) = 11,100,000$원
- 근로소득금액 $= 39,000,000원 - 11,100,000원 = 27,900,000$원

| 24 | ① |

연금계좌 운용실적에 따라 증가된 금액을 연금외수령한 금액은 무조건 분리과세 대상이다.

$4,000,000 + 2,000,000 = 6,000,000$

| 25 | ④ |

교육비세액공제는 나이를 제한하지 않으므로 20세가 넘는 자녀에 대한 대학등록금도 교육비세액공제대상이다.

| 26 | ③ |

기본공제: 450만 원(본인, 장남, 차남)

추가공제: <u>200만 원</u>(장애인인 차남)

  합계   <u>650만 원</u>

아내는 소득금액이 100만 원을 초과하므로 기본공제대상자에 해당하지 않으며, 기본공제대상이 아니므로 장애인공제도 받을 수 없다.

| 27 | ② |

기준시가 12억 원 이하의 주택 1개를 소유하는 자의 임대소득은 비과세대상이다.

| 28 | ④ |

- 실지명의가 확인되지 않는 배당소득은 45% 원천징수세율을 적용한다.
- 법인이 잉여금의 처분에 따른 배당을 그 처분을 결정한 날부터 3개월이 되는 날까지 지급하지 않은 경우 그 3개월이 되는 날에 지급한 것으로 보아 원천징수를 해야한다.
- 3억 원 초과 배당소득에 대해서 30% 원천징수세율을 적용한다.

| 29 | ② |

중도퇴직의 경우 퇴직한 달의 급여지급시 연말정산한다.

| 30 | ② |

1주 이상 양도하는 경우에 양도소득세가 과세된다.

31 ③ 부가가치세법상 사업자는 영리목적 여부를 불문한다.

32 ③ ① 영세율을 적용받는 사업자도 부가가치세법상의 사업자 등록의무가 있다.
② 과세사업자가 사업개시일로부터 <u>20일</u> 이내에 사업자등록을 신청하지 아니한 경우에는 미등록가산세의 적용을 받는다.
④ 신규사업자는 사업개시일부터 개시일이 속하는 과세기간의 종료일까지를 최초 과세기간으로 한다.

33 ① 면세전용은 세금계산서 발급대상이 아니다.

34 ④ 직장문화와 관련으로 사용한 경우 재화의 공급으로 보지 않는다.

35 ③ 미가공 과일은 면세대상이다.

36 ③ 공급이 이루어지기전 파손 등의 재화는 과세표준에 포함되지 않는다.

37 ④ 할부판매는 인도일이 공급시기이다.

38 ④ 외국에서 우리나라 거주자 또는 내국법인에 대하여 동일한 면세를 하는 경우에 한하여 그 외국의 비거주자 또는 외국법인에 대하여 영세율을 적용한다.

39 ② 신용카드매출전표는 '과세–신용카드, 현금영수증'란에 기재하고, local 수출분은 영세율대상이다. 국내 거래이므로 '영세율–세금계산서'란에 기재한다.

40 ④ 간이과세자도 부가가치세법상 사업자등록의무가 있다.

세무회계	모의고사 2회

1 ③ 신고기한이 공휴일인 경우 그 다음날을 신고기한으로 한다.

2 ② 기업회계의 존중은 국세 부과의 원칙이 아니라 세법 적용의 원칙이다.

3 ③ 납세자에게 유리한 소급효는 인정된다는 것이 통설이다.

4 ① 과다하게 납부한 세액을 환급하기 위해서 경정청구제도를 활용할 수 있다.

5 ① 국세환급가산금이란 국세환급금에 대한 법정이자상당액을 말한다. 이는 납세자가 국세를 체납한 경우에 가산하여 징수하는 납부지연가산세와 형평을 이루기 위한 것이다. 국세환급금 및 국세환급가산금에 대한 권리는 행사할 수 있는 때로부터 5년 간 행사하지 않으면 소멸시효가 완성한다.

6 ① 차후연도에 반대조정이 필요한 세무조정사항은 유보나 △유보로 소득처분되는 세무조정사항이다.

7 ① 지급이자는 발생주의에 따라 미지급비용을 계상하면 세무상도 인정되므로 세무조정은 불필요하다.

8 ② 특수관계인인 개인으로부터 유가증권을 저가 매입한 경우 익금산입하고 유보로 인식 한다.

9 ② 10,000,000 + 6,000,000 = 16,000,000

10 ② 1,000,000 + 3,000,000 × 2/3 = 3,000,000

11 ② 업무용 토지에 대한 종합부동산세는 손금이나 가산세는 손금이 아니다. 따라서 비용으로 회계처리한 가산세를 손금불산입하여 기타사외유출로 소득처분한다.

12 ③ ① 재고자산은 영업장별로 상이한 방법으로 평가할 수 있다.
② 재고자산평가방법 무신고시 선입선출법을 적용한다(매매목적용 부동산은 개별법).
④ 세무상 재고자산의 평가금액이 재무상태표상 재고자산 기말가액보다 작은 경우에 차이금액을 손금산입하여 △유보로 처분한다.

13 ② 건물은 시인부족액 2,000,000원이므로 전기이월상각부인액 1,500,000원을 손금산입하고, 기계장치는 상각부인액 1,000,000원을 손금불산입한다. 영업권은 시인부족액 200,000원이고 전기이월상각부인액이 없으므로 세무조정이 없다.
−1,500,000+1,000,000=−500,000

14 ② (2020년) 〈손금불산입〉 일반기부금한도초과액　　　600만 원
(2021년) 〈손금산입〉　일반기부금한도초과이월액　600만 원
　　　　　〈손금불산입〉 일반기부금한도초과액　　　100만 원
기부금한도액의 범위에서 이월된 기부금을 우선공제하고, 남은 기부금공제 한도 내에서 해당 사업연도에 지출한 기부금을 공제한다.

15 ① 〈#1〉 50억 원× 30/10,000=15,000,000
특정수입금액기준=(30,000,000-15,000,000)×10/100=1,500,000
〈#2〉 12,000,000+15,000,000+1,500,000=28,500,000

16 ② 엘리베이터의 설치는 자본적지출에 해당한다. 나머지는 모두 수익적지출이다.

17 ③ 대손실적률이란 직전사업연도 종료일 현재의 채권잔액 대비 당해 사업연도 대손금의 비율을 의미하는 것이다.

18 ③ 기업업무추진비 외의 지출 중 건당 3만 원 초과분에 대하여 법정증명서류를 수취하지 않으면 손금산입하되 가산세를 부과한다.

19 ② 〈익금산입〉 인정이자 500,000*(상여)
* 3,650,000,000×5%×1/365=500,000

20 ② 법인세는 납부할 세액이 1천만 원을 초과하는 경우 분납할 수 있다.

21 ① 국내에 주소를 두거나 1과세기간 중 <u>183일</u> 이상 거소를 둔 개인을 거주자라 하며, 국내외원천소득에 대하여 소득세를 과세한다.

22 ① 기타소득과 양도소득은 필요경비가 인정되나, 배당소득과 퇴직소득은 필요경비가 인정되지 아니한다.

23 ③ 조건부 종합과세대상금액이 (10,000,000+8,000,000+3,000,000)
=21,000,000
비실명이자는 분리과세대상이고 조건부 종합과세대상 금융소득이 2천만 원을 초과하므로 조건부 종합과세대상 금융소득 전부를 종합과세한다.

24 ③ 200,000,000+30,000,000-5,000,000+2,000,000=227,000,000

25 ③ 2,000,000×12+2,000,000×4+2,000,000+1,000,000+500,000+
(250,000-200,000)×12+1,000,000=37,100,000

26 ① 종전에는 결손금공제기간이 10년이었으나 2020년도 결손금부터 15년으로 연장되었다.

27	②	4,000,000+3,500,000=7,500,000 무조건 분리과세대상인 골동품의 양도소득을 제외한 기타소득금액이 300만 원을 초과하므로 기타소득은 종합과세한다.
28	③	기본공제: 1,500,000×3=4,500,000 추가공제: 2,000,000 합계 6,500,000 사업소득금액이 2,000,000원인 배우자는 기본공제대상이 아니므로 추가공제도 적용받을 수 없다.
29	②	면세점 사용금액은 소득공제 적용대상에서 제외한다.
30	④	외국 소재 병원의 치료비는 의료비세액공제대상이 아니다.
31	②	농지의 교환과 분합은 양도소득세 비과세대상이나 농지의 대토는 양도소득세 비과세대상이 아니다.(농지의 대토는 감면대상임)
32	③	재화의 수입의 경우 수입자가 사업자가 아니더라도 부가가치세가 과세된다.
33	①	건설업인 경우 법인은 등기부상 소재지, 개인은 업무총괄장소를 사업장으로 한다.
34	④	일반과세자의 부가가치세 과세기간은 제1기와 제2기로 6개월 단위이다.
35	①	사업자단위과세제도를 적용받는 사업자가 타사업장 반출시 재화의 공급으로 보지 않는다.
36	③	부동산 임대용역을 제공하고 그 대가를 선불로 받는 경우 예정신고기간 혹은 과세기간 종료일을 공급시기로 본다.
37	②	(주)부산에 세금계산서 발급한 500,000,000원은 #1에, (주)광주에 신용카드 매출전표 발행한 400,000,000원(부가가치세 제외)은 #2에, 미국에 직수출한 100,000,000원은 #3에 적는다. 대손세액공제를 받은 채권의 회수액 66,000,000원에 10/110을 곱한 6,000,000원이다. 대손세액을 가산하는 것이므로 6,000,000원으로 적는다.
38	②	단기할부판매의 경우 재화의 과세표준은 인도시점의 재화의 총가액이다.

39 ④ 제 품: 20,000,000(시가)
토 지: –   (면세)
건 물: 400,000,000×(1-5%×2)=360,000,000
합 계: 380,000,000

40 ① ② 재화 또는 용역을 공급받지 아니하고 세금계산서를 발급받은 경우에는 공급가액의 3%를 가산세로 부과한다.(가공세금계산서 가산세)
③ 사업 개시 후 20일 이내에 사업자등록을 하지 아니한 경우 사업개시일 부터 등록신청일의 직전일까지의 공급가액에 1%를 미등록가산세로 부과한다.
④ 매출처별세금계산서합계표를 제출하지 않은 경우에는 공급가액의 0.5%를, 예정신고분을 확정신고 시 매출세액에 포함하여 신고한 경우 공급가액의 0.3%를 가산세로 부과한다.

국가공인 재경관리사 자격검정시험 답안지

※ 답안지 작성요령
밑면의 답안지 작성요령과 주의사항들을 꼭 읽고 답안을 작성하십시오.

답 안 표 기 란

재무회계	1	① ② ③ ④	21	① ② ③ ④	41	① ② ③ ④	세무회계	61	① ② ③ ④	81	① ② ③ ④	원가관리회계	101	① ② ③ ④

재무회계

1	① ② ③ ④
2	① ② ③ ④
3	① ② ③ ④
4	① ② ③ ④
5	① ② ③ ④
6	① ② ③ ④
7	① ② ③ ④
8	① ② ③ ④
9	① ② ③ ④
10	① ② ③ ④
11	① ② ③ ④
12	① ② ③ ④
13	① ② ③ ④
14	① ② ③ ④
15	① ② ③ ④
16	① ② ③ ④
17	① ② ③ ④
18	① ② ③ ④
19	① ② ③ ④
20	① ② ③ ④

재무회계

21	① ② ③ ④
22	① ② ③ ④
23	① ② ③ ④
24	① ② ③ ④
25	① ② ③ ④
26	① ② ③ ④
27	① ② ③ ④
28	① ② ③ ④
29	① ② ③ ④
30	① ② ③ ④
31	① ② ③ ④
32	① ② ③ ④
33	① ② ③ ④
34	① ② ③ ④
35	① ② ③ ④
36	① ② ③ ④
37	① ② ③ ④
38	① ② ③ ④
39	① ② ③ ④
40	① ② ③ ④

세무회계

41	① ② ③ ④
42	① ② ③ ④
43	① ② ③ ④
44	① ② ③ ④
45	① ② ③ ④
46	① ② ③ ④
47	① ② ③ ④
48	① ② ③ ④
49	① ② ③ ④
50	① ② ③ ④
51	① ② ③ ④
52	① ② ③ ④
53	① ② ③ ④
54	① ② ③ ④
55	① ② ③ ④
56	① ② ③ ④
57	① ② ③ ④
58	① ② ③ ④
59	① ② ③ ④
60	① ② ③ ④

세무회계

61	① ② ③ ④
62	① ② ③ ④
63	① ② ③ ④
64	① ② ③ ④
65	① ② ③ ④
66	① ② ③ ④
67	① ② ③ ④
68	① ② ③ ④
69	① ② ③ ④
70	① ② ③ ④
71	① ② ③ ④
72	① ② ③ ④
73	① ② ③ ④
74	① ② ③ ④
75	① ② ③ ④
76	① ② ③ ④
77	① ② ③ ④
78	① ② ③ ④
79	① ② ③ ④
80	① ② ③ ④

원가관리회계

81	① ② ③ ④
82	① ② ③ ④
83	① ② ③ ④
84	① ② ③ ④
85	① ② ③ ④
86	① ② ③ ④
87	① ② ③ ④
88	① ② ③ ④
89	① ② ③ ④
90	① ② ③ ④
91	① ② ③ ④
92	① ② ③ ④
93	① ② ③ ④
94	① ② ③ ④
95	① ② ③ ④
96	① ② ③ ④
97	① ② ③ ④
98	① ② ③ ④
99	① ② ③ ④
100	① ② ③ ④

원가관리회계

101	① ② ③ ④
102	① ② ③ ④
103	① ② ③ ④
104	① ② ③ ④
105	① ② ③ ④
106	① ② ③ ④
107	① ② ③ ④
108	① ② ③ ④
109	① ② ③ ④
110	① ② ③ ④
111	① ② ③ ④
112	① ② ③ ④
113	① ② ③ ④
114	① ② ③ ④
115	① ② ③ ④
116	① ② ③ ④
117	① ② ③ ④
118	① ② ③ ④
119	① ② ③ ④
120	① ② ③ ④

성별
남 ○   여 ○

생년월일

성명
(왼쪽부터 차례로 기재하십시오)

수험번호

| 최종학력 | 대학원졸 / 대학교졸 / 전문대졸 / 고졸 | 대학원졸 / 대학재학 / 전문대재 / 고재 |
| 직업 | 학생 / 취업준비생 / 직장인 / 기타 |

직업세분류
- 취업시 우대(   )
- 인사고과(   )
- 학점인정(   )
- 졸업요건(   )
- 자기개발(   )
- 기타(   )

※ 감독위원 날인이 없으면 무효처리됨

| 감독위원 날인 | (인) |

국가공인 재경관리사 자격검정시험 답안지

※ 답안카드 작성요령
뒷면의 답안카드 작성요령과 주의사항을 꼭 읽고 답안을 작성하십시오.

답 안 표 기 란

재 무 회 계 / 세 무 회 계 / 원 가 관 리 회 계

(문항 1 ~ 120, 각 문항 ① ② ③ ④)

수험번호 (1) / (2)

성명

성별   남 / 여

생년월일 (1) / (2)

성명 (왼쪽부터 차례로 기재하십시오) (1) / (2)

최종학력
대학원졸 / 대학교졸 / 전문대졸 / 고졸 / 기타

대학원 / 대학교 / 전문대 / 고졸

직업
학생 / 취업준비생 / 직장인 / 기타

자격취득목적
취업시 우대( ) / 인사고가( ) / 학점인정( ) / 졸업요건( ) / 자기개발( ) / 기타( )

※ 감독위원 날인이 없으면 무효처리됨.
감독위원
확인 / 서명 (인)

국가공인 재경관리사 자격검정시험 답안지

답안 표기란

	재무회계	세무회계	원가관리회계

※ **답안카드 작성요령**
뒷면의 작성요령과 주의사항을 꼭 읽고 답안을 작성하십시오.

성별: 남 / 여

생년월일

수험번호

성명 (왼쪽부터 차례로 기재하십시오)

최종학력
- 대학원졸
- 대학졸
- 전문대졸
- 고졸
- 기타

직업
- 대학원생
- 대학생
- 전문대생
- 고교생
- 학생
- 취업준비생
- 직장인
- 기타

자격취득목적
- 취업시 우대 ( )
- 인사고과 ( )
- 학점인정 ( )
- 졸업요건 ( )
- 자기개발 ( )
- 기타 ( )

※ 감독위원 날인이 없으면 무효처리됨.

※ 감독위원 확인 (인)

재경관리사 대비 세무회계

2024년 12월 20일 개정25판 6쇄 발행

저 자 **삼일회계법인**
발행인 이 희 태
발행처 **삼일인포마인**

저 자 와
협의하에
인지생략

서울특별시 용산구 한강대로 273 용산빌딩 4층
등록 : 1995. 6. 26 제3 – 633호
TEL : (02) 3489 – 3100
FAX : (02) 3489 – 3141

ISBN   979 – 11 – 6784 – 229 – 9 13320

정가   27,000원